U0955706

加强党的全面领导
不断完善国家行政体系
加快推进地方政府治理现代化

——重庆市行政管理学会2021年学术年会论文集

主　编/谢金峰　张僋琫
副主编/谢来位　闫　建　付玉联　邹东升

西南财经大学出版社
中国·成都

图书在版编目(CIP)数据

加强党的全面领导 不断完善国家行政体系 加快推进地方政府治理现代化:重庆市行政管理学会2021年学术年会论文集/谢金峰,张伝琫主编;谢来位等副主编.—成都:西南财经大学出版社,2022.9
ISBN 978-7-5504-5477-4

Ⅰ.①加… Ⅱ.①谢…②张…③谢… Ⅲ.①地方政府—行政管理—现代化管理—重庆—学术会议—文集 Ⅳ.①D625.719-53

中国版本图书馆CIP数据核字(2022)第140681号

加强党的全面领导 不断完善国家行政体系 加快推进地方政府治理现代化

Jiaqiang Dangde Quanmian Lingdao Buduan Wanshan Guojia Xingzheng Tixi Jiakuai Tuijin Difang Zhengfu Zhili Xiandaihua

——重庆市行政管理学会2021年学术年会论文集

Chongqing Shi Xingzheng Guanli Xuehui 2021 Nian Xueshu Nianhui Lunwenji

主　编　谢金峰　张伝琫
副主编　谢来位　闫　建　付玉联　邹东升

责任编辑:李特军
责任校对:陈何真璐
封面设计:墨创文化
责任印制:朱曼丽

出版发行	西南财经大学出版社(四川省成都市光华村街55号)
网　　址	http://cbs.swufe.edu.cn
电子邮件	bookcj@swufe.edu.cn
邮政编码	610074
电　　话	028-87353785
照　　排	四川胜翔数码印务设计有限公司
印　　刷	郫县犀浦印刷厂
成品尺寸	185mm×260mm
印　　张	38.75
字　　数	893千字
版　　次	2022年9月第1版
印　　次	2022年9月第1次印刷
书　　号	ISBN 978-7-5504-5477-4
定　　价	98.00元

1. 版权所有,翻印必究。
2. 如有印刷、装订等差错,可向本社营销部调换。

前　言

党的十八大以来，以习近平同志为核心的党中央紧紧围绕完善和发展中国特色社会主义制度、推进国家治理体系和治理能力现代化这个总目标，深化党和国家机构改革，为党和国家事业取得历史性成就、发生历史性变革提供有力保障。党的十八届三中全会首次提出“推进国家治理体系和治理能力现代化”这个重大命题，并把“完善和发展中国特色社会主义制度、推进国家治理体系和治理能力现代化”确定为全面深化改革的总目标；党的十九届四中全会审议通过的《中共中央关于坚持和完善中国特色社会主义制度 推进国家治理体系和治理能力现代化若干重大问题的决定》，是推进新时代国家治理体系和治理能力现代化的行动令和愿景图；党的十九届六中全会审议通过的《中共中央关于党的百年奋斗重大成就和历史经验的决议》强调，建成社会主义现代化强国，必须实现国家治理体系和治理能力现代化。

2021年12月19日上午，重庆市行政管理学会2021年年会暨“认真学习党的百年光辉历史 贯彻落实党的十九届六中全会精神 不断完善国家行政体系 加快推进地方政府治理现代化”学术研讨会在西南政法大学举行。中共重庆市委党校（重庆行政学院）常务副校（院）长、重庆市行政管理学会会长谢金峰，西南政法大学党委常委、副校长张北坪，重庆市社会科学界联合会秘书长李友康，重庆市民政局社会组织管理局副局长程健，西南政法大学政治与公共管理学院院长周振超，重庆市行政管理学会副会长邹东升、蒲川、李孜、谢菊、谢来位出席会议，中共重庆市委党校（重庆行政学院）副校（院）长张佩瑃主持会议。

会议邀请中国行政管理学会研究员、《中国行政管理》杂志社主编解亚红以视频连线的方式围绕《治理现代化研究中需要关注的几个问题》做了主题报告。重庆市行政管理学会副会长邹东升教授等6位优秀论文代表做了交流发言。来自全市高校、各区县党校及政务服务管理机构的领导、专家、师生等共计100余人参加会议，年会盛况及学术交流成果引起热烈关注与强烈反响。

本次学术年会共收到论文168篇，入选135篇。经专家评审并报领导批准，评选出优秀论文一等奖7篇、二等奖14篇、三等奖21篇。为汇集专家学者的最新理论研究成果和实践探索经验，发挥学会学术交流和参谋咨询的作用，重庆市行政管理学会决定将此次会议的特邀文章和入选论文公开出版，以飨读者。

重庆市行政管理学会秘书处

2022年1月

目　录

第二篇　优化营商环境研究

第三篇　社会治理研究

牢记初心使命　奋力担当作为
在新征程中为推进地方政府治理现代化贡献智库力量

——在重庆市行政管理学会2021年年会暨学术研讨会上的讲话

谢金峰[①]

尊敬的钰鸿副书记、友康秘书长、程健副局长，尊敬的各位专家、同志们：

今天，我们相聚在新中国最早建立的高等政法学府——西南政法大学，共同参与并见证重庆市行政管理学会2021年年会暨学术研讨会的隆重召开。在此，我谨代表中共重庆市委党校（重庆行政学院）、重庆市行政管理学会，对本次会议的成功召开表示热烈的祝贺！向出席本次会议的领导、专家和全体与会同志表示热忱的欢迎！向会议承办单位——西南政法大学政治与公共管理学院以及辛勤筹办本次会议的所有工作人员表示衷心的感谢！

党的十九届六中全会是在我们党成立100周年的重要历史时刻，在党和人民胜利实现第一个百年奋斗目标、向着第二个百年奋斗目标迈进的重大历史关头召开的一次具有里程碑意义的会议。在全国上下深入学习贯彻党的十九届六中全会和中央经济工作会议精神之际，本次会议紧扣“认真学习党的百年光辉历史，贯彻落实党的十九届六中全会精神，不断完善国家行政体系，加快推进地方政府治理现代化”这一主题进行研讨，具有重要的理论价值和实践意义。

一是贯彻落实党中央决策部署的需要。行政体制是国家体制的重要组成部分，处于政治体制、经济体制、文化体制等方面改革的交集点上，在国家治理体系中处于特别重要的地位。完善行政体制，既是上层建筑适应经济基础的必然要求，又为经济社会发展提供了体制保障和发展动力。党的十九大和党的十九届二中、三中、四中、五中全会多次强调，要坚持和完善中国特色社会主义行政体系，构建职责明确、依法行政的政府治理体系，为全面加强政府建设、完善国家行政体系指明了方向、提供了遵循。

二是贯彻落实重庆市委、市政府工作要求的需要。作为中国中西部地区唯一的直辖市，重庆在国家区域发展和对外开放格局中起着独特而重要的作用。2020年，继北京、上海之后，重庆被纳入世界银行营商环境评价样本城市。重庆市委、市政府把优化营商环境作为推动经济社会高质量发展的重要载体和抓手。今天，学会汇集了行政管理领域的专家、学者和实践工作者的最新理论研究成果和实践探索经

---

① 谢金峰，中共重庆市委党校（重庆行政学院）常务副校（院）长、重庆市行政管理学会会长。

验，必将为推动我市“放管服”改革和优化营商环境发挥积极的作用。

三是回应理论学术界研究关切的需求。行政体制改革历来是公共管理研究的重点内容、热点问题。中国特色社会主义行政体制是中国特色社会主义制度的重要组成部分，是我国制度优越性的重要体现。近年来，我国行政体制改革不断深入，引起了社会各界的广泛关注。党中央的决策部署和重庆市委、市政府的工作要求为重庆市行政管理学界指明了方向，激发了专家、学者积极探索的强大动力。重庆市行政管理学会年会为全市从事行政管理理论研究、教学的专家、学者，以及从事行政管理实践的领导专家、工作者搭建了学习交流的平台，这必将推动大家交流思想、碰撞火花、集思广益、推出成果，推动行政体制研究能力提升。

实践证明，中国特色社会主义行政体制改革成效显著，既合理吸收了现代西方国家政府治理的一些有效做法，又具有鲜明的中国特色，为推动经济社会发展和国家长治久安提供了有力保障。《中华人民共和国国民经济和社会发展第十四个五年规划和2035年远景目标纲要》明确提出，到2035年，我国基本实现国家治理体系和治理能力现代化。这意味着在新的征程上，推进行政体制改革还有很多新的任务和挑战。

为此，我对未来学会学术研究工作提出三点建议：

一是“高低配合”。要有更高的政治站位，要切实发挥新型智库服务国家战略的作用。重庆市行政管理学会必须要旗帜鲜明地讲政治，要始终围绕党委、政府的中心工作，服务全市发展大局，立足重庆作为超大型城市的现实背景，想问题、谋思想。要沉下身子搞调研，既要到先进地方去“调查”，又要到困难地方去“研究”；既要总结“先进者”的经验之道，又要分析“落后者”的根源所在；既要进得“政府大院”，又要入得“农家小院”。深入开展建言献策活动，多出成果，出好成果。

二是“冷热结合”。组织开展学术研究是学会的一项重要任务，学会及专家学者们要善于将热话题转化为冷思考，从现象中总结归纳规律，将实践及时上升为理论，指导推动实践工作的开展；学会要紧紧围绕制约重庆超大城市治理的体制机制瓶颈问题，加强战略性、前瞻性研究，及时回应新发展阶段面临的重大课题，提出更多、更好、更经得起实践和历史检验的研究成果；学会要多组织比较研究，比如国内外城市之间的比较研究，为加强和改进城市治理提供更多的思路和办法。

三是“虚实融合”。学会不同于一般的研究机构，从其构成来看，既有学问精深的专家学者，也有实践经验丰富的党政领导干部。因此，我们要用好这些优势，主动加强与高校和科研机构的联系，积极发挥各类专家、学者的理论研究专长，积极争取党委、政府的支持帮助，进一步将理论研究和实践探索有机结合起来，全面提高学会理论联系实际、促进实践发展的能力和水平。

当前，全党全国各族人民正在以学习贯彻党的十九届六中全会精神为重点，深化推进党史学习教育。希望学会进一步发挥自身优势，更好地团结广大行政管理实践和理论工作者，善于从百年党史中总结经验、把握规律，持续深入研究行政体制改革和“放管服”改革的关键问题，拿出更多有分量的成果，为推进政府治理体系和治理能力现代化贡献新的更大智慧和力量。

最后，预祝大会圆满成功！祝各位领导、专家身体健康、工作愉快！

谢谢大家！

加快完善党全面领导基层社会治理制度

张佺琫[①] 王 蒙[②]

党的十九届六中全会指出，坚持党的领导是100年来党领导人民进行伟大奋斗积累的最首要的宝贵历史经验。历史和现实反复证明，坚持党的领导是推进基层社会治理现代化，铸就国家治理坚固基石的根本政治保证。只有在基层社会治理中发挥党统揽全局、协调各方的领导核心作用，把基层党组织的政治优势、组织优势转化为治理效能，才能确保基层社会治理沿着现代化方向稳步推进。在实现第二个百年奋斗目标新的赶考之路上，加强党对基层社会治理的全面领导，要进一步理顺基层党组织建设、党政关系、党群关系，着重从制度上做出安排，促进党的全面领导和基层社会治理制度化同向发力、协同推进，确保党的基本理论、基本路线、基本方略落实到基层“最后一公里”。

加快健全党领导基层各项工作制度，确保党的领导坚强有力。加强对基层各项工作的统一领导，是党在长期实践中坚持的一条基本原则。早在新民主主义革命时期，党就高度重视领导与推动农村工作。自新中国成立后，党领导基层各项工作的理论与实践实现了从“管控”到“管理”再到“治理”的三次重大创新发展，在长期的过程中形成并建立起了党委（党组）制度、决策执行制度、请示报告制度、目标责任制度等党领导基层工作的具体制度，奠定了新时代党全面领导基层社会治理制度的良好基础。当前，针对党在领导基层各项工作中存在的政策领悟不足、领导意识不强、主体职责不清等突出问题，要把健全党领导基层各项工作的制度摆在重要位置。首先，要加快健全基层党组织维护党中央权威和集中统一领导的制度。基层党组织要按照党章党规的要求，坚持“四个服从”，增强“四个意识”，健全习近平总书记重要讲话、重要指示批示精神、党的重要会议精神的学习、阐释、宣传制度，健全党中央大政方针、战略部署的贯彻执行制度、监督考核制度，确保基层社会治理沿着现代化方向稳步前进。其次，要加快健全基层党组织对基层各类组织和各项工作的统一领导制度。基层党组织要贯彻落实《中国共产党党组工作条例》等党内法规，着力健全基层社会治理的议事决策监督机制，健全体现党中央要求、符合本单位特点、比较完备、务实管用的党建工作制度，健全完善党员、干部联系群众制度，健全基层群众自治制度，确保充分发挥基层党组织的领导核心作用。再次，要加快健全基层干部、人才工作的选拔任用制度。基层党组织要根据《党政领导干部选拔任用工作条例》，在积极推行村（社区）党组织书记通过法定

① 张佺琫，重庆行政学院、重庆市中国特色社会主义理论体系研究中心市委党校分中心。
② 王蒙，重庆行政学院、重庆市中国特色社会主义理论体系研究中心市委党校分中心。

程序担任村（居）民委员会主任、村（社区）“两委”班子成员交叉任职的过程中，健全职务与职级并行制度，完善担当作为激励机制；要健全基层选贤任能制度，建立挖掘本土人才的机制，畅通基层优秀人才留任、晋升渠道。最后，要加快健全持续整顿软弱涣散基层党组织的制度。基层党组织要根据民主集中制原则，在班子建设、组织制度、党内政治生活等方面，把前期整顿软弱涣散基层党组织的良好经验进行理论提升、制度提炼，以制度激发基层党组织领导基层社会治理的活力。此外，还要探索把党的领导和建设有关要求写入基层各类组织章程的程序、步骤，形成相应的体制机制，为党全面领导基层社会治理保驾护航。

加快建立党推动治理重心下沉的制度，确保党的服务深入细致。党的十八大以来，随着“创新社会治理体制”被纳入“国家治理体系和治理能力现代化”的范畴，“党委领导、政府负责、社会协同、公众参与、民主协商、科技支撑、法治保障”的社会治理新格局不断建立形成。2017 年 10 月，党的十九大报告提出“推动社会治理重心向基层下移，发挥社会组织作用，实现政府治理和社会调节、居民自治良性互动”，为解决基层社会治理中的事务主义难题指明了方向。在正确处理“领导”与“服务”的相互关系中，各地基层党组织探索并建立了党建网格化管理制度、党建区域化管理制度、党员服务下沉制度等重要体制机制，有效促进了治理重心的下移。在进一步推动党的服务向基层深入的现实背景下，必须加快建立党推动治理重心下沉的制度。首先，要加快建立党推动治理重心下沉的管理制度。要着眼机构职责调整优化和管理制度健全完善相统一，对机构、编制进行系统改革。一方面，要清晰界定党的组织、宣传、统战、政法、机关党建等部门的职责配置；另一方面，要进一步理顺党政机构职责关系，对党政机构职能加强统筹，建立统一高效、协同联动的领导体制。同时，要严格对乡镇（街道）机构的属地管理，继续实行派驻体制的，要纳入乡镇（街道）统一指挥协调。其次，要加快建立党推动治理重心下沉的组织制度。要通过实现党的组织在基层全覆盖，推动党的服务不断深化；要在农村完善“行政村党组织—村民小组党支部（网格党小组）—党员联系户”的组织体系；要在城市推动党的组织从街道社区延伸到小区、楼栋、网格、物业服务企业、业主委员会；要在非公共领域加强楼宇、园区、商圈、市场、互联网等新兴领域和快递员、外卖送餐员、网约车司机等新就业群党团的组织和工作有形有效覆盖，确保党的治理理念、治理政策、治理方式落实到基层方方面面。最后，要加快建立党推动治理重心下沉的技术支撑机制。要加强组织、民政、网信、大数据发展等部门在共建共享基层社会治理信息方面的交流协作，统筹推进智慧城市、智慧社区、数字乡村的技术设施、系统平台和应用终端建设；要在数据资源建设上搭建一次采集、多方利用的平台，统筹推进基层社会治理数据开发、隐私保护、公共安全工作，在打通信息“最后一公里”中推进治理重心下沉、服务中心下移。

加快完善党引领社会多元主体的制度，确保人民群众广泛参与。将差异化、碎片化、原子化的社会力量转化为具有凝聚力、团结感和认同感的“政治主体”，进而引领这些多元主体主动参与基层社会治理，自觉为美好生活不懈奋斗，是党贯彻人民至上、以人民为中心的发展理念，践行全心全意为人民服务宗旨的重要基础。

为了有效引领社会多元主体，党在长期的实践中探索形成了党委领导的基层联席会议制度，党领导的自治、法治与德治相结合的城乡基层自治制度，党领导的群团工作制度，拓展了人民群众参与基层社会治理的空间，激发了基层社会治理的活力。在全党全国各族人民朝着共同富裕目标迈进的新征程上，要进一步完善党建引领的社会参与制度，确保广大人民共享改革发展成果。首先，要加快完善党建带群建的制度。要完善共青团、工会、妇联等群团组织依照法律和相关章程建立和发展组织的制度，消除群团工作的“盲区”和“空白点”；要完善党群工作联席会议制度、党群工作联系点制度、党群工作同步共建制度等，有效促进党建带群建的工作联动；要完善基层党组织与共青团、工会、妇联组织的工作定期交流制度、常态化学习培训制度，实现优势互补、共建共促。其次，要加快完善党建引领社会组织的制度。要加快形成社会组织党建“两个覆盖”，尤其是要向没有党组织或党组织软弱涣散的社会组织派驻第一书记或党建指导员，形成制度化的程序；要探索建立基层党组织培育扶持基层公益性、服务性、互助性社会组织的制度，支持党组织健全、管理规范的社会组织优先承接政府转移和服务项目；要在社会组织中建立多渠道筹措、多元化投入的党建工作经费投入保障机制，把党的领导贯穿社会组织运行和发展全过程。最后，要加快完善党建引领群众自治的制度。要建立基层群众性自治组织法人备案制度，健全村级集体经济管理制度，促进村（居）民委员会规范发展；要在换届选举中完善党的领导，落实村（社区）“两委”班子成员资格联审机制；要完善村（社区）重大事项的议事制度、决策制度、公开制度，发挥基层纪检监察组织的作用；要加快完善社区窗口服务体系，实行“一人多岗、轮流值班”制度，让党的关怀与群众自治紧密衔接。

第一篇　地方政府治理现代化研究

西部民族地区政府治理支持系统研究

闫　建[①]　刘珂言[②]

摘　要： 西部民族地区政府治理与一般地方政府治理有着不同的特殊性和复杂性。优化政府治理支持系统，对助推西部民族地区与全国同步实现现代化具有十分重要的意义。西部民族地区政府治理支持系统在西部地区同步实现小康过程中发挥了重要的作用，但还不能很好地适应全面建设现代化的要求。政府治理支持系统的优化要从加强动力机制、完善制动机制、注重逻辑变革、创新实施路径四个方面着力。

关键词： 政府治理；支持系统；西部民族地区

习近平总书记在庆祝中国共产党成立100周年大会上的讲话中庄严宣告，经过全党全国各族人民持续奋斗，我们实现了第一个百年奋斗目标，在中华大地上全面建成了小康社会，历史性地解决了绝对贫困问题，正在意气风发向着全面建成社会主义现代化强国的第二个百年奋斗目标迈进。没有西部民族地区的现代化就没有全国的现代化，西部民族地区作为全面建设社会主义现代化国家的短板和薄弱环节，尤其需要给予高度关注。由于政府在西部民族地区社会主义现代化建设中的主导地位和强势作用表现得非常充分，因此本研究既有利于向全世界解读西部民族地区在全面建成小康社会阶段取得优异成绩的政府治理支持系统密码，也有利于做好新时代民族事务工作，保证西部民族地区与全国同步实现现代化。

一、西部民族地区政府治理研究现状

民族问题不仅是根本性的政治问题，而且对国家统一、巩固和发展具有根本性的影响（周平，2014）。在民族地区市场和社会力量还不够强大的历史阶段，民族地区政府在民族事务治理体系中扮演着元治理角色（黄竹胜，2019），政府的主导地位和强势作用表现得非常充分（李俊清，2019；王希恩，2020）。学者们对西部民族地区在构建社会主义和谐社会（郝时远，2005；青觉，2010；黄骏，2013；才让加，2015）和全面建成小康社会（吕学芳，2014；张友，2014；王延中，2018）背景下的政府治理进行了深入研究，对西部民族地区政府公共服务能力（党秀云，2009；任维德，2014；李丽，2015）、政府危机管理能力（季峰，2006；吴开松，

---

① 闫建，中共重庆市委党校公共管理教研部副主任、教授、硕士生导师。

② 刘珂言，中共重庆市委党校硕士研究生。

2010）、政府绩效评估（申喜连，2013）、政府改革与创新（方盛举，2007）等主题给予了重点关注。由于政府层级不同，政府治理存在结构性差异。学者们聚焦某一层级西部民族地区政府治理的研究，对西部民族地区省级（卫立浩，2019；龙立军，2020）、地市级（张殿军，2013）、县级（丁志刚，2020）、乡镇级（苏祖勤，2014；王纪芒，2018）政府治理的理论基础、实践历程、职能转变、模式构建、能力提升等进行了细化研究。

西部民族地区刚进入全面建设社会主义现代化国家的新发展阶段，当前学界对这一时代背景下政府治理支持系统的研究正处于起步阶段，对西部民族地区不同层级、不同地域、不同部门的政府治理支持系统缺乏深入研究。与此同时，西部民族地区全面建设社会主义现代化不仅是一个重大的经济问题，也是一个重大的政治问题。深入研究作为西部民族地区全面建设社会主义现代化的具体组织者、指挥者、推动者和实施者的地方政府及治理支持系统，对助推西部民族地区与全国同步实现现代化具有实践指导意义。

二、西部民族地区政府治理实践现状

西部民族地区全面建设社会主义现代化的政府治理支持系统镶嵌于政府治理现代化的框架和语境中，具有独特的内涵和时代意蕴。它是指将全面建设社会主义现代化国家进程中的经济建设、政治建设、文化建设、社会建设、生态文明建设的新要求嵌入西部民族地区政府决策子系统、执行子系统、组织子系统、监督子系统的建构、完善和运行中，以政府治理现代化支持西部民族地区实现现代化。

西部民族地区政府治理支持系统统一于坚持和完善中国特色社会主义行政体制之中，蕴含于党中央正确解决民族问题方略之中，表征于西部民族地区全面建设社会主义现代化实践之中。西部民族地区面临特殊的治理环境、特殊的使命职责、特殊的困难问题，西部民族地区政府治理与一般地方政府治理有着特殊性和复杂性。优化政府治理支持系统，有利于促进西部民族地区经济现代化、政治现代化、文化现代化、社会现代化和生态文明现代化。

通过分析西部民族地区全面建设社会主义现代化背景下的政府治理支持系统现状，可以挖掘出取得的成效和存在的问题。取得的成效有：一是西部民族地区政府治理体系不断完善。西部大开发以来，尤其是党的十八大以来，西部民族地区政府治理体系更加成熟、更加定型。二是西部民族地区政府治理能力不断提升，“新办法不会用，老办法不管用，硬办法不敢用，软办法不顶用”的状况得到极大改善。三是西部民族地区政府在政治治理、经济治理、文化治理、社会治理和生态治理等方面取得了较为丰富的经验。这些成效为西部民族地区在全面建设社会主义现代化背景下的政府治理打下了较为坚实的基础。存在的问题如下：一是西部民族地区政府在风险全面感知、问题精准研判、决策自动实施方面的能力还有待提升；二是西部民族地区政府在把握民族自治地方政府治理的特殊规律、规范有序和高效执行方面还有待加强；三是西部民族地区政府在组织机构差异化、科学化设置且协同运行方面还需不断探索；四是西部民族地区政府在法治监管和智慧监管方面还有提升空间。

三、西部民族地区政府治理展望

政府治理支持系统的优化要从健全动力机制、完善制动机制、注重逻辑变革和创新实施路径四方面着力。

（1）健全动力机制。从上级党委政府、西部民族地区政府自身和其服务对象三方面思考，全面提升政府治理支持系统的内外驱动力。

（2）完善制动机制。稳步推进西部民族地区政府机构、职能、权限、程序和责任的法定化，为政府治理支持系统的不错位、不越位运行提供规范，保证政府治理在法定轨道上运行。

（3）注重逻辑变革。注重政府权责边界的调适逻辑，处理好政府与市场、政府与社会的关系；注重系统集成与统筹治理的协同逻辑，处理好决策子系统、执行子系统、组织子系统和监督子系统间的关系；注重制度变革与技术创新的共演逻辑，处理好政府治理体系和政府治理能力间的关系。

（4）创新实施路径。西部民族地区政府可以从创新治理理念、重塑治理结构、调配治理资源、优化治理工具和营造治理文化五个方面优化政府治理支持系统。

基层政务服务中心人才队伍建设困境及优化策略

张飞霞[①]

摘 要：镇街政务服务中心成为承接政府服务职能转移的基层部门，随着镇街政务服务中心承接越来越多的基层服务职能，镇街政务服务中心人才队伍建设成为提升基层政务服务效能的重要保障。然而，基层政务服务中心在人员配置、人才选拔、人员培训、人才管理与人才流动等领域与政务服务要求相比存在一定的适配性差异。因此，需要通过科学配置人才、严格选拔引进、精准培训内容、规范管理激励和完善交流退出五个方面，系统整合服务人才队伍，优化基层政务服务效能，全面推进基层政务服务中心高效服务型政府建设。

关键词：政务服务中心；人才队伍；基层实践

随着"放管服"改革向基层延伸，下放基层镇街的行政权力、公共服务事项越来越多，镇街政务服务中心成为承接上级政务服务职能转移的基层部门，成为承载改革措施落地的重要场域。镇街政务服务中心人才队伍建设成为提升基层政务服务效能的重要保障。因此，统筹推进镇街政务服务中心人才队伍建设，促进人才培养、引进和使用，打造一支高素质的基层政务服务队伍，是营造良好营商环境、加快政务服务标准化向基层延伸、切实提高基层服务能力和水平的关键。

一、探源：镇街政务服务中心人才队伍建设的现状及困境

（一）人员配置的"旧标准"难以承担"新业务"

随着"放管服"改革的纵深推进，重庆市镇街一级政府开始推进政府服务中心的规范化建设。但在政务服务中心建设过程中普遍存在"重硬件、轻软件"的现象，尤其是忽视政府服务人才队伍建设。有些业务部门人员对政务服务窗口工作存在片面性认识，部分人员存在"宁愿在村里跑，不愿在大厅坐"的思想，导致派驻窗口工作人员多是科室边缘人，这些人对业务政策不熟悉、不透彻，人际沟通能力不强。此外，镇街普遍存在由临聘人员担任大厅窗口人员，在某镇街调查中发现临聘人员一般占比在50%以上，甚至有的镇街该比例达到80%。这部分人员在一定程度上存在流动性大、学历不高、责任心不强的倾向。同时，有些年龄偏大的

---

① 张飞霞，中共重庆市巴南区委党校讲师。

人员派往大厅“养老”，这类人员往往存在缺乏工作热情、得过且过的心理。

（二）人才选拔的“不均衡”难以引进“新人才”

目前，全市和基层镇街关于政务服务人员队伍尚未建立独立有效的人才选拔和引进机制。服务窗口的人才招聘与引进往往与镇街整体选人、用人计划混合招录。在招录环节缺乏对相关领域人才的专业性和倾向性测评考虑，导致招录人员与基层服务窗口的适用性匹配度较低。

（三）人才培训的“不系统”难以实现“新合力”

关于政务服务人才队伍的系统培训从市区级主管部门到基层镇街均尚处于探索阶段，对基层政务服务人才在专业技能和服务技能方面的培训力度、规模、内容、班次、方式等都具有较大程度的提升空间，与东部相关省市相比较在培训理念与实践中仍存在一定差距。同时，在具体实践领域，基层镇街政务服务工作基本以完成上级政务服务主管部门下达的任务和指标为主，尚未根据地区工作特点和需求开展自主创新举措，对具体工作缺乏思考和谋划的主动性。

（四）人才管理的“不到位”难以发挥“新效能”

当前，政务服务管理不够规范是基层政务服务中心普遍存在通病。由于缺乏专业的分管部门，基层政务服务大厅涉及众多业务部门，往往成为“人人抓、最后没人抓”的盲区。由于日常监督不到位，政务服务人员的工作态度和服务水平参差不齐。同时，在具体管理上缺乏管理制度或现有制度执行不到位、不规范，某些工作细节，如工作牌佩戴、窗口服务流程、窗口形象展示等情况经常顾此失彼。与此同时，在激励机制的建设方面，尚未建立有效的专项考核评价体系与经费保障制度，进一步加剧了基层政务服务效能的紧迫性。

（五）人才流动的“不畅通”难以形成“新循环”

镇街政务服务中心人才队伍在交流上存在两极分化倾向，既有个别窗口人员频繁变动，又存在个别窗口长期固化僵化，从而导致镇街政务服务中心整体活力不够、战斗力不强和服务水平不稳定。同时，现有工作机制中尚未对不适应岗位要求的工作人员建立及时退出机制，进一步形成拖延应付了事的工作倾向。

究其原因，主要是镇街一级党工委对政务服务工作的重视度不够。在具体的目标考核要求中经济发展、生产安全等硬指标占比较大，未设置服务类等相关工作评价的软指标，从而导致镇街对基层政务服务的管理方式与服务标准未做出明确要求。同时，镇街政务服务工作存在多头管理、没有专门管理机构的现象，进一步导致基层政府服务工作的无秩序、低效率。此外，上级相关主管部门对基层政务服务工作在统筹指导和资金支持还有待进一步加强。

二、破解：镇街政务服务中心人才队伍建设的优化策略

（一）科学配置人才，由“单一”变“多元”

一是对政务服务人才建设实施标准化管理。科学划分人才类型，按照工作职能分为政务服务专业人才和政务服务管理人才，制定包含年龄、专业、服务等因素在内的选派标准。各派驻业务部门应选派业务骨干，优先选择后备干部派驻窗口，将

窗口作为发现、培养、锻炼干部的重要平台，不断提高人才综合素质。二是实施岗前考察。对拟进驻人员实行政务服务岗位能力测试，主要考察业务熟悉程度、性格匹配度、服务水平、计算机水平、抗压能力、公务礼仪、形象素质等。各派驻部门不得随意抽调和更换人员，以保证窗口人员的稳定性、延续性。

（二）严格选拔人才机制，由“分散”变“协作”

一是进一步明晰区政务服务办、街道、各进驻业务部门等的职能作用。上级主管部门要加强对政务服务工作的专业指导，加大对政府服务办的督查力度，尤其要加强对政务服务人员的业务指导，提升镇街政务服务中心“综合受理、集成办理”服务能力。二是提升镇街对政务服务人才微观选拔上的重视程度，将政务服务能力作为基层干部的重要考察能力。三是加强业务主管部门与镇街的沟通协调。建议镇街每年形成政务服务人才专报，报送上级主管部门，由上级主管部门对镇街政府服务和人才队伍建设进行研判和指导，从而形成组织得力、谋划科学、统筹推进的政务服务人才工作运行机制。

（三）精准培训内容，由“零散”变“统筹”

一是对政务服务人员进行分层次、分类别培训。应结合培训对象、服务工作年限和培训内容统筹设计政务服务培训课程，对政务服务人才、政务管理人才、新进驻人员的常规业务工作开展分类培训。建议由业务主管部门，对各镇街新上岗的政务服务人员针对其政治素质、业务操作、心理素质、服务礼仪和计算机操作水平等进行集中岗前培训，同时不定期对更新的政务服务制度开展专业培训。二是创新培训方式。通过专题讲授与经验分享相结合的方式推动政务服务人员培训工作，及时邀请有经验的政务服务人员进行实际操作经验分享。三是打造政务服务人才实践基地，将拟提拔任用的、与政务服务工作相关的领导干部，派驻上一级政务服务机构开展工作培训和实践。

（四）规范管理激励，由“传统”变“现代”

一是进一步细化全区政务服务行为规范，从文明用语、服务礼仪和着装仪表等方面统一各级政务服务人才服务行为，提高服务质量和水平。二是加强在岗人员考核管理。充分运用政务服务“好、中、差”评价反馈制度对窗口人员的反馈评价，避免群众评价的形式主义倾向，将评价结果作为重要奖惩参考依据。同时，可以邀请办事群众作为镇街政务服务中心的“百姓督察员”，以便及时发现政务服务中存在的问题。三是出台监督管理办法，明确对政务服务人才的绩效管理激励措施和惩戒机制，同时加大资金保障力度，可以通过申请相关专项资金予以补贴。

（五）完善交流退出机制，由“静态”变“动态”

一是实行人员定期交流轮换机制。建议从事持续性窗口工作的最高年限为 10 年，超过最高工作年限者，经本人申请，单位组织部门可以安排其交流轮岗。二是建立人员退回机制。窗口人员发生严重违规违纪行为或由群众反映确实不适合窗口工作的由各级政务服务机构认定后退回原部门。三是加强对临聘人员的日常监督考核，并将考核成果作为绩效参考标准，同时在现有基础上逐步减少临聘人员担任窗口人员的比例。

参考文献：

［1］宋林霖，赵虹伟. 论“放管服”改革背景下地方政务服务中心的发展新趋势［J］. 中国行政管理，2017（5）：148-151.

［2］程镝. 政务服务中心服务质量公众满意度研究：基于H市政务服务中心“最多跑一次”改革［J］. 山东大学学报（哲学社会科学版），2021（1）：65-74.

以有效市场和有为政府相结合激发人才创新活力

张香丽[1]

摘　要： 本文认为，在高质量发展的要求下，中国人才创新活力激发面临的困境包括科技领军人才的“结构不合理”与“官本位”思想制约、高水平工程师和高技能人才的“激励不足”和“机会缺失”制约以及基础研究人才的基础设施欠缺和评价机制不完善。要解决这些困境，需要将有效市场和有为政府相结合，调整科技领军人才结构，适当放宽要求；建立高水平工程师和高技能人才激励机制，拓展发展机会；实现基础研究人才资源共享，完善评价机制。

关键词： 有效市场；有为政府；人才创新活力

把握和处理好政府与市场的关系，是建设现代化经济体制和实现经济高质量发展的必然要求。“经济发展取得成功的少数经济体的共同特点是，在经济发展和转型中既发挥了‘有效市场’的作用，也发挥了‘有为政府’的作用”。在政府作用和市场机制结合的背景下，中国人才创新活力竞相迸发，对推动中国经济形成持续向好的发展态势和格局起到重要的作用。

“十四五”时期是开启全面建设社会主义现代化国家新征程、向第二个百年奋斗目标进军的起步期。针对“十四五”时期中国经济社会发展的特点，党的十九届五中全会做出“我国已转向高质量发展阶段”的科学论断，同时也指出“创新能力不适应高质量发展要求”的不足，提出要“推动有效市场和有为政府更好结合”“激发人才创新活力”。这就要求我们进一步认清有效市场与有为政府的关系，发挥人才创新活力中的重要作用、市场在资源配置中的作用、政府的能动作用，激发人才创新活力，推动我国经济持续、快速、高质量发展。

一、有效市场与有为政府激发人才创新活力的理论逻辑

（一）有效市场激发人才创新的主观能动性

市场作为配置资源最有效的形式能够通过价格机制、供求机制和竞争机制等达到资源优化配置的目的。市场以组织和个人为主体配置资源，有利于调动组织和个人搞好资源配置的主观能动性。计划经济资源配置主要由政府承担，作为市场主体

---

① 张香丽，中共重庆市巴南区委党校讲师。

的组织和个人成为政府资源配置的被动执行者，没有资源配置的权利，这就完全扼杀了组织和个人的主观能动性。在市场经济条件下，组织和个人成为面向市场的独立决策的商品生产者和经营者，企业发展方向、资金投入的多少等这些涉及资源配置方面的权利，都由组织和个人自己掌握，而不由政府决定。这样，组织和个人由计划经济中资源配置的客体转变为资源配置的主体，自然激发出强大的生机和无限的创新活力，并由此促进经济快速高质量发展。

（二）有为政府创造人才创新的良好生态环境

政府作为政策的制定者和执行者，可以在充分调研的基础上，以人才的需求为导向，从人才的感受和建议中发现工作的盲点和不足，重点解决人才住房、就医、家属就业、子女就学等问题，解决人才创新的“后顾之忧”。根据人口结构和未来产业发展方向高标准制定人才发展规划，真正起到引领、支撑、推动人才创新的作用。在具体制定落实人才政策上大胆创新，将市场配置和政府引导的作用有机结合，使各类人才创业有机会、干事有平台、发展有空间，形成良好的人才创新发展生态环境的良好氛围。

（三）有效市场和有为政府相结合激发人才创新活力的互补协同作用

世界上没有完全有效的市场，也没有能力无缺的政府，市场和政府是不能互相代替的，要充分激发人才创新活力，必须将两者结合起来。这种结合既是相互补充，也是协同发展。相互补充体现在有效市场和有为政府在不同领域分别发挥不同的作用。比如在竞争性较强的科技领域，通过市场价格机制和供求机制，推动人才之间的竞争，进而达到人才创新活力的不断提升；在重大基础设施建设、关键核心技术等方面，则要通过政府发挥主导作用，为创新提供基础和保障。协同发展体现在有效市场和有为政府的相互依赖，一方面，市场“有效”依赖于政府提供有序、公平的制度保障；另一方面，政府“有为”在激发人才创新活力的前提下实现积极的“有为”。

二、激发人才创新活力面临的主要困境

（一）科技领军人才创新活力的困境：“结构不合理”与“官本位”思想制约

科技领军人才作为致力于利用创新性科技来推动社会发展，在高新技术领域中取得显著科技成果，为科技发展做出重大贡献的精英人才群体，在科技创新人才队伍中发挥着核心带动作用。科技领军人才创新活力不足的主要原因，是人才“结构不合理”与“官本位”思想的问题。科技领军人才绝大多数年龄偏高，青年科技领军人才占比相对较低。青年科技领军人才由于影响力不强和知名度不高等原因，他们难以获得相关的政策支持和经费保障，这在一定程度上影响了他们的创新活力。而受传统儒家思想“学而优则仕”的影响，成名之后的科技领军人才的导向也是当官，其科研创新的主动性和意愿极大地下降。

（二）高水平工程师和高技能人才创新活力的困境：“激励不足”和“机会缺失”制约

高水平工程师和高技能人才基本上都是在企业就职。目前，大部分企业虽然制

定了创新激励机制，但其效果并不好，主要原因在于：企业对高水平工程师和高技能人才创新的物质激励主要体现在奖金上，但奖金不多，对其起不到较强的正面激励作用；精神激励往往是口头表扬，没有与其岗位职级、未来发展联系起来，所以精神激励的效果也没有显现出来，抑制了高水平工程师和高技能人才进行科技创新的积极性。此外，在现实中，高水平工程师和高技能人才的经济和社会地位不高，特别是由于技师、高级技师的岗位有限，大部分高水平工程师和高技能人才有名无实，其发展机会较少，导致部分高水平工程师和高技能人才消极怠工，缺乏创新的劲头。

（三）基础研究人才创新活力的困境：基础设施欠缺和评价机制不完善

基础研究是技术创新的重要源头，是推动经济社会发展的重要动力。开展基础研究需要重大基础设施和大型科研仪器，这些设施和仪器大多集中在高校和科研院所，企业缺少相应的设施和仪器，这就导致集中在企业的基础研究人才缺少进行研究的设施和仪器，无法开展科学研究。高校和科研院所则由于使用的人较少出现利用率不高甚至闲置的情况，因此要激发基础研究人才创新活力，需要发挥政府的作用，实现资源共享。此外，基础研究一般周期比较长，不确定性大，短时间内效果不明显。但目前在基础研究人才考核、评定职称的过程中，大多以论文发表及获得的科研奖项为标准，这就导致基础研究人才被迫选择周期短、效果突出、容易通过考核的研究方向，从而阻碍了基础研究的创新发展。

三、以有效市场和有为政府相结合，激发人才创新活力的路径

（一）调整科技领军人才人才结构，适当放宽要求

1. 调整人才结构，营造公平竞争的良好氛围

破除科学研究中论资排辈的现象，改变科学研究人员职称评定和职务晋升渠道，切实将优秀青年领军人才推向科学研究的前线；减少“名人效应”和“官本位”思想对他们的影响，鼓励他们积极参与竞争，努力拼搏，在创新发展中体现自身价值。

2. 适当放宽要求，实施常规性资金支持

适当放宽对青年科技领军人才知名度、影响力、研究基础和前期工作积累的要求，减少竞争性经费，增加科研经费。根据青年科技领军人才工作岗位的性质、未来对社会的贡献及需求确定科研资助经费，改善他们的工作、生活条件，为他们一心一意进行科学研究提供制度保障，从而激发他们的科技创新活力。

（二）建立高水平工程师和高技能人才激励机制，拓展其发展机会

1. 建立激励机制，调动创新的积极性

物质激励主要是将创新与高水平工程师和高技能人才的薪酬、知识产权、工作岗位结合起来，将创新与物质利益真正结合起来；精神激励主要是在成绩的取得上给予一定的荣誉，在职称的评定上给予适当的加分等，调动高水平工程师和高技能人才创新的主观积极性。

2. 提供发展机会，实施多渠道晋升

在企业内部设置多渠道晋升通道，为高水平工程师和高技能人才设置不同的晋升通道，从各方面重视高水平工程师和高技能人才的发展，用长远的职业发展规划激励高水平工程师和高技能人才创新发展。

（三）实现基础研究人才资源共享，完善评价机制

1. 利用市场优势，实现资源共享

在政府的统一监管下，充分利用市场资源配置的优势，采取高校、科研院所与企业合作模式，实现科研基础设施与大型科研仪器的共享，为高校、科研院所人才提供科研的实践基地，为企业提供科研的基础设施。

2. 健全评价机制，发挥人才评价引领机制

建立健全以创新能力、质量、效果、价值等为导向的基础科研人才评价机制，实行长短期相结合的人才评价机制，是基础研究人才评价机制真正发挥引领作用，激发基础研究人才认真工作、不断创新的活力。

参考文献：

林毅夫．中国经验：经济发展和转型中有效市场与有为政府缺一不可［J］．行政管理改革，2017（10）：12-14.

论在新形势下提高行政执法水平的思考

裴正良[①]

摘　要：随着政治体制改革进程的稳步推进，行政执法体制持续优化完善，执法工作形势与执法工作环境发生了较大变化。本文重点研究了行政执法的意义和作用，针对当前行政执法突出问题提出了在新形势下提高行政执法水平的路径和措施。

关键词：新形势；行政执法；意义；提高；措施

当前，我国仍处于社会主义初级阶段，改革进入攻坚期和深水区。在国家政治体制改革过程中，民主法治体制建设也在持续进行，加快了行政执法体系的优化完善，特别是党的十九届三中全会研究深化党和国家机构改革问题，把深化综合执法改革作为专项任务。形势的发展、人民的期待对于行政执法工作效率、质量、水平等方面提出了诸多新要求。当前，我国个别执法部门或组织依然存在执法不规范、不严格、不透明、不文明、不作为、乱作为等问题，不仅严重损害了国家行政机关在人民群众心目中的形象，还引起了人民群众对行政执法能力、执法权威、执法目的的质疑，也成为诱发各种社会群体性事件的主要原因。因此，在新形势下提高行政执法水平，具有很强的针对性和现实意义。

一、行政执法的含义

行政执法主要是在国家法律、行政法规、行政规章、执法原则的指导下履行公共行政管理职能的过程，执法主体为国家行政机关和法律法规授权的组织，执法目的主要是为了保障公共社会秩序的和谐与稳定，保护公共利益不受侵犯，促进社会健康发展。行政执法活动是通过抽象和具体的行政行为得到具体体现的。

二、行政执法在法治政府建设中的意义和作用

（一）行政执法是法治政府管理经济社会事务的主要方式

纵观世界各国的法治状况，所有法治国家均是以立法的形式规范社会治理和国家管理，即社会事务与国家事务均是以法治化进行管理和约束。在法治国家的法律体系中，行政法律规范占有极其重要的地位，以大量的行政法律条文、行政法规和

---

① 裴正良，中共重庆市垫江县委党校教师。

规章规范制度在法律体系整体结构中占据了80%以上的份额。由此来看，行政执法的覆盖面非常广泛，是国家法治体系的核心。概括而言，国家法律法规和规章制度均是由行政机关及法律法规授权的组织通过行政执法得到贯彻落实，通过行政执法管理经济社会事务，执法水平对国家治理体系构建和治理能力现代化有着极其重要的影响。

（二）行政执法关系到人民群众对法治国家的信心

行政执法具有广阔的覆盖面，一头连着政府，一头连着群众，同基层和老百姓联系最紧密，直接体现政府的执政水平。当前，执法实践中存在的问题集中表现在执法不规范、不严格、不透明、不文明、不作为、乱作为等方面，严重损害了国家法律权威。尤其是最近几年一些地方仍然出现运动式执法、钓鱼执法和一刀切式强制性执法，造成了许多行政执法问题。大量事实证明，一次不公正的执法司法活动，对当事人而言，轻则权益受损，重则倾家荡产。这些问题必须下大气力解决，努力让人民群众在每起案件办理、每件事情处理中都能感受到公平正义，让老百姓重拾对法治国家的信心。

（三）严格行政执法对构建良好营商环境意义重大

习近平指出，“法治是最好的营商环境”，任何类型的市场主体均渴望享受法律的公平、公正、平等保护。营造以公平、效率为核心理念的市场化、法治化、国际化营商环境的前提是确保《中华人民共和国民法典》的有效落实，实现法律法规的有效执行，健全市场公平竞争法制体系，优化经济市场环境。要大力推进简政放权，以市场准入制和负面清单制为守法企业提供有力支持，进一步增强市场经营主体的合作意识与良性竞争意识。在法律法规不限制或限制制度不明确的行业领域，应提倡和鼓励民间资本参与其中，国家宣布全面开放和逐步开放的领域不能拒绝民间资本的进入，任何影响非公有制经济发展具有负面影响的规定和行政条例都应废除，任何滥用行政执法权、限制市场竞争、违反国家行政法规的行为都应得到纠正。

三、提高行政执法水平的路径和主要措施

（一）严格规范公正文明是行政执法基本要求

严格、规范、公正、文明执法是行政执法工作的基本要求。这里所说的严格是指制定规范且具有约束作用的行政执法准则；公正是指以公正性原则为核心，树立科学的执法价值观，为行政执法提供正确的价值导向；文明是指以较高的执法职业素养，鞭策执法人员确保文明执法。现在行政执法出现的问题一般来讲都和“严格、规范、公正、文明”八个字有关，但是主要在“严格”上出问题，也就是执法时出现失之于宽、失之于软的现象。一方面，我们要强调涉及群众的问题要杜绝暴力执法、野蛮执法、“委托暴力”等执法手段；另一方面，我们要强调严格执法，划定依法执法与违法行为之间的界限，在惩处违法违规行为的过程中，不要畸轻畸重，确保法律正确实施。目前，在环保、食品安全管理、劳动保障领域最典型的问题是行政执法部门和刑事司法部门衔接不顺畅、协作意识不强、执法过程脱

节，严重削弱了法律的威慑力，扰乱了正常经济秩序。如在环境保护领域出现违法成本低、守法成本高的现象，违法犯罪思想和行为难以遏制，结构性污染不断加剧，视法律为儿戏。诱发这些问题的主要原因是执法不严。

（二）各级党委对行政机关严格执法要给予支持和配合

对于行政机关严格执法的行为各级党委要给予大力支持和配合。习近平总书记对此也有明确的要求："对执法机关严格执法，只要符合法律和程序的，各级党委和政府都要给予支持和保护，不要认为执法机关给自己找了麻烦，也不要担心会给自己的形象和政绩带来什么不利影响。"① 因此，在新形势下必须转变观念提高认识水平，重点处理好三个方面的问题：一是现在有一些地方将支持社会经济发展放在首位，忽略了公平公正执法的重要性，甚至将两者对立起来，认为依法检查企业经营问题和依法处罚违法企业会造成企业投资积极性降低，不利于市场经济发展，从而在行政执法方面不够积极或不作为。二是一些地方官员以投资环境优化为"借口"，对行政执法过程横加干扰。三是一些地方政府对行政执法经费配置较少，设置的办公场所非常简陋，交通工具匮乏，导致行政执法成效较差。以上这些内外因素，使正常的行政执法工作受到干扰，挫伤了执法人员工作的积极性。

（三）强化行政执法的监督和制约

大量事实证明，行政执法没有监督制约机制就会导致行政权力滥用，也会滋生各种腐败现象。因此，在强调严格执法的同时，也要强调行政执法监督和制约。一是充分研究本行政区的行政执法问题，不定期检查行政执法实效；二是健全行政执法责任追查机制和惩处机制，建立行政执法绩效考评体系；三是建立行政文件审查和备案制度，以及重大行政执法问题处置机制；四是根据国家体制改革的要求，健全和完善行政执法体系，建立决策权力、行政执法权力、行政监督权力相互协调制约的行政执法督管机制；五是建立公开透明的行政执法信息公示机制，坚持以公开为常态、不公开为例外，行政执行过程和行政执法结果等公开透明，让权力在阳光下运行。总之，把行政执法监督活动全面纳入法治轨道。

（四）抓住领导干部这个"关键少数"

领导干部做到遵纪守法、严以律己、客观公正等，有重要的示范和引领作用。各级领导干部要以身作则，积极学习相关法律法规，开展各项工作要于法有据。领导干部用法的关键在于持续深化法治精神学习，将法治思想转变为实实在在的法治行为，立足于法治思维、法治方式思考和解决问题。领导干部必须时刻保持较高的政治觉悟，充分认识法治政府建设的重大意义，健全行政执法责任追查机制和惩处机制，持续提高法治政府建设实效。

（五）建设高素质带头守法行政执法队伍

执法机关的执法人员应当自己带头尊法、学法、守法、用法，才能为规范执法、公正执法、文明执法打下坚实基础。习近平总书记指出："法律需要人来执行，如果执法的人自己不守法，那法律再好也没用！"② 严格规范执法行为，优化执法

① 中共中央文献研究室．十八大以来重要文献选编［M］．北京：中央文献出版社，2014：722-723.

② 中共中央文献研究室．习近平关于全面依法治国论述摘编［M］．北京：中央文献出版社，2015：58.

机制，健全执法监督体系，提高执法能力，严格执法资质条件，完善执法人员的资质审核制度和资格认定标准，所有不符合资格审核要求的人员，不得授予执法权力，禁止开展任何执法活动。进一步整合行政执法队伍，加强综合执法体制建设，拓宽不同行业执法部门协同渠道，建立相互支持、密切配合、信息共享的跨行业执法工作联动机制。逐步放开市级政府与县级政府的执法权力限制，做好执法人员教育培训，完善执法资源配置体系，加大基层政府执法支持力度，提高行政执法能力。

“天下之事，不难于立法，而难于法之必行。”全面推进依法治国的重点应该是国家行政机关确保法律全面正确实施。行政执法是行政机关履行政府职能、管理经济社会事务的主要方式。完善行政依法执法体系，要抓住关键环节，久久为功，努力让人民群众在每起案件办理、每件事情处理中都能感受到公平正义。

推动成渝地区数字政府治理的路径思考①

严长安②

摘　要：数字政府治理是智慧社会建设的重要补充，是社会治理的重要基础。要推动成渝地区双城经济圈建设，形成优势互补、高质量发展的区域经济布局，离不开两地数字政府治理的参与。应从做好顶层制度设计，推进数字政府治理系统化发展、打通数据壁垒，推进政务平台数据“三共”发展、以公众为中心，促进成渝地区数字政府治理能力提升。

关键词：数字政府治理；发展基础；路径思考

党的十九届四中全会《中共中央关于坚持和完善中国特色社会主义制度 推进国家治理体系和治理能力现代化若干重大问题的决定》提出，“建立健全运用互联网、大数据、人工智能等技术手段进行行政管理的制度规则。推进数字政府建设，加强数据有序共享，依法保护个人信息。”为政府治理现代化提供了基本方向和根本遵循。加强成渝两地数字政府治理能更好地促进两地经济融合，推动两地高质量发展，实现两地数据有序共享，保护两地公民个人信息，是两地未来数字政府治理的方向与遵循，是双城经济战略作用于社会建设各个方面的重要体现。

一、成渝地区数字政府治理的发展基础

（一）“云上贵州”为数字政府治理提供了参考方向

数字政府治理是数字中国的重要构成内容，是成渝地区双城融合发展的重要组成部分。纵观我国数字政府的发展历程，主要经历了三个阶段。第一阶段，20 世纪 90 年代末至 2006 年。这一时期实现了电脑的基本普及与政府办公网络的互联互通，以提升政府治理效率。第二阶段，2007—2012 年。这一阶段基本实现了“两网一站四库”的建设。“两网”，是指政务内网和政务外网；“一站”，是指政府门户网站；“四库”，即建立人口、法人单位、空间地理和自然资源、宏观经济四个基础数据库。第三阶段，2013 年至今。在这一阶段，4G 网络全面普及，大数据时代来临，2015 年，国家启动了大数据发展战略。“云上贵州”作为第一个以集聚、

---

① 本文系中共重庆市委党校（重庆行政学院）、中共四川省委党校（四川行政学院）“成渝地区双城经济圈建设”专项课题：“成渝地区数字政府治理的现实困境与突破路径研究”（CQDX2020BZX-029）的部分研究成果，课题主持人：严长安。

② 严长安，重庆市丰都县行政学校办公室主任、高级讲师。

融通、应用为核心的省级政务数据平台，推动了大数据电子信息产业的应用与发展，为致力于满足政务治理与各类企业客户的需求提供了差异化服务。“云上贵州”的出现，为成渝地区数字政府治理提供了参考方向，其公共信息平台与公共应用支撑平台为实现成渝地区数字政府治理中面向社会公众的数据信息和应用交互提供了参考。

（二）大数据时代为数字政府治理提供了建设向度

大数据是成渝地区数字政府建设的基础，大数据技术的嵌入是数字政府治理的必然要求，“三视”（审视、正视、重视）大数据技术在成渝两地数字政府治理中的作用，能提高成渝地区政府的数字治理能力，为成渝双城经济圈提供发展动能与上升引擎。“大政府小社会、观大概略细节、重管控轻治理”等颗粒度粗放的共性问题仍然广泛存在于政府管理过程中，在“构建以国内大循环为主体、国内国际双循环”大背景下，成渝两地社会利益诉求更显多样化。大数据在决策咨询领域中的应用，能有效提高数字政府治理水平，使成渝两地在融合经济社会发展政策前，打通成渝两地数字政府决策的神经中枢、塑造数字政府决策的神经末梢、擘画数字政府决策的神经回路，事先提高研判水平，促进成渝两地政府决策科学化，提高成渝两地数字政府治理水平，促进成渝两地公共服务高效化。

（三）“5G+”为数字政府治理建设赋能

“5G+”的到来，促进了各地数字政府的发展。国家行政学院电子政务研究中心发布的《省级政府和重点城市网上政务服务能力调查评估报告（2019）》显示，国内省级政务服务平台已基本建成。中国互联网副理事长高新民指出，我国数字政府将迎来新的发展点，5G 将催生新一代通信网络基础设施，大数据、人工智能将更加科学化与智能化，更加高效、便捷。数字政府的特征应更加高效、更加高质量，而且是更加低成本的政府监管服务能力。成渝地区数字政府治理立足于 5G 时代，5G 时代为成渝两地数字政府治理提供了新的发展机遇。基于云计算与大数据的处理能力，成渝两地在数字政府治理上，能搭建基于两城复杂场景下的多维度城市信息处理数据平台，构建成渝两地应急处理体系、风险预警体系以及与成渝两地经济社会发展息息相关的治理策略。

二、成渝地区数字政府治理的突破路径

（一）做好顶层制度设计，推动数字政府治理系统化发展

推动成渝地区融合发展，做好顶层制度设计，才能更好地推动成渝两地数字政府治理系统化发展。具体来说，一是以大局观、整体观做好成渝两地数字政府治理决策。在政策制定上，应做好成渝两地的制度设计，优化行政体制改革。成渝两地在数字政府治理上，注重转变效率优先及工具理性价值，加强成渝两地在数字政府治理上的能力建设与权责匹配，改变原有基层政府“小马拉大车”的困境。二是加强成渝两地属地制度建设，促进数字政府治理制度化发展。制度是一种程序规范的控制理论，要解决过去基层政府行政制度不完善的问题，这就要求加强成渝两地属地制度建设，促进其制度化发展。制度的设计在于政府对数字政府治理规则的遵

守，加强成渝两地属地制度建设，能有效促进数字政府治理融合。三是建立完备的管理体制，破解治理规范上无细节的难题。成渝两地在数字政府治理过程中，应让治理模式适应新时代公众需求与治理需求。四是探索建立成渝地区数字政府指挥中心，破除建设标准不一致的难题。成渝地区在数字政府建设上，可以探索建立总指挥中心，建设标准化的治理系统与治理流程，“一根指挥棒”统一部署成渝两地数字政府建设，协同成渝两地各地级市（区）县，因地制宜做好数字政治建设部署。

（二）打通数据壁垒，推动政务平台数据“三共”发展

促进成渝地区数字政府治理，应打通成渝两地数据壁垒，推进政务平台数据“三共”（共建、共通、共享）发展。对于数字政府中的数据“三共”问题，除了上述做好顶层规则设计外，还需满足成渝两地实际所需，形成左右联动，对内形成数据联动方式，对外明晰数据产权，积极推进成渝两地数字政府治理。具体来说：一是考虑设立成渝两地“联合首席数据官”。“2017 年发布的《国际数字政府评估排名研究报告》指出，造成中国数字政府建设发展缓慢的根本原因是政府首席信息官（GCIO）的缺失。”二是做好数据认同是成渝两地“三共”发展的基础。成渝两地公众对数字化政府治理的认同来自政务数据是否满足使用需求，政府应尊重公众对商业平台的选择，同时做好成渝两地各个平台的数据认同。三是在成渝两地探索开展数据产权确权工作。数据确权是优化数据壁垒的有效路径，是做好数据红利分享的有效方式。规范成渝两地政府和部门之间的数据采集、使用与管理较为有效的方式是将数据作为产权进行确权。从资源界限上进行划分，这是实现公共利益的优选方案。政务数据平台常涉及公共数据资源、个人数据资源、企业数据资源，在三者数据资源上，数据确权应做明确区分，从国家宏观、企业中观、个人微观上进行分类确权，加强个人信息隐私保护，以“四谁”（谁主管、谁定级、谁使用、谁管理）原则，梳理数据目录，制订共建、共享、共通计划，落实主体责任。

（三）以公众为中心，构建数字政府服务体系

以公众为中心，能转变工作人员价值理念。数字政府强调社会管理职能，从管理型政府到服务型政府的过渡，正是近年来“放管服”改革的意义所在。数字政府的终端是公众而非政府，强调政府管理、治理职能后，能很好地对“以政府为中心”的数字政府治理理念进行修正。具体来说，一是树立以公众为核心的价值理念。成渝地区数字政府治理是一个漫长的过程，推进数字政府治理，要将以“公众为核心”理念贯穿服务全过程，为公众寻找最佳的数字化终端体验。二是加强工作人员伦理、技能品格培养。为了更好地提供高效的数字政府治理服务，提高工作人员的伦理自觉性尤为重要，树立公益至上、公众至上，不能滥用公共社会管理权力。强化公众信息、国家机密保护意识，对贩卖数字政府治理中各种数据信息的行为进行严惩，能有效治理工作人员伦理失范行为，强化服务动机，加强技术培训，重视受害者“同理心”培养，给予工作人员提升数字治理能力的必要时间，增加道德品格与伦理自觉。

参考文献：

［1］周雅颂.数字政府建设：现状、困境及对策：以“云上贵州”政务数据平台为例［J］.云南行政学院学报，2019，21（2）：120-126.

［2］臧超.大数据时代数字政府的建设向度［J］.延边党校学报，2020，36（3）：57-61.

［3］王莉莉.5G+数字政府为城市赋能［J］.中国对外贸易，2019（8）：28-30.

网络时代背景下政府行政能力建设的思考

周双双①

摘　要： 网络的发展改变着传统的政治生态并引发了一系列的网络政治现象，对我国政府的行政能力提出了新的挑战和更高的要求：信息安全管理挑战、主权维护挑战、综合素质挑战、政府的形象挑战。因此，为了顺应网络时代发展要求，必须加强政府行政能力建设，以此提高政府在网络时代背景下的行政能力。

关键词： 网络时代；信息；政府；行政能力

当前，互联网正将其强大的影响力渗入政治领域，并渐渐改变着我国传统政治的政治生态，引发一系列网络政治现象。因此，面对这种不可逆转的趋势，我们必须理性认识在信息时代所面临的各种挑战和冲击，及时研讨网络时代的政府创新方案，以此来顺应时代发展的潮流，证明其在网络时代存在的合理性，进而提升政府在社会主义现代化建设中的能量，即政府行政能力。

一、网络时代对政府行政能力提出的挑战

网络是一把双刃剑：一方面，它为政府行政职能的实现提供了一种现代化的工具，改变了政府行政运行方式，提高了政府的工作效率；另一方面，它又给政府的行政能力带来了一系列挑战。

（一）信息安全管理的挑战

“政府是国家进行阶级统治、政治调控、权力执行和社会管理的机关”，它负责国家对内、对外职能的实现，其中维护国家的信息安全关系着一个国家的稳定和安全，是政府行政职能中非常重要的一项任务。美国军事预测家詹姆斯·亚当斯在他的《下一场世界战争》一书中写道：“在未来的战争中，计算机本身是一种武器，前线无处不在，夺取空间控制权的不是炮弹和子弹，而是计算机网络里流动的比特和字节”。而“如今由于网络的自由性突破了国界，各种思潮、观点在世界范围内恣意交流、交融和交锋”，使得信息的管理变得更困难。此外，一些科技发达的西方国家还趁此机会大量培养网络技术高手以此来盗取有关我国国防、军事等高级机密。不仅在国际上如此，在国内也有一些不法商业分子，趁机利用网络的特点大量制造计算机病毒，破坏电脑程序，入侵我国经济、政治等领域窃取机密，威胁

① 周双双，重庆市綦江区行政学校讲师。

着我国国家信息安全，所以说网络技术在发展的同时也对我国政府在信息安全管理方面提出了更高的要求，增加了政府的工作量和难度。

（二）主权维护的挑战

“技术的发展与主权是一种复杂的函数关系，一般而言，技术手段的不断改进总是向既有的主权观念提出挑战，制约其行使的范围，甚至趋于不断弱化”，这表明，网络技术的发展也会对一个国家的主权提出挑战。如今，出现了许多不同的政治团体，甚至各国政府也开始利用网络渠道来对其他国家及地区的人们进行意识和行为领域上的宣传，企图达到颠覆和动摇他们的目的。同时，在网络社会中，网络的多接点和低成本的结构，加上其开放性和匿名性等特点，使得任何个体和组织在任何时间、任何地点都可以通过网络平台向全社会和政府实施毁灭性的攻击，而我们的政府在网络社会中的发展还不成熟，在一些突发事件中很难及时找到攻击的发源地，所以也无法及时采取相应的应对措施，因此“如何防范和反击信息战进攻，由谁负责防范和反击，最根本的是以对付国外潜在敌人的方式还是以对付国内犯罪的方式进行防范和反击都成了问题”。这在一定程度上增加了政府维护国家主权的难度。

（三）综合素质的挑战

一方面，对政府官员利用网络的观念和能力提出挑战。计算机网络作为一种新的信息交互传播媒介，它与传统的广播、报刊、电视等媒介相比存在较大的差别，它的优势使得它成为现代工作和生活所必备的工具，但如今一些年长的政府官员，特别是一些落后地区的政府官员大多还保留着一些传统的思想，不愿意接受这种高科技的新事物，反而喜欢用传统的办公工具工作，这会直接影响政府的行政工作效率。另一方面，对政府的舆情控制能力提出挑战。网络作为人们进行信息交流的平台，人们会时刻高度关注与自己利益相关的舆论热点和焦点，特别喜欢关注政府在那些事件后的态度和所采取的措施，一旦政府在这些事件中处理不到位，这就很容易形成网络舆情，引起群众不满，导致社会的不稳定，所以网络在发展的同时对政府的舆情控制能力提出了更高的要求。

（四）政府形象的挑战

良好的政府形象是政府获得民心、维护政治稳定的重要保障。近年来，一些媒体和网民通过网络渠道广泛传播一些政府官员贪污腐败的负面事件，将那些以权谋私、徇私枉法等有关政府不良形象的事件大肆在网络中传播。其目的就在于通过网络无穷的力量使它们得到放大，导致政府官员的形象在人民心中渐渐淡化，甚至失去民心，因此网络时代政府在维护自身形象方面还有待努力。

二、政府行政能力建设分析

网络技术在我国的发展得到了政府的高度重视。但是，从整体来看，我国的网络与政治之间的发展还远远不如美国等西方发达国家。如何利用网络技术来实现政治理念的现代化、政治运行方式的现代化等，还有待我国政府积极、主动应对，自党将政治工作与网络的发展结合起来，以此提高政府行政能力，促使我国民主政治的发展。

（一）加强网络信息安全管理

如今在国内外都存在一些别有用心的不法分子，利用非法手段通过网络渠道破坏电脑程序，获取国家和他人的机密，这不仅不利于社会稳定，而且会影响我国的主权问题，因此我国政府必须引起高度重视，加快网络立法和执法，采取相应的措施，以此维护国家的信息安全。

（二）加强高素质工作人员培养

一方面要转变观念，加强政府工作人员对网络技术的学习。在信息化时代，对政府官员特别是老一辈的官员，要加强网络知识的宣传，让他们了解网络的优势、特点及功能，并让他们体会到在信息社会化时代下政府行政职能的实现必须借助网络工具，从而促使他们转变观念，进而愿意接受网络工具，主动融入知识化、网络化、信息化的时代潮流中。同时，加强政府官员的道德与法律素质修养。通过完善相关的法律法规，加强他们的道德和法律修养，使他们明确自己的职责，要在自己的权力范围内行使职权。另一方面，还应加大法律的处罚力度，这样一来就会使他们自觉做到心系群众、勤俭节约、发扬民主、廉洁从政、生活简朴、生活正派，并通过网络渠道在全国人民心中留下好形象，以此来得到人民群众的拥戴和支持，为我国政治发展奠定良好的群众基础。

（三）加强政府对网络的合理利用

政府工作人员在熟知网络功能和操作技能后并不能就此说明政府工作人员就能做到合理利用网络工具，善用网络来为政府行政职能的实现服务。因为政府要做到真正合理利用网络还必须发挥他们的才智，要善于加强网络舆情治理，要勇于接受网民的监督，真正懂得政治与网络之间的关系，从而为政治工作服务。

（四）进一步完善政府信息公开制度

政治文明是我国实现现代化的重要内容，公开是民主政治的基本要求，实现信息公开是广大人民群众参与民主政治的前提。随着我国民主政治的发展，广大的民众都在呼唤阳光政府，希望政府权力能够在阳光下运行。因此，政府要想其行政能力提高，必须实现其决策的科学化、民主化，提高决策的公开性、透明度。此外，随着网络信息资源的公开化，政府网站已经成为政府向社会发布信息的窗口和人民群众了解政府权力运作和监督政府的桥梁。因此，我们必须大力推进电子政务，完善信息公开制度，充分利用政府网站、政府报刊、新闻发布会等渠道，自觉将政府的决策和政务公开，提高办事的公正性、公开性，使权力在阳光下运行，确保群众在我国政治生活中的知情权、参与权和监督权，进而获得人民支持，推进我国民主政治的发展。

参考文献：

[1] 谢庆奎. 当代中国政府与政治 [M]. 2 版. 北京：高等教育出版社，2010：3.

[2] 伏立光. 论国家网络信息伦理 [J]. 中国图书馆学报，2002 (1)：3.

[3] 蔡翠红. 试论网络时代对当代国际政治的影响 [J]. 世界经济与政治，2001 (9)：25.

[4] 周笑梅，周光辉. 互联网对国家的冲突和国家的响应 [J]. 政治学研究，2001 (2)：42.

国家生猪大数据带给数字政府建设的启示研究

——以重庆市荣昌区为例

程 斌[①]

摘 要：本文分析了新阶段数字政府建设与数字乡村建设的关系，归纳了国家生猪大数据创新实践的历程与主要做法，研究了国家生猪大数据给数字政府与数字乡村建设的启示。

关键词：国家生猪大数据；数字政府；数字乡村；启示

在重庆市荣昌区建设的国家生猪大数据中心是我国首个、目前唯一的畜牧单品国家级大数据公共服务平台，相关案例入选国家7部委联合组织编制印发的《数字乡村建设指南1.0》。这既涉及数字乡村微观建设、一二三产业融合发展，又涉及“菜篮子”民生工程、政府宏观调控，为新阶段数字政府与数字乡村融合发展提供了许多有益启示。本文是笔者在调研的基础上进行的初步研究。

一、新阶段的数字政府建设需要融合数字乡村建设

（一）数字政府部分公共数据资源既源于乡村又服务于乡村

乡村振兴中的乡村包括乡镇和村庄等。传统意义的数字政府涉及乡镇。数字乡村建设是乡村振兴的重要内容，数字乡村包括乡镇的数字化建设。因此，数字政府与数字乡村在乡镇这块存在交集。同时，数字政府服务的对象，既涉及城市和乡镇街的居民，还涉及村庄中的村民、自然地理空间等。这一部分公共的自然人、经济组织、自然地理空间的大数据也是数字政府数据资源建设的重要内容。这方面在过去的信息化中还发展得不充分不平衡。未来，随着数字乡村的发展需不断加强。

（二）数字政府的部分功能涉及数字乡村的功能

数字政府与数字乡村在乡镇这块存在交集，公共数据资源在乡镇、村庄存在交集，自然功能应用也存在交集。数字乡村建设包括乡村数字经济、智慧绿色生态、网络文化、数字治理、教育、医疗健康、养老信息惠民服务等。这与数字政府的经济管理、生态文明建设、网络文化、社会治理、民生服务等是有机统一的，是数字政府在乡村领域的功能应用，应为一个有机整体，而不是数字政府与数字乡村“两张皮”。

---

① 程斌，中共重庆市荣昌区委党校系统分析师（高级工程师）、高级讲师。

（三）数字乡村中农产品数字化“认证”需要数字政府统筹管理

食品健康安全是高质量高品质的要求。运用智慧化手段加强食品安全全程管理，已成为当前和今后的一种必然。乡村是城市的菜地、生态畜牧养殖地、后花园。目前，全国各地也在纷纷运用信息技术开展“网上绿色农产品认证”。这种“认证”有农户级、乡村级、区县级、省级等，标准很多，老百姓不便辨识。这需要政府从公共管理服务角度加以统筹、整合，提高其权威性。

（四）解决城乡数字鸿沟问题需要城乡一体信息化协调发展

在过去20多年的信息化过程中，因为城乡基础的差异性，城乡的信息化发展也是不平衡的，存在城乡间、地区间的差异。随着信息化基础的发展和积淀，这种差距在有的地方有扩大的趋势，存在城乡数字鸿沟。最典型的就是智慧化、移动支付在农村的普及远远不如城市。未来，在数字城市的建设中若还只是规划发展城市部分的应用，则会拉大城乡数字鸿沟的距离。数字化也需城乡一体协调发展，以利于补齐农业农村发展中的短板和巩固拓展网络帮扶成果，提高农业农村现代化水平。

二、国家生猪大数据中心的创新实践为我们提供了重要范例

（一）建设背景与历程

2019年，国家决定在重庆市荣昌区建立国家生猪大数据中心后，重庆市人民政府成立了以李明清副市长为组长的专门建设协调小组，负责贯彻落实国务院决策部署、农业农村部、市委市政府相关工作要求。随后，荣昌区委、区政府组专门建立了重庆（荣昌）生猪大数据中心，具体负责建设和运营。

（二）主要实践

（1）构建生猪产业数字资源体系和标准体系。

（2）搭建“荣易管”“荣易买”创新平台，对猪肉产销开展全程溯源实时监管。基于检疫出证业务流程和实名管理，生猪数字监管平台“荣易管”对各环节市场主体、监管主体行为实现痕迹化监管，生猪防疫检疫等证明文件电子签章；生猪产品溯源系统“荣易买”平台，从养殖到销售每个环节实现了一猪一生一码，保障食品安全。目前，“荣易管”平台已成功接入全国200个农贸市场、622个种猪场和全国进出口贸易涉猪数据，构建起覆盖全国各区域、产业全链条的多维度数据采集体系；全面收录15 000余户生猪养殖户、212名动物防疫和检疫人员、210个生猪贩运主体和16家屠宰企业信息，实现18.5万头生猪全链条“一站式”实时监管；成功打造生猪全链条、全过程溯源的地方品牌。

（3）搭建“荣易养”创新平台，提升生猪生产现代化能力。智慧养殖管理系统“荣易养”实现了实时分析生猪活动行径和健康状态，提高了养殖效率、降低了死亡风险；通过大数据分析解决产销对接信息不对称问题，引导散户科学饲养，逐步形成生猪养殖的荣昌示范。

（4）搭建“荣易卖”交易平台、发布生猪价格指数，优化交易和产业调控。

推进国家级生猪大数据中心和国家级生猪交易市场一体化建设；与大连商品交易所联手，开展生猪期货交易，实现了自营、撮合、联营、期货等多种交易模式，实现了“生猪活体线上交易+线下交收”，形成了生猪“产融”紧密结合、产销有效对接的新方式。国家生猪市场，年交易额 49.87 亿元，累计交易金额近 1 000 亿元。联合川渝农业农村部门编制发布了生猪指数，为全国生猪市场提供“行情表”和“风向标”，用数据提高生猪产业宏观调控的科学性。

三、启示

（一）以人民为中心

国家生猪大数据既影响“钱袋子”，又关联“菜篮子”。国家生猪大数据中心的建立，立足“国家平台、公益主体、科技创新、推动产业、服务市场、造福三农”的目标定位，致力于搭建服务政府决策和生猪产业发展的国家级公共平台，为国家精准调控生猪产业发展提供第一手决策依据，体现了以人民为中心的思想。在数字乡村建设中，要牢固树立以人民为中心的思想。

（二）着力产业发展的难点、民生实事，因地制宜抓关键点

国家生猪大数据中心是基于坐落于荣昌的国家畜牧科技城、国家现代农业示范区、国家现代畜牧业示范核心区，全国老牌畜牧科教实力，运行于生猪实体产业之上。其产业在建设中，抓住了大数据实体运行的本源，从生猪产业实体链出发，着力数字资源、标准、管理、监测预警、综合应用等关键点。因此，各地在规划和建设乡村数字经济，搞农业产品数字化时，应选择有基础、有潜力的实体产品作为突破口，着眼整体，分步实施。在发展中，要注意防止一些错误倾向。一要切忌空而不实。数字乡村的农产品数字化、数字产业化，都必须要有实体农产品作为支撑。二要切忌同质化。“一村一品”在发展历史中也出现过类似现象。三要切忌一蹴而就。从荣昌建立国家生猪大数据中心的实践过程来看，也经历了长期的积累。

（三）加强宣传推广

农业品的数字化产供销、新平台、新消费模式都是全新的。这不能沿用“好酒不怕巷子深”的思路，必须加强宣传推广。从国家生猪大数据中心的实践来看也是这样的。从无到有，从小到大，运用大数据、云技术等，开始还不为大家熟悉。为此，建设中适时加强宣传，通过央视、重庆卫视和荣昌新闻专题报道，《人民日报》《经济日报》《重庆日报》特约报道，《农民日报》全国“两会”特刊；智博会——生猪产业高峰论坛、农交会集中发布荣昌猪标准体系和区块链溯源应用新技术、新产品信息；向各地参观考察团宣传国家生猪大数据中心。这才能使更多的人了解、参与，使国家生猪大数据中心得以更好发展。

（四）网络安全同步协调发展

习近平总书记指出，网络安全牵一发而动全身，深刻影响政治、经济、文化、社会、军事等领域安全。乡村数字经济领域，没有网络安全也是不可持续的。荣昌在建立国家生猪大数据中心中始终高度重视网络安全，确保其数据、平台、运行安

全。这为我们提供了重要的实践启示，数字乡村建设要与网络安全结合起来。实践中，一要防止因为只投入基础功能建设，没有资金保障安全投入而影响正常运行，应把基础功能与安全设施作为一个整体加以建设；二要防止安全投入一劳永逸的认识，动态把好相对网络安全关，促进数字乡村持续发展。

参考文献：

荣昌新闻网. 期现协同双驱动 助力破解猪周期 中国农牧产业（衍生品）大会生猪论坛 暨首届中国生猪交易大会在荣举行［EB/OL］.（2021-10-22）［2021-12-20］. http://www.cqrc.org.cn/html/2021-10/22/content_51769190.htm.

中国共产党领导国家治理现代化的独特优势与实践路径

莫申容[①]

摘　要：党的领导在确保国家治理沿着正确方向前进、国家治理协同推进、国家治理取得实效等方面具有独特优势。新时代新阶段要充分认识党的领导优势，发挥党在国家治理现代化中的政治领导作用、党在国家治理现代化中的思想引领作用、党在国家治理现代化中的群众组织作用、党在国家治理现代化中的社会号召作用，自觉把思想和行动统一到党中央关于国家治理各项决策部署上来，深入推进党的领导优势向国家治理效能转化，实现国家治理体系和治理能力现代化。

关键词：党的领导；国家治理现代化；独特优势；实践路径

中国共产党在革命、建设、改革历史征程上，成功应对一系列风险挑战、化解一切危机、克服无数困难和挫折，创造出令世人震惊的经济快速发展和社会长期稳定两大奇迹，经济、政治、社会、文化、生态文明建设等方面都实现了突破，取得令世人瞩目的成就，综合国力明显提高，老百姓获得感、幸福感、安全感不断增强，国际地位和国际影响力显著提升，中华民族迎来了实现伟大复兴的光明前景，充分彰显了党的领导这一最大优势，谱写了“中国之治”伟大奇迹。习近平总书记多次强调：“中国特色社会主义最本质的特征是中国共产党的领导，中国特色社会主义制度的最大优势是中国共产党的领导。”可见，推进国家治理现代化必须把党的领导贯穿全过程，引领方向，把舵领航，将党的领导优势转化为国家治理效能，有序有效推进国家治理。

一、中国共产党领导国家治理现代化的独特优势

（一）党的领导确保国家治理沿着正确方向前进

新中国成立后，中国共产党从理论与实践上对治理中国的问题进行了探索，有曲折、坎坷，但在国家治理方面积累了丰富的经验，取得了重大突破。党的十八大以来，中国共产党以全新的视角、理念，着眼于国家的长治久安，做出了推进国家治理现代化的战略部署，探索国家治理体系和治理能力的问题，国家治理现代化水平明显提高，有效应对了各种挑战、抵御了各种风险、克服了各种阻力、解决了各

① 莫申容，中共重庆市沙坪坝区委党校讲师。

种矛盾。实践证明，只有毫不动摇坚持党的领导，并在党的领导下进行伟大斗争，发挥党统领各项改革的能力，才能确保国家治理沿着正确方向前进，战胜国家治理现代化道路上的一切艰难险阻。国家治理现代化是一个既庞大、复杂又长期的系统工程，涉及很多方面，这项重大而有历史意义的战略任务能不能办好，尤其是当今世界正面临百年未有之大变局，机遇和挑战并存，把准国家治理现代化的方向就显得尤为重要。因此，唯有把党的领导落实到国家治理各领域，坚定不移走中国特色社会主义的国家治理现代化道路。

（二）党的领导确保国家治理各方面协同推进

新冠肺炎疫情既是一次防控大考，又是对我国国家治理效能的一次全面检验。自新冠肺炎疫情发生后，党中央高度重视人民群众的生命安全和身体健康，紧急调动和整合医疗队伍、生活物资、科研力量等各类资源投入疫情防控工作，在党的领导下，稳定了经济发展基本盘，充分彰显了党的领导具有总揽全局、协调各方的优势，充分展现了中国特色社会主义国家治理体系具有集中力量办大事的巨大优越性。正如习近平总书记指出："我们说要推进国家治理体系和治理能力现代化，关键是坚持党对一切工作的领导，确保党始终总揽全局、协调各方。"可见，党的领导在国家治理现代化推进中占有重要地位，在党的领导下，各级各方面各就其位、各司其职、各尽其责协同推进，广大群众积极参与，党的方针政策和决策部署得到有效贯彻落实，部门行业间协作更加顺畅、运行更加高效。

（三）党的领导确保国家治理取得实效

新中国成立以来，在中国共产党的领导下，结合中国实际将马克思主义的基本原理运用于国家治理改革领域，坚持社会主义方向不动摇，在国家治理理念方面进行了探索与创新。自党的十一届三中全会后，国家治理逐步迈向规范化，尤其是党的十八大以来，以习近平同志为核心的党中央坚持和完善中国特色社会主义制度，推动党和国家各项事业取得新的重大进展，开辟了国家治理体系和治理能力现代化的新境界，着力将制度优势转化为治理效能，啃下了不少硬骨头，克服了无数艰难险阻，改革蹄疾步稳，国家治理进程的步伐加快，取得了令世人瞩目的成就，社会面貌焕然一新。中国共产党从理论上探索了国家现代化治理之道，在实践中积累了丰富的国家治理经验。今天，在推进国家治理现代化过程中，唯有中国共产党有能力、有经验、有基础提升国家治理整体效能，推进各项改革，系统谋划、科学设计，取得总体效果，续写推进国家治理现代化的新篇章。

二、中国共产党领导国家治理现代化的实践路径

国家治理现代化是中国共产党的一项重大战略部署，完成好党和人民赋予的这项使命，必须加强党对推进国家治理体系和治理能力现代化的全面领导，充分发挥党在政治领导、思想引领、群众组织、社会号召方面的优势，将党的领导优势向国家治理效能转化，推进国家治理现代化。为此，本文将围绕政治领导、思想引领、群众组织、社会号召四个方面对发挥党的领导优势提出建议。

（一）发挥党在国家治理现代化中的政治领导作用

党的政治领导就是以实现、维护和发展最广大人民群众根本利益为出发点，党的路线、方针、政策能够最大限度地体现广大人民群众的根本利益，在群众中具有很强的政治感召力，这也是国家治理现代化的内在要求。自新冠肺炎疫情发生后，在党中央统一领导和指挥下，充分发挥党的政治领导优势，以人民群众的生命安全和身体健康为重，统筹疫情防控和经济社会发展两个大局，产生了强大的政治感召力，增强了广大群众参与疫情防控的社会责任，强化了党员干部的政治责任、使命担当。因此，一是要加强党组织对各类组织的领导和管理，发挥领导核心作用，推动党组织有效嵌入自治组织、群团组织、社会组织等，确保党的治理工作能够覆盖各类组织，党的政策理论和中央大政方针能够贯彻执行，国家治理的各项措施落地生根、见成效；二是每个党员要旗帜鲜明地讲政治，经常对标对表、找差距、查摆问题，确保政治上坚定、行动上自觉，永葆共产党人的政治本色，在推进国家治理现代化中积极主动作为。

（二）发挥党在国家治理现代化中的思想引领作用

毛泽东曾指出："掌握思想教育，是团结全党进行伟大政治斗争的中心环节。如果这个任务不解决，党的一切政治任务是不能完成的。"革命时期通过思想引领克服了党员的非无产阶级思想，始终践行马克思主义思想，形成了巨大凝聚力，取得了革命的胜利。新时代，人民对美好生活的向往日益增强，对解决发展不平衡不充分问题的呼声日趋强烈，改革面临更多的是不符合时代的思想观念、利益固化的藩篱等。这些新情况给国家治理现代化带来了机遇和挑战，必须通过思想引领，在党内形成思想共识，在社会上引起思想共鸣，充分调动全党全国人民积极参与国家治理。一是筑牢党员干部的思想根基和信仰之魂，在推进国家治理现代化过程中发挥先锋模范作用。党员干部要加强对党的基本理论、基本路线、基本方略的学习，学深悟透习近平新时代中国特色社会主义思想的精神实质、实践要求，把准前进方向，更加自觉地为推进国家治理现代化努力干事创业，用习近平新时代中国特色社会主义思想指导国家治理工作。二是面对新情况、新任务、新问题，深入基层，用群众喜闻乐见的形式把党在国家治理方面的重大工作部署讲清楚、讲明白，让群众能听懂、能领悟，使党在国家治理方面的要求及时传达到群众中，把党的治理理念变成全党全国人民的自觉行动，从而为推进国家治理现代化不懈奋斗。

（三）发挥党在国家治理现代化中的群众组织作用

发挥党在国家治理现代化中的群众组织作用就是党依靠群众、动员群众、组织群众，集中力量办大事，有效推进国家治理的各项措施落实。增强群众组织力，要善于倾听群众的呼声，尊重社情民意；把改善民生作为首要任务，满足群众的需求；解决实际问题，有效化解群众身边的矛盾，维护群众权益，从而不断提升群众的满意度，巩固党的群众基础，实现党的群众组织作用向国家治理领域有效延伸。一是扎实开展党员干部密切联系服务群众的工作，引导党员干部常态化深入基层走访基层，与群众面对面、心贴心进行交流沟通，听取群众在国家治理方面的意见、建议，充分汲取群众的智慧，主动回应群众关切，准确反映群众诉求，切实解决群众实际问题，在不断解决群众困难中赢得群众的信任，密切党群干群关系，提升党在国家治理中的凝聚力、向心力。二是拓宽、畅通群众参与国家治理的渠道，多措并举激发群众参与治理，真正发挥群众在治理中的主体作用，确保治理过程中有群众参与，治理结果由群众评判，治理成果由群众共享。

（四）发挥党在国家治理现代化中的社会号召作用

社会号召作用主要指党对社会各阶层、各方力量、不同群体的引导、影响、动员、凝聚能力等，将其紧紧团结在党组织周围，引导他们听党话、跟党走。当今社会，经济全球化、政治多极化、信息网络化，给中国治理带来了机遇，也给中国共产党治理理念变革带来了极大挑战，更需发挥党在推进国家治理现代化中的社会号召作用，突出党的核心地位，统筹联动各主体参与国家治理，形成“全国一盘棋”。一是动员社会各阶层，最广泛、最充分地调动一切积极因素，团结一切可以团结的力量，凝聚广大人民群众的智慧和力量，形成强大的治理合力，围绕党推进国家治理新理念、新举措进行改革部署，有序参与国家治理的各项工作，扎实推进工作落实，汇聚成实现中华民族伟大复兴中国梦的磅礴力量；二是充分发挥信息网络带来的高效、便利优势，通过“互联网+治理”，广泛征求群众在治理方面的意见、建议，聚合民意民智、凝聚民心民力，为推进国家治理现代化汇聚强大正能量，提升国家治理效能。

参考文献：

［1］代江波．党的领导制度的独特优势、鲜明特点与治理效能［J］．中国领导科学，2021（1）：47-52.

［2］罗宗毅．把党的领导落实到国家治理各领域各方面各环节［J］．红旗文摘，2019（22）：4-7.

统筹协同安全监管：基层应急管理工作的创新

——以重庆市铜梁区应急管理局为例

刘波林[①] 徐之光[②] 王 斌[③]

摘 要：自机构改革后，为统筹协同区级各个职能部门和区、镇两级政府在安全监管中更好地发挥职能作用，重庆市铜梁区应急管理局以全面贯彻落实党中央、国务院和重庆市委、市政府关于安全生产的决策部署为中心，坚持“安全第一、预防为主、综合治理”工作方针，牢固树立安全发展理念，切实把确保人民生命安全放在第一位；基层应急管理工作必须履行好新的职能责任，统筹协同好本行政区域内的安全监管工作，积极开创一条符合基层应急管理工作的新路径。

关键词：协同安全监管；基层应急管理；创新

重庆市铜梁区应急管理局以习近平总书记关于安全生产、应急管理和自然灾害防治工作的重要指示精神为指引，全面贯彻落实党中央、国务院和重庆市委、市政府关于安全生产的决策部署，坚持“安全第一、预防为主、综合治理”工作方针，牢固树立安全发展理念，切实把确保人民生命安全放在第一位。本文针对重庆市铜梁区应急管理局扎实开展安全生产综合监管和应急管理机制体制建设工作，聚焦各项安全防范责任措施落实，严防各类人身伤亡事故发生，确保人民群众生命财产安全和社会稳定，紧密结合工作实际展开分析，探索基层应急管理工作的创新发展，具有理论和实践意义。

一、统筹协同安全监管中应急管理局的职能定位与作用

（一）基层应急管理局在统筹协同安全监管中的职能定位

1. 协同联动，履行协同安全监管的统筹协调职能

协同安全监管的基础在于形成有序高效的监管机制，但是在监督管理中，由于协同主体的多元化，容易造成职能部门的监管交叉甚至是监管盲区。因此，从管理的规范性来设计，必须有专门机构履行统筹协调职能。在统筹中，明确各部门监管范围；在协同中，实现高效统一的监管。

应急管理局作为自机构改革后，统筹安全生产、灾害防治和应急救援的综合职

---

① 刘波林，重庆市铜梁区应急管理局四级调研员。

② 徐之光，重庆市铜梁区应急管理局局长、党委书记。

③ 王斌，西南大学国家治理学院教授、博士生导师。

能部门，积极履行安全生产委员会、减灾委员会和森林防灭火指挥部、防汛抗旱指挥部、抗震救灾和地质灾害防治救援指挥部、气象灾害防御指挥部等2委4部办公室职责，指导协调、监督检查、巡查考核成员单位安全生产与自然灾害防治工作，着力构建统筹应对各类突发情况、有效覆盖各环节、综合协调各方面的应急管理体系。

2. 监督考核，履行协同安全监管的综合监管职能

协同安全监管的核心在于对职责的全过程监管。由于监管过程的计划、组织、控制和监督等一系列因素，容易造成职能部门落实不到位，因此从监管的规范性来设计，必须有专门机构履行监督考核职能。在监督中，发现、整改问题；在考核中，促进工作质量提升。

应急管理局依法行使该地区安全生产综合监督管理职责，指导协调、监督检查政府有关部门和各镇（街道）、管委会安全生产工作，组织开展安全生产巡查、考核工作。采取分行业分区域、分期分批、全面排查和随机抽查相结合的方式，加大检查力度，压实责任，确保职责落实到位。

（二）基层应急管理局在统筹协同安全监管中的作用

1. 突出参谋作用，增强综合监管实效

应急管理局组织指导协调安全生产类、自然灾害类等突发事件应急救援，综合研判突发事件发展态势并提出应对建议，协助党委、政府指定的负责同志组织重大灾害应急处置工作。加强应急预案演练，完善安全生产责任制，坚决遏制较大及以上安全事故。强化应急管理、安全生产宣传教育和培训工作，增强全民安全生产和防灾减灾意识，提升公众知识普及和自救互救技能，切实减少人员伤亡和财产损失。

2. 防抗救相结合，发挥综合防抗救的优势

坚持以防为主，防抗救相结合。在安全生产方面，由事后问责向常态预防转变；在自然灾害防治方面，坚持常态减灾和非常态救灾相统一，努力实现从注重灾后救助向注重灾前预防转变，从应对单一灾种向综合减灾转变，从减少灾害损失向减轻灾害风险转变。积极提高地区应急管理水平和防灾减灾救灾能力，充分发挥综合预防、抗灾、救援优势，防范化解重特大安全风险。

二、铜梁区应急管理局的做法和经验

铜梁区危险化学品和烟花爆竹、农业机械、水上交通、渔业船舶、特种设备、消防生产经营6大重点行业和领域保持了连续9年“零死亡”，杜绝了重特大事故的发生，安全生产形势总体稳定可控。铜梁区连续9年获得重庆市安全生产目标考评先进区县，应急管理信息化建设走在全国地市（区、县）前列。

（一）铜梁区应急管理局的做法

1. 强化安全生产综合监管，始终把牢“基本盘”

充分发挥区安委办综合监督、指导和协调职能，协调解决安全生产领域的突出问题和难点问题，加大日常执法检查和处罚力度，消除安全隐患，夯实安全基础。

坚持监管与服务并重的理念，积极推进安全专家服务。安全生产专项整治三年行动开展以来，聘请市级专家300余人次参与执法检查、隐患治理，为企业进行一对一“专家会诊”，累计排查隐患8 347条，整改7 919条，整改率为94.87%，不断为企业把好安全关。仅2020年，累计行政处罚2 664余万元，责令停产停业5家，暂扣或吊销许可证111个。

2. 理顺应急管理体系机制，构筑监管“立体化”

坚持全区“一盘棋”的应急理念，着力加强应急管理“四大体系”建设，建立适应本地区发展的应急管理机制体制。

一是构建“两委专指”的组织指挥体系。区、镇都建立了安委会、减灾委和四个专项指挥部，办公室设在应急管理部门。二是构建“纵向到底、横向到边”的行政管理体系。纵向，区、镇两级设置了完整的应急部门，村配置了应急专干；横向，区政府负有安全生产监管职责的部门都设置了应急（安全）科（站）。三是构建应急救援力量体系。在紧紧依靠和发挥消防救援队伍主力军作用的同时，组建区、镇、村（社区）应急救援专业队、专职队；连同社会救援力量，构成了“专常群”结构。四是构建“3+8”制度支撑体系。围绕监测预警、值班调度和处置救援三个方面，制定了排查监测、研判预警、信息接报、力量调动、指挥部建设、现场处置、调查评估和救灾救助八大制度。

3. 建立智慧指挥监控系统，形成监管“全面化”

智慧应急指挥信息系统是结合GIS系统对人员、资源、设备统一指挥调度，实现事前运行监测、事发多渠道接报、事中联合各级资源融合音视频调度和图上指挥调度、事后总结分析以及回溯，提供统一指挥、专常兼备、反应灵敏、上下联动、平战结合的应急指挥应用系统。

铜梁区共投入900余万元，将人工智能、VR实景地图、3D建模在安全生产和自然灾害领域中运用。利用群工系统移动端App将安全隐患和安全事故进行“随手拍”上传，及时对安全生产隐患进行研判、交办和督查，实现信息化管理。同时，接入雪亮工程视频监控系统，依托GIS地理信息系统和10 000余个高清摄像头，对全区非煤矿山、危化企业、重点工贸企业、水库、洪水易发多发区域、重点林区、重点景区、人员密集场所进行实时监控。

（二）铜梁区应急管理局的经验

1. 统筹谋划部署，建立完善督导长效机制

铜梁区每年年初统筹制订全年工作计划，每季度召开安全工作会议部署相关工作，每月总结分析工作情况，同时利用区政府常务会议每周听取相关情况汇报的时机，通过区政府领导研究部署相关工作。以专项检查为基础、明察暗访为支撑、季度督查为保证，建立联合督导长效机制；对事故多发的道路交通、建设行业单位发工作提醒函，分析事故发生原因，有效遏制了事故多发态势。

2. 实施精准监管，突出抓好重点环节领域

坚持重点领域打非治违，严把复工复产验收关，着力抓好工贸、危化品、非煤矿山、建设施工、道路运输、消防等重点行业“两重大一突出”专项整治；集中力量确保重要时段安全，实行“面上统筹、点上驻守、一企一策、一企一组”服

务指导。积极开展安全风险隐患排查，建立责任清单、隐患清单、措施清单，全面分析掌握本辖区、本行业的安全形势。

3. 建立暗访和督办机制，有力促进工作落实

聚焦影响制约安全发展的根本性、源头性问题和“两个不到位、两个不扎实”典型事例，采取曝光与督办相结合的方式，制作混凝土搅拌站整治、道路交通、交通运输整治和文化旅游场所安全管理等专题汇报片，坚持每周在区政府常务会议上播放，实行“面对面交办工作，点对点领取任务，周周听取整改汇报”，确保突出问题得到有效治理。区安委办每周对各行业领域存在的安全风险隐患清单进行跟踪督办，确保风险隐患得到及时化解。

三、进一步推进协同安全监管的路径

（一）正确处理综合监管与行业监管的关系

在“责任田”以外的安全监管问题上，应急管理局要充分行使安委办的综合、指导、协调职能，而不是对各个行业生产经营活动安全监管的具体介入。准确界定综合监管和行业部门管理之间的工作职能，分清综合监管和行业管理部门的管理范畴，理顺责任机制。把更多的精力放在“多抓主管部门的责任分解和责任落实，少管行业监管的具体活动；多抓行业主管部门之间的协调，少管行业主管部门自身应解决的问题”上，自觉把综合监管定位在以宏观管理为主、微观监督为辅上。

（二）建立各方力量同频共振的协同机制

实施安全监管是各级政府，对象是各类企业和社会大众。政府是安全管理的“组织者”和“实施者”，可以利用行政管理权力发挥安全监管的作用。企业是安全监管的“落实者”，各项政策、措施只有真正在企业落到实处才能有效防范化解各类风险隐患。社会大众是安全管理的“参与者”和“监督者”，在安全生产中既要参与安全监管，又要对企业和政府进行监督。因此，政府、企业和社会应有效地沟通、协同，达到齐抓共管、同频共振的效果。

（三）持之以恒地强化安全专业人才的培养

在大力提倡安全工作、重视安全工作、发展安全工作的社会环境下，急需掌握安全知识、勇于献身安全事业的安全专业高级人才来推动安全监管、安全科技和研究工作的发展。只有大力培养具有丰富的安全技术队伍和人才，并通过专业过硬的监管，才能构建职责明确、分工协作、齐抓共管的安全生产责任体系，筑牢安全防线。

应急管理局应做、能做的是在现有的体制机制下，认真研究、准确定位、理清思路、全力抓好自身应该抓、可以抓的各项监管工作，真正有所作为、有所建树。铜梁区应急管理局虽然在工作中建立了好的机制，形成了好的做法，但在今后的工作中还应结合实际情况不断创新发展。

基层政府法治建设探究

——以重庆市巫山县为例

杨伶娟[①]

摘　要：加强基层政府法治建设尤为重要，当前在稳步推进中也存在需要增强法治意识、执法行为不够规范等问题亟待解决。本文从提升执法能力、强化执法监督、加强法治宣传等方面着手，希望对加快推进基层政府法治建设有所帮助。

关键词：法治建设；执法；依法行政

一、巫山县法治建设的实践与探索

巫山县持续推进法治政府建设，总体成效明显。问卷调查关于“各级政府及其工作部门推进法治政府建设的措施、力度、效果的总体评价”，共 5 个选项，79 人接受调查，选择“好”的有 39 人，选择“较好”的有 27 人。

（一）法治意识不断增强

2020 年，巫山县政府行政应诉案件 39 件，县政府分管副县长出庭 13 件，其他行政机关负责人出庭应诉 26 件，出庭应诉率比 2019 年上升 51.5%。2020 年，巫山县制定的 6 个规范性文件全部报县人大常委会备案审查，所有规范性文件均在重庆市人民政府规范性文件项目库公布。清理行政执法主体和行政执法人员资格，做到了执法主体合法，执法人员资格合法、持证上岗。

（二）推进政府职能转变力度不断加大

编制行政权力及公共服务事项清单，对 4 988 项行政权力、364 项公共服务事项实行目录化、编码化、动态化管理。开展“减证便民”行动，取消 99 项县、乡镇（街道）、村（社区）证明事项。

（三）行政权力运行进一步规范

巫山县严格落实公众参与、专家论证、风险评估、合法性审查、集中讨论决定等法定程序，全面推行和落实法律顾问制度，进一步促进政府科学决策、民主决策、依法决策；严格落实行政执法公示、执法全过程记录、重大执法决定法制审核“三项制度”，完成市场监管、生态环境保护等 8 个领域综合行政执法改革，在应急管理、劳动保障等 8 个领域实施部门内综合执法。推进乡镇（街道）综合执法

---

① 杨伶娟，中共重庆市巫山县委党校讲师。

改革，乡镇（街道）均设有综合行政执法大队。

（四）有效化解社会矛盾纠纷

巫山县建立乡镇（街道）、村（社区）人民调解组织377个、行业调解组织11个、个人调解室2个，调处成功率为99%；共受理行政复议申请137件，期限内结案率为100%；制定了《关于推进行政复议与人民调解对接联动工作的实施方案》，2020年通过调解申请人撤回申请终止行政复议125件，占比为94.69%。

二、基层政府法治建设的困境

（一）对法治政府建设的认识还需进一步提升

少数政府部门和领导干部对法治政府建设目标、任务等重要内容了解不够、掌握不全，对法治政府建设的重要性认识有差距，用法治思维和法治方式推动工作的能力不足、自觉性不高，有的甚至认为法治太复杂，妨碍工作、阻碍发展，工作中弃“法治”于不顾。问卷调查关于“法治政府建设需要加强哪些方面的工作”“增强依宪行政、依法行政的意识”选项勾选人数仅次于“提高业务能力、执法水平”选项，排第二位，79人中有55人勾选。

（二）行政执法能力亟待提升

一是执法保障不够。自机构改革后，巫山县各乡镇都设立了综合执法大队，县级部门组建了行政执法支队，但这些机构空编、人员在编不在岗、年龄结构老化、执法装备落后、经费不足等情况比较普遍，特别是乡镇表现得尤为突出，如大昌镇综合执法大队，编制10人，在编在岗5人；官阳镇综合执法大队，编制8人，在编在岗3人，没有执法必须具备的如执法记录仪等相关设备和交通工具。二是缺乏执法专业人才，乡镇综合执法大队现有人员有执法经验的很少，有法律专业背景的更是寥寥无几。问卷调查关于法治政府建设需要加强哪些方面的工作，共9个选项中勾选人数最多的是“提高业务能力、执法水平”，79人中有64人勾选此项。

（三）执法行为规范不够

从巫山县司法局2020年对县级部门执法案件评查情况看，存在对案件事实认定和法律适用把握不准确、违反法定程序、行政处罚主体错误等问题，抽查的32件案件中不合格9件，占比为28.1%。从本次走访调研情况看，提出加强和改进行政执法的意见建议比较集中，比如反映不作为、慢作为、选择性执法比较突出，执法一阵风、“以非对非”、执法目的错位等问题依然存在，文明执法也有不足。

（四）普法宣传力度不够，执法效果不佳

一线执法人员普遍反映，“谁执法谁普法”责任制落实得不好，政府职能部门偏重于审批、检查、处罚等工作，对常规性的普法宣传重视不够，对企业和群众在事前的宣传力度小、宣传范围窄，群众知晓度不高，加之执法不规范、选择性执法等问题存在，行政管理相对人对执法行为内心不认可甚至对抗，执法活动难以达到规范秩序的目的，执法效果差，以至于少数领域违法盛行、积重难返、问题成灾。

三、推进基层政府法治建设的建议

（一）进一步提升对法治政府建设重要性的认识

依法治国是“四个全面”战略布局的重要内容之一，法治国家、法治社会、法治政府是依法治国的应有之义。相对于法治国家、法治社会，法治政府建设较为容易和可操作，对法治国家、法治社会建设有极强的带动和促进作用。如果不能建成法治政府，法治国家、法治社会则无从谈起，依法治国就是一句空话。要站在战略高度，以习近平法治思想为指导，深刻认识和准确把握新形势下法治政府建设责任感、使命感和紧迫感，坚持以问题导向，强弱项、补短板，把法治政府建设各项工作抓实抓细抓到位。同时，各级领导干部要不断增强法治观念，带头尊法、学法、守法、用法，突出法治导向作用，以法治思维和法治方式推动工作，推进国家治理体系和治理能力现代化。

（二）进一步强化执法保障，提升执法能力

一是要配齐配强执法人员。针对全县各级执法机构空编、在编不在岗、缺乏专业人才比较突出的情况，人力资源部门要尽快安排招录计划，招录法律专业人才补充到各级执法机构中去。二是要强化专业培训。县政府要安排培训经费，可以由县司法局牵头，每年定期组织2~3批法律专业培训，以确保全县行政执法人员掌握必备的法律知识。三是要保证执法经费。对综合执法机构运行经费可以考虑实行财政单列预算，以基本满足其运行需要，杜绝执法机构执法时萌生不当动机。四是要配齐设备（比如执法记录仪），配备、更新诸如交通工具等执法装备，以满足执法工作基本需要。

（三）进一步强化执法工作监督

一是要进一步落实行政机关负责人出庭应诉制度，将出庭应诉作为增强法治意识、查找执法不足、提升执法能力的途径，通过与行政管理相对人进行平等交流沟通，促进行政争议的实质性解决；二是要坚持定期开展行政执法案卷评查工作，对城市管理、市场监管、道路交通管理等涉及民生、安全领域的执法行为进行重点抽查；三是要建立并严格实施行政执法责任制，对群众和企业反映强烈的不作为、慢作为、乱作为、简单粗暴以及过度执法等问题，建立完善的举报投诉、调查处理、情况通报等制度。

（四）加强法制宣传，注重执法效果

要进一步完善落实“谁执法、谁普法”工作机制，通过普法宣传把道理、情理、法理讲透，辅之以严格、规范、公正的执法活动，努力获取行政管理相对人对执法行为的内心认同，使尊法守法成为行政管理相对人的自觉行动。只有这样，才能达到执法的目的；否则，就容易出现为“执法”而“执法”，不仅耗费了人力、财力，而且执法效果差，相应领域的秩序还是混乱。这种执法十分不可取，其实质是对法治的破坏。因此，对执法工作的评价，应当不只是“办了多少案、罚了多款”，而是“是否遏制了违法行为的发生、所在领域是否秩序井然”。也就是说，“效果”好不好才是执法应当把握的关键。

参考文献：

黄莉娜. 基层政府法治建设中存在的问题与思考［J］. 武夷学院学报，2021（7）：20-24.

政府治理现代化背景下的政府职能体系构建

李罗的[①]

摘　要：适应政府治理现代化的需要，应当构建多层次、多维度的政府职能体系，既要致力于整体打造，又要注重精准服务。当前，实践中人们对政府职能的认识存在一定局限，对政府职能的把握过于抽象，对政府职能的架构过于简单。特别是新时代政府治理现代化的需要，政府职能体系更应当适应发展阶段的新变化、人民美好生活需求的新变化。总之，在新发展格局下推进政府职能体系构建，就要适应政府职能新格局，使市场发挥决定性作用、更好地发挥政府作用，以人民美好生活需求为导向完善公共服务体系，提升人民群众的获得感、幸福感和安全感。

关键词：政府职能；政府治理现代化；职能体系

一、引言

党的十九届五中全会通过的《中共中央关于制定国民经济和社会发展第十四个五年规划和二〇三五年远景目标的建议》明确提出建设职责明确、依法行政的政府治理体系。政府职能体系是政府治理体系的重要组成部分，没有科学合理的政府职能体系，政府治理现代化将无从谈起。在2020年全面建成小康社会的目标基本完成后，我国进入全面建设社会主义现代化国家的新阶段，到2035年将基本实现社会主义现代化、进入中等发达国家行列。政府的职能作用愈益重要，政府不仅要承担起推动、组织、实现现代化的基本职责，还要在基本现代化的过程中不断完善政府职能体系与职责体系，不断推进政府职能现代化。

当前，随着政府治理现代化的推进，如何进行政府职能的科学化设计与体系建构，成为摆在理论界与实务界面前的现实问题。一直以来，政府职能的研究缺乏科学化、体系化的思考方法，学界往往习惯于将政府职能作为宏观的、抽象化的叙事。目前，理论界对政府职能并没有形成应有的理论模式和成熟体系，实务界对政府职能也存在不少认识误区。鉴于此，本文尝试探讨政府职能体系构建，探究政府职能体系构建路径，以期为构建科学的职能体系提供一种路径。

二、政府职能的治理实践

当前，随着政府治理现代化的推进，政府改革和政府职能转变的目标随之变

① 李罗的，西南大学硕士研究生。

化。“政府治理现代化的核心是行政管理体制改革、政府机构改革和政府职能改革”。在转变政府职能方面，需要超越历次改革的固有方法，立足于政府治理现代化的视角，重塑政府职能，实现改革的重大突破。具体而言，治理现代化对政府职能提出了三个方面的治理要求。

首先，推进政府治理现代化，要求以强化政府职能为关键点，为社会提供系统、整体的职能服务。政府治理现代化的最终目标是善治，治理现代化意味着政府管理达至善治。从理论上讲，政府职能涵盖了社会生活的方方面面。在这种系统全面的职能配置下，政府可以实现各项职能的无缝对接，可以为社会提供无缝隙服务。任凭社会如何发展、政府改革如何推进，政府都可以运行自如，不会出现“政府失灵”。在实践中，政府职能却存在职能分散、支离破碎、职能弱化等问题。为了解决这一突出问题，需要整合公共服务资源，改变职能部门各自为战、单打独斗的局面，进行政府职能的系统化、整体化设计。系统化的职能设计超越了部门间的传统分工，提升了整体服务能力，能够防止碎片化、分散化并解决职责统一问题。整体化设计立足于社会的整体性需求，实现战略性的职能布局。因此，应当致力于政府职能的系统推进和整体谋划，构建科学、完整的职能体系，从而便于政府提供跨部门、跨层级的公共服务。

其次，推进政府治理现代化，必须以优化政府职能为着力点，以为社会提供高效、标准化的职能服务为追求。从世界各国政府改革的实践来看，聚焦政府的核心职能，让政府集中精力履职、标准化履职，是较为常见的做法。从规范角度讲，政府职能应当是明确具体、高效便捷的，以便政府随时随地为社会提供清晰的标准化服务。行政高效化的实现，取决于多种因素。实际上，政府职能在现实运行中往往存在职能交叉、权责不清、相互扯皮的现象，这将严重影响行政高效化。因此，优化政府职能成为当代各国行政改革的基本方向，也是政府治理现代化的重要内容。优化政府机构设置和职能配置，是革新政府职能的关键所在。优化政府职能着眼于解决权责不清、协作不力的问题，重塑高效、标准化的政府。优化政府职能成为当代各国行政改革的基本方向，也是政府治理现代化的重要内容。一方面，优化政府职能需要梳理职能清单、推进服务标准化建设；另一方面，优化政府职能还需要解决好权责交叉的问题。通过优化政府职能，保障了行政体系协调顺畅，强化了部门间的协调合作，既节约了资源又降低了成本，有利于实现优化协同高效。

最后，推进政府治理现代化，应当尝试为社会提供精准化、个性化的职能服务。政府治理现代化必须以服务社会为导向，体现人民的意志，满足人民的需求，提供多元化服务。因此，政府的现代治理要保证在公共利益最大化的前提下，尊重差异、包容多样、考虑个别。民之所望是政府职能的立足点。因此，推进治理现代化，应当按照精细化发展的基本要求，不断满足群众的诉求，提供精准化服务。

综上所述，为适应政府治理现代化的现实需要，当前的政府职能体系既要下放多余的职能又要做强核心的职能，既要致力于局部构建又要立足于整体打造，既要注重标准化操作又要提供精准化服务。

三、政府职能体系构建的路径简析

适应政府治理现代化的现实需要，吸取理论研究的现有成果，切实理顺政府职能，构建政府职能体系，成为当下迫切的时代任务。鉴于政府职能是一种多层次、多维度的概念，政府职能体系构建需要全面涵盖政府职能的应有内涵，包括从宏观层面、中观层面、微观层面进行构建。在政府的职能定位作为宏观层面的基础上，延伸出中观和微观层面，以此让政府职能具体化、细致化。

（一）政府职能定位作为一级目录，浓缩了政府职能的精华

一方面，职能定位具有导向指引功能，凸显了政府职能的目标价值；另一方面，职能定位来源于政府职能的实践发展，是党中央、国务院通过规范文件对政府职能进行的宏观政策定位。因此，政府职能定位应当是构建政府职能体系的基础。目前，政府职能有五大定位，分别是宏观调控、市场监管、社会治理、公共服务和环境保护。政府在新发展格局的形成中承担着扩大内需、稳定外需的重要功能，扮演着供给侧改革者、需求侧管理者、外需稳定者的三重角色。形成新发展格局，首先就要形成高质量供给促进功能、高品质生活管理功能、制度型开放促进功能的政府职能新布局。

（二）中观层面是在职能定位的基础上延伸出来的二级目录

政府职能体系构建不应该仅仅停留在宏观定位上，也不能局限于形式化的口号，而应根据法律的规定，进行细化归类，制定职能清单和标准。政府全面正确履行相关职能，必须依赖现行法的具体规定。职权法定是行政法的基本原理，也是政府职能的最好诠释。政府职能只能来源于法律的授权，需要依据法律进行梳理。政府职能就是政府及其部门执行法律，对行政事务主动、直接连续、具体管理的权力。

（三）法定职权作为二、三级目录，对于构建政府职能体系具有可操作性

宏观调控职能主要通过财政政策、货币政策、产业政策等，保持经济总量平衡，促进经济结构调整和优化，减轻经济周期波动的影响，推动经济持续、健康、绿色发展。作为基本共识，上述内容不是凭空想象出来的，而是来源于法律规定。根据现行法律的规定，涉及宏观调控的法律主要有预算法、货币管理法、价格法、税收法等。因此，二级目录相应细分为财政政策调控、货币政策调控、产业 政策调控、价格政策调控、区域政策调控等。健全宏观调控体系，加强财政政策、货币政策与产业、价格等政策的协调配合，增强宏观调控的针对性、协同性，都是基于现行法律的明确要求。以此类推，其他职能也根据现行法律而制定出相应的二、三级目录。

四、政府职能体系构建的进一步思考

面对国家治理现代化的发展潮流，无论是建设完善的社会主义市场经济体系，还是推进法治中国建设，抑或创新社会治理现代化，都离不开政府治理能力的提

升。构建职责明确、科学规范的政府职能体系已经成为推进政府治理现代化的重要任务。为了推进现代政府职能体系建设，既要致力于整体性设计，又要立足于标准化建设，还要进行精准化改造。因此，从现行实践中的单一清单管理跨越至整体性构建是本文要解决的首要问题。构建现代化的政府职能体系，需要从宏观、中观和微观三个维度进行。从宏观政策层面看，政府职能由五大职能构成，这是职能体系的一级目录；从中观法律层面看，政府职能由法律的授权和法定的制度所构成，这是职能体系的二、三级目录，是政府职能体系的核心；从微观治理层面看，政府职能必然表现为相应的权力清单、责任清单、负面清单等，这是职能体系的四级目录。通过四级目录体系的构建，以期为政府职能的体系架构提供理论支持，也为当下的清单管理活动提供改进路径。着眼新时代高质量发展的需要，政府职能体系应当与时俱进，不断优化创新，革新配置政府职能，构建具有时代特色的政府职能体系。政府职责体系构建虽然取得了一定的成效，但与建设法治政府、人民满意的服务型政府要求还存在一定差距，如层级政府职责关系还未完全理顺、政府职能机构还需进一步优化、协调配合机制还要继续完善等，这些问题还需要进一步探索研究。

参考文献：

[1] 戢浩飞. 政府职能体系构建研究：基于政府治理现代化的视角 [J]. 天津行政学院学报，2021，23（4）：11-20，43.

[2] 李军鹏. 国家行政体系：内涵、价值与完善 [J]. 国家治理，2021（20）：39-42.

[3] 李军鹏. “十四五”时期政府治理体系建设总体思路研究 [J]. 行政论坛，2021，28（2）：41-47.

[4] 李军鹏. 面向社会主义现代化新发展阶段的政府职能转变 [J]. 中共中央党校（国家行政学院）学报，2021，25（4）：71-80.

[5] 罗敏，张佳林，陈辉. 政府职能转变与政府建设的三维路向 [J]. 社会科学家，2021（5）：145-149.

[6] 谢志强. 从我国政府机构改革历程看国家治理体系现代化 [J]. 国家治理，2021（Z4）：51-54.

[7] 谭桔华. 国家治理现代化视域下的政府治理体系构建 [J]. 湖湘论坛，2020，33（3）：70-78.

[8] 沈荣华，曹胜. 政府治理现代化 [M]. 杭州：浙江大学出版社，2015.

基于 CiteSpace 的法治政府建设研究可视化分析①

陈思凝② 王作军③

摘 要：本文以“法治政府建设”为主题，以中国知网（CNKI）为数据库，以 CiteSpace 为研究工具对所检索到的 605 篇核心期刊进行可视化分析，并绘制出各类图谱，从发文量、作者合作、机构合作、关键词共现、关键词聚类、突现词等方面进行分析，旨在从整体上把握有关法治政府建设领域的研究现状与前沿热点问题，并且对分析结果做出科学的评价与讨论。

关键词：法治政府建设；可视化分析；热点问题

一、研究目的

1997 年 9 月，党的十五大提出了依法治国方略，并将其确定为党领导人民治理国家的基本方略。2004 年，国务院印发的《全面推进依法行政实施纲要》中表示“经过十年左右坚持不懈的努力，基本实现建设法治政府的目标”。2015 年 12 月，中共中央、国务院印发的《法治政府建设实施纲要（2015—2020 年）》对法治政府建设提出了目标，即要建成“职能科学、权责法定、执法严明、公开公正、廉洁高效、守法诚信的法治政府”。2021 年 8 月，中共中央、国务院印发的《法治政府建设实施纲要（2021—2025 年）》中也指出“法治政府建设是全面依法治国的重点任务和主体工程，是推进国家治理体系和治理能力现代化的重要支撑”。与此同时，新时代背景下不断变化的主要矛盾对法治政府的建设提出了更高要求。了解现状是一切研究的基础，因此，本文通过对现阶段有关法治政府建设的文献进行分析，旨在了解该领域的研究现状、热点与前沿问题，为之后推进相关研究提供方向。

---

① 基金项目：重庆市哲学社会科学重大理论研究阐释重大项目“重庆西部大开发的重要战略支点研究”（项目批准号：19SKZDZX07）。

② 王作军，西南大学国家治理学院教授、博士生导师。

③ 陈思凝，西南大学硕士研究生。

二、研究工具与数据说明

（一）研究工具

本文以 CiteSpace 为研究工具对所收集的文献进行可视化分析。CiteSpace 知识可视化软件是由美国德雷塞尔大学的陈超美教授带队研发的。该软件可以运用一定的方法与技术，对不同时间段内所发表的文献进行特定的分析，得出不同类型的知识图谱，从而清晰地展示某一学科领域的发展历程以及未来研究新趋势，被认为是“目前最为流行的知识图谱绘制工具之一”。

（二）数据来源

本文以“法治政府建设”为主题在中国知网的高级检索栏中进行检索。为了保证研究的质量与准确性，本文仅选择“核心期刊”作为研究对象，文献时间范围设置为 2001—2020 年，共得到 605 篇核心期刊。

三、检索结果分析

（一）发文量分析

不同时间段的发文量可以反映该研究领域学术研究的热点与趋势。从图 1 可以看出，近 20 年关于法治政府建设的核心期刊呈现出先波动上升、后逐年下降的趋势。其中，有三个时间点的研究成果十分丰富，分别是 2010 年（52 篇）、2014 年（58 篇）和 2016 年（60 篇）。究其原因，这些变动与国家政策息息相关。2010 年 10 月，国务院颁布了《关于加强法治政府建设的意见》，其中指出“要进一步加大《全面推进依法行政实施纲要》实施力度”。2013 年召开了党的十八届三中全会，在法治中国建设问题上，提出了“依法治国、依法执政和依法行政共同推进，法治国家、法治政府、法治社会一体建设战略”。随后在 2014 年召开的党的十八届四中全会上通过了《中共中央关于全面推进依法治国若干重大问题的决定》，同时习近平总书记也对此做出了一系列重要论述。在 2015 年年底中共中央、国务院印发的《法治政府建设实施纲要（2015—2020 年）》更是将法治政府研究的热度推向一个高潮，随后其热度开始降低。

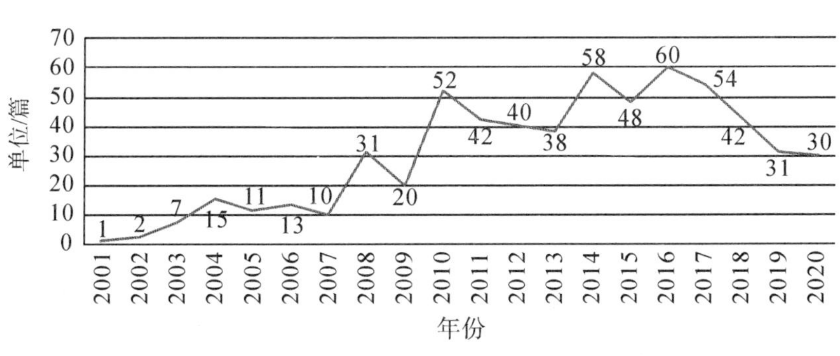

图 1　2001—2020 年法治政府建设发文量统计

资料来源：根据中国知网数据整理绘制。

（二）作者合作图谱分析

首先，从作者个人发文量来看，如表1所示，发文量在10篇及以上的有4人，并且排名前10位研究者均是各大高校从事法学教育的教授、专家，说明了该领域主要研究阵地是在各大高校内，并且专业性比较强。其次，从作者间的合作情况来看，利用CiteSpace绘制作者合作图谱，阈值设置为3，结果如图2所示，可以看出作者之间已经形成了一些合作团队，比较突出的就是马怀德-应松年的团队，但合作密度仅有0.001 2，说明研究者之前尚未形成有效的合作网络，大多数作者仍然处于独立研究的状态。

表1 发文量排名前10的作者

排名	作者名称	发文量/篇
1	马怀德	15
2	莫于川	13
3	姜明安	11
4	杨小军	10
5	郑方辉	6
6	曹鎏	6
7	江必新	4
8	章志远	4
9	应松年	4
10	罗豪才	4

资料来源：根据中国知网数据整理绘制。

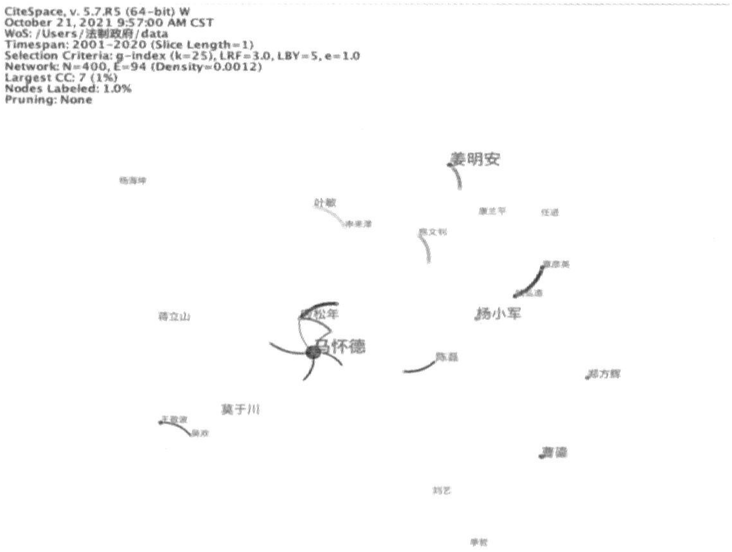

图2 作者合作图谱

资料来源：利用CiteSpace软件绘制。

（三）研究机构合作图谱分析

利用 CiteSpace 软件绘制研究机构合作网络图谱，阈值设置“=3”，结果如图 3 所示。可以看出，目前，我国法治政府建设的研究机构主要还是集中于高校，并且与发文量排名前 10 的作者的所属机构基本一致，可以证明前文的分析是具有一定准确性的。图 3 中共显示了 20 个机构，表示共有 20 个机构发文量在 3 篇以上，其中属于中国政法大学的研究机构有 4 个，发文总量也居于首位，说明中国政法大学在法治政府建设这一领域研究的相对较深入，产出的成果也较丰富。但是，从合作图谱中可以看出，其合作密度为 0，表明各高校、各研究机构之间均处于独立研究的状态，尚未展开有效的合作，缺乏合力。

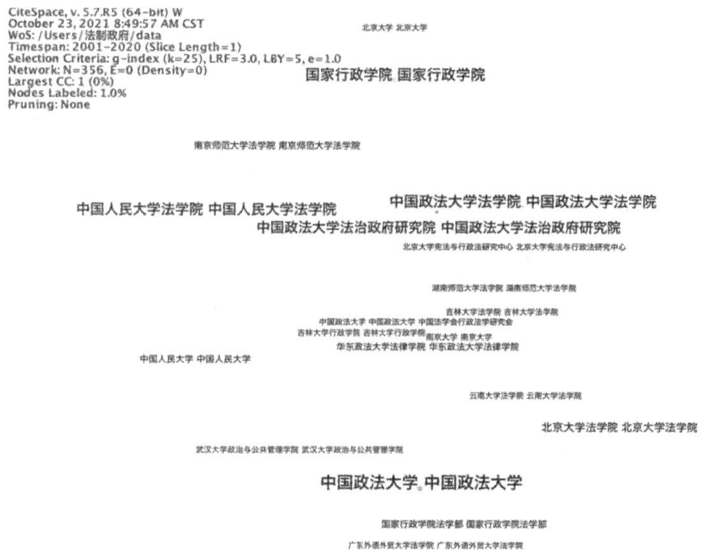

图 3　研究机构合作图谱

资料来源：利用 CiteSpace 软件绘制。

（四）关键词分析

1. 高频关键词分析

关键词是对整个研究内容的高度总结与凝练，可以直观有效地反映该文献的核心观点。首先，在抛开与研究主题保持一致的法治政府（213 次）、法治政府建设（125 次）后，整理了出现频次最多的 15 个关键词，如表 2 所示。从这些关键词中可以看出，研究角度主要是从宪法及各类相关法出发的；也可以看出，国务院和各级政府对于更好地进行法治政府建设一直在努力与创新。其次，对关键词进行共现分析，结果如图 4 所示，节点的大小代表了关键词出现频次的多少，节点与节点间的连线代表了这些关键词曾经同时出现同一篇文献中，存在共现关系。图中参数显示，N=548，E=1 367，表示共提取出 548 个关键词，且关键词之间有 1 367 条连线；密度（density）为 0.009 1，表明该领域中的关键词联系程度不紧密，更加印证了该领域的研究并不系统，仍然十分松散。

表 2 出现频次排名前 15 的关键词

排名	关键词	频次/次	首次出现年份/年
1	依法行政	77	2002
2	法治	34	2002
3	依法治国	31	2004
4	依法建设	29	2006
5	服务型政府	27	2005
6	法治社会	13	2013
7	法治国家	9	2013
8	法治化	9	2001
9	政府	12	2005
10	一体建设	10	2013
11	全面推进依法行政实施纲要	10	2004
12	权力清单制度	10	2014
13	国务院	10	2005
14	依法执政	9	2004
15	信息公开	8	2010

资料来源：根据 CiteSpace 软件数据整理绘制。

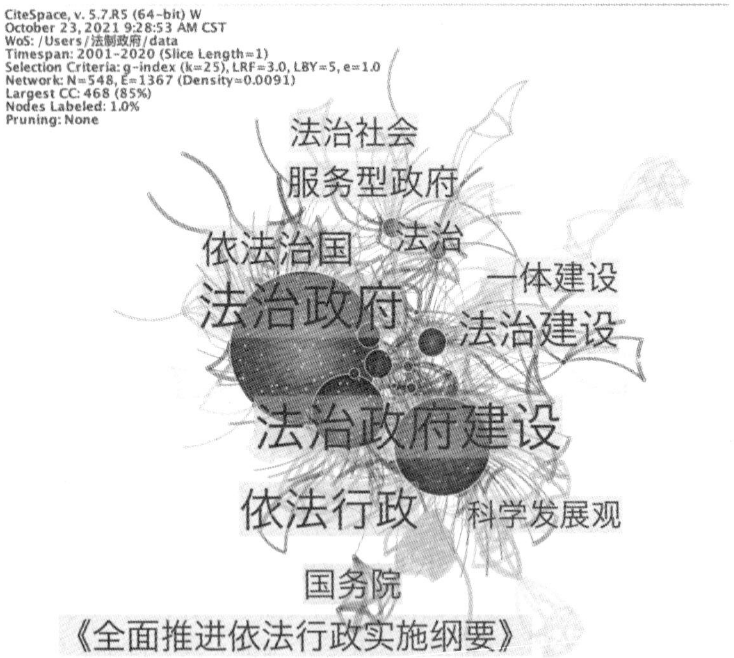

图 4 关键词共现图谱

资料来源：利用 CiteSpace 软件绘制。

2. 关键词聚类图谱分析

CiteSpace 系统设置了两个指标来判断所生成的聚类图谱是否合理，分别为模块值 Modularity（Q 值）和轮廓值 Silhouette（S 值），若 Q>0.3 就意味着划分出来的社团结构是显著的，当 S 值为 0.7 时，聚类是高效率且令人信服的，若 S 值在 0.5 以上，聚类一般认为是合理的。本文生成的聚类图谱如图 5 所示。该图谱的 Q 值为 0.621 1（Q> 0.3）、S 值为 0.833（S>0.5），可以认为该聚类图谱信度较高，具有一定的价值和参考性。自系统运行后，共生成了 11 个聚类。从图 5 可以看出，#0、#1、#2 是最大的 3 个聚类，与本文的研究主题保持一致，表明本文在前期搜集的数据以及文献是具有一定的可靠性的。经过分析发现，目前的研究主要还是以政府本身为研究核心，然后向外衍生出了多个研究重点，主要包括服务型政府、政府职能、制度设计等，也表明我国政府职能随着法治政府建设的进程在不断优化，逐渐从管理型政府向服务型政府转变，研究重点也随之转向为制度设计以及化解矛盾等方面，共同为法治政府的建设保驾护航。

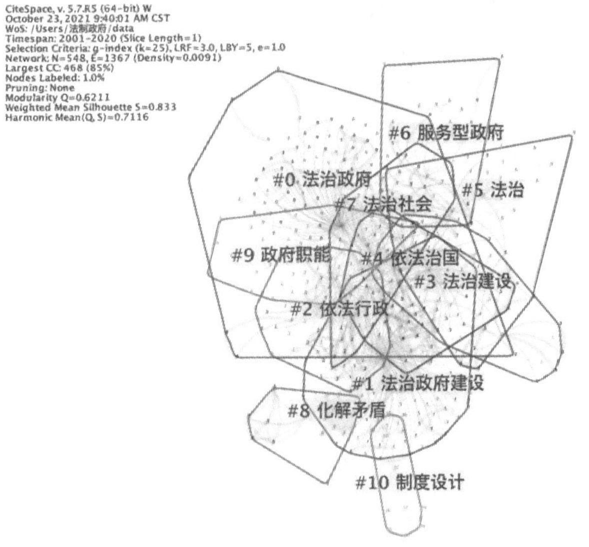

图 5　关键词聚类图谱

资料来源：利用 CiteSpace 软件绘制。

（五）突现词分析

突现词是一定时期内出现频次较高的词，其变化能反映出某一时期学者们对该领域研究的热点，也是该领域演化发展趋势的一种判断依据。突现词的强度（strength）反映出学术界对该关键词的关注度。通过 CiteSpace 软件分析共产生了 6 个关键词，结果如图 6 所示。从关键词的强度来看，服务型政府（5.89）的强度最大但研究时间较短，表明该词的出现十分快速且有效地影响了法治政府建设的进程。

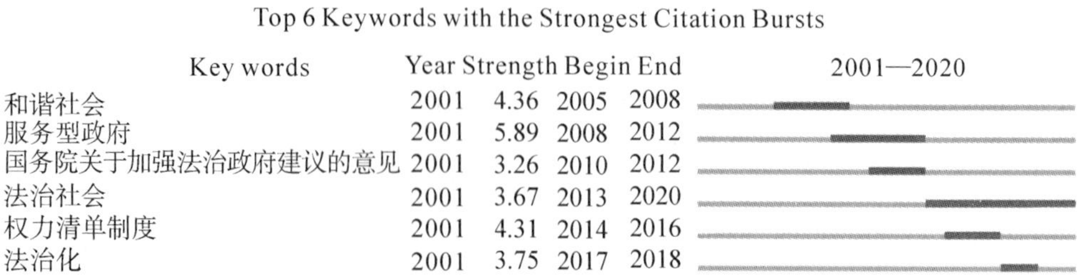

图 6　突现词图谱

资料来源：利用 CiteSpace 软件绘制。

四、总结

本文通过对所收集的 605 篇核心期刊进行可视化分析后得出以下结论：

（1）从发文量来看，整体呈一个先上升后下降的趋势。由此可以看出，学界对于法治政府建设的研究随着国家政策发展而变化，但目前近五年的发文量逐年下降，加之我国法治政府建设依旧任重道远，因此需要学界加强对该领域的关注。

（2）从作者和研究机构间的合作来看，目前我国法治政府建设的研究比较分散，合作程度不紧密。作者间尚有少量的合作，但合作发文的数量很少。而机构间完全是各自独立进行研究，情况不太理想。对此，本文认为，应该加强作者之间、机构之间的交流与合作，从不同的角度激发灵感、碰撞火花，深化对该领域的研究。

（3）从所检索到的相关文献的高频关键词和突显词来看，依法行政、服务型政府、信息公开等关键词出现的频次较高，具有一定的研究热度。其中，服务型政府对该领域的研究影响较大，法治社会可能会是以后的研究重点。

综上所述，目前我国对于法治政府建设的研究虽然取得了一定的成就，但仍然有很大的研究空间，需要进行更加广泛、深入的分析与探讨，需要加强作者与机构间的合作，产出更多高质量的文章，推动法治政府建设进程。

参考文献：

[1] 郑文瑜，袁合川．“十五大”依法治国方略对邓小平法治思想的丰富和发展［J］．西南民族学院学报（哲学社会科学版），1999（S3）：183-186.

[2] 李琦．新时代法治政府建设的理念与挑战［J］．法制与社会，2020（11）：125-126.

[3] 路云静，唐海萍．生态系统文化服务研究进展：基于 CiteSpace 的可视化分析［J］．北京师范大学学报（自然科学版），2021，57（4）：524-532.

[4] 赵晶晶，葛颜祥，接玉梅．基于 CiteSpace 中国生态补偿研究的知识图谱分析［J］．中国环境管理，2019，11（4）：79-85.

[5] 陈悦，陈超美，刘则渊，等. CiteSpace 知识图谱的方法论功能 [J]. 科学学研究，2015，33 (2)：242-253.

[6] 林丹凤. 基于 CiteSpace 可视化分析的劳动教育文献综述 (1998—2020) [J]. 职业技术，2021，20 (11)：89-95.

[7] 于安. "全面推进依法治国" 笔谈之五 法治政府的建设与保障机制 [J]. 改革，2014 (9)：20-22.

[8] 王松，杨涛，胡孔法. 基于 CiteSpace 的中医药治疗肺癌知识图谱可视化分析 [J]. 世界科学技术-中医药现代化，2020，22 (10)：3549-3557.

[9] 陈悦，陈超美，刘则渊，等. CiteSpace 知识图谱的方法论功能 [J]. 科学学研究，2015，33 (2)：242-253.

[10] 韩琭，宋子言，张敏，等. 基于 CiteSpace 的中国土地生态安全可视化分析 [J/OL]. [2021-10-23]. 云南农业大学学报 (社会科学版)，2021：1-11. http://kns.cnki.net/kcms/detail/53.1044.s.20211018.1912.037.html.

重庆市北碚区优化市场化营商环境的困境及破解之策

吴 婧[①] 吴 江[②]

摘 要：营商环境是市场经济的发育源泉，是民营企业的孕育之土。优化营商环境可以大幅解放生产力、提高竞争力。重庆市北碚区有浓厚的民营经济发展历史。作为全市唯一的民营经济综合改革示范试点区，北碚区把优化市场化营商环境当作展现形象的重要抓手，采取了一系列举措，但依然存在“有放权但不够精”“重服务但不够佳”“多监管但不够严”等问题，需要通过简政放权、服务提效、监管增能等路径破解困境，推进北碚区市场化营商环境优化。

关键词：营商环境；市场化；简政放权

党的十九届五中全会明确提出“持续优化市场化法治化国际化营商环境”，其中，优化市场化营商环境是激发市场主体活力，促进创业与就业，推进民营经济发展的主要途径。北碚区作为重庆市唯一的民营经济综合改革示范试点区，在商事制度体系、企业融资渠道、政务服务领域进行改革，市场化营商环境持续优化，“碚有引力”成为北碚区营商环境的新名词，带动民营经济高质量发展。截至 2021 年 9 月，全区市场主体总量为 78 394 户，同比增长 26.8%，其中民营企业为 23 294 户，同比增长 15.75%，个体为 53 166 户，同比增长 33.45%。

一、北碚区优化市场化营商环境的显著效果

（一）“亲”“清”关系的商事制度体系逐步形成

北碚区把优化营商环境作为倒逼革新、顺推发展的重大目标，打造公正的市场环境。一是建立三级问题化解模式。为解决企业发展过程中所遇到的难点、痛点问题，北碚区持续深化改革，建立“区级主要领导、部门分管领导、牵头单位”三级问题化解模式，通过“一个企业一个对策”等一系列措施制定特色方案，着力化解行业共性问题和企业个别难题。二是构建“亲”“清”新型政企关系。制定发布“亲”“清”政商关系正负面清单 20 条，强化党政干部责任追究、担当奉献、纠正不良作风等系列制度，使公职人员增强为人民服务的意识，明确权责，由

---

① 吴婧，西南大学硕士研究生。

② 吴江，西南大学国家治理学院党委书记、教授、博士生导师。

“企业上门求服务”转为“干部主动送服务”。此外，北碚区在新冠肺炎疫情期间加快企业复产复工进度，减轻企业损耗。以北碚区重庆天盛金属制造有限公司为例，新冠肺炎疫情期间该公司急需解决银行转贷问题，在北碚区民经局、经信委等多个部门积极协调下，审批环节设立“特殊通道”，仅用3天时间就完成放款。

（二）高效多元的企业融资渠道渐成气候

为成功申报财政支持民营和小微企业深化金融改革试点城市，北碚区在设立政府性融资担保机构和综合性风险补偿资金池两个方面同时发力，营造高效的融资氛围。一是推广金融信用贷款。北碚区为信用良好的民营企业推广商业价值信用贷款等特色普惠信贷产品，缓解企业融资难题。2021年上半年，全区普惠型小微企业信贷产品种类50种，63家科技型企业获得贷款7 700万元，131家企业获得商业价值信用贷款，授信金额达1.56亿元。二是搭建金融借贷平台。为帮助破产企业渡过难关，北碚区建立首期规模1 000万元转贷应急周转资金池，通过企业融资“靶向对接”机制，北碚区累计帮助全区100余家民营企业寻求到融资路径，提供融资方案，金额超过1亿元。

（三）便捷利民的政务服务领域不断发展

北碚区贯彻落实“三个率先一个努力”的要求，切实增强企业办事的便利度，提高群众的满意度，树立新型的服务标杆。一是创新服务模式。北碚区民营经济发展局为民营企业建立服务的长效机制，一方面创新“线上线下直通车”制度、“助企服务专员”制度，收集并解决企业问题4 000多个；另一方面建立政策咨询首问负责制度，打通企业服务热线，定期开展“部门·民企面对面”座谈，设置“企业问政”快速通道，解决民营企业办事难、办事慢的问题。二是强化科技服务。北碚区政府派出驻厂专员指导企业，帮助企业在新冠肺炎疫情期间渡过难关，开通“绿色渠道”，争取第一时间将政府支持资金落实到位，并加强走访宣传，安排专人深入企业现场宣传科技型企业有关政策。三是电子政务服务平台不断发展。北碚区深入推进“互联网+政务服务”和“全渝通办”，实施区、镇两级政务服务“一窗式”改革，行政许可等7类申请办理类“最多跑一次”事项达76.9%。

二、北碚区市场化营商环境存在的现实困境

（一）放权不够，市场准入门槛依然过高

“放管服”改革现已进入深水区，北碚区在积极转变自身职能的过程中，大幅减少行政审批事项，全面梳理政府职权，不断明晰权责主体，但仍存在一些隐形限制。例如，北碚区对重点领域审批事项依然偏多，审批流程较烦琐，以拆分、合并形式将审批事项转换为备案，借备案之名行审批之实。

（二）“重服务但不够佳”，政务服务意识有待增强

北碚区为提高营商环境政务服务各项指标，加大检查力度，但仍存在政务服务效果较差、服务人员综合素质还需提高等问题。一些政府部门在政务服务平台上办理效率不够高，程序操作流程不顺畅，部门间数据共享不到位，企业所需事项仍需现场办理，难以发挥电子政务服务平台的便捷性、智慧性。政务人员综合素质有待

提高，北碚区政务服务大厅、医疗保障局、税务局等窗口单位部分政务服务人员专业技能水平较低，服务意识淡薄，对待办事群众言行举止不够规范，导致工作效率低下。

（三）“多监管但不够严”，监督管理体系尚未健全

北碚区狠抓机制建立、综合监管等工作，但在这一过程中仍存在“难进好出”现象，究其原因是对事中、事后监管不够重视，监管内容精细化程度不高。北碚区市场监管局虽然整合了原工商、食药监和质检等部门的职能，但该部门统筹力度不够，部门间各科室的协同能力需加强，互联互通的多元监管体系还未完善。事中、事后监管力度不足，以事前审批代替事中、事后监管现象依然存在。监管内容分类不够精细，个别单位还习惯沿用过去的监管模式，浪费了人力、财力、物力，增加了监管成本。

三、优化北碚区市场营商环境的破解之策

（一）降低准入门槛，继续简政放权

一是深化行政审批制度改革。深化“先证后照”“多证合一”制度改革，提高企业开办效率。推进重点领域审批制度改革，对行政审批事项进行分类，可以下放权力的要激发企业活力，发挥市场资源配置的决定性作用，无法下放权力的也要执行标准化管理，不得推诿扯皮、延长办理时间。二是压缩行政审批时限。减少企业和群众现场等候时间，实现立办立取。增强部门间数据共享和业务协同能力，完善市场监管，让企业发展安心、顺心、放心。三是推动税收制度改革。加大减税力度，对不合理税收予以退回，通过网上申报缩短企业办理纳税时间，推动税收缴纳相关事宜“最多跑一次”。

（二）增强便民服务意识，提高服务效率

一是持续推进服务长效机制建设。民营经济高质量发展不能只救一时之急，要从长效机制上解决其发展难题。继续推动“线上线下直通车”服务，选派干部担任助企服务专员，在新冠肺炎疫情防控期间保障企业正常生产，提升企业的获得感、幸福感。二是提升电子政务服务能力。创新“互联网+政务服务”，利用“指尖办事”打通方便快捷渠道，加强对网络平台和政务服务窗口的规范管理，提升企业办事效率，用政府“管的用心”换企业“用的开心”。三是提升政务服务人员素质。为保持政商关系的“亲”“清”底色，应积极响应新型政商关系“亲”“清”8条倡议，同时加大培训力度，成立“廉洁联盟”，开办“卢作孚讲堂”，学习卢作孚的企业家精神，分层级、分部门开展培训，增强其为民服务意识。

（三）加强信用监督，重视监管过程

一是健全监管体系。北碚区应持续深化“双随机，一公开”制度，扎实推进重点监管任务落实，探索构建区内跨部门协同监管、区外跨区域联合监管的工作机制，构建社会组织广泛参与的多元监管体系。二是推进监管转型升级。发挥事中、事后监督的作用，在制定市场准入负面清单后，应遵循“低门槛，强监管”的策略。重视对企业的监管和督察，加强信用监督，实行失信惩戒机制，做到市场主体

"一处违法、处处受限"。三是加强对监管主体的考核。建立科学合理的考核评价制度，明确监管主体责任，把支持和引导民营企业创新发展的工作情况设为监管主体考核重要内容，提高监管主体的积极性、主动性。

参考文献：

[1] 沈荣华. 优化营商环境重在市场化法治化国际化 [J]. 国家治理，2021 (9)：45-48.

[2] 胡税根，杨竞楠，结宇龙. 我国持续优化市场化营商环境的思路研究 [J]. 中共天津市委党校学报，2021，23 (1)：64-71.

地方政府智慧政务的“建”与“用”[①]

张 耀[②] 王作军[③]

摘 要：本文从智慧政务的典型特征入手，提出地方政府建好智慧政务“三要”，并针对智慧政务建设中的一些难点、堵点进行回应，阐释了智慧政务实现从“建”到“用”的跨越蕴含着服务理念、服务模式和服务供给方式的系统转变，分析了智慧政务不是政务服务与智能技术的简单叠加，而是“政务服务—人—技术”的深度融合。

关键词：智慧政务；地方政府；智能化治理；智慧化服务

在“互联网+”的背景下，传统政务服务迈向移动政务服务，智慧政务应运而生，成为提高社会治理和服务水平的新方法，是政府治理现代化的基本属性。智慧政务是信息技术进步和电子政务应用创新两者螺旋式演化、发展到更高级实践阶段的必然结果，成为电子政务未来的重要发展方向，有利于推进地方政府治理体系和治理能力现代化的责任担当、践行不断满足人民群众对美好生活向往的初心使命、建设服务型政府的内在需要。所以，要想实现基层政府治理体系与治理能力现代化，必须建好智慧政务，实现智慧政务从“建”到“用”的跨越并用好智慧政务。

一、建好智慧政务：有“智”有“慧”

智慧政务是政府依托网络系统，运用新一代信息和通信技术（ICT）手段，整合互联网上社会群体与政府治理相关的各项数据信息，对包括经济发展、社会管理、生态保护、文化建设、政治文明、城市服务等公共活动在内的各种需求进行分析判断、科学决策，做出智能的回应，并不断评价政策运行效果改进决策，实现管理、服务的无缝化连接，为人们提供更客制化的服务选择和更便捷的智慧响应。智慧政务具有系统性、整体性、移动性、普及性和客制性等特点，但其最本质、最显著的特征是智能化治理和智慧化服务。据此，建好智慧政务应做好“三要”，即要“智”、要“慧”、要有“智”有“慧”。“智”是智慧政务的基本要求，“慧”是智慧政务的重要标准，有“智”有“慧”是智慧政务的价值追求。三者辩证统一，

---

① 基金项目：重庆市哲学社会科学重大理论研究阐释重大项目“重庆西部大开发的重要战略支点研究”（项目批准号：19SKZDZX07）。

② 张耀，西南大学硕士研究生。

③ 王作军，西南大学国家治理学院教授、博士生导师。

既规定了智慧政务建设的目标原则，又明确了任务路径。

（一）智慧政务要“智”

“智”即智能、智力，在智慧政务中表现为智能化治理。智能化治理倾向于工具和方法，强调智能化、自动化和科学化，是一种新的治理手段。目前，在智慧政务实现智能化治理过程中仍存在不足。首先，智慧政务建设一体化实施效果不理想。在政府信息化的发展演进过程中，无论是政务服务的架构、模型，还是技术部署等方面都衔接不佳。当前迫切需要解决技术与政务的适应性、政务服务提供的技术性限制、政务行政人员的工作思路转变等问题。其次，智慧政务建设碎片化、独立化。一是政府部门各自为政，呈现管理多头、分散，建设标准不“准”、程序不一的现状，造成资源浪费；二是数据互联互通受限于纵向层级制和横向职能制的约束，“政务大厅现有办理系统与各部门业务系统之间不能实现数据交换与共享，行政服务难以形成上下联动、横向互通”，各政府网站之间、网站和应用系统之间、部门与部门之间彼此独立，进而影响高层次的信息处理。

因此，建好智慧政务必须注重系统性与整体性，实现智慧政务的平稳过渡和可持续发展。一是加强顶层设计，一体谋划。地方政府智慧政务建设要统筹政务发展规划，统一建设、管理和运维，以应用为导向，构建以“政—企—民”为服务对象的应用型体系，利用新一代高科技信息技术通过感知化、互联化、智能化的方式，有力地将支撑电子政务的各类基础设施连接起来，形成一体化的智能基础设施，通过智能技术、新机器、新设备的普及和应用，简化传统政务服务流程，减轻行政成本压力，提高社会治理的民主化程度，实现智能办公和科学决策。智慧政务人才是建好、用好智慧政务的核心和关键，一方面，要搭建更有吸引力的干事创业平台来大力培养和引进优质人才，积极探索解决政务与技术的适应性、潜在性问题，强化技术支撑；另一方面，要加强技能和知识培训，转变传统政务服务理念，用智慧思维武装头脑，改进工作作风，有效运用智慧技术积极适应政务环境变化。二是注重统筹兼顾，整体推进。建立政务信息共享机制，纵向上有效整合各层级信息资源，横向上加强职能部门间“政务信息资源的采集和发布，促进社会化综合开发利用，可以尝试将各级各部门智慧政务建设情况纳入政府绩效考核体系，提高智慧政务的社会综合效益”；同时，推动跨部门、跨行业、跨地区的政务服务业务系统相协调、数据资源相联通，促进信息资源开发利用，推广智慧化信息应用和高效化服务供给，提升政务服务的效率和质量。

（二）智慧政务要“慧”

“慧”即有灵性、聪明，在智慧政务中体现为智慧化服务。智慧化服务倾向于理念和价值，注重拟人化、个性化和客制化，是一种新的治理价值观。尽管近年来“互联网+政务服务”改革在大刀阔斧中进行，政务公开的平台更加多元化、功能更加多样化、技术更加智能化，但政府网站的信息可达性低，政务 App 的信息服务功能欠缺，大量信息资源未被充分利用，“信息孤岛”、政务服务部门合作困难、公共需求无法有效满足等，重硬轻软、重网络轻数据，智慧政务陷入有“智”无“慧”的窘境。简言之，电子政务只有智慧政务的“形”而未有其“神”。例如，一些部门基于自身利益、效率、工作量等考量，对于应完全公开的信息进行“筛筛子”，有选择性地公开，对于可依申请或不予公开的信息的共享和交换进行“称称重”，有目的有顾虑地提供，造成公众、企业、政府其他部门的信息需求、服务需求难以满足。除此之外，个别部门还侧重政务信息的公开和宣传，热衷于用技术加持工作流程，认为平台和工具的智能化即是智慧政务，而忽略了智慧政务的核心业务——服务，如在政务信息公布栏中只提供了简单的服务查询功能，缺少人性化、交互性的功能；在政务数据利用方面停留在“数据小农”层面，未能充分利用数据进行下一步政务服务的精准供给和可靠预测；自助办理业务设施建设不足且功能单一，自助功能不够智慧等，使全天候服务处于口号式的尴尬境地。

因此，智慧政务要秉持智慧化服务理念，积极推动政府转型，以便更好地回应建设服务型政府的要求。一是加强交互服务。拓宽政民交互渠道，搭建智能互动的服务平台，通过政府网站、政务微博、微信公众号、政务 App 等平台及时了解、回应公众、企业、社会的需求，汇聚民智，确保政民互动的时效性，提升交互体验感；同时，完善政民交互的评价机制，建立以用户评价为主的测评指标，监督政府网上服务过程，提升智慧政务服务能力。二是推进政务服务精细化。通过整理和分析在政务服务过程中的数据，广泛采纳办事群众的意见，面对群众日益多元化、复杂化的需求，多维细化政务服务，提供更加智能和更加贴心、暖心、安心的服务。三是强化智慧感知服务。依托大数据的打通共享，推荐算法、关联规则等技术的使用可以使政府的服务方式由被动等待的“进门服务”向主动精准的推送服务转变，根据用户所在区域、年龄学历、工作性质、访问频度、内容等细分用户，挖掘不同类型用户的需求特征、个体偏好等，预测公众的下一步公共服务需求，提供个性化智慧服务，实现政务公共服务的精准、主动供给。四是推广自助服务。坚持以人为中心，创新服务的方式方法，推广普及自助化模式，如自助专区、自助查询、智能咨询、自助业务申办等，打破时空限制，实现政务服务“24 小时不打烊”，弥补工作时间与非工作时间服务盲点，解决企业和民众办理业务的堵点。

（三）智慧政务要有“智”有“慧”

智慧政务并非仅是政务平台的升级、管理工具的迭代，更是治理方式和服务理念的革新。换言之，智慧政务不仅要有技术手段，还要有“思考”的能力。虽已认识到政务的智慧化是未来发展的必然趋势，但是政务“智慧”的真正体现尚不明确，在业务整合、服务集成和公众需求满足等方面存在问题，智慧政务服务还需优化，数据共享、信息安全等仍有待商榷。智慧政务作为电子政务的高级阶段，需要依托一定的智能平台为载体，借助新一代高科技信息技术作为支撑，“通过数据信息采集、传输、集成、共享、协同、反馈与智能分析等手段，赋予数据以更强的个人偏好性、文化敏感性与动态匹配性，以满足个性化、定制化、精准化管理与服务需求”，实现电子政务有“智”有“慧”。例如，通过智能技术实现业务整合，以监测、分析、整合以及智能响应的方式综合各职能部门业务，充分运用“一家牵头、一号办理、一窗受理、一套材料”的新模式，优化配置现有资源，实现便民利企。利用好政务网站、微信公众号、政务服务 App、VR 虚拟政务大厅等线上服务平台进行服务集成，实现掌上办、随时办、快速办。运用大数据、云服务、区块链等技术，通过用户特征和系统智能分析，结合多方数据洞察用户群体特征，精准对接政务服务供需侧需求，提供专业化、个性化的政务服务。积极探索应用安全技术和新兴技术相结合的方式，加强数据保护，强化智慧服务安全；同时完善数据使用主体的信用体系建设，健全法律法规，优化信息安全监管体系，增强个人信息安全保护意识，筑牢安全屏障。

二、智慧政务从“建”到“用”的跨越：由“智”及“慧”

智慧政务的关键在于用好。智慧政务不仅是技术创新、管理创新，更是服务模式的创新。实现智慧政务从“建”到“用”的跨越是由“智”及“慧”的偕同进阶，蕴含着服务理念、服务模式和服务供给方式的系统转变。

（一）服务理念：以简化政务服务流程、降低行政成本为主转向以公众服务为中心

地方政府在智慧政务建设初期大都是以优化部门职能为中心，而非以公众和企业的信息需求、服务需求为中心，导致政务网站门户或政务 App 等选择性公开信息、公开不及时不准确，甚至直接不公开，政务服务不连贯、不便民更不惠民，用户体验不佳，政府公信力受质疑。随着智能技术对政务服务进行全链条、全过程的改造，以及智慧化服务理念的成熟，推动政务服务从行政主导转到以人为本，强调人本导向、需求导向的服务，根据提高公众政务服务满意度的要求动态调适服务内容、服务方式，实现以公众为中心的智慧服务。

（二）服务模式：从互联网技术和政务服务的全面结合转向互联网技术和政务服务的深度融合

智能技术与政务服务的全面结合是智慧政务建设的外在显现，伴随互联网先进技术的快速发展和应用场景的不断拓展，以及新环境、新业态、新需求的不断出现，衍生了智能治理和智慧服务形态。数字技术不仅畅通了资源要素流动渠道，还加速了各治理主体融合、系统业务融合、数据融合，促使智慧政务的服务模式朝着互联网同政务服务深度融合的方向迈进。智慧政务建设应充分发挥海量数据和丰富应用场景优势，促进数字技术与政务服务深度融合，赋能数字政府建设。

（三）服务供给：由政府“端菜”转向群众“点菜”

“上菜”逻辑的转变是智慧政务治理结构和治理思维的转型之举，一方面，互动主体多元集成，不同业务机构被数字网络整合，公众同政府的互动交互场景超时空限制，信息由单一共享转为多系统共享，电子屏的虚拟场景使得面对面的互动转变为非在场的交互，信息更新和环境变迁促使“菜品”种类齐全、质量保证；另一方面，大数据作为智慧政务的核心，带来了根本性的思维转变，从注重政府的应用感受变为关心公众的服务体验，从只重视政务服务基础设施建设转向“软硬”兼顾，从侧重信息汇集转向数据挖掘。政府能够在大数据的辅助下实时监测、全面感知、精准判断、预测把握目标群体的特质和需求痛点，并在了解需求的基础上做出针对性响应，实现供需之间的良性互动。相较于以往所提供的政务服务偏重于“给群众端菜”，且菜品不丰富，现如今政务供给方式由“我给你什么，你有什么”转向“你要什么，我给你什么”，服务迭代已是大势所趋。

三、用好智慧政务：既“智”又“慧”

政府信息化建设过程中，智慧政务不是信息通信技术（ICT）与政务服务的简单叠加，不能局限于有“智”有“慧”，即ICT与政务服务的有效整合或全面结合，而应向既“智”又“慧”发展，即ICT与政务服务的深度融合。然而，实现智慧政务既“智”又“慧”的支撑环境有待完善。一是信息基础设施建设和应用水平不足，技术支撑明显不够，政府在政务信息化建设过程中智能化硬件水平尚难满足需求，对数据深度挖掘整合不够、统计关联和预测分析技术运用不成熟，加之公众信息素质不高，对智慧政务的使用能力不足，无法形成人与技术的融合性关系，智慧政务建设易于陷入“内卷化”陷阱；二是公共数据资源的开放共享程度有待进一步提高，受条块化管理体制机制影响，在开放共享与协作方面的规划与布局整体性不够，导致“信息孤岛”、数据壁垒现象的出现，以及数据安全的制度层面尚未明晰，不同主体对数据资源开发利用的权责关系也未厘清，政务与技术的深度融合存在限制，智慧政务发展面临挑战。要真正实现ICT与政务服务的深度融合，用好智慧政务，推动其快速发展，需要从政务和技术两个方向双管齐下，共同推进。

在政务层面，政府要适应治理能力和治理体系现代化对智慧政务的新要求，加强政策引导，做好顶层设计。制定推动智慧政务发展的相关规划，优化政务服务流程，厘清主体权责，推进平台和政府网站建设，提供“一站式、一体化、沉浸式”在线政务服务，解决政务服务“最后一公里”的问题。坚持以问题为导向、需求为导向，推动政务服务、数据与信息技术深度融合，重视智慧政务用户行为的大数据分析研究。挖掘大数据中有价值、可利用的关联数据，使搜集数据成为日常行为，挖掘数据成为常态，分析数据成为常规，发布数据成为常务，形成用数据说话、用数据决策、用数据管理和用数据创新的治理理念，推动政府管理理念和社会治理模式进步，促进精细有效的服务管理，以满足用户多样化、个性化需求。

在技术层面，加快技术应用，通过新技术推动政务工作和服务创新，提高政府公共服务功能水平；通过政务服务新需求倒逼技术创新，加大智慧政务服务的精准化运行管理的支撑力度。培养更多创新人才，引进智慧政务建设优秀人才，推动技术变革，积极探索新技术、新手段在智慧政务中的应用，加速人与技术、政务与技术的融合，形成“人—物”“务—技”智联结构，通过智能技术和智慧思维推动人与智能办公系统（平台）、政务服务或部门业务与信息技术智慧联动。

总而言之，当今世界已进入数字时代，新一代信息技术将继续驱动智慧政务发展，如何在确保不被“数字奴役”、数字控制或数字教化的同时利用好技术，创造出数据价值，精准有效对接政务服务需求将是下一步的研究热点。智慧政务有“智”有“慧”、既“智”又“慧”是打造智慧政府的题中之义，也是地方政府治理能力现代化的重要特征，成为提升人民群众获得感、幸福感和安全感的新赋能。

参考文献：

［1］张建光，张腾，王芳. 智慧政务信息生态发展演进关键影响因素研究［J］. 现代情报，2018，38（3）：3-9.

［2］张勇进. 智慧政务与政府治理转型［J］. 传媒，2015（5）：21-24.

［3］于冠一，陈卫东，王倩. 电子政务演化模式与智慧政务结构分析［J］. 中国行政管理，2016（2）：22 -26.

［4］汪玉凯. 智能化治理与智慧化服务：打造政务服务新模式［J］. 信息化建设，2017（1）：15-18.

［5］胡吉明，张晓娟. 服务型政府建设中的智慧政务研究与应用进展［J］. 信息资源管理学报，2018, 8（1）：78-82+92.

［6］J RAMON GIL-GARCIA，DJOKO SIGIT SAYOGO. Government inter-organizational informati on sharing initiatives：understanding the main determinants of success［J］. Government Info rmation Quarterly，2016，33（3）：572-582.

［7］李军，乔立民，王加强，等. 智慧政务框架下大数据共享的实现与应用研究［J］. 电子政务，201 9（2）：34-44.

［8］饶守艳. 智慧政务提升政务效能的理论与实践［J］. 技术经济与管理研究，2016（5）：89-93.

［9］李超民. 治理现代化视阈中的智慧政务建设［J］. 社会主义研究，2014（4）：81-88.

［10］刘淑妍. 当前政务公开智慧服务的困境及对策［J］. 人民论坛，2021（14）：27-29.

［11］ELENI DERMENTZI，EFTHIMIOS TAMBOURIS，KONSTANTINOS TARABANIS. Cloud computing in e-government：proposing a conceptual stage model［J］. International Journal of Electro nic Government Research（IJEGR），2016，12（1）：50-68.

［12］刘民安，刘润泽，巩宜萱. 数字空间政府：政务服务改革的福田模式［J］. 公共管理学报，2021，18（2）：13-22，165.

［13］胡吉明，张晓娟. 服务型政府建设中的智慧政务研究与应用进展［J］. 信息资源管理学报，201 8，8（1）：78-82，92.

［14］张勇，姜川. 智慧政务互动平台效率评测研究：以安徽省为例［J］. 中国科技论坛，2020（5）：138-144.

［15］徐继华，冯启娜，陈贞汝. 智慧政府：大数据治国时代的来临［M］. 北京：中信出版社，2014：33.

［16］曹凯. “互联网+政务”以大数据为核心的智慧政务［J］. 计算机与网络，2015，41（12）：5.

[17] 张建光. 智慧政务：数字政府发展的新生态 [M]. 北京：电子工业出版社，2019：166.

[18] 司林波，刘畅. 智慧政府治理：大数据时代政府治理变革之道 [J]. 电子政务，2018 (5)：85-92.

[19] 胡苏云，肖黎春. 特大城市社会治理创新：城市功能疏解的视角 [J]. 城市发展研究，2016，23 (12)：43-49.

重庆市“双减”政策执行的困境及优化路径

黄　娟[①]　吴　江[②]

摘　要：“双减”政策的出台，是“十四五”规划下建设高质量教育体系的必然趋势。基于教育供给侧结构性改革视角，将“双减”政策落地落实是政府当前的重要任务。重庆市“双减”政策执行效果较为显著，但在具体执行过程中还存在一系列不可避免的现实困境。针对当前存在的职能定位不准、政策执行效果不足、监管机制不完善等问题，还应从协调各方力量、完善配套政策、加大监管力度等方面深度优化，从而推进“双减”政策落地落实。

关键词：“双减”政策；政策执行；校外培训机构

习近平总书记强调：“要深化教育教学改革，强化学校教育主阵地作用，全面提高学校教学质量，真正把过重的学业负担和校外培训负担减下来，办好人民满意的教育。”2021 年 7 月，中共中央办公厅、国务院办公厅发布了《关于进一步减轻义务教育阶段学生作业负担和校外培训负担的意见》（以下简称《意见》）。在《意见》的指导下，重庆市落实“双减”政策成效突出，在分学科精细化指导作业设计与实施方面有显著的效应，充分发挥了教研机构的研究、指导和服务作用，在教育部推行的典型案例中榜上有名。“双减”政策的出台，一方面，对减轻学生过重作业负担和校外培训负担起到了实实在在的作用；另一方面，政府作为“双减”政策的执行主体会面临各种困境，需要具体问题具体分析。本文在国家“双减”政策的基础上结合重庆市“双减”政策执行的实际情况，以政策运行过程分析重庆市“双减”政策的执行结果和执行困境，进而优化政府推动“双减”政策执行的路径。

一、重庆市“双减”政策执行取得的主要成效

重庆市已把“双减”工作作为重大民生工程列入重要议事日程，纳入市委教育工作领导小组重点任务，纳入区县政府履行教育评价督导的一号工程。目前，重庆市“双减”政策的适应性执行取得阶段性成效。

（一）全面宣传引导，线上线下共同推动工作

重庆市为保障“双减”政策的落地落实，发布“双减”倡议书，开通家长热

---

① 黄娟，西南大学硕士研究生。
② 吴江，西南大学国家治理学院党委书记、教授、博士生导师。

线以及公开监督电话，充分利用各主流媒体加强网络宣传引导，线上线下合力营造全社会共同参与的浓厚氛围，以期实现“全员覆盖”“全员知晓”“全员监督”。例如，江北区通过华龙网、江北报营造整治氛围，已向全区近10万中小学生发放《致家长的一封信》。

（二）公布黑白名单，重拳整治校外培训机构

截至2021年9月，重庆市已公布部分区县校外培训机构黑名单和白名单，包括制定负面清单，实施红、黄牌警告制度，疏堵结合对校外培训机构进行了分类治理，从源头上有效地规范了校外培训机构的发展，在校外培训负担上切实做了“减法”。例如，2021年7月以来，两江新区已对63家“有证无照”机构、654家“有照无证”机构、197家“无照无证”机构进行分类治理。

（三）重视教学质量，落实中小学“三个一”政策

按照《意见》要求，在市委、市政府的部署下，重庆市中小学大力落实“三个一”政策，推行“5+2”模式。同时，推动五项管理，全面落实“五育并举”，提高课后服务水平，探索减轻学生过重作业负担的途径，让学生更好地回归校园，把“双减”要求落实落细，在减轻中小学生负担上切实做了“加法”。例如，两江新区通过实施课后服务“十个一百工程”，研发了10个学科各100门精品课程，推进课后服务提质增效。

二、重庆市“双减”政策执行的现实困境

“双减”政策在重庆市的适应性执行，一方面，是值得肯定的政策执行效果，在一定程度上减轻了重庆市中小学阶段学生过重作业负担和校外培训负担，优化了教育生态环境，加快了高质量教育体系的构建；另一方面，从动态的角度来看，随着执行力度的加大和实施时间的持续，“双减”政策的执行困境也会随之愈加凸显。

（一）多方参与中职能定位有待强化

“双减”政策的落实是多方共同参与的结果，“双减”政策涉及政府、社会、市场、学校等主体，各主体在“双减”政策执行中需要互相借力，才能共谋大局。在职能上，仍需要进一步落实并强化，各主体职能易偏离，定位易偏移。例如，在校外培训机构的治理中，缺乏第三方的评估和监测，学校的作用相对来说也比较弱化。

（二）短期执行下政策效果有待释放

“双减”政策要见实效是一个长期化的过程，重庆市“双减”政策的执行效果还存在不足。一是配套政策不完善，校外培训机构治理面临“营转非”“资金监管”“人员流向”的问题，义务教育阶段中提高教学质量和减轻学生负担的问题，尚缺乏具体的配套政策。二是执行效果存在区域偏差，缺乏示范区县打样，政策效果难免会出现执行不足的现象，如重庆市中心城区的“双减”政策效果相对其他区县的政策执行效果较为显著。

（三）专项治理下监管机制有待完善

重庆市在“双减”政策下大力开展专项治理，但需要探索新的监管模式，以实现“双减”政策执行“全方位”“全领域”“全过程”的公开，监管平台建设有待完善，线上线下监管动态没有及时公布。例如，在官方网站以及微信公众号没有针对“双减”开辟专栏，公众无法及时获取黑白名单。“双减”工作协调机制有待健全，中小学教师和学生作为重要群体需要强有力的制度保障。

三、优化重庆市“双减”政策执行的基本路径

重庆市高度重视党中央切实关心和人民群众密切关注的教育民生工作，在“双减”工作中精准施策，以实现综合治理。“双减”政策具有明确的目的性和针对性，针对“双减”政策在具体执行过程中的困境，通过政策有效性的分析，为重庆市“双减”政策执行进一步的深化和优化提出一系列应对之策。

（一）协调各方力量，强化参与各方职能定位

重庆市在推动“双减”政策中要充分认识到各方勠力同心的重要性，强化多方主体的职能定位，才能最大限度地凝聚各方力量推动“双减”政策的效果达到最优。一是要坚持政府主导，发挥统筹协调作用，细化责任分工，形成政府管、学校办、社会评、市场做、家庭助的良好局面，优化教育生态系统。二是要强化政府教育职责，坚持校内校外一盘棋，共建校内外协同育人机制；重庆市应根据教育部的最新要求，充分发挥学校教育主体作用，将校内减负提质“两手抓”作为下一步工作的重点。

（二）完善配套政策，推动政策效果持续提高

重庆市“双减”政策在实践中落地有声，但强化政策效果的作用需要久久为功。将“双减”作为一项长期性的任务，一是针对问题完善相关配套政策，促进校外培训机构“营转非”，加强“资金专户监管”，实现“机构人员合理分流”，保障中小学学生和教师群体的切身利益。二是要创建示范区县，全市全域同步推动“双减”政策。例如，两江新区作为重庆经济发展的主战场，进行教育供给侧结构性改革，以智慧教育落实“双减”政策并打造优质均衡教育示范区。重庆在“双减”落地执行中，要借鉴其他省（自治区、直辖市）的典型经验实现有效本土化，并汇集本市各区县典型经验以供互相交流学习，因地制宜地推动“双减”工作开展，保障“双减”举措在各区县行之有效。

（三）健全监管机制，强化政府督导问责职能

为确保“双减”工作的长治、常态、长效，一是要完善监管平台与监管机构。充分利用官方网站、微信公众号等媒体中介，形成“互联网+监管”的模式，线上线下实现常态化、智能化监管，并及时通过全国校外教育培训监管与服务综合平台，摸清校外培训机构底数，强化政府对校外培训机构治理的监管，以实现校外培训机构治理的精准化、科学化和信息化。二是要建立“双减”工作协调机制。相关部门要把课后服务开展情况纳入政府履行教育职责评价考核，列入责任督学和督导检查，针对课堂质量和教学水平建立健全相关保障制度。

参考文献：

[1] 新华网. 中共中央办公厅 国务院办公厅印发《关于进一步减轻义务教育阶段学生作业负担和校外培训负担的意见》［EB/OL］.［2021-10-28］. http://www.xinhuanet.com/legal/2021-07/24/c_1127691094.htm.

[2] 匡丽娜，张凌漪. 重庆将从七个方面推进“双减”工作［N］. 重庆日报，2021-08-07（01）.

[3] 匡丽娜，张凌漪.“双减”如何落实？新学年重庆部分区县这样做［N］. 重庆日报，2021-08-30（01）.

重庆市北碚区政务服务标准化建设的现实困境与破解之道

李文琢[①] 吴 江[②]

摘 要：政务服务标准化是建设人民满意的服务型政府和深化简政放权的必然要求。随着《国家标准化发展纲要》的出台，政务服务标准化再次成为行政管理和社会治理的焦点。自最新一轮机构改革后，重庆市北碚区在政务服务建设方面积累了大量经验，规范化和便利化都已取得明显成效，但在标准化方面仍存在定位较为模糊、人员不够专业、监督比较缺失、统筹较为乏力等问题。为此，必须找准政务服务定位，加强部门及区域的协调，提高服务人员水平，配套监督考核机制，为政务服务规范化和便利化提供体制机制保障。

关键词：政务服务；标准化；政务服务体系

政务服务标准化就是要将标准化的理念、原则、方法引入行政管理服务部门，通过制定和实施适用于政务服务的标准体系，提高政务服务质量和水平。2021 年 10 月，《国家标准化发展纲要》出台，提出要推动行政管理和社会治理标准化建设。2018 年机构改革以来，重庆市北碚区以政务服务中心为主要阵地，持续深化政务服务改革，全面推进“三级四务”建设，不断提高政务服务效率和质量。北碚区在重庆市政府办公厅发布的《重庆市政务服务效能水平评估报告（2020 年）》中政务服务效能等级达“优”，“好差评”制度群众满意度达到 99.99%，在政务服务规范化和便利化上表现突出。但当前北碚区政务服务建设仍然存在短板，主要集中在政务服务标准化建设上。政务服务标准化是建设人民满意的服务型政府的关键举措，也是规范化和便利化的基础与前提。如何发挥好这一举措的作用，是当前进一步提高北碚区政务服务水平的重要突破口。

一、北碚区政务服务标准化建设现状

北碚区以政务服务办公室为依托，充分发挥标准化在政务服务建设中的基础性作用，用标准化引领政务服务体系建设、促进政务服务设施配备、助力政务服务规范推行。

---

① 李文琢，西南大学硕士研究生。

② 吴江，西南大学国家治理学院党委书记、教授、博士生导师。

（一）标准化引领政务服务体系建设

北碚区按照《重庆市政务服务管理办法》的要求，扎实推进“三级四务”党群连心集成服务体系建设，建立起了标准化的“区—街镇—村（社区）”三级服务架构和“党务服务、政务服务、商务服务、生活服务”四块服务内容并持续向基层社区推进。通过把四个服务模块集成到三级服务中心，丰富了政务服务内涵，拓展了政务服务外延，服务范围扩大到党务服务、商务服务和生活服务，以“大服务”适应“大发展”，以政务服务不断创新、主动求变、自我加压满足人民群众日益增长的多元化需求。

（二）标准化促进政务服务设施配备

北碚区委组织部、区政府服务办公室持续推进星级服务中心创建活动，涉及全区 211 个政务服务中心，以“评星”促进服务设施建设标准化。一是规范场地建设、功能分区、窗口设置、引导标识等，将标准化基础设施配备到整个办事流程中，为服务流程标准化、规范化提供硬件支持。二是设置无障碍通道、无障碍厕所、母婴室等无障碍设施和场所，设立志愿服务站点，为重点人群和特殊人群提供精准服务。三是规整并完善各类便民设施，提供免费复印、免费邮递、免费医药箱、便民雨伞、手机充电站等便民服务，设施标准化最终指向服务便利化。从 2021 年 6 月份开始，北碚区向街镇、村（社区）投入资金 110 余万元，计划分批配备“好差评”评价器 170 台、多媒体机 39 台、电脑 50 台、高拍仪 34 台，拟打通标准化政务服务硬件设施的“最后一公里”。

（三）标准化助力政务服务规范推行

北碚区根据《中华人民共和国国家标准》中规定的《政务服务中心服务现场管理规范》《政务服务中心标准化工作指南》《政务服务中心运行规范》《政务服务中心网上服务规范》等文件，制作政务服务全程规范并在政务服务中心大厅展示，加强巡查督促，持续提升群众满意度。同时，政务服务“清单化”有序推进，清单作为划分职能边界和服务范围的一项重要举措，也是政务服务实现标准化的有效路径。北碚区政务服务办公室先后公布了权力事项和公共服务事项清单、“即办件”事项清单、“零材料提交”事项清单、“零跑腿”清单、“最多跑一次”清单，并对清单内容不断更新和补充。

二、北碚区政务服务标准化建设的现实困境

目前，北碚区政务服务标准化建设虽然采取了一系列措施、取得了一定成效，但标准化的基础性、制度性短板依然明显，已经成为限制北碚区政务服务能力持续提升的主要瓶颈。

（一）内涵模糊——标准和清单内容狭隘

北碚区政务服务标准化建设尚处于起步阶段，对于政务服务标准化的具体内涵缺乏明确的规定，政务服务标准化的内容和边界模糊。在提供要件、办理流程、服务质量、结果反馈等方面的规定都存在一定程度的缺失，一定程度上影响了政务服务的效能。具体内涵不明确也引发了规范设置的问题，一方面，政务服务的国家标

准不足，地方标准更是屈指可数，相关规范的全面性和有效性难以保障，特别是对于行政审批的指导作用有限；另一方面，政务服务项目清单不完善，且更新周期较长，未配备更新说明，不利于具体事项的规范化办理。

（二）人员不专——评价与监督机制缺失

政务服务的主体是人，标准化执行的关键也是人。标准化是涉及质量管理的专业领域，需要执行者具备一定的专业知识。但北碚区政务服务标准化的专业人才缺乏，虽然政务服务中心开展了一系列公务员知识培训，但培训内容主要集中在规范化和便利化，标准化部分多以服务人员自学为主，政务服务人员缺乏标准化意识的现象仍然存在。同时，北碚区政务服务标准化考核机制尚未建立，服务人员业务标准化的实施状况难以判定，与绩效考核的挂钩存在困难。相应地，政务服务标准化评价与监督机制的建立也存在前置性障碍，业务流程中考核和反馈的环节中断，不利于政务服务标准化水平的持续提高。

（三）统筹不力——部门及区域条块分割

政务服务是一个系统性很强的惠民工程，一项政务往往涉及多项程序、多个部门，需要多方协调、共同处理。这就决定了政务服务的标准化不能“一刀切”，不同的环节需要不同的尺度，不同的部门适用不同的标准，政务服务标准化的过程实际上是多主体协调权衡的过程。北碚区的政务服务标准化推进缺少一个权威的统筹机构，区委、区政府对于政务服务标准化仅以管理办法的形式做出要求，缺乏针对标准化建设的引导和督促，标准化工作推进缓慢。同时，北碚区早已开展以便利化为核心的“川渝通办”“跨省通办”等跨区域办事实践，重庆、四川、贵州、云南、西藏五省（自治区、直辖市）政务服务“跨省通办”事项清单已有 148 项，涉及部门 17 个，但与之相配套的地域间统一的政务服务标准化建设尚未着手筹划，这可能导致区域间政务通办出现制度性障碍。

三、北碚区政务服务标准化建设困境的破解之道

为解决北碚区目前面临的定位、人员、监督、统筹等方面的问题，将质量管理的理念转化为政务服务的效能，更好地建设人民满意的服务型政府，北碚区应从内涵界定、考核评价、内外统筹入手，写好“说明书”，定好“坐标系”，画好“同心圆”，持续激发政务服务建设的活力。

（一）写好“说明书”：厘清政务服务标准化内涵地位

1. 厘清政务服务标准化的内涵和法律地位

区级政务服务部门应认真研读国家层面的政务服务标准化意见，结合近年来的政务服务实践，澄清政务服务标准化的概念，包括政务服务的通用基础标准、服务提供标准、服务保障标准、服务评价与改进标准等。加强政务服务机构立法，明确政务服务中心的法律地位，使得机构的组织和运行有法可依。

2. 重构以政务事项为坐标的清单体系

梳理整合已有的政务事项清单，合并重叠事项、补充特殊事项，以事项为轴，对应整合“是否即办”“是否提交材料”“是否跑腿”等信息，形成系统完备、科

学便利、面向用户的标准化清单体系，并依据实际情况进行动态调整。

（二）定好“坐标系”：强化政务服务标准化考核评价

1. 强化政务服务人员培训和考核

将政务服务标准化培训纳入领导干部和政务服务人员培训课程中。对于领导干部的培训，以提高其认识水平为目标；对于政务服务人员的培训，以增强规则意识、规范操作流程为目标，促使各级公务员将标准化理念贯彻到政务服务的全过程。

2. 构建科学的政务服务标准化评价体系和监督机制

依据政务服务标准化的内涵及地位，提出相应维度和指标，构建系统化的政务服务标准评价体系。充分发挥政务服务办公室督查科的职能，借鉴“漳州模式”，将视频监控、流程监管、公众评价与绩效考核有机结合，建立严格的监督管理网络，保证政务服务的开放性和标准化。

（三）画好“同心圆”：推进政务服务标准化内外统筹

1. 加强区政府各部门之间的统筹

政务服务标准化的统筹推进首先要向内“开刀”，明确区政府各部门在政务服务中扮演的角色，建立地方标准化协调推进机制。参照国务院《深化标准化工作改革方案》，以北碚区政府主要领导为召集人、各有关部门负责同志为成员，组建北碚区标准化协调推进小组，统筹推进北碚区政务服务标准化工作。同时，政务服务中心加强对于街镇政务服务的引导和管理，建立各街镇统一的政务服务标准体系，画好区内纵向横向“同心圆”。

2. 促成跨省跨区县的区域间协调

政务服务标准化的统筹还需要向外“联通”，打通区域间政务服务标准化壁垒，持续扩展和优化跨区域通办业务。北碚区应积极投身跨省通办项目建设，以“绵碚通办”为基点，在用好用活现有跨省政务办理政策的基础上，不断探索跨省通办的新做法、新模式，初步将“绵碚通办”的成功经验应用到与其他区域的合作中，为尝试推进重庆、四川、贵州、云南、西藏五省（自治区、直辖市）一体的政务服务标准化建设提供实践参考和经验借鉴。同时，区政府应及时将“绵碚通办”的经验形成报告并呈报重庆市政府，为加快推进区域间政务服务标准化工作贡献北碚力量。

参考文献：

[1] 张鹏，赵映. 互联网时代政务服务改革的兴起、审视及优化 [J]. 上海行政学院学报，2021，22（1）：56-68.

[2] 胡敏. 创新驱动背景下行政服务标准化水平的提升：以安徽省为例 [J]. 吉首大学学报（社会科学版），2019，40（S1）：132-133.

[3] 戢浩飞. 深化“放管服”改革的重点与方向：基于机构改革的分析视角 [J]. 天津行政学院学报，2020，22（1）：46-53.

［4］陈振明，耿旭．公共服务质量管理的本土经验：漳州行政服务标准化的创新实践评析［J］．中国行政管理，2014（3）：15-20．

［5］徐磊，韩冰，唐超．大连市政务服务标准体系建设研究［J］．中国质量与标准导报，2017（3）：56-59．

［6］甄贞，吴明．推进政务服务标准化的几点思考［J］．人民论坛，2017（35）：40-41．

重庆市北碚区推进智慧政务建设的现实困境与路径选择

李 莹[①] 吴 江[②]

摘 要：智慧政务是电子政务发展的新阶段，是推动政府治理体系和治理能力现代化的重要抓手。2018 年以来，重庆市北碚区依托互联网、云计算等现代信息技术，在政务服务智慧化方面取得了显著成效。但当前北碚区智慧政务建设上仍存在数据利用与共享不充分、顶层规划与设计不完备、服务效果与体验感不佳和地方性规范保障能力弱等问题。因此，必须加快数据赋能、规划统筹、理念转变和法律保障等方面的建设，让政务更智慧、更利企、更惠民。

关键词：智慧政务；大数据；政务服务

智慧政务是指有效运用互联网大数据、物联网、云端计算、资源管理共享等方式，打造高效率、更便民的新型政府，提升其在服务、监督管理、决断等方面的智能水准，是信息技术发展的必然产物，其本质是提供更为高效、更为智慧、更为便捷的政务服务。《中华人民共和国国民经济和社会发展第十四个五年规划纲要》明确提出，要全面推进政府运行方式、业务流程和服务模式数字化智能化。加强智慧政务建设，提高政府政务服务智慧化水平，具有重要意义。

一、北碚区推进智慧政务建设的实践探索

目前，北碚区打造智慧城市的步伐不断加快，对社会治理方式提出了新的要求，政府必须推动传统的电子政务与现代信息技术深度融合，顺应时代的要求而变革，大力发展智慧政务。

（一）部门结构优化，提升智慧政务服务效能

智慧政务的一大特点是依托区块链、大数据、互联网等信息技术，实现公共部门组织结构和操作流程的重组优化。北碚区在原行政服务中心管理办公室的基础上，整合多个部门职能职责，组建了政务服务管理办公室，下设政务服务中心、网上办事大厅管理中心两个正科级事业单位，全方位、高质量地向公众提供政务管理服务。政务服务办在推动北碚政务服务智慧化转型中发挥了重要的作用。

---

① 李莹，西南大学硕士研究生。

② 吴江，西南大学国家治理学院党委书记、教授、博士生导师。

（二）线上线下协同，打通政务服务“最后一公里”

智慧政务发展离不开软、硬件设施的配置与完善。在线上智慧平台的打造上，2021年上半年，北碚区投入资金2 000多万元，推动了云数用综合平台、政务大数据中心等21个重点项目的建设。同时，北碚区在全市率先使用“一窗综合受理云平台”“一件事情”系统，建立了专门的网上监管中心。在线下智能设施的配置上，北碚区共投放了19台政务自助一体机，实现了全天候“24小时不打烊”的自助办理在所有街道的全方位覆盖。北碚区还依托重庆市“渝快办”办事平台，把电子政务外网向村和社区延伸，首个政务自助服务厅在北碚区蔡家建成并投用，并结合“三级四务”打造了6个24小时政务自助服务点。身处偏远地区的人们如今也可以通过智慧设备随时随地获取政务服务，实现了公共服务普惠化与便利化。

（三）技术应用紧扣，赋予政务服务智慧与效率

北碚区在推进智慧政务时，并非简单地将技术与政务相结合，而是往往会与优化营商环境、“一网通办”联系在一起，依托技术优化流程提升效率的同时注重应用。在重庆市掌上政务服务平台“渝快办”的子站点北碚专区中，政务服务指尖可达。针对企业和群众需要跑多部门才能办的事项，提供了“一件事”套餐服务，经过环节整合与流程优化，变多件事为“一件事”；针对老年群体开设了老年人服务专区，整合了与老年人密切相关的服务与资讯，提供了更加精准、个性化的政务服务。

二、北碚区推进智慧政务建设的现实困境

北碚区智慧政务建设整体虽然已初有成效，但在其建设过程中还存在数据利用与共享不充分、顶层规划与设计不完备、服务效果与体验感不佳和地方性规范保障能力弱等问题，使得智慧政务发展滞后。

（一）数据利用与共享不充分

北碚区智慧政务建设现阶段取得的成效，与大数据时代下数字化、网络化、智能化的客观要求有所差距。一是智慧政务建设重技术提升而轻数据运用。北碚区智慧政务的建设举措过多落在了技术优化上，缺乏对海量的数据进行深度挖掘和剖析的能力，感知社会变化、发现公众新的需求以及时调整服务的能力薄弱，忽略了智慧政务本身在社会治理上的智慧性。二是“信息孤岛”的现象依然存在。虽然政务服务中心实现了政务服务的一站化，但没有形成可供各部门信息共享的数据库，重复递交材料的现象仍可能发生。此外，不同区县之间的信息系统来自不同的软件开发商，使用着不同的技术架构和数据规范，标准不一致使得数据跨区县之间的共享交换更为困难。

（二）顶层规划与设计不完备

智慧政务发展更多依赖一种自上而下由政府层面推动的行为，其发展水平往往与顶层规划设计直接相关。当前，北碚区并没有设立专门的智慧政务管理中心，有关智慧政务建设的总体性规划和布局尚未出台，缺乏具有前瞻性的发展战略。有关智慧政务建设的内容也散见于智慧城市的规划以及北碚区“十四五”规划之中，

缺乏具有整体性、全局性、针对性的推进战略，这会使得智慧政务建设过程中资源分配不均匀、部门之间信息互联互通更为受阻。

（三）服务效果与体验感不佳

北碚区尽管提供了智慧政务的相关特色服务并配备了智慧政务自助一体机，但实际发挥的服务效用不佳。一是政务自助一体机的智慧服务功能未能得到充分发挥。虽然政府供给到位，但是民众更倾向于到窗口去办理业务，投放的政务自助一体机的功能便被“主观”地局限在信息查询上，使用效率较低。此外，乡镇、街道的移动终端服务器的配置较少，步行可达性较差，便民程度有待提高。二是线上网络政务服务体验感较差。政务服务网上的一些业务无法直接在线办理，需要群众转到“渝快办”，操作烦琐，没有让群众真正享受到智慧政务所带来的便利，且在相应的业务办理过程中，缺乏实时同步的操作指引。

（四）地方性规范保障能力弱

北碚区智慧政务的规范保障能力需要进一步增强，法治环境需要进一步优化。一是目前北碚区推进智慧政务建设可依据的规范性文件较少，仅有重庆市政府出台的《重庆市政务服务管理办法》以及北碚区印发的《2021 年北碚区政务服务工作要点》等；二是上述规范性文件的部分规定更倾向原则性的约束，在实际中的可操作性不强；三是公共部门信息安全缺乏有力保障。北碚区的智慧政务还处在起步阶段，尚未针对公共部门网络安全制定规章制度，对信息安全的保护只停留在了技术层面，缺少针对性、可实施的细化规则。

三、北碚区推进智慧政务建设的路径

为解决北碚区政府推进智慧政务建设中出现数据利用与共享不充分、顶层规划与设计不完备、服务效果与体验感不佳和地方性规范保障能力弱等问题，进一步提高北碚政务智慧化水平，北碚区应该从数据赋能、规划统筹、理念转变和规章完善四个方面着手，让北碚智慧政务更聪明一些、更智慧一些。

（一）数据赋能，依托数字提升智慧

智慧政务的“智慧”离不开大数据。一是要借助大数据分析技术，对大数据进行深度挖掘和多维分析，准确掌握政府服务的过程动态，全面感知用户的多样化需求，并在了解需求的基础上做出针对性响应，提供更具个性化与智能化的政务服务；二是要依靠大数据信息对政府资源进行优化处理，完善统一的智慧政务数据平台，破除各部门及各区县政务数据共享平台的数据壁垒，使数据能够互融互通，打破“信息孤岛”困境。

（二）规划统筹，整体布局助推发展

智慧政务建设需要由地方政府牵头，从整体出发自上而下地合理布局。一是要加强组织建设，组建北碚智慧政务工作领导小组，从多个部门挑选人员，统一领导、统一部署，将智慧政务作为一项重大工程来推进；二是要制定具体的发展规划。结合北碚区智慧政务发展实际，对智慧政务做出统一的战略规划，将智慧政务的价值与理念融入政务服务未来的发展之中。

（三）理念转变，以民为本落实服务

老百姓是智慧政务的用户，而智慧政务之本是要让信息技术真正服务于群众。推进智慧政务建设，最关键是服务态度、社会治理观念和方式的转变，北碚区必须坚持以用户需求为导向，站在被服务者的角度去思考服务优化，同时转变传统思维，树立智慧政务理念，提供更为便宜、更加高效、更具温度的服务，建立起政府管理高效与用户体验良好之间相互促进的良性循环。

（四）规章完善，依据规范约束行为

北碚区应进一步提高规范保障能力，促进北碚区智慧政务更好的发展。一是要结合北碚的实际情况，完善已有的规章并将其具体细节化；二是要认真钻研国家相关法律法规，加快推动有关信息安全保护的行政规范性文件的出台，明确数据使用者、监管者的权利和责任，为数据安全保驾护航；三是要收集北碚区智慧政务建设过程中发现的问题，积极向重庆市政府提出地方性法规修订的意见和建议。

参考文献：

[1] 王彩艳，陈佳佳. 数字经济发展中的“北碚智慧”［N］. 重庆日报，2021-08-23（T11）.

[2] 屈苇，盛志信. 北碚营商环境改善 民营经济发展质量提高［N］. 重庆日报，2020-10-30（T15）.

[3] 黄威栋. 新时代背景下地方政府智慧政务建设路径研究：以云南省为例［J］. 治理现代化研究，2020，36（3）：61-68.

[4] 饶守艳. 智慧政务提升政务效能的理论与实践［J］. 技术经济与管理研究，2016（5）：89-93.

[5] 陈昊. 我国智慧政务建设路径研究［D］. 长沙：湖南师范大学，2018.

重庆市北碚区政务服务中心“一窗式”综合窗口服务存在的问题与改进路向

王淼霖[①] 吴 江[②]

摘 要：政务服务中心是地方政府面向人民群众最直接的服务“窗口”，在建设人民满意的服务型政府背景下，从国家到地方都在积极探索提升政务服务便捷度、满意度的改进路向。重庆市北碚区“一窗式”改革作为提升其政务服务质量的重要举措，在取得一系列成效的同时也发现其在硬件设施、信息流通和人力资源三方面存在不足。为此，要以优化服务环境、加强信息建设、培养服务能力为抓手，切实提高其服务质量和水平。

关键词：政务服务；“一窗式”改革；窗口服务

2021年6月，李克强总理在全国深化“放管服”改革、着力培育和激发市场主体活力电视电话会议上强调：“着力打造市场化营商环境。力行简政之道，秉持公平公正监管，持续优化服务，进一步放出活力、管出公平、服出效率。”重庆市积极对标国家政策方针，在《2021年重庆市政务服务工作要点》中明确指出，要把提升基层政务服务能力、做实“一件事一次办”、持续提升政务服务便捷度作为重点工作任务。2019年，北碚区发布《北碚区关于打造一流营商环境实施政务服务“一窗式”改革工作方案》，两年来通过不断探索、实践，在流程优化、时长缩短等方面取得明显进步，群众获得感、满意度大幅度提升。但是，在硬件设施、信息流通、人力资源三方面依然存在不足，需要以优化服务环境、加快信息建设、培养服务能力为抓手，切实提高其服务质量和水平。

一、北碚区政务服务中心“一窗式”改革取得的主要成效

北碚区政务服务中心“一窗式”改革于2019年9月正式施行。以切实转变政府职能、真正方便企业群众办事为出发点，依托北碚区三级服务网，整合政务服务大厅资源，设立综合服务窗口，提供“一号申请、一窗受理、一网通办”集成服务，建立“前台综合受理、后台分类审批、统一窗口出件”的运行模式，变“多

① 王淼霖，西南大学硕士研究生。
② 吴江，西南大学国家治理学院党委书记、教授、博士生导师。

头受理”为“统一受理”“一事跑多窗”为“一窗办多事”，为企业群众提供更加便捷、规范、高效的政务服务。

（一）以“一窗受理，集成服务”为框架，政务服务体系日臻完善

“一窗式”改革施行两年以来，北碚政务服务中心已经实现政务服务“一窗式”改革区、镇街两级全覆盖。通过大力推进“一窗式”改革，凭借“前台综合受理、后台分类办理、一窗综合出件”运行模式，区政务服务中心减少专窗32个，窗口压减率为26.9%，区一窗分类受理事项率达到85.5%，居全市第一。

（二）以“应减尽减，统一规划”为前提，窗口布局逐步优化

通过设立综合窗口，由单部门设专窗变为多部门设综合窗。窗口人员由“专科”变“全科”，企业群众由“一事跑多窗”逐步变为“一窗办多事”，区政务服务中心窗口数由之前的45个减少至31个，人社局、医保局窗口减少18个，一定程度上缓解了窗口忙闲不均问题，降低了人力资源成本。在全市率先实现窗口人员由“审批部门派遣”向“政务办统一派遣”的重大转变。专窗到综合窗的改变不仅改善了窗口间业务量失衡现状，而且对工作人员业务水平提高有一定促进作用，面对“全科”需要提出的业务挑战促使工作人员自觉学习，同时也避免办事人员进入“只知其一，不知其二”的业务盲区。

（三）以“简化流程，强化监督”为优势，服务效率明显提升

在政府管理领域，服务质量和行政效率始终是各国人民诟病政府的重要内容，通过“一窗式”服务，将32个部门的1 000余项审批事务集中，实现前台综合受理、后台分类审批，将传统业务流程化繁为简的同时还强化了监督管理，进一步降低了廉政风险。借助综合窗口，通过统一收件、出件，掌握办件时间，提高办事效率和管理水平，以此提高群众的满意度。例如，在一项办理户外招牌设置备案业务中，在改革实施前需要5个工作日，而现在仅需要不到一小时的时间便能办结。

二、北碚区政务服务中心“一窗式”综合窗口服务存在的主要问题

（一）地理位置不优越，周边配套不够完善

北碚区政务服务中心位于北碚新城区，地理位置较为偏远。政务服务作为面向群众的“最后一公里”，直接影响群众办事的便捷度。首先是周边基础配套不足。该中心周边缺乏停车场和充足的公交站点及公交班次，轻轨线无法直达，公交直达路线仅有3条，沿途路线也仅有3条。其次是该中心实际面积小于其所需面积。北碚区政务服务中心总面积为7 600平方米，而重庆市区县政务服务中心的平均面积为9 000平方米，只有平均面积的84%，这也是税务、不动产登记等部门仍保留原有分中心的直接原因。

（二）信息流通不顺畅，服务效率依然不高

一是信息查询不便。溯其源流主要在于信息更新和公开渠道。当前，信息主要发布渠道是微信公众号、官网和“渝快办”。其中，“渝快办”涵盖各项事务办理的详细流程和所需材料，但群众反映“渝快办”推广力度不够，并且由于操作指南缺失，多数群众面临使用障碍。二是材料“孤岛化”。通过电子政务平台在精简

材料方面取得极大进步，但是依然存在涉及多个部门事务时，需要提交多份材料，部门之间的材料壁垒导致群众办理事务时重复提交同类型材料。三是群众缺乏政策认知。随着一系列政务服务改革，目前已形成良好的政务生态。但少数群众由于缺少政策认知，未能清晰了解当前各项政策所带来的便利，因此目前在政务中心代办机构代办业务依旧存在。

（三）人力配置不合理，服务效能亟待提升

一是在人员派遣方面，窗口人员由政务管理办公室统一派遣，这导致在涉及专业领域问题时模糊不清，比如在最近一次自查中显示工作人员存在概念模糊、业务范围不清等问题。二是在人员组成方面，由于基层单位编制指标少，工作人员超半数为临时聘用和公益性岗位人员，该类人员具有时间期限，导致服务质量参差不齐。三是在服务细节方面，其主要表现在工作人员缺乏主动服务意识，部分工作人员在服务中以利己为出发点，偏离为群众服务的宗旨。以自助打印区为例，虽然现场贴有自助打印流程，但多数群众对于打印机操作十分生疏，无法自主打印，使一件功能性用品成为“摆件”。

三、北碚区政务服务中心“一窗式”综合窗口服务的改进路向

（一）注重内外兼修，进一步优化服务环境

首先，要优化周边公共服务。目前，群众以公共交通和私家车两种出行方式为主。在公共交通方面，借助后台数据，进行数据分析，整理人口量大、办事频率高的地区，增设公交路线。同时，在工作日的办事高峰时间段可以与公交公司协商，增加班次，以此提高群众出行的便利性。在私家车出行方面，一是要加强停车场引导，增设服务指示牌；二是完善自有停车场，避免因停车难而增加群众办事成本。其次，要优化内部空间布局。对内部布局和窗口业务进行流程再造。整理可纳入综合窗口的业务，进一步探索个人业务纳入“一窗式”服务中，以此减少窗口量，提高空间利用率。

（二）推进信息建设，进一步提高服务效率

一是加强“渝快办”普及。一方面，要加大其推广力度，不断提升其便捷性、稳定性、功能性，使其融入群众日常生活，真正做到“愉快办”；另一方面，及时更新事务信息，做到线上线下同源流发布。二是促进信息集成。以“一窗式”改革为契机软化信息壁垒，加强部门沟通，搭建部门间共享交换平台，让资料“动”起来、群众“闲”起来。同时，建立资料容缺机制，减少对办事群众的行为要求，让群众少跑腿。三是及时解读新出台政策。政策解读在于方便群众理解，及时享受政策便利，使代办机构获利转为群众获益。同时，针对重大投资项目可以专门设立咨询导办岗，全程陪同和指导投资者办事。

（三）增强服务能力，进一步提升服务效能

首先，以“竞”促进。在窗口人员队伍中引入竞争机制，促使其加强自我提升。其次，以“联”促全。在加强窗口服务培训的同时注重相关业务知识的学习，同业务部门进行联合培养“全能型”窗口服务人员。最后，以“服”促服。建立

员工保护机制、增强员工的归属感。只有“服务好”工作人员，工作人员才能为办事群众提供“好服务”。同时，开展相关服务理念教育，贯彻“以人民为中心”的发展思想，将“一窗办、一次办、一网办、就近办、廉洁办、全域办”的服务理念落到实处，积极主动询问、交流，探索服务标准化、个性化。

参考文献：

郁建兴，高翔. 浙江省“最多跑一次”改革的基本经验与未来［J］. 浙江社会科学，2018（4）：76-85，158.

重庆市北碚区政务服务便利化的优化路径研究

张润秋[①] 王 斌[②]

摘 要： 重庆市北碚区在深化“放管服”改革中创新推出的“三级四务”集成服务体系先后被遴选为全国和重庆市提升政府服务能力和政务服务效能的典型经验之一，对政务服务便利化具有创造性的实践价值，值得广泛推广。本文基于北碚区的创新实践挖掘有效经验做法，根据北碚区政务服务的现有举措，提出了北碚区进一步促进政务服务便利化的优化路径。

关键词： 政务服务；便利化；三级四务

新时代以来，地方各级党委和政府认真贯彻党中央决策部署，坚持以人民为中心，依托互联网和大数据平台，积极探索政务服务便民化、便利化的改革方式，倡导创新探索、实验试点、广泛推广等方式进行改革。基于北碚区“三级四务”创新做法被推选为全国第二批乡镇政府服务能力建设的优秀经验的情况下，笔者就北碚区政务服务中心进行了实地观察，获取了北碚区政务服务的实践新方式，并对政务服务便利化应怎样进一步优化提出了可行性观点。

一、政务服务便利化的政策要求与理论内涵

（一）政务服务便利化的政策要求

1. 在国家层面

政务服务便利化是深化政府“放管服”改革的重要导向，是国家治理体系现代化的现实需要，是进一步建设服务型政府的有力保障。在“互联网+政务服务”的改革潮流中，政务服务便利化路程任重道远。由此，国务院推出了便利化政务服务的全国统一平台，为企业和群众提供有效、便捷的政务服务。

创新政府政务服务方式，促进政务服务的规范性、便利性是时代发展的必然要求。2019 年 4 月 30 日，国务院总理李克强签署国务院令，公布《国务院关于在线政务服务的若干规定》（以下简称《规定》）。《规定》指出，政务服务应注重规范化和便利化两方面的提升。需要聚焦企业群众反映的办事难、办事慢和办事繁的

① 张润秋，西南大学硕士研究生。

② 王斌，西南大学国家治理学院教授、博士生导师。

问题，需要依托网络服务平台和信息化手段，深化政务服务改革。以组织保障为基础、规范标准为手段、平台体系为依托、地方创新为重点，推行借鉴政务服务典型经验和做法，促进政务服务便利化。

2. 在重庆层面

重庆市贯彻落实党中央关于政务服务便利化的政策法规，结合长期发展的现实需要，依托国家政务服务平台，搭建起重庆独有的高效快捷的在线服务平台，融合线上线下政务服务，不断提升政务服务的便利化。

重庆市人民政府为便利企业和群众办事，深入推进政务服务改革，立足企业群众需求，创新政务服务方式，打造“渝快办”“一网”式线上政务服务重庆品牌，倡导各区县积极试点探索政务服务便民化新举措，不断提升企业群众办事的满意感和幸福感，把各区县政务服务的创新试点与推行纳入地方和工作人员的绩效考核范围之内。

（二）政务服务便利化的内涵和表现形式

1. 政务服务便利化的内涵

政务服务便利化是政务服务便利度不断上升的一种趋势。“政务服务便利度是指群众和企业获取政务服务的便利程度”①，是衡量一个城市和地区政务服务良好程度的重要体现，是衡量政府提供服务的重要指标。政务服务便利度的不断上升代表政务服务便利化的加强。

2. 政务服务便利化的表现形式

政务服务便利化可以不断提升群众的满意感和获得感以及政府公信力。政务服务的主要表现形式如下：首先，政务服务信息获取便利。其主要包括政务服务办理的时间、地点、工作人员、涉及材料、注意事项等，即一切与办事相关的要求与事项。其次，政务服务事项全面。政务服务事项是指企业和群众需要办理的企业事项或个人事项，全面的事项清单是指政务服务包含企业和群众要办理的所有事项。再次，政务服务环节优化。政务服务是一个完整的流程，保留必要环节，减少不必要的环节，让政务服务更加快速有效。最后，政务服务方式创新。不断改变政务服务方式，变行政大厅为政务大厅，变线下为线上线下相结合，不断更新方式。

二、北碚区促进政务服务便利化的创新实践

通过对北碚区政务服务中心、街镇公共服务中心和社区便民服务中心的实地观察可知，北碚区从政务服务的规范化和便利化着手，即注重时间、环节和效率，在“互联网+政务服务”的背景下推出了“三级四务”集成服务。该体系由以下几部分组成：

（一）健全“三级体系”，打破空间限制

根据便利化的内涵要求，要实现政务服务突破空间的地理限制，必须在政府管

① 刘红莉，郑培，任程. 政务服务事项在线办理便利度评价指标研究［J］. 标准科学，2021（9）：30-33，38.

辖范围内构建层级化的政务服务体系，创新流程与方式，利用多层级服务体系打造全覆盖、就近办、线上线下融合的便利政务服务。

北碚区创新办事形式与办事流程，推出全覆盖的“三级”政务服务，构建区—街镇—村（社区）三级服务体系，即政务服务中心、街镇公共服务中心和村（社区）便民服务中心。截至2021年2月，北碚区选取了17个村（社区）便民服务中心、6个24小时政务自助服务点和19台自主开发的政务服务自助机进行试点，这一举措拓宽了三级综合服务平台覆盖面。依托“渝快办”服务平台创新“三级”服务中心服务模式，做到就近办、快捷办；整合地区和部门的整体资源，逐级完善服务事项；大力推广重庆品牌“渝快办”，将“渝快办”服务事项与三级服务体系的事项进行对接，使政务服务走出大厅，多处设点，便利企业与群众。

（二）推进“四务”融合，提高服务效率

要实现便利化中的“一次办”“一网办”等要求，必须在政务服务中心或政务服务平台上进行事项融合，完善政务服务事项清单。

北碚区坚持以需求为导向的“四务”（党务服务、政务服务、商务服务和生活服务）融合是政府在充分考虑企业和群众的办事痛点和难点后所提出来的“四务”进服务中心。一人（企业）多事或一事多程序都会使企业和群众多跑路、跑弯路。推进“四务”进服务中心，依托互联网技术进行数据整合和资源互通，变以往的“专窗”为“综窗”，提高工作人员办事效率，拓宽办事事项的覆盖面，满足多元化需求，做到不出厅、就近办，坚持服务为企业、服务为群众。

（三）优化服务方式，提供个性服务

要提升政务服务便利化的群众满意度，必须创新政务服务方式，以企业群众需求为立足点，依托政务服务数字平台，为不同企业与群众打造个性化的政务服务方式和流程。

北碚区政府根据企业和群众的需求推出政务服务的不同服务方式。通过线上“渝快办”App和线下“三级四务”政务服务完善多样化政务服务体系；打造区—街镇—村（社区）服务中心网点，投入安置多个自助政务服务机，使政务服务走进生活、走进社区，解决企业群众办事的“最后一公里”问题；推出多种政务服务办事形式，打破时间与空间限制，提升群众的便利感与满足感；针对残疾人等特殊群体推出“上门办”，满足特殊群体的业务办理需求。

三、北碚区政务服务便利化的优化路径

为进一步提升政务服务的便利性，更好地为企业和群众办实事、办好事，根据北碚区以往的实践经验，可以从以下几方面进行改进：

（一）坚持党建引领

促进政务服务便利化，是党保持初心、全心全意为人民服务的具体表现。北碚区党政机构需要加强政务服务工作部门的领导，统领基层政务服务体系布局，强化“以人为本，便利为民”的政务服务理念；以人为中心，完善党领导的多元监督体系，坚持以网管网的元监督模式，对政务服务的效果、方式创新的成效、工作人员

的态度和便利化程度进行考评和监督，不断完善多元监督体系；积极发挥党员和基层工作人员的作用，深入乡镇与社区，了解群众需求，上传下达，做到政务服务从群众中来、到群众中去。

（二）落实政策举措

举措需落地，成效方显著。政策举措只有落地实施，企业和群众才能感受到政务服务便利的获得感与满足感。“三级四务”作为北碚区政务服务创新试点举措，在空间地域和事项种类上提高了政务服务的便利性，成效初显。但仍有部分政策措施的落地效果不太理想，在今后的政务服务中需要落实政策举措。打破部门壁垒，实现数据共享，真正做到事项标准统一、流程规范高效、证照互信互认；贯彻落实政务服务的“减法”，减材料、减流程、减跑动，变形式上的便利化为感受得到的便利化。

（三）优化数字平台

中央关于政务服务改革实施方案中提到，便利化改革需要坚持以技术为支撑，不断优化数字平台，构建政务服务数字化创新体系。完善政务服务数字系统，运用大数据、云计算、人工智能整合共享数据资源；创新政务服务数字化体系，驱动政务服务业务流程的改造与加速；优化智能数字化平台，精简政务服务办事程序、缩短政务服务时间、共享政务信息与资源，在解决问题的基础上满足企业和群众的办事需求，做到服务为企业、服务为群众。

（四）积极改革创新

创新是时代发展的动力，只有坚持创新才能使政务服务满足企业和群众需求。北碚区政府应顺应“互联网+政务服务”的时代潮流，推进跨层级、跨部门、跨业务的资源数据共享；通过技术与平台等手段对政务服务流程与事项进行创新；探索新型服务体系的优化路径，完善服务事项；服务中心覆盖面深入村（社区），增强综合服务能力，进一步提升政务服务效能；创新服务形式、增减服务事项、优化服务平台，让创新贯穿政务服务改革整个过程。

参考文献：

刘红莉，郑培，任程. 政务服务事项在线办理便利度评价指标研究［J］. 标准科学，2021（9）：30-33，38.

迈向国家治理现代化目标下的政府机构编制现代化

邹东升[①] 郑　和[②]

摘　要： 本文探究了机构编制现代化的制约因素，并从加强党的全面领导、落实法律责任、强化自身建设、树立系统思维和促进科学合理五个方面提出新时代中国机构编制现代化的守正创新路径。

关键词： 国家治理现代化；机构编制现代化；党的全面领导；法定化

机构编制现代化既是国家治理体系现代化的重要内容，又是国家治理能力现代化的重要保障，在国家治理现代化中占有特殊的地位。准确把握机构编制现代化在国家治理现代化中的功能定位，通过科学设置机构、合理配置职能、统筹使用编制、完善体制机制，可以为新时代治理体系完善、治理能力提升提供体制依托和组织保障。

一、机构编制现代化的内涵与特征

机构编制现代化是指运用先进手段对机构编制要素进行科学化管理，推动机构编制在法治的轨道上实现从管理向治理、从传统向现代转变，形成最大限度适应并推动高质量发展、最大限度促进社会公平正义、最大限度满足人民群众新期待体制机制的过程。机构编制现代化的特征如下：

（一）时代化

机构编制时代化必须以人民为中心，以加强党的全面领导为统领，构建坚持党的全面领导、反映最广大人民根本利益的党和国家机构职能体系，从制度安排上保证党“总揽全局、协调各方”的领导核心作用，发挥中国特色社会主义“集中力量办大事”的优势，确保党长期执政和国家长治久安。

（二）法定化

机构编制事关全面依法治国主体权力的运行、组织的架构，在全面依法治国中占有独特的地位。机构编制法定化要求贯彻习近平法治思想，通过权力运行法定、资源配置法定、违法责任法定，来增强法治意识、完善法律体系、建立权责清单、

---

① 邹东升，西南政法大学政治与公共管理学院副院长。
② 郑和，四川省达州市通川区委常委、副区长。

强化刚性约束，推动机构编制由“人治”向“法治”转变。

（三）规范化

机构编制规范化意味着标准规范，机构的设置、编制的增减、职能的调整均有标准可依；程序规范，严格按照动议、论证、审议决定、组织实施、监督问责等步骤推进；制度规范，建立健全涵盖机构编制全领域全环节、简约高效的制度体系；服务规范，将服务意识贯穿始终，全程做好宣传、解释、引导等工作，在规范基础上高效办事。

（四）系统化

机构编制系统化要求坚持整体性治理理论，以职能科学配置为先导，通过科层制的常规组织架构和议事协调机构等非常规组织架构相结合设立对应机构，并从运行机制、机关文化、信息技术、队伍建设等方面共同发力，推动党和国家机构优化协同高效运行。

（五）科学化

机构编制科学化要求客观事实和价值判断的统一，既要注重价值契合又要注重运行高效，两者不可偏废。机构编制科学化要求理念科学、决策科学、方法科学、结果科学。

二、机构编制现代化的制约因素

（一）职能和机构关系未完全理顺

一是关注机构和体制破立较多，对逻辑起点、中介环节和运行效果等问题关注不够；二是关注原则性问题较多，对细节和具体举措认识不够；三是职能和机构关系错位，职能转变囿于机构改革的范围与内容，较难有大的突破。

（二）机构编制改革动力不足

一是由于机构编制现代化带来自由裁量权缩减、刚性约束加强、编制使用更加规范以及短期内的信访问题等影响，地方动力明显衰减，且衰减程度与层级强相关；二是处于强势地位的部门，由于核心目标差异、存在避责心态、收益分配机制不完善等原因，合作意愿不强烈；三是人民群众不愿参与、没法参与，缺乏推进动力。

（三）机构编制刚性约束力不强

一是法律体系尚不完备。《中国共产党机构编制工作条例》主要对机构编制原则、体制机制、程序、责任等做出了相应规定，但其他具体规定不成体系且有的滞后于时代发展。二是法律规定较为模糊。现有的法律法规对机构编制的规定具有一定的弹性，为地方和职能部门突破规定预留了后门。三是违法成本较低。《中国共产党机构编制工作条例》对违法后果的处罚力度较轻，且没有对机构编制部门的惩戒约束措施。四是法治意识较为淡薄。个别领导缺乏对机构编制法治和刚性的认识，异化了机构编制的性质和作用。

（四）机构编制推进机制不优

一是信息决策机制需进一步完善。机构编制部门对各部门（单位）的履职情况了解不够深入，使得机构编制配置很难做到科学化。二是部门协同机制需进一步完善。机构编制主要职责分散在编办、组织、人社和财政等部门，但因缺乏强有力的督查机制，部门横向协同机制作用的发挥受到制约。三是利益协调机制需进一步完善。地方政府、各职能部门和个人在利益受损的情况下极易成为改革的阻力。同时，政事同构和职责同构叠加，加剧利益固化，加大编制资源调配难度。四是外部监督机制需进一步完善。人大对地方政府工作部门没有审查权，财政经费和人员编制关系倒挂，民众参与积极性不高，都体现出外部监督的乏力。

三、机构编制现代化的实现路径

（一）以加强党的全面领导为主线推动机构编制时代化

一是坚持党管机构编制原则。坚持党对机构编制工作的集中统一领导，建立机构编制评估制度，推进机构编制常态公开和常态问责，确保机构编制动力在传导过程中不衰减。二是优化党委部门职能配置。进一步梳理党委各部门职能配置，确保加强党的全面领导和全面从严治党的各项职能配置优化协同高效。三是优化党委机构设置。通过对党委职能的合理划分统筹设立党委部门，既减少重复工作和机构编制资源浪费，又理顺相关工作体制。四是优化全面领导体制。充分发挥各类议事协调机构在加强党的全面领导上的优势，形成党委领导下的系统科学的领域协同机制。通过党内法规、设立合署机构、归口管理等方式，加强党政机构之间的协调联动。

（二）以全面落实法律责任为核心推动机构编制法定化

一是要推动外部法律体系与机构编制改革相适应。加快机构编制改革调整领域相关法律法规的更新速度，尽可能减少改革的磨合期。二是构建完善的机构编制法律法规体系。以《中国共产党机构编制工作条例》为基础，加快研究制定机构编制各领域配套规定，构建机构编制法律法规、编委议事规则等制度体系。三是构建外部监督体系。构建党委监督、人大监督、纪委监察、机构编制责任审计、舆论与群众监督相结合的强有力的外部监督体系，遏止当前机构编制管理的无序状态。

（三）以全面强化自身建设为载体推动机构编制规范化

一是优化机构编制部门定位。采取适当方式提高编制部门的地位，最大限度地减少利益对机构编制工作的干扰。二是健全机构编制资源管理联动体制。加强与组织、人社、财政、纪检监察、审计等部门的联动，建立机构编制实名制闭环管理系统，严肃查处违纪违法行为。三是理顺上下级机构编制部门的关系。地方各级机构编制委员会应对现有管理事项进行梳理，本着“当收则收、宜放则放”的原则，构建好职责分明、简约高效的上下级机构编制管理体系。

（四）以全面推进整体性治理为先导推动机构编制系统化

一是实行上下整合。各级政府依据职能职责科学合理设置机构，构建起符合地方实际、系统完备、科学规范、运行高效的职能体系。二是实行横向整合。打破部门和区域限制，把性质相同和相近的机构职能进行整合，对编制重新进行配置。三是实行内外整合。正确处理行政与市场、社会的关系，整合编制内与编制外的资源，建立机构编制闭环管理与社会评价良性互动机制。四是实行跨行政区域整合。探索将行政区的属地管理和合作区的经济管理适度分离等更多跨行政区域的机构设置模式，更好地整合区域发展要素。

（五）以全面促进科学合理为原则推动机构编制科学化

一是制定科学的标准，分领域制定编制资源配置参考标准，推动机构编制资源配置精准化。二是引入科学的方法，推动政府部门依靠“科技赋能”，对现有部门职责配置进行调整，减少对编制资源的依赖。三是坚持充分的论证，建立“事前”“事中”“事后”相衔接的评估机制，摸清各领域各部门情况，提高编制资源分配的科学性和有效性。四是减少不当干预，建立领导干预留痕制度，全面清理和整改部门机构编制违纪违规行为。

“一码解纠纷”政府数据治理的实践困境与破解之道[①]

包倩宇[②] 邹东升[③]

摘 要： 发轫于杭州市高新区的公共法律服务“一码解纠纷”智能化平台是地方政府推进数据治理的重要实践。其既能满足新时代公众对公共法律服务全时空、全覆盖和精准化的需求，又是化解日益复杂的社会矛盾、促进社会公平正义的创新路径。“一码解纠纷”平台基于数据资源整合、分析和挖掘实现了公共法律服务供需从“失配”到“适配”的转变，以智能“溯源分流”初步实现了跨部门、跨层级的数据协同共享机制和公共法律服务与诉讼服务一体化的“溯源治理”制度协同机制。就平台存在的技术瓶颈、“数据孤岛”等实际困境，面向未来的智能化平台发展需深化系统集成功能与完善协同高效运行机制，从硬件设备、数据资源、业务逻辑等层面集成终端载体，实现从“数据孤岛”到数据协同与融合的数据创新，以提升公共法律服务智能化平台的治理效能。

关键词： 公共法律服务；数据治理；一码解纠纷；制度协同；智能化

一、政府数据治理驱动公共法律服务智能化变革

在数字时代，以数据治理为核心的政府数字化转型是政府治理现代化的必由之路，其通过建立数据化的思维方式，嵌入政府科层制以推进政府治理结构再造、业务流程重塑和服务方式变革。2021 年《政府工作报告》提出，加强数字政府建设，建立健全政务数据共享协调机制。2019 年，重庆市政府公布了《重庆市政务数据资源管理暂行办法》，以规范、部署和管理政府政务数据资源。2021 年 10 月 28 日，标志着重庆全市统一的一体化协同办公平台“渝快政”正式发布。在区县层面，永川区依托“云网工程”“平安综治云”等数字技术实现区级、镇（街道）、村（社区）三级联动，建立了全面覆盖、灵敏高效的社会矛盾动态感知体系与快速回应机制。

---

① 基金项目：2021 年重庆市教委人文社科研究重点项目“公共危机情境下社会治理法治化”（项目编号：21SKJD012）、2021 年重庆市研究生科研创新项目“市域社会治理矛盾风险防范化解的溯源治理——以重庆市为例”（项目编号：CYB21162）。

② 包倩宇，西南政法大学博士研究生。

③ 邹东升，西南政法大学教授、博士生导师。

数字技术被广泛运用于各级地方政府公共服务的供给和社会矛盾纠纷化解中。在面临社会主要矛盾发生历史性转化、复杂风险交织连锁联动、社会矛盾纠纷大幅激增的风险社会时代，解决矛盾纠纷的诉讼服务和公共法律服务体系普遍存在的共性问题主要还是未能科学合理建构基层社会矛盾纠纷解决的前置过滤程序。由此，建设全覆盖的公共法律服务和社会矛盾纠纷化解关口有效前移的"溯源治理"体系，被视为是探索防范和化解各类社会矛盾纠纷的重要途径。科学高效运用互联网、人工智能、区块链等数字技术赋能公共法律服务智能化变革，是近年来推进数字政府建设和平台型政府数据治理的重要内容，也是提升公共法律服务"普惠均等、便捷高效、智能精准"供给和推进矛盾纠纷源头治理的核心议题。①

基于数据驱动的公共法律服务智能化平台通常集"多元供给、共建共享、协同合作、自动回复"等多功能为一体，可以通过强大的数据整合和自动化平台的高效运转有效破除传统公共法律服务供给模式中覆盖范围有限、均衡性不足、精准性缺乏等瓶颈，实现公共法律资源的优化配置。为实现公众对社会矛盾纠纷多元化解需求的供给侧改革和法律风险预防的目标，公共法律服务智能化平台的建设应积极响应溯源治理制度改革的时代需求，以数据治理为驱动，实现从传统单一的法律之治转向多元的规范之治。在此背景下，杭州市高新区"一码解纠纷"公共法律服务智能化平台应运而生。本文在分析"一码解纠纷"智能化平台搭建与运行机理的基础上，透视政府数据治理的实践困境并提出破解之道，旨在为重庆市政府优化公共法律服务供给与提升数据治理效能提供借鉴与启示。

二、"一码解纠纷"智能化平台实现公共法律服务供需适配

杭州市高新区是国务院首批国家级高新区，集聚了杭州市60%以上、浙江省25%左右的高新技术企业。伴随高新区经济的快速发展、人口数量的急剧膨胀，各类社会矛盾纠纷和诉讼案件数量也随之快速增长。与此同时，高新区内的基层与行业调解组织发展不足、力量薄弱，无法较好承接和支撑社会矛盾化解的非诉纠纷解决机制的落实。在具体开展调解工作时，由于高新区外来务工人员较多，人口流动性大，传统的当面调解和电话调解也面临可持续发展的困境。为解决上述难题，完善社会矛盾纠纷多元预防和调处化解机制，贯彻习近平总书记关于"坚持把非诉讼纠纷解决机制挺在前面"的指示，高新区政府于2020年6月在杭州市委政法委的统筹协调和具体指导下以问题导向推进政府数据治理，重塑政府内部流程、创新

① 一方面，2020年以来，党中央、国务院先后印发《关于加快推进社会治理现代化开创平安中国建设局面的意见》《关于加强基层治理体系和治理能力现代化建设的意见》等文件，重庆市委、市政府也分别印发贯彻落实意见，对推进矛盾纠纷一站式、多元化解决机制提出明确要求。另一方面，《中华人民共和国国民经济和社会发展第十四个五年规划和2035年远景目标纲要》等文件中提出，全面推进政府运行方式、业务流程和服务模式数字化智能化，深化"互联网+政务服务"，提升全流程一体化在线服务平台功能；2020年1月司法部印发了《公共法律服务网络平台、实体平台、热线平台融合发展实施方案》，提出要探索推进"互联网+公共法律服务""区块链+公共法律服务"，开展自助式法律服务机器人的试点应用，条件成熟的可以推广应用，提高公共法律服务智能化水平。

决策机制与运行方式，在浙江省率先创新搭建了集智能分案、分层过滤、多渠道解纷、大数据监管等功能于一体的“一码解纠纷”智能化平台。其突破时空限制，实现了矛盾纠纷“随时调、随地调、随手调”。

在平台搭建上，一方面，“一码解纠纷”确立了平台智能分类的相关规则和标准，从决策偏好、技术研发、数据整合等方面确定公共法律服务平台的架构模式与供给机制，整合了区、街、社区三级调解队伍和杭州市优质行业、专业的调解资源，同时连通了矛盾调解中心、诉讼服务中心等线下综合治理平台；另一方面，基于设置直接面向社会公众纠纷解决的“二维码”智能收集、精准测量公众对公共法律服务的需求及偏好差异，通过数据资源整合、分析和挖掘精准匹配相应的调解资源最终实现公共法律服务的供需适配。

在运作机理上，“一码解纠纷”以黄、蓝、橙、红、绿“五色调解码”推动智能“溯源分流”（运作流程如图1所示），建立了跨部门、跨层级的数据协同共享、公共法律服务与诉讼服务体系的协同运转的矛盾纠纷闭环治理机制。首先，通过数据共享与部门间协作配合，平台推动了司法系统法律服务职能与业务条块融合，通过各类法律服务资源与功能整合建立了一定规模的数据资源库。其次，“一码解纠纷”平台充分发挥了“溯源治理”功能，整合了矛盾纠纷调解中心、法院诉讼服务中心和公共法律服务三大平台，通过不同服务体系间“溯源分流”和“溯源引流”的程序机制，实现多平台间的协同互动，交互融合赋能，建立了前端诉调案件化解、后端在线司法确认、诉讼立案并举的协同机制与纠纷治理闭环机制。

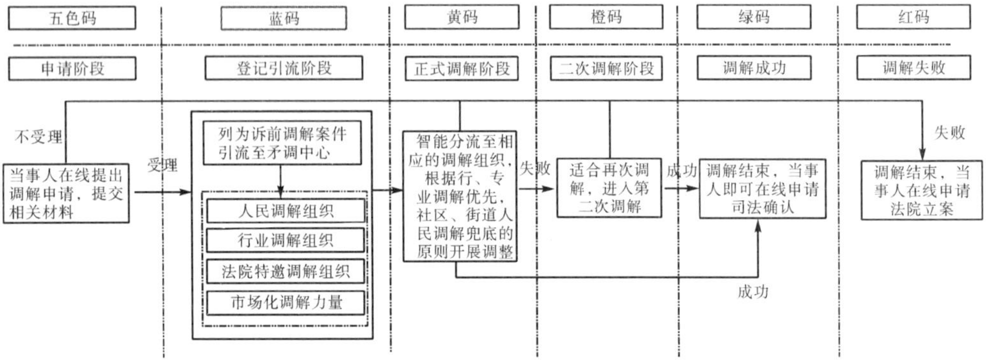

图1 “一码解纠纷”平台运作简要流程

此外，高新区将“一码解纠纷”平台纳入城市大脑数字“驾驶舱”，通过可视化与数字化形式以实时掌握和了解法院诉前调解数量、委派调解成功率、诉讼调解成功率等数据，实现社会矛盾风险全域感知、全程把控和全链管理，为后续社会风险的预测、评估以及社会治理方式的转变奠定基础。自投入运行后，该平台取得了一定的成效。调研数据显示，截至2021年5月25日，智能分配调解机构受理案件15 809例，已调解成功7 118例，诉前分流调解成功率为27.91%，法院诉中调解成功率为52.75%①。目前，“一码解纠纷”模块已嵌入“浙江解纷码”在浙江省推广应用。

三、“一码解纠纷”折射政府数据治理实践困境

“一码解纠纷”平台的可持续发展不仅受制于现阶段数字技术的瓶颈，而且与技术部署端口局限和数据体量不足息息相关。一是“一码解纠纷”平台的人工智能识别技术存在一定的技术局限性，其虽可通过语言识别和语义分析提取纠纷关键词，但在对不同语系和方言方面的识别存在准确度低、对手写文书等纸质识别能力不足等问题。二是该平台本质上是运用微信小程序这一网络技术建立一个虚拟的调解场所，而平台本身的技术局限性难以支撑起更高层级的安全便捷与智能高效的公共法律服务的建设基础。微信小程序的存在的技术框架不稳定、无法部署大型项目、需短期内频繁维护、难以转跳外部链接网等缺点影响了“一码解纠纷”平台未来的可持续发展和推广。三是平台本身的数据体量不足导致未来开展规模性的数据挖掘和分析时，存在技术延展效能低等问题。人工智能技术的核心是数据与算法，只有充分、客观和庞大的数据体量的支持才能推动人工智能技术的普遍适用和发展，提高更高层次的公共法律服务智能化水平。但“一码解纠纷”平台的不充分的数据体量无疑会影响平台的可持续发展。

除受制于数字技术的瓶颈外，“一码解纠纷”平台的数据协同共享机制仍处于初级阶段，“数据孤岛”现象依然存在，且面临数据安全和个人隐私保护等问题。“数据孤岛”虽源于以各自利益为中心的部门数据分割和数据壁垒问题，但打破“数据孤岛”并非仅依赖于开放数据和实现数据共享，数据质量管理与数据安全保护等保障制度也至关重要。目前，“一码解纠纷”平台并未完全实现跨部门的数据共享与数据协同，如相关数据和法院网络系统之间尚未完全打通，由此难以实现100%的线上司法确认和签订电子协调协议并确保其效力与执行力获得保障。② 数据质量管理与数据安全保护不仅局限于政府内部的数据，也包括使用“一码解纠纷”平台当事人的个人隐私保护。由于公共法律服务事项涉及较多个人信息，且平台可以自动收集分析纠纷当事人的解纷习惯、参加调解情况以及调解协议履行情况等关键信息，关于当事人的司法信用画像也随之生成。在实践中，这些隐私信息因“一码解纠纷”小程序的技术局限性如容易被篡改、反编译、受到钓鱼攻击等

---

① 2021年6月底，“一码解纠纷”2.0版本正式上线试运行，实现了“一键多跨分流、纠纷闭环管理、在线全程调解、一舱精细管理”的目标。“一码解纠纷”新版本对律师调解、市场化调解等功能进行了优化。当前，该平台从滨江法院抓取商事纠纷案件，在杭州60家律师事务所1 000多名律师中进行随机分流。分流到律师事务所的纠纷调解，实行收费调解和公益调解相结合的方式，其中标的在10万元以上的，在征得当事人同意后实现收费调解。

② 在“一码解纠纷”平台的建设中，主导部门是高新区政法委，平台汇聚和整合的业务数据资源与办理数据资源也大都是为了加强对司法行政权力职责区域范围内的相关服务资料与办理数据，在整合其他政府机构诸如公安、民政、社会保障等行政机构的相关业务与办理数据资源上仍然存在一定的数据流动与共享壁垒。

而面临较大的隐私泄露风险，这对未来“一码解纠纷”平台的可持续发展和推广构成较大的挑战。

四、面向系统集成功能与协同机制的数据治理创新

解决“一码解纠纷”平台存在的技术瓶颈、部署端口局限等问题，在技术供给端，可以从公共法律服务体系的需求出发，从硬件设备、数据资源、业务逻辑、端口集成等方面完善技术平台和系统集成功能。无论是物理技术层面的硬件基础设施的部署和完善，还是数据资源层面的数据库的建设与运行，都需符合业务发展逻辑并以公共法律服务体系需求发展为导向，业务逻辑以数据资源为底层依托且服务于具体的法律应用系统和平台。在此基础上，可以进一步推进终端集成载体如考虑时机成熟时以“一码解纠纷”App 代替微信小程序从而形成以纠纷调解为主、法律咨询、诉讼等服务为补充和支撑的集成化的服务功能，从而扩大数据体量的收集和整合，搭建反映公众纠纷化解偏好与需求的智能化动态测量平台，为提升智能化技术水平和服务供给自动化能力奠定基础。在具体的技术提升领域，后续可强化对“一码解纠纷”App 数据的自主采集、融合、分析与研判，并利用智能化技术生成反映政府供给承受能力与公众实际需求相匹配、辅助调解人员工作和司法行政决策的研判报告。未来，还可以将辖区内复杂性和高发性的矛盾纠纷案由进行汇聚与筛选，通过法治宣传教育和普法活动等方式精准投放至特定区域和特定人群，实现社会矛盾纠纷的风险预防、源头治理与隐患根除。

此外，为解决“数据孤岛”和信息壁垒等问题，可以推动深化从“数据孤岛”到数据协同与融合的数据创新。在“一码解纠纷”平台建设与运行方面，未来仍需完善跨部门协同高效运行机制，整合与公共法律服务供给相关的部门数据，实现一定规模的数据集成与融合系统，从而优化平台运行流程与部门间的权责配置结构。例如，在医疗纠纷调解中，涉及第三方仲裁机构、公证鉴定机构、卫健委等部门，在实现数据协同与融合后，可以直接接入卫健委、仲裁调解部门的相关数据接口，进而优化平台运行流程，为当事人提供更便捷与精准的法律服务。在数据安全与隐私保护方面，不仅需维护当事人的知情权与同意权，还需建立当事人评估体系和投诉意见反馈机制，完善数据安全保护服务协议和公共法律服务智能化平台标准化体系。特别是针对平台使用过程中产生的数据泄露等违法违规行为，需研究制定相关的分类惩戒措施。

参考文献：

[1] 孟天广. 政府数字化转型的要素、机制与路径：兼论“技术赋能”与“技术赋权”的双向驱动 [J]. 治理研究，2021 (1)：8.

[2] 李锋，周舟. 数据治理与平台型政府建设：大数据驱动的政府治理方式变革 [J]. 南京大学学报（哲学·人文科学·社会科学版），2021，58 (4)：53-61.

[3] 杨凯. 论公共法律服务与诉讼服务体系的制度协同 [J]. 中国法学，2021 (2)：264-284.

[4] 吴之欧，李勃. 公共法律服务智能化模式研究：以“平台型构建”为核心 [J]. 中国司法，2018 (12)：52-57.

[5] 侯国跃，刘玖林. 乡村振兴视阈下诉源治理的正当基础及实践路径 [J]. 河南社会科学，2021 (2)：18-27.

[6] 左卫民. 关于法律人工智能在中国运用前景的若干思考 [J]. 清华法学，2018 (2)：104-106.

[7] 沈费伟，诸靖文. 数据赋能：数字政府治理的运作机理与创新路径 [J]. 政治学研究，2021 (1)：104-115 .

[8] 刘益良，袁勇，孙志中. 新时代智慧公共法律服务体系建设的实践与思考 [J]. 中国司法，2019 (3)：95-101.

基层政府大数据治理机构建设的困境及消解对策

——以重庆市为例

冯　春[①] 周建成[②]

摘　要：基层政府大数据治理机构是基层政府数据治理体系中的重要内容，是我国推动政府数字化转型的关键所在。当前，重庆市区（县）大数据治理机构建设正处于摸索状态，存在部门间职能交叉模糊、跨部门数据流通困难、缺乏人才、政府重视程度不足的现实困境。为此，本文从顶层设计、机构赋权、人才建设、运营模式四个角度出发，提出了相应的困境消解对策，以求为基层大数据治理机构未来建设发展提供创新思路与实践指导。

关键词：基层政府；大数据治理机构；数字化转型；重庆市

一、问题的提出

政府作为公共事务的主要管理者与社会资源的分配者，其掌握的数据在体量、类型、范围及时间跨度等多个层面远大于其他社会治理主体。如何运用新技术有效发挥政府在数据聚合上的优势，实现跨部门的数据流通以及社会治理的应用，已成为我国地方政府推进行政体制改革，创新社会治理模式的机遇与挑战。截至2019年，我国31个省级行政区（港澳台除外）中，已有18个省（自治区、直辖市）设有大数据治理机构；333个地级行政单位中，已有208个地区设有大数据治理机构，而这一数字仍在不断上升。从中也可以得出，当前大数据治理机构的建设存在“省级—市级—地级”下沉的趋势。然而，相较于省级行政区而言，直辖市尽管与之行政地位相同，但管辖区域却与地级市相同，其下属区、县、自治县同样可以纳入基层的范畴。在这一背景下，如何引导基层政府大数据治理机构发挥作用，将数据资源转化为治理效能，是我国推进治理体系与治理能力现代化，推动政府数字化转型急需关注的重要问题。

---

① 冯春，西南政法大学政治与公共管理学院副教授、硕士生导师。

② 周建成，西南政法大学硕士研究生。

二、文献综述

有关大数据治理机构的研究始于第八次机构改革时期，当时全国各地爆发式地出现了大数据局、大数据中心等字样的机构，引起了学术界的广泛关注。黄璜率先在这一领域展开了探索，将相关机构定义为“大数据治理机构”，并对全国省级、省会、地级城市大数据治理机构的建设情况、组建方式、职能职责进行了初步研究。正如其所言，这仅是初步性的研究，重心在于理论的建构，对现状的分析未能深入挖掘，还停留在机构的“有无”上，但为未来相关研究的开展奠定了坚实基础。在此基础上，孟庆国等学者对第八次机构改革前后的机构数量、组建方式、隶属关系、职能变革、区域动态展开了更深层次的比较分析。门理想、张克则是将视角聚焦大数据治理机构的性质与职能，对两者现存的问题进行了深入讨论。夏义堃将国外“首席数据官”模式与我国大数据局模式的运行特点、逻辑关联进行了比较，指出了我国大数据局模式可以借鉴的经验创新。赵豫生等学者从战略、管理、技术、服务四个层次出发，突破性构建了大数据治理机构职能评价指标体系，具有一定的创新意义。耿亚东从协同的角度提出了大数据治理机构发展的路径。

综上所述，当前学术界对大数据治理机构的研究具有以下特征：一是在研究对象上，现有研究几乎都是从省、市、地市级的层级角度出发，尚未从辖域的角度出发，探寻基层大数据治理机构运行的内在逻辑；二是在研究视角上，现有研究多是探讨大数据治理机构的性质与职能建设上，较少从实证的角度出发剖析当前大数据治理机构所存在的问题。鉴于此，本文尝试把视角聚焦基层大数据治理机构，以重庆市为例，结合当前重庆市区（县）大数据治理机构的建设现状与笔者调研过程中发现的实际情况进行实证分析，探寻当前基层大数据治理机构建设的困境及消解对策，为基层大数据治理机构建设提供行动策略。

三、重庆市基层政府大数据治理机构建设的困境

（一）部门间职能职责交叉模糊

一方面，当前重庆市部分区（县）在编制“三定”方案时，未能厘清原有职能部门与大数据治理机构间的职责职能，导致两者在职能上交叉不清。例如，某地赋予了经信委数字化项目审批的职能，但同时又赋予了大数据治理机构推进信息化应用发展的职能，而对数字化、信息化的界定缺乏相应的解释，导致双方在开展相关工作的过程中出现项目归属不清等问题。另一方面，部分挂牌内部机构成立的大数据局将大数据与原有机构的相关职能融合到一个科室当中。例如，某经信委挂牌的大数据局，既要对接上级经信委，又要对接市大数据局，而且容易产生职能交叉、政出多门的现象。重庆市区（县）大数据治理机构情况见表1。

表 1 重庆市区（县）大数据治理机构情况

成立形式	地区名称
政府直属机构	巴南区*、大渡口区*、涪陵区*、合川区*、江北区、九龙坡区、梁平区、南岸区、綦江区*、荣昌区*、铜梁区、潼南区、万州区、永川区*、渝北区*、渝中区*、云阳县*、长寿区*
挂牌经信委	北碚区*、璧山区、城口县*、大足区*、垫江县、江津区、南川区、彭水县、黔江区、石柱县、巫山县*、巫溪县*、武隆区、秀山县、酉阳县
挂牌发展改革委	沙坪坝区*、丰都县*
挂牌科技局	奉节县*、忠县*
挂牌政务办	开州区*

注：*代表该地区下设有相关事业单位，如信息中心、数据管理中心等。
表中数据由作者通过电话咨询、政府信息公开、网上检索的形式搜集整理。

（二）数据跨部门流通受主体利益阻碍

重庆市的数据搜集及使用由大数据治理机构通过政务数据共享交换平台，根据自身的需求向相关单位提出申请，由数据生产/供给机构进行审批，给予大数据治理机构搜集或使用的权限。关于数据的搜集与使用是两个单独的流程，即搜集需要获得一次审批，使用则需要再获得一次审批。重庆市区（县）大数据治理机构跨部门数据流通流程见图 1。

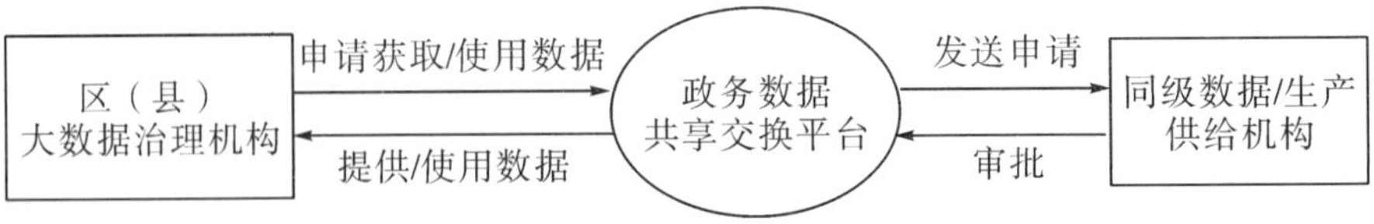

图 1 重庆市区（县）大数据治理机构跨部门数据流通流程

当前，重庆市区（县）大数据治理机构普遍存在申请难度大、数据汇聚困难的情况。一方面，由于两道申请程序的存在，增强了获取数据的难度；另一方面，部分数据生产/供给部门为了避免担责、维护自身机构利益，会以防止泄密、数据敏感、业务主管部门要求保密等缘由拒绝审批，从而对大数据治理机构的数据汇聚工作产生阻碍。

（三）缺乏大数据相关领域的高水平人才

一方面，相较于省（自治区、直辖市）一级而言，区（县）地区对大数据领域人才的吸引力有所不足，部分地区仍然存在专业岗位未满员的情况；另一方面，大部分基层大数据局都是在原有机构的基础上进行的人员调动。人员不足以及专业知识的局限性，导致部分基层政府数据治理机构的行政人员对大数据的理解认识不足，如出现所谓的“二极管”的现象。一极为部分数据治理机构负责人对大数据过度依赖，无法认识到数据的局限性；另一极则是无法理解数据与社会治理间的运行逻辑，难以将汇聚的数据落实到公共服务当中。

（四）基层政府对大数据的重视程度不足

不同的区（县）经济发展水平有所差异，对大数据的重视程度也有所差异。

此外，大数据相关的设施设备造价高昂，再加之相关技术由国内几家大型企业垄断，较高的数据搜集存储成本降低了基层政府的投入意愿，导致基层大数据治理机构难以有效履行其职能。

四、基层政府大数据治理机构的困境消解对策

（一）聚焦顶层设计，完善配套政策法规与机构管理体系

当前，中央层面有关大数据相关的职能分散于多个部门当中，中央层面尚未组建统领性的大数据治理机构，这使得省级大数据治理机构成为大数据相关职能的“一把手”，在相关领域具有决策权，理应尽快制定完善大数据相关的地方政策法规并加强下级机构管理。一方面，省级大数据治理机构应做好大数据地方立法起草，明确公共数据管理、大数据产业发展、数据安全及法律责任的相关法律解释及规范；另一方面，要加强对下级大数据治理机构的监管。此外，针对挂牌的下级大数据治理机构，要准确把握挂牌机构的职责权限，在机构编制管理法规框架内履行机构职能。

（二）推进机构赋权，建立跨部门数据流通绩效考核机制

解决跨部门数据流通难的问题，需要运用制度对数据生产/供给机构进行约束。通过赋予大数据治理机构对其他数据供给部门绩效考核的权力，倒逼数据生产/供给机构加快数据供给、提高审批效率。构建跨部门数据流通绩效考核机制可以分为三步：第一步，根据区域内的实际情况及需求，制定科学合理的数据需求清单，并进行实时更新。例如，城管局需要住建委的某项数据或信息时，可将需求上传到大数据治理机构中，在审核通过后纳入清单内。第二步，将清单内的项目纳入考核范围，对无法完成清单内数据上传任务的数据生产/供给机构进行扣分处理。第三步，根据数据汇聚的需求建立跨部门数据流通激励机制，对完成任务的数据生产/供给机构进行奖励，提高部门间数据交流的积极性。

（三）注重人才队伍建设，提高基层数据治理水平

一是要积极探索政府与高校、企业间合作的人才培养新模式，培育兼备“大数据+公共管理”专业知识的人才，确保数据运用落到实处。二是搭建多渠道的人才流动平台，建立政府、企业、行业协会商会等主体间的人才流通机制，拓宽行业发展通道。三是加大培训力度。尽快建立覆盖面广、见效快、实践性强的人才培训模式，确保现有行政人员能够尽快适应设备、思路的变化。四是探索首席数据官制度。首席数据官负责各级政府或部门内部全部资源的规划，是统筹规划数据治理工作的核心所在，有利于提高数据治理水平。

（四）创新运营模式，突破区域数字化发展不平衡限制

推进政府信息化建设需要不菲的投入。政府单一主体难以承担起信息化建设所带来的巨额成本，创新数据治理的运营模式迫在眉睫。一方面，要鼓励社会资本参与。大数据治理机构应当在非敏感数据领域积极探索与企业及社会间的项目合作模式，如在推进智慧社区建设时，可以引进有资质、有技术的企业共同运营，减少重新开发产品所产生的成本，加速智慧城市建设。另一方面，要鼓励市场竞争。政府

应鼓励数据存储行业的中小企业发展，引进更多的中小企业来为某一个区域进行点对点服务，以市场竞争压缩数据存储成本，防止垄断现象进一步加剧。

参考文献：

[1] 王芳，陈锋. 国家治理进程中的政府大数据开放利用研究 [J]. 中国行政管理，2015 (11)：6-12.

[2] 黄璜，孙学智. 中国地方政府数据治理机构的初步研究：现状与模式 [J]. 中国行政管理，2018 (12)：31-36.

[3] 孟庆国，林彤，乔元波，等. 中国地方政府大数据管理机构建设与演变：基于第八次机构改革的对比分析 [J]. 电子政务，2020 (10)：29-38.

[4] 门理想. 地方政府数据治理机构研究：组建方式与职能界定 [J]. 兰州学刊，2019 (11)：146-156.

[5] 张克. 省级大数据局的机构设置与职能配置：基于新一轮机构改革的实证分析 [J]. 电子政务，2019 (6)：113-120.

[6] 夏义堃. 论政府首席数据官制度的建立：兼论大数据局模式与运行机制 [J]. 图书情报工作，2020，64 (18)：21-29

[7] 耿亚东. 地方政府大数据管理机构变革：定位、挑战与行动路径 [J]. 天津行政学院学报，2021，23 (4)：21-30.

数字政府建设下个人信息安全保护的实践路径研究

——以新冠肺炎疫情防控大数据为例

付臣毅[1]

摘　要：当前，世界数字浪潮不断翻涌，建设数字化政府是新时代国家治理的重要内容。保障数字安全则是建设数字政府的基石。但是，在数字信息给我们带来便利的同时，个人信息的安全却面临极大的风险。以新冠肺炎疫情防控大数据为代表，政府在个人信息收集、处理以及应用时出现了公权与私权难以平衡、收集信息主体过多、公职人员安全意识淡薄等问题。为此，在建设数字政府的同时兼顾个人信息安全，应从顶层设计、数据输出、数据共享等方面来考虑，健全个人信息保护机制。

关键词：数字政府；个人信息安全；疫情防控；

一、问题的提出

随着信息时代的发展，政府在互联网、人工智能等高新技术的支持之下繁衍出了数字政府，“加快数字政府建设，积极探索建立运用互联网、大数据、人工智能、区块链等技术手段进行城市管理的制度规则，推进政府职能重塑、流程再造、业务协同、政务公开，提高行政效率。”[2] 这是当前政府工作的首要任务。数字政府建设使得政务处理高效化、便捷化、标准化，已经成为提升政府服务转型，优化市场营商环境的重要手段；同时，大量的个人信息汇集到政府手中，导致各种个人信息泄露事件层出不穷，在一定程度上阻碍了数字政府的建设。由此，数据安全管控成了政府数字化建设的新挑战。以本次新冠肺炎疫情防控为例，大数据的应用让人类在抗击疫情战役中掌握了主动权，为疫情资源整合提供了新思路，但暴露出的个人信息安全问题也引起当前我们对个人信息保护的思考。从个体层面来说，保障个人信息安全是提升公民幸福感、获得感和安全感的必然要求；从国家层面来说，个人信息安全涉及整个国家的安危。加强数据安全管控，强化个人信息的保护，是

① 付臣毅，西南政法大学硕士研究生。

② 贯彻中共十九届五中全会精神 建言“十四五”：政协第十三届全国委员会常务委员会第十四次会议大会发言摘编［N］. 人民日报，2020-11-12（015）.

推动建成社会主义现代化国家的必然选择。

二、疫情数字化防控中个人信息泄露的表现和问题

（一）信息泄露的相关案例梳理

疫情防控不仅是对整个人类的一次大考，更是检验数字政府建设成效的考官。行政主体将数字技术灵活地运用到了疫情防控中，如，“百度迁徙地图”“健康码”等，是抗疫胜利的重要因素。与此同时，数据安全隐患也随之产生。在疫情发生后，政府有关部门在第一时间收集了涉疫人员的相关信息，其中包括姓名、身份证号码、住址、工作单位、家庭成员等可识别的具体信息，随后这些信息则出现在微信、微博、QQ 等各个社交平台，给涉疫人员造成了身体和心理的双重伤害。而这样的案例并不少见。

2020 年 12 月 8 日，成都公布了一起确诊病例赵某，由于赵某在确诊前涉足过多家酒吧而引起了广泛关注。随后赵某的身份证、住址等个人信息被人在网络上曝光。很多网友针对此事对赵某进行指责和谩骂，使赵某遭遇到了网络暴力。

2020 年 1 月 25 日，“遵义汇川区委第三巡察组副组长帅旭偶然获得了一份《公安传来第一批近期武汉等疫区来仁名单》电子文件”①，随即便特意筛选出遵义地区的相关人员名单，并形成新的文件发送到微信群内。该文件中的个人信息很快被群内成员快速转发扩散，导致相关人员的个人信息泄露，造成不良影响。

（二）疫情数字化防控中个人信息保护出现的困境

从上述所列举的案例来看，个人信息保护在疫情数字防控中暴露出了以下几个问题：

1. 立法可行性有待考虑

一方面，现有法律明确赋予了信息主体具有请求删除的权利，这是众多学者在此之前指出的一个重要问题。而在实践过程中，公民自身在信息未泄露之前很少具有实施这项权利的意识，而一旦信息泄露事件发生后，在责任归咎问题上则会有一部分转移到信息主体本身，很难完全按照预想路径达到保护的目的，可行性遭到怀疑。另一方面，根据现有相关法律的规定，个人信息的收集、处理等属于私权行为，需要征得信息主体的知情同意。但与此同时，“大数据技术下的个人信息具有数量大、价值密度低、智能处理以及信息获得和其使用结果之间相关性弱等特征，这使得个人无法以私权为制度工具对个人数据信息的产生、储存、转移和使用进行符合自己意志的控制”②，所以知情同意权只能建立在私人领域之上，无法适用于公共领域。这进一步说明，在紧急状态时，个人信息的处理很大一部分属于公权行为。政府处理个人信息拥有了合理的逻辑构架。由此，在疫情防控中，政府出于公众的正当利益考虑，需要将个人信息进行一定程度的公开来达到处理社会事件的目

---

① 贵阳网. 公职人员泄露疫情防控信息，贵州遵义一区通报三起违纪案例［EB/OL］.（2020-02-05）［2021-10-27］. http://www.gywb.cn/system/2020/02/05/030321708.shtml.

② 吴伟光. 大数据技术下个人数据信息私权保护论批判［J］. 政治与法律，2016（7）：116-132.

的，导致公民个体难以实施对私权的保护，从而造成政府在信息公开的“度”上难以把握。

2. 信息采集主体过多，为信息泄露提供了机会

出于疫情防控的相关要求，采集公民个人信息提供了正当性和合理性。所以，公民不仅在出入酒店、餐厅、小区、公司、学校等公共场所时要求提供个人信息，甚至在线上一些小程序、网站入口等也需要进行个人信息的填报，这直接造成信息重复收集和过度收集。当个人或其他私法主体拥有大量的个人信息时，他们对于个人信息保护的能力和意识与政府组织相比存在相当大的差距，难免会脱离法制的管控，从而增加个人信息泄露的风险。这显然违背了信息收集的初衷，严重扰乱了疫情防控的秩序，同时也让涉疫人员受到精神上的二次伤害。

3. 公职人员安全意识有待强化

组织内部成员素质直接关系到一个组织是否能够有效运行。显然，当政府内部成员的缺乏对个人信息安全的保护意识时，便会极大地增加个人信息被泄露的风险。“内鬼”出现无非两个原因：一是通过贩卖个人信息获取利益，二是主观保护意识不强而导致信息泄露。从现实情况来看，似乎绝大部分属于后者。在疫情防控中，公职人员将收集到的个人信息乱放且不注重保管，并没有引起相应的重视，为很多“内鬼”提供了作案机会，造成个人信息被滥用或二次加工，给信息主体带来很多不必要的麻烦。

三、个人信息保护的路径

随着数字化政府的进程加快，个人信息保护刻不容缓。良好的数字环境能够为公民提供更好的公共服务。鉴于此，面对众多风险的袭来，政府应当从以下几个方面入手完善个人信息的保护路径。

（一）立法补充

《中华人民共和国个人信息保护法》已于2021年11月1日正式施行。该法为信息主体的权益、信息处理者的义务、国家机关的职权范围提供了权威性的法律依据，对个人信息安全筑起了防护墙。但是如前所述，此法的可行性还需要有所补充。首先，建立责任对应制度，将信息收集者作为信息泄露的责任人，可以加强信息收集的责任归属，有效降低个人信息泄露的风险；其次，为保证知情同意权在公共领域不至于完全失灵，建立信息安全评估制度，尽快出台相关法律规章制度，对信息收集主体合法使用个人信息的安全性进行评估，避免个人信息遭到过度公开。

（二）信息共享，收紧数据入口

数据信息出现重复收集的最主要原因是存在数据壁垒，各个部门之间的数据不共享。在公共卫生事件发生时，会存在多个合法收集信息的主体，如交通部门、医疗机构、基层自治组织等，而这些信息收集主体之间并不存在共享机制，所以信息主体将会以重复填报的方式来满足各个部门的信息需求。一旦收集主体多一个，信息泄露的风险便会多一分。因此，加强信息共享，打破数据壁垒，收紧数据入口是“常态化”下个人信息安全防护的重要手段。同时，需要注意的是，数据共享并不

仅限于政府部门之间的共享，还应将企业和其他合法主体纳入考虑范围以内。如欧盟的《一般数据保护条例》便有此类规定。

（三）加强信息输出管控，增强公职人员的安全意识

信息输出是保护数据安全最重要的一环，严格把控互联网的数据出口，能够最大限度地减少个人信息泄露的风险。为此，我们需要建立一个专门的数据管控机构。目前，我国只在地方上建立了数据管理局，同时各个数据管理局的权属分别掌握在不同的部门手中，当信息安全遭到威胁时很容易发生相互推诿和政出多门的现象，不利于对数据安全的管控。在中央层面上建立一个专门的数据管理局，能够给地方数据管理提供统一思路和规划，同时给查询访问信息的主体上把锁，加强对信息输出的监管。

四、结语

本文以新冠肺炎疫情防控为例，探讨了非常态化下数据安全的问题。但是，在实践中，我们不仅需要掌握非常态化下个人信息安全保护的路径，也需要建立常态化下的个人信息保护机制。这不仅关系到数字政府的建设，也涉及国家安全系统的构建。加强个人信息的保护，有利于提升公民的获得感和幸福感。

参考文献：

[1] 宋烁. 论政府数据开放中个人信息保护的制度构建［J］. 行政法学研究，2021（6）.

[2] 刘密霞，王益民. 后疫情时代政府治理中的个人数据使用与保护问题探析［J］. 云南行政学院学报，2021（23）.

[3] 高艳东. 疫情防控，更要保护好个人信息［N］. 环球时报，2020-05-16（007）.

[4] 李亚娟. 数字化疫情防控如何保护个人信息［N］. 学习时报，2020-03-06（03）.

[5] 郝国丽. 疫情防控中个人信息保护相关问题及解决［D］. 北京：北京外国语大学，2021.

创新“互联网+政务服务”的困境、路径探析[①]

李思聪[②]

摘　要：随着我国逐步迈入5G时代，大数据、人工智能等信息技术的广泛应用，公众对政府提供的服务又提出了新的要求，传统科层制政府和组织结构已经无法满足公众对公共服务的需求。为满足这种需求，全国各地陆续开始探索和实践“互联网+政务服务”的模式，而在这种背景下如何创新服务方式，助力服务型政府建设，成为各地政府面临的新困境。本文从强化顶层设计，完善服务标准化体系；创新服务方式，倒逼服务流程再造；整合组织结构，提升政府的服务效能三方面提出优化建议，以期为创新“互联网+政务服务”模式提出可行性建议。

关键词：“互联网+政务服务”；服务型政府；政府治理

一、引言

随着5G技术、大数据、人工智能、移动互联网等信息智能技术的快速发展，信息技术逐渐融入政务服务中，在传统政务服务过程中存在信息获取困难、“信息孤岛”、办事流程复杂等问题。目前，我国各地政府在不断地探索和实践“互联网+政务服务”模式，但是有些政府在推行时仍然只是将其两者简单相加，将政务服务直接转移至线上进行，造成政府间流程不统一、信息不互通、线上系统功能与服务信息不完善等问题，并没有充分了解和具备“互联网+”思维、掌握“互联网+”需要的技术和资源。当下，我国又迈入5G时代新阶段，公众对政府提供的服务有了新的要求，要全方位真正地实现“互联网+”与政务服务的深度融合，还需要不断地创新，不断听取群众的呼声，从公众的角度出发优化服务供给方式，创新“互联网+政务服务”、助力服务型政府。

二、“互联网+政务服务”的逻辑基础

（一）理论逻辑

创新政务服务模式不仅要求转变服务方式、提高技术水平，而且要求政府体制

---

① 基金项目：重庆市2021年重庆市研究生科研创新项目“公民网络参与市域社会治理的影响因素及引导策略——以成渝双城一体化发展为例”（项目编号：CYS21201）。

② 李思聪，西南政法大学硕士研究生。

和机制的变革，消除制约政府信息化中的障碍，这就要从政府内部机构和部门的整体性角度出发，将政府各个部门进行整合。而整体性治理是指以满足公众的需求为导向，注重政府组织内部横向、纵向及与非政府组织间的沟通协调，并利用信息技术手段达成有效协调与整合。

因此，政府应该通过自身体制和机制的变革，运用移动互联网、移动终端和信息技术，加强各部门之间的沟通与信息共享。通过简化网络与整合利用信息技术，提供更加高效的一站式服务，用整体性治理与“互联网+”思维来改变传统科层制政府内部组织结构，解决政府间存在的“信息孤岛”、条块分割等问题。这种改变不仅能够解决因分权和职能划分而产生的碎片化，还能够使政府通过数据算法、可视化分析、数据质量管理等技术对服务数据进行分析，更加清晰、快速地了解到公众的需求。通过这种机制和体制的改革，促使政府办事人员从行为和思维上进行改变，根除制度惯性带来的弊端，为公众提供更好的政务服务。

（二）实践逻辑

2016 年 3 月，国务院《政府工作报告》首次提出大力推进“互联网+政务服务”，标志着“互联网+政务服务”正式被纳入国家战略。随后，党中央、国务院陆续出台一系列关于推进“互联网+政务服务”的政策文件和改革措施。目前，我国各地政府大力探索和创新“互联网+政务服务”模式，以期进一步推进“政府数字化转型”，满足公众对政务服务的数字化、信息化和便捷化的需求。

近几年，各地政府“互联网+政务服务”建设和创新成果明显。上海“一网通办”政务服务平台的搭建与改革成为全国“互联网+政务服务”建设“新名片”。重庆“渝快办”平台自 2018 年年底上线至今，已更新至 3.0 版本，公众服务事项由最初的 300 项增至现在的 4 000 项，公众的大小事基本可以通过线上完成办理。这些服务平台的建设与应用，都运用了“互联网+”技术手段，将企业服务、交通运输、个人服务、社会管理等政务服务内容与“互联网+”系统相融合，进而为公众提供集标准化、智能化和便捷化为一体的一站式服务平台。要实现政府治理的现代化，推动政务改革和创新，以方式和手段创新，倒逼政府流程再造，是“互联网+政务服务”所发挥的独特作用。

三、创新“互联网+政务服务”面临的困境

（一）既有制度惯性和行政理念的阻碍

在推进行政改革的过程中，既有制度惯性必然会对改革产生抵制，在一定程度上阻碍和制约改革的推行。此外，“权利本位”和“官本位”意识依然影响着政府办事人员及行政机关，服务行政和责任行政理念并没有完全形成。制度和理念的弊端严重影响着新型服务方式的推行，而“互联网+”强调信息和资源共享，以为用户提供便捷的办事方式为基准，倡导提供优质服务、以用户为中心的思维。如果行政制度和行政理念不进行转变和改革，必然与这种思维长期共存与博弈。因此，要推动政府改革从线下传统纸质证件、证明、审批手续、证件和印章等手续办理转变为线上审批，实现政府治理模式由线下处理转变为线上办事。使“互联网+政务服

务”思维、理念和价值贯穿政府组织和办事人员，从政府内部开始根本性变革。

（二）政府网上服务协同化有待提升

目前，全国各地都在探索和尝试网上服务平台的建设，各级政务服务系统数据也在不断对接，但在这个过程中仍然存在信息碎片化，信息供给主体不明确，共享数据缺乏统一管理，公众个人信息泄露等问题。此外，各级政府在建设过程中步调不统一，多级政府间多个平台，导致公众在跨省、市办理过程中需要对接多个端口，重复提交材料等，无法满足公众对线上服务的基本需求，群众“跑断腿”“办事难”以及周期长的现象依然存在。跨区域、跨行业、跨部门和跨层级的政务服务协同化和数据共享度程度低，这就使服务型政府数字化转型面临多重困境。

（三）传统政府组织结构亟待改革

整体性治理理念下的“互联网+政务服务”要求政府组织结构打破传统科层制模式，使政府组织结构更加趋于扁平化。传统政府组织结构具有“金字塔”的特征，实行从上至下分层管理，层级较多，决策信息传递途径长，这种组织结构和运作方式导致审批困难，增加了时间成本。这种“由纵向的、以等级形式出现的命令指挥和执行系统以及横向的、以职能部门形式出现的分工协作系统构成”组织结构会与“互联网+”所倡导的开放和共享本质长期共存。这样的问题如果无法得到有效解决，将对政府各部门间的资源共享、信息互通、协同服务产生较大的影响，对政务服务便捷化、政府数字化转型产生阻碍，从而影响服务型政府建设。

四、创新“互联网+政务服务”的路径探析

（一）强化顶层设计，推进政务服务标准化体系建设

推动“互联网+政务服务”创新转变，不仅仅是要求政务服务方式的创新与转变，更是对政府体制、机制和组织架构变革的要求。这就要求强化政府顶层设计，政府改革与“互联网+政务服务”标准化建设同步推进。同时，推进政务服务标准化体系建设，将标准化的理念、方法融入政府服务中。在统筹和规划政府服务系统的过程中，以标准化建设为基本要求，将政府的数据共享平台建设、网上办事指南清单、政务服务平台终端建设、群众办事流程和指南、服务监管和评价机制等构成覆盖范围广、涉及主体完善的标准化服务体系，将标准化、科学化、清晰化的政务服务流程和平台作为推动服务型政府建设的制度化供给。

（二）创新服务方式，倒逼服务流程再造

创新服务方式，不是简单地将线下服务转至线上，以及将政府的服务事项原封不动地转移至各类电子终端办理，而是要通过整合组织机构，创新服务模式，倒逼政府的服务流程再造，推动业务协同进行的过程。创新服务方式只是手段，更重要的是推动服务事项可以跨部门、跨层级、跨区域协同办理，在这种多方需求的推动下，政府间必然会采取措施来解决这一过程中所面临的一系列问题，进而使政府对原有服务流程进行改革。传统政务服务流程常是以方便政府处理为基础，这就使民众在办理一件事情时跑几个部门，重复提交材料，办事“跑断腿”的现象时常发生，而创新“互联网+政务服务”就是要让政府从群众的角度出发，对民众要办的

事，需要提交的材料简单化，发现政务服务中还可以优化的空间，推动政府服务流程的制度性和根本性变革。

（三）整合组织结构，提升政府的服务效能

互联网技术和移动终端的发展使得政府在技术路线上有了更多途径创新政府服务模式，而创新“互联网+政务服务”方式也在不断提升政务服务的效能，助推服务型政府建设。因此，整合政府组织结构就要以提升政府数字化、智慧化和便捷化为标准，以提升政府服务效率为目标，在协同再造政府管理模式的基础上，探索资源共享机制、分工合作机制、数据信息互通机制，并以明确部门职责、提高政府信息化能力、优化社会资源配置为方向，实现跨部门、跨区域、跨行业的信息和服务共享平台，实现全方位、动态性和实时性政务服务流程，从组织机构和体制机制上为“变‘群众跑腿’为‘数据跑腿’”消除障碍。与此同时，加强政府内部人才培养，结合“互联网+”所需的技术和知识，大力培养新型“互联网政务服务”干部人才，使行政组织架构从制度、机制、人才等层面优化和整合，不断提升政府的高效化、智能化、廉洁化。

参考文献：

[1] 蒋薇，唐晓阳，陈家刚，等. 地方政府整体性治理与公共服务创新：基于广州市海珠区“互联网+政务服务”的实证分析 [J]. 党政研究，2016（6）：108-115.

[2] 刘畅. 大数据与整体性政府构建 [J]. 管理观察，2019（19）：47-50.

[3] 胡海波. 理解整体性政府数据治理：政府与社会的互动 [J]. 情报探索，2021，40（3）：153-161.

[4] 杨琳，田禾，田贵明. 用“互联网+政务服务”推动政府治理能力现代化：“渝快办”助推治理能力现代化转型的重庆实践 [J]. 中国领导科学，2021（3）：90-97.

[5] 王小平，申倩，汪烈. “互联网+”背景下政府治理创新面临的挑战及对策研究 [J]. 产业与科技论坛，2021，20（16）：7-8.

"好差评"倒逼政务服务效能提升的制度建构与机制设计[①]

娄远进[②]

摘　要：以"好差评"实现政务服务的倒逼是未来深化"放管服"改革的关键导向，因此以制度化方式助推政务服务效能成为政府近年来着力倡导的重要手段。政务服务"好差评"制度将制度优势转化为治理效能，加速服务型政府的构建，但在政务服务"好差评"制度建构过程中，制度下沉与政务服务效能提升之间的实然逻辑亟待探讨。本文基于机制设计理论，梳理地方政府对政务服务"好差评"制度的建构情况，挖掘"好差评"制度下沉的调适机制，窥探出"好差评"制度下沉产生良好服务效能的原因在于服务竞争机制、绩效考评机制、回访调查机制、闭环工作机制、信息公开机制能够巧妙性地设计与调适，即机制调适在制度建构过程中起到重要作用。研究结果在一定程度上能够拓宽政务服务"好差评"制度的落实思路，也有助于政务服务提质增效的推进。

关键词：政务服务"好差评"；制度建构；效能提升；机制调适

一、问题的提出

"好差评"作为各地线上线下政务服务平台的综合应用，通过企业和群众等服务对象对政府所提供的政务服务进行评价，由政府部门进行整改反馈，其实质是最大限度地实现服务需求与政务服务效能相匹配的制度性安排，以制度化授权的方式倒逼政务服务效能提升。2019 年，国务院办公厅印发《国务院办公厅关于建立服务型政府"好差评"制度 提高政务服务水平的意见》（以下简称《意见》），要求全面建成政务服务"好差评"制度体系，就责任标准、评价方式、评价结果、保障措施等做出规定，实现政务服务事项、评价对象、服务渠道全覆盖。至此，发源于商业活动中"好差评"的评价方式被全面运用到政务服务领域，考察各地方政府政务服务"好差评"制度的建构情况，发现政务服务效能的提升乃是基于制度化的撬动，意在做实政务服务对象化，有助于以点带面反推"放管服"改革回应性深化。本文拟通过机制设计理论，梳理各地方政府政务服务"好差评"制度的

① 基金项目：南川区依法治区办公室、司法局"南川区'最差行政效能乡镇（街道）大家评'"。

② 娄远进，西南政法大学硕士研究生。

建构过程，厘清“好差评”制度如何下沉以及各地政务服务平台如何承接等核心问题，探寻制度下沉和效能提升的因果机制。

二、制度下沉：领悟精髓，精准对接

（一）制度下沉：国家引领，地方协同

制度下沉的过程也即是地方“好差评”制度体系构建的过程。以《意见》为基准，各地方政务服务“好差评”实施方案细化操作流程，充分利用现有制度，将“好差评”制度合理嵌入链接，助推“好差评”制度中的评价结果与其他机制相连。各地方政府在“好差评”制度建构过程中，以积极的姿态促进机制链接的产生，构建运行路径为“好差评制度—评价结果—服务竞争、绩效考评、回访调查、信息公开机制”的以评价结果为中心的制度体系；各地方政府根据国家标准，在线上线下政务服务平台引入“好差评”机制，将企业与公众的评价意见作为改进服务工作、倒逼服务质量的重要标尺，实现国家与地方层面“好差评”制度的体系化。

（二）地方承接：制度建构，纵深推进

近年来，各地方政务平台以主动的姿态，积极推进统一“好差评”制度的构建，探索政务服务“好差评”的制度精髓，在系统优化、渠道拓展、流程完善等方面积极拓展，政务服务供给的标准化、数字化程度持续加深。各地相继出台“好差评”制度方案，在各政务服务平台设置“好差评”系统，按照“一次一评、一事一评”、线上线下、现场评价及非现场评价等评价方式，整合原有渠道，通过政务网、实体大厅、评价二维码、移动端、便民服务点、小程序、短信等端口，实现多渠道评价。各地方政府严格遵循国家评价指标，采用满意度等级多维度评价服务事项、办事流程、办事材料、服务效率、便民度、便捷性等内容，政务平台建设良好，将总评价数、好评数、差评整改反馈数、差评超期未整改数、按期整改数等信息按期公开。此外，大部分地方政府将差评限期分类处置，实现“评价、反馈、整改、监督”全流程、全链条闭环工作机制，政务服务能力不断提升。

三、机制调适：因境生策，倒逼效能

机制设计理论是在决策分散化的前提下，能否设计一套完整的机制来实现既定的目标，即设计什么样的机制使得地方政府与中央“好差评”制度既定的目标一致。制度下沉至各地，各地政府能否有效承接也是政务服务效能提升的关键环节。通过对各地“好差评”制度实践的挖掘，窥探出服务竞争机制、绩效考评机制、回访调查机制、闭环工作机制、信息公开机制对各地政府承接“好差评”制度的调适意义。机制调适的最佳状态是作为承接“好差评”制度的各地政府基于机制调适而呈现出政务服务效能持续提升的和谐状态。

（一）服务竞争机制

动态配置资源，倒逼排名竞争。在各类资源、政策自由流动的前提下，政务服务提供的过程也就是政府间竞争的过程，在社会成员有权"用手投票"或"用脚投票"时，便会倒逼政府积极增加政务服务的有效供给，无形中促使政府间的服务竞争及政府与社会关系的深刻调整，不啻为推动服务效能提升的一味良药。各地政府相继打破信息壁垒和"数据孤岛"，以积极的姿态提升政务服务能力竞争排名，上海、北京、江苏等地名列前茅，不断创新智能便捷式政务服务。

（二）绩效考评机制

挂钩考评结果，促进结果应用。"好差评"平台已逐渐成为各省（自治区、直辖市）衡量政务服务效能的"刻度尺"，倒逼政务服务质量，就必须构建政务服务绩效考核体系。

全国大部分省市严格遵循满意度评价等级，让公众成为办事效果的"裁判员"，积极将"好差评"结果纳入各职能部门与工作人员个人绩效考核，发挥"好差评"结果在员工评优、晋升考核等方面的杠杆作用，将满意度测评细化，成立考核评价组，使定性链接定量，用量化计分的方式聚焦政务服务质量。大部分地方政府在绩效考评的基础上实行奖优罚劣机制，将评价结果的应用落到实处，对职能部门与工作人员进行奖励与问责，倒逼政务服务提质增效。

（三）回访调查机制

强化以评促改，提升处理时效。"政务服务'好差评'的基础目标是通过群众和企业的评价，以评促改，以评促管。"各省（自治区、直辖市）细化"好差评"操作流程，完善差评回访整改机制，要求责任单位限时对差评进行回访，并在规定时间内对差评进行整改反馈，大部分地方政府实行差评分类处置：立整立改、限时整改、综合协调，明确要求差评整改率达到100%。为确保"好差评"数据真实有效，建立抽样回访机制及第三方差评核实机制，确保差评件件有整改、有回访、有记录。此外，为确保回访调查机制落到实处，各部门建立教育问责制，在差评按期整改率目标值为100%的基础上，对未按期整改差评事项的责任部门进行教育问责。

（四）闭环工作机制

各省（自治区、直辖市）围绕"评价、反馈、整改、监督"等工作，构建"好差评"闭环评价体系。山西、吉林、重庆等地创新全链条闭环工作机制，"评价、反馈、改进、监督、考核"注重提高质量，"评价、核查、整改、回访、监督、问责"强调责任落实，"接受评价、受理、整改、反馈、信息公开、结果应用"落脚整改效果。闭环工作机制强化政务服务效能改革，建立整改情况跟踪回复制度，在回访调查机制落实的前提下确保所有差评事项得到及时、完整地整改与反馈。"好差评"评价结果表面显现出政务服务的便利性与智能化，其实质是政府各职能部门间数据研判与机制协同的相互作用结果，从而折射出机制运作、权责关系等问题，实现"好差评"整改反馈流程与责任部门履职尽责过程相契合。

（五）信息公开机制

有效传导压力，强化监督"好差评"。信息公开机制保障了公民及企业的知情权，使公民和企业成为外部监督力量准确、及时地掌握"好差评"的实践情况，同时保障了对行政权力的监督制约。大部分地方政府政务服务平台基于数据汇总、分析与研判，根据“以公开为常态，不公开为例外”原则，定期公开评价内容、评价效果、评价渠道、差评整改情况等信息，部分省（自治区、直辖市）按照区域、事项进行竞争排名公开，排名榜单倒逼政务服务信息效能，形成了愿评、敢评、评了管用的工作局面。

四、效能提升：机制调适，顺势而为

通过上述讨论，最终梳理出“好差评”制度下沉提升地方政务服务效能的机理模型，其中，“制度下沉”“效能提升”“机制调适”之间的逻辑关系可以简要概括为：国家层面“好差评”制度下沉，为各地方政府提供总体评价标准，各地方政府吸纳国家评价的制度标准，随着省（自治区、直辖市）情的变化而变化，同时各地“好差评”制度在机制调适过程中被吸纳整合以达到效能最大化。值得指出的是，“好差评”制度机制调适体现出国家与社会的一种张力，具体表现为国家性和本地性、统一化和多样化、标准化与创新化。“好差评”制度作为政务服务效能的具体组织形式，以机制调适促使地方政务服务向恰适性逻辑的趋势发展。这种发展趋势代表的是一种企业及社会积极参与、社会广泛评价、政府部门及时整改的良性互动图景，其本质是社会治理共同体价值的回归。

五、结论——面向地方政府治理现代化

通过解析政务服务“好差评”制度政策背景下政务服务效能提升的作用机制，以期倡导学界加强对于“好差评”制度具体落实路径的关注和探索。结合现今的制度背景，只有精准把握“好差评”制度的机制意蕴，使政务服务“好差评”的制度建构与政务服务效能提升相契合，才能切实为我国地方政府治理现代化和深化“放管服”改革筑基赋能。

参考文献：

［1］彭云，马亮.“放管服”改革视域下的政务服务“好差评”制度：中国省级政府的比较研究［J］. 行政论坛，2020，27（6）：51-58.

［2］国务院办公厅. 国务院办公厅关于建立政务服务“好差评”制度提高政务服务水平的意见［EB/OL］.（2019-12-3）［2021-10-20］. http://www.gov.cn/zhengce/content/201 9-12/17/content_5461829.htm.

［3］石亚军，吕勇. 政务服务“好差评”制度对强化监督深化改革的可预期性探析［J］. 中国行政管理，2019（12）：10-15.

［4］翟云. 政务服务“好差评”制度：政策意蕴、理论阐释与路径建构［J］. 行政管理改革，2020（3）：66-72.

［5］王学军.“好差评”提升政务服务绩效的公共价值逻辑［J］. 西北师大学报（社会科学版），2021，58（3）：102-112.

法治政府视域下的行政规范性文件合法性审核机制探析

宋文科[①] 张公晨[②]

摘 要： 全面推行行政规范性文件合法性审核，从实践逻辑上讲，是回应社会公众、提高政府公信力的现实需求；从制度逻辑上讲，是加快法治政府建设、提高政府治理法治化水平的必然要求。相较于备案审查和附带性审查，其审核覆盖面和适用范围更广，更能够从源头治理违法文件。在现有制度的基础上，不断完善行政规范性文件合法性审核机制，有助于推进法治国家、法治政府、法治社会一体化建设。本文进一步从提高合法性审核法律地位、扩大合法性审核参与范围、把关合法性审核内容、细化合法性审核程序、强化合法性审核监督五个方面提出了完善合法性审核机制的现实路径。

关键词： 法治政府；行政规范性文件；合法性审核

一、问题的提出

行政规范性文件是行政机关开展行政执法活动的重要依据，覆盖行政管理的各个领域，俗称“红头文件”。尽管行政规范性文件有别于法律法规，但在实践层面上，其往往发挥着与国家法律同等实施效力的作用。由“红头文件”本身引发的舆论事件和乌龙事件，多年来也广受社会公众诟病。这些文件在侵犯公民合法权益的同时，也对政府的权威性和公信力造成恶劣影响。最高人民法院2018年年底公布的统计数据显示，2016年1月—2018年10月，全国一审行政案件收案数共651 544件，其中规范性文件附带审查占3 880件。可见，行政规范性文件存在争议甚至违法的情况在实际生活中是很常见的。

2018年12月底，国务院办公厅出台了《国务院办公厅关于全面推行行政规范性文件合法性审核机制的指导意见》（以下简称《指导意见》），旨在实现对违法文件的源头治理，从根本上促进行政机关依法行政，从而保障人民群众的合法权益。其与《国务院办公厅关于加强行政规范性文件制定和监督管理工作的通知》，共同构成行政规范性文件制定和监督管理的基础性制度措施。2021年8月，党中

---

① 宋文科，西南政法大学硕士研究生。

② 张公晨，西南政法大学硕士研究生。

央、国务院印发的《法治政府建设实施纲要（2021—2025 年）》（以下简称《实施纲要》）强调，“全面落实行政规范性文件的合法性审核机制，明确审核范围，统一审核标准”，对法治政府建设过程中的行政规范性文件合法性审核工作做出明确要求。至此，开启了我国行政规范性文件合法性审核从“事后”向“事前”、从“被动”向“主动”、从“发生”到“源头”的制度性转变，对于提高政府治理法治化水平起到关键作用。

二、行政规范性文件合法性审核概念界定

目前，国内对行政规范性文件的概念及识别尚无统一的界定和标准，散见于我国法律法规中。本文中的行政规范性文件是指除行政法规、规章外的，以行政机关或由法律法规授权的组织为主体，根据法定的权限和程序制定和公布的，牵涉公民、法人和其他组织的权利义务，拥有普遍约束力并在一定时期内重复使用的文件。

针对行政规范性文件的审核（审查）主要分为合法性审核、备案审查和附带性审查三种方式。本文主要讨论的对象是行政规范性文件的合法性审核。它是指在行政机关系统内部对行政规范性文件是否符合法律，是否符合立法的精神、法律的原则进行审核。

三、法治政府视域下行政规范性文件合法性审核机制的完善意义

《指导意见》和《实施纲要》的出台，是国家层面坚持系统治理的顶层设计，是加快建设法治政府的总体布局和长远战略，是坚持以人民为中心的发展思想的制度保障。在全面依法治国、推进国家治理体系和治理能力现代化的大背景下，不断完善行政规范性文件合法性审核机制，对于推进法治国家、法治政府、法治社会建设具有重要意义。

（一）确保国家政令统一，维护国家法治权威

尽管“红头文件”代表着政府的意志，对社会公众也存在普遍的约束力，但在法律位阶上，其低于法律、行政法规和规章。其在制定、实施的过程中，需严格遵守宪法、法律、法规、规章以及国家政策的规定，不能出现与上位法相冲突、矛盾的地方。《指导意见》的出台，在国家层面对合法性审核内容做出统一标准，解决了此前实践中存在的审核标准不统一、审核程序不规范等问题，确保了国家法治体系内部的规范统一。行政规范性文件的制定是在合法合规的前提下，结合本地区实际情况的产物，其颁布实施过程是对现行法治体系的确认和强调，有助于维护国家法治体系的整体权威。

（二）推进法治政府建设，从源头化解重大风险

“红头文件”任性的背后，反映出的是行政机关对于公权力的滥用以及相关行政人员对于法治的漠视。政府工作人员在工作中，尤其是在处理与社会公众切身利益密切相关的活动中，须牢记“法无授权不可为”的基本原则。在制定行政规范

性文件的过程中，应坚持法治的底线，不得超越自身权限决策，不得肆意减损公民权益或增加其义务。《实施纲要》对行政规范性文件的合法性审核提出要求，切合深入推进政府依法行政、全面建设法治政府的战略目标，能够加快构建法治政府治理体系。同时，《指导意见》对于合法性审核的内容和标准做出了相关规定，能够有效规范政府行政行为，推动政府法治化进程。进而从根本上防范化解因政策、决策不当而引发的重大风险，维护政府公信力。

（三）保障人民合法权益，营造社会法治氛围

《指导意见》中提出要对规范性文件进行动态管理，同时《实施纲要》中强调要健全行政规范性文件动态清理工作机制。这就要求政府对于已经不适应社会经济发展、不符合广大人民群众切身利益的决策，应进行及时清理，避免负面影响的持续，尽可能地减少社会公众的损失，从而保障人民的合法权益。政府行政法治强调对于公权力的限制，其核心是最大程度地保障人民的合法权益。在办理行政诉讼案件的过程中，对政府决策所依据的行政规范性文件进行合法性审核，是对人民权力的事后救济，其发挥着兜底的保护作用。但权益保障的重心不应该停留在事后的补救阶段，而是应当将阵地前移，通过事前的合法性审核实现对人民权力的最大保障，进而创造社会公众遇事找法、解决矛盾靠法、自觉守法的良好法治环境。

四、法治政府视域下行政规范性文件合法性审核机制的完善路径

（一）提高行政规范性文件合法性审核的法律地位

应以各级行政机关的生动实践为基点，探索国家层面的立法，将国务院办公厅发布的两份指导文件，结合各地区、各层级、各部门在行政规范性文件合法性审核过程中的丰富实践，并参照行政规范性文件的研制和备案管理体制机制，将其融合上升为一部以行政规范性文件合法性审查为对象的法律或行政法规，提高行政规范性文件的合法性审查和相关管理工作的法律地位，加强合法性审查和制定备案程序的强制性、程序性约束。

（二）扩大行政规范性文件合法性审核的参与范围

一是建立健全政府与专家相互配合、互为补充的审核模式，综合发挥行政机关内部法律工作人员和行业专家的优势，针对影响范围广、社会密切关注、关切基本民生而又极具专业性的行政规范性文件的合法性审核，要积极组织相关领域专家，借助听证会、座谈会、茶话会等契机论证合法性审查议题；二是拓宽民众参与合法性审核的途径，扩大其参与范围。任何一项行政规范性文件的出台都会牵涉相关公众的切身利益，因此要通过线上与线下相结合的方式推动相关利益主体参与合法性审核，借此提高行政规范性文件的社会认可度。

（三）把关行政规范性文件合法性审核的内容

行政规范性文件的效力位阶是法定的，不能与宪法、法律、法规、规章及国家政策相冲突，必须符合自身的内容规定性。审核机构要着重对行政规范性文件在涉及公民、法人和其他组织合法权益的减损和义务增加方面的内容进行合法性审查，如有的政府部门将国家已取消的行政许可予以保留或者以拆分、合并、转为备案等

形式变相保留，或增设许可条件。

（四）细化行政规范性文件合法性审核的程序

在行政规范性文件合法性审核实践中，应严格规范审核程序。一是要制定相应的审核工作流程，明确审核主体及工作规程。建立合法性审核事项目录制度，规范受理登记、分办、审核、报签、存档等流程，对可能遇到的细节问题，必须严格认真按照行政规范性文件合法性审核流程执行。二是要明确责任，尤其对审核结果的运用、反馈要严格把关，文件制定部门如果未采纳或未完全采纳审核意见必须做出详细书面说明。

（五）强化行政规范性文件合法性审核的监督

行政规范性文件合法性审核是一项系统工程，应通过制度设计，明确对什么人问责、对什么情形问责、如何问责以及问责救济等。既要追究主体责任、监督责任，又要追究领导责任。建立终身问责机制，不论是否调离转岗、提拔或退休，同样追责，以增强行政规范性文件制发主体的责任意识，提高行政规范性文件的法治化水平。

参考文献：

［1］袁勇．规范性文件合法性审查的准确对象探析［J］．政治与法律，2019（7）：105-121.

［2］于洋．论规范性文件合法性审查标准的内涵与维度［J］．行政法学研究，2020（1）：101-115.

［3］宫建．行政规范性文件合法性审核机制探析［J］．中国司法，2020（11）：46-50.

［4］申来津，邹逸．行政规范性文件合法性审核：问题与对策［J］．行政与法，2019（3）：54-60.

价值审视与制度建构：智能网联汽车监管领域的数字政府建设[①]

张才华[②]

摘　要：近年来，智能网联汽车产业发展迅速。目前，我国智能网联汽车行业总体处于示范应用阶段向商业化运用转换的过渡阶段，各地政府通过颁布地方性法规和出台管理办法的方式促进智能网联汽车在当地的发展。同时，监管主体在面对智能网联汽车存在的创新性和风险性并存的特点时往往采取“强监管”的方式以防范风险的出现，但此种监管模式在一定程度上会加重智能网联汽车企业的负担。政府管理形式的变革与信息化、数字化技术的发展相伴而行，未来随着数字政府建设的不断深入，监管部门可以采用网上审批和远程监管的方式来降低汽车企业为获得测试牌照及相应资质而付出的制度成本，实现纾解企业发展难点，持续优化营商环境的战略愿景。

关键词：数字政府；智能网联汽车；监管模式；战略愿景

当前，智能网联汽车行业蓬勃发展，其产业辐射范围广泛，能够带动基础零部件制造、汽车销售、保险、智能制造等多个产业的发展，智能网联汽车产业将成为引领各国经济发展的新引擎。因智能网联汽车产业可能带来的巨大红利，世界主要发达国家都在采取行动试图抢占这个新的科技制高点，渴望在智能化浪潮中紧跟时代潮流，在人工智能时代中脱引而出走在时代前列。我国在智能网联汽车领域狠下功夫，中央和地方层面先后发布了相应的政策文件来推动智能网联汽车在我国的应用。随着《智能汽车创新发展战略》的提出，我国智能网联汽车商业化应用的冲锋号已经吹响，量产和商业应用之日可期。具体到重庆而言，重庆先后颁布《重庆市加快新能源和智能网联汽车产业发展若干政策措施（2018—2022 年）》《重庆市数字政府“十四五”发展前景与战略规划分析报告》等政策文件，以此来赋能重庆智能网联汽车行业和数字政府的发展。

当前，人工智能、互联网、云计算等新兴技术正在潜移默化地影响着政府的治理体系，“同时与政府治理深度融合，形成未来中国数字政府建设的行动框架。智能数字治理场景将成为政府服务的一种新形式，是未来中国数字政府发展的基本趋势。”在智能网联汽车监管领域，数字政府的发展和完善将从提高行政审批效率、

① 基金项目：2021 年西南政法大学研究课题“成渝地区智能网联汽车示范应用一体化问题研究”。

② 张才华，西南政法大学硕士研究生。

降低企业制度成本、丰富监管样态等方面来助推智能网联汽车产业的发展。

一、智能网联汽车监管领域存在的问题

（一）监管主体发放智能网联汽车测试牌照的过程烦琐

当下，因我国国家层面上尚未出台统一的测试标准，故目前各地申请智能网联汽车测试牌照的流程存在差异。以智能网联汽车产业发展态势目前处于领先的北京为例，北京的流程是首先由测试企业提出在公开道路进行测试的需求，并提交相关申请材料，获批后方能在一些封闭场地进行部分能力测试，测试内容包括《智能网联汽车道路测试管理规范（试行）》针对L3、L4级智能网联汽车所设置的测试场景。在封闭场地测试完毕后，要想获得北京颁发的测试牌照还必须通过北京市自主设置的测试，再通过封闭场地测试和自主设置测试后方能获得测试牌照。北京的测试牌照分为T3和T4两类，意欲取得T3牌照需要通过98种交通场景测试，取得T4牌照需通过111种交通场景测试。其中，只要任何一个场景测试不合格则会被判定为所有考试不通过，在分别测试结束后还须进行一次由所有交通场景串联起来的全程测试，待全部测试合格后方能通过测试，总体而言测试标准近乎苛刻。

广州和上海也对智能网联汽车的测试过程进行了交通场景划分，与北京规定不同的是上海将各个交通场景的测试独立展开，汽车企业可不用进行连贯的总体测试；而广州则不进行单独的交通场景测试，其将整合所有测试场景，将所有的测试场景统一分为两次进行考核，两次测试均合格即视为通过，否则汽车企业需重新排队进行测试报名。

（二）各地规则不一使智能网联汽车企业的制度成本居高不下

智能网联汽车企业取得牌照之后，在正式进行开放道路测试之前，汽车企业还需提前准备测试的相关材料，比如测试计划、测试人员、保障方案以及应急预案等，向所属测试区域的监管部门进行备案（这里的监管部门主要指的是第三方机构，比如联席小组下属的第三方机构以及属地的交管部门）。2020年之前，在北京进行智能网联汽车开放道路测试必须在申请之日起90天内通过所有考试，同时目前的测试牌照有效期仅为90天，意味着90天期满后汽车企业必须再次携带材料前往车管所更换测试牌照。

智能网联汽车企业的成本压力较大是诸多因素综合影响的结果。首先，智能网联汽车企业成本高是由各个城市之间不同的监管标准导致的。汽车企业在通过各个城市的测试后，在进行道路测试前必须要购买该城市监管机构规定的必须购买的设备，因公共道路测试涉及公共数据问题，汽车企业在进行公开道路测试的同时还需实时向监管主体开放测试数据。更为复杂的是不同城市的监管规则和标准不尽相同，此时汽车企业需要耗费本应投入科技研发中的大量人力和财力去疲于奔命地应对各地间不同的监管要求。其次，牌照成本高也是增加智能网联汽车企业制度成本的一大诱因。以北京市为例，2020年之前北京测试牌照的有效期为3个月，汽车企业需要为每辆车每次考试缴纳50万元的基础费用。若汽车企业每一季度参加一次考试，按照50辆统一车型测试车的规模来进行计算，该汽车企业每季度花在考

试上的成本就达到了数千万元，此举给汽车企业带来了难以承受的成本负担。

二、智能网联汽车监管领域数字政府建设的价值审视

（一）数字政府有利于提升监管主体行政审批效能

随着新兴信息技术的深入发展和应用，政府治理能力现代化改革的紧迫性和必要性更加凸显。数字政府可以通过互联网技术和大数据应用实现对行政信息的实时更新，有了新兴技术后智能网联汽车企业可以获得最新、最全面的政府信息，汽车企业在准备申请测试牌照及其他事项的过程中能及时了解监管主体的最新动态，掌握各地的最新监管政策。对于监管主体而言，通过充分利用互联网、大数据、人工智能等技术，可以直接在网络上完成之前烦琐复杂的审批流程，更为重要的是有了云技术的支撑，监管主体无须实地对汽车企业的测试过程进行监督和审核，只需在云端便可管窥一切，足不出户便可以推动公共服务能力的现代化。

（二）数字政府有利于纾解智能网联汽车企业制度成本

随着数字政府意蕴的不断提升，让“企业少跑腿、数据多运行”的治理目标被摆在更加突出的地位。“政府把单个的数字化信息统合成一个规模庞大的信息网络体系，使得原来单一的信息被组建成一张系统的管理网络。”管理网络的形成和运转不仅为监管主体的监管行为提供了便利化支持，也为智能网联汽车企业提供了行为依据的指引。数字政府建设的其中一个核心要义是“在公共服务中创新数字技术运用，全面推动大数据、云计算、人工智能、区块链等数字技术融入政务服务全流程。”有了辅助技术的应用，数字政府将打破各地政府间区域治理各自为政、信息相对封闭的局面，能从根本上解决“信息孤岛”这一制约汽车企业发展的顽疾。自此，车企将不用饱受各地监管政策不一致而导致的成本陡增之苦。数字政府的建设将有利于优化营商环境，推动中国经济社会高质量发展，创造更好的公共价值。

三、智能网联汽车监管领域数字政府建设的制度建构

推进数字政府治理能力现代化，“创建数字政府是一个无终点的漫长过程，其职责体系的建设自然具有动态性，不是一次嵌入就永逸了。”数字政府的建设尚且具有艰难性和波动性，在智能网联汽车监管领域下数字政府的建设存在更多的不确定因素，但笔者相信通过合理的制度架构和政策配套定能实现直挂云帆济沧海的效果。对智能网联汽车监管领域的数字政府进行建构需从以下几个方面进行：首先，在数字政府建设的过程中，应厘清各监管主体之间的权责分配，因数据具有多方主体可共同使用的特点，为预防将来各监管主体间发生争议，宜采用属地主义的管辖原则和职能细化的分管原则；其次，在对智能网联汽车进行监管的过程中，应建立统一的国家智能网联汽车数据库，监管主体既可以根据此数据库的数据实现对车企的精准管理，“优化政府公共服务，助力服务型政府建设”，也能消除多头监管、重复监管的固有弊病。

四、结语

人工智能时代的来临是一个不争的事实，人工智能将对我们的日常生活产生深刻的影响。作为人工智能场景下最为典型的应用之一，智能网联汽车将很快进入商业化运用阶段。随着政府管理形式的信息化和数字化，未来随着数字政府建设的不断深入，监管部门可以创新监管的方式，平衡创新和风险之间的关系，引入“沙盒监管”理念，对智能网联汽车产业采取包容审慎的监管态度，将智能网联汽车发展过程中可能引发的问题限制在封闭的“沙盒”中，杜绝内部风险外溢的情形。数字政府的实现将纾解企业发展难点，真正实现营商环境优化的战略愿景。

参考文献：

[1] 祁志伟. 数字政府建设趋势及难题 [N]. 北京日报，2021-10-18（010）.

[2] 周文彰. 数字政府和国家治理现代化 [J]. 行政管理改革，2020（2）：4-10.

[3] 张军. 提高数字政府建设水平 [N]. 人民日报，2021-10-29（009）.

[4] 叶战备，王璐，田昊. 政府职责体系建设视角中的数字政府和数据治理 [J]. 中国行政管理，2018（7）：57-62.

[5] 孙彩红. 以数字政府建设助推政府治理现代化 [N]. 中国社会科学报，2021-05-12（008）.

高质量发展下超大城市公共空间治理现代化的重庆探索

何晓东[①] 简 敏[②]

摘　要：进入新发展阶段以来，经济社会各个领域都应深入贯彻新发展理念、加快构建新发展格局，推动经济社会高质量发展，向治理现代化目标迈进。作为超千万人口的超大城市和成渝经济区核心城市之一，重庆紧紧抓住“十四五”这一关键时期，坚持以人民为中心的发展思想，在探索超大城市背景下推动实现空间治理现代化，谱写高质量发展新篇章、开启社会主义现代化建设新征程中，迈出了重要步伐。近年来，重庆大力推进城市公共空间治理现代化，积极实施一系列城市空间治理提升工程，不断推进高质量发展。但重庆在公共空间治理也存在诸多困难，急需从治理理念、制度、机制、手段等方面加以完善，消除阻碍，以更好地践行新发展理念，形成新发展格局，实现高质量发展。

关键词：高质量发展；超大城市；空间治理；治理现代化

一、超大城市治理下的重庆公共空间现代化实践探索

城市治理是国家治理的重要内容，并且已经成为国家治理体系最重要的组成部分。超大城市治理是在特定的地域空间边界内，针对千万人口规模的城市，应用各种正式的制度和规则以及非正式的制度安排，充分发挥多元主体的能动性，在公共事务领域积极协调生存矛盾和利益冲突、促进城市有序高效运行、共同提高城市生活环境品质和社会福祉的过程、方式和机制。近年来，重庆市在推进城市公共空间治理现代化过程中呈现出创新实践态势。

（一）深化精细化管理，“大城细管”构建新格局

近年来，重庆市持续提高城市管理精细化水平，主要体现在以下几个方面：一是完善法规标准。重庆市已经在市政设施、市容环境卫生、园林绿化、户外广告、公园管理、物业管理等方面进行地方性立法，发挥了立法引领作用。二是园林绿化凸显山城颜值。重庆市已经基本形成“推窗见绿、出门见景、四季见花”的美好生活环境。三是监管执法维护城市秩序。重庆市开展城市管理秩序突出问题综

① 何晓东，西南政法大学硕士研究生。

② 简敏，西南政法大学教授、硕士生导师。

合治理行动，对建筑垃圾运输、店招店牌、建筑立面、高空抛物、露天焚烧、摊贩经营等违法行为进行重拳整治，城市秩序得到改善。四是“七大工程”助力城市更新。实施“治乱拆违、街净巷洁、路平桥安、整墙修面、灯明景靓、江清水畅、城美山青”七大工程，为建设“近悦远来”的美好重庆打下坚实基础。

（二）优化人性化管理，“大城众管”取得新发展

一是“马路办公”拓展共治格局。重庆市已建立“发现问题—交办问题—处置问题”的工作流程，形成了“马路上办、马上就办”的高效解决机制。二是群众广泛参与营造共管氛围。通过推行“五长制”“门前三包”“三事分流”等机制，提高了市民参与的主动性、积极性。三是生活垃圾分类引领共建时尚。通过“线上+线下”“平面+立体”等形式，加大垃圾分类的宣传引导力度，逐步培养群众垃圾分类的好习惯。重庆市的垃圾分类工作在全国46个重点城市中排名第一档、保持西部第一。

（三）强化智能化管理，“大城智管”迈向新台阶

重庆市已初步构建形成城市管理行业大数据平台基本框架和数据资源体系，成功探索创建城市管理问题预测模型、数字城管效能分析模型和视频智能分析共享平台，为全市“一数、一云、一网、一中心、五应用”的智慧城市管理体系构建和“大城智管”格局的形成奠定了坚实基础。

二、重庆优化公共空间治理工作中存在的主要问题

（一）新发展理念贯彻落实力度、深度、效度不够

当前，城市公共空间治理碎片化、粗放化、行政化、避责化的现象依然存在，个别部门对新发展理念的贯彻落实还不够深入，个别工作人员存在思想和行动上的偏差，导致在城市公共空间治理实践中，难以达到融会贯通、整体提升的效果。

（二）城市公共空间治理的顶层设计有待加强

一是尚未制定出台关于城市公共空间治理的规章制度；二是在园林绿化、垃圾分类等具体治理领域还未形成完整系统的政策法规体系；三是在推进成渝双城经济圈建设过程中，围绕公共空间治理的政策协同性不够，合作范围需要扩大。

（三）城市公共空间治理体制机制尚待进一步完善

面对城市公共空间治理难题，各职能部门的协作意识与能力有待增强，各部门之间信息共享水平有待提高。成渝双城经济圈多领域合作机制尚未完全建立，在城市公共空间领域还主要是区域内部单独发力，全方位、多层次、多领域的联通联动体制机制有待完善。

（四）城市公共空间治理多元共治合力不足

一是群众有效参与度不足。作为城市公共空间治理的最小单元，社区治理工作主要依靠党政部门推动，部分群众重享受权利而轻社区参与。二是社会组织的作用发挥有限。由于社会组织缺乏相应的权力和物质保障，使得其在参与城市公共空间治理的过程中难以达到相应的工作效果。三是政府引入社会资本的力度不大。政府与社会资本合作的层次需要提高、意识还需增强。

（五）城市公共空间治理数字化水平有待提高

在城市公共空间治理实践中，治理手段较为传统单一，跨层级、跨地域，跨系统的数据互联互通尚未完全实现，对互联网、大数据及人工智能等技术的应用水平有待提高。

三、重庆提高城市公共空间治理水平的对策

（一）贯彻城市公共空间治理新理念

新发展阶段下，城市公共空间治理需要牢固树立五大新发展理念，坚持以人民为中心，人民城市人民管；加强部门协同，统筹城市规划建设管理；强化政府、基层党组织、社会组织、市场主体、社区居民等多元主体合作治理，形成主体间良性有效互动。同时，坚持生产、生活、生态“三生一体”可持续发展。

（二）加强城市公共空间治理顶层设计

由有关部门牵头制定宏观性的城市公共空间治理规章制度，建立健全有关政策法规体系。例如，制定《重庆市城市公共空间治理办法》，推动城市公共空间治理所涉及的各个要素高效配置，形成治理合力。

（三）健全城市公共空间治理协同联动合作机制

健全各职能部门联席会议机制，统筹研究推进城市公共空间治理政策，协调解决治理过程中的重大问题，建立具体领域的专项合作机制，协同策划和推进具体合作事宜。例如，《成渝地区双城经济圈建设规划纲要》中提出“推动生态共建共保、加强污染跨界协同治理”等措施。

发挥市民主体的作用，增强公众共建共治意识；发挥各类社会组织作用，搭建城市公共空间治理平台，让社会组织充分、深度参与；发挥各类市场主体作用，积极释放城市公共资源要素，积极运用市场机制解决城市公共空间治理难题。

（四）创新城市公共空间治理手段

1. 推进绿色治理和城市更新行动，助推实现高质量发展

一是深入推进“两江四岸”治理提升工程。按照《两江四岸核心区整体提升实施方案》，将“两江四岸”建设成为与国家中心城市地位相适应的“山清水秀生态带、立体城市景观带、便捷共享游憩带、人文荟萃风貌带”。二是大力开展绿色社区创建行动。根据《重庆市绿色社区创建行动方案》的要求，将绿色发展理念贯穿社区设计、建设、管理和服务等活动的全过程，以简约适度、绿色低碳的方式，推进社区人居环境建设和整治，培育社区绿色文化。

2. 推进数字城市和智慧城市建设，提升智慧城市建设效能

大力推动政府数字化转型，提高政府部门运用互联网、大数据及人工智能等新技术的技能水平，拓展数字化应用的广度和深度；大力推进各职能部门之间的数据和资源共享，促进跨部门、跨层级、跨系统的数据和资源融合；积极构建感知、分析、服务、指挥、监察“五位一体”的智慧城市管理体系，搭建重庆市智慧城市综合管理服务平台，实现“一网通办、一网统管、一屏通览”的智慧城市管理建设目标，提升智慧城市建设效能。

3. 统筹安全与发展的治理效能，打造韧性城市品牌典范

一是加强安全源头治理。以安全为前提，制定城市公共空间规划、城市综合防灾减灾规划等专项规划。二是提高安全保障能力。推动城市安全发展与“大城细管、大城智管、大城众管”深度融合。三是打造韧性城市。针对持续变化的灾害风险形势，通过开展全过程的风险评估与管理、加强执行反馈，及时调整治理策略，加强常态化与非常态化应对机制与能力的建设，提高突发性、复合型灾害风险治理能力。

参考文献：

[1] 陈易著. 转型时代的空间治理变革 [M]. 南京：东南大学出版社，2019.

[2] 黄怡. 超大城市空间治理的价值、挑战与策略 [J]. 学术交流，2019 (10)：131-142，192-193.

地方党政机关合署办公改革的发展与完善①

类延村② 陈 杰③

摘 要：党政机关合署办公改革是推进国家治理体系和治理能力现代化的应有之义。党的十九大以来，中央对地方党政机关合署办公改革提出了新要求，省市县地方党政机关全维进入改革场域，而提升执政效能和行政效率的现实要求已然成为深化地方特别是基层党政机关合署办公改革的内在动力。改革的迫切性和实现社会治理价值的诉求急需建构系统性思维，通过强化对党政机关合署办公共识性经验的提炼和吸纳，厘清地方党政机关合署办公实践扩展的权威依据，明晰地方党政机关合署办公的基本原则，创新地方党政机关合署办公的变革举措等路径，推动地方党政机关依法科学开展合署办公改革，进而实现改革效果的有效提升。

关键词：党政合署；地方党政机关；现实形态；改革路径

2021年，中共中央、国务院印发的《中共中央 国务院关于加强基层治理体系和治理能力现代化建设的意见》提出，深化基层机构改革，统筹党政机构设置、职能配置和编制资源，设置综合性内设机构。这无疑强化了地方特别是基层推进党政机关合署办公改革的紧迫性。改革的迫切性和实现社会治理价值的诉求急需建构系统性思维，理顺实践基础、制度基础、理念基础和方法基础之间的逻辑关系，推动地方党政机关依法科学开展合署办公改革，力求通过全域性覆盖和全维度融合，提升组织效率，达到优化国家治理体系的目的。

一、党政机关合署办公的发展历程与现实形态

新中国成立初期，党政机关合署办公作为一种现象出现在纪检监察领域。1953年，安徽省试行省纪律检查委员会与省人民监察委员会合署办公，成为地方层面第一个实现党政机关合署办公的省份。党的十一届三中全会以后，随着党和国家工作重心的转移，党政机关合署办公被运用到其他领域，并逐渐演化为提升政府机构办公效能的基础手段。例如，1992年，四川省汶川县实现党委和政府统战工作部门的合署办公；1995年，上海浦东新区党委农业工作委员会和政府农业发展局合署办公。

① 基金项目：重庆市教委人文社科项目“新时代地方党政机关合署办公机制的探索与建构”（项目编号：18SKGH005）；西南政法大学十九大专项“‘以党领政’：新时代党政机关合署办公机制的新探索与模式建构研究”（项目编号：2017XZZXQN-32）。

② 类延村，西南政法大学政治与公共管理学院副教授、法学博士。

③ 陈杰，西南政法大学硕士研究生。

党的十九大以来，党政机关合署办公成为一项政策措施在全国范围内得到倡导和推广。最早涉及党政合署办公的文件是2004年9月发布的《中共中央关于加强党的执政能力建设的决定》，其中明确提出要“切实解决分工重叠问题，撤并党委和政府职能相同或相近的工作部门”。2017年，党的十九大报告再次明确，在省市县对职能相近的党政机关探索合并设立或合署办公。该提法将改革对象框定为省市县三级，内含了上下联动、整体推进的改革要求，对于地方政府实现结构重塑和权力重组具有重大的政治意义。基于此，党政机关合署办公改革逐步形成“顺德模式”“富阳模式”“随州模式”“深圳模式”等。党政机关合署办公作为新一轮党和国家机构改革的重要举措，既反映出当下党政关系的时代变迁和加强党的领导的目标追求，也衍生出一系列理论与实践的新问题。

二、党政机关合署办公改革应注意的重点事项

（1）强化对党政机关合署办公共识性经验的提炼和吸纳。注重从改革的历史之维中吸取经验，尤其要审视曾经长久存在的党的纪律检查委员会与行政监察机关合署办公的有益经验，特别是要围绕破解体制机制不畅和资源力量分散的难题，借鉴党的纪律检查委员会和国家监察机关合署办公改革转型后的新探索、新举措。更要注重以愈为成熟的“顺德模式”“富阳模式”“随州模式”和“深圳模式”为借鉴，立足于合署办公改革的科学性与彻底性、党政职能的划分与协调、岗位的分类设置与整合以及工作业务的清单式界分与衔接等核心事项，从典型模式中甄别和汲取党政机关合署办公改革的普遍性规律。

（2）坚持党的领导是推进党政机关合署办公改革的根本原则。地方党政机关合署办公改革要以加强和维护党的权威为前提，外部嵌入式领导向内部直接统领的转型要强化“党是领导一切的”命题。具体来说，一是应在工作层面探索分工与合作的科学衔接机制，优化和重塑党政职能关系与指导协调机制，合理平衡机构精简、资源整合与提升效率之间的关系；二是应在理念层面持续强化党的领导权威，妥善处理与本级党政机关、上级党政机关之间的“双维四重”领导关系，明确党的工作机关始终居于主导地位，并统领国家机关的日常工作。

三、地方党政机关合署办公的改革路径

（1）厘清地方党政机关合署办公实践扩展的权威依据，夯实改革的制度基础。地方党政机关合署办公是兼具试验性和全局性的党政关系调整，必须坚决贯彻中央大政方针，全面落实《中共中央关于加强党的执政能力建设的决定》《中共中央关于深化党和国家机构改革的决定》和《深化党和国家机构改革方案》等文件中关于党政机关合署办公的政策精神与改革要求，将其作为地方党政机关探索合署办公的重要遵循，以此厘定地方合署办公改革的基本目标与主要范畴。加大党内法规对地方党政机关合署办公改革的规范引领力度，以《中国共产党工作机关条例（试行）》等党的组织法规作为推进党的机关合署办公的基本依据，在党内法规规定的范围内推动变革，支持省级党委先试先行，制定党政机关合署办公专项党内法

规，为改革提供直接制度依据。要做到凡属重大改革都要于法有据，在以宪法、政府组织法为代表的法律体系内寻求党政机关合署办公的权威性支持，推动党内法规和法律法规的合理有效衔接，为具有中国特色党政组织形式和治理机制的本土化探索提供双维保障，实现改革依法有序推进。

（2）明晰地方党政机关合署办公的基本原则，夯实改革的理念基础。坚持党的领导是推进改革的根本原则，地方党政机关合署办公改革要以加强和维护党的权威为前提，外部嵌入式领导向内部直接统领的转型要强化“党是领导一切的”命题，着重提升党的领导艺术与方法。贯彻统筹规划与因地制宜相平衡的原则。一方面，要突出指导性标准的统一设定，以省域为试点加强地方党政机关合署办公改革的区域统筹，遵循“由上到下”设计、逐步推行和注重基层试点的程式，为市县加大改革力度提供权威依据；另一方面，要坚持因地制宜，以党政机关的结构类型、编制资源、业务状态等要素为出发点，鼓励市县、乡镇在功能领域和方法举措层面探索创新。践行分工科学与职能归类相结合的原则，以解决分工重叠为肇始，按照职能相同或相近的基本要求进行职能配置的合理归类和履责机制的重塑，进而推动地方党政机关合署办公改革的科学发展。

（3）创新地方党政机关合署办公的变革举措，夯实改革的方法基础。丰富合署办公的实践形式，以党委工作部门和政府职能部门合署为基础类型，着眼于社会事务集中治理和无缝隙治理的需求，适度扩大合署办公的主体范畴，不断根据工作需要扩充党委工作部门间、行政机关间、党群机关间以及部门内设机构间合署办公的探索。分类推进改革，在机关部门间强化从属合署的实践，注重合署办公中党的领导机制的建构与运行；在部门内设机构间注重对等合署办公的改革，以工作为中心畅通合署机构的工作机制。综合考量合署办公的政治标准、法律标准和实践标准，建构以客观指标为主、主观指标为辅的操作指引，为基层党政机关合署办公明确方向和提供直接依据，调动基层探索党政机关合署办公的自主性和积极性，有力推动党政机关合署办公改革向效能化、规范化、法治化和科学化方向发展。

参考文献：

［1］徐理响. 现代国家治理中的合署办公体制探析：以纪检监察合署办公为例［J］. 求索，2015（8）：9-13.

［2］傅金鹏. 党政合署：形态变迁与改革策略［J］. 天津行政学院学报，2012，14（1）：40-43.

［3］刘权. 党政机关合署办公的反思与完善［J］. 行政法学研究，2018（5）：39-49.

［4］秦前红，陈家勋. 党政机构合署合并改革的若干问题研究［J］. 华东政法大学学报，2018，21（4）：78-87.

［5］张立哲. 推进党政合署机构改革的基本遵循［J］. 领导科学，2018（20）：29-32.

［6］张力. 党政机关合署办公的标准：功能、问题与重构［J］. 政治与法律，2018（8）：72-82.

基于公共伦理监督体系的公务员制度改革探析

张小楠[①]

摘　要：公共伦理监督是以公共伦理为评价标准对公务员进行监督的活动，以督促公务人员按公共伦理规范体系的要求来指导自身的行政行为为目的。因此，应该强化对公务员的伦理评价，高效运用公共伦理的准则和规范对公务员进行监督，不断推进公共伦理监督体系的发展，从而促进公务员制度的完善，减少行政行为失范问题，推进新时代法治型、廉洁型、创新型、服务型政府的建设。本文从公共伦理监督视角，分析监督机制存在的问题和公务员行为失范的原因，最后提出完善公务员制度和提升公共伦理效能的对策、建议。

关键词：公共伦理监督；公务员制度；监督约束机制

一、公共伦理监督视角下公务员行政行为失范的原因分析

（一）传统社会心理和社会文化尚未转变

一方面，中国封建统治的时间长达千年，封建主义政治文化的影响在短时间内很难快速的磨灭。受封建主义政治文化的影响，再加上现代市场经济下普通高校毕业生就业、生活压力较大，人们向往、追求稳定的收入，甚至崇拜政治权力已经成为一种普遍的社会心理和社会文化，而这种过度追求安定缺乏创新精神、进取精神的心理显然不符合公共伦理监督对公务员的要求，不能适应新时代下公务员的新标准。另一方面，经济快速发展给公务员带来了很多外在的“诱惑”，外在环境的变化给公务员的思想意识带来了冲击，加上公务员意识形态监督工作不到位，就可能导致公务员违背公共伦理行为规范的要求，从而发生行政行为失范。

（二）公共伦理监督制度不完善

现有的法律虽已对公务员行政行为在内容、方法和程序上做出相关规定，但是在实际的行政工作中，部分公务员存在不上进、不作为的工作作风，有时甚至发生权力寻租的问题，这些问题在现有的行政法和公务员法中尚未得到完全解决。部分公务员在履行其本职工作时，由于个体的不同特质、生活经验、工作态度等及其对法律规定、自主裁量权的不同认知，其在行政工作中的行为表现也是不同的。认知错误会导致公务员行为逐渐偏离甚至违背公共伦理的理念和追求。由此看来，我国目前的公共伦理监督体系还无法有效地预防公务员腐败行为的发生，这是导致公务

① 张小楠，西南政法大学硕士研究生。

员行政行为出现偏差的一个重要原因。

（三）公务员自我角色定位不清晰

《中华人民共和国公务员法》明确规定：“公务员必须全心全意为人民服务，接受人民的监督。”由此可见，公务员的自我角色定位首先是人民公仆和服务者，其次才是管理者。人民公仆和服务者的角色要求公务员必须走近群众生活，深入了解人民群众的困难，切实为群众办实事，分担群众忧愁。然而，在现实情况中，公务员脱离群众的情况时有发生，公务员和人民群众的距离相对遥远，甚至脱离群众，从不和人民群众接触。由此可见，当下部分公务员对自身角色的定位仍是群众工作的“管理者”，而不是全心全意为人民服务的“服务者”。

（四）社会监督力量培育相对落后

目前，由于公务员行政信息不够透明且公众自下而上的监督还没有得到足够的重视，人民群众不够了解甚至完全不了解信访、检举、举报等监督渠道，外部监督的渠道虽然多样化但常常不够畅通，导致监督效果不理想。首先，虽然社会公众以及相关社会组织虽然具有监督意识，但是对行使监督权的积极性还不够高，且多数对于如何行使监督权、按程序监督、依法进行监督的认识尚不清晰，这是由于监督渠道不够畅通以及群众的监督能力不足。其次，部分社会媒体对自身应当发挥公务员公共伦理监督的定位尚不明晰，尚未认识到媒体监督实际上也是公务员公共伦理监督体系的要素，是公务员监督力量的重要组成部分。最后，网络电子政务建设虽然已经具有较为坚实的基础，但是没有依托网络充分发挥公务员公共伦理监督的优势，一些网络监督平台的利用与开发尚不充分。

（五）公务员正确公共伦理价值观的缺失

价值问题是公共伦理思考的重心，它需要根据公共管理的职业特点，去探讨公共管理这种新型的社会治理体系中的基本价值因素，思考公共管理者的价值定位、价值取向问题。[①] 公共伦理价值观主要包括秩序观、效率观、民主观和正义观等。张康之教授认为，作为履行具体职能的公务员，必须坚持以道德化的价值观念来指导公共管理实践，处理好个人利益与公共利益之间的关系，坚决维护公共利益。但在公共生活中，有些公务员在执法过程中仍以“不违法、不违规就好”的最低道德标准来要求自己，这从一定程度上反映了在公共管理实践中，很多公务员虽然既不违法也不违规，但却发展成“懒政”，办事效率低下，形式主义泛滥，这是与公共伦理责任形态相匹配的道德责任缺失的重要表现。因此，需将“德治”和“法治”有机统一到公务员管理工作中，引导公务员树立高尚的公共伦理价值观，使其主动承担公共管理责任，进一步推进新时代服务型政府的建设。

二、公共伦理监督体系基础上完善公务员制度的主要途径

（一）完善对公共伦理监督主体的约束保障机制

随着民主政治生活的不断发展，公众关心、参与政务的意识和热情逐渐高涨，

---

① 张康之，李传军. 行政伦理学教程［M］. 北京：中国人民大学出版社，2015：15-18.

难免对公务员的要求越来越严格，因此公务员更要充分发挥自身能动性，积极、主动地以更严格的目标要求自己。我国自提出“反腐倡廉”口号并落实以来，反腐工作已经取得很大的成就，对当下存在行政伦理失范的公务员有一定的威慑作用。以公共伦理的角度为切入点对公务员进行道德责任约束，完善公务员内部监督回避制度、考核激励机制或利用互联网畅通网络公共伦理监督渠道，将出现公务员失范行为的苗头及时地消灭，有效促进监督民主化、公开化、法制化，从而建立起一个更加专业化、多元化并具备可操作性的公共伦理监督系统。[①]

（二）加快推进公务员公共伦理立法

公共伦理制度化是指人们根据实际需要把某些公共伦理原则或道德要求转变成制度，而公共伦理立法是指在制度化过程中进一步将一些涉及广泛人群的利益且具有很强的稳定性的规范或制度通过法定程序上升到法律层面的活动，促进了公共伦理的法制建设。公共伦理立法实现了从道德的非强制性转变到法律的强制性方式，强调了伦理制度对公务员的规约作用，对加强建设公务员道德和防止公务员行为失范有至关重要的意义。加快推动公共伦理监督的立法工作，一方面，要保证公共伦理立法机关的独立性和法律的完备性，完善公共伦理监督法律体系，在借鉴国外已有的伦理立法经验的基础上从实际出发制定适合我国国情的伦理方面的具有针对性、可操作性和可持续性的法律；另一方面，要重视并加快公务员制度建设的步伐，对现行公务员制度进行补充和完善，且严格执行公务员制度并加强对其执行效果的督查，促使公务员形成良好的工作作风和精神风貌。

（三）明确公务员的“公共人”角色

公务员的“公共人”角色是由政府行政管理的公共性决定的，是相对于社会中“自然人”角色而言的。公共性对行政管理来说有着至关重要的意义，它要求公务员在面对自然人与公共人两者之间的角色冲突时，要将公共人的角色置于主导地位，在一定程度上为自己的角色增加更严格的自我控制[②]，发扬“公仆精神”，在角色冲突导致的个人私利与公共利益的矛盾中，勇于承担社会责任，坚决维护公共利益，在行政活动中不仅对上负责更要对下负责，以“全心全意为人民服务”的理念来指导自身的行政行为。

（四）健全对公务员行政行为的多元化监督机制

一是要加强网络公共伦理监督。要创造一个良好的网络伦理监督环境，正确引导公众监督公务员行为，需要以政府为主导，社会组织、媒体以及公众共同努力，将公共伦理监督与网络监督两者的优势相结合，发挥网络公共伦理监督的作用。二是要畅通监督渠道。一方面，以互联网为基础搭建信息共享平台，依托虚拟的网络办事机构，利用信息技术实现业务流程再造，提高政务的公开透明度；另一方面，加快完善和发展公民的信访、举报、检举等公务员监督制度，让公民能够真正有效地行使监督权。三是要提高监督人员的素质水平。通过加强全民思想道德教育和弘扬社会主义核心价值观以培育良好的社会文化，提高公民的道德素养、明辨是非的

---

① 贾玲艳. 行政伦理视角下公务员监督约束机制研究［D］. 保定：河北大学，2015.

② 贾玲艳. 行政伦理视角下公务员监督约束机制研究［D］. 保定：河北大学，2015.

能力，为公共伦理监督奠定更加坚实的基础。

（五）加强公务员的公共伦理观建设

首先，应该在公务员队伍中营造良好的公共伦理氛围，通过加强对公务员的公共伦理教育提高公务员对公共伦理的认识，使公务员树立高尚的人生观、世界观和价值观。其次，应该加强对公务员的思想政治教育，发挥思想政治教育的预防作用，这有助于从源头上解决公务员行为失范问题。他律是来自外部的强制力，而自律是公务人员的内在约束。只有将外在强制和内在约束结合起来，才能更好地发挥公共伦理对行政行为的监督约束作用。再次，公务员教育的内容要与时俱进，体现时代的特色，坚持理论和实践相结合，避免与现实脱钩出现流于形式的表面功夫和形式主义。最后，对绩效进行全面评估，在对公务员的评价中，不仅要重视绩效结果也要对其行为的道德后果进行评价。

参考文献：

[1] 孙琳玲，王卉，田宇婷，等. 我国公共管理伦理失范的成因浅析［J］. 汉字文化（教学卷），2016（13）：298-300.

[2] 休斯. 公共管理导论［M］. 彭和平，等译. 北京：中国人民大学出版社，2002：119-120.

[3] 贾玲艳. 行政伦理视角下公务员监督约束机制研究［D］. 保定：河北大学，2015.

[4] 高晓红. 政府伦理研究［M］. 北京：中国社会科学出版社，2007：19-120.

[5] 周敏凯. 公务员制度概论［M］. 北京：高等教育出版社，2009：123-324.

[6] 王家峰. 公共利益：公共伦理的价值基础［J］. 伦理学研究，2006（3）：4.

[7] 陈媚. 我国行政监督机制的现状及其对策分析［J］. 中国商界（下半月），2009（11）：257-257.

[8] 宋佳蔓. 我国干部人事制度的变迁、改革与展望［M］. 长春：吉林大学出版社，2012：45-213.

[9] 姚凯. 我国公共伦理建设现状及发展研究［D］. 昆明：云南大学，2012.

成渝地区卫生资源协同治理网络特征与演进趋势[①]

周 凌[②] 龙 莹[③] 王 娴[④] 杨欣茹[⑤] 刘 克[⑥]

摘 要：探索成渝地区卫生资源协同治理网络的发展趋势与内在机制有助于加快区域健康一体化进程。现有文献基于单一理论演绎或实证分析策略，无法全面阐释区域卫生资源协同实践及内衍机制。本文基于2019—2021年成渝地区87份卫生资源项目合作文本资料，构建多元主体合作矩阵，采用社会网络分析法测量其协同网络。研究发现，成渝地区双城经济圈形成了以重庆市和成都市为核心的合作治理格局，整个合作网络的合作规模、合作内容和协同关系呈现增长趋势。但区域合作网络“塌陷”、城市和机构参与不足等问题突出。根据研究结论，本文提出了增强成渝地区多元主体的协同意识与能力、优化政策体系、发挥中心城市与机构引领作用、融入国家优质卫生资源合作平台的研究启示。

关键词：成渝地区双城经济圈；卫生资源；协同治理；社会网络分析法

一、引言

长期以来，卫生资源发展不均衡不充分的问题造成了社会健康不平等问题，成为区域持续发展的阻滞因素。跨域卫生资源问题具有弥散性、不确定性特征，其影响范围打破了地理边界与行政区划的界限，传统单一主体的治理行动收效甚微。如何促进区域卫生资源协调发展与精准供给成为区域政府与社会通过治理策略调整，实现区域卫生资源规模扩大且提质增效的重要目标。2019年，中央政府提出了推进新型城镇化发展，建设成渝城市群的战略构想；2020年，国家正式确立了成渝地区双城经济圈发展战略，并通过一系列政策手段付诸实施；2021年，《成渝地区

---

① 本文系重庆市教委科学技术青年项目“成渝城市群一体化进程中府际合作创新的机制及结构优化研究”（项目编号：KJQN201902101）、重庆市研究生科研创新项目“‘嵌入式协同’视阈下成渝地区卫生资源协同治理的路径分析”（项目编号：CYS21200）、西南政法大学成渝地区双城经济圈发展研究院2021年度专项课题一般项目“成渝地区卫生资源协同机制研究”的阶段性成果。

② 周凌，西南政法大学硕士研究生。

③ 龙莹，西南政法大学硕士研究生。

④ 王娴，西南政法大学硕士研究生。

⑤ 杨欣茹，西南政法大学硕士研究生。

⑥ 刘克，西南政法大学硕士研究生。

双城经济圈建设规划纲要》正式颁布，成渝地区双城经济圈（以下简称“成渝地区”）作为中国西部唯一的国家级经济一体化合作区，区域内城市与机构间将形成全方位、宽领域的深入合作新格局，卫生资源便是协同网络中的重要环节。随着区域一体化建设走向深入，卫生资源合作逐渐成为成渝地区健康一体化发展的主要推动力，也是区域经济一体化发展的主要稳定器，把握其合作网络情况与发展特征，有助于提升卫生资源协同治理效能，促进区域高质量发展。

诸多学者对跨域卫生资源协同治理相关议题进行了讨论，对于我们了解其研究趋势与治理现况的内在逻辑助益良多。这些文献林林总总，从内容上可以分为跨域卫生资源协同理论与影响因素的研究。协同治理理论认为，政府与社会合作对卫生资源等“公共池塘资源”进行治理是达成合而有力的有效途径。此外，社会伦理价值、信任关系以及政策环境与国家制度等因素均会作用于卫生资源协同治理的过程。从研究方法上看，借助于相关典型案例的质性分析成为研究跨域卫生资源协同治理议题的主流工具。由此，本文以成渝地区为研究案例，借助社会网络分析法对成渝地区 2019—2021 年 87 份卫生资源合作项目文本资料进行分析。综上，本文试图实现的边际贡献如下：一是本文将揭示成渝地区卫生资源协同网络特征，即合作主体参与度和控制力，合作内容与规模的发展趋势，扩展跨域卫生资源协同治理问题的研究视野；二是本文借助邻近型合作理论，阐释成为地区卫生资源协同治理的生成机制与驱动逻辑；三是本文根据质性研究和理论演绎的结论提出促进成渝地区卫生资源协同治理的优化之策，为相关研究提供借鉴。

二、案例说明、资料来源与研究方法

（一）案例说明

自古以来，成渝地区的卫生资源优势明显，该地传统中医药和现代医学发展水平均位于中国领先水平。成渝两地依托于质优量大的卫生资源禀赋优势，区域卫生资源合作有效展开，但长期存在的属地思维和行政壁垒成为阻碍成渝两地卫生资源持续发展的障碍。在中国中央政府推进成渝城市圈发展的背景下，区域卫生资源合作空间与机遇不断扩大，直接的政策扶持和大量的资金投入促使成渝两地卫生资源合作进入新发展阶段。成渝地区卫生资源合作实践逐渐成为跨域卫生资源合作高速发展的典型案例，具有显著的理论分析意义。

（二）资料来源和研究方法

为保证原始资源的有效性和真实性，本文使用的文本分析资料均来源于成渝地区相关政府组织和机构的官方网站，具体为 2019—2021 年 87 份成渝地区卫生资源项目合作文本。沿袭学界对于涵盖多项项目合作文本案例常采用社会网络分析法进行分析的思路，本文案例分析的具体步骤如下：一是对项目合作文本进行内容编码和概念聚类，进而获得项目合作主体与主题等特征，项目合作密集城市以及项目合作热点的分布；二是运用社会网络分析法识别合作网络主体结构，借助 UCINET 软件测算“度数中心度”和“结构洞”等关键指标；三是基于项目合作内容和性质识别多主体合作模式。

三、成渝地区卫生资源协同治理整体格局

（一）基本情况

成渝地区卫生资源合作形成了以成都市和重庆市为核心的发展格局。由表1可知，成都市的合作项目有54个，占比为62.07%；重庆市的合作项目有56个，占比为64.37%；遂宁市、泸州市的合作项目有6个，占比为6.90%。由此可知，区域内卫生资源协同治理形成了以重庆市和成都市为“双核心”的差序格局，其他城市尚未充分嵌入协同治理网络中，表明区域内卫生资源治理的城市与区域合作网络的连接意愿和能力差异明显。

表1 2019—2021年参与成渝卫生资源合作项目排名前十的城市

城市名称	项目数/个	占比/%
重庆市	56	64.37
成都市	54	62.07
遂宁市	6	6.90
泸州市	6	6.90
资阳市	5	5.75
铜梁区	4	4.60
永川区	4	4.60
潼南区	4	4.60
江津区	3	3.45
合江县	3	3.45
达州市	3	3.45
宜宾市	3	3.45

（二）合作网络结构

1. 度数中心度

度数中心度是指一个合作主体拥有直接合作关系的主体数量。度数中心度的值越大，说明该主体在合作网络中更被其他主体需要，在合作网络中嵌入程度更深，主导作用也越强。如表2所示，2019—2021年成渝地区卫生资源协同网络度数中心度排名前十的城市包括重庆市、成都市和泸州市、遂宁市等直辖市、省会城市和地级市、市辖区等在内的不同类型主体，说明区域内卫生资源治理实现了跨政治势差的协同合作。其中，重庆市和成都市并驾齐驱，分别排名第一位和第二位。这说明，重庆市和成都市共同构成了区域内卫生资源协同的“双中心”治理网络，其他城市间展开合作需要依靠这两个城市。此外，虽然泸州市和遂宁市分别位于区域内协同网络度数中心度的第3位和第4位，但其合作活跃度远低于所属重庆市和成都市。由此可知，区域内卫生资源协同网络存在城市“塌陷区”。

表 2　2019—2021 年成渝地区卫生资源合作的度数中心度排名前十的机构情况

城市名称	度数中心度	排序
重庆市	71	1
成都市	65	2
泸州市	11	3
遂宁市	9	3
资阳市	7	5
永川区	7	5
江津区	6	7
潼南区	4	7
铜梁区	4	9
达州市	4	10

2. 结构洞分析

结构洞是指在社会网络中两个主体间存在非重复关系，连接两个主体的唯一中介。现有文献指出，限制度是测量协同网络结构洞指数的关键指标。限制度指标值越小，表明某一主体在协同网络中所受限制越少，也就拥有更多结构洞。在区域卫生资源协同网络中，结构洞占有越多的合作者，对协同网络的利用程度更高。因此，文章利用 Burt（1995）提出的限制度指标测算结构洞指数。2019—2021 年成渝地区卫生资源协同网络中限制度指数值排名前十的城市见表 3。

表 3　2019—2021 年区域限制度指数低值排名前十的城市情况

城市	限制度指数	排序
资阳市	0. 374	1
遂宁市	0. 493	2
永川区	0. 502	3
达州市	0. 535	4
重庆市	0. 536	5
泸州市	0. 542	6
合江县	0. 556	7
江津区	0. 589	8
铜梁区	0. 625	9
成都市	0. 641	10

从城市主体的角度分析，资阳市和遂宁市的限制度指数最低，说明这两个城市在合作过程中可以获得较为丰富的资源；重庆市和成都市作为区域内最大的两个城市，它们的限制度指数同样较低，作为地区卫生资源的主要供给者，在跨域卫生资源合作治理过程中同样可以有效获取较多资源，并进一步成为成渝地区卫生资源合作的主导者。目前，重庆市和成都市的核心引领作用有待加强。

（三）合作模式情况

成渝地区卫生资源协同治理模式呈现出府际协同、政社协同和社会协同三种类型。如表4所示，本文对2019—2021年成渝地区卫生资源合作文本进行梳理发现，协同模式中社会协同的项目共55项，占比为63.22%，说明社会主体间更易架构合作“桥梁”，非政府组织成为合作网络中最重要的主体，以技术和业务邻近性为内在机制的社会协同成为跨域卫生资源合作主流；府际协同的项目共22项，占比为25.29%，说明职能邻近型府际合作在跨域卫生资源治理中发挥着重要作用；政社协同的项目共10项，占比为11.49%，目标邻近也促使政府反向嵌入社会组织以实现治理效能。

表4 2019--2021年区域卫生资源协同治理模式情况

合作模式	项目数/个	占比/%
府际协同	22	25.29
政社协同	10	11.49
社会协同	55	63.22
总计	87	100

四、研究启示

本文从成渝区域内卫生资源协同治理项目切入，在描述和识别成渝地区跨域卫生资源合作整体格局和关键主体的基础上，梳理了成渝地区卫生资源协同治理的内在机制。据此得出以下启示：

（1）积极搭建卫生资源合作治理平台，增强成渝地区多元主体协同意识与能力。从成渝地区卫生资源协同治理主体来看，共有154个机构参与了87项合作项目。2019—2021年，成渝地区卫生资源合作项目的数量和参与主体不断增加，但城市协同网络与机构协同网络均存在明显的“塌陷区”。政府作为区域合作的主导者，应积极搭建卫生资源合作创新平台，促进多元社会主体有效参与卫生资源治理。通过培育不同主体参与卫生资源合作需求、意识和能力，整合地区医院、医学高校和医药企业的医疗设施、医药技术和人力资源要素，实现成渝地区卫生资源协同发展。从2019—2021年成渝地区卫生资源合作治理结果来看，合作政策是区域卫生资源协同的主要依据和基本保障，优化政策要素配置有利于城市和机构间形成高效的卫生资源合作网络。因此，无论是区域内府际合作还是社会网络协同，都应进一步加大政策支持力度，通过优化政策体系为促进区域卫生资源协同发展提供保障，弱化行政壁垒的消极影响。

（2）发挥中心城市的积极作用，实现成渝地区优质卫生资源协同发展。优质卫生资源合作网络是在中心城市互动过程中形成的。重庆市和成都市是成渝地区卫生资源协同网络中的中心城市，是促进区域卫生资源合作的关键参与者和资源拥有量最大的主体。通过发挥重庆市和成都市的桥梁作用，促进其他城市加入地区优质卫生资源协同治理网络，提升合作治理效益。

参考文献：

[1] 李华，俞卫. 政府卫生支出对中国农村居民健康的影响 [J]. 中国社会科学，2013 (10)：41-60，205.

[2] 王有强，李海明，王文娟. 卫生体系和服务能力现代化的实现路径：基于协同治理视角 [J]. 中国行政管理，2017 (4)：35-39.

[3] 王俊，王雪瑶. 中国整合型医疗卫生服务体系研究：政策演变与理论机制 [J]. 公共管理学报，2021，18 (3)：152-167，176.

[4] 峗怡. 论欧洲卫生资源分配的团结观及启示 [J]. 伦理学研究，2018 (3)：73-76.

[5] 原新，金牛. 中国医养结合模式治理的基点、焦点和要点 [J]. 河海大学学报 (哲学社会科学版)，2021，23 (2)：71-78，107-108.

[6] 亓光. 公共卫生治理中的社会正义问题：反思与调适 [J]. 学习与实践，2020 (4)：35-44.

[7] 王路昊. 区域创新中府际合作的多重逻辑：基于成都经济区八市的话语分析 [J]. 上海交通大学学报 (哲学社会科学版)，2016，24 (4)：72-83.

[8] 宋潇. 成渝双城经济圈区域合作创新特征与网络结构演化 [J]. 软科学，2021，35 (4)：61-67.

[9] BURT R S. Structure holes：the social structure of competition [M]. Cambridge：Harvard University Press，1992：18.

[10] BURT R S. Structural holes：the social structure of competition [J]. Economic Journal，1995，42 (2).

[11] 管兵. 竞争性与反向嵌入性：政府购买服务与社会组织发展 [J]. 公共管理学报，2015，12 (3)：83-92，158.

基层政府数字化风险治理路径研究

周 燕[①] 吴红鑫[②]

摘 要：人类步入高风险社会已是不争的事实。作为重大突发公共卫生事件，新冠肺炎疫情考验着基层政府的风险治理能力。随着信息化技术的不断发展，突发事件应对与数字化治理之间的张力越来越突出。政府在大数据、人工智能等技术手段的应用下，疫情防控取得了惊人成效，但同时也要看到数字技术应用过程中存在的短板，尤其是我国基层政府存在数字化应用不足、人才短缺、基础设施匮乏等问题。风险社会的存在以及数字化的发展，对基层政府应急治理能力提出了极高要求。提高基层政府的工作效率，实现数字化风险治理，提升基层政府风险治理能力刻不容缓。

关键词：风险社会；数字化；风险治理

一、引言

风险社会是当前政府治理必须适应的新常态，各种风险如环境污染、生态恶化、传染性疾病、恐怖主义等风险层出不穷。新冠肺炎疫情防控中，以互联网、大数据、人工智能为代表的数字技术对疫情防控有着明显的优势，取得成效的包括健康码、行程码、微信群、电子政务、重点区域疫情流动移动大数据检测平台等。数字信息化技术的运用为疫情防控做出了突出贡献，但也凸显出基层政府应急处置中的数字化短板，对基层政府治理方式提出严峻挑战。新冠肺炎疫情只是风险社会中存在的其中一个风险，未来我们还会面临更多不确定的风险，因此要从中汲取经验教训，补齐短板，提升基层政府面对风险的数字化治理能力。

二、风险社会、数字化、风险治理

风险社会是指在社会背景下，人类的社会实践活动造成的各种风险。这些风险具有不可逆转、无地域界限、破坏力强、传播速度快和影响深远的特征。随着时代

---

① 周燕，西南政法大学政治与公共管理学院教授、硕士生导师。

② 吴红鑫，西南政法大学硕士研究生。

的进一步发展，我们正在进入“高风险社会”①。

数字化是指在计算机、互联网等技术的支撑下，进行信息收集与统计、发布等事务，在数字化、网络化的环境下政府要依靠数字化治理来提高治理能力和水平。

数字化是政府风险治理的新路径。随着互联网的纵深发展，尤其是在风险社会的背景下，数字化、信息化对于基层政府提高突发事件应急治理能力具有重要意义，在享受数字技术提供的巨大便利时，也要警惕一些风险。如果不能妥善应对，就会给数字政府建设带来不利影响。如何将数字化与风险治理进行深度融合是目前应该思考的问题。

三、基层政府数字化风险治理面临的挑战

（一）基层技术人才匮乏或专业技能不足

自新冠肺炎疫情风险发生后，基层人才短板凸显，专业技术人才、技能操作类人才紧缺；干部人才风险意识、责任意识、数字信息化意识欠缺，许多老干部对数据信息应用不足，存在松懈思想；基层技术人才匮乏或专业技能不足。加强对数字化人才队伍的培养刻不容缓。

（二）地方信息技术设备条件不足

自新冠肺炎疫情暴发以来，5G 通信、检测系统等为疫情防控做出了巨大贡献，若没有稳定的网络基础设施建设，人们对疫情状况、谣言的消除、云平台问诊等毫不了解，只会让民众处于恐慌中。对于基层来讲，地方信息技术设备条件不足，受到社会和经济的制约。此外，基层政府人才缺乏，导致技术设施应用不足，造成了技术设施的浪费。

（三）地方政府之间信息公开化、透明化不足

疫情防控中，政府利用大数据平台，追踪民众活动轨迹，及时进行隔离，减少了人传人的风险。但地方政府之间信息公开化、透明化不足，“一次采集多方使用”未普及，信息共享共用程度不足，直接影响办事效率。此外，在疫情风险防控中，治理数据显得尤为重要。信息公开过程中，存在个人隐私保护和公共安全的冲突。疫情中，一旦感染者情况被公布，信息媒体、网民就会对感染者进行“人肉搜索”，导致患者正常生活受到影响。

（四）基层政府风险治理机制不够完善

在疫情风险防控中，可以看到我国制度体系不够完善，对一些突发信息关注不够、出现新的病例和新的灾情未及时做出决策等。形式主义、官僚主义，基层政府和上级政府对接不力等现象依然存在。基层政府风险治理机制不完善，资源调配、分级响应、应急预案等方面还存在不足。

---

① 1986 年德国社会学家乌尔里希·贝克（Ulrich Back）的《风险社会》问世，首次提出了风险社会（risk society）的概念。以贝克、吉登斯、拉什为代表的风险社会倡导者将现代社会视为“失控的世界”，指出有别于传统社会局部性、个体性、自然性的外部风险。

四、基层政府数字化风险治理路径优化

（一）建设一支高素质、专业化人才队伍

应加快培养和建设一支技术精、素质高的专业人才队伍。数字政府建设对于党员干部提出了很高要求，更考验着党员干部的科技素养和能力，善于获取数据、分析数据和运用数据日渐成为党员干部必须具备的基本功。基层干部在应对突发事件中，要善于利用对数据进行搜集、处理。在基层公务员进入环节，重视对信息化、数字化意识和技能的考核力度，严守进口。在公务员任用中，定期对公务员进行培训学习，优化人才综合评价系统，打造与时俱进的公务员人才。此外，坚持人才引进政策，加大岗位开发力度，重视信息化管理及应用岗位。

（二）完善基础设施，加大经费投入

完善基层政府经费、设备保障机制，加大经费投入。疫情防控中，要加大基层政府信息化基础设施建设的投入，运用大数据、人工智能等新一代信息技术进行大数据分析。重点建设5G覆盖区域，以保障突发公共事件应急指挥的通信网络，加强数字信息化技术、装备的配置和应用，做好抢修、维护等工作。

（三）打破“信息孤岛”，实现信息全面共享

实施“互联网+基层治理”行动①，实现基层数据信息全面共享，打破“信息孤岛”，实现一次采集多方利用。优化政务服务流程，推动跨地区、跨部门合作，建设基层统一数据库。数据处理中，执法部门需明确个人隐私和公共安全的界限，同时要建立健全数据安全保护机制，确保数据在采集、存储、流动等环节的安全，在数据应用的同时，维护公民的合法权益。

（四）进一步完善突发事件体制机制

完善突发事件应对机制，提高突发事件应对水平，完善应急预案，将监测预警、信息报告、调查评估等进行数字化处理，充分利用互联网大数据技术、云计算技术。建立健全干部问责制度，实事求是，完善干部奖惩机制，权责明确，奖惩分明。此外，在应急管理体系中，无论是事件前期还是事件中期、后期，都需要联动机制。因此，要完善基层政府风险治理机制，做好资源调配、分级响应工作，增强基层风险管控能力。

五、结语

基层政府风险治理能力的提升，需要政府运用数字化信息技术解决公共问题、提供公共服务。基层政府面临的实际问题很多，离群众最近，所做的事必须要落到实处，将上级指示按照区域实际情况进行转换处理，切实解决问题。在日新月异的发展中，基层政府必须与时俱进，提升数字化、信息化效能，转变职能，建设数字

① 中共中央、国务院发布了《关于加强基层治理体系和治理能力现代化建设的意见》，其中指出，要实施“互联网+基层治理”行动，提高基层治理数字化智能化水平。

政府，更高效地为人民服务。以基层风险治理的数字化、信息化、现代化推进国家治理体系和治理能力现代化。

参考文献：

[1] 周汉华. 促进数字政府建设与法治政府建设同频共振、共同发展［N］. 人民日报，2021-10-29（009）.

[2] 张树军. 数字法治政府迈向未来［N］. 中国纪检监察报，2021-08-17（005）.

法治政府视阈下基层行政失范的致因与破解

邹东升[①] 郭儒涵[②]

摘 要： 建立简约高效的基层行政体制是法治政府建设的制度要求，也是落实党的群众路线的实践目的。肇因于基层行政治权的机制性缺陷与认知偏误，实践中基层政府渐次陷入了行政权缺失规范的困局，裹挟着基层信息公开附带迟滞性、专业人员素养和结构配置的“脱节”，以及严重的基层行政“内卷化”等原因。因此，有必要完善基层信息公开和监督机制，合理引进和涵育专业化基层法治人才，建立简约高效的基层联动机制，从而为基层行政注入更多驱动力。

关键词： 法治政府；基层行政；失范；“内卷化”

一、问题的提出

法治是治国理政的基本方式，为国之常道。党的十八大对全面推进依法治国做出重大部署，强调把法治作为治国理政的基本方式。党的十八届三中全会通过了《中共中央关于全面深化改革若干重大问题的决定》，对加强社会主义民主政治制度建设和推进法治中国建设提出明确要求。党的十九届四中全会对“中国之治”做出精辟诠释，把法治作为“中国之治”的战略抉择，进一步开启了探索国家发展和政府治理的实践新篇章。党的十九届五中全会将“基本建成法治国家、法治政府、法治社会”作为2035年基本实现社会主义现代化的远景目标之一。

法治中国的亮丽名片是法治国家、法治政府和法治社会一体建设，三者相互衔接、互补互恰，构成了一个科学严密的逻辑系统。法治政府的精髓是严格执法，刀刃向内，强调服务型、责任型、阳光型、透明型、公开型政府的系统打造。2021年8月，中共中央和国务院联合发布《法治政府建设实施纲要（2021—2025年）》，明确提出到2025年，政府行为要全面纳入法治轨道。基层作为法治政府的一线阵地，肩负着为广大人民群众谋福祉、打通抓落实“最后一公里”和依法及时就地化解基层纠纷的现实重任，起着特殊的、不可替代的基础作用。

二、基层行政失范的四种效应及致因

2021年4月28日，中共中央、国务院印发了《中共中央 国务院关于加强基层

---

① 邹东升，西南政法大学教授、博士生导师。

② 郭儒涵，西南政法大学硕士研究生。

治理体系和治理能力现代化建设的意见》，指出基层治理是国家治理的基石，统筹推进乡镇（街道）和城乡社区治理，是实现国家治理体系和治理能力现代化的基础工程。基层行政失范是指行政主体或行政机关在实施公权力、提供公共产品和服务过程中行为的不规范和欠缺可行性。在行为方式上，表现为人格化凌驾于制度化，裹挟着浓厚的主观随意性且不受有效制度的强制规约。基层行政行为失范既可能与行政决策、行政服务、行政执行和行政监督的初衷相悖，存在一定的抵牾情境，也有可能对行政相对人合法权益形成侵蚀和损害后，行政结果不被相对人认可。

（一）基层信息公开的迟滞性

当前，基层行政失范的首要危险效应就是政务公开透明存在一定的滞后性和机制的不适用，“暗箱操作”、信息公开不及时、不准确在实践中时而存在。2019 年，《政府信息公开条例》修订并实施，政务公开制度继续完善，公开范围继续扩展，公开要求继续细化。政务公开是近些年建设法治政府的必然要求，但是目前在各级地方政府尤其是基层政务信息公开过程中存在许多留白之处。行政层级越高的政府及其职能部门官网，政务信息公开越及时全面，如在省部级以上的政府网站，可以轻易查阅到政府的相关数据、最新文件、部门动态、友情链接和必要的建议或投诉窗口。相比之下，政务信息公开在基层则不尽如人意。一方面，一些乡镇一级政府的官方网站，公众进入官网会发现信息更新存在严重的迟滞性，有些官网的信息甚至停留在几周前，几乎无涉及最新动态；另一方面，对于涉及乡镇群众切实利益的文件，如涉及补偿费用的政策规定，少数乡镇干部会隐瞒、中饱私囊，生成“微腐败”效应。

（二）专业人员素养和结构配置的“脱节”

无专业配置，无良性行政。人员素养和结构配置是基层行政的战略抓手和基础支撑。当前，基层行政力量的人员构成和结构配置渐次僵化，基层政府行为出现了严重的失范效应。法治政府的核心内涵是依法行政，确保权力行使不恣意任性。按理说，基层行政人员的执法权铺垫了工作的预设条件，但是基层政府尤其是行政人员几乎没有执法权。

（三）严重的基层行政“内卷化”

“内卷”是指社会文化在长期发展进程中出现的停滞现象，后用来指重复劳动、不必要消耗和无实质意义的资源耗散。在基层行政体制中，内卷化被用于解释“没有发展的增长”现象，尤其是借用到社会政治领域，出现了明显的泛化和滥用趋势，严重阻碍了对中国社会治理与变迁复杂现象的理论洞察。当前，我国基层行政陷入了严重的“内卷化”的危险境地，并且派生出重“留痕”的形式主义，重“痕”不重“绩”的材料主义和简单层次上的自我重复，引致基层工作和创新难有实质性进步和改观，产生自我懈怠、自我消耗、消极应付状态。在实践中，存在个别基层政府部门在应对上级部门检查时为了交出满意答卷就弄虚作假，一味重视表面形象的现象。

三、面向法治的基层行政失范的破解之策

基层法治政府建设是重点任务和主体工程，要率先突破，用法治给行政权力定规矩、划界限，规范行政决策程序，加快转变政府职能。当前，基层行政失范成为基层政府治理效能的主要掣肘，甚至成为基层治理现代化和法治面前的一道“梗阻”，既不利于基层行政领域的良法善治，也不利于基层政府公信力的提高，甚至有违新时代群众路线的落实落细落地。有鉴于此，本文围绕基层行政不规范、不衔接、不系统、不协调的失范致因，提出三个针对性措施。

（一）完善基层信息公开和监督机制

基层信息公开和监督机制的建立健全是夯实基层政府公信力，赋能基层政府行政效能的前置要件。一是健全线下公开方式。对于老百姓密切关注的、涉及百姓切实利益的，街道（乡镇）基层政府应在街道办、社区、楼道以及居民常聚地及时公布政务信息。对于引入公众参与的决策事项，在听证会、座谈会召开前，还需印制和提供纸质版的信息事项，以便居民获悉最新动向。二是推进基层网站更新频次。针对目前基层政府官网和媒介信息公开不及时、不全面造成的迟滞性，有必要健全政策引导和规范立法，加大社会监督力度，设置必要的投诉窗口，倒逼基层政务信息线上公开。三是准确界分过程性信息的内涵与外延，在实践中坚持公开为常态、不公开为例外，严格遵循公正、公平、合法、便民的基本原则。

（二）合理引进和涵育专业化基层法治人才

人才是发展的第一要务。人才是评价国家能力和法治水平不可或缺的战略条件。拥有一批高学历高素质的专业人才，对推进基层法治政府建设的意义重大。针对基层政府高素质法治人才匮乏的现象，有必要采取长效措施加以解决。譬如，制定优待的人才引进政策，吸引多学科的专业人才扎根基层；又如，对现有专业人员进行知识技能培训，提高现有工作人员学历专业水平。同时，加大行政管理、法学、社会学等学科建设的力度，以学科优势助推人才培养专业化。与此同时，提升基层领导干部素质也是提升基层行政法治的重要保障。一方面，涵育基层领导干部的“法治观”，融入法治思维与法治方式，坚持规则思维、系统思维、服务思维，真正为老百姓办实事；另一方面，通过先进事例宣讲、定期思想道德培训等来提升领导干部素质。培训考核纳入绩效考核体系，作为领导干部晋升的重要指标。

（三）建立简约高效的基层联动机制

条块关系是中国行政体制的结构性关系。鉴于目前上级“条条”的权力过大、责任过小，基层“块块”的权力过小、责任过大，且两者的联动协调性不足之困境，有必要建立条块联动的体制机制。一是缩减和限用对基层过多的“一票否决”事项，让基层政府有勇气和决心去开展行政工作，从而为基层“减负”。二是明确监察部门职责，对上级“条条”职能部门肆意“甩锅”、寻求“替罪羊”的行为予以常态化督查，结合《中华人民共和国监察法》《中华人民共和国刑法》和《中国共产党问责条例》等法律，构成协同联动、覆盖周密的制度“监督链”。三是推动执法重心下移。新修订的《中华人民共和国行政处罚法》已于2021年7月15日

开始施行，增加了行政处罚权下放到乡镇街道的规定，推动执法重心下移到基层；同时，将行政执法三项制度纳入行政处罚法中，适当扩大基层行政处罚设定权限。

参考文献：

［1］应松年. 加快法治建设促进国家治理体系和治理能力现代化［J］. 中国法学，2014（6）：40-56.

［2］曹鎏. 法治政府建设的多维面向［J］. 人民论坛，2020（5）：120-121.

［3］吕艳滨. 我国政务公开的现状与推进路径［J］. 中国党政干部论坛，2020（10）：71-74.

［4］孙柏瑛，张继颖. 解决问题驱动的基层政府治理改革逻辑：北京市“吹哨报到”机制观察［J］. 中国行政管理，2019（4）：72-78.

［5］马卫红. 内卷化省思：重解基层治理的“改而不变”现象［J］. 中国行政管理，2016（5）：26-31.

［6］应松年，范伟. 推进法治政府建设 完善政府治理体系［N］. 学习时报，2020-11-25（002）.

［7］付子堂，张善根. 地方法治建设及其评估机制探析［J］. 中国社会科学，2014（11）：123-143，207.

应急法治视域下的突发事件治理对政府行为影响的思考

邹东升[1] 廖纪鑫[2]

摘 要：由于突发事件自身的突然性、不确定性和破坏性等特征，政府在预防处置突发事件时处于相对被动的状态，在政府行为方面也可能存在违法行政等行为。《法治政府建设实施纲要（2021—2025年）》从总体框架将突发事件中政府依法行政的行为进行了统筹规划，着力将法治政府建设与突发事件治理工作相结合，为政府行为由被动向主动转变提供了线路图。在应急法治视域下，政府应对突发事件时的主动出击行为应当坚持从已有突发事件应对经验出发依法行政，基于突发事件暴露出的深层弊端建立梯次突发事件应对体系和以法治精神进行非常态视域的预防处置。

关键词：应急法治；突发事件治理；政府行为

2020年8月，中共中央、国务院印发了《法治政府建设实施纲要（2021—2025年）》（以下简称《纲要》），标志着法治政府建设向纵深发展进入新阶段。《纲要》提出健全八个方面体系、加强八个方面能力建设，其中，在框架体系上针对依法预防处置突发事件做出系统部署。可见，依法依规进行突发事件治理已经成为法治政府建设的重大评价指标，是国家治理体系与治理能力现代化的内在要义。根据行为的表现形式，可以将突发事件发生后政府的应对行为分为两类：一类是表层形式应对，即为解决已经暴露出的问题的事中处置。这些问题一般是表象的，不涉及深层次的体制机制，因此政府事中处置主要包括事件原因调查分析、经济损失的补偿、网络舆情应对等相关止损性行为。另一类是深层结构应对，指针对该突发事件暴露出当前体制机制存在的漏洞进行的事后评估。这些问题是深层次的且对经济社会与人民安全有着重大影响。因此，政府事后评估主要包括对当前的法制体系进行评估与反思、建构梯次法规政策框架，以提升突发事件事前预警预控能力。今后应急法治视域下的突发事件治理应当由被动应对向主动出击转变，由应急行为转变为前置措施，增强防范意识，依法依规行政，将危机化解在萌芽阶段。

---

① 邹东升，西南政法大学教授、博士生导师。
② 廖纪鑫，西南政法大学硕士研究生。

一、应急法治视域下的突发事件治理对政府行为模式转变的思考

应急法治相较于常态化法律具有其特殊性，主要体现在突发事件因其不确定性与破坏性等特征在一定程度上使应急法治被赋予了效率优先的价值，但这种效率优先又不与突破法律原则的违法应急相冲突。因此，在应急法治强调效率优先的场域下，可以进一步思考政府在进行突发事件治理时政府行为模式的转变问题，变被动为主动，更有效地应对突发事件对国家治理体系与治理能力形成的挑战，防范化解重大风险。

根据突发事件处置中政府行为模式的转变，笔者将其划分为两个阶段（见图 1）。一般而言，一个新的突发事件（事件 1）往往会导致政府在事前阶段由于缺少相关经验而显得相对被动，这时的政府行为往往是根据已有的法律法规依法行政，待事件进入高潮期，问题不断暴露出来，这时政府应对这些问题采用的是“兵来将挡、水来土掩”的方式。该方式包括被动和主动双重行为模式。一方面，政府出台相关政策方案应对已有问题；另一方面，政府主动探寻规律，发现现状中存在的深层次问题。这一阶段政府的行为主要以被动行为为主。进入事后恢复阶段，政府对事件进行反思，以科学的方式试图找出问题的根源，不断完善法律法规，为今后的突发事件提供经验借鉴。这一阶段政府主要是主动出击，针对深层次问题从顶层不断完善。

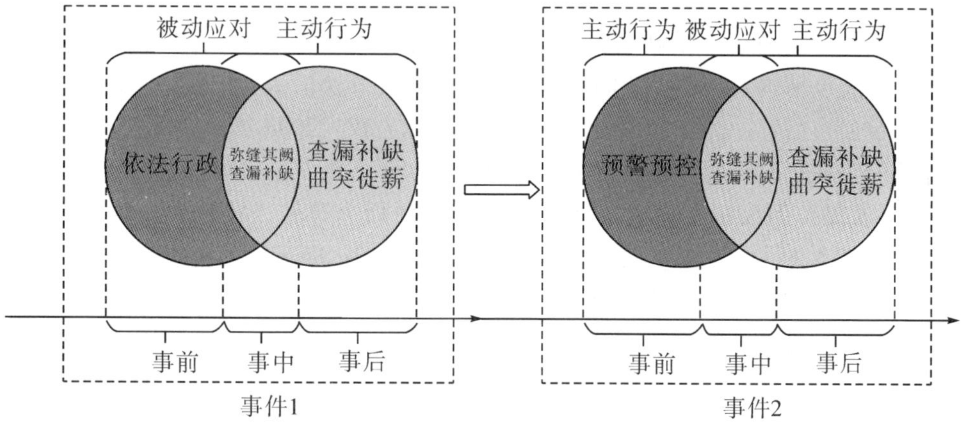

图 1　政府预防处置突发事件的行为模式

当同类型突发事件（事件 2）初露端倪时，按照已有的突发事件预防处置经验，政府迅速采取相关措施开展预警预控，构建起风险“研判—预警—应对”的闭环管理体系。此时，政府预防处置行为已经逐渐转变为主动行为占主导，但由于客观环境的变化，依旧会出现难以预测的新情况，因此，事中处置阶段，政府行为是针对已有问题的弥缝其阙和查漏补缺；事后恢复阶段，政府行为再次表现为以主动出击为主导的曲突徙薪，对突发事件治理体制机制等深层次问题的再次反思。可见，建立在相当经验和教训基础之上的突发事件政府治理行为已经逐渐由被动应对

倒逼政府行为转向被动与主动交互且主动出击占主导的行为模式。在此行为过程中，政府不仅仅成为行政法规的主体，而且日益承担起突发事件的预警预控的重大责任。

二、突发事件治理中政府的主动出击行为

相较于被动应对，突发事件预警处置中的主动行为对预防公共危机的暴发具有更大的自主性和活动空间，对于应急法治建设的意义主要体现在以下几个方面：

（一）基于已有突发事件应对经验以依法行政

在非常态情境下，公共危机暴发的可能性要远高于常态化情境，因此，在突发事件暴发前首先应当从已有的经验教训中寻求应对之道，同类型事件存在内在联系，也就有着可循的紧急应对措施和解决方案。例如，2003 年暴发的 SARS 病毒（简称“非典”）和 2020 年暴发的新型冠状病毒肺炎（简称“新冠肺炎”）在致病原理、基因组序列等方面就存在相似性，两种病毒都具有高传染性，切断病毒的传播就成为最有效预防措施。可以看到，举国进入紧急状态，居家隔离成为两个年代应对突发公共卫生事件的共同选择。在 SARS 病毒暴发期间，对于政府的依法行政行为就进行了经验与教训的总结。首先，强调根据《中华人民共和国传染病防治法》政府应当承担起“非典”疫情报告和公布的义务，按照法律的规定及时地如实公布疫情，公开防治活动的过程。其次，对行政行为可以分为干涉行政和服务行政。干涉行政是基于维护社会秩序和公民安全的目的，行政主体采取以公权力的方式来限制公民的基本权利；服务行政是对于患者的免费救济行为。因此，2020 年新冠肺炎疫情暴发初期，我国政府就按照政务公开法治的要求依法、及时、准确地向社会公布信息。此外，强调依法尊重和保障人权。2003 年“非典”疫情期间，多地政府为在短时间内控制疫情蔓延态势，采取了举报奖励制度，举报者最高可获 3 000 元奖励。但该制度将确诊病例和疑似病例画上等号，导致了一些不是“非典”疑似病人的个人权益也受到伤害。鉴于此，2020 年新冠肺炎疫情期间政府更加尊重人权、以人为本，依法行政，对于瞒而不报、逃避筛查的按照《中华人民共和国刑法》的相关规定追究刑事责任，对于疑似病例的则在充分尊重个人信息的基础上进行依法行政。因此，在反思以往突发事件应对的基础上，主动将法治原则置于事件预防处置阶段并一以贯之、有效规范公权力的行使，是突发事件背景下建设法治政府的必然要求。

（二）基于突发事件暴露出的深层弊端构建梯次突发事件应对体系

突发事件的暴发是对常态的一种破坏，这种破坏性来自表层和深层两方面。已有常规性法律在一定程度上不能将非常态情境下的所有情况都涵盖在内，这也是法律相对滞后的体现。因此，应急法治建设背景下政府的主动出击行为应当是在日常管理活动中主动发现和寻找问题，通过现象看本质，为未来可能出现的突发事件及时进行制度供给。受制于一项法律从起草到正式实施要花费较长时间的弊端，突发事件的制度供给往往以多层次的应急预案为主，这样既为突发事件期间的行政行为

提供了法理支撑，也能更加高效地控制事态的进一步蔓延，最大程度减少经济损失和人员伤亡。除了国家层面的法律法规应对措施外，地方政府也根据本区域实际情况制定了相应的防控措施。这些法律法规不仅仅针对表象问题，同时针对深层问题也提出了相应要求，包括针对突发事件的应急管理能力建设，体现在响应与指挥体系、监督和预警体系、物资保障体系、人才培养体系等方面。

（三）基于法治精神对突发事件的预防处置

非常态视域下，政府应对突发事件可能出现缺少法律依据的情况。在此状态下，若政府漠视法律精神、淡化法治原则，必然导致“人治”凌驾于“法治”。实际上，在暂时出现法律法规的真空地带，法律精神和法治原则并不会消失。法律内容不仅仅体现在已有的法律条文之中，也暗藏于条文之外的法律精神和法治原则中。这种精神和原则可以从以下几点来理解：

1. 合目的性

在非常态情境下，合目的性主要是指在政府做出的行为中，存在一些法律法规尚未规定的模糊行为，而这些行为必须符合预设的目的。如政府在预防处置突发事件的过程中，必须将人民的生命安全和身体健康放在首位，最大限度减少突发事件对公共利益的损害，除此之外不能有其他任何目的。政府在进行突发事件的预警监测和预防控制时，应当遵从合目的性原则，依法利用和保护公民个人信息，维护最广大群众的合法权益。这些预防处置行为只有合目的性才能具有正当性，否则将是法治政府所不允许的。

2. 比例原则

比例原则一般分为三个具体的原则，即适当性原则、必要性原则和狭义比例原则。适当性原则指某种措施的实施必须至少是有助于某种目的的达成，并且措施必须是正确的。手段与目的之间存在相关性。必要性原则指选择行政手段对公民所造成伤害应当是最小的。狭义比例原则是基于“价值取向”的考量，就所采取的手段和最终达成目的应当是“适当”的。在突发事件预防处置中，行政机关所采取的措施应当尽量减少对公共利益的侵害，同时最终有助于目的的达成。

3. 尊重和保障人权

重大突发事件对法治政府建设的重要反思是尊重公民人权和人格尊严。《法治政府建设实施纲要（2021—2025 年）》明确将“以人民为中心”列为法治政府建设的主要原则。在应急法治视域下，以人民为中心推进人权法治保障是防止政府在突发事件中走偏走错的重要警示灯。突发事件预防处置中，一些政府为有效控制事件进一步恶化，采取强制性措施，而这些措施对于公民的基本权益却是一种损害。网络信息技术的发展使得突发事件的传播具有裂变性，某一事件的突然暴发必然引起公民的怀疑，这时若盲目删帖封贴便是将公民的表达权置于不顾，网络空间的公共危机可能蔓延至现实层面，强制性的暴力行为必将反噬政府公信力和合法性。因此，充分尊重人权，是法治政府的底线，突破底线便是对法治政府建设的破坏。

三、结语

总体来说，突发事件应对中，政府应对行为无论是主动还是被动的，对于政府完善法规制度、增强法治思维、依法依规预防化解风险都有着重要意义。需要注意的是，我国的突发事件应对体系主要是建立在有限的立法和无限的政务之上，法律的相对滞后性就使得具备灵活性的应急预案在“弹性立法”方面展现出优势，强调效率优先的应急法治在非常态化情境下就有了制度张力。但同时也应当注意，要防止中国的突发事件应对相关法律法规改革异化成为为了改革而改革、为了主动而主动的工具、借口。频繁的体制机制改革不仅会导致政策的连续性被削弱，也会导致应急管理法律的改革成为一笔“政治账”而非“社会经济账”与“人民安全账”。

放权赋能的基层治道变革与“主渠道”的行政复议定位

邹东升[1] 齐昱泽[2]

摘 要：新时代法治政府建设面临新形势，行政复议作为化解行政争议的“主渠道”，重点在基层，难点也在基层。行政复议案件处理质效倚赖基层政府对职能部门的有效指导。然而，基层行政复议制度供给与规约力度不足、基层条块权责边界不明以及基本性保障资源的缺失，使得行政复议制度的效能大减。应建立多层次基层政府法律保障体系，进一步推动资源下沉、权力下放、重心下移的基层治道变革，为基层行政复议制度放权赋能，从而靶向助力基层行政复议机制的整体性建构，充分发挥行政复议化解行政争议“主渠道”作用落地落实。

关键词：法治政府建设；行政复议；行政争议；放权赋能

一、法治政府建设新形势下基层行政复议制度的现实意蕴

2020年，司法部起草了《中华人民共和国行政复议法（修订）》征求意见稿，核心目的是为了充分发挥行政复议程序公正、便民高效的制度优势和化解行政争议的“主渠道”作用。2021年8月，中共中央、国务院印发了《法治政府建设实施纲要（2021—2025年）》（以下简称《纲要》）。《纲要》中明确提及发挥行政复议化解行政争议的“主渠道”作用，整合地方行政复议职责。不难窥见，《纲要》为今后我国行政复议制度的改革方向提供了参照引导，其对行政复议制度的重新定位，将行政复议制度作为化解争议的“主渠道”作用将是我国新时代地方政府法治建设的重中之重。

在厘定行政复议的现实意蕴之前，有必要先厘清行政复议、行政诉讼及信访的概念。行政复议作为行政系统内部的化解纠纷机制，在法定程序下化解行政争议，实现自我监督和纠错，其调解的主体是具体行政行为。而行政诉讼聚焦的则是程序公正，以行政行为的合法性审查作为保证法律适用。换言之，行政诉讼是守护司法公平的底线。信访作为一种特殊的救济渠道，针对的是无法进行行政诉讼或行政复议的特殊方式、是对行政诉讼和行政复议的补充。

---

① 邹东升，西南政法大学教授、博士生导师。
② 齐昱泽，西南政法大学硕士研究生。

行政复议作为化解行政争议的"主渠道"，从功能上说有三重意涵：一是争议解决，二是权利救济，三是内部纠错。随着国民法治意识和维权意识的增强，行政执法人员与公民的矛盾日渐凸显。行政复议制度兼具内部监督、行政救济和行政司法行为的特性，是化解内部矛盾的"良药"，对于监督行政主体、依法行使行政职权、保护申请人的合法权益、增加政府的公信力等，均起着极其重要的作用。

二、行政复议同基层放权赋能的关联性分析

行政复议同基层放权赋能之间存在一定联系。从功能上看，行政复议注重化解纠纷，是公民维护权利、政府自我纠错的平台；而基层放权赋能改革在化解人民矛盾纠纷方面具有独特优势。从目标上看，行政复议制度的建立就是立足化解行政争议，保障人民权利，与基层放权赋能的根本目的"干事创业，为民服务"有着共同的定位。所以，加快推进基层行政复议制度构建，不仅表现为调解政府与人民的矛盾，还要营造良好的基层治理环境，弥补基层政府在社会治理方面的不足。

质言之，在基层法治政府建设的现实语境下，基层政府一方面是风险感知、沟通和决策的主力，在合适的时机采取相应的行政行为，可以减少应对突发事件时不必要的资源浪费；另一方面，只有政府的行政强制力才能使得公众配合行动。故而，建立以地方政府法治建设为依托的基层行政复议制度，尝试引导基层行政复议放权赋能，将是化解行政争议、消弭两方龃龉的一剂"良药"。

三、法治政府新要求下基层行政复议制度的缺失表征

（一）制度供给与规约力度不足

我国在保护公民权利与规约政府行政行为时，法制规范有《中华人民共和国行政复议法》《中华人民共和国行政诉讼法》等，这些法律法规主要从宏观的角度出发，条款具有一定的模糊性。而在地方司法层面，大多数规定、政策都停留在市级以上的政府部门。一方面，从内容上看，地方层面的制度供给主要从条件是否允许的角度出发，基层的行政复议制度储备有所不足，导致行政复议结果缺乏民主性、科学性；另一方面，规范性文件普遍位阶不高，基层执法人员在应对突发事件时，为了引导群众有效应对，常常出现无法可依、行政乱作为、懒作为的情形。譬如，当群众出现反抗情绪时容易出现暴力执法或不作为的现象。

（二）基层条块权责边界界分不明

《中华人民共和国行政复议法》中确立的"条块管辖"的形式在实际运用中存在上级职能部门与地方人民政府相互排斥的情境，行政复议机构冗杂，导致只能分散，抑或是复议的审核标准不同从而导致复议结果大相径庭。这也导致了复议队伍的质量不高、复议过程缺乏监督和规范。

《中华人民共和国行政复议法》第十二条规定，条条管辖，即针对下级部门具体行政行为不满的可以向上级部门申请行政复议包括条块选择管辖和专属条条管辖。该项条款保证申请人对于复议机关的优先选择权，体现国家对于申请人自治精

神的鼓励外，更倾向于让申请人选择本级人民政府提出复议请求，有利于减少行政复议案件的成本。然而，在条块相结合的管辖方式发挥其效能的同时，也出现了部分无法回避的问题：一是影响行政复议案件的公正性。由于上下级行政部门的垂直管理，导致大多数下级执法部门的具体行政行为都是得到上级部门的肯定，那么申请人在进行行政复议时会出现“自己人审自己人”的情况，从而导致司法公正性的缺失。二是在绝大多数基层政府中缺乏地方组织法的支持导致本级人民政府对于其职能部门实际权责边界无法清晰界定。

（三）基本性保障资源的缺失

由于基层政府缺乏专门的行政复议机构，基层政府的复议组织结构简单、权力分散，基础设施和准备不足，包括制度、技术、组织、物资四个方面相对滞后。其中，比较突出的就是行政复议案件审理的专业型人才相对匮乏。部分省（自治区、直辖市）行政复议人才紧缺导致基层政府需配备两名及以上的行政复议人才的基本要求未达到。近年来，随着公民维权意识的增强，行政复议案件骤增，但其办理效率未达到理想化，致使公民对政府办事效率提出质疑。实际上，大量政府工作部门做出的具体行政行为实行条条管理的复议制度，不利于政府对其职能部门的复议内容及执法情况进行全面、系统的了解，也使得行政部门闭环监督的质量大打折扣。

四、发挥行政复议化解行政争议“主渠道”作用的治道探索

（一）建立多层次政府复议制度的法律保障体系

针对我国的行政复议现状，首先，应尽快制定有关基层政府审理行政复议案件的法律法规，为基层行政复议制度放权赋能，将权责落实到基层政府，保障基层政府在开展行政执法活动时有法可依，实现基层政府的行政复议从政策合法化到政策法律化的蜕变。其次，积极探索建立行政复议委员会制度。目前，在国务院的积极推进下，浙江省义乌市、广东省佛山市、江苏省南通市等地建立行政复议委员会制度的试点工作自开展以来，收获好评不断。在地方经验的基础上，建立一套覆盖全国的行政复议委员会制度显得尤为必要。最后，加强对行政执法人员的司法保护，有必要建立专门的基层仲裁、调解机构，以缓解司法压力。磋商对话相较于司法更有利于化解矛盾，为基层政府建立多层次的行政复议制度提供坚实的制度保障。

（二）推动资源和条件向基层进一步下沉

鉴于条块权责界定不清的主要表现是“条强块弱”，首先，应进一步加大行政复议“块块”的监督力度，赋予地方政府对于行政执法人员的具体行政行为具有完整的监督权，尤其是进一步简化行政复议流程，方便基层政府行政复议案件的审理。目前，全国各地尤其是沿海地区大力推进行政复议制度改革，就是将人员、职能和资源下沉到基层政府，简化行政复议审理程序，优化行政复议机构，赋予基层政府行政复议制度的管辖权，优化治理效能。其次，完善条块管辖的“权责清单”，处理好地方政府条块关系，清晰界定两者的权力范围、职责边界，力戒“条条”恣意转移任务和责任。最后，职能部门不能当“甩手掌柜”，职能部门可以派遣

专业化人员成立基层行政复议工作小组，保障基层政府行政复议案件审理的高效。

（三）构建多层次的制度保障体系

适足的保障是基层化解行政争议、建立有效行政复议制度的前提。一是尝试建立由基层政府主导的行政复议机构，保障行政机构的合理运行，打通行政复议“最后一公里”，推进基层行政复议受理点全覆盖；二是部分基层政府可以成立由专家和学者组成的专家复议小组，保障行政复议案件审核的科学性，打破职能部门对于行政行为的“自说自话”，拓宽基层政府监督具体行政行为完整的信息渠道；三是倡导优先调解的理念，积极与申请人沟通对话。尝试用调解化解争议，倡导更柔和的处理行政复议问题。

随着《中华人民共和国行政复议法（修正案）》征求意见稿的出台，对于基层行政复议制度的重新定位，尝试推进行政复议委员会制度建设，努力解决好行政复议“最后一公里”问题，加强行政复议专职人员队伍建设，具有重要意义。在实践中，充分把握“便民”“利民”“放权”“赋能”的特性要求，完善行政复议体系，推进新时代基层法治政府建设。

参考文献：

[1] 赵丽君. 使行政复议真正成为化解行政争议的主渠道［N］. 学习时报，2020-08-26（002）.

[2] 曹鎏. 将行政复议打造成为化解行政争议主渠道的必由之路［J］. 中国司法，2019（10）：57-60.

[3] 马怀德. 论我国行政复议管辖体制的完善：《行政复议法（征求意见稿）》第30-34条评介［J］. 法学，2021（5）：18-33.

[4] 陈昶，邹东升，王鑫. 属地管理背景下我国基层政府执行疲态及其消解：对基层权责失配的审思［J］. 领导科学，2021（4）：24-27.

新业态风险治理中的政策工具运用研究

赵　秋[①]

摘　要：以共享经济、平台经济和互联网经济为代表的新业态成为我国近几年的社会关注热点。事实上，新业态的蓬勃发展也伴随政治安全风险、社会稳定风险、金融风险和民生风险的产生。从政策视角来看，主要有四个方面的成因：制度供给不足、政府监管缺位、行业自律欠缺和风险意识淡薄。这就是导致新业态领域的风险治理面临治理结构松散、治理过程脱节、治理边界模糊和治理价值缺失的现实困境。为此，需要有针对性地运用政治性、调节型、市场化和社会化的政策工具，破解新业态风险治理遇到的难题。

关键词：新业态；风险治理；政策工具运用

统筹安全与发展是党和国家在新发展阶段治国理政的重要原则，要使人民的获得感、幸福感、安全感更加充实、更有保障、更可持续，一方面要大力发展新业态、新产业、新经济，另一方面要以未雨绸缪的态度积极应对新业态领域存在的各类风险。风险治理的过程即在风险情境下运用政策工具以实现政策目标的过程。因此，面对新的机遇和挑战，推动国家治理现代化，有必要从政策工具的视角对新业态领域的风险加以回应、防范和消解。

一、新业态风险的界定

风险和不确定性已经成为现代化过程中人类无法回避的社会议题，现代社会已然成为事实上的风险社会。新业态是信息技术革命、新工业革命以及制造业与服务业融合产生的新产业形态。作为现代化进程中的衍生物，其所产生的风险，也必须置于风险社会的语境之下加以理解。

（一）新业态风险的含义

新业态是指顺应多元化、多样化、个性化的产品或服务需求，依托技术创新和应用，从现有产业和领域中衍生叠加出的新环节、新链条和新活动形式。从产业结构状态来看，我国新业态可以分为三种类型：一是以农业为主的新业态，如农村电商、直播带货；二是以工业为主的新业态，如基于大数据用户画的个性化工业产品设计；三是以服务业为主的新业态，如网约车、外卖服务和快递服务等。作为社会发展新的行业态势，新业态具有三个显著的特征：一是以互联网为依托，二是注重

① 赵秋，中共重庆市委党校硕士研究生。

原始创新和技术进步，三是凸显产品和服务的个性化、灵活性和便捷性。

新业态风险即产生于新业态领域的风险。“风险”一词本身具有丰富的含义。德国学者乌尔里希·贝克认为风险可以被界定为系统地处理现代化自身引致的危险和不安全感的方式，英国学者安东尼·吉登斯认为风险是现代社会制度化的结果。就公共治理而言，风险可以理解为公共领域内给多数人的生命、财产安全带来危害的事件发生的一种可能性或不确定性。因此，综合来看，新业态风险是以市场为导向、原始创新和技术进步为内核的新业态经济在发展过程中所导致的风险。和其他社会领域的风险一样，它的产生、发展和演化充满了不确定性和未知性。进入后工业社会，新业态风险的存在极有可能成为引发社会系统失序、使社会成员蒙受损失的肇因。因此，新业态风险也是一种需要及时采取有效措施进行防范和处置的新风险。

（二）新业态风险的类型

《中国共享经济发展报告（2021）》显示，在2020年，我国共享经济参与者超过8亿人。在数字化、智能化和信息化的驱动下，新业态成为我国当前和未来较长时期经济增长的新动能之一。当前，学界对新业态下从业者权益保障、劳动安全、基本收入、劳动者与平台是否建立劳动关系等问题多有关注，然而对其所带来的一系列社会风险却少有讨论。事实上，不管是从技术层面还是从制度层面来看，新业态给社会发展创造了大量新的机遇，但同时也引发了一系列结构性风险，对公共政策造成新的挑战。从风险源和风险危害所涉及的领域来看，这些风险较主要集中在以下几个方面：一是政治安全风险。此处主要指影响政治安全的社会风险，在新业态领域突出表现为不法分子或别有用心的反动势力利用网络空间，通过舆论引导等手段引发普通民众对国家、政府和社会的不满，如通过微信、微博、抖音平台等社交网络散布涉恐涉暴的言论和内容，煽动不明真相的群众，威胁国家政治安全。二是社会稳定风险。新业态摆脱了传统业态在创造价值过程中对实体工作场所的依赖，原本发生在劳资之间的风险分配蔓延至消费者群体，加之公共政策的滞后性，劳资之间的矛盾对抗被隐藏，新业态从业者的权益无法得到有效保障，劳动者与消费者之间发生直接冲突的可能性却极大增加，这些都成为影响社会稳定的风险因素。三是金融风险。作为金融领域的新业态，以移动支付、网上银行、云金融为代表的互联网金融降低了参与门槛，让服务主体更加多元，服务范围更加广泛，但这没有改变金融风险隐蔽性、传染性、广泛性和突发性的特点。互联网上非法集资、非法借贷、非法传销、非法垄断等涉黑涉非风险的存在，不仅容易扰乱金融秩序，也对涉众的财产和生命以及社会的安全有序造成巨大威胁。四是民生风险，民生是为人民群众最关心、最直接、最现实的利益问题，新业态领域的民生风险主要体现在：第一，劳动与就业保障风险，新业态从业人员面临工作不稳定、社会保障缺失、去技能化的困境；第二，信息安全风险，新业态使大量涉及用户位置、活动、健康、身份等的数据在不同平台和终端之间被采集、传输和使用，用户的隐私信息暴露在外界的可能性增加，公民信息安全缺乏有效保障。

（三）新业态风险的特征

新兴技术与经济社会各领域融合程度不断加深。在此过程中，新业态覆盖的范围日益扩大，人们的生产生活被赋予智能化、信息化、数字化和网络化的特点。在此背景下，新业态风险除了具备风险演进过程的不确定性、风险效应的叠加性和风险危害的外溢性等风险共性特征外，在风险的产生、发展和演化规律方面还具备相应的新生属性。一是陌生性。作为新出现的风险，新业态风险所具备的不确定性因素往往难以迅速被人们理解。这是因为受能力、经验、知识储备等多方面限制，人们难以及时、全面获取风险信息进而形成准确的风险认知。二是系统性。新业态领域中的跨界竞争、平台竞争、算法竞争、数据竞争使得其风险呈现出非线性和网络化的特点。风险一旦产生，其危害往往会外溢至政治、经济和社会安全等领域，形成系统性风险。三是动态性。新兴科学和技术不断赋予新业态新的功能和属性，加上受社会制度和公共政策变化的影响，新业态风险的发生概率、波及范围和危害程度都有可能发生变化。

二、新业态风险的政策成因及治理困境

随着人工智能、大数据、云计算等创新技术的逐步运用，新的安全威胁和风险也不断孕育、滋生、叠加、扩散，引发经济社会失序的风险因素明显增加，这就要求在各个领域都投入相当的政策资源，通过建立合理的政策优选序列，实现政策产出效率的最大化。然而，当前的公共政策并不能很好地适应新业态风险治理的需要。

（一）制度供给不足，风险治理结构松散

要缓解新业态带来的系统性社会风险，必须不断创新与完善社会政策。从现实来看，我国现有的政策体系对新业态风险的治理主体、监控边界、企业责任、治理规范缺乏明确的法律政策规制，制度建设明显滞后于新业态高速发展的需要。以劳动法律政策为例，我国现有劳动法律政策规制的主要对象是基于劳动合同的正规就业，而新业态领域的灵活就业规制水平较低，在某些行业甚至是无规制。

这就导致新业态风险的治理结构呈现出松散的状态。具体表现为：一是已有的新业态风险治理系统性不足。由于缺乏制度依据，治理主体难以对新业态风险及引致的衍生风险如人文风险、伦理风险、道德风险等风险要素进行综合考量和系统治理。二是针对新业态风险的高效行动体系尚未形成。由于应对机制不健全，治理行动无法涵盖风险识别评估、监测预警、决策处置全过程，风险一旦产生，难以快速响应。

（二）政府监管缺位，风险治理过程脱节

风险治理是对不确定性的集体决策进行协调、指导和监管的复杂过程。新业态作为新生事物，本身充满创新性和颠覆性，加之相关法律法规规章具有滞后性，因而需要政府发挥其在治理结构中的主导作用，通过各部门各层级的有序协作和社会各主体的广泛动员，对新业态进行审慎包容的监管。然而，目前政府对新业态领域的监管存在缺位的问题。

一方面，相应的政策和法规尚未出台，行政部门难以准确把握监管的原则标准和责任划分，相关行动主体对于由谁监管、如何监管、监管什么等问题不甚明了，

给风险的滋生孕育创造了空间；另一方面，新业态下不同行业领域和产业部门相互交织融合。由于对新业态的公共属性和社会价值认识不足，政府组织内部和政府组织外部等相关治理主体难以协同联动对新业态各领域出现的新问题和新风险进行全方位监管。如此一来，政府对新业态的监管就产生了真空地带或灰色地带，风险治理过程中的各个环节无法紧密衔接，导致风险治理过程脱节，影响风险治理绩效。

（三）行业自律欠缺，风险治理边界模糊

新业态中新的商业要素、构造和运行方式的需要，产生了大量的、自我规约的游戏规则，因此在被新业态塑造的市场经济环境中，市场主体的自律监管对新业态风险的防控化解具有重要意义。具体来说，平台运营企业作为新业态经济的组织基础，具备自我监管的意愿和能力，能够通过在发展过程中建立合理的市场准入制度、公平的交易竞争规则、全面的安全生产机制以及科学的风险控制体系，来规避因人为不确定性所引发的结构性风险。

然而，受经济理性逻辑的驱使，新业态企业往往把经济利益置于首位，极少有企业和机构愿意投入人力、物力、财力来研究所在新业态领域存在的潜在风险及管控手段。加上新业态从业者的权益游离于现行法律法规的保护范畴之外，为了降低交易成本，新业态企业往往不会主动分担劳动者面临的收入不稳定风险和职业安全风险。企业忽视自己的社会责任，一些由新业态发展引发的社会风险无法准确界定，给风险治理带来难题。

（四）风险意识淡薄，风险治理价值缺失

当前，人们对新业态的积极作用关注度较高，对其可能引发的不确定性风险重视程度却远远不够。风险认知能力不足、风险防范意识不强，相关主体对新业态风险认知落后于实践的发展，因此对新业态风险进行主动辨识、动态监测、及时处置的意识比较薄弱。此外，新业态下企业的运作主要依靠线上平台进行，无论是雇主与劳动者之间还是劳动者之间，都处于网络虚拟的淡薄状态，不同的利益主体由此更加难以就新业态风险的应对形成共识。从现实来看，其后果就是劳动者成为新业态领域风险的主要承险者。

风险治理本身就意味着对人的生存境况和社会公共价值的关注。然而，对于新业态领域的就业人员而言，他们没有规范的工会组织可以参加，无法像传统业态的劳动者一样可以通过工会组织等集体协商机制抵御风险。此外，新业态领域也没有建立起成熟的行业协会，无法从价值观念宣扬、规章标准制定规范行业发展。劳动者在劳动基准保护、职业伤害救济与保障、职业技能培训等方面的诉求难以得到满足。

三、破解新业态风险治理困境的政策工具选择

政策工具又被称为“政府工具”“治理工具”，是政策目标达成的具体方式、方法及相应的措施和手段。在政策工具的视野中，风险治理的实质就是风险情境下政府联合多主体力量运用相应的政策工具，以推动新业态健康有序发展的过程。结合我国新业态风险治理的现实需求和政策工具的功能特点，本文将新业态风险的治

理工具划分为政治性政策工具、调节型政策工具、市场化政策工具和社会化政策工具四种。破解新业态风险治理的困境，可从这四种政策工具的选择着手。

（一）运用政治性政策工具，完善新业态政策制定

政治性政策工具是指政府通过权威力量，以规制或直接行动的方式对新业态的发展施加影响，主要包括制定准入机制、处罚措施、许可、禁令等。成文法的修订周期长、成本高，因此有效防范和规制新业态下的各种风险，需要发挥政府作为新业态行业标准和制度规则制定者的主导作用。为此，政府应当科学运用强制性政策工具，通过政策法规制定等手段规范化和标准化新业态领域的基本行为，确立新业态发展的基本原则，让新业态领域的相关主体明确各自的权利与义务、行为的依据以及行为的边界。如规定新业态企业与劳动者在建立劳动关系时签订风险分配合理的劳动合同。当政策制度体系能够适应新业态快速发展的现实需要时，各行动主动才能更加自觉采取联合行动，及时预防和解决新业态领域出现的经济和社会问题。

（二）运用调节型政策工具，创新新业态监管模式

调节型政策工具是指政府借助非权威性的力量，通过文化建设、资源配置等方式对新业态领域风险进行间接干预，主要包括资金投入、技术标准、价值导向、人才培养等。当前，政府针对新业态的监管体系并不完善，除了利用制度化措施实现多层级协同监管机制外，还需要运用调节型政策工具创新监管模式，强化政府监管职能，从而建立有效的风险防控机制，推动新业态健康发展。具体来说，就是要重视和利用新业态企业自我监管的需要与能力，采取激励性措施引导新业态企业主动承担相应的监管责任；同时，在新业态企业自我监管缺位时，通过思想引导、政策性资金补贴、税收设计以及专业监管人才培养等方式，对新业态企业的监管进行指导、辅助和监督，从而建立起政府与新业态企业协同监管的新模式，不给新业态风险的孕育成长演化留下空间。

（三）运用市场化政策工具，明确新业态企业责任

市场化政策工具是指政府依靠市场力量的发挥，通过市场利用和市场创建，强化新业态企业的行业自律，促使新业态企业自觉承担社会责任、分担社会风险，主要包括收费、补贴、交易、合同、保险等。市场主体在风险治理中具有需求导向、理性计算、充分竞争、责任分散和资源配置高效等优点，因此，就新业态风险的治理而言，可以利用市场化工具来改变新业态企业的行为。一是建立新业态企业信用评估机制，将违背市场公平竞争原则、欺骗消费者、侵害劳动者权益的新业态企业纳入企业征信系统，使之无法申请银行贷款、无法享受公共政策福利等。二是针对新业态领域最引人关注的劳动者权益保障问题，政府可以采取向新业态企业提供资金补贴的方式，鼓励新业态企业为新业态劳动者提供社会保险，强化企业对劳动者进行技能培训的动力，既增强企业的风险责任意识，又从企业的角度增强新业态劳动者的风险抵御能力。

（四）运用社会化政策工具，强化新业态价值认同

社会化政策工具是指政府依靠社会力量，使社会组织、公民等行动主体与政府和企业相互合作与协同共治，使全社会对新业态领域的风险治理形成共识，从而有效防范和治理新业态风险，主要包括参与公共事务、建立协会组织、倡导公共价

值、提供社会服务等方式。为了走出风险意识淡薄、治理价值缺失的现实困境，应充分运用社会化政策工具，大力支持各类社会力量参与到新业态领域的风险防控行动。为此，一是鼓励新业态劳动者和企业发展行业自律组织、建立行业协会和行业互助组织，如外卖配送人员工会联合会、快递行业联合会等；二是鼓励工会组织、行业协会积极开展集体协商活动，指导并帮助这些组织制定新业态行业规范和用工标准；三是通过社会力量的介入，强化公民、企业、社会团体对新业态风险治理价值认同，从而不断增强治理主体的风险意识。

参考文献：

[1] BECK，LASH，WYNNE. Risk society：towards a new modernity [M]. California：Sage，1992.

[2] 金华，陈佳鹏，黄匡时. 新业态下数智化劳动：平台规训、风险生成与政策因应 [J/OL]. [2021-11-20]. 电子政务，2021：1-13. http://kns.cnki.net/kcms/detail/11.5181.TP.20211108.2047.010.html.

[3] 陈放. 互联网金融的新业态属性及监管研究 [J]. 探索，2016 (1)：180-186.

[4] 兰旭凌. 重大公共安全危机中的制度治理：逆向摩擦、模式构建与系统支撑 [J]. 行政论坛，2021，28 (4)：133-141.

[5] 岳经纶，范昕. 中国儿童照顾政策体系：回顾、反思与重构 [J]. 中国社会科学，2018 (9)：92-111.

[6] RENN O. Risk Governance [M] // Risk Conundrums. ROUTLEDGE in Association With GSER Research，2017：243-259.

[7] 张祺好. 互联网新业态的“软法”兴起及其规制 [J]. 法学，2018 (2)：86-93.

[8] 陶鹏，李欣欣. 突发事件风险管理的政策工具及使用偏好：以文本大数据为基础的扎根理论分析 [J]. 北京行政学院学报，2019 (1)：18-27.

新时代建设高素质专业化干部队伍的实现路径研究

彭　健①

摘　要：党的十八大以来，党中央着眼中国特色社会主义事业发展全局，鲜明提出建设高素质专业化干部队伍的要求。建设高素质专业化干部队伍体现了新时代执政队伍建设的客观规律和发展趋势，是新时代提升国家治理效能的必然要求。必须深入分析影响高素质专业化干部队伍建设的要素结构，在干部队伍建设理念、机制、举措上精准施策，全面推进，在强化政治素质和政治能力的基础上，更加突出“专业化”，把专业能力和专业精神作为贯穿干部队伍建设始终的一项重要标准，切实提升干部队伍整体能力素质。

关键词：新时代；高素质；专业化；干部；路径

党的干部是推进国家治理体系和治理能力现代化的中坚力量。建设一支规模宏大的高素质专业化干部队伍，是提升国家治理效能的根本保障。以习近平同志为核心的党中央明确提出“建设高素质专业化干部队伍”的要求，为新时代培养造就干部、选准用好干部、管理监督干部明确了航向，擘画了蓝图。

一、改革开放以来特别是党的十八大以来建设高素质专业化干部队伍的主要成效

党的十八大以来，以习近平同志为核心的党中央对新时代高素质专业化干部队伍建设提出了一系列新理念、新思想、新战略，在实践中进行了一系列具有开创性的新探索新突破，把党的干部队伍建设从理论和实践上提升到了新高度。

（1）更加注重精准科学，进一步明确好干部标准，干部队伍建设理念与时俱进，选人、用人的鲜明导向不断强化。中央多次召开全国组织工作会议，对干部队伍建设工作系统谋划和全面部署；密集修订或颁布了数十部党内规章制度，对干部队伍建设做出明确规定；明确提出“要坚持党管干部原则，坚持德才兼备、以德为先，坚持五湖四海、任人唯贤，坚持事业为上、公道正派，把好干部标准落到实处”，全面研究部署了干部队伍建设的目标要求和战略指向等重大理论和现实问题，为新时代干部队伍建设工作导航定向。

---

① 彭健，中共重庆市渝北区委党校教研科负责人、副教授。

（2）更加注重科学严谨，进一步完善选任体系，干部选拔任用规范有序，选人、用人的公信度不断提高。党中央持续完善干部选任制度，先后制定出台《党政领导干部选拔任用工作条例》《关于进一步激励广大干部新时代新担当新作为的意见》等系列文件，确保了选人、用人在阳光下运行，在监督下操作，选人、用人公信度在制度创建中不断提高，为高素质专业化干部脱颖而出创造了良好条件。

（3）更加注重精准识别，进一步突出德才兼备，“四唯”倾向得到扭转，以德为先、任人唯贤、人岗相适的干部选拔任用工作局面逐步形成。党中央通过强化领导责任、注重民主质量、突出实干导向、树立正确政绩观、用好各年龄层次干部等举措，坚决纠正了唯票、唯分、唯生产总值、唯年龄等取人偏向；突出“把专业的事交给专业的人来做”，切实做到因事用人、因岗择人，选拔任用干部的岗位匹配度和专业对口度得到明显提升；坚持在更大范围内统筹优化配置干部资源，让各方面的干部各展所长、各得其所，以及高素质专业化干部队伍不断发展壮大。

（4）更加注重教育培养，进一步强化严管厚爱，干事创业活力得到迸发，干部培养选拔体系不断优化。政治建设得到空前重视，干部思想政治教育力度不断加大，补足了各级干部精神上的钙；干部成长的方式、渠道和空间不断丰富和完善，通过递进式的培养和多岗位历练，不断提升干部专业化能力素质；坚持把严格要求和关心爱护结合起来，认真落实“三个区分开来”，干部干事创业氛围更加浓厚，进一步激发广大干部干事创业的活力和学习提升的动力。

二、新时代建设高素质专业化干部队伍面临的新情况、新问题及原因分析

对标“高素质”“专业化”的新要求，用更高、更严的标准来衡量，当前干部队伍中还面临一些新情况、新问题。主要表现在四个方面：

（1）部分干部信仰缺失、理想信念滑坡，思想上迷失了方向，从好干部变成阶下囚。党的十八大以来，全党上下深入开展群众路线教育实践活动、党史学习教育等教育活动，党员干部理想信念更加坚定、党性更加坚强。但在实际工作中我们也发现，一些人缺乏共产主义信仰，少数干部出现了理想信念淡化、廉洁自律懈怠、政风作风漂浮等情况。

（2）部分干部本领恐慌、能力不足、业务不精，专业能力亟待提高，难以适应新时代新要求。伟大事业呼唤善作善成的干部队伍。反观我们的部分干部队伍，能力素质不足、专业化水平不高、本领恐慌的问题在一定程度上还比较突出，影响了各项事业发展的质量和速度。问卷调查显示，在党的十九大提出的干部“八大执政本领”中，当前干部或多或少存在短板，特别是改革创新、科学发展、群众工作、依法执政等本领尤为欠缺（见图1）。

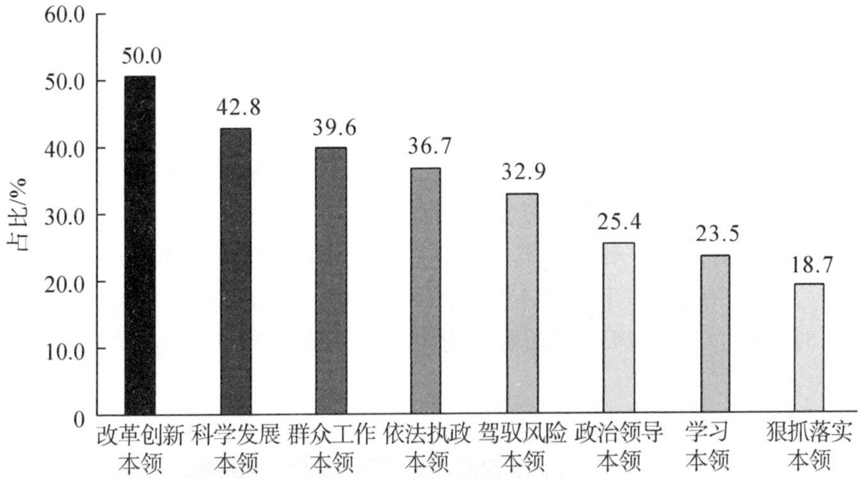

图 1　当前干部“八项本领”能力短板问卷调查

（3）部分干部庸政懒政、为官不为、精神懈怠，败坏了党风政风，阻碍了事业发展。在从严治党的高压态势下，一些干部感到了前所未有的压力，“为官不易”“官不聊生”等错误思想在部分干部中暗流涌动，一些单位甚至出现了能不做事就不做事、能少做事就少做事的“为官不为”现象，群众对此深恶痛绝。问卷调查显示，36.9%的人认为存在“不求有功、但求无过，明哲保身怕作为”；28.7%的人认为存在“业绩平庸、谋人不谋事不作为”；25.5%的人认为存在“人在心不在、消极怠工假作为”；22.1%的人认为存在“进取精神消退、倚老卖老不想为”；15.3%的人认为存在“对待群众态度散漫，事不关己慢作为”（见图 2）。

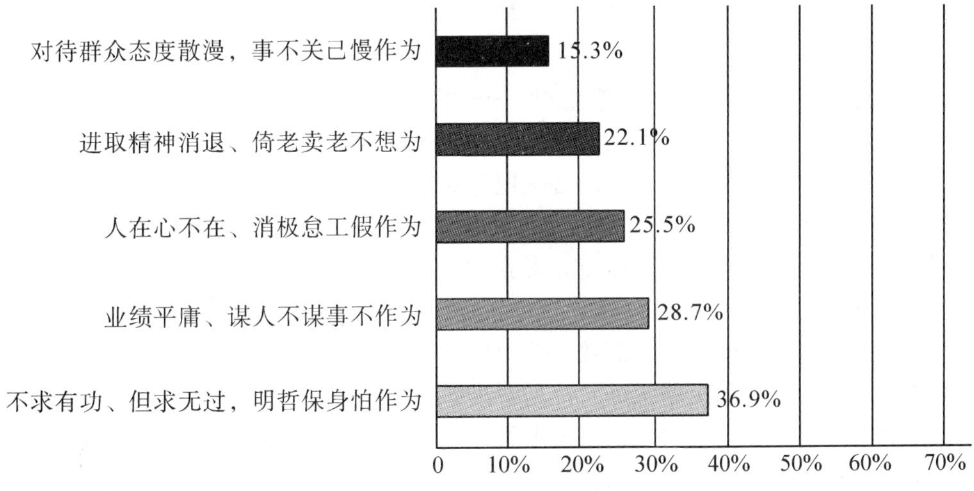

图 2　当前干部中存在的庸懒散现象问卷调查

（4）干部选拔任用对专业能力、专业精神重视不足，专业化导向不够鲜明，专业融入和专业匹配亟待加强。在干部招录中，程序性规范化的考试，选拔的常常是“通用型”干部，针对不同工作岗位的专门考试考核不够，造成急缺的专业化干部进不来，而通过考试招进来的人又不胜任的窘况，49.5%的受访者认为“干部录用考试专业性不强”；在干部选任中，受身份、资历等限制，党政机关、事业单位和国有企业三者之间交流限制因素较多，相互流动缓慢，37.2%的受访者认为“干部流动限制性因素较多、渠道比较狭窄”；在干部交流中，两极分化现象还比较突出，一方面出现频繁交流干部专业能力难以提升，另一方面一些干部在专业性强的岗位多年不动，出现“专业疲劳症”，造成人才储备严重不足，31.5%的受访者认为“干部交流随意性较大、缺乏专业化考量”；在干部晋升中，提拔重用与专业化的关联度不高，缺乏对专业能力和专业精神的正面激励和引导，导致部分干部把工作重心放在“谋人”上，而不是所从事事业上，造成降格以求，“赶鸭上架”的现象还时有发生，46.4%的受访者认为“干部晋级晋升与专业化水平关系不大”（见图3）。

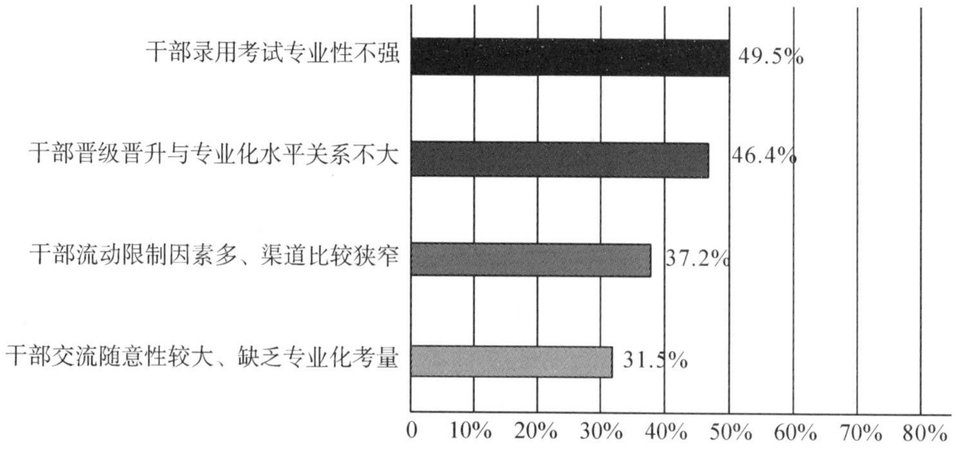

图3　干部选任工作中制约专业发展的因素问卷调查

三、新时代建设高素质专业化干部队伍的路径选择

建设高素质专业化干部队伍，必须把专业能力和专业精神作为贯穿干部队伍建设始终的一项重要标准，全面推进干部队伍“培、选、用、管、爱”五个环节改革创新，切实提升干部队伍整体能力素养。

（1）突出“培优育强”，更加注重顶层设计，拓宽专业化培养渠道，让高素质专业化干部强起来。坚持把干部教育培训作为干部队伍建设的战略性工程，更加注重对干部的教育培训和岗位历练。一是着眼提升干部的政治素养，坚持不懈地强化其理论武装。牢牢抓住学习贯彻习近平新时代中国特色社会主义思想这条主线，推动广大干部用习近平新时代中国特色社会主义思想武装头脑、指导工作实践。探索建立统一的“标准化、系统化、可量化”的培训体系，构建分级达标的评价机制，对各个层级党员干部政治理论学习的范围、程度、考评标准等进行规范，定期组织开展测试，量化考核结果，并将考核结果与干部使用相结合。二是着眼于破解专业之难，提升其专业能力。坚持分层分类差异化精准化培训策略，结合本地区本部门干部工作岗位实际，围绕中央和地方大政方针和重点任务，科学设计培训课程和教学方式，将组织要求、岗位要求和学员需求三者有机结合起来，实现培训专业化和定制化。分门别类建立有效的专业化能力评价体系，针对不同行业、系统的特点，分别制订中长期专业化能力提升计划，以可视化指标倒逼干部专业能力提升。三是着眼于补齐经历之短，精准实施岗位实践历练。科学精准分析干部的从政经历、专业方向和特长优势，通过挂职锻炼、轮岗锻炼等方式，有针对性地让干部在任务重、矛盾多、情况复杂的岗位上挑大梁、受历练。将基层历练不足的干部选派到镇街、站所等基层岗位培养锻炼；将有培养前途的“苗子”安排到信访维稳、安全监督等矛盾问题较多、任务艰巨的岗位培养锻炼；将计划委以重任的优秀后备干部放到关键岗位观察历练。

（2）优化考核评价，提高专业化考评权重，构建精准科学的考核评价机制，让高素质专业化干部冒出来。长期以来，针对干部单位、岗位的专业化考察一直重视不够，缺乏针对具体行业、单位及岗位的专业化考评标准，需要在考核指标、内容、形式等方面综合加以解决。一是要实施差异化精准评价。针对不同地区、不同部门、不同岗位的情况和特点，有针对性地分别制定干部考评方案，确定相关干部考核指标，对不同岗位干部进行专业化胜任度考核，并强化干部专业化水平考核结果运用。对难以胜任工作的干部，要及时进行调整，以专业化考核促进干部专业能力的提升。二是要完善考核指标体系。科学设置考核内容和指标体系，把政绩考核与德的考核、专业化水平考核紧密结合起来，提高专业化考核权重。探索实行干部专业化水平量化考核，注重从专业知识、专业业绩和专业精神三方面加强考核，统筹考虑行业、岗位和职级情况，科学设置考核指标和权重，构建与行业、岗位相适应的考核指标体系。三是要丰富和优化考核形式。改变过去那种以年终考核为主的考核模式，更加注重日常考核，将平时考核与年终考核放到同样位置，坚持把年终考核、平时考核、专项考核、“关键时刻”考核等结合起来，坚持实干导向、业绩导向和能力导向，不但要做好具体岗位和干部个人的专业化评价，而且要注重从班子结构、队伍结构上整体进行考评。

（3）对标“高素质”“专业化”要求，坚持政治过硬与本领过硬相统一，把德才兼备的好干部选出来、用起来。紧扣“高素质”“专业化”标准，在把好政治关的基础上，突出把好专业才能关。一是在干部选拔上，把专业化作为进入领导班子配备的重要考量因素。按照人岗相适原则，加强综合分析研判，根据专业方向、岗位经历、专业能力等情况，分领域、分行业、分岗位建立专业干部人才库。二是在干部录用上，拓宽专业人才进入渠道。积极破除体制、身份障碍，有计划地通过从高校定向招录、企事业单位竞争性选调、特殊人才引进等举措，拓宽专业人才进入干部队伍的渠道，引进和储备一批专业素养较高的干部。三是在干部任用上，注重因事择人，突出人岗相适。要用当其时。让年富力强的干部挑重担，让年轻干部得到锻炼，让年长且经验丰富的干部发挥好帮带和指导作用。要用其所长。最大限度地发挥干部特长优势，比如，把专业对口、学习能力强的干部安排到科技、卫生等专业部门；把善于做群众工作的干部安排到信访、群团等岗位。要人岗相适。探索建立干部专业能力综合评价系统，把评价指标设置、指标权重、综合分析评价等功能融于一体，作为选人、用人的重要参考。

(4) 运用大数据信息化手段，建立完善的干部信息管理系统，打破“信息孤岛”，全面精准掌握干部全息动态信息，把高素质专业化干部管出来。充分运用大数据手段，建立完善的干部全息动态信息系统，为精准选用和科学管理干部提供翔实可靠的数据支撑。一是畅通干部信息收集渠道。探索打通纪检、公检法、工商税务、信访、卫生、审计、基层社区等涉干信息渠道，努力构建部门联动、动态更新、实时预警的干部全息信息共享机制。采取定期收集报送等方式，对干部党风廉政建设、执行重大决策、违纪违法、治安刑事处罚、经济责任审计、违规生育、亲属经商办企业等信息进行综合研判，解决干部监管信息不对称的问题。二是狠抓数据深度分析。通过数据建模，将分散于考察报告、回访报告、巡察报告、个人事项报告、案件审查报告、审计报告、信访报告、体检报告、社情民意、群众测评等不同领域中的干部信息，进行数据化整理，建立干部能力素质、健康风险、廉政风险以及成长轨迹的评价和预警机制，把传统的定性评价升级为精准的定量评估，实现对干部信息的精准分析和研判。三是建立日常信息有效利用机制。要建立健全干部信息转化运用机制，做到早发现、早提醒、早督促纠正干部苗头性倾向性问题，强化执纪问责，推进能上能下。防止小毛病向大问题演变，让部分掉队的干部在组织的管理监督下走对方向、迎头赶上。

(5) 建立健全容错纠错机制，加强正面宣传，注重人文关怀，构建敢干、实干、想干的正向激励体系，让高素质专业化干部干出来。建立和完善激励机制和容错纠错机制，为广大干部攻坚克难、干事创业创造良好的工作环境。一是健全干部激励机制。在国家制度层面建立公务人员工资待遇与经济发展水平相适应的调节机制，逐步提高干部的工资待遇水平的同时，还应整合升级当前现有激励政策，比如，职务与职级并行方面，在县以下机关推行的基础上，扩大职务与职级并行制度实施范围，向县以上机关进行延伸，让更多干部共享改革成果。二是健全干部容错试错机制。要严格落实“三个区分开来”的要求，从制度层面细化和明确容错范围和程度，细化操作程序，适时开展容错纠错试点，只要干部是出于公心、没有谋求私利，在工作中大胆探索出现的失误，依据监督执纪“四种形态”，适用于第一种、第二种形态轻微违纪的，免于追究或从轻减轻处分。三是强化正面宣传。当前，由于社会舆论和网络媒体对党员领导干部的负面报道过多，甚至歪曲宣传，助长了仇官仇富情绪，公务人员整体形象不断被损毁，归属感、荣誉感严重缺失。为此，要加强正面舆论引导，加大对优秀干部的宣传力度，客观真实反映公务人员的工作和生活状态，消除对干部群体的误解和偏见，不断净化社会风气，营造激励干事创业的舆论氛围。

参考文献：

[1] 中共中央宣传部. 习近平新时代中国特色社会主义思想学习纲要 [M]. 北京：人民出版社，2019.

[2] 习近平. 决胜全面建成小康社会 夺取新时代中国特色社会主义伟大胜利 [M]. 北京：人民出版社，2017.

［3］中共中央. 中共中央关于坚持和完善中国特色社会主义制度 推进国家治理体系和治理能力现代化若干重大问题的决定［M］. 北京：人民出版社，2019.

［4］习近平. 习近平谈治国理政：第1卷［M］. 北京：外文出版社，2014.

［5］习近平. 习近平谈治国理政：第2卷［M］. 北京：外文出版社，2017.

［6］马丁·雅克. 大国雄心［M］. 孙豫宁，张莉，刘曲，译. 北京：中信出版集团，2016.

［7］习近平. 在全国组织工作会议上的讲话［M］. 北京：人民出版社，2018.

［8］洪向华，乌云娜，赵树禄. 新时代高素质专业化干部队伍建设［M］. 北京：中共党史出版社，2018.

［9］李庚香. 建设高素质专业化干部队伍的历史逻辑、新时代内涵和现实路径［J］. 领导科学，2018（13）：4-10.

［10］窦玉菁. 新时期党员干部队伍建设的路径研究［J］. 江苏理工学院学报，2015，21（3）：12-17.

数字政府背景下重庆市深化政务信息共享发展路径探究

晁利花[1]

摘 要：加强政务信息有序共享，可以大力推进数字政府建设。政务信息共享是数字政府建设的主要内容，数字政府的建设需要政务信息的共享共用，政务信息共享也是便民惠民的重要举措。重庆市在推进政务信息制度化、政务信息平台迭代升级、政务信息共享智能化等方面做了大量创新工作，取得了一定的成效。在推进全国政务一体化发展进程中，从继续创新发展理念，采取措施谋求政务信息共享发展，对深化重庆市政务信息共享发展有一定积极作用。

关键词：数字政府；政务信息；共享；发展

当前，我国迈入高质量发展阶段，对数字政府建设提出更高要求。政务信息共享作为数字政府建设的主要内容，可以给政府提供大量的有效数据信息，使政府在做决策时更加精准科学化，从而有力地推进了数字政府的建设。近年来，重庆市政府不断改革创新，政务信息共享也取得了一定的成绩，能够更好地满足群众的办事需求。

一、数字政府建设背景下政务信息共享的重要意义

当前，国家正在大力推进数字政府建设，需要全国政务信息的有效共享，便于政府机构及时做出精准、科学的决策，有利于营造良好的营商环境，有助于提高人民群众办事的效率以及人民群众对政府机构的公信度和满意度。

（一）推进数字政府建设需要政务信息共享共用

所谓数字政府，是指运用计算机网络等信息技术，对政府机构日常事务进行国家行政管理的一种形式。数字政府建设是发展趋势，国家相关文件也对数字政府建设与政务信息共享做了要求。党的十九届四中全会明确提出要加强数据有序共享，大力推进数字政府建设；建设数字中国、建设数字政府在《中华人民共和国国民经济和社会发展第十四个五年规划纲要》中也有体现。所以，推进数字政府建设需要各省（自治区、直辖市）、各部门政务信息共享，这样可以给政府提供更多的数据，在政府制定决策时更精准，便于国家进行行政管理。

---

① 晁利花，中共重庆市渝中区委党校讲师。

（二）政务信息共享可以有效推动数字政府的建设

政务信息既可以是文字、数据、图像也可以是音视频等。这些来自政府的政务信息的数据是“大数据”中比较全面和权威的数据。由此可以看出，政务信息是数字政府建设的主要内容，政务信息的数据尤为重要。它是数字政府高效运转的基础，可以有效地解决长期存在的“信息孤岛”“碎片化”问题，实现跨省（自治区、直辖市）、跨部门合作，有力推动国家治理现代化。

（三）政务信息共享顺应群众需求

如今，网络信息时代带来很多便捷，购物办事一部手机便可轻松搞定，再也不用像之前那样来回奔跑。这说明，国家在发展，社会在进步，也给人民带来了更多的选择和便捷。我们说发展，始终要谋求人民的发展，以满足人民对美好生活的不断需求为目的，努力解决人民群众的烦心事、揪心事。现实生活中，企业和群众遇到需要办理的事项，都会在网络上进行检索或者点击地方政府网站寻求答案。但网络上五花八门、鱼目混珠的各种信息，让企业和群众无法辨析真伪，无从下手。在政府网站上也找不到相关问题的指导做法。所以，各级政府需要提供一个以“需求为导向”的数据信息平台。政务信息的数据共享，并由此构建的数字政府有助于民生建设。政务信息平台可以整合各部门的政务信息，各行各业的有利资源能够给出企业和群众的有效信息，能够帮助企业和群众解决更多的问题。在网上办事，还省去了企业和群众四处跑路的麻烦，节省了时间，提高了办事效率。

二、重庆市政务信息共享发展的实践

重庆市“十四五”规划提出，要加强数字社会、数字政府建设，加快搭建政务数据统一共享开放平台，加快服务型政府建设。

（一）加强顶层设计，推进政务信息共享制度化

在顶层设计、制度建设层面，重庆市进行了大胆的改革创新。2017 年，重庆市政府印发了《重庆市政务信息系统整合共享工作方案》。2018 年，重庆市组建了大数据发展局；同年，重庆市政府颁布的《重庆市政务信息资源共享开放管理办法》，对政务信息共享提出了具体的管理措施；《重庆市全面推行“云长制”实施方案》等，给重庆市政务数据管理、使用、操作、安全等指明了方向。2021 年，重庆市政府发布了建设政务公开专区的通知，打通了政务公开服务群众的“最后一公里”。

（二）不断迭代升级，搭建政务信息共享平台

2018 年，重庆市上线“渝快办”掌上移动政务服务平台，只需一次注册，即可实现一次登录，全程通办。“渝快办”真的是愉悦的办，快速的办。渝快办基本实现政务服务事项全覆盖，众多业务实现了让数据多跑路，让群众少跑路。比如过去办企业，麻烦事很多，要跑多个部门，走很多道程序，现在可以在手机上办，打开“渝快办”App，点击“我要开办企业”栏目，多则一天，最快 2 小时就可以办结，便可以预约到政务大厅直接领取营业执照。另外，还设立了“互联网+督查”专栏，如果群众在办事中遇到烦心事、操心事、揪心事，可以通过专栏进行咨询投

诉。"渝快办"政务服务平台让企业和群众实现了一码在手，办事无忧，也优化了重庆市的营商环境，更多的企业将走入重庆市落地开花。

（三）大数据引领，推动政务信息共享智能化

按照重庆市未来五年规划，将会加快搭建政务数据统一共享开放平台，持续深入推行实施"云长制"，统筹推动管云、管数、管用，形成"聚、通、用"的合力。不断增强城市区县大数据的服务能力，解决数据壁垒、系统繁多、数据安全、各部门独行其是等问题。在打造智慧名城的进程中，推动大数据高效汇聚、顺畅融通，助推数字政府建设。

三、探讨深化重庆市政务信息共享发展的路径

数字政府建设进程中，重庆市政务信息共享做了大量工作，取得了一定的成效，但在具体操作过程中，各区县、各部门还存在政务信息共享程度不一、政务信息共享质量不高等问题。在深化发展的道路，提出三点探讨意见：

（一）转变理念，树立政务数据共享的新发展观念

树立新发展理念，引领重庆市政务数据共享快速发展。一方面，要转变思想认识，打破"思维惯性"，追求"数据共有""共享互利"的价值理念和服务理念。打破信息壁垒、信息质量不高，强调合作与协调，实现政府转型。另一方面，政务信息资源共享的关键主体是政府，而具体落实信息共享的是政府公职人员。政府公职人员要秉持共赢共享的行政理念，致力于为群众提供高效优质服务，积极创新便民、惠民的举措，让数据发挥便民的作用，使群众办事真的又快又好。

（二）借鉴他山之石，优化政务信息共享发展

他山之石可以攻玉。一方面，向"他人"借鉴好的经验做法。2017 年，全国数据资源开放共享指数排名，山东省（98.3 分）位居第一名，而重庆市的得分仅为 30.6 分。王蕤、张妮（2021）认为以下措施是山东省保障数据共享成功运行的关键，即以新设专职机构（山东省大数据局）为依托，发展新型基础设施（"网云端"）和共享应用试点（部分政务先行试点）。另一方面，成渝地区双城经济圈国家战略的实施，给重庆市发展带来新的发展机遇。结合成渝地区双城经济圈建设实际，应当加强川渝合作，互相学习，创新打造可推广示范价值。

（三）持续深化发展，融入全国一体化政务服务

以问题为导向，推动重庆市创新驱动发展。数字政府建设，会对政务信息共享提出不同需求。政务信息共享在实际操作中，各区县、各部门又会呈现出各种问题。有方针指引，也需要不断优化，实现政务信息共享的质量化、便利化。在全国一体化政务服务的要求下，大力推行区域内"一网通办""川渝通办"，全国"跨省通办"，极力融入全国一体化政务服务中去。一是充分发挥"云长制"领导小组职能，抓好项目规划、建设、应用等重点环节，促进数据"聚通用"；二是优化"渝快办"等政务信息共享平台，运用好"云联数算用"全要素群，着力打造智慧名城，推进数字政府建设。

参考文献：

［1］向菊梅．“云长制”管“云”显成效 重庆政务信息系统上云达率99%［EB/OL］．（2021-08-13）［2021-08-19］．http://www.cq.gov.cn/ywdt/jrzq/202108/t20210819_9597199.html.

［2］中国电子信息产业发展研究院．中国大数据发展指数报告［R］．北京：中国电子信息产业发展研究院，2018.

［3］王巍，张妮．西部数字政府建设中政务数据共享问题及对策：以甘肃省兰州市为例［J］．开发研究，2021（1）：153-160.

［4］杨映竹．“放管服”背景下政务信息共享发展路径：以昆明市为例［J］．辽宁行政学院学报，2021（4）：55-58.

［5］许潇文，冯蕾，廖景行．我国政务数据共享标准化路径研究［J］．标准科学，2021（1）：85-90.

"放管服"背景下加快政务数据开放的对策探析

戴丽冰[1]

摘　要：政务数据开放释放数据红利的重要路径之一，是政府治理走向"数治"的基础。近年来，政务数据开放正不断创造公共价值推动经济社会发展。但数据治理和数据开放还存在一些问题，分析研究当前政务数据开放存在的问题表现及原因发现，开放动力不足、数据质量不高、获取利用门槛高是政务数据开放发展的主要制约因素。进而，本文从交流融合、组织保障、利益协同、氛围营造、机制完善、安全运维等方面提出加快推进政府数据开放的对策建议。

关键词："放管服"；数据开放；政务数据

大数据应用等新时代信息技术催化政府"放管服"改革，推动政府数字化转型。党的十九届五中全会通过的《中共中央关于制定国民经济和社会发展第十四个五年规划和二〇三五年远景目标的建议》提出，"扩大基础公共信息数据有序开放，建设国家数据统一共享开放平台"。近两年，重庆市政府办公厅相继印发了《重庆市政务数据资源管理暂行办法》《重庆市公共数据开放管理暂行办法》，明确落实"放管服"理念，推进市域数据开放共享的路径和规则体系的路径。2020年，重庆市作为全国首批政务数据开放共享的五个国家标准试点地区之一，对其政务数据的开放程度、数据质量、数据红利转化效率等提出了更高要求。

一、政务数据开放是推进"放管服"改革的关键一步

政务数据是政府部门在履行职责过程中产生或者获取的行业广覆盖且专业权威的海量数据，具有可机器读取、可追踪溯源、可融合增值的特点。政府在保护国家安全、个人隐私和商业机密的前提下，主动向公众提供政务数据即为政务数据开放。"互联网之父"蒂姆·伯纳斯·李表示，"政府采集数据是花纳税人的钱，束之高阁完全是浪费。"政务数据开放是政府信息公开在大数据时代的延伸，是一种全新的政府治理模式。要盘活政府拥有的大量数据，充分挖掘其价值，释放其红利，需要公众广泛参与。随着数据的挖掘、统计与完善，政务服务愈加高效，政府治理走向"数治"，"放管服"改革走向深入。

---

① 戴丽冰，中共重庆市渝中区委党校教师。

当前，重庆市各区县政府逐步上线政务数据开放平台，积极推进数据开放，以期充分挖掘政务数据的经济价值、社会价值和政治价值。以重庆市渝中区为例，截至 2021 年上半年，渝中区数据共享交换平台已累计接入 70 多个区级部门，形成数据资源目录 1 402 个、数据项 2 000 多个。

二、政务数据开放的主要制约因素

虽然重庆市及各区县政务数据开发正稳步推进，但平台使用率、数据资源调取率整体较低的情况仍较为突出。如“重庆市公共数据开放系统”上的数据资源下载量大部分为个位数。复旦大学联合国家信息中心数字中国研究院发布的《中国地方政府数据开放报告：指标体系与城市标杆》显示，重庆的政府数据开放水平与浙江、山东、四川等省还存在较大差距。究其原因，政务数据开放主要受以下因素制约：

（一）政府部门开放动力不足

政府部门数据开放动力不足主要表现为“不愿”“不敢”。一是不愿开放。由于长期受“保护主义”思维习惯的影响，少数部门出于保护自身利益的考虑，不愿主动开放或“象征性”开放非核心数据。二是不敢开放。由于缺乏明确的规范制度，以及基层政府部门网络安全防护能力确实有限等原因，少数部门既不愿也不敢承担数据开放可能带来的风险。总之，动力不足导致政府部门不愿开放政务数据，避免利益损失；不敢开放政务数据，逃避责任担当。

（二）政务数据质量有待提高

政务数据开放本质上是一种数据服务，涉及采集、存储、处理、获取、利用、反馈等多个环节，对数据开放主体的信息应用处理的能力要求较高。而政府部门公务员和相关经办人员的信息素养、专业知识亟待提升，足够细化的数据开放管理制度、工作制度、标准规范尚不完善，加之“信息孤岛”“数据烟囱”的客观存在，少数部门“不会”开放高质量的数据信息。另外，当前政务数据多是单向开放，缺乏评价和反馈渠道，限制了开放和利用主体间的良性互动以及需求导向的作用。数据质量不高还体现在数据更新滞后，从而影响了数据的有效性、时效性，不仅稀释了数据价值，而且可能对利用主体造成不良影响。

（三）政务数据获取利用门槛高

政务数据不仅包括成熟的政府信息，还包括原始数据，且开放量巨大，以数据集为主要形式公开。部分政府部门内部尚不清楚自己有哪些数据，数据属性如何，可不可以共享甚至开放，更遑论公众的数据利用意识和技能水平。另外，部分数据开放平台数据格式少，数据导引不明，数据维护滞后，大量“僵尸数据”存在，导致公众获取信息的体验感差。此外，有的数据平台虽已建成，但其内部系统多是专网物理隔离、设备不兼容，并未实现实质上的整合共享，导致提供开放的数据资源明显不足。由此，大众获取数据仍习惯点对点直接联系相关部门，大大增加了沟通成本，降低了服务效率。

三、政务数据开放的对策建议

（一）加强交流融合，增强主体意识能力

政府部门作为数据开放主体，内部人员的数据素养和能力直接影响数据质量，加强相关能力培养是保障数据质量的基础。“放管服”背景下，应当通过定期举行业务培训、行业交流等活动，加强相关人员对数据开放的认识，学习数据采集、存储发布、隐私保护、法律制度等方面的知识，增强政务信息化业务能力。公众、社会组织、企业等，作为数据利用主体，其数据素养和能力直接影响数据红利价值开发的有效性，应引导其主动适应数字化发展趋势，积极学习数据检索、数据挖掘、数据可视化等技能，提高数据利用能力，深入挖掘数据价值。因此，有必要用好社会教育、学校教育乃至家庭教育，从小培养知用、善用数据信息的能力和意识，为政府数字化转型营造良好的社会氛围。政务数据开放除可以通过开发利用创造公共价值外，还有助于提升政府部门的透明度，提高公众参与民主政治的积极性。因此，应增强数据开放监管意识，发挥其对数据开放共享的监督作用，营造大数据发展的社会氛围。

（二）加强组织保障，做好数据安全运维

为切实解决数据资源开放全流程的成本、效能问题，政务数据开放离不开一个开放可升级的支撑平台。对此，开放主体应强化数据开放组织保障，优化组织环境，充分发挥“云长制”领导小组职能作用，保障人力、财力、物力投入，进而保障数据来源，提升数据质量，保障各阶段有效运行。此外，应严格落实数据共享开放条例要求，全面实施目录清单、需求清单、责任清单“三清单”制度，构建数据共享开放风险防范机制，对数据开放共享风险进行识别、评估和监控，完善数据风险防控应急处理机制，提高数据安全保障能力。优化数据安全技术，加快构建省域、市域、区域数据安全保障体系，推进网络安全运管中心建设，进一步提高网络防御和数据保护能力，促进政务数据有序、合法、合规开放。

（三）加强利益协同，优化激励考评机制

政务数据开放全流程所涉及的各参与主体利益有所差异，利益不完全一致是政务数据开放动力不足的主要原因。因此，有必要平衡、统一各方利益，明确收益分配政策，激励开放主体积极共享数据，鼓励利用主体参与监督、优化过程，深化行业应用，共同推动数据开放进程。一是完善容错机制。数据开放是一项高风险、高能力门槛的工作，为减少相关干部参与数据开放的顾虑与担忧，应根据开放主体的实际情况提供差异化的创新支持举措。二是完善利益分配机制。在实际操作中，政务数据资源的所有权、管理权和使用权以及信息共享开放的责任主体不明确易导致冲突。因此，需要在权责的界定和利益分配上进行平衡，本着“谁拥有、谁负责”“谁开放、谁受益”，通过政策和法律切实维护开放主体的合理权益。三是完善评估反馈机制。建立绩效评估与监督检查机制，组织第三方机构、专家对相关部门数据开放定期开展考核评估，明确评估内容、评估指标和评估方式，将评估结果纳入

年绩效考评，并对“不作为”行为进行问责。同时，建立畅通的信息反馈渠道，鼓励利用主体主动提出需求，表达用户体验，参与评价，倒逼政府部门数据服务水平向主流商用信息平台看齐。

参考文献：

[1] 王钦敏. 统筹协调 共建共享 推进数字政府信息化系统建设 [J]. 中国行政管理，2020（11）：6-7.

[2] 李凡星. 基于数据质量的政府开放数据平台评估探究 [D]. 南京：南京大学，2017.

以数字政府建设提升地方政府治理效能探析

兰 攀[①]

摘 要： 随着新一轮信息技术革命的加速演变，政府治理方式也随之发生了重大变化，数字政府在强化疫情防控、优化营商环境、提升政府服务效率和政务服务水平等方面的功能作用日益凸显，越来越成为国家治理现代化的重要途径。目前，我国数字政府正在打造以公共服务为核心的治理模式，取得了让企业和群众满意的突出成绩，但同样也还存在一些亟待解决的矛盾和问题，需要从顶层设计、工作队伍、资源整合等方面努力，为发挥数字政府作用进一步提升地方政府治理效能提出更加行之有效的对策建议。

关键词： 数字政府；地方政府；治理效能；路径

党的十九届五中全会明确指出："加强数字社会、数字政府建设，提升公共服务、社会治理等数字化智能化水平。"推进国家治理体系和国家治理能力现代化是一项重大的时代课题，需要适应信息技术所带来的新形势、新变化，主动在传统政府的基础上进行赋能、协同和重构，不断更新治理理念和不断提升政务服务水平，走出一条技术创新和治理效能创新的新路子。

一、数字政府与政府效能的逻辑基础及关系分析

（一）数字政府与政府效能的逻辑基础

1. 理论逻辑

数字政府代表的是信息技术时代政府发展的新形态，它与政府效能的内在逻辑是以信息技术驱动下的政府整体治理效能的提升。[②] 推进数字政府建设是一项整体性、复杂性、系统性的工程，是推动政府高效运作的重要支撑；反之，政府治理效能的提升需要通过数字政府来消除体制机制的障碍。目前，信息技术的快速发展为数字政府提供了良好的基础，为构建一个系统完备的政府运转平台提供了可靠的支撑。

2. 实践逻辑

政府治理效能的提升不是一蹴而就的，它是在长期实践过程中不断摸索和完善的。当前，我们国家正在加快推进国家治理体系和治理能力现代化进程，不断提升

① 兰攀，中共重庆市渝中区委党校讲师。

② 陈娟. 数字政府建设的内在逻辑与路径构建研究［J］. 国外社会科学，2021（2）：74-83.

政府治理效能是我们必须要解决好的一项重大课题，破解当前政府治理过程中存在的难点问题是我们面临的现实挑战。时代出课题，方法解难题。在政府的长期治理过程中，新矛盾、新问题层出不穷，如何利用新技术、新办法、新理念是解决这些难题的方向。随着数字政府的兴起，针对这些新问题、新矛盾我们找到了一个快速解决这些问题的破解之道。实践中也充分证明，只有推进数字政府建设，才能更好地推动政府治理效能的提升。

（二）数字政府与政府效能的关系分析

从实践来看，数字政府与政府效能的关系是辩证动态的，无论是从数字政府与政府效能的内在价值来衡量，还是从数字政府的目标与政府效能的目的来比较，两者之间都是高度契合的，其是相互推动、相互促进的关系。全球经济的快速发展推动了信息技术的广泛运用，在这种广泛运用的大势驱动下数字政府应运而生。而随着数字政府的建立，倒逼了政府治理效能的不断提升，政府在解决社会治理中出现的新问题又会对数字政府的整体框架构建提出改进举措。同时，就数字政府的目标和政府效能而言，两者也是一致和相通的，数字政府实现了政府治理的线下线上相融合，政府治理的新方法、新模式又推进了现代化的数字政府建设。

二、数字政府建设在地方政府治理中的现状

（一）传统思维模式和理念亟待进一步突破

传统思维模式和理念在部分政府工作人员中根深蒂固，政府行政管理活动中还残留有“人治”思想，“法治意识”“效能意识”等不足还在数字政府大力实行的背景下有所呈现，造成这些问题的原因主要是部分政府工作人员解决问题还依靠着传统思维模式和理念。一是部分政府工作人员自身缺乏对岗位职责的清楚认识，从而对服务的方式方法和标准界定不清，这与数字政府的治理要求有较大差距；二是一些部门权力利益化的痼疾，这些部门出于对所管资源权力的掌握，不愿意将相关业务放在数字平台上来处理，以防自身部门权力遭到削弱；三是社会工作人员的信息素养缺乏，在处理问题时还依然凭借着老方法、老思路，不愿意利用新的技术来提升治理效能。

（二）数字政府建设的整体谋划及配套措施不够完善

目前，数字政府作为一项大的战略举措，从国家层面来讲是做了顶层设计，但因为数字政府本身的复杂性，加上各个省（自治区、直辖市）的具体情况的较大差异，因而在实施起来上也存在差异。就数字政府建设的整体谋划来看，大多数省（自治区、直辖市）还停留在起步阶段，从省级层面来进行统筹谋划的较少，大多是由各部门根据调研的实际情况来提出一些意见，但从实际情况来看其推行的难度较大，且在这个过程中存在部门责任不清、工作内容重复等情况。同时，在数字政府建设的配套措施方面也还不够完善，虽然部分省份专门出台了相应的法律规章制度来保障数字政府建设的有序运转，但在重大项目审批、社会资源利用的监督等方面还不足，制约了数字政府建设的质量和水平。

（三）数据开放共享依然还存在障碍

从当前推进数字政府的建设来看，数据的开放共享是阻碍其顺利建设的一个重大障碍，“信息孤岛”的存在导致数字政府建设的推进十分缓慢。造成数据共享开放的障碍原因较多。首先是技术层面的障碍。数据量大并不可怕，难就难在如何串联其各个系统的数据，实现各项数据的关联，这对于技术的要求较高。其次是各部门的主动配合度不够。信息数据专有化观念仍然存在，对于数据的归属和安全等因素的考虑较为慎重，造成信息统筹管理困难。最后是各单位的信息技术标准、运行成本等存在一定的差异，这对于如何将有效数据进行开放共享造成了障碍。基于这些因素，使得数据在开放共享时还存在诸多障碍，大大影响了数字政府建设的有效推进。

三、以数字政府建设提升地方政府治理效能的路径探索

（一）满足数字政府建设需求，转变行政服务理念

推进数字政府建设是一项民生工程，目的是为了实现人民群众对美好生活的向往，各项技术的应用、各项举措的出台最终都是要落脚在让人民群众生活更加便利高效上来，真正让人民群众在办事过程中感受到技术进步、高效管理所带来的实实在在的好处。近年来，全国多地大力推进数字政府平台运用，先后出现了“一网通办”“一站式办理”“不见面审批”等改革举措，从“只进一扇门”到“最多跑一次”，政府治理服务的“最后一公里”得到有效打通，真正实现了让数据多跑路、群众少跑腿的目标，让企业烦心事、群众心烦事都得以解决。这些举措都是主动运用数字技术、转变行政服务理念的生动实践，未来我们更需要充分运用新一代信息技术不断提升治理效能。

（二）推进数字政府建设应用，建设一支专业化工作队伍

数字政府建设绝不是机械化的搬运过程，不是将原有的政府业务简单地搬到网上来操作，而是要在信息技术迅猛发展的推动下实现政府治理的统筹融合发展，实现群众和企业由以往“找部门”到“找政府”的转变，通过大数据、人工智能等手段实现“一体化”政府治理模式。而如何来搭建企业、群众和政府之间这座沟通的桥梁，靠的就是数字政府建设的平台，而要使这个平台能够顺利运行，就需要一大批专门从事该平台运营的相关工作人员，因此，建设一支围绕数字政府建设的高素质、专业化的工作队伍尤为关键。这支队伍既需要有统筹协调的管理人员，也需要具备技术能力的专业人员，还需要能够在平台上进行操作为企业和群众解决问题的“一线”工作人员。这些人员都需要具备一定的信息技术素养和管理能力，才能更好地推动数字政府建设取得更大成效。

（三）适应数字政府建设发展，构建数据开放共享新格局

不谋全局者不足以谋一域，推进数字政府建设要坚持一盘棋思想，要坚持在全局层面来谋划各部门一域，以部门一域来助推数字政府建设全局，实现跨部门、跨层级的交叉协作，彼此之间的紧密协同融合，从而实现数据的贯通共享。数字政府建设工作千头万绪，要突破这个瓶颈，迈向更高的服务水平，首先需要厘清各部门

的职能职责，从源头上破解责任不清和数据独享的制约，打破因职能不清而造成的数据壁垒。同时，推进数字政府建设还可以从善用大数据、人工智能等手段出发，充分把这些工具用透用活，通过这些信息技术的深入运用把各项数据都融合关联起来，从而畅通数据的共享开放。总之，要适应数字政府建设发展，就需要从全局来统筹谋划，层层推进、久久为功，构建出一个数据开放共享的新格局，不断提升地方政府治理效能。

参考文献：

［1］周桂贤. 数字政府治理的理论解读与实施方法探讨［M］. 北京：中国社会科学出版社，2019.

［2］陈娟. 数字政府建设的内在逻辑与路径构建研究［J］. 国外社会科学，2021（2）：74-83.

［3］沈费伟，诸靖文. 数据赋能：数字政府治理的运作机理与创新路径［J］. 政治学研究，2021（1）：104-115，158.

浅谈资本无序扩张及治理

苏二威①

摘　要："强化反垄断和防止资本无序扩张"是2021年中央确定的经济工作八项重点任务之一。面对人们对"资本无序扩张"的猜测和不同解读，本文认为开展对资本无序扩张治理完全是必要的，是中国特色社会主义的内在要求，是坚持以人民为中心发展理念、实现高质量发展的必然要求。本文认为资本无序扩张的危害目前主要体现在互联网金融领域、互联网平台经济领域、房地产领域、校外培训领域以及娱乐圈五大领域，并着重回顾了近期在这五大领域开展资本无序扩张的治理状况，最后简要提出下一步治理应当注意把握的治理目标、治理原则和治理重点的建议。

关键词：资本无序扩张；互联网金融、治理

一、引言

2020年12月，中央政治局会议专题研究2021年经济工作时提出要"强化反垄断和防止资本无序扩张""防止资本无序扩张"首次正式进入官方话语体系和人们的视野。随后召开的中央经济工作会议更是把"强化反垄断和防止资本无序扩张"作为2021年要抓好的八项重点任务之一。纵观整个2021年，"强化反垄断和防止资本无序扩张"都是经济社会热词，频繁进入各种官方文件和媒体，并对诸多经济社会领域产生着深刻影响。

垄断作为违法行为，有《中华人民共和国反垄断法》及各种竞争机制来约束，反垄断作为一种全世界都在推行的维护市场经济良性运行的必要的法律手段，可谓老生常谈，司空见惯。相较于"反垄断"而言，"防止资本无序扩张"就略显陌生，一是"防止资本无序扩张"尚无立法指引，市场上对其界定也难以把握；二是其且带有鲜明的社会主义色彩，引发经济和社会领域众多猜测。论其政治意味强一点还是经济意味强一点，该运用行政手段多一点还是市场手段、法律手段多一点众说纷纭。在我国共同富裕的政治大背景下，有的夸大其词将"防止资本无序扩张"当成一场划时代的社会变革，期待国家以强有力的行政手段重塑资本和分配形态，有的甚至将之与"打击资本""打击民营经济"相勾连，把"防止资本无序扩张"理解为"如何处理国家和民间大资本的关系"，把矛头直接指向了一直稳

---

① 苏二威，中共重庆市渝中区委党校讲师。

步推进的市场化改革和早已定性的民间资本，这种误读既不符合我国一贯的市场经济方针政策也不符合当下经济社会发展的客观需要。我国的改革开放是稳步推进的持续过程，一贯是以法治为前提，尊重市场在资源配置中的决定作用，防止资本无序扩张也只能通过有效监管下的市场机制，通过法治保障下的公平竞争。

二、防止资本无序扩张的必要性

为什么要防止资本无序扩张？这是由我国国情决定的，是坚持中国特色社会主义道路、维护党和国家长治久安、实现经济社会高质量发展、保障社人民安居乐业的必由之路。

（一）防止资本无序扩张是中国特色社会主义的内在要求

马克思早就认识到了资本的“二重性”，看到正常有序的资本流动对于科技进步、经济高质量发展和推动生产力发展起着重要作用，也看到其逐利的本性，不加约束的资本势必会形成垄断和“赢家通吃”，带来严重的两极分化、社会不公、环境恶化和对人的物化，最终侵害人民的利益、制约生产力发展。我国经济经过40多年的改革开放，已经积聚起巨大的资本能量，资本已经渗透到政治、精神、文化等社会深层次领域，并由此滋生了权力寻租、权钱交易等腐败现象，造成物欲横流、拜金主义盛行等精神危机，如果由其恣意扩张，不受节制、不守规矩，甚至改变规则、挑战体制，那么市场经济的发展就会走向非社会主义方向，走向“全盘资化”的西方式“邪路”。防止资本无序扩张不是防控风险的唯一手段，但却是防范系统性风险的重要举措。防止资本无序扩张，对捍卫我国社会主义市场经济和社会主义制度至关重要，中国特色社会主义若想行稳致远，资本必须得到有效监督和引导。

（二）防止资本无序扩张是坚持以人民为中心发展理念的必然要求

资本涉及人民生活的方方面面，一些人享受着资本带来的幸福，一些人也却饱受大资本的困扰和羁绊。实现共同富裕，坚持以人民为中心发展的理念，必然要对涉及人民幸福指数的资本加大管控，发挥好资本推动社会生产力发展的功能，同时预防和管控好资本扩张可能带来的负面效应，为各类市场主体和资本投资创造公平竞争的市场环境，防止资本无序扩张对公共领域、资源配置和社会分配造成的不利影响，使发展成果更多更公平惠及全体人民，朝着共同富裕方向稳步前进。因此，防止资本无序扩张是坚持以人民为中心、实现共同富裕的必然要求和重要保障。

（三）防止资本无序扩张是高质量发展的必然要求

在新一代信息技术快速发展但核心技术受制于人的现实背景下，实现科技创新和高质量发展离不开拥有雄厚资本和科技能力的互联网公司的积极参与，人们期待巨头们不仅能在商业模式上进行创新，更能承担起推进科技创新的责任。在超大规模市场里，资本如果只是惦记着几捆白菜的流量，热衷流量变现，继续做存量市场竞争，肯定会荒废科技创新的星辰大海，进而丧失民族发展机遇。如何让人民和资本巨头们把精力放置于阻碍行业发展的问题上，需要党和政府给予明确引导，并提供好良好的政策环境。要知道没有科技创新就没有高质量发展，只有核心技术掌握在自己手中，才能真正掌握竞争和发展的主动权。

三、资本无序扩张的表现及治理

那么，评判资本是有序运行还是无序扩张的标准是什么呢？那就是国家的宏观经济政策。底线就是不能干扰中国特色社会主义发展方向，不能操纵国计民生，不能损害国家利益。因此，防止资本无序扩张，就是要通过引导和规范，让资本、资本市场在国家宏观政策引导下，有序服务于经济社会发展大局，在促进科技进步、繁荣市场经济、便利人民生活、参与国际竞争中发挥积极作用。

当下，防止资本无序扩张的战争刚刚打响，资本的无序扩张势头已经得到遏制，但会不会反弹或者扩张到其他领域尚未可知，这注定是一场多管齐下的持久战。回顾近期在互联网金融领域、互联网平台经济领域、房地产领域、校外培训领域以及娱乐圈进行的对资本无序扩张治理，对理清治理思路，梳理下一步治理重点有重要启示意义。

（一）互联网金融领域资本无序扩张的治理

互联网金融领域是资本无序扩张的重灾区。具体表现在以下几个方面：一是产业资本在金融领域无序扩张，实体经济有虚化风险；二是打着“金融创新”“互联网+金融”的旗号开展无照经营、监管套利、恶性竞争等违法违规金融活动，增加了金融体系风险隐患；三是一些大型互联网平台涉足多种金融业务开展不正当竞争。有的过度采集个人信息、滥用用户数据、滥用算法进行大数据“杀熟”和诱导过度消费等，在某些产品、环节形成垄断，甚至形成“赢者通吃”态势，阻碍公平竞争、获取超额收益。

互联网金融领域是打击资本无序扩张的重点。近期开展的从蚂蚁集团上市被叫停，到阿里巴巴、腾讯、百度、美团、滴滴等因违反反垄断法被罚款，再到《关于进一步规范商业银行互联网贷款业务的通知》《关于平台经济领域的反垄断指南》出台，意味着互联网金融领域迎来强监管时代。

（二）互联网平台经济领域资本无序扩张的治理

互联网平台经济领域是反垄断和防止资本无序扩张的重要内容。互联网平台在市场竞争中为了获取市场份额、市场地位、竞争优势而实施垄断行为和不正当竞争行为。当前，其主要表现为“扼杀式”收购、强迫实施“二选一”、烧钱抢占市场、大数据“杀熟”、数据封禁、自我优待，以及数据爬取、广告屏蔽、流量劫持、刷单炒信、价格违法等。

党和政府已意识到互联网平台经济领域资本无序扩张的危害和治理的必要性。2020 年 12 月，国家市场监管总局出台社区团购“九不得”新规，规定要求互联网平台企业不得通过低价倾销、价格串通、哄抬价格、价格欺诈等方式滥用自主定价权，对突飞猛进的社区团购紧急刹车。2021 年 2 月，《国务院反垄断委员会关于平台经济领域的反垄断指南》发布，明确“二选一”可能构成滥用市场支配地位限定交易行为，明确大数据“杀熟”可能构成滥用市场支配地位差别待遇行为，为加强平台经济领域反垄断监管提供了科学有效、针对性强的制度规则。

（三）房地产领域资本无序扩张的治理

房地产行业自诞生之日起确实为我国经济的快速增长做出了很大贡献，因其资本规模巨大，带动能力强，成为全国和很多地方的支柱性产业之一，土地出让金更是地方财政收入的重要来源。为此，房地产领域的资本无序扩张呈现早，泡沫大，有积重难返之势，主要表现在炒房团和地产商不断利用高杠杆推动高地价，利用高地价推动高房价，这使得房地产的资本属性远远大于消费属性。

党的十八大以来，党中央坚持以人民为中心，多次强调“房子是用来住的，不是用来炒的”开始收紧房企融资、购房者信贷，出台三道红线、贷款集中度、集中供地，渐进地去杠杆、稳房价。2021 年 6 月，财政部、自然资源部、税务总局、人民银行四部门发文，各地的土地出让金由原各地的自然资源部门征收变为由税务部门征收、中央直管。与此同时，房地产税也迎来新机。从 2003 年首次提出“对自住房进行征税”到 2021 年 10 月“在部分地区开展房地产税改革试点工作”，可以预见推动共同富裕背景下的房地产税以及整个房地产行业，都将脱离资本无序扩张的狂飙时代，逐步地挤掉泡沫，追求更加平稳健康发展。“房住不炒”也将会在不远的将来落实落地。

（四）校外培训领域资本无序扩张的治理

资本的逐利性与教育的公益性之间存在天然矛盾，不加约束的资本化运作，极易把教育变成一场内卷游戏。特别是自新冠肺炎疫情暴发后，在线教育突飞猛进的同时，在线教育企业则在资本加码下几近疯狂，不遗余力地抢占市场。这背后是互联网垄断逻辑与风险资本商业本质的叠加，“跑马圈地”导致成本攀升，最后的风险和负担全由学生和家长承担，不但会加重学生课业负担、造成社会焦虑也容易引发退费和社会风波。

2021 年 7 月，中共中央办公厅、国务院办公厅印发的《关于进一步减轻义务教育阶段学生作业负担和校外培训负担的意见》（以下简称《意见》）公布，对义务教育阶段学科培训进行了严格的限制和规范，防止校外培训领域资本无序扩张有了明确的界限。自《意见》出台后，资本大规模撤出学科类校外培训领域，行业面临转型和重塑。

（五）娱乐圈资本无序扩张的治理

随着人们精神文化需求的增加，在资本快速扩张影响下，近些年娱乐圈也出现了过度商业化、资本化倾向。各路资本下场文艺领域，选秀之风盛行，从艺门槛大大降低，劣迹艺人丑闻不断，纷纷“塌房”；流量至上之下，饭圈互撕，平台视而不见；明星参股、阴阳合同、偷税漏税频发。娱乐圈不正常的行业生态背后正是资本逐利的结果。平台资本、流量明星、“饭圈”文化在资本主导下形成完整利益链，这个利益链本质上是为资本攫取超额利润服务的。

“文艺不能当市场的奴隶”。如果任由资本在文艺界无序扩张，就会失去文艺为人民服务、为社会主义服务的作用，腐蚀少年儿童心灵，败坏社会风气，最终会瓦解民族的精神家园。2021 年 8 月，中央陆续出台了禁止诱导粉丝消费、严控未成年人参与、规范应援集资等整治饭圈的措施。一连串针对娱乐圈歪风邪气的“组合拳”，顺应民意、正当其时，正以不断完善的监管之网，束缚住娱乐圈对于流量的无底线索求。

四、防止资本无序扩张的建议

（一）明确治理目标

（1）要从构筑国家竞争新优势的战略高度出发，从全民族整体利益出发，将资本引向卡脖子的薄弱产业，促进科技创新，参与国际竞争，助力改革开放，完善社会主义市场经济体制。

（2）要服务于共同富裕这一社会主义本质要求，通过反垄断和防止资本无序扩张，畅通向上流动通道，捍卫社会公平正义，给更多人创造致富机会，营造人人参与、人人共享的发展环境。

（二）明确治理原则

（1）坚持党的领导。中国特色社会主义最本质的特征就是党的领导，资本的有序扩张一定是党的领导下的扩张，企业应有服从党的领导、服从和服务于经济社会发展大局的政治自觉。

（2）依法治理。对资本的有序引导要坚持以法治为前提，更多的用法律手段，通过及时的立法、执法查漏补缺，以法治保障公平竞争。

（3）坚持发展和规范并重。明确规则，划出底线，促进发展和监管规范两手抓、两手都要硬，在发展中规范、在规范中发展。

（三）把握治理重点

（1）要健全市场准入制度、公平竞争审查制度、公平竞争监管制度，建立全方位、多层次、立体化监管体系，健全监管规则，实现事前、事中、事后全链条全领域监管，促进反不正当竞争和反垄断的良性互动，提高平台监管效率，不断完善竞争法领域内对资本无序扩张规制路径。

（2）加快推进政府管制模式变革。借鉴和吸收“普通法系”的合理因素，营造公平竞争的营商环境，调整与改进多重管制框架，推进软法治理，弥补监管规则和刚性执法的不足，实现监管制度的无缝化整合和治理效能的提升。

（3）完善产融集团的公司治理和风险预警监测。一方面，严格监管注册资本，严格限制资本的扩张倍数，严格股权质押，把资本无序扩张控制在源头；另一方面，完善公司治理体系和监督机制，强化公司承担社会责任、创新科技发展、改善民生等社会义务。

参考文献：

［1］许利平. 互联网平台经济反垄断软法治理与硬法治理的融合［J］. 平顶山学院学报，2021，36（4）：39-41.

［2］卢均晓. 平台经济领域资本无序扩张的竞争法规制研究［J］. 价格理论与实践，2021（7）：58-64.

［3］黄娟. 网约车市场规制重塑研究：基于对抗资本无序扩张视角［J］. 江西财经大学学报，2021（5）：140-148.

［4］加强产融集团监管 防止资本无序扩张［J］. 前进论坛，2021（4）：58.

［5］樊文静，潘娴. 平台经济领域的垄断逻辑与资本无序扩张：以社区团购为例［J］. 吉林工商学院学报，2021，37（4）：30-34.

［6］房钰. 资本无序扩张的法律规制研究［D］. 南昌：江西财经大学，2021.

高质量发展背景下推进成渝地区公共服务一体化发展研究

王 静[①]

摘 要：2021年10月20日，中共中央、国务院公布了《成渝地区双城经济圈建设规划纲要》对当前和今后一个时期内成渝地区双城经济圈的发展做出了规划，其中针对成渝地区公共服务发展也提出了“以更好满足人民群众美好生活需要为目标，扩大民生保障覆盖面，提升公共服务质量和水平，不断增强人民群众获得感、幸福感、安全感”的明确要求。推动成渝地区双城经济圈建设，是我国当前贯彻新发展理念的重大战略举措，在推动高质量发展的背景下，成渝地区要结合实际，从加强互联互通、构建制度保障、搭建发展平台等方面全面提升区域公共服务一体化发展水平。

关键词：高质量发展；成渝地区；公共服务；一体化发展

一、成渝地区推进公共服务一体化发展的实践成效

（一）教育领域：深化联合发展，促进资源共享

在教育领域，川渝两地特别针对教育行政部门和高校签署了各类教育战略协议，四川省11所高校与重庆市11所高校以60余个优势特色学科为重点，在学科建设上开展深度合作，在科技专家资源的共享上实现了新的突破。在推进人才队伍建设方面，川渝两地以平台建设为抓手，共同搭建了成渝高校人才引进平台，结合实际制订并实施了博士后联合培养计划。

（二）养老领域：推进共建共享，打造发展高地

在养老服务领域，川渝两地专门就养老机构的办理出台了《川渝两地养老机构设立备案办事指南》，以市场化运作的方式，鼓励企业对普惠型养老机构和社区居家养老服务设施进行建设和推广。目前，重庆市已有汇橙、凯尔、龙湖等养老企业到成都市建设运营养老服务设施，成都市的寿而康到潼南区建设运营养老服务中心，在养老服务机构的建立上双方实现了交互合作发展。

（三）医疗领域：创新合作模式，提升服务水平

在医疗服务领域，在川渝医疗联合体和专科联盟建设上充分融入了“互联网+

---

① 王静，中共重庆市渝中区委党校教师。

医疗服务”的模式，为了减轻川渝两地困难群众的医疗负担，对川渝跨区域两地贫困患者实行人性化的先诊疗后付费的政策。在提升医疗卫生服务能力方面，以推进健康中国建设为根本导向，联系川渝两地实际，建立健康中国四川—重庆行动专家库，执业医师经审批后可在重庆和四川的多个医疗机构执业。

（四）政务领域：打破区域壁垒，提高办事效率

在政务领域，川渝两地打破区域壁垒，税务部门建立起联席会议制度，实行资质互认，助力市场要素流动，在纳税人基础信息、税收资质、纳税信用评价结果方面实施互认制度，有效地提升了川渝两地纳税人的办事效率。在住房公积金办理方面，川渝两地从机制方面着力，形成了跨区域转移接续和互认互贷机制，职工在一地就可以办理成渝地区间住房公积金的转移。

二、成渝地区推进公共服务一体化发展的现实瓶颈

（一）互联互通不充分

从交通设施的建设上来看，高铁是目前成渝之间便捷度最高、运行效率最快的交通方式，日均发车班次为 88 车次。相比较而言，同样是一体化发展的长三角地区的交通运输效率就远高于成渝地区，长三角沪宁杭之间高铁运行最短时间在 1 小时以内，发车班次最少为 137 车次、最多达 268 车次。从横向来看，除成渝高铁线路外，到经济圈其他城市的运行效率相对更低。由此看来，成渝地区交通基础设施密度和效率还有待提高，两地之间的互联互通还不够充分。

（二）利益协调不均衡

从行政区划上来看，成渝地区双城经济圈所包含的市（区、县）多，范围广，而各行政区按照自身发展水平制定公共服务政策目标，地方政府依赖财政投入负责辖区内的公共服务，各行政区在配置公共服务时更关注本地区的地方利益，而忽视了成渝公共服务一体化的整体利益，存在一定程度的地方保护主义，阻碍了资金、技术、人才等生产要素的流通，不利于成渝地区公共服务一体化进程。

（三）统筹机制不健全

从制度建设上看，虽然成渝地区在公共服务的跨区域合作发展上设立了相关的机制，但是在配套政策激励机制上还比较缺乏，制度建设的系统性、包容性不足，导致最终实效发挥不显著。当前，成渝地区在教育、医疗保险、养老、人才评价等公共服务的标准和要求还没有统一的标准，相关的统筹机制不健全，影响基本公共服务一体化的协同推进。在公共服务的信息化方面，尽管川渝地区已根据自身发展实际进行了有益的探索，但还缺乏两地之间的统筹机制，在顶层构架、标准方面没有形成统一，容易出现信息不对称的问题，直接导致跨省对接尤其是民生领域与现实需求出现脱节。

三、高质量发展背景下推进成渝地区公共服务一体化发展的对策建议

(一) 以设施建设为切口,夯实公共服务一体化基础

要推进成渝地区公共服务一体化高质量发展,就要使成渝地区全面实现互联互通,降低跨区域通行与通信的成本,为各地区实现信息畅通提供完善的物质基础,促进区域内要素流动。一是畅通物理空间,完善交通设施建设。实现公共服务一体化,要以交通设施建设的一体化为基础,对成渝地区内部的铁路、公路、港口和机场实行一体化建设、运营和管理,特别注重在实际运行中逐步打通通行的断点、赌点,在基础设施密度、连通度和效率上多下功夫。二是畅通网络空间,推动新基建建设。要加大对当前大数据、5G、人工智能技术在成渝地区公共服务一体化发展方面的应用,以新型基础设施的运用为公共服务注入发展活力,促进基本公共信息、资源、技术、设备等基本公共服务资源的共享与信息互联,减少信息壁垒,解决信息不对称问题,搭建共建共享、畅通无阻的基本公共服务供给平台。

(二) 以制度完善为重点,强化公共服务一体化保障

推进成渝地区公共服务一体化高质量发展,要以相应的配套制度为重要动力和基础保障,以一体化制度保障公共服务一体化发展。一是探索构建成渝地区协同机制。在协同机制的构建方面,长三角地区积累了先进的经验。在这方面,成渝地区可参照长三角一体化发展的组织实施模式,构建多层级组织协调和实施机制。通过设立 1 个统筹协调机构,专门从顶层设计上负责研究和制定公共服务一体化发展规划,统筹指导和综合协调相关规划的实施;在省级层面,根据统筹指导组的设计,建立相应的推进机制,结合各地实际制定具体的工作推进方案,将公共服务一体化发展的各项任务落到实处。二是着力构建跨区域利益协调机制。推进公共服务一体化高质量发展必然涉及优质公共服务的流动,尤其是中心城市的医疗、教育、就业、养老服务、科技创新等公共服务资源与周边区域的共享,其中就涉及公共服务的成本利益问题,要调动中心城市的积极性,就要对公共服务跨界协同的相关权责问题制定明确的标准,在制度层面上建立形成跨区域公共服务流动的分担机制和利益补偿机制,通过制度的完善,保障区域整体利益的最大化和公共资源配置的最优化。

(三) 以平台搭建为抓手,提升公共服务一体化实效

推进成渝地区公共服务一体化高质量发展,要着力搭建新型平台,以平台建设为抓手,切实提升公共服务一体化实效。一是搭建一体化政务网平台。运用“互联网+”平台,对线上线下政务服务资源进行一体化整合,大力推进“一窗受理、一网办结”,实现后台应用的一体化、前台办理集成化、服务渠道多元化。可借鉴各区域“放管服”改革的先进经验,在此基础上,制定适宜成渝地区统一的政务服务标准,让广大群众、企业在成渝地区享受快捷、方便的行政审批和政务服务。二是搭建全方位咨询服务平台。以市场化运作的方式,选择优质的社会服务机构,按照服务需求动态管理,川渝两地居民在公共服务的一体化发展进程中有任何疑问,都能通过一键咨询的渠道,实现实时高效服务。通过把群众获得政策、反映诉

求、与政府对话融合到这个平台上，既能够实现政府与群众的高效沟通，更能够有效地推进公共服务高质量发展。

参考文献：

[1] 刘小差，冯瑜. 成渝双城经济圈产业要素合理流动和高效聚集 [J]. 中国发展观察，2020 (12)：51-55.

[2] 黄承锋，李元龙，陈一鸣. 成渝地区双城经济圈交通优势度时空演变格局及影响机制研究 [J]. 西安理工大学学报，2021，37 (4)：478-487.

[3] 夏骥. 长三角一体化区域合作类型及其发展趋势 [J]. 经济展望，2021 (2)：6-14.

[4] 张志强，熊永兰. 成渝地区双城经济圈一体化发展的思考与建议 [J]. 中国西部，2020 (2)：1-12.

重庆市数字政府治理的现实困境与实现途径研究

郑红渠[①]

摘　要：当前，人类社会已进入“数字经济时代”，大数据、智能化等先进技术的推广应用，不仅改变了人们的生产生活方式，而且对政府治理产生了深远的影响。重庆市在推进数字政府治理的过程中面临数据信息“纵强横弱”、数字治理发展水平不平衡、多元化数字治理机制尚未形成以及数字治理专业人才比较缺乏等问题与挑战。本文着重从树牢数字治理思维模式，建立完善数字治理体系；遵循数字治理规律，加强多元协同治理；健全数字人才培养体系，建设高素质数字人才队伍等方面提出了对策建议，以期推动重庆数字政府智能化、现代化，对重庆市数字政府治理提供借鉴和启示。

关键词：数字政府；现实困境；对策研究

新一代信息技术的广泛应用，不仅改变了人们的生产生活方式，而且对政府治理产生了深远的影响，人类社会已真正进入“数字经济时代”。数字政府就是将先进的信息技术嵌入政府治理全过程，以此来推动政务服务电子化、信息化、智能化、现代化，必将重塑政务生态。目前，重庆市在推进数字治理的过程中面临一些挑战，有待进一步厘清思路、查找问题，提出改进路径。

一、重庆市数字政府治理的重要意义

数字治理是技术革命时代政府治理改革发展的必然结果，是加快建设“数字中国”的必然要求。作为西部唯一的直辖市，重庆市将通过数字政府建设，进一步为政府治理能力赋能、增能、提能，促进数字科技、数字社会、数字政府焕发出强大的生命力和创造力，对于提高政府治理现代化水平具有十分重要的意义。

（一）数字治理有利于推动政府管理模式创新，进一步提升服务效能

人工智能、物联网、大数据等先进技术的推广应用，将对政府治理理念、治理结构、运行机制、行为模式等带来深层次变化，将治理融入服务之中，在服务中实现治理，在治理中推进服务，建立完善以公共服务为核心的现代管理和治理模式，从而助推重庆市“智造重镇”和“智慧名城”建设。

---

① 郑红渠，重庆市渝中区行政学校副教授。

（二）数字治理有利于推动“放管服”改革，进一步转变政府职能

依托信息技术重构政府业务流程，精简办事程序，提高政府透明度，稳步推进放权与分权。通过“互联网 +”政务服务模式，适时推出多样化、个性化数字政务平台及手机移动终端，打造“指尖上的政府”，实现网上申请和提交、在线审核和审批，提高办事效率，切实增强便民、利民实效。

（三）数字治理有利于推动精准决策施策，进一步完善治理功能

政府各部门可以充分利用数字技术数据分析能力强的特点来辅助政府决策，使决策模式由模糊向精准转变。与此同时，决策部门可以依托实时掌握的各种数据信息，构建数字治理模型，以数据平台为依托，通过数据信息的互联互通，充分整合人、物、事、数据等资源要素，实现精准分析、精准预判、精准施策、精准反馈，不断提升政府治理能力。

二、重庆市数字政府治理面临的现实问题与挑战

重庆市在推进数字政府进程中，面临理论基础较为薄弱、数据整合难度较大、配套政策举措不完善等现实难题。具体体现在以下几个方面：

（1）数据信息存在“纵强横弱”现象。受“蜂窝煤式”管理模式的影响，职能部门纵向信息贯通顺畅，而不愿横向互联互通，造成众多“信息烟囱”。这既有传统管理模式的客观因素，也有思想观念难转变的主观原因。

（2）数字治理发展水平极不平衡。总体而言，两江新区、渝中区、江北区、南岸区等主城核心区数字政府建设成效显著，数字技术在公安、交管、城管、教育、医疗等领域得到广泛应用，成功推出“渝快办”、两江政务中心等服务品牌，但渝东南、渝东北部分区县数字政府建设基础薄弱，需全市“一盘棋”进行统筹规划和顶层设计，一体化推进实施。

（3）多元化数字治理机制尚未形成。多元化网络治理结构是数字治理的根本核心和显著标志。从重庆市的现状来看，由于认知上存在偏差，个别区县政府仍在数字治理中唱主角，忽略了多元主体参与、多中心主体共治的功能和作用。多元治理主体之间存在信息不对称、参与途径不同、数字化水平参差不齐等问题，协同效能不高。

（4）数字治理专业人才比较缺乏。政府在处理相关数字业务时，不仅需要具备懂数字技术、有数字素养的人才，更需要熟悉政府内部流程、管理规章制度的复合型人才，尤其需要具有数字化思维，并能利用数字工具解决各种问题和难题的专才。

三、重庆市数字政府治理能力提升的实现途径

数字政府是数字中国的基础性、先导性工程，加快完善共联、共享、共用的云服务体系，在促进重庆市数字经济、建设数字社会、完善数字生态、加强城市治理中起到关键引领作用。

（一）构建数字治理思维模式，建立完善数字治理体系

一是构建数字治理思维。数字治理思维即是运用数字技术对相关数据进行挖掘分析，帮助政府部门获得决策所需科学依据，做到用数字思考、用数字说话、用数字决策，以新的视角和理念来推动政府公共服务改革。二是建立科学治理体系。从数字重庆建设的全局出发，做好统筹规划，加强顶层设计，打造“数字重庆”，按照全市“一盘棋规划、一张网铺设、一体化实施”，积极围绕数据、技术、管理、服务、安全等方面建立规范统一的标准体系，实现文件互认、格式互通、数据共享、上下联动、跨级协调。三是完善法律法规体系。坚持以人民为中心，服务公益、服务社会、服务经济社会发展大局，维护数据采集权、存储权、使用权、收益权、知情权、监管权、保密权等相关权限，构建起高效、实用、操作性强的数字法律法规体系。在技术安全层面，要完善数字政府安全防护体系；在安全管理体制机制方面，要“边界明确、权责清晰”，让法制为数字治理保驾护航。

（二）遵循数字治理规律，加强多元协同治理

一是要充分认识数字治理特性。数字治理以信息技术为工具、以数据为核心、以网络应用平台和客户端 App 等为媒介，具有较强的兼容性与包容性，突破地域、时空、年龄、职业、性别、学历等限制，是人人都可参与的共建共治治理模式。二是要加强多方协同，建立数字治理长效机制。可以通过政府网络平台、电视、报纸等发布数字治理最新动态，使群众及时获得办理个人事务、参与公共事务的信息，逐渐培养群众的数字意识，增强对数字治理的认同感。通过引入市场化运作机制，调动市场主体参与数字政府平台建设的积极性，激发市场主体参与热情。三是要坚持以人民为中心，搭建多元共治平台。充分利用移动互联网、区块链、云计算等技术优势，以便民、爱民为基础，研发手机客户端、网络留言板、微博、微信、QQ、电子邮箱等多渠道参与平台。对于不善于使用智能技术的中老年群体，要保障其利益，注意避免“数字鸿沟”。

（三）健全数字人才培养体系，建设高素质数字人才队伍

一是要加大人才引进力度。首先，要完善人才引进政策，适度放低准入门槛，比如在数字政府治理人才招聘方面，尽可能减少对学历、年龄、履历、区域等条件的限制，尽可能使网络各路英才为我所用；其次，要与各级各类高等院校、科研院所、知名培训机构等加强合作，积极开展各类引才活动；最后，要提高数字政府治理人才的薪酬福利待遇，尽可能精神上、物质上多一些奖励与倾斜，使重庆成为数字政府治理人才的洼地。二是要加强人才培训工作。通过定期组织培训活动，鼓励数字政府治理人员参加专业化培训，提升数字政府治理人才的信息素养与业务能力。重视数字治理人才的继续教育工作，鼓励其自主学习，强化人才机制建设。三是要加快人才培养步伐。既要坚持以高校为主体，联合培养数字技术相关专业人才，鼓励数字创新、数字应用；又要进一步完善人才激励机制，对于数字人才在聘用、招录、职称评定等方面给予适度倾斜；还要在数字政府治理专业化人才住房保障、配偶就业、子女入学、养老医疗等方面给予关心关爱。同时，努力在全市营造良好的干事创业氛围，积极助力数字治理人才队伍壮大。

参考文献：

[1] 朱玲. 我国数字政府治理的现实困境与突破路径 [J]. 人民论坛，2019 (11)：72-73.

[2] 周文彰. 数字政府和国家治理现代化 [J]. 行政管理改革，2020 (2)：4-10.

[3] 汪玉凯. 提高数字治理能力是城市治理现代化的关键 [J]. 国家治理，2020 (43)：32-37.

[4] 陈万球，廖慧知. 新时代我国数字治理的机制创新探析 [J]. 长沙理工大学学报（社会科学版），2021 (9)：63-68.

[5] 戴长征，鲍静. 数字政府治理：基于社会形态演变进程的考察 [J]. 中国行政管理，2017 (9)：21-27.

数字政府建设中的智慧政务服务体系研究

熊 欣①

摘 要：新一轮科技革命热潮推动了数字政府的建设进程，关于数字政府建设的方案层出不穷。为积极响应数字中国的战略远景，加快实施“互联网+”行动，各省（自治区、直辖市）结合本地实情、特色纷纷着手建设数字政府，不断提高政务服务效率。而智慧政务服务体系的打造恰是数字政府建设中的关键一步。本文基于国内外对数字政府以及智慧政务进行研究的相关文献，梳理了智慧政务服务体系建设的三大板块，即智慧政务的服务模式、基于云计算的应用、智慧政务建设路径探究，以期为各地加快推动建设数字政府和智慧政务提供借鉴。

关键词：数字政府；智慧政务；政务服务

随着“互联网+”技术的飞速发展，简政放权力度不断加大，政务服务也在逐步向数字化转型。“互联网+”与政务服务相结合形成的智慧政务将部分线下办公事务转到线上进行，不仅提高了政府的办事效率，还加快了迈向“智慧政务”时代的步伐。

一、我国智慧政务的服务模式

按照服务对象划分，智慧政务服务主要有三种模式，即政府与政府（G2G）、政府与企业（G2B）、政府与公民（G2C）。这三种模式为不同服务对象提供了一个强大的沟通办事平台，不仅增加了政务服务的透明性，更使其具有开放性、针对性、协同性。

（一）G2G 模式

政府与政府间的智慧政务服务模式主要有三个应用方向：第一个方向是信息共享。政府各部门门户网站的互通互惠使得数据资源高度集中。工作内容紧密相连的部门可以建立大型的网络层级，通过专用网络通道储存、传递行政指令或相关文件。政府各部门之间也可以将近年来发布的规章制度、政策文件、档案数据等上传至智慧政务平台，便于存档、查找和阅读。第二个方向是智慧办公。在搭建好智慧政务服务平台后，政府各部门可以通过平台申请相关设备设施资源、处理财政事务，管理各项经费开支、审批办公事项，简化来回跑的烦琐流程、审查各部门预算执行情况等。第三个方向是监督评价。政府各部门在执行各项指令、完成各项指标

① 熊欣，中共重庆市大渡口区委党校教师。

的过程中，上级可以随时查看跟踪到任务执行情况。此外，国家监察机关也可以通过该平台随时进行评价和监督，以此保障政府工作的透明性、时效性、开放性和严谨性。

（二）G2B 模式

政府与企业间的智慧政务服务模式主要有以下三个方面：一是审批。企业的登记、信息的更新、执照的注销等都需要经过政府相关部门的审批，办理各种证件和执照所需手续繁多。但如果在线上处理就会快捷很多，能够减轻企业的负担、缩短处理的时间。二是线上处理税务工作。企业需要进行税务登记、查询税务的相关政策内容时，不再需要线下跑腿或者打电话咨询，直接在网上专区就可以查找到。三是信息咨询。政府可以将包含近年来的各种规章制度、法律法规、政府白皮书等的数据库向企业开放，方便企业普及和查询相关政策。

（三）G2C 模式

政府与公众间的智慧政务服务模式极大地发挥了“互联网+”的优势。智慧政务服务体系建成以后可以极大地提高公众的参政积极性、建言献策的互动性。政府通过 Internet 网可以为公民提供各种便民服务，如咨询相关政策、给政府留言建议、电子身份认证、电子社会保障、电子医疗保险、电子交通管理等。

二、基于云计算的智慧政务应用

基于云计算的智慧政府服务平台可以有效解决数字政府建设过程中存在的机房、网络等基础设施不足，平台维护成本高、难度大，所需的技术人员多等一系列传统服务架构问题，推动政府办公向数字化转型。

目前，各大互联网公司都推出了智慧政务服务平台，如中国建设银行推出的智慧政务服务综合平台由“政务服务门户”“政务服务管理系统”“政融选择系统”“事项目录管理系统”“电子证照系统”“智能决策支持系统”“数据共享系统”“电子监察监管系统”“统一受理平台”等系统作为基础支撑，覆盖线上线下多条路径，实现服务场景人性化、数据交换均等化、服务质量优质化的智慧服务，为公众提供方便快速、全面无缝、易理解、可靠的网上政务服务。

通过融合各类数据资源，搭建服务群众、便利政府的“云”平台。只有做到信息共享，才能避免线上线下数据不一致；只有构建智慧政务服务体系，优良的软件系统和完善的硬件设施相辅相成，才能呈现好的效果。智慧政务平台硬件的升级既可以简化审批流程，提升政府内部的审批效率，还能实现服务对象等候时间短，流程清晰体验好。建立公共服务渠道，畅通政府与政府、政府与企业、政府与群众的交互渠道。

三、我国智慧政务的建设路径探究

（一）智慧政务服务体系建设现状

从当前的智慧政务建设来看，智慧政务涵盖了民生部门的公共单位服务、行政部门统一的服务以及数据化管理系统的平台。

（1）民生公共单位服务。自智慧政务服务平台开通后，很多服务内容都可以从线下转到线上进行，如与老百姓紧密相关的身份证办理、房产登记、结婚登记等。如重庆市大渡口区的公众号——大渡口发布，其中，就有一栏专区叫政务服务，里面涵盖了热门服务、预约取号、我的预约、排队信息和窗口电话。其中排队信息板块可以清晰地看到今天有多少人取号预约服务，又有多少人今天前往窗口办理了服务。同时，办事群众可以根据今日的排队情况，各窗口的排队人数及时调整自己的办事进度，从而减少了排队时间。

（2）数据共享一窗多办。智慧政务服务平台整合各部门网站资源后，可以凭借此实现资源共享的功能。若群众办理的事项需要多部门协调处理的，主办事窗口就可以根据互通的数字资料，依靠互联网等信息技术，实现政府部门之间原有数据信息的互联共享，这就成为智慧政务服务提升效率的关键因素。如重庆市大渡口区的公众号——大渡口发布，其中有一栏叫一件事一次办。点击进去可以看到“我要开店”“我要办证”“我要领钱”等事项，如“我要开店”里面的“我要开体育用品店”里面就可以查看到受理条件、办理要求等相关事宜，需要办理的个体户可以按照要求到对应窗口一次性办理完成。

（3）数据化的管理系统平台。智慧政务管理系统搭建于云服务基础上，多层次、全方位的智慧政务公共服务系统平台，根据搜集的真实数据进行分析和汇总，辅助做出有依据的科学决策，避免盲目决策和失误决策。

（二）智慧政务服务体系建设展望

未来智慧政务服务体系建设可以从以下几个方面着手：

（1）落实简政放权。简政放权是全面深化改革的“先手棋”和转变政府职能的“当头炮”。在“互联网+”席卷全国的当下，我们可以乘着“互联网”的东风全面发展智慧政务，把部分经营管理权下放给企业。

（2）切实贴合用户需求。我国网民数量极其庞大，大到六七十岁的老人，小至四五岁的孩童都懂得利用网站查找资料，了解最新动态。何况是需要办理各种业务的青年、中年一代，更是有各自的需求。在他们提出需求，政府不断解决需求这个过程中，智慧政务服务也应该紧跟其上，在建设的整个阶段尤其是建设之初深入用户群体，收集用户需求，这样才能形成让用户满意的系统。例如，在开发系统时设计两个版本：一个是普通版，适合更广泛的群体；另一个是老年版，对应的功能更简洁，指向性更明确。

（3）搭建数据开放平台。智慧政务平台整合企业、公众以及政府的数据资源形成的大平台可以供不同对象使用，各取所需、查找方便。在智慧政务服务体系过程中搭建数据开放平台不仅可以搜集数据，还能通过对这些数据的分析及时做出政策判断，了解服务动态。一些公众信息的板块可以让所有市民参与进来编辑补充，借鉴百度百科的编辑功能。当发现政府发布出来的消息有误时，群众看到了可以提交修改，后台审核即可。

在党的十八大以前，我国的政府结构大多是管理型政府，现在我国的政府结构逐步转变为服务型政府。如何建设好一个服务型政府，构建智慧政务服务体系必不可少。一个人的力量始终有限，我们在向群众服务的时候，更多的是让群众参与进来，群策群力，共同建设一个和谐、全面、智慧的数字政府。

参考文献：

[1] 向超. 大数据背景下我国智慧政府建设研究 [D]. 昆明：云南大学，2016.

[2] 李国祥. “智慧政府”背景下公共服务供给改革研究 [D]. 南京：南京大学，2016.

[3] 刘涌. 我国电子政务发展的问题与完善措施 [J]. 学术交流，2007 (10)：39-40.

[4] 马健. 孙丕恕：云计算所主导的智慧政务 [J]. 物联网技术，2011，1 (8)：20-21.

[5] 张建光，尚进. 中国智慧城市与智慧政府研究现状与展望：基于 CNKI 的文献计量分析 [J]. 中国信息界，2014 (8)：80-84.

[6] 关静. 智慧城市中的智慧政府：核心特征与目标设定 [J]. 长白学刊，2013 (3)：70-74.

[7] 陈旻. 我国智慧政务建设路径研究 [D]. 长沙：湖南师范大学，2018.

[8] 于冠一，陈卫东，王倩. 电子政务演化模式与智慧政务结构分析 [J]. 中国行政管理，2016 (2) ：22-26.

[9] 刘文富. 智慧政务：智慧城市建设的政府治理新范式 [J]. 中共南京市委党校学报，2017 (1)：62-68.

论重庆市政府数据开放平台建设策略

李雨洵①

摘 要：现今全国各地政府数据开放平台的覆盖越来越密集，建设重庆市政府数据开放平台可以充分借鉴其他省（自治区、直辖市）的先进经验，充分认识到数据开放与政府治理现代化的重要性，在策略上全面审视数据开放与个人信息保护边界的划分，数据开放平台应当与数字政府建设互为依托，促进数据开放平台与高效的政府决策共生。

关键词：数据开放平台；政府数据；重庆；数字政府

大数据时代，数据已成为重要的生产要素与核心资源，对经济发展、国家治理、社会管理、人民生活都产生了重大影响，甚至数据掌控能力也成为衡量国家竞争力的关键因素。

我国尚不存在任何关于政府数据开放的法律，而是通过地方规范性文件加以规范，政府数据开放行为不可避免地存在科学性、统一性不足的弊端。如何实现政府数据开放行为的规范化、统一化是一个亟须解决的问题。

重庆市作为西部门户城市，其经济、社会、文化的影响力将辐射整个西南地区，但在数据开放进程上还处于建设初期。与此同时，中央要求到2035年将成渝地区双城经济圈建设成为具有全国影响力的科技创新中心。重庆市面向社会公众的数据开放，与周边区域的数字资源共享俨然成为一项重要议题。重庆市亟待搭建覆盖经济社会全方位的、更加成熟灵敏的政府数据开放平台。

一、高质量发展阶段数字化的国家战略导向

党的十九届五中全会提出，要坚定不移地建设“网络强国”“数字中国”，到2035年“基本实现国家治理体系和治理能力现代化”，并提出将“国家治理效能得到新提升”“政府作用更好发挥，行政效率和公信力显著提升”作为“十四五”时期经济社会发展主要目标之一。政府治理现代化是国家治理现代化的核心所在。

“十四五”规划中提出，要加强数字社会、数字政府建设，提升公共服务、社会治理等数字化智能化水平。“数字经济”“数字中国”被列为“十四五”规划的核心之一。仅“数字化”在“十四五”规划的全文中就出现25次。此外，还有数字中国、数字时代、数字政府、数字社会、数字经济、数字生活、数字技术、数字

---

① 李雨洵，中共重庆市大足区委党校教师。

娱乐等高相关词汇出现了60多次。

中国信息通信研究院研究结果表明，2020年我国数字经济规模规模达到39.2万亿元，占GDP的比重为38.6%，数字经济在逆势中加速腾飞，有效支撑了疫情防控和经济社会发展。数字化在某种程度已经上升为国家战略。

掌握数据资源成为一种权力，有数据就有了原始的参与经济活动的资本。而数据来源于大众，数据应更多服务于大众。

二、政府治理的现代化与数据公开

近年来，以大数据、云计算、人工智能等为代表的新兴信息技术迅猛发展，不仅对人们的生产、生活、思维方式产生了重大影响，也对政府的管理模式、运行机制和治理方式提出了新要求。习近平总书记指出："以互联网、大数据、人工智能为代表的新一代信息技术日新月异，给各国经济社会发展、国家管理、社会治理、人民生活带来重大而深远的影响。"

2021年《政府工作报告》首次明确提出，要加强数字政府建设，建立健全政务数据共享协调机制，推动电子证照扩大应用领域和全国互通互认，实现更多政务服务事项无接触一次办理。

数据对于公众的重要性在于可以考据和做出分析，对于数据公开的程度、范围、规则应该有明确的边界，并且数据公开对于推动社会发展有着方向性极强的指引作用，所以数据开放策略应清晰、边界应明确。

三、数据的重要性与数据开放

在大数据的视角下，我们作为单一个体的颗粒度越来越高，已经拥有了一个数据化的身份证，而且远比实体世界的身份证信息含量巨大得多。当然，从社会治理的角度，这两种身份证其实是可以打通互联的。一个高透明社会，就此应运而生。

数据开放是一场马拉松，而不是速滑赛，不在于一个地方是否跑得早、跑得急，而在于这个地方能否跑得久、跑得稳，能持续、稳定地向社会提供优质数据，并坚持不懈地推动开放数据的开发利用。

（一）数据的重要性

"数"即"数字"，可以把它比作所有具有意义的符号，而"据"则是"根据"与证据。把它们放到一起来理解，数据就是对客观事件进行观察或记录的结果。它既可以是数字，也可以是具有一定意义的文字、图形、图像、视频和音频等，是对客观事物的属性、数量、位置及其相互关系进行描述的抽象符号。随着经济、技术、文化及制度的进步，物理世界被数据化，整个人类社会将被颠覆，我们对于数据的积累和运用已经达到了前所未有的程度。

中国已经有了一项"天然资源"——十分丰富的数据。中国早已超过美国，成为数据产量最丰富的国家。当前，数据已经成为国家基础战略性资源，是重要的生产要素和生产力。加快数据开放共享，探索数字资源开发利用，让数据活起来是一项重要任务。

中国数据的明显特点在于60%左右掌握在政府手中，很多数据因为考虑到安全性与敏感性并未公开，并且纯度很高。数据规范、数据治理成了政府必须面对的一项重要议题。管理数据开放成了当前一项比较紧迫的任务。

（二）全国政府数据开放情况

在2020年下半年发布的《中国政府数据开放报告》的省级排名中，浙江和上海的综合表现最优，位列开放数级第一等级；山东和贵州位列开放数级第二等级；开放数级第三等级是广东、福建、北京、天津、四川等省份。

山东省、广东省和浙江省内的绝大多数地市都已上线政府数据开放平台，形成我国覆盖范围最广的省级数据开放平台。与此同时，在东中部地区的江苏省、安徽省、湖北省和江西省以及西南地区的贵州省与四川省等地，地级平台也陆续上线并由点及面推广开来。

我国地方政府上线的数据开放平台的数量快速增长，从2017年的20个增长到2018年的56个，2019年有了102个，2020年增加到142个。截至2020年10月，我国已有142个省级、副省级和地级政府上线了数据开放平台。与2019年下半年相比，新增了4个省级平台和36个地级（含副省级）数据开放平台，数据开放平台总数增长近4成，但重庆市并未上线数据开放平台，也未加入数据共享的队伍。

（三）重庆市政府数据开放状况

目前，重庆市公共数据实行依目录开放，凡列入公共数据开放目录的数据，根据数据开放属性有序开放。其具体流程为：自然人、法人和其他组织登录市公共数据开放系统，通过实名认证后，可以查询并申请使用公共数据；对于无条件开放的数据，用户申请后可立即使用；对于有条件开放的数据，用户可以通过开放系统向数据开放主体提交数据开放申请，数据开放主体将及时进行评估，同意则签订数据利用协议，不同意则说明理由。程序虽然复杂但是已经形成了数据开放平台的雏形。

2021年10月，重庆市大数据应用发展管理局首次发布了《重庆市公共数据分类分级指南（试行）》。其中，对于重庆市公共数据按照安全和敏感级在大类上分为公开数据、受限数据、敏感数据、涉密数据，并按照此分类细分后对数据采集、传输、存储、处理、开放、共享、销毁等都制定了规则。

目前，重庆市也有一系列数据开放举措。由重庆市大数据发展局研发的全市公共数据资源开放系统自2020年上线运行以来，已免费向公众提供首批涉及市场监管、卫生健康等多个领域，包括48个市级部门、20个主题共800多类公共数据。2021年以来，重庆市多个科创中心举办了多期开放数据利用创新大赛，对于数据的创新利用进行了奖励。可以说，重庆市的数据开放与共享正全面铺开，蓄势待发。

四、重庆市政府数据开放平台建设策略

对于不同层级、地区及部门政府来说，开放数据的价值期望存在很大差别，这

种差别最终会体现在数据开放平台的建设成效上来。开放数据可以促进数字经济发展，也是对政府治理现代化的考验。

（一）全面审视数据开放与个人信息保护边界的划分

以其他地区的数据开放政策来做参考：《贵州省政务数据资源管理暂行办法》规定，对于非涉密敏感信息的政务数据，只要经过脱敏清洗并对其使用条件和适用范围进行限制后方可以完全开放或有限开放。《浙江省公共数据开放与安全管理暂行办法》规定，对于涉及个人信息的公共数据只有经信息主体知情同意后方可纳入有限开放范围。可见，目前，我国地方政府数据开放立法倾向于将个人信息权益保护置于促进个人信息合理利用更优先的地位，对涉及个人信息的公共数据开放实行严格管控。

含有大量个人信息的政府数据资源的开放利用将给个人隐私等合法权益带来严重威胁。但个人信息并不是绝对的私权。如何在保护公民个人信息权益和促进个人信息合理利用之间寻求平衡，探索最佳的个人信息保护与利用机制成为政府数据开放平台建设的重要议题。且政府数据开放中处理个人信息与国家机关处理其他领域个人信息相比呈现出处理主体更为多元，处理行为有所侧重，处理目的具有不特定性等特征。

因此，重庆市在一开始建设数据开放平台上应至少前置几个条件：一是建立问责机制，增强安全意识；二是应用科学技术，建立风险防控体系；三是明确政府数据开放对个人信息的处理是基于公共目的。为实现公共利益，政府数据开放的形成动因和最终目的都指向增进整个社会公共福祉。

（二）数据开放平台应当与数字政府建设互为依托

数字政府建设的重要任务是实现“互联网+政务”建设，为公众提供便捷化服务，而高效率的“互联网+政务”模式则是实现数据传播的集约化、保证数据开放共享的关键所在。

（1）推进政务信息系统整合。坚持“一网通办”目标，设区市、县与乡镇政府部门无须建设各自的数据中心，应整合各类公共数据和信息资源，统一归集到省级政务云平台，以满足公众可以使用一个账号、提交一遍材料、借助一个平台、解决所有问题的需求。这样一来，也能实现紧急事件发生时的“快速发现、快速联动、快速分派、快速处置”等一体化行动目标。

（2）加快数据资源开放共享。当遭遇“信息孤岛”“数据壁垒”的实践困境时，应当遵循“共享为原则，不共享为例外”的理念，将跨层级、跨地域、跨部门的业务和数据资源按照特定的标准，以特定的方式，在特定的平台上进行开放，促进政务数据资源的横纵向互联互通，确保办事机构能够在线及时获取业务信息，进而实现办事流程协同。

（三）促进数据开放平台与高效的政府决策共生

人工智能深度学习算法取得的重大突破及其应用场景的不断拓展，使得作为人工智能基石之一的数据的价值日渐凸显，数据已经成为重要的战略资源。依据数据处理和分析的结果来识别问题、分析问题和寻求问题的解决方案正逐渐成为政府、企业和社会组织决策和行为时的重要路径。

伴随数据在经济社会发展中重要性的日渐彰显，掌握海量数据并拥有数据处理技术优势的资本，在国家治理和全球治理中的影响力与控制力不断增强，一种新型的技术权力形态——数据权力正日渐兴起。数据权力表象上是一种技术权力，彰显了数据在国家治理、社会治理和市场治理等领域的重要作用，数据权力成为市场和社会监督国家权力运行的有效利器。在大数据时代来临之前，拥有政治权力的政府机关在国家治理体系中居于中心地位，社会治理也由此呈现出由政府主导的格局，数据开放平台建设实际上体现了服务型政府的逐渐成熟。

重庆市应汲取其他省（自治区、直辖市）的经验，在政府数据开放上合理划分政府数据类型，明确政府数据权利的主体归属，并基于政府数据开放与政府信息公开的差异和弥合，进而从理念、实体以及程序等方面进行规范构建。

综上所述，重庆市在搭建数据开放平台的条件已非常成熟，但需要注重顶层设计，将诸多规则前置，有序开放，从一开始就打牢基础。

参考文献：

[1] 王秀秀. 个人数据权：社会利益视域下的法律保护模式［D］. 上海：华东政法大学，2016.

[2] 门理想，等. 公共价值视角下的政府数据开放［J］. 情报杂志，2021（8）：108.

[3] 陈鹏. 数据的权力：应用与规制［J］. 治理现代化研究，2021（5）：113-115.

[4] 王万华. 论政府数据开放与政府信息公开的关系［J］. 财经法学，2020（1）：13-15.

[5] 王益民. 全球电子政务发展前沿与启示《2020联合国电子政务调查报告》解读［J］. 行政管理改革，2020（12）：26-32.

政府在社区文化服务体系建设中的角色分析

——以重庆市梁平区为例

安小林[1]

摘　要：社区文化建设是丰富群众物质和精神文化生活、创建文明社区的基础性工程，对团结社区居民、提升城市形象，构建和谐社会都有着重要作用。本文通过问卷调查、与社区工作者座谈、走访社区居民等形式进行了深入而广泛的调研，探索创新推进社区文化建设的路径。

关键词：政府；社区文化；角色；分析

社区建设的灵魂在于社区文化建设，而社区文化是服务群众、凝聚民心的有效方式之一。它有利于丰富社区居民的精神境界和提高其生活质量，有利于团结社区居民，有利于提升整个城市的形象。因此，健全社区主导、社会参与、全民覆盖、普惠共享的社区文化服务体系，大力发展公益性文化事业，加强社区文化基础设施建设，提高社区文化服务能力，丰富社区文化活动内容，积极为社区居民服务并不断丰富群众的精神文化是社区文化服务体系建设的根本出发点。

一、梁平区社区文化服务体系建设现状

梁平区下辖343个村（社区），其中社区有65个。为了进一步提高社区文化建设的质量，探索出一条行之有效的社区文化建设之路，更好地发挥文化在社区工作中的促进作用，增强居民对社区的认同感、归属感。近年来，梁平区党委、政府高度重视社区文化服务，在社区文化设施设备供给、社区文化服务队伍建设、社区文化资源保障等方面都进行了不断的探索，努力破解瓶颈，大力推进社区文化更好的服务社区居民，取得了实效。

（一）加强社区文化设施建设

梁平区已基本形成区、镇、村三级公共文化服务网络，城乡社区文化设施面貌明显改善。全区共建成580多个乡镇（街道）文化服务中心和农家书屋，100%的社区都配备了图书室和电子阅览室，90%以上的社区有活动广场、娱乐公园、棋牌室、阅览室、游乐室、体育健身室等，辖区内还涵盖了学校、图书馆等公共文化场所。各社区深入开展公共图书馆、农家书屋免费开放，积极改进服务，增加服务内

① 安小林，中共重庆市梁平区委党校高级讲师。

容，延伸服务领域，提高免费开放服务质量。积极实施全民阅读“七进”工程，充分利用综合文化服务中心图书室、村（社）农家书屋年均开展各类阅读活动300余场次。以“辉煌七十载·阅读新时代”为主题，积极开展“柚花飘香·书香梁平”“书香润童年·阅读伴成长”“书香梁平·惠民书展”等各类主题阅读活动，在全区营造了“爱读书、善读书、读好书”的良好氛围。

（二）积极丰富社区文化服务内容

近年来，梁平各社区组织开展了展现梁平特色、人民群众喜闻乐见的文化体育活动，创建了一批社区特有的文化品牌，如梁山街道北池社区的读书节、石马社区的邻居节等品牌文化活动。有的社区还开展了美术、书法、摄影、舞蹈等方面的公益性培训，有的社区围绕中心工作开展了方针政策、法律法规、时事政治、健康与生活等方面的时政法制科普教育与讲座。这些文化服务倡导了本辖区群众养成良好的业余爱好，同时，也促成了和谐友爱的睦邻关系，充分发挥了社区文化凝聚社区居民的作用。

（三）有力推进购买文化服务进社区

梁平区政府及各职能部门对社区文化服务建设高度重视，积极参与到社区文化建设，给予指导和帮助。如开展《我和我的祖国》等各类惠民电影放映，为农村、社区、学校以及爱国主义教育等放映惠民电影年均6 000余场次，观影人数累计近100万人。特别是农村电影和中小学生爱国主义电影放映覆盖率达100%，极大地丰富了社区居民的文化活动形式。

（四）探索加强社区文化团体建设

梁平各社区结合自身实际，分别成立艺术团、合唱团、民乐队，组建书法协会、读书队、合唱队、老年艺术团等文艺团体，积极开展社区文化活动，每逢节日，党建联系单位共同进行组织活动。充分发挥社会群众文化团队的作用，目前全区群众文化社会团体近十个，民间乐队及癞子锣鼓队等演出团体达200余支，长年活跃在农村、社区，丰富了广大居民的文化生活。

二、社区文化服务体系建设存在的困境

（一）社区文化建设经费捉襟见肘

主要表现在社区文化服务投入机制不健全，经费不足，运转困难。大部分社区缺乏门面收租金等资金来源，而社区工作经费仅能保障社区工作运转，原有的社区共建单位共助共筹资金的方式在新时代无法推行，真正能用于社区文化活动以及设施设备的管理、维护、运行的经费捉襟见肘。

（二）社区文化活动阵地及服务意识存在瓶颈

一是社区室内活动场地偏小，还不能完全做到专室专用。目前，社区活动室场地偏小，大部分社区活动室在50平方米以内，对开展大型活动存在场地的制约。同时，随着工作下放社区，社区行政工作量逐年增大，而社区文化活动场所常常因为社区事务性工作而被挤占，存在一室多用的现象，给居民的日常文化活动带来诸多不便。二是社区文化共建难。从调研看，大部分社区辖区范围内文化资源相对比

较丰富，比如石马社区所辖区域有学校、文图馆、公园等场所，党建联系单位多，但是充分利用各自的文化资源服务社区居民文化活动缺乏长期性，公共文化场所存在只停留在偶尔开放、偶尔使用的现象，难以形成社会资源共享、多方积极投入的社区文化共建局面。三是所提供的文化产品还存在数量少、形式单一等问题。因受资金的制约，目前90%以上的社区仅仅借助“三八”“五一”等特殊的日子和契机举办小型的社区文化活动，存在以文化活动代替日常的文化服务现象，还没有从根本上改变社区广大居民精神文化生活相对贫乏、单调的现象。

（三）社区文化人才队伍建设相对滞后

一是社区没有专业文化工作人员，只有兼职人员，在社区文化服务工作中仅仅负责协调和联络等日常工作，同时还要兼顾完成社区其他工作，不能专心从事文化服务工作，导致社区文化的阵地和功能得不到充分发挥。二是社区缺乏专业的文化创作人才，大部分社区活动都是由文化志愿者或者退休的文艺工作者牵头组织，因受志愿者掌握的文化工作专业知识不够以及参与的退休文艺工作者普遍年龄偏大、工作精力不足等因素影响，社区文化活动无论是在活动运作还是节目质量上都存在差距，社区文化难于走向专业化和精品化。

（四）社区文化服务体制有待健全

社区主要是依靠党委、政府和相关部门出台的文件对社区公共文化服务进行建设和管理，没有形成系统化、长效化的财政投入机制、运行保障机制、人员培训机制、服务管理制度和检查考核制度等，在一定程度上制约了社区文化服务体系作用的发挥和进一步发展。如城市管理的职能部门联系协调机制还不够健全。一方面，社区文化建设如文化活动或者文化展板展示等需要活动场地；另一方面，城市精细化管理需要加强城市公共场所管控，导致在活动开展中存在矛盾，社区的大型文化活动场地使用审批困难。

三、社区文化服务体系建设的几点建议

社区文化是社区建设的核心内容，在丰富社会内涵、提升人民素质、维护社区稳定、促进人际和谐、推进社会进步有着重要的意义和作用。

（一）完善基础设施，健全社区文化服务网络

中国特色社会主义进入新时代，我国社会主要矛盾发生转化，这对社区建设提出了新的更高要求，我们必须把人民是否满意作为衡量社区建设成效的根本标准。因此，社区可以按照公益性、均等性、便利性、基本性的原则，鼓励社会力量积极参与，大力加强社区文化基础设施和服务网络建设，特别是在居民居住密集的地方，以住房占地或者社区面积及居民数量为基数，不断升级公共场所的设施设备，进而满足社区居民对文化生活的需要。同时，要充分整合利用不同领域、不同系统文化设施，有组织地实施学校、企业等社会公共文化设施资源的开放共享，为广大群众提供更多的公共文化服务。

（二）丰富文化内容，满足居民精神文化需求

一是文化主管部门要根据文化馆、图书馆、镇乡文化服务中心等公共文化服务

机构的特点，分类制定公共文化服务质量标准，简化服务流程，延长服务时间，灵活、快捷地为辖区内的社区文化服务提供指导和有效补充；二是要根据居民的兴趣和爱好，适时调整文化服务的内容和形式，让文化活动贴近居民群众的切身需要，进而充分调动居民参与社区文化活动的积极性和主动性，享受到愉悦身心、自我教育、明理增智的精神文化生活；三是政府还应加大社会组织中优秀文化节目的购买力度，以满足社区广大居民的文化生活需要。

（三）加强队伍建设，提升社区文化服务能力

一是要树立人才是第一资源的观念，加强对现有从业人员的规范化管理，积极借助党校、网络等多种渠道加大培训、轮训力度，切实提升社区文化服务队伍的思想政治素质和做好社区文化服务工作的能力。二是制定政策措施，吸引各类优秀人才进入社区文化服务领域，配备专职社区文化工作者，鼓励高校毕业生到社区从事文化服务工作；吸纳专业社工和志愿者，带着文化项目走入社区，创设更多的文化服务节目，为社区居民提供更多公益性的文化服务，补齐社区文化服务短板。三是注重发挥基层文化骨干、文化能人的作用。充分发挥已退休但仍然居住在社区的退休人员的作用，鼓励他们创建节目，当老师、做榜样，带动身边人参与文化活动，为推动社区文化事业贡献余热。四是加强对社区文化服务骨干队伍的管理，充分发挥他们的作用，创新工作方式，提升其服务能力，力争创造更多更优秀的文化品牌节目，为社区不同层次的居民提供相对应的公共文化产品和服务。

（四）完善保障机制，营造社区文化建设良好氛围

一是营造良好氛围。通过报纸、网络、电视、电台、宣传手册、院坝会等各种形式宣传文化，做到“有图有声音”。二是强化领导管理体制，要充分认识到文化促发展、文化促社区稳定的作用，切实把社区文化服务建设纳入重要议事日程，为群众提供系统性、公平性、可持续性的文化服务。三是要建立稳定的社区文化投入机制，一方面加大政府资金向社区文化服务建设方面倾斜；另一方面吸引和鼓励社会力量支持社区文化服务，充分利用本社区范围内的企事业单位、成功的热心人士等优势，以建立社区文化建设基金等形式为社区文化服务注入资金，增设公共文化设施、提供公共文化服务，实现共建共享文化成果，进而满足社区广大居民的文化生活需要，提高社区居民的幸福指数。

参考文献：

［1］王瑛，姜美珍，赖增李. 区域特色下的文化构建：广东农村社区文化建设探讨［J］. 华南农业大学学报（社会科学版），2006（3）：123-128.

［2］郑萍. 文化民生视野下的城市社区文化建设研究［J］. 城市发展研究，2011，18（11）：115-118.

数字治理时代基层政府治理面临的困境与对策研究

梁 锐[①]

摘 要：数字治理时代建设数字政府有助于优化基层政府职责体系，体现了坚持以人民为中心的体制机制供给，有利于实现政府治理现代化。但基层数字政府建设过程中仍存在思维、技术、人才的现实困境，就此提出建设数字政府的对策建议。

关键词：数字政府；缘由；现实问题；对策

数字政府建设是持续推进治理现代化的重要环节。谈到数字政府，首先要理解何为数字政府？数字政府是运用信息技术和大数据，创新行政管理、服务监管方式，实现政府效能优化提升的新型治理模式。在新时代、新发展阶段，加强数字社会、数字政府建设，对于优化社会服务供给、创新社会治理方式、构建国家治理体系和治理能力现代化，都具有重大的意义。

一、建设数字政府的缘由

（一）体系建构：有助于优化基层政府职能职责

科学技术的创新必将带来新一轮的社会革命，将数字技术运用到政务服务中其基本目的是为了优化政府职责体系，提升基层公共服务、社会治理水平。一方面，目前“互联网+政务”取得了一些工作成效，为基层人民群众办事提供了便捷的服务体验；另一方面，互联网平台成为民众参与政治议程、公共政策和政府感知社情民意的重要渠道。网上听证、网络民意调查等网络化、数字化方式不断拓展公众政治参与的广度和深度。

（二）价值取向：体现了坚持以人民为中心的体制机制供给

数字治理时代人民群众对信息安全、数据使用提出了更高需求，数字鸿沟、隐私保护等日益成为数字化改革进程中的痛点。从基层政府转型建设的价值层面看，基层政府在数字化转型进程中需要解决公共数据面临的问题，积极构建数字政府，有助于提升人民群众的获得感、幸福感、安全感。

---

① 梁锐，重庆市忠县行政学校科研科科长。

（三）场景需要：有利于实现政府治理现代化

数字治理时代未来发展趋势必然是让城市更加智能化、智慧化，数字技术的发展助推基层政府治理能力现代化。

二、基层数字政府建设面临的现实困境

当前，从顶层话语体系来说，云计算、大数据、人工智能等技术不断向基层延展，推动“数字政府”建设，实现“数字治理”是政府治理现代化的必然趋势。但对于基层政府而言，延伸出来的数字化形式主义却屡见不鲜，如信息系统重建设、轻实效，数字化反而增加了基层工作负担的问题。数字治理的初衷是服务人民，而不是任务转移。

（一）思维困境

思维的转变与突破是建设数字政府最关键的要素，基层政府普遍存在两种思维局限：一种是过分依赖大数据、云计算等，希望通过大数据来解决一些治理难题，但往往存在技术与数据决策脱节的现象；另一种是对数字政府建设持观望消极的态度，将数字政府建设作为次要工作或未来规划建设的态度。这样两种不同的思维方式造成基层数字政府建设乏力。

（二）技术困境

事实上，数字技术的飞跃发展，并不必然会带来数字政务服务的优化。目前，数字政务做得较成功的大多是上海、广东、浙江等经济发达省份，这与新兴技术产业的支撑密不可分。然而，基层政府运作缺乏技术公司的支撑，这需要投入大量的人力、财力、物力，数字政府建设进程十分缓慢滞后。

（三）人才困境

当前，国内大环境十分缺乏数字人才，对于基层政府来说现有内部人员又缺乏数字技术专业知识，今后招录数字人才又缺乏配套激励机制，这对于建设数字政府是一个非常棘手的问题，制约了数字治理的发展进程。一方面，干部自身能力有限。尽管顶层设计已经在规划数字政府，但大多数基层干部仍然处于观望和被动状态，对于数字治理政府怎么做、干部怎么做缺乏系统的认知。另一方面，政府数字人才引进机制被动，大多数数字人才不愿意到基层。

三、数字治理时代基层数字政府建设的对策

（一）思维转变：树立“为民服务”的数字服务理念

（1）时刻牢记为民服务的意识。“以公民为中心”的价值体系逐渐形成，由此出现“数字治理”。从传统政府治理场景到数字治理新形式，不论治理模式如何发展更迭，政府都要树立“权为民所用、利为民所谋、情为民所系”的理念，始终坚持以人民为中心的发展理念、全心全意为人民服务的宗旨。尤其是基层政府，切不可将“数字政府”建设简单理解为“数字政绩”“数字任务”“数字留痕”，这不仅会增加基层群众的负担，也完全背离了数字政府建设的初衷。

（2）深入理解数字中国的理念。从国家层面来看，习近平总书记提出要建设“网络强国、数字中国、智慧社会”，在致2021年世界互联网大会乌镇峰会的贺信中，更是强调要“增强数字政府效能”。从发展方向来看，“十四五”规划和2035年远景目标纲要提出，要“提高数字政府建设水平”，将数字技术广泛应用于政府管理服务，推动政府治理流程再造和模式优化，不断提高决策科学性和服务效率。对于基层政府而言，要从宏观上把握和理解国家顶层的制度设计，推动基层社会治理和经济社会发展朝着数字化方向发展去努力。

（二）顶层设计：构建人民满意的数字服务体系

（1）完善顶层设计。建设数字政府不是一蹴而就的，而是一项长期性、系统性、复杂性工程，因此，要强化顶层设计和目标指引作用，从宏观上出台指引数字政府建设的政策。

（2）统筹数据资源。对于各地政府来说，如何实现数据资源的共享，打破数据壁垒，是实现数字治理的基础性工程。数据治理涉及跨部门、跨层级、跨区域的协调，应当尽可能地赋予数字化领导机构对数据治理的综合协调权力。

（3）深化“放管服”改革。持续开展政务服务督查考核，各政务服务部门和各乡镇（街道）要始终把优化办事流程、减少办结时限和群众少跑路作为优化政务服务的重要任务来抓，深度优化以上各项指标。对于没有部门垂直管理业务信息系统的事项，必须通过“渝快办”政务服务平台办理，提高办件事项的覆盖率和“网上办”的比例。

（三）人才培养：健全数字人才培养体制机制

（1）培育数字人才。政府数字治理能否取得良好的效果，离不开数据创新技术的支持和数字化人才的支撑。人才是核心竞争力，积极引入数字人才才是关键。

（2）提高数字素养。习近平总书记强调，领导干部要“善于获取数据、分析数据、运用数据，是领导干部做好工作的基本功。”领导干部要在“学”上开阔眼界和视野，提高数字经济思维能力和专业素质，增强发展数字经济的本领和安全意识，推动数字经济融入新发展格局。

参考文献：

［1］徐梦周，吕铁．赋能数字经济发展的数字政府建设：内在逻辑与创新路径［J］．学习与探索，2020（3）：78-85.

［2］陈炳，方海宾，赵文文．政务中台在数字政府建设中的作用初探［J］．华东师范大学学报：自然科学版，2020（5）：6.

［3］陈玲，段尧清，王冰清．数字政府建设和政府开放数据的耦合协调性分析［J］．情报科学，2020（1）：165-171.

重庆市Z县数字政府建设：现状、困境及对策

宋 婧[①]

摘 要：数字政府既是数字中国建设的重要内容，也是推进政府治理能力现代化的重要抓手。在各省（自治区、直辖市）纷纷出台数字政府建设规划的背景下，重庆Z县正进行数字政府建设的尝试和实践，在政务服务、政府决策和社会治理方面的应用场景上有所进展，实践中存在理念思维更迭、工作协同及建设保障等现实困境。本文从理念思维、纵横协同和要素保障三个方面回应其困境，推进其数字政府建设。

关键词：数字政府；困境；政务服务；社会治理

当前，以数字化、网络化、职能化为特征的现代信息技术的快速发展，给政治、经济和社会发展带来了深刻变革。数字政府建设就是基于信息时代背景下的政府变革回应，主要是运用信息技术和大数据创新行政管理、服务监管方式，从而提升政府效能，具有系统性、开放性、协同性、整体性等特点。从党的十九届四中全会将数字政府建设上升到顶层设计层面，到超过四成省份发布了专门的数字政府战略规划文件，数字政府产业发展势头强劲。根据《重庆市数字经济“十四五”规划（2021—2025年）》征求意见稿，重庆已将数字政府建设的要求列入其中，推进数字政府建设，中央有部署、市里有要求、Z县有需求。

一、数字政府建设的基本情况

从规划、构思到实践，在财政压力日趋紧张的情况下，Z县数字政府建设主要着手在5G通信基础设施等基础保障上下功夫，在政务服务、政府决策和社会治理方面的应用场景上不断拓展深化。

在政务服务方面，Z县主要运用重庆市统一建设的“渝快办”网上办事大厅和市级一体化政务服务平台开展工作，已搭建政务信息共享交换平台。根据政务数据资源“三清单”制度，编制政务信息资源目录。目前，该平台已经汇聚部门资源目录991个，上传数据196万余条，实现县级政务数据汇聚无条件共享678个，有条件共享177个，不予共享136个，并作为全市4家试点县之一入选市区政务数据协同试点县。Z县依托市级平台一定程度上规范了行政行为和加速数据资源流通，但距离国家、市级对“互联网+政务服务”的要求还有较大差距，在优化服务流

① 宋婧，重庆市忠县行政学校专职校务委员。

程、创新服务方式、推进数据共享，最大程度便民便企，让群众和企业少跑腿好办事，在共享数字技术发展成果方面还有很多亟待解决的问题。为此，Z县正在启动一体化在线政务服务平台建设项目。

在政府决策方面，疫情期间Z县主要借助渝康码、行程码等大数据手段进行疫情监测分析和人员流动管理，出台了《Z县新型智慧城市规划方案（2021—2025年）》，智慧Z县大数据中心项目成功立项并完成前期策划，建成后将进一步为政府数字化决策提供便利。

在社会治理方面，Z县围绕智慧社区和社会综合治理平台建设做文章，成功培育智慧社区场景3个，已争取将3个智慧社区建设纳入重庆市第二批“小切口、大民生”智能化创新应用试点项目，建成了地表水环境质量自动监测站5个，指导实施智能化改造项目11个，智慧工地7个，建成“Z城微服务”社会综合治理平台，注册用户1 187户，延伸至1 043个微信群，辐射居民微信77 569人次，智治支撑平台逐步完善。

二、数字政府建设的现实困境

数字政府是一种与信息革命相适应的政府形态，需要理念更新、思维更迭、技术支撑、数据驱动、业务理顺和制度保障等要素融合发力。笔者通过走访调研，发现Z县数字政府建设面临多重现实困境。

（1）在工作理念上，数字化转型理念滞后。对互联网、大数据的认识更多停留在工具层面，在政务服务理念上更多停留在政府供给导向层面，利用数字技术实现群众需求导向，推动政府治理流程再造和模式优化上的思考有待加强。

（2）在工作思维上，互联网思维养成不足。其主要体现在用户思维、流量思维和大数据思维运用不足，比如在一体化平台建设的构思方案、综合治理平台设计中用户思维的缺位，对公众使用意愿、体验及便捷性考虑较少，获取、分析和运用数据的基本功需要提升，数据赋能政府决策上成效不明显。

（3）在工作协同上，业务融合、部门协同、数据共享上有脱节。数字政府建设的重点是融合线上线下的业务从而优化业务流程实现便民便企。然而，Z县在政务服务上存在部分证明材料不能互认，线上服务事项仍以部门为单位，部分事项办理时间长、材料多、网上咨询窗口办理等业务融合较差等现象，县乡两级协同、部门协同及数据开放共享上差异大，在乡级可办事项较少，经济发展类服务多于教育、住房、民政、户籍等社会公共服务类服务，数据资源共享数据不足、质量不高，“数据孤岛”的问题仍未有效解决。

（4）在工作保障上，数字政府建设需要的人、财、物及制度保障难以充分实现。在人才保障方面，拥有较高数字素养，能利用数字技术提高政务数据、服务平台使用效率的数字专业人才较少；在财力保障方面，数字政府建设需要技术和强大的财力做支撑，对于Z县而言，财政压力大、经费紧张，相关预算严重不足，为满足基础使用各部门化整为零的建设模式降低了资金使用和平台融合协同效率；在制度保障方面，数字政府建设关乎多个市场主体、多个渠道的数据、多个服务平台及多种业务事项，需要标准化行动指南，数据共享机制、支持数字治理有效进行、数字信息安全及监管等制度，相关制度的建立完善还在探索实践阶段，对于Z县而言，制度保障困境仍然存在。

三、数字政府建设的对策思考

在数字政府建设的框架和路径中，应强化政府的数字化转型理念，围绕理念思维是先导、业务融合是核心、数据共享是关键、技术设施是支撑、体制机制是保障下功夫，让数字技术助力政府决策科学化、社会治理精准化、公共服务高效化。

（一）更迭数字理念，多元融合，实现需求导向

（1）强化数字化理念的更迭，通过政府文件、培训、会议、媒体等渠道和平台提升领导干部、基层公务员与市民的数字素养。

（2）强化互联网思维的养成和运用，在数字政府建设方案、平台设计中融入用户思维、数据思维、平台思维等互联网思维，加强政府、公众和企业等参与主体的融合，着力在信息发布、办事服务、互动交流和功能推广方面增强政务服务黏性。

（3）以需定供，广泛征求企业、群众在政务服务、社会治理、数据共享上的需求，厘清企业和群众需求的共性与差异，进一步融合应用服务，实现政务服务平台的“有用、管用、好用”。

（二）推动纵横协同，以问题为导向，提升治理效能

（1）以问题为导向，面向企业、群众广泛开展调研，收集政务服务、社会治理方面梗阻，运用数字技术实现工作流程、服务方式的再造，从业务上网到服务上网，实现技术工具到治理赋能的转变。

（2）推动城乡纵向协同，通过“放管服”改革，建立科学的职能职责体系，进一步推动服务事项下沉，将更多事项延伸至乡镇（街道）、社区，实现企业和群众就地办事少折腾。

（3）建立统筹协同机制，实现部门横向协同，一方面，是统筹技术与管理的协同，在证照材料上推动互认，变线下群众跑为线上数据跑，打通服务群众“最后一公里”；另一方面，在数据汇聚上，建立政府数据库推动信息资源共享，切实提升政府治理效能。

（三）充分借智借力，整合资源，实现要素保障

（1）加强数字人才队伍建设。一方面，加强对专业人才的招录和培养，对从事数字治理和政务系统的人员进行专门培训，逐渐提升公职人员的数字治理能力；另一方面，依托信息技术企业和相关智库人员提升平台建设及运营效果。

（2）积极争取上级资金和对口支援资金，拓宽资金筹集渠道，积极探索与社会资本合作，减小数字政府建设的财政压力。

（3）发挥政府和企业各自优势，建立政企合作、管运分离运营模式，建立运行维护、业务运营、质量管理等运营管理制度，制定政务信息资源管理、共享工作评价及数据安全应急方案等政策，筑牢数字政府建设的制度保障防线。

参考文献：

[1] 李军鹏. 面向基本现代化的数字政府建设方略 [J]. 改革，2020，322（12）：16-27.

[2] 黄未，陈加友. 创新行政管理和服务方式 推进数字政府建设 [J]. 贵州社会科学，2019（11）：16-19.

[3] 周民，贾一苇. 推进"互联网+政务服务"，创新政府服务与管理模式 [J]. 电子政务，2016（6）：73-79.

[4] 王孟嘉. 数字政府建设的价值、困境与出路 [J]. 改革，2021（4）：10.

[5] 刘晓红，王旭，王子文. 江苏数字政府建设的现状分析与对策建议 [J]. 现代工业经济和信息化，2020，10（11）：4.

[6] 宋建恒. 关于推进"数字政府"建设的几点思考 [J]. 数字通信世界，2018，168（12）：267-267.

“双向”治理：地方政务中心改革的逻辑

王长征①

摘　要：在地方政务中心改革目标、策略和工具的分析基础上，将地方政务中心改革置于地方政府和一线工作人员的协调整合角度，发现地方政府表现出整体性治理逻辑、一线工作人员表现出“逆向”治理的行动逻辑，地方政务中心的改革逻辑则是上述两种主体逻辑协调联结下的“双重治理”逻辑。从“双向”治理到“逆向”消解是地方政务中心一线工作人员结构性与理性之间的协调和替代，是传统体制与现代改革之间的要求体现。

关键词：地方政务中心；政府治理；基层治理；行政改革

一、地方政务中心改革的理论与现实问题

（一）改革目标：面向公众与面向一线

在政策和制度语境下，地方政务中心改革是面向社会公众的，以“准行政组织”形式为社会公众提供公共服务，在新公共管理视角下，政府改革也使得顾客（社会公众）发生了从所有者到消费者的转变。在上述视角下，地方政务中心改革具有两方面的目标意义：面向社会的公共服务提供和面向服务提供者的角色转变。面向社会公众的目标是改革的根本目的和改革中各级政府组织的行动本质，但如何实现这种目标？在从社会公众向消费者转变的意义下，地方政务中心成为政策交付的一种市场化形式，这种市场化具有严格的监控和高效率的要求，不仅是对交付方（原有公共部门政府机构）的管理，还是对受理方（如地方政务中心）的管理，同时这种市场化交付方式也会产生一种“博弈”，即受理方拥有更新更强的工具来影响其工作从而可能处于优势。所以，要实现面向社会公众的改革目标需要建立于面向服务提供者的改革，了解一个政府官僚机构就必须理解它的第一线职员如何学会工作，在地方政务中心中则具体表现为一线工作人员的改革。因此，地方政务中心改革目标在结果上面向社会公众，而在过程上则面向一线工作人员。

（二）改革策略：流程再造与流程集中

地方政务中心是政府流程再造中的具体表现形式。流程再造是以服务为中心，将工作流程重新整合，通过垂直压缩、合并工作、扁平组织、转变职能等手段来优化流程，提高公共服务效率。因此，流程再造视角下对地方政务中心改革有三点意

① 王长征，重庆工商大学公共管理学院讲师。

义：一是对组织结构的优化。地方政务中心将分散于多个政府部门的功能进行整合，集中于一个组织中，通过“分散—集中—联系”的组织结构和关系建立了一个跨部门、多合作的灵活性行政组织。二是以问题解决为导向。地方政务中心是改革公共服务提供和公共管理的新路径，必然具有目的性，具体表现为面向公众问题的流程和结构的最优解。三是多方参与整合。地方政务中心优化组织结构，调适多部门合作，解决公共问题。但流程再造是基于科层官僚体制以任务和职能为中心分层分级分解任务命令的流程基础之上的，这种垂直金字塔式的组织形式将治理的优越性达到最佳。因此，发生于垂直科层体系内的流程再造不可避免会受到“最佳优势”的影响和制约，以流程或部门简单的集中替代流程再造，两者在形式上具有高度一致性，其核心的分歧则在于在同样地扁平组织中，工作人员是延续科层体制中的以命令行事的分散独立状态还是多部门联合协同的状态。

（三）改革工具：内生构建与外部推动

地方政务中心是深化公共服务提高行政服务水平的重要改革举措，整个改革的过程表现出自上而下的政策和制度推动，同时提升公务人员的服务素质和服务能力也是“放管服”改革的重要要求。在我国干部人事制度的“理性—政治”逻辑下，一线工作人员已逐渐打破简单服从上级命令或纯粹回应公众偏好的固化模式，逐渐形成改革过程中的一线理性服务模式。因此，地方政务中心改革具有外部推动和内生构建的双重工具特征，但外部推动的工具特征会构成内生工具的限制性因素，如政策制度会形成目标责任制和压力型体制，上级政府的“权随责走、费随事转”在责任下移过程中只是徒有其表，没有实质资源支持，各级行政部门之间的条块分割和信息壁垒，使得部门间的横向沟通难以顺畅，这弱化了地方政务中心的内生动力，将行政服务转型变为行政任务要求。

二、地方政务中心改革逻辑：地方政府与一线工作人员的“双向治理”

综上所述，地方政务中心改革在地方政府实践过程中涉及两个重要主体，地方政府与一线工作人员，两者之间存在不同的治理逻辑，因此，地方政务中心改革也表现出地方政府的整体性治理逻辑和一线人员“逆向”治理的“双向逻辑”。

（一）地方政府的整体性治理逻辑

新公共管理运动加速了公共治理的“碎片化”，以协调、合作和整合为特点的整体性治理应运而生。整体性治理包含以顾客为基础和以功能为基础的组织重建、一站式服务、重塑结果服务、灵活政府过程和持续性等内容，地方政务中心是地方政府整体性治理的一种治理逻辑，也是公共服务的一种整体性供给模式。整体性治理逻辑具有工具理性和价值理性两方面要求，在工具理性方面通过整体性考虑、对话和共同性工作以实现协调，通过联合性工作、联合性项目和卫星组合（包含战略联盟、联盟和合并三种形式）以实现整合，在工具理性诉求基础上整体性治理追求公民身份重建的价值理性。

因此，地方政务中心作为地方政府整体性治理逻辑的实践，具有三个鲜明特点：一是地方政务中心是一种自上而下制度政策推动的基于整体性考虑面向公众的改革形式；二是地方政务中心的改革实践过程体现的是一种工具理性，通过各种策略工具进行公共服务供给侧的结构性、功能性改革，以组织结构与公众的“对话”来实现协调整合；三是地方政务中心的优越性体现在对传统科层官僚体制的突破和对机构之间问题推诿转嫁、目标冲突、任务重复等公共管理问题的纠正。上述特点体现了地方政务中心地方政府的整体性治理逻辑的两个重要维度（见图1）：行政力量作为外部驱动因素和保障因素，工具理性作为核心过程手段，面向公共服务供给的协调整合和与社会公众的互动。

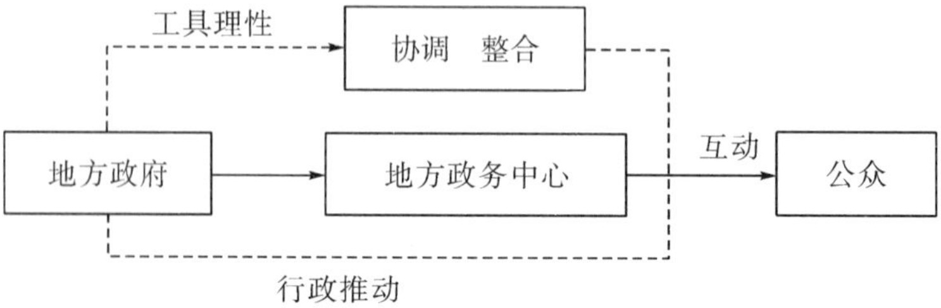

图1　地方政务中心中地方政府的整体性治理逻辑

（二）一线工作人员的“逆向”治理逻辑

在地方政务中心的地方政府整体性治理逻辑中，存在一个前提假设，即将地方政务中心中与公众最直接的互动的一线工作人员“结构化”为中心的固定组成存在，这与科层官僚体系中“去人格化”是具有一致性的，但这种假设在一线工作人员的基层官僚特性下明显矛盾和不成立。基层官僚是指处于政策执行或公共服务一线，在日常工作中与公众直接互动，并对工作事务拥有一定自由裁量权的公共服务人员；基层官僚是政策的执行者，在执行过程中对政策进行重新制定和修正。基层行政人员可以在依法行政前提下根据具体环境做出政策调整。因此，相对于自上而下的地方政府整体性治理的逻辑，一线工作人员体现出的则是以基层官僚为核心特征的自下而上的“逆向”治理逻辑。

“逆向”治理逻辑是将一线工作人员的“理性”从行政结构中释放出来的一种个体能动的表现，也就是基层官僚。这种治理逻辑得以存在和发挥作用具有两个背景前提：一是一线工作人员是处于政治结构框架中的，在此结构中，科层体制、身份地位、工作环境、上级命令、任务指标、工作经验等都影响基层官僚的行为；二是就一线工作人员自身来说，处于行政结构内的基层官僚具有权威、理想和创造力的需求。但在科层体制下，授权不充分、心理契约消解以及行动限制等都会导致基层官僚的需求可能存在不满，而这种需求不满则会影响基层官僚的行动动机、改变基层官僚的行动方式。在上述前提下，一线工作人员将“原则性政策”转变为利于自己的“可操作性政策”进行“再决策”。因此，一线工作人员的“逆向”治理将传统的“地方政府——一线工作人员”路径转变为“一线工作人员—地方政府”的治理路径（见图2）。

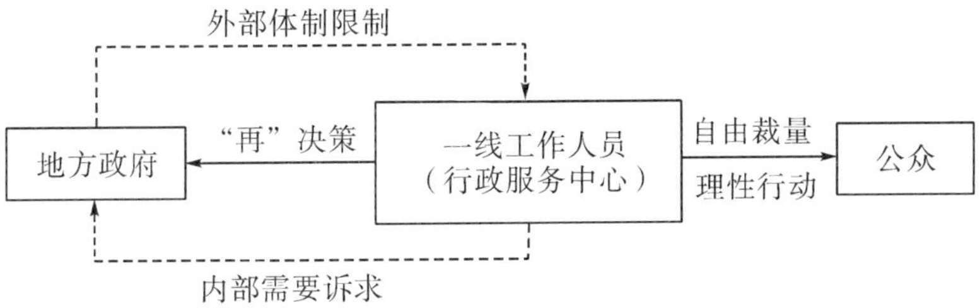

图2 地方政务中心中一线工作人员的“逆向”治理逻辑

（三）地方政务中心逻辑：地方政府与一线工作人员的“双向治理”

综上所述，地方政务中心的改革和实践是地方政府和一线工作人员的行动共同体，两者依据不同的治理逻辑决定地方政务中心的运作和结果，这种整体性治理和“逆向”治理共同构建出地方政务中心在实践层面的改革和运作逻辑，即“双向治理”模式（见图3）。地方政府面向地方政务中心以制度改革形式进行整体性治理，“结构化”的一线工作人员在治理中承担任务执行者的工具角色。从一线工作人员出发，通过基层官僚自由裁量对地方政务中心进行微观基层的“逆向”治理，以需求理性对地方政府的制度决策进行“再”决策，以此循环在工具理性和需求理性之间双方进行“对话”和调适，在此过程中不断修整地方政务中心的改革初衷和运作实践，并表现出与预期相同或相异的目标结果。

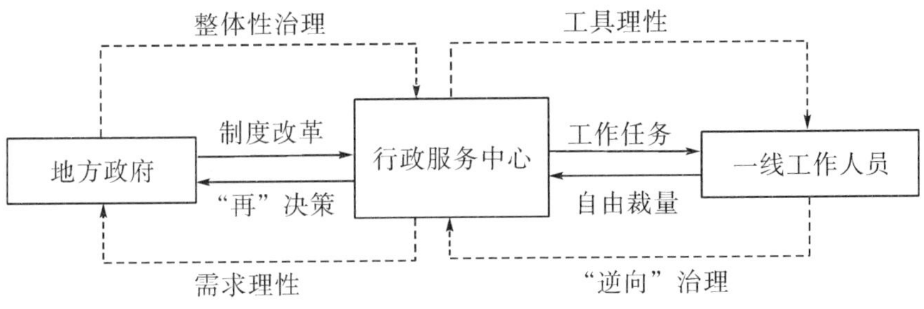

图3 地方政务中心中的“双向治理”逻辑

对于社会管理体系的建构都应将着眼点放在治理主体关系上，这是构想合作治理的出发点。因此，地方政务中心作为地方政府和一线工作人员以及公众之间的关系集合体，其实现合作治理的基础在于三者的良性互动上，这是地方政务中心“双向治理”的最优解。但不同于传统的以社会力量为代表的双向治理，地方政务中心的双向治理是地方政府与一线工作人员，双方共存于一个行政话语框架内。因此，地方政务中心的“双向治理”并不是一个传统的嵌入或“去政治化”的模式，而是在同一个行政框架内两者在既定程序和规则内的对话、冲突与调适。

参考文献：

[1] BRODKIN E. Reflections on street－level bureaucracy：past，present，and future [J]. Public Administration Review，2012（72）：940-949.

[2] 詹姆斯·Q. 威尔逊. 官僚机构：政府机构的作为及其原因 [M]. 孙艳，等译. 北京：生活·读书·新知三联书店，2006：46.

[3] 叶勇. 政府流程再造：研究趋势与前沿问题 [J]. 中国行政管理，2010（7）：88-91.

[4] 魏姝. 中国党政干部分类管理制度改革的理性：政治逻辑 [J]. 学海，2016（5）：40-48.

[5] 蔡立辉，龚鸣. 整体政府：分割模式的一场管理革命 [J]. 学术研究，2010（5）：33-42.

[6] 刘银喜，赵子昕，赵淼. 标准化、均等化、精细化：公共服务整体性模式及运行机理 [J]. 中国行政管理，2019（8）：134-138.

[7] 曾令发. 整体型治理的行动逻辑 [J]. 中国行政管理，2010（1）：110-114.

[8] 朱广忠. 我国地方政府执行中央政策的主要特征 [J]. 贵州社会科学，2008（5）：11-15.

[9] 张康之. 合作治理是社会治理变革的归宿 [J]. 社会科学研究，2012（3）：35-42.

回归主体：多重理性视角下技术治理热的冷思考[①]

张　磊[②]

摘　要：社会问题的日益复杂化逐渐凸显出技术之于治理的应用价值。回应这一现实，学界形成了“技术治理”与“治理技术”之间的激烈争论，难以达成一致认识。而这一争论实质上体现出工具理性与价值理性之间的相互对立，治理实践环节作为行动者的主体与作为对象的主体在争论过程中被严重忽视。而以善治及其蕴含的有效性、合法性与公共性为调和剂，同时进一步引入价值理性、工具理性与主体理性的多重理性视角重新审视，有助于实现争论的调和与转向，并将关注重点回归于主体本身。

关键词：技术治理；治理技术；善治；多重理性

当前，我国社会治理正处于深化改进、提质增效的关键时期，复杂的社会现实对社会治理的理念、方式等提出了新要求。党的十九届四中全会提出，“必须加强和创新社会治理，完善党委领导、政府负责、民主协商、社会协同、公众参与、法治保障、科技支撑的社会治理体系”。“科技支撑”首次作为社会治理的重要驱动因素被提出。对照社会治理实践，科学技术已经成为影响社会治理的重要变量，其内在的治理价值也日益凸显。对此，学术界产生了“技术治理”与“治理技术”间的争论，围绕其运作逻辑、治理效能、作用限度等进行了热议并产出了一系列代表成果。然而，相关学者们并未就技术与治理之间的关系达成共识。

一、争论的焦点：是技术治理还是治理技术？

自技术与治理在实践领域结合以来，“技术治理”与“治理技术”两种观点之间的相互对立就开始显现出来了。究其根源，技术与治理之间的主次关系是引发这一争论的矛盾焦点。

主张“技术治理”的观点认为，技术给社会治理带来了革命性的重构，其本身就内含了巨大的治理价值。因此，技术不应该被仅仅看作治理的手段或工具，而

① 基金项目：重庆市教育委员会人文社会科学规划项目“后精准扶贫时代慈善组织参与农村扶贫的行动机制研究”（项目编号：21SKGH437）。

② 张磊，重庆科技学院讲师、硕士生导师。

更应该体现出其“主体性”的角色地位。换言之，技术理应被看作主导治理实践的“准主体”或“参与者”。因此，即使是“技术治理”存在不可预知的技术风险、伦理陷阱或者主体性危机，但是其对于治理实践而言仍然是一种颠覆性的变革，其本身就是一种全新且有效的治理范式，应该获得独立的话语权并在实践中加以全面推广。

主张“治理技术”的观点认为，技术与治理的结合对于化解社会的复杂性、创新治理方式、重塑治理结构、提升政府决策科学性等方面具有巨大价值，科学技术嵌入治理实践有效推动了社会治理的全面创新。但就现阶段而言，技术层面的潜在风险、技术治理成效内卷化等问题仍未得到有效解决，明确技术在治理实践中的应用边界才是当务之急。因此，当前的实践进程尚处于“治理技术”阶段，即技术仍然只是服务于治理的具体手段或方式，与之伴生技术悖论问题意味着“治理技术”向“技术治理”转型的条件尚不充分。

由此可见，无论是“技术治理”还是“治理技术”，都没有摆脱“技术”或“治理”的单维度陷阱，并且两者因缺乏统一的基础而在技术与治理之间摇摆不定，并进一步强化和凸显了以上争论的冲突性。

二、争论的调和：走向善治的社会治理

仅从技术与治理的关系维度来看，“技术治理”与“治理技术”之间的争论似乎难以调和。但这并不能否认技术与治理之间不断融合的趋势，或是技术嵌入治理或是技术主导治理，技术作用于社会治理实践的实质是统一的，两者在“社会治理走向善治”这一目标取向上是高度一致的。进一步来看，善治对于治理的有效性、合法性以及公共性的旨趣体现出其对社会治理实践的引领作用。由此可见，善治内在的科学属性使得其可以成为两方面争论的调和剂。

（1）善治指向治理的有效性。治理体系与治理能力的现代化是善治的核心命题之一，而治理的有效性则是这一核心命题的关键，既包括社会问题的治理，也包括社会治理问题的治理。“技术治理”具有典型的“事本主义”，因而更关注具体问题的解决，其结果通常表现为“技术赋能”“数字驱动”等；“治理技术”则是以一种“技术工具论”的视角将关注重点聚焦治理的转型与发展，如“分流治理”“整体控制”“结构重塑”等。由此可见，虽然两者在技术与治理之间各有侧重，但在具体实践中，无疑都指向了善治对于治理有效的追求。

（2）善治指向治理的合法性。技术本身所具有的治理价值及其在实践环节显现的治理成效是“技术治理”论派自持的内在合法性；“治理技术”论派则认为，治理领域中技术的合法性往往不在于技术本身，而是源于治理理念、治理规则以及实际运用技术的治理主体。合法性与有效性对于善治而言同等重要，价值理念、制度规则、实际效果等都是治理的合法性的重要来源，从这一视角来看，“技术治理”与“治理技术”对于合法性的诉求是统一于善治的合法性之中的。

（3）善治指向治理的公共性。善治的公共性则是一个综合性概念，包含了公共利益、公共权力、公共主体、公共精神、公共交往、公共空间等多个维度的具体内容。“技术治理”所蕴含的公共性以维护公共利益为出发点，重点体现在对公共交往、公共空间等要素的解构与重塑；“治理技术”同样是以公共利益为出发点，但其侧重公共部门行为逻辑、公共权力的作用方式等具体环节。对比而言，两者所体现的公共性诉求均涵盖在善治公共性之中。

三、回归主体——多重理性视角下的转向

基于对善治及其有效性、合法性与公共性的剖析，“技术治理”与“治理技术”因共同的善治目标找到了矛盾调和的平衡点。然而，两者之间仍存在一个悬而未决的问题，即如果技术与治理均不是主角，那么主角是谁？要解决这一问题，需进一步找到有效性、合法性与公共性背后的理性支撑。

（1）以工具理性提升治理的有效性。从马克思·韦伯关于理性的观点出发，治理实践中的工具理性将关注重点放在事实层面的治理结果上，其实质是达成这一结果所要选择的途径、方式或手段，以及选择本身的科学性。相应地，治理的有效性将希望主要寄托于高度适配的治理手段、治理方式，即治理的技术层面。

（2）以价值理性支撑治理的合法性。在韦伯看来，价值理性具有和工具理性同等重要的现实意义，并对工具理性的实现有精神引领作用，公平、正义、合法等基因是价值理性的合理内核。对于治理的合法性而言，治理行动所基于的价值理性无疑有重要的支撑作用。

（3）以主体理性实现治理的公共性。关于“技术治理”与“治理技术”的争论，本质上源于两者尤其是前者所导致的主体非理性这一结果，即忽视了作为治理行动者的主体与作为治理对象的主体。然而，作为行动的主体尤其是作为对象的主体，都具有典型的公共属性。反之，只有当主体理性得以实现，才能充分保证治理的公共性。

综上所述，工具理性、价值理性虽然分别与治理的有效性、合法性形成内在的呼应，但从任一单一理性视角来看，即使基于善治的有效性、合法性与公共性寻找到了争论调和的均衡点，仍无法从根源上解决技术与治理的主次关系难题。而主体理性这一视角的引入，不仅弥补了工具理性或价值理性单一视角无法克服的偏废缺陷，还在实现三重理性整合的基础上回应了有效性、合法性与公共性的全部内容，并将“技术治理”与“治理技术”所忽视的主体要素拉回我们的视野当中，进而寻找到“技术治理—治理技术—回归主体”这一逻辑主线。（见图 1）

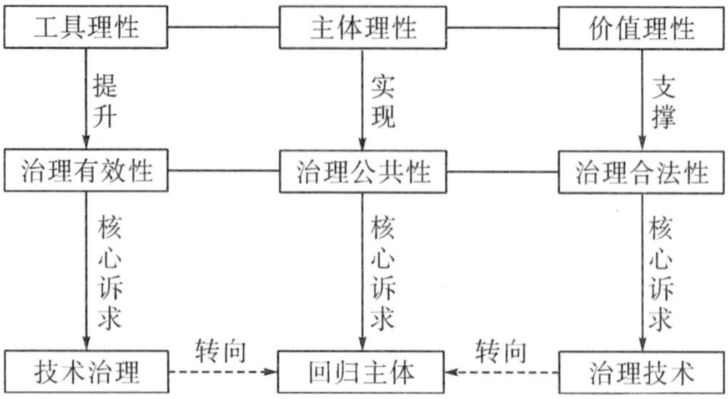

图 1 基于多重理性的争论调和思路

四、结语

无论是“技术治理”还是“治理技术”，都肯定了一个生动的现实场景：技术与治理正处于深度交互的过程之中，这也势必带来治理本身的转型与变革。与之相关的争论仍将持续，而争论本身的确具有讨论的价值，但如何调和争论并找寻到将关注点回归于主体层面的可行路径，才是技术赋能语境下实现治理有效的当务之急。

参考文献：

［1］宋辰熙，刘铮．从“治理技术”到“技术治理”：社会治理的范式转换与路径选择［J］．宁夏社会科学，2019（6）：125-130.

［2］何乐．谨防滑向“技术型治理”：专访南京大学公共事务与地方治理研究中心肖唐镖教授［J］．群众，2018（22）：58-60.

［3］袁方成，李思航．技术治理的风险及其演化逻辑：以农村精准扶贫为分析对象［J］．广西师范大学学报（哲学社会科学版），2020，56（2）：45-61.

［4］关婷，薛澜，赵静．技术赋能的治理创新：基于中国环境领域的实践案例［J］．中国行政管理，2019（4）：58-65.

［5］张现洪．技术治理与治理技术的悖论与迷思［J］．浙江学刊，2019（1）：160-165.

［6］任剑涛．公共与公共性：一个概念辨析［J］．马克思主义与现实，2011（6）：58-65.

［7］郭湛．从主体性到公共性：当代中国马克思主义哲学的走向［J］．中国社会科学，2008（4）：10-18.

"四着力"建设新时代三峡库区服务型政府研究

郑中华[①]

摘　要：党的十九届四中全会提出，"必须坚持一切行政机关为人民服务、对人民负责、受人民监督，创新行政方式，提高行政效能，建设人民满意的服务型政府。"党的十八大以来，中国政府改革从行政审批改革切入，大量削减行政审批事项；进一步落实事前—事中—事后管理原则，分类施策，大力推进"放管服"改革。党的十九大以来，中国政府更加注重消除体制性深层次障碍，推出一系列重大改革举措，有效化解了一批结构性矛盾，在诸多领域实现了系统性重塑、整体性重构。

关键词：三峡库区；为人民服务；服务型政府；行政审批

一、新时代三峡库区服务型政府的基本特征

（一）理念的民本性

构建人民满意的公共服务型政府要以人为本。理念的民本性是指政府在进行社会治理中，坚持为人民服务，以人民的最大利益作为政府治理的最终目的。

（二）内容的有限性

政府不能全权包揽一切公共服务，服务型政府是有限的。新时代服务型政府要加大对社会非营利社会组织作为公共服务的有力补充，引导提供公共服务的多元化和常态化。服务型政府的职能有限，因为政府权力是政府提供的手段，而不是目的，更不能包揽一切。

（三）过程的优质性

基层服务型政府无论是在街道或社区，从事治理服务的过程中既要有效管理，还需满足公众的公共需求，以更优的服务提供充足优质的公共产品与公共服务。

（四）目标的高效性

高效性指政府在治理过程中要以较高的服务水平来满足群众对教育、医疗、就业等提供最基本保障，公众的公共服务需求在不断扩大，相应地要求政府的公共治理职能也要不断加强。但是，服务型政府资源、精力都是有限的，政府在满足公众不断增长的公共需求上，还须建立在高效的基础上，来提升自身的服务效率，才能更好地满足公众需要。

---

① 郑中华，中共重庆市万州区委党校公共管理教研部主任、副教授。

二、三峡库区服务型政府建设的现状分析

（一）服务职能日益强化，但“两只手”的关系仍未从根本上理顺

调研显示，市场配置资源的“基础性”作用发挥得还不够，“两只手”的关系仍未从根本上理顺，政府在经济工作中的角色尚未完全理清和到位，“政府失灵”现象在一些部门、一些领域还存在。一是政府“越位”。比如在企业投资、项目审批、要素价格、市场准入等领域，设置人为壁垒，降低资源使用效率，政府寻租和腐败问题还尚存，有不同程度的“越位”问题。二是政府“缺位”。在教育、医疗、养老、环保等社会保障和公共服务方面，尽管做了很多工作，但与社会的预期和需求相比还存在较大差距。三是政府“闯位”。据调研，有些部门对企业微观经营进行直接干涉，企业经营很难完全按市场信号和经济规律做出。如今“大政府、小市场”确实影响到企业的正常生产经营、影响到市场作用的充分发挥，降低了经济运行效率，造成社会福利的净损失。调研显示，有25.3%和40.8%的基层干部群众认为当前对政府服务职能日益强化认可度较高，总体让人比较满意，但还有约33.9%的基层干部群众对服务型政府服务职能不认可和不了解，所以离我们服务职能进一步强化仍然存在差距。

（二）效能建设不断加强，但“慢半拍”的现象依然比较突出

调研显示，效能建设认识不够充分，“慢半拍”的现象依然十分突出。有的党员干部工作中作风拖拉，对效能建设的系统性和全面性认识不足，重视不够。也有的干部认为机关效能建设是领导的事，和自己没有太大的关系，因而不认真研究落实办法，工作拖拖拉拉，不求有功但求无过，有时看似忙忙碌碌，实则碌碌无为。还有的党员干部效能建设仍流于形式，应付走过场，或仅凭印象或经验，“照葫芦画瓢”，缺乏有效的手段，削弱了效能建设的制约力度。有31.3%的基层干部群众对目前政府效能建设的认同感总体评价为好，其中有35.7%的基层干部群众比较认同，但还有25.6%的基层干部群众对目前基层政府效能建设总体评价不是很理想，所以目前公共服务效能建设“慢半拍”的现象依然十分突出，还得逐步推进，以待提高。

（三）依法行政成效明显，但“一把抓”问题始终困扰基层

调研显示，一是行政立法不够完善。有的地方行政立法法治监控机制的残缺，行政立法显露出架空，以至于行政机关无法可依、无章可循。二是行政执法机构不健全、职责不清。有的法律法规规定应该设立的机构没有设置，不该设置的机构、部门又到处设置，行政机构重叠、部门层次过多，而机构臃肿又导致人浮于事、运转不畅，出现工作上互相推诿扯皮、胡子眉毛一把抓以及财政负担沉重等弊端。三是有的部门机构设置存在党政不分、政企不分、权限不分的弊端。行政职能与企业职能合而为一，管理权、经营权与行政处罚权集于一身，有利可图大家争着都想管，出现行政执法的“密集地带”；责任大的、无利可图的不好管的，各部门互相推诿都不管，出现行政执法的“空白地带”。目前，有25.6%的基层干部群众对政府依法行政的成效总体评价为好，其中有28%的基层干部群众比较满意，但还有

35.3%的基层干部群众对目前基层政府依法行政总体评价不是很理想，基层政府“一把抓”问题还比较明显，还需加大力度进一步解决。

（四）社会公信力显著增强，但“放管服”改革仍需深入推进

调研显示，基层政府的公信力涉及社会和公众中的形象问题，直接关系着党与政府的影响力和号召力，因此，基层政府“放管服”改革仍需深入推进。一是政策缺乏连续性。政策的连续性和稳定性是政府取信于民的一个重要因素，但不少地方领导从自利性原则出发，政策执行准备不足，缺乏紧迫感，政策随意性比较强。二是政府与民众信息沟通不畅。地方政府领导干部在实施一些惠民政策时，对民意的重视程度不足。三是面对舆情特别是网络舆情时，政策执行准备不足，缺乏紧迫感。在一项政府决策或信息发布之后，公众往往对其不认同，老百姓可以通过网络十分方便地表达自己的观点，而且很容易形成强大的社会舆论压力。有40.2%的基层干部群众对当前基层政府公信力显著增强表示赞同，其中有35.7%的基层干部群众认为公信力有所增强，但还存在诸多问题，还分别有18.6%和5.5%的基层干部群众认为变化不大和没有变化。

三、建设新时代三峡库区服务型政府的对策建议

（一）着力优化服务职能，大胆理顺“两只手”的关系

2017年，习近平总书记在党的十八届中央政治局第二次集体学习时讲话强调，要处理好政府和市场的关系，使市场在资源配置中起决定性作用和更好发挥政府作用。我们只有不断优化服务职能，才能更好发挥基础服务型政府作用，这关键在于让政府这只“手”在公共服务领域看得见、用得好。一是基层政府要当好市场运行的“裁判员”，纠正不合法、不合规、不合理的市场行为，弥补市场调节的自发性、滞后性和盲目性。二是厘清政府与社会组织在公共服务中的关系，让看不见的“两只手”各司其职，理顺相互职能和职责，协同治理。三是强化政府责任，加强政府对社会组织的有力监管，并对社会组织公共服务水平进行有效评估，达到让“两只手”各负其责的最终目的。

（二）着力强化效能建设，逐步扭转“慢半拍”现象

效能建设是优化发展环境、加快经济社会发展重要举措，是构建惩防体系、加强反腐倡廉的必然要求。切实解决工作效能中存在的突出问题，以建立健全制度、强化监督检查、严格考评奖惩为抓手，建立职责明确、办事高效、运转协调的管理体系，使党员干部在效能意识和工作能力上有新增强，在履行职责和改革创新上有新突破，在服务质量和办事效率上有新提高，在发展环境和群众满意度上有新提升，逐步扭转“慢半拍”现象。一是培养精细化管理理念，切实转变政府职能。通过精细化管理来提升政府效能，让基层干部认识效率的重要性，让一些想干事、能干事、会干事的干部勇立时代潮头。二是健全决策机制，强化流程管控。完善政府决策机制，促进政府决策的科学化、规范化、智能化，提升政府管理整体效能。三是改进评估机制，强化效能监察。在执行过程中，划分清楚职责，明确考核目的，完善奖惩机制，建立规范有效的监察系统。

（三）着力推进依法行政，坚决祛除“一把抓”问题

全面推行依法行政，建设法治政府，重点在基层，难点也在基层，因此做好基层依法行政和法治政府建设工作迫在眉睫。一是要加强政府法制相关制度的顶层设计，充分发挥基层政府在推进依法行政中的指导、协调、引领、监督等作用。二是加强基层法制工作机构规范化建设。以规范高效科学的管理方式建设一支高素质的政府法制工作队伍。三是遵循“程序优先”的执法原则，改变“重实体，轻程序”的错误观念。程序合法是执法公正的基本保障，这也是老百姓最容易感受到的。没有程序公正就没有实体和结果的公正，程序规范既是依法行政的需要也是树立法律权威的需要。四是要建立良性考核奖励机制，确保行政执法的有效性和严肃性。

（四）着力增强政府公信力，深入推进“放管服”改革

党的十九大报告中指出，要“转变政府职能，深化简政放权，创新监管方式，增强政府公信力和执行力，建设人民满意的服务型政府”。由此可见，政府是否具有公信力，是建设人民满意的服务型政府的重要前提。一是要深刻认识“放管服”改革的重大意义，深刻认识经济发展与“以人民为中心”的关系，要以人民满意为宗旨，通过“放管服”改革持续不断激发市场活力，带动创新创业热潮，让广大群众有更多的获得感。二是树立以人民为中心的服务意识和责任意识。加大整治懒政、减少折腾力度，真正从根源上扭转基层干部不作为、乱作为、不善为现象。三是改进政府管理方式，推进政府协同治理。加强政府与公众的有效沟通，准确把握主流舆论方向，及时和客观地为群众发声。四是优化服务职能，搭建公共服务平台。在基层治理的过程中，进一步深化简政放权，促使审批事项精细化、审批权限科学化、审批程序智能化，从而推进“放管服”改革，增强基层政府公信力。

当前，随着“放管服”改革深入推进，人民群众对政府服务的满意度不断提高，树立以人民为中心的服务意识逐步增强；同时正在加大整治懒政、减少折腾力度，真正从根源上扭转政府不作为、乱作为、不善为现象。从而我们要不断优化服务职能，切实加强效能建设，纵深推进依法行政，以增强政府公信力和执行力为抓手，努力建设新时代人民满意的服务型政府。

参考文献：

[1] 沈亚平. 转型社会中的系统变革：中国行政发展 30 年［M］. 天津：天津人民出版社，2008. 16.

[2] 沈荣华. 推进“放管服”改革：内涵、作用和走向［J］. 中国行政管理，2019（7）：15-18.

[3] 陈朋. 行政审批制度改革亟待突破的重点问题［J］. 行政管理改革，2018（7）：46-50.

[4] 沈荣华. 简政放权改革的走向［J］. 行政管理改革，2016（7）：29-32.

党的百年抗疫历程回顾及经验启示

胡　蓉[1]

摘　要：中国共产党成立以来，在革命战争时期、社会主义革命和建设时期、改革开放时期以及中国特色社会主义新时代时期四个时期都积极开展了一些重大疫情防治工作。回顾党的百年重大抗疫历史，总结出以下经验启示：坚持党中央的集中统一领导是抗疫胜利的根本保证；依靠人民群众开展群防群治是抗疫胜利的有效策略；加强医疗科研攻关是抗疫胜利的关键支撑。

关键词：党史；抗疫；党的领导；依靠群众；科研创新

如何防治各类病毒和传染病，是人类社会一直以来面临的重大问题。在百年未有之大疫情加之百年未有之大变局的时代背景下，特别是在中国共产党百年华诞的辉煌历史时刻，回顾党在不同历史时期的重大抗疫历程，总结各时期的经验启示，对于进一步做好抗疫和公共卫生事业工作，对于提高党的执政能力和应对重大突发风险能力，都具有极其重要的现实意义。

一、建党百年来的抗疫历程回顾

中国共产党自成立以来，不论是在革命根据地的局部执政，还是在新中国成立后的全面执政以及在党的十八大以来的长期执政条件下，都高度重视各类病毒和传染病的防治工作，并在抗疫实践中取得了卓越的成绩和宝贵的经验。

（一）革命战争时期的抗疫（1921—1949 年）

革命战争时期，中国处于内忧外患的境地。当时中国是积贫积弱的国家，生产能力落后，人民防疫意识薄弱，科技创新严重不足；同时，中国处于列强的侵略中，以日本为首的列强采取细菌战和毒气战等非人道主义的战争，加剧了疫情的传播，给人民带来了深重的灾难。

1. 晋察冀边区的抗疫

1937—1949 年，中国共产党领导的晋察冀根据地曾多次发生疫情。晋察冀地区受落后的社会经济制约，人民生活水平相对落后。抗日战争以来，日军在战争中使用毒气、病毒等非人道主义的战争手段，进一步恶化边区人民的生存环境。痢疾、霍乱、麻疹等疫情在晋察冀边区大规模暴发。面对这种情况，中共中央制定了《晋察冀边区目前施政纲领》，要求各部门保证各项政策的贯彻执行。同时，各级

---

[1] 胡蓉，中共重庆市委党校硕士研究生。

政府积极开展卫生宣传与教育活动，号召全社会成员共同参与抗击疫情、抗击侵略者。经过政府和群众的共同努力，疫情最终得到控制。

2. 东北解放区的抗疫

抗日战争结束后不久，东北解放区暴发鼠疫。内蒙古自治区等在内的645个街村发生疫情，死亡人数近4万人，给党和人命带来了巨大的损失，给解放区的建立和巩固带来严重威胁。面对这种情况，中国共产党首先建立了初步的防疫机构，开展防疫宣传，提高群众对防疫的认知；同时，开展研制疫苗等工作，最终控制了鼠疫的传播。

（二）社会主义革命和建设时期的抗疫（1950—1978年）

新中国成立的初期百废待兴。全国大兴经济建设，重心主要放在城市、重工业的建设上。对于疫病及医疗卫生事业的重视度程度以及科技的投入相对不足，且人民防范意识不强，此时的疫病给社会带来了巨大的损失。

1. 血吸虫病疫防治

新中国成立后，我国患血吸虫病的人数高达1 000万人，受其影响的也约有9 000万人。为战胜这场疫情，以毛泽东同志为首的党中央领导人高度重视。在党中央的领导下先后对治疗血吸虫病进行了系统总结经验，从增强人民群众防范意识、提高医疗卫生服务水平、进行疫苗科研探索等多方面入手，以有效控制血吸虫病疫在中国的传播。

2. 脑脊髓膜炎的暴发与防治

1966—1967年冬春之际，全国大范围暴发了流行性脑脊髓膜炎，简称流脑。当时的医疗技术不发达，生产水平有限，预防接种率低。在“文化大革命”期间，受大串联影响，数以千万的人群流动，导致流脑暴发流行。为此，在党的领导下先取消大串联活动，减少人口流动以抑制病毒传播；同时，通过采取宣传教育、全面消毒、限流隔离等措施以控制流脑疫情。为防治流脑疫情反弹，国家重视对流脑疫苗的研发，加强科技研发，从根源上阻断流脑的产生。

（三）改革开放时期的抗疫（1979—2012）

改革开放后，我国进入现代化建设时期，各方面都在经历巨变。党自身在不断建设的同时，也加快了医疗卫生事业的发展，使党应对突发性危机的能力有了很大的提升。

1. 甲肝疫情的防治

1988年，上海突然暴发甲肝疫情，感染人数高达30万人，携带了甲肝病毒的患者有150万人。为应对和控制这场疫情，以邓小平为核心的党中央立刻做出指示，开展信息收集与公开工作，采取防治结合的方式；同时，做好群众工作，加强卫生知识宣传，促进市民养成良好的卫生习惯；抗疫也做到了尊重科学、相信科学，重视对甲肝疫苗的研发工作，利用科学手段预防甲肝。

2.“非典”疫情的防治

2003年，中国大规模暴发“非典”疫情。“非典”具有突发性、危害性、不确定性和实践上的紧迫性等特征，对社会的稳定、安全产生了巨大的冲击。为应对这一挑战，党中央最高决策层高度重视、统一部署，为此次非典抗疫成功提供了最可靠的制度和组织保障；同时，党始终把人民健康和生命安全放在第一位，与人民群众协作抗疫。通过各种有效措施非典仅持续了7个月左右就消失了。

（四）中国特色社会主义新时代时期的抗疫（2013年至今）

党的十八大以来，中国进入了特色社会主义新时代，各方面都取得突破性发展。经济、科技、人民思想水平都进一步提升，因此在面对突发的公共卫生安全事件面前，也能及时加以应对，并有序推动后续建设。

2020年年初，在湖北省武汉市突然暴发新型冠状病毒性肺炎，简称新冠肺炎。从疫情暴发至今，国内已有超过12万累计确诊病例，全球累计确诊病例已超过2亿例。为抵抗这一疫情，党中央率先做出了隔离城市，减少人口流动以抑制病毒传播的重大决定；且全国人民积极配合党的方针政策，做好宣传防疫工作、做到居家自我隔离，并做出全国援助武汉的壮举，使得武汉的疫情在76天得到有效控制；同时，还加大了新冠疫苗的科研投入，仅用不到3个月的时间，便研制出新冠肺炎疫苗，进而投入使用，通过科技手段有效地防止了疫情蔓延。通过以上各种手段使得新冠肺炎疫情在中国得到有效的控制，并在疫情控制的前提下稳步推进后续发展。

二、建党百年来抗疫史的经验启示

建党百年来，党一直在坚持做好防疫工作，为保护人民生命健康而不懈奋斗。党领导抗疫工作取得丰硕成果，所积累的历史经验对当前和今后进一步做好各类病毒和传染病防治、努力实现抗疫和经济社会发展统筹共同发展都具有重要的借鉴和启示意义。

（一）坚持党的集中统一领导是抗疫胜利的根本保证

中国共产党自成立以来，尽管在不同时期面对不同的疫情，但都始终坚持党的集中统一领导制度，坚持上下一盘棋，坚持党统揽全局。抗鼠疫、治血吸虫病、断“流脑”、抗甲肝、抗“非典”、抗新冠肺炎，次次抗疫的胜利都在启示我们，只有坚持并相信中国共产党的领导，才能成功应对一系列重大风险挑战。在当今百年未有之大疫情加之百年未有之大变局的形势下，必须更加毫不动摇地坚持党的统一领导，发挥党的领导制度优势和总揽全局、协调各方的领导核心作用，必须确保党的领导全覆盖，确保党的领导更加坚强有力。

（二）依靠人民群众开展群防群治是抗疫胜利的有效策略

坚持人民立场，把人民群众的生命安全和身体健康放在首位，紧紧依靠人民群众开展群防群治。建党百年来，我国所面临的一切疫情都使得人民群众的生命财产安全和身体健康面临严重威胁。要彻底清除某一疫病，除了坚持党的集中统一领导外，还需要动员人民群众积极参与到抗疫过程中去。人民群众作为史上每次疫情的直接受害者，也是抗疫的主体力量，因此每次抗击疫情都会成为一场全民战争。抗疫的胜利需要紧紧依靠人民群众的力量，实现群防群治。在各级党委、政府的指导下，做好个人安全卫生、主动接种疫苗等工作，实现群体免疫。

（三）加强医药科研攻关是抗疫胜利的关键支撑

人类社会要不断提高抗疫能力，必须以有效的医药手段作为关键支撑。就建党百年来的疫病治理过程来看，要成功做好防控工作，针对疫病加大医疗科研投入，加强疫病防控和公共卫生科研攻关体系与能力建设是十分关键的因素。就整个人类的抗疫历史经验来看，人体自动免疫不可能杜绝大流行疾病的发生，只有疫苗才是最终终结者，而疫苗必须通过医药科研的持续投入才可以研发出来。当通过艰苦的努力做好疫情的基础防控工作后，我们要防止疫情反弹并直至取得抗疫完全胜利，必须重视相关医药科研，开展集中攻关，加快疫苗研制，不断提高疫情防控的医药保障和医疗水平。

参考文献：

[1] 邵丹丹. 1937—1949 年晋察冀边区疫病问题研究［D］. 石家庄：河北师范大学，2016.

[2] 张皙. 东北解放区鼠疫流行与防治述论（1945—1949）［D］. 长春：吉林大学，2016.

[3] 仝华. 新中国对血吸虫病的防治工作：以 20 世纪 50 年代中期至 60 年代中期为例［J］. 青岛科技大学学报（社会科学版），2021（2）：7-12.

[4] 李剑. 1966—1967 年流行性脑脊髓膜炎疫情及其防控的历史回顾［J］. 中华医史杂志，2020（2）：101-109.

[5] 王刚，李芳菲 . 1988 年上海成功应对甲肝疫情的措施与经验［J］. 上海党史与党建，2020（4）：34-39.

[6] 赵红军. 中国政府应对非典疫情冲击的历史经验与现实启示［J］. 杭州师范大学学报（社会科学版），2020（2）：29-36.

生态环境多元共治模式：反思与重构

许冰杨[①]

摘　要： 多元共治模式是环境治理体系和治理能力现代化的鲜明特征，弥补了单一行政性主导的治理缺陷，为解决日益复杂严峻的环境治理问题提供了一剂良药。但在实践层面，其高效运行仍面临诸多挑战，急需着力于形成价值共识、厘清权责边界、健全运行保障机制等路径重构。

关键词： 生态环境；多元共治模式；路径重构

随着生态文明体制机制改革的纵深推进，从管理到治理，从单维到多维，多元共治已经成为环境治理体系和治理能力现代化的鲜明特征。这一新型治理模式，既是对传统单主体治理模式弊端的审视与纠偏，又契合环境治理复杂性、系统性和长期性的现实需求，是推动生态环境根本好转的创新理念和实践范式。

一、生态环境多元共治模式的逻辑遵循

从理论逻辑看，多元共治模式是推动生态环境治理现代化的必要进路。环境治理作为国家治理的重要内容，是衡量政府治理能力现代化的重要依据。面对日益复杂严峻的生态环境问题，传统“命令—控制”型的管理模式呈现出“管制疲劳”“低效失灵”现象，生态环境领域迫切需要引入现代治理的新思维、新理念。生态环境多元共治模式有机融合了多中心与协同治理理论的核心内涵，既强调以政府权威治理为中心，又追求权威治理基础上多元主体之间的合作与互动。其实质是呼唤多主体对环境治理的参与性、回应性和责任感，并立足于生态环境的公共利益、价值认同和市场机制基础上交换资源、共享信息、共同行动，打造政府、企业、社会共建共治共享的新型共同体。多元共治模式具有治理主体的合作性、责任主体的明确性、治理过程的参与性、环境信息的公开性、治理结构的系统性和治理效果的共赢性等显著特征，有效弥补了单一行政性主导的治理缺陷，为加快政府生态职能转变、提升治理能力现代化水平指明了发展方向。

从现实逻辑看，多元共治模式是实现美丽中国建设目标的时代要求。生态环境作为最公平的公共产品、最普惠的民生福祉，既具有消费的非竞争性和受益的非排他性，又具有典型的外部性和整体性特征，需要破除区域行政壁垒、集合利益相关者的力量通力合作，达成生态善治。党的十八大以来，在推进生态文明体制改革和

---

① 许冰杨，中共重庆市北碚区委党校副教授。

建设美丽中国的战略部署下，生态文明建设驶入快车道，生态环境保护发生历史性、转折性、全局性变化。同时，必须清醒地看到，生态文明建设正处于关键期、攻坚期、窗口期三期叠加的历史性关口，保护与发展的长期矛盾和短期问题交织，生态环境保护结构性、根源性、趋势性压力尚未根本缓解，建设美丽中国任重道远。多元共治模式为“解决复杂情境下的环境治理问题提供了有效的政策框架”，因而受到政界、学界普遍关注。党的十九大报告明确提出要“构建政府为主导、企业为主体、社会组织和公众共同参与的环境治理体系”，为形成共建、共治、共享的生态大格局指明了方向。

二、生态环境多元共治模式的实践反思

由于受到合作治理的主体责任、利益诉求、运行机制等相关因素的综合影响，生态环境多元共治模式在“落地”层面高效运行仍面临诸多挑战。

（一）治理主体的价值目标不一致

生态环境多元共治强调合作主体形成相对一致的价值理念和目标诉求，但实践中多元主体间的利益目标并未统一。政府与政府之间存在自我发展与协同发展目标割裂、上游利益与下游利益的矛盾等问题，难以达成深层次合作共识；生态治理的高成本、长期性与企业追求高利润的目标冲突，导致偷排漏排、超标排放时有发生；政府环境整治的长远目标与公众短期利益分歧，主动有序参与意愿偏低。多元主体的目标利益分化，削弱了相互协作的基础，制约了生态共治格局的形成。

（二）主体间权责分工不均衡

（1）主体间权责不均衡。尽管在国家顶层设计层面提出了多元共治的明确要求，但实践中政府单主体治理模式仍普遍存在。其他主体参与履行治理责任时，在参与权、知情权、决策权、监督权等参与资本方面缺乏有效的支持和依据，使得政府越界、企业错位、社会组织和公众缺位的不良现象屡有发生。

（2）政府职能部门间权责不清晰。生态环境治理所涉部门繁多、职能交叉，有关环境监管权责界定过于模糊抽象，难免存在职责推诿、管理重叠、监管不力等问题，加大合作治理的难度。

（三）主体间信息共享渠道不畅通

治理主体间信息不对称、互动沟通不足，降低了彼此间的信任度和合作意愿，对生态环境多元共治造成不可忽视的负面影响。受行政壁垒的影响，信息数据难以完全共享，导致政府与政府间、部门间沟通不畅、各自为政，其他主体也难以准确理解、有效参与，无法为生态环境治理的全局统筹、协同合作提供有力支撑。

三、生态环境多元共治模式的路径重构

（一）打造生态共治的价值共同体

（1）提高生态共治的认知力。注重规范教育和日常宣传教育并举，把绿色发展、绿色健康生活方式、生态命运共同体理念纳入各类教育体系、环保主题宣传活

动，促进府际联动、城乡联动、政社企联动，推动生态文明教育全程化、全民化渗透，形成生态保护共识，变“要我环保”的被动教育为“我要环保”的行为自觉。

（2）增强生态共治的行动力。搭建多元参与平台，促使政府、企业、社会组织、公众优势互补，在多领域展开协商与合作，真正形成“党委领导、政府引导、部门联合、企业主责、社会参与”的大环保格局，提升公众参与环境治理的获得感。

（二）厘清多元主体间的权责边界

（1）重塑政府与社会之间的关系。多元共治强调政府简政放权，并不意味着卸任主导性力量和主要责任人的职责，同时也要从“管制型”向“服务型”转变，并扮演好“设计者”“引导者”“培育者”“监督者”的角色；企业应积极构建完善自身责任体系，从“环境污染者”“被动守法者”向“主动守法者”“积极治理者”转变；环保组织主要发挥协调矛盾、环保宣传、决策咨询、聚合社会资源等功能；公众作为最重要的利益相关者，应积极行使监督权和参与权，协助支持其他治理主体共同治理生态环境。

（2）建立跨域统筹协调的综合性权威机构。通过立法创设兼具综合决策与协调职能的区域性监管机构，在制度框架下综合管理各类生态环境要素、商讨和制定相关重大决策，履行区域多元主体间的利益分配、利益补偿、纠纷化解等职能。

（三）健全多元共治的运行保障机制

（1）建立环境信息共享安全制度。明确规定信息公开、共享的相关主体、责任、标准和程序，制定共享目录，并对数据共享的例外情况进行界定和解释，为各治理主体间数据传递提供详细的内容依据，提高信息的透明度。

（2）建立多维化生态保护补偿机制。坚持“受益者补偿、污染者付费”原则，制定合理补偿标准，着力于纵向与横向、政府与市场、环境要素与生态区域相结合，建立政策、技术、人才、政府购买等多维长效补偿机制，实现治理主体的成本共担和收益共享。

参考文献：

［1］詹国彬，陈健鹏. 走向环境治理的多元共治模式：现实挑战与路径选择［J］. 政治学研究，2020（2）：65-75，127.

［2］黄润秋. 在“美丽中国百人论坛2020年会”上的讲话［EB/OL］.（2020-12-19）［2021-06-06］. https://www.chinanews.com/cj/2020/12-19/9366522.shtml.

［3］张玉亮. 政府公共危机管理的混沌考量与对策创新［J］. 湖北社会科学，2011（2）：35-37.

《中华人民共和国民法典》视阈下法治政府的建设研究

——以乡村振兴为切入点

张景涵[①]

摘　要：《中共中央 国务院关于全面推进乡村振兴 加快农业农村现代化的意见》强调优先发展农业农村，并对全面推进乡村振兴提出了总体战略部署。《中华人民共和国民法典》（以下简称《民法典》）作为国家治理体系中私法的重要规范，如何在乡村振兴的战略下向法治型的现代乡村治理发展是法治政府建设的核心内涵。在这样的背景下激活农业农村发展活力，需厘清《民法典》在乡村振兴中的法律功能定位，梳理法治化困境，并从土地以及人才的激励机制入手进行调适。

关键词：民法典；乡村振兴；功能定位；土地制度；人才制度

“乡村振兴是实现中华民族伟大复兴的一项重要任务……坚持农业农村优先发展，走中国特色社会主义乡村振兴道路……”[②] 乡村振兴战略是全面脱贫攻坚后的有序衔接。围绕如何做好乡村振兴工作，特别是农业农村发展问题必须依靠强有力的法治保障。作为我国第一部以法典形式命名的法律，《民法典》的颁布实施从我国本土出发彰显了时代性，真正的回应中国的本土命题。“民法典同时兼具着两种使命，必须保有两个面向：既要面向过去，在既有制度中汲取养分；也要面向未来，使法律体系保持活力。”[③]《民法典》能够在中国的社会经济建设中发挥多大的作用，就要看其在回应和解决时代命题上有多大的深度和广度。当下，乡村振兴工作便是我们经济社会建设中的重大时代命题、是新时代“三农”工作的总抓手、是党的十九大提出的重大战略，是法治政府建设的核心要义。故《民法典》与乡村振兴战略、法治政府建设有着深度的耦合。以乡村振兴为切入口研究好民法典视域下法治政府建设，具有积极的意义。

---

① 张景涵，重庆科技学院法政与经贸学院讲师。

② 习近平．在全国脱贫攻坚总结表彰大会上的讲话［N］．人民日报，2021-02-26（002）．

③ 王利明．彰显时代性：中国民法典的鲜明特色［J］．东方法学，2020（4）：7．

一、《民法典》在乡村振兴中的法律功能定位

（一）思想渊源：从传统到现代法治的乡村治理体系

新中国成立70多年来，党和国家都高度重视对乡村的治理，乡村治理的具体任务虽然伴随乡村内外环境的变化而不断调整，但无论怎样调整，其总的目标都是实现乡村现代化。[①] 传统的乡村治理延续着几千年来中国乡村熟人社会的机理。在一个基层治理单位中，以血缘或者姻亲为纽带的宗族化聚集使得治理更多地偏向于大家族或大家长制的治理逻辑。从上到下的呈现较为强势的控制态势。“通过土地改革运动，封建的土地所有制被废除，农民的土地所有制开始实施，无地少地的农民获得了一定的生产资料，农民主体意识被唤醒，阶级觉悟得到启发，乡村生产关系得以翻转，各个社会阶层的关系得到调整，社会秩序趋于稳定。”[②] 但乡村生产关系的翻转，仍然没有从根本上改变乡村社会传统的治理逻辑，依然呈现传统的乡村治理控制体系。一方面，由于传统的乡村治理的控制体系，使得上述公共产品更多被乡村资源优势方获取；另一方面，由于部分乡村基层组织的消极作为使得具体的宣传、实施工作存在一定的瑕疵。

上述情况是传统的乡村治理控制模式所引发的必然弊端。传统的乡村治理控制模式强调公权力自上而下的直接干预，国家资源通过乡村组织这一层级直接作用于农民。控制支配型的治理模式会导致村民和管理层之间天然存在一定的矛盾，而矛盾的存在会造成一定的权力寻租空间。譬如，在乡村少数机会主义的“钉子户”的无法治理造成了国家治理资源的极大浪费和无效；而这些“钉子户”的行为会在一定程度上起到坏的示范作用，使得乡村治理陷入负循环。[③] 在国家、乡村治理组织、农民之间，国家资源对农民的分配必然通过乡村治理组织之手，但传统的控制支配型存在自身的短版，如很多乡村干部由于宗族或者血缘关系的因素在处理一些事情上消极的作为，使得国家的资源流向无法与村民实现全面的对接。一方面，需肯定传统的乡村治理模式在维系基层稳定、促进社会融合上的作用；另一方面，要完成现代社会下的乡村振兴战略，必然需对传统的乡村治理模式从制度层面给予法治的保障。

要做好乡村振兴工作，实现法治政府建设的目标必然依靠法治化的制度保障。《民法典》作为我国第一部以法典形式命名的法律规范，对中国特色社会主义法治国家建设、实现法治政府的建设目标有着积极的作用。

（二）逻辑内涵

1. 法律在乡村治理体系中的功能

哈耶克认为人类的秩序在本质上可以分成两种：第一种是自发秩序。这是通过

---

① 丁志刚，王杰. 中国乡村治理70年：历史演进与逻辑理路［J］. 中国农村观察，2019（4）：23.

② 丁志刚，王杰. 中国乡村治理70年：历史演进与逻辑理路［J］. 中国农村观察，2019（4）：19.

③ 陈锋. 分利秩序与基层治理内卷化 资源输入背景下的乡村治理逻辑［J］. 社会，2015，35（3）：105.

群体互动所形成的一种“物理秩序”。第二种是组织或建构的秩序。它是命令的结果，是有意识的计划的产物，凭借外部权威、指示和指令建立。① 从形式外观而言，法律似乎属于后者所界定的秩序。法律是国家统治阶级利益的体现，是立法者的权威制定，是有意识的、计划的产物。而后者的建构是治理层面从上而下的必然措施。诚然，法律在某种程度上确实是一种强制性的规定。但在新时代背景下，乡村治理体系下乡村振兴不能仅仅依靠成文制定法的约束，还应该依靠第一种自发秩序，即乡规民约等习惯的聚合。也就是说，法律在乡村治理体系中的功能体现，一方面是立法机关制定的成文法律，另一方面是自发形成的乡规民约。

法律是乡村治理乡村振兴的法治保障。除了《民法典》之外，2021 年 6 月 1 日正式施行的《中华人民共和国乡村振兴促进法》《中华人民共和国土地管理法》等农业农村规范的法律共同构成了乡村振兴的法治保障体系，实现了有法可依。“乡规民约、村规民约是乡村民众为了办理公共事务和公益事业、维护社会治安、调解民间纠纷、保障村民利益、实现村民自治，民主议定和修改并共同遵守的社会规范。”② 我国目前仍保留传统的乡村治理控制体系。乡风民俗、宗亲文化、血缘纽带是该治理体系的主要表征，而乡规民约、村规民约便是该治理体系的必然产物。它承担着在乡村治理中对社会秩序的管理、对民主生活的保障、对资产和资源的分配功能。

但自发秩序与建构秩序之间可能存在一定的冲突，如自下而上形成的乡规民约、村规民约等习惯秩序可能会出现违背社会整体治理目标的情况，因而需要通过成文制定法限制其发挥作用的范围。③ 总而言之，法律在乡村治理中的功能由自发秩序与建构秩序两者有机结合，共同为乡村振兴保驾护航，这也是法治政府建设的应有之义。

2.《民法典》在乡村治理体系中的功能

《民法典》是乡村治理资源优化配置的法治化保障。纯粹的私法自治存在一定的不足，纯粹的私法自治主要依靠个人主观能动性的发挥，而我国的《民法典》则更加强调国家、社会和个人的有机衔接。④ 乡村治理的内在逻辑便是协调好国家、社会和个人之间的关系，即如何通过乡村基层组织这一社会细胞来更好地分配国家资源。《民法典》作为重要的法律规范，既是国家治理的重要目的，也是实现国家治理现代化的关键环节。⑤ 乡村振兴作为脱贫攻坚的有序衔接，本质上是为了更好地解决人民日益增长的美好生活需要和不平衡不充分发展之间的矛盾。《民法典》对社会主体资格的确认和私主体权益的保障，可以使其享有合法的身份地位，

---

① 弗里德利希·冯. 哈耶克. 自由秩序原理（上）[M]. 邓正来，译. 北京：生活·读书·新知三联书店，1997：200.

② 陈寒非，高其才. 乡规民约在乡村治理中的积极作用实证研究 [J]. 清华法学，2018，12（1）：63.

③ 王利明. 民法典：国家治理体系现代化的保障 [J]. 中外法学，2020，32（4）：862.

④ 王利明. 民法典：国家治理体系现代化的保障 [J]. 中外法学，2020，32（4）：850.

⑤ 王利明. 民法典：国家治理体系现代化的保障 [J]. 中外法学，2020，32（4）：851.

能够参与民事活动与社会治理。[①]

二、《民法典》背景下乡村振兴的法治化困境

（一）在土地方面

“土地制度作为农业、农民和乡村三者的共通连接点，使得三者在逻辑和实践上构成一个共同体。”[②] 土地制度和乡村振兴有着逻辑上的内在一致性。《民法典》的颁布、实施可以更好地将土地制度纳入乡村振兴的法治化轨道中，但必须承认在土地方面目前仍存在一定的困境。一方面，农村土地的供给难。2019 年新修订的《中华人民共和国土地管理法》实施后，确定了集体建设用地入市。《民法典》第三百六十一条规定：“集体所有的土地作为建设用地的，应当依照土地管理的法律规定办理。”该规定用一条准用性规则将集体建设用地的法律适用指向了《中华人民共和国土地管理法》。另一方面，农村土地流转困难。我国土地归国家和集体所有，所有权禁止转让。《民法典》对农村土地的所有、承包和经营在法律上进行了规定，预期看来会对盘活农村土地市场有积极的作用。我国长期的城乡二元社会结构和土地财产权制度，使农村土地负载了本不该由其承担的社会保障职能，造成了土地的不同用途之间以及同一用途的土地在不同利用主体之间利益失衡，法权表现即权利的赋予、行使和救济困难。[③]

（二）在人才保障方面

《民法典》中将农村集体经济组织规定为特别法人。[④] 从民法理论来看，农村集体经济组织是一种典型的民法法人，它不承担宪法、行政法等方面的职责。[⑤] 当然，农村集体经济组织不同于一般的公司法人，在取得法人成员的资格上并不以财产或者股份的吸纳作为接收标准。而农村集体经济组织像合伙一样具有“人合”特征，但是在具体收益的分配上又具有“资合”性。即在成员的身份认定上不以财产作为衡量标准，而是强调成员作为集体经济组织成员的自然人身份。基于这样的考量，立法者将集体经济组织认定为特别法人。

立法者在该部分的规定给司法裁判者留下了一定的灵活处理空间。《民法典》仅仅对其性质进行了界定，但对于内部的治理和组织框架问题却并未提及。而内部治理和组织框架却是身为一个法人运行的大脑和躯干，这必然会导致农村集体经济组织在乡村振兴的实践中存在一定的困境。

---

① 王利明. 民法典：国家治理体系现代化的保障［J］. 中外法学，2020，32（4）：853.

② 耿卓，孙聪聪. 乡村振兴用地难的理论表达与法治破解之道［J］. 求是学刊，2020，47（5）：1.

③ 耿卓，孙聪聪. 乡村振兴用地难的理论表达与法治破解之道［J］. 求是学刊，2020，47（5）：4.

④《民法典》第九十七条规定：“本节规定的机关法人、农村集体经济组织法人、城镇农村的合作经济组织法人、基层群众性自治组织法人，为特别法人。”

⑤ 孙宪忠. 从《民法典》看乡村治理中急需关注的十个法治问题［J］. 中州学刊，2021（2）：45.

三、《民法典》背景下乡村振兴的激励机制

（一）土地的激励机制："三权分置"

党的十九届四中全会强调要"深化农村集体产权制度改革，发展农村集体经济，完善农村基本经营制度"。深化土地改革激活生产资料的最大可利用性，是乡村振兴的经济基础。针对土地的问题，农村土地的"三权分置"的讨论由来已久。针对农民个体而言，经济结构变化导致农民与土地和村庄关系逐步疏解，农村土地作为农民安身立命之所的必要性和重要性相对降低，无偿分配和农村土地的制度效能逐步下降，农村土地的退出机制缺失和社区封闭导致村庄破败和农户土地财产权利难以实现。① "统分结合"的双层经营体制虽然限定集体是农村集体土地唯一的所有权者，但中央也强调"原则上不应留'机动地'，分散化的家庭承包模式阻碍了资本下乡和城乡融合，导致大部分农村集体经济发展缺乏生产资料且动能不足，陷入'空壳'地带，甚至外债累累"②。

农村土地"三权分置"简而言之便是将农村土地的经营权从原有的所有权、承包权中分离出来，放活经营权，赋予其应有的法律地位和权能。对于农村土地"三权分置"学术界已达成一致共识。虽然我国法律明确规定土地归国家和集体所有，但是制度本身并非墨守成规、一成不变，而是应该随着时代的变迁和改革的不断向纵深推进而升华。此次《民法典》关于土地承包经营权的规定体现在第三百三十九条至第三百四十二条，这些规定厘清了承包地流转形式、内容和土地经营权的性质，使农村集体土地所有权、承包权和经营权"三权分置"的改革完成了从政策到法律的转变。

（二）人才的激励机制：权利的享有和界定

人才的激励在乡村振兴的语境下是指农村集体经济组织成员的权利保障。一方面，保障农村集体经济组织成员的权利享有。农村集体经济组织兼具"人合"和"资合"两大特征，作为其中的成员如何在双重特性下，享有农民集体经济组织成员权显得尤为重要。集体经济组织成员固然享有宪法所规定的选举权与被选举权、监督权等非财产性权利，也同样享有土地收益分配请求权、土地承包经营权、宅基地分配权、股权等权益。如《民法典》新增了集体成员对集体财产知情权的相关规定。③ 在实践中，部分农村集体经济组织或者说村民委员会、村民小组简单地以"红头文件"形式公布其所在组织的相关情况，由于形式较为简单且具有公文的单一性，集体经济组织成员对于具体财产的情况无法有准确的把握。为了更好地保障集体经济组织成员的合法权益，《民法典》对此进行了专门的规定。另一方面，明晰农村集体经济组织参与市场竞争的产权界定。发展集体经济要充分认识"内"

---

① 严金明，迪力沙提，夏方舟. 乡村振兴战略实施与宅基地"三权分置"改革的深化［J］. 改革，2019（1）：6.

② 张莉，马野. 乡村振兴背景下壮大村集体经济的法治进路［J］. 学习与探索，2021（5）：85.

③《民法典》第二百六十四条："农村集体经济组织或者村民委员会、村民小组应当依照法律、行政法规以及章程、村规民约向本集体成员公布集体财产的状况。集体成员有权查阅、复制相关资料。"

和“外”的关系，通过法律规定保护集体经济组织参与市场竞争，完善发展集体经济的内部监督、分配制度，回应市场在配置资源中的决定性作用。[①]

参考文献：

［1］习近平. 在全国脱贫攻坚总结表彰大会上的讲话［N］. 人民日报，2021-02-26（002）.

［2］丁志刚，王杰. 中国乡村治理70年：历史演进与逻辑理路［J］. 中国农村观察，2019（4）：18-34.

［3］陈锋. 分利秩序与基层治理内卷化 资源输入背景下的乡村治理逻辑［J］. 社会，2015，35（3）：95-120.

［4］弗里德利希·冯. 哈耶克. 自由秩序原理（上）［M］. 邓正来，译. 北京：生活·读书·新知三联书店，1997.

［5］陈寒非，高其才. 乡规民约在乡村治理中的积极作用实证研究［J］. 清华法学，2018，12（1）：62-88.

［6］王利明. 民法典：国家治理体系现代化的保障［J］. 中外法学，2020，32（4）：847-864.

［7］耿卓，孙聪聪. 乡村振兴用地难的理论表达与法治破解之道［J］. 求是学刊，2020，47（5）：1-12.

［8］孙宪忠. 从《民法典》看乡村治理中急需关注的十个法治问题［J］. 中州学刊，2021（2）：45.

［9］严金明，迪力沙提，夏方舟. 乡村振兴战略实施与宅基地“三权分置”改革的深化［J］. 改革，2019（1）：5-18.

［10］张莉，马野. 乡村振兴背景下壮大村集体经济的法治进路［J］. 学习与探索，2021（5）：84-90.

① 张莉，马野. 乡村振兴背景下壮大村集体经济的法治进路［J］. 学习与探索，2021（5）：88.

智慧公共服务适老化问题研究

常 阳[1]

摘 要：信息技术的快速发展使人们的生活日趋智能化，此类技术也催生了智慧公共服务的产生。智慧公共服务提升了城市治理的规范性、精细性和便捷性，有效促进了资源整合与流动，但其并未考虑到老年人群体的数字排斥问题，老年人正在面临被智能时代“抛弃”的局面。本文将通过访谈法、观察法，并结合相关文本资源，探究老年人群体在公共服务智能化的背景下面临的出行、消费、就医、业务办理方面的困难。究其原因，是部分老年人信息知识更新不足、社会对老年人的知识更新不足缺乏包容、公共服务适老化政策存在缺陷，可以通过帮助老年人学习使用智能设备、营造良好社会风气、完善适老化政策等方式帮助老年人更好地融入智慧生活。

关键词：智慧城市；公共服务；适老化

一、引言

城市化进程逐渐加快伴随交通、医疗、教育等各方面问题的挑战。此时“智慧城市”成为解决以上问题的可行方法，它通过信息技术的智能化运用，如各类网站、应用软件等，将各类服务资源进行集成、打通，能够提高城市服务的质量，改善居民生活。在智慧城市的背景下，公共服务也趋于智能化。

作为智慧城市的一部分，智慧公共服务使民众的日常生活发生了巨大变化，部分老年人的生活质量也得到提高。例如，智慧养老可以通过物联网、移动设备等对老年人的身体健康状况进行实时监测，还能够做到针对意外事故的紧急求助。但是，现有的智慧公共服务无法惠及所有老年人，很多老年人由于不懂得如何使用智能设备、缺乏他人的帮助等因素而无法享受到智能公共服务带来的便捷，甚至本应享有的权益也受到损害。

根据第七次全国人口普查结果，我国 60 岁及以上人口为 264 018 766 人，占全国人口的 18.7%，其中 65 岁及以上人口为 190 635 280 人，占全国人口的 13.50%。与第六次全国人口普查相比，我国 60 岁及以上人口的比重增长了 5.44 个百分点。这意味着我国人口老龄化的速度不断加快，未来将进入深度老龄化社会。因此，我国在国家治理的多个方面都要充分考虑到老年人的情况，公共服务适老化问题需要

① 常阳，中共重庆市委党校硕士研究生。

得到更多的关注。

二、智慧公共服务带给老年人的问题

智能化公共服务的兴起，使多数人的生活更加便捷，但部分老年人却“掉了队”。公共服务智能化给老年人带来的问题可以体现在以下几个方面：

（一）出行受限

这一问题尤其体现在新冠肺炎疫情防控工作中。如今“健康码”成了人们在各种场合、各种地区流动的通行证。很多老年人不知道如何申领展示健康码、如何使用智能手机，因此他们的出行计划总是屡屡受限，甚至有的时候还会因为无法熟练使用健康码被赶下公交车。2021 年 8 月 4 日，武汉一辆公交车上，一对七旬夫妻从医院看完病准备回家，由于未使用智能机，没有健康码也没带健康证明，被工作人员及乘客劝阻下车。后来公交集团的工作人员解释，防疫规定要求所有人在乘坐公共交通工具时都要持健康码绿码或健康证明，否则不能上车。类似的老年人乘车被拒的新闻并不少，老年人并非有意违反特殊时期的疫情防控规则，而是由于操作技能有限而感到无能为力。

在购买火车票、飞机票时，部分老年人也总是因为不会网络购票而很难“抢”到自己想要的车票。在海口火车站的袁大爷告诉海南日报记者，他本想在 2020 年年底提前两个月买好 2 月 5 日的票，但当时车站工作人员告诉他，窗口只能购买 28 天以内的车票，于是在 1 月 7 日 8 时，由于不会线上买票，袁大爷坐了近 40 分钟的公交车赶到海口火车站，想买 2 月 5 日的下铺票，但没想到下铺票被线上“抢完”，他只能购买其他日期的火车票。

（二）消费受限

在 2018 年中国健康与养老追踪调查的 17 047 个样本中，仅有 1 364 名中老年人使用手机支付，老年人手机支付的使用率仅为 8%，这意味着手机支付等智能工具在老年人群体中未得到充分普及。但现实中各种智能技术已经兴起，衣、食、住、行几乎都逐渐被手机支付渗透，老年人与智慧生活存在脱节的问题。某个餐厅的顾客就提到了这个问题：老人进店询问菜单，被服务员告知要手机扫码才能点单，由于不会手机扫码点单，最终老人只能离开餐厅。老年人本该享有的消费权利也受到了损害。类似的事件也常见于超市、便利店等场所。

这个时代网络购物由于其便捷性，也受到很多人的追捧。但是，这种购物方式淡化了传统的支付方式，付款过程中实体的纸币和银行卡变成了虚拟的系统，这对于过去几十年来早已习惯了传统支付方式的老年人们来说，无疑是一个巨大的挑战。阿里研究院发布的“后疫情时代的老年人数字生活”微报告对老年人在网购时进行线上求助的情形做了统计，发现老年人会遇到退款、支付、账号操作等各种问题，且遇到问题就放弃消费的人群占比高达 50%，还有很多老年人并没有享受到智慧服务带来的便捷生活。

（三）就医困难

如今各大医院都有线上的官方渠道为患者们提供预约和问诊服务，比较常见的是微信公众号和小程序等。通过这类工具，人们能在线上完成医院就诊卡申领、预约挂号，省去往返医院的时间。但是，这对于一些老年人来说有一定难度。如果要去一些大型医院体检或者看病诊疗，这些老年人很有可能会因为每次医院放的号被线上渠道先一步占据，而“抢”不到号。即使是成功挂到号，后续的缴费工作也多会涉及手机扫码支付、自助缴费机的使用等问题。某三甲医院的一位60岁的患者就面临这个难题，她说曾因为不知道如何在机器上用医保卡缴费，最后只能去人工柜台排队，等了很久才付费成功。

在智慧医疗服务方面提升了医院的运作效率，能更好地安排患者就诊时间、节省多数人的排队、缴费时间；同时，它会把一些不会使用智能设备的老年人排除在外，使他们仍然需要在人工服务窗口排队或是耗费大量的时间请求工作人员的帮助，反而会增加就医时间，使就医的环节更加复杂。这时老年人不会享受到智能工具带来的便捷，甚至还会因为就医受阻而耽误病情。

（四）业务办理困难

现在很多快递点、银行都主推手机扫码服务。在银行，人工柜台也很少，只有营业厅的自助机能做到随时“提供服务”。据某个邮储银行营业厅的安保人员说，平时很多老人去银行办理业务都不会使用自助机，虽然有工作人员帮助、指导他们使用自助机，但多数老年人还是会选择到人工柜台办理业务。

三、老年人难以适应智慧公共服务的原因

关于老年人在智能化生活中屡次“碰壁”的这个问题，存在多个方面的原因。这些原因主要包括老年人缺乏相关知识、社会对老年人关爱不足和智慧服务适老化政策存在缺陷三个方面。

（一）老年人缺乏相关知识

（1）老年人“不想”学习相关知识。随着年龄增长，老年人对新生事物会感到不解或者出现抵制行为，部分老年人不喜欢过多参加外界活动、主动接受新鲜事物。这也使老年人不想主动学习如何使用智能设备。

（2）老年人“不能”学习相关知识。有的老年人因为自身机体衰老，学习能力大不如前，或因疾病缠身，无法学习新的知识。国家卫健委称我国老年人健康情况不容乐观，2018年我国人均预期寿命为77岁，但人均健康寿命仅为68.7岁，患有一种以上慢性病的老年人比例高达75%，失能和部分失能老年人超过4 000万，且各类慢性病患病率还处于上升阶段。鉴于此类情况，部分老年人即使想要学习如何使用智能工具，也心有余而力不足。

（3）老年人“不会”学习相关知识。很多时候老年人们具有学习智能化知识的硬件条件，但是缺乏相关的指导人员，所以仅靠自己摸索这些内容，老年人会感到“无从下手”。

（二）社会对老年人关爱不足

（1）随着生产力发展，多数人迷失在快节奏的生活中，忽略了老年人群体在智慧生活中面临的困境。如今老年宜居环境基础设施薄弱，歧视和忽视老年人的现象仍

然存在。前文中提到的被赶出饭店、赶下公交车的老人的事例就反映出了这些问题。

（2）社会中很多人有意忽略老年人的困难。老年人的家人多忙于工作，对他们的需求视而不见。为了生计，大量青壮年流入大城市、发达地区，很多欠发达地区已经出现了越来越多的“空巢老人”，他们的日常生活极为缺乏亲情关怀；部分企业、商户更关心如何赚取更多的钱财，而不愿意解决老年人遇到的问题。

（3）在科技产品方面，电视、洗衣机、手机、自动售卖机等设备都还缺少适老化理念。有些设备的操作说明过于复杂，老年人很难看懂；有的设备和程序的字体太小，也没有考虑到老年人的生理特征；还有一些人脸识别技术的设计不支持远程识别，没有考虑到行动不便的老年人的难处。

（三）智慧服务适老化政策存在缺陷

相关政策的缺陷主要体现在以下几个方面：

（1）国家政策对人工智能产业规划和政策关注度极高，但是对适老化问题的关注不够。

（2）大多数政策以短期规划为主，更多地追求短期效果，而不是社会经济发展的可持续性，部分政策缺乏战略性眼光，对于社会局势的变化的应变能力不足。在相关政策中，比较有代表性的相关政策见表1。

表1　智慧服务适老化的代表性政策

名称	推出时间	主要内容
《中华人民共和国老年人权益保障法》	1996年通过，现行版本于2018年修正	规定了国家与社会都具有保障老年人合法权益的责任
《无障碍建设“十三五”实施方案》	2016年9月	以保证老年人无障碍日常出行、获取信息为重点任务
《“十三五”国家信息化规划》	2016年12月	构建国家特殊人群服务体系，提供优质的公共服务
《关于推进信息无障碍的指导意见》	2020年9月	明确聚焦老年人等信息无障碍重点受益群体，计划于2025年年底建立起较为完善的信息无障碍服务体系
《关于切实解决老年人运用智能技术困难的实施方案》	2020年11月	用3年时间切实解决老年人在运用智能技术方面遇到的突出困难，建立解决问题的长效机制
《互联网应用适老化及无障碍改造专项行动方案》	2020年12月	决定在全国开展为期一年的适老化工作，包括开展互联网网站与移动互联网应用（App）适老化及无障碍改造等
《全国老龄办关于开展“智慧助老”行动的通知》	2020年12月	用3年时间帮助老年人跨越“数字鸿沟”

（3）相关政策缺乏资源支持。由于此类政策的目标群体很明确，需要更多有针对性的资源投入，易导致高成本、低效益的政策执行结果。对于地方政府来说，它们的技术资源与物质基础都不足以承受这种高昂的成本，因此很有可能有选择性地执行适老化政策。

（4）政府与其他组织间的合作不足，适老化公共服务涉及医疗、社会保障、信息技术等众多因素，涉及多个部门的权责和利益，仅仅靠政府推动适老化服务是远远不够的。这也就使人工智能的发展产生了适老化方面的“漏洞”。

四、帮助老年人适应智慧公共服务的建议

为了帮助老年人更好地融入智慧社会，使他们能够更好地享受到智慧公共服务带来的便捷生活，提出以下建议：

（一）帮助老年人学习数字知识

（1）老年人需要树立终身学习、与时俱进的观念。新闻媒体需要对老年人进行精神鼓励，增强他们学习新知识的信心；当地政府、公益组织可以进行一些宣传活动，使老年人充分感受到智慧生活带来的便利，接受“活到老，学到老”的思想；老年人自己也要主动请教身边的人学习使用常用的智能工具。

（2）对于一些身体状况欠佳的老年人，社区、志愿者组织都要对其提供一些具有针对性的服务，简化智能设备的使用流程，使他们学习使用更加简单的智能设备。

（3）家庭成员也要主动关注老年人生活中的困难，耐心帮助老年人学习使用智能设备，使他们更好地融入时代，尽量使老年人由“不想学、不能学、不会学”转变为“我需要、我能学、我会用”的状态，同时也照顾到无法接触智能设备的老年人，使他们“不掉队”。

（二）营造良好的社会风气

（1）媒体需要进行一些宣传，一是要使人们能够更加了解老年人群体的生活以及他们所面临的困难，给予老年人群体更多的关怀与爱护；二是更好地表达出老年人在信息时代面临的问题，引起社会组织、政府的关注，帮助老年人更好地适应智能社会。

（2）各个企业不能“唯利是图”。在追求经济效益的同时，也要在企业内开展尊老助老的教育，把员工培养成具有社会责任感、有温度的“人”，而不是“工作机器”。

（3）各种技术产品的生产、销售环节都要充分考虑到老年人的可接受程度。真正创造出适合老年人使用的科技产品的前提是认真听取老年人的建议，而不是仅仅由科研团队决定研发方向。这就要求科技公司在进行产品研发的设计、试验阶段时，邀请老年人们参与进来，通过与老年人的合作创造出一款他们都易于接受的科技产品。除此以外，在开发适合老年人使用的科技产品的同时，也要保留一些传统的便民服务通道，做到线上与线下结合，个人与家庭、社会结合，多管齐下，为老年人开辟出绿色通道。

（三）完善适老化政策

（1）政策制定者需要给予智慧服务适老化问题更高的关注度，并且找准问题的关键所在，这就需要政府主动听取老年人的建议和诉求，还要关注相关的新闻以及社会舆论走向，提出切实可行的政策方案。

（2）在政策制定与规划时，要有一定的前瞻性和战略性。做到长期计划与短

期计划有效结合，提前对将来可能出现的老年人信息保护、网络受骗等问题进行预防，也要考虑到政策运行对未来可能产生的影响，并及时提出相关预案，切忌过度追求眼前利益。

（3）地方政府需得到更多的技术、财力、人力方面的资源支持以弥补由于向特殊群体提供服务而产生的高额成本，这样才能更好地解决适老化问题。在提高资源支持的同时，要充分考虑到财政预算的规模、适老化服务效果的考核以及资源运用过程中的监督问题。

（4）由于智能公共服务涉及众多领域、众多部门，因此政府也要和家庭、社区、企业、媒体等组织之间形成联动关系，和政府内部上下级、不同部门之间形成良好的分工合作关系，借助各方面的资源，在不断地交流、合作中探索有效的适老化制度。

参考文献：

［1］国家统计局. 第七次全国人口普查公报（第五号）［EB/OL］.（2021-05-11）［2021-11-09］. http://www.stats.gov.cn/tjsj/zxfb/202105/t20210510_1817181.html.

［2］童玉芬. 中国人口的最新动态与趋势：结合第七次全国人口普查数据的分析［J］. 中国劳动关系学院学报，2021，35（4）：15-25.

［3］任冠青. 快评丨老人忘带健康证明乘车被拒，先别急着站对错［EB/OL］.（2021-08-05）［2021-11-04］. https://baijiahao.baidu.com/s? id=1707242673453083393&wfr=spider&for=pc.

［4］郭苹. 为老年人买票保留“传统选项”［N］. 海南日报，2021-01-11（009）.

［5］刘杰，郭超. 中老年人手机支付使用现状及其影响因素研究［J］. 调研世界，2021（8）：3-10.

［6］刘海燕. 探究新时期老年人心理特征及有效沟通方法［J］. 心理月刊，2020，15（18）：218-219.

［7］界面新闻. 卫健委：2018年我国人均健康预期寿命仅为68.7岁，老年人健康状况不容乐观［EB/OL］.（2019-11-01）［2021-11-10］. https://baijiahao.baidu.com/s? id=1648981832183181569&wfr=spider&for=pc.

［8］易雪琴. 积极应对人口老龄化问题的实践着力点［EB/OL］.（2020-12-02）［2021-11-07］. http://soci.cssn.cn/shx/shx_rkx/202012/t20201202_5227704.shtml.

［9］韩振秋. 帮助老年人跨过“数字鸿沟”［N］. 中国人口报，2021-09-17（003）.

［10］李熠煜，杨旭，孟凡坤. 从“堕距”到“融合”：社会“智”理何以“适老化”?［J］. 学术探索，2021（8）：96-103.

［11］郭子源. 适老化金融服务亟待补短板［N］. 经济日报，2021-10-14（007）.

［12］刘伊琳. 适老化信息服务政策量化评价研究：基于PMC指数模型［J］. 老龄科学研究，2021，9（8）：40-54.

［13］秦川. 老人冒雨交医保被拒收现金，这画面刺痛人心［EB/OL］.（2020-11-24）［2021-11-07］. https://wap.peopleapp.com/article/6047220/5960513.

基层政府部门间协同配合困境及其适应性改进研究

伍 科①

摘 要：基层社会治理是国家治理的重要基础，基层政府是基层社会治理的行政主体，基层政府各部门的协同配合极大制约着基层治理水平的提升。当前，基层政府各部门协调机制不健全、“职责同构”影响、信息共享机制不健全等共性问题凸显，多部门协同配合机制难以形成。推动基层社会治理水平提升，要优化各职能部门设置，推进形成新型伙伴关系政府，设立“常务联系员”，探索协同配合新机制，加强政府体系顶层设计，推进各部门开启协作新形势等，对当前基层政府部门间协同配合机制进行适应性改进，使政府更好发挥作用。

关键词：基层政府；协同配合；政府

一、引言

2021 年 7 月，《中共中央 国务院关于加强基层治理体系和治理能力现代化建设的意见》（以下简称《意见》）指出，“基层治理是国家治理的基石，统筹推进乡镇（街道）和城乡社区治理，是实现国家治理体系和治理能力现代化的基础工程。”基层社会治理水平提升需要政府从横向、纵向两个方面共同发力，形成系统化、科学化、可持续化的协同配合机制，这不仅需要政府组织自上而下的组织再造、流程再造、制度再造，还需要找好政府各部门横向间的着力点，构建相互影响、相互协同、相互促进协同机制。此外，政府各部门间能否通力合作、协同配合，不仅会对政府整体的行政效率和公信力产生直接影响，还会间接影响社会各主体参政议政的积极性。“十四五”规划就提出“要使行政体系更加完善，政府作用更好发挥”，这需要政府各部门之间的协同配合，破除当前工作中“孤军奋战”“群雄割据”的困境，提升内部联动性，形成推进基层治理体系和治理能力提升的合力。

基层治理体系和治理能力的现代化建设的核心在于基层组织建设，而基层政府作为最前线的政策执行者和落实者，往往事务庞杂，人员相对匮乏，形成了事务多、人员少、压力大的现象。因此，在政策执行和落实中更需要多部门的配合与协

① 伍科，中共重庆市委党校硕士研究生。

作，形成 1+1>2 的行政合力；同时，基层政府是与公民、企业、社会组织等行政客体直接对话、互动的行政主体和社会治理最前线。基层政府某一部门的行为往往会影响整个政府形象，因此某一部门的政策执行和落实的情况也将极大地影响基层政府整体行政效率和公信力，以至于陷入“塔西佗”陷阱。对此，基层政府各部门间是否能够通力合作、破除藩篱，形成内部联动机制，养成外部系统循环则显得尤为重要。当前，基层政府各部门间缺乏联动协作机制，实际工作中不仅未能相互协作配合，反而出现相互掣肘、“各自为战”的怪象，这在一定程度上影响着基层社会治理的推进，也成为基层政府更好发挥作用的“中梗阻”。只有克服政府部门间相互掣肘弊端，破除信息垄断壁垒，建立健全完善协同协作机制，开辟相互合作的通道，才能缩短以致打通“最后一公里”，充分释放改革红利。

二、基层政府部门间协同配合面临的困境

根据笔者调研信息，结合各地政府协同配合的实际情况，当前基层政府部门时常开展联合行动，期望共享信息、形成一股合力，充分提升行政效率，但实际结果却大相径庭，且存在部分共性问题：部门间的协调机制不完善、各部门共享信息渠道有限、缺乏完善的配套政策措施等。这些问题都严重阻碍着基层政府部门间协同配合机制的形成，从而影响基层社会治理体系和治理能力建设。

（一）部门间的协调机制不完善，权责界限不明晰

基层政府各部门间协调机制不完善，缺乏合作的联动机制，不仅严重影响政府的行政效率和人民满意度，也难以提升基层社会治理水平。例如，当因工作任务缺乏牵头部门时，基层政府各部门间推诿扯皮、“踢皮球”等现象屡见不鲜，从而导致群众办事“多跑腿”，对基层政府的满意度、认可度降低。此外，尽管有牵头部门开展工作，但囿于各部门绩效考核指标存在差异，各部门协同工作时也存在“出人不出力”“磨洋工”等现象。

基层政府作为一线的政策执行者，各类政策交错而至，各部门执行政策时来往频繁，但涉及多部门时，常出现“一管都管，不管都不管”现象。尽管政府各部门均有自身特定行政职能，但当协同办公、联合办公时往往职能界限存在重叠或边界模糊，造成“政出多门”或“无人问津”现象。例如，某审批程序需要多个部门审批，但审批部门需要相互证明，均称要先由某部门审批后再进行审批，造成看似都在管、实则不知谁在管的乱象。

（二）“职责同构”影响多部门协作

当前，现代政府组织因功能的多样性和管辖的差异性，必然对相关的职能进行专业的分工。而基层政府各部门作为一线职能部门，其职能的专业化划分过程中往往出现“职责同构”现象。所谓“职责同构”，是指在政府之间的关系中，不同层级的政府在纵向间职能、职责和机构设置上的高度统一与一致。通俗地讲，在这种政府管理模式下，中国每一级政府都管理大体相同的事情，相应地在机构设置上表现为“上下对口，左右对齐”，这种“职责同构”的情况一定程度上影响着多部门协作的效率。例如，某部门受到同级政府和上级直属部门管理，当就一事件两者持

不同意见时，该部门往往难以行动。此外，该部门当执行某一上级发出的指令时，若出现行政问责事项，具体责任界定与认定通常也十分困难。另外，“个体不会自愿地采取行动以实现共同的或集团的利益”，因而基层政府各部门往往把扩大和增加支出与预算的意愿上升为政府的意志，将部门评比指标纳入政府的评价系统中，试图搭上基层政府整体公共支出扩大的“便车”。例如，在科技、教育、文化、体育、卫生等部门，由于它们时常难以提供较为充分的公共物品，为克服部门自身资源不足，会自上而下地制定各种各样的评比指标，如“卫生文明城市”等，同时试图借助行政级别上的优势，采取层级下压的方式，力争将部门目标变为基层政府目标。由此可能导致基层政府各部门间形成各自为政、“各自为战”的局面，阻碍了部门间协调配合，从而难以形成有效的协同配合机制。

（三）部门间沟通联系渠道有限

基层政府在进行多部门协作时，通常缺乏有效的沟通渠道，信息交流一般仅限于各部门某一个人身上，易造成信息传递速度慢、信息失真、传递效率低下等情况。此外，部门间正式的沟通交流通常也集中在各部门领导之间，部门内部之间日常交流少，信息较为闭塞。沟通渠道的数量和质量将极大影响部门间联合协作的效率和准确性，当沟通联系出现障碍时，往往会出现“费力不讨好”的现象，浪费行政资源。因此，除了各部门领导间沟通联系渠道以及多部门集中会议以外，部门间沟通联系渠道十分有限。

（四）部门间信息共享机制不健全

基层政府是各类一手信息和材料的掌握者，其掌握的数据具有代表性、真实性和可利用性。因而，基层政府各部门间信息共享就显得尤为重要。现实中，因为绩效考核的评比、部门之间的“对抗”、技术的限制等原因，基层政府各部门间几乎难以形成大一统的信息平台，去实现信息的共建、共享、共用。例如，政府各部门在年终绩效评比时，为了获得更高的绩效评级，往往在一段时间内刻意闭塞信息，以获得信息优势，最后获得高绩效。此外，即使有部门愿意主动共享其信息，囿于硬件、软件壁垒，也难以形成有效的信息共享平台或途径。

（五）基层政府各部门间缺乏配套措施

基层政府各职能部门为了响应上级政策，提升一线办事效率，往往均会出台许多规章制度，这将导致两个方面的问题：一是某部门出台相关制度后，其他部门时常难以出台配套协同的制度，导致“孤掌难鸣”，不仅没能提升办事效率，反而出现各部门程序上的不一致。例如，有的部门针对行政审批事项已经简化流程，但其他部门却仍无具体简化制度的要求，程序上仍是烦琐复杂，难以达到提速增效的目的。二是每个部门都出台了相关的制度措施，但缺乏协同性。正是因为基层政府各部门缺乏协同性导致配套措施的缺位，反之各部门配套措施的缺乏亦导致各部门协同性的不足，这种螺旋恶性循环极大影响了基层政府各部门间的协同配合，从而降低了基层社会治理水平。

三、基层政府部门间协同配合适应性改进策略

基层社会治理是国家治理体系和治理能力现代化的基石，而基层政府是基层社会治理的最大行政主体，基层政府部门间协同配合状况必然制约着基层政府作用的发挥。因此，建立科学有效的协同配合机制，有助于基层政府整合力量，有效提升基层政府行政效率和公信力，甚至可以说，协同治理是提升社会治理水平的保障机制和提高服务对象满意度的基本途径。

（一）优化部门职能设置，厘清责任清单

要充分发挥各类临设领导小组及领导小组办公室的作用。让各类临设领导小组认真履行协调职责，牵头负责政府部门间的协同配合，尤其是基层政府更要积极协调各部门，主动作为、积极作为，采取强有力的措施，有条不紊地推进基层社会治理。

部门职能的交叉重叠难以避免，但并不可怕，可怕的是在职能交叉重叠的基础上产生的各自为政，做出相互矛盾的决定，使行政相对人无所适从，最终损害行政相对人的利益。因此，在不可避免产生部分部门职能交叉重叠的基础上，一方面，政府要主动优化各部门职能设置，从纵向设置上加强各部门协同配合；另一方面，政府要主动厘清各部门责任清单，做到交叉而不“交融”，重叠而不乱叠。只有厘清基层政府各部门责任清单，才能更好发挥各部门职能作用，做到遇事有担当、遇事能作为，不断提升人民对基层政府的满意度和公信力。

（二）“各司其职”，推进形成新型伙伴关系政府

不一定上下职能同构才能履行好政府职责，恰恰是因为不同层级政府的职能有所区别、各有侧重，才能更好地发挥各层级政府的作用，形成整体效应。所以，要提升社会治理水平尤其是基层治理水平，就要自上而下地进行中央与地方、各级政府之间权力关系的划分，让每一层级政府都有能力做、有权力做，能够“各司其职”的推动行政事务发展，提升基层政府的社会治理水平，推进政府各级之间形成新型伙伴关系，从而为基层政府部门横向协作提供制度性保障。在新型伙伴关系下，基层政府各部门不再囿于直管上级部门层层分解的目标压力，可以协同配合，集中力量攻破基层治理中的难点，不断提升基层政府的社会治理水平。

（三）设立“常务联系员”，探索新渠道

基层政府各部门可指定一常务联系员。该常务联系员可由各部门业务能力较强的人兼任，且在出现需多部门协作时承担部门间沟通联系任务。基层政府各部门在设立对应联系员后，能够不再单一根据领导间的沟通获得较为滞后的信息。相反，通过早期各部门间的沟通联系，能够使各部门尽早地根据部门实际状况做出相应决策和安排。此外，可由基层政府授权建立临设多部门协作工作小组，专门负责跨职能的多部门协作。例如，在“联合审批”“扫黑除恶”等跨部门工作中，直接由多部门协作工作小组进行处置。

（四）加强政府体系顶层设计，推进政府各部门开启协作新形势

要实现多部门的政府信息资源共享和信息系统的互联互通，这需要对我国电子

政务的管理机制进行再设计。当前，我国电子政务已经注重从平台建设到效能建设的转型升级，推动更多服务事项一网通办。但仍存在重复投资、条块分割、“信息孤岛”等现象，资源共享动力不足、法律法规不完善、反馈机制不健全问题突出。

（1）完善立法工作，加强监管督察。当前，我国针对基层电子政务建设出台了《关于开展依托电子政务平台加强县级政府政务公开和政务服务试点工作意见的通知》（2011 年），但该制度时间较为久远，且没有配套相关监察措施，致使基层政府重复投资、“信息孤岛”现象频现，各部门间协同配合出现“天然屏障”。要从顶层设计出发，进一步加强立法工作，加快推动基层政府从平台建设转向效能建设，让基层政府各部门间信息资源基于电子平台实现高效率的互联互通，推动各部门协同配合机制的形成。同时，应配套出台相应监管督查措施，科学引导、监管有据，促进基层政府各部门的协同运行。

（2）加强各部门服务性建设，提升资源的共享主动性。“资源以及推动信息共享的动力是直接因素，且动力直接决定资源的丰富程度；政府部门对信息共享的特性认识以及部门间的信任关系是间接影响因素，且通过作用于动力间接影响政府间信息共享的水平。”基层政府各部门要始终以为人民群众服务为工作宗旨，要不断加强政府各部门服务性的建设，由内而外主动地维护人民群众的根本利益。当政府各部门具有积极服务的主动性后，不仅能够直接推动信息和其他各类资源的共享，还能极大提升各类资源的丰富程度。此外，积极服务的政府为更好为人民群众服务，提升行政效率，能够就信息资源共享快速达成一致，间接提升政府各部门间的信息共享水平。因此，着力加强基层政府各部门间的服务型建设，一方面能够有效促进各部门间协同配合，另一方面能够使政府更好地发挥作用，服务于人民。

（3）建立人民满意的评价机制，推动政府各部门形成协同新面貌。针对政府各部门职能的不同，在进行跨部门协作时，可由对应职能部门承担主要责任人，其他协同配合部门为共同次要责任人，建立以人民满意为核心的评价机制，形成资源共享的新平台，推动政府各部门间的协同配合，杜绝单一的政府内部绩效考评造成的“信息孤岛”。要完善共建、共治、共享的社会治理制度，不断增强人民群众的获得感、幸福感、安全感，建立人民满意的评价机制。一方面，将公民纳入社会治理的多元主体中，推进共建、共享、共治的社会治理制度建设，尤其是在基层政府中建立满意的评价机制，有利于使人民获得更多的政治参与感、获得感，有利于构建人民当家做主的制度体系；另一方面，人民的满意度直接体现了政府各部门工作情况，直接影响政府各部门的绩效考评，有利于政府各部门加强配合协作，有利于推动各部门间形成协同配合的新面貌。

（五）加快配套措施落实，提升部门协同性

由基层政府牵头负责，一是制定相关职能部门出台配套措施的制度，限定配套措施出台的时间和方向，迫使各职能部门主动出台各类政策配套措施，形成制度的刚性，破除螺旋般的恶性循环。同时，发挥制度的优势以提升各部门的协同性，由恶性循环转向良性循环，形成更大合力推动政府更好地发挥作用。二是建立绩效考评机制，将各部门出台配套制度措施的时间和有效性纳入绩效考评，建立人和部门、部门和部门之间更加紧密的联系，促进协同性的提升。三是加强基层公务人员的思想建设，从思想上加强关于部门间协同配合重要性的认识，要定期或不定期地开展思想培训活动，强化看齐意识、合作意识、团队意识。

四、结语

2021年是“十四五”规划的开启之年，基层社会的建设和基层政府作用的发挥更加关键。在当前政府职能复杂多样的情况下，如何形成政府横向部门间的联动联合、协同协作机制，破解单一纵向绩效评估造成的“行政内卷”困境显得至关重要。而政府如何更好地发挥作用，人民是其最重要的导向标和评判者。在发展和探索过程中，要根据基层政府实际，因地制宜地进行适应性改进，不断调整自身结构和职能，才能使基层政府在基层社会治理中更好地发挥作用。

参考文献：

［1］高学栋，张明亮．“放管服”工作中加强部门间协同配合对策研究：基于对S省部分政府职能部门第三方评估［J］．山东行政学院学报，2017（1）：122，123-128.

［2］朱春奎，毛万磊．议事协调机构、部际联席会议和部门协议：中国政府部门横向协调机制研究［J］．行政论坛，2015，22（6）：39-44.

［3］朱光磊，张志红．“职责同构”批判［J］．北京大学学报（哲学社会科学版），2005（1）：101-112.

［4］曼瑟尔·奥尔森．集体行动的逻辑［M］．陈郁，郭宇峰，李崇新，译．上海：上海三联书店，1995.

［5］段静，郑鸿铭．财政补足民生“短板”重在政府部门协同［J］．中国行政管理，2019（12）：144-145.

［6］金国坤．论服务型政府部门间的协调配合机制［J］．法治论丛（上海政法学院学报），2008（6）：20-25.

［7］俞路．地方政府机构改革中应注意的几个问题［J］．国家行政学院学报，2009（1）：31-33.

［8］王益民．全球电子政务发展前沿与启示：《2020联合国电子政务调查报告》解读［J］．行政管理改革，2020（12）：43-49.

［9］胡平，甘露，罗凌霄．地方政府部门间信息共享的影响因素间关系研究［J］．管理工程学报，2009，23（3）：85-89.

积极应对人口老龄化的误区与纠偏之策探析[①]

王雪琴[②]

摘　要：实施积极应对人口老龄化国家战略研究是当前理论研究的热点问题。“十四五”时期我国将进入中度老龄社会，急需厘清并纠正我国积极应对人口老龄化在老年标准确定、老年价值认同以及老龄社会治理等方面存在的认知误区，以与时俱进的理念、积极有为的姿态、改革创新的精神、明确的政策导向推动实施积极应对人口老龄化国家战略。

关键词：人口老龄化；老龄社会；老年定义

人口老龄化是史无前例的重大现象。习近平总书记指出，要着力增强全社会积极应对人口老龄化的思想观念。思想观念的转变是应对人口老龄化的首要问题，深刻影响着对人口老龄化的理解和应对老龄社会问题的策略设计。“十四五”时期我国将进入中度老龄社会，社会各界如何跳出原有误区，进而进一步提高对人口老龄化认知的科学性、系统性和前瞻性，对推动人口老龄化国情教育、制定相关政策法规，进而推进积极应对人口老龄化国家战略，都具有十分重要的理论和现实价值。

一、积极应对人口老龄化应着力厘清的三个误区

（一）老年标准确定存在误区

一是老年年龄标准落后。老年年龄标准是认识人口老龄化程度和老龄社会的核心指标。在老龄社会常态化的当下，沿用半个多世纪的年龄组划分标准遭到诸多质疑，重新定义老年已成为迫切问题。联合国人口专家曾明确提出，称60~79岁的老年人口为“年轻老人”，以此区别于年满80岁及以上的“高龄老人”。但在我国，社会各界把60岁或65岁作为划分老年群体的唯一标准，导致无法准确反映出具有更替动态性的人口老龄化的真实程度，也无法科学准确制定出应对人口老龄化的一系列政策，甚至在一定程度上助推了人们对老年群体的消极认知态度，甚而出现“老年人比例虚高”的结论。二是老年学科标准局限。目前，很多学者更多局限于老年社会学、人口学、社会工作等学科，但由于老年人除了具备社会属性之外，还具有政治属性、经济属性，老年人问题更是需要社会学、管理学、政治学和

① 基金项目：重庆市研究生科研创新项目“基于余力理论的老年人力资源开发研究——以重庆市为例”（项目编号：CYS21510）。

② 王雪琴，中共重庆市委党校硕士研究生。

医学等多门学科共同钻研，在交叉研究中促进老龄社会问题的解决。三是老年政策标准笼统。目前，出台的几乎所有老年政策都是针对整体老年人，在很大程度上忽视了老年人群体在人口特征、服务需求、发展趋势等方面的异质性和多元性，从而降低了政策的科学性、针对性和可操作性。

（二）老年价值认同存在误区

一是悲观的老年人价值观。正如习近平总书记指出，老年是仍然可以有作为、有进步、有快乐的重要人生阶段。随着人口预期寿命的不断提高，很多老年个体进入老年期到失能阶段还有很长一段时间的健康老年期。在此期间，他们的健康状况较好、学习能力较强、自理能力较佳，有较好的知识、经验、技能的优势，是社会和家庭发展的重要推动力。但目前谈“老”色变是当前的一个普遍现象，习惯性地或想当然地把老年人视为“负担”或“压力”。二是片面的老年人力资源观。因陈旧观念过分强调人口老龄化在劳动年龄人口供给、社会养老支出和市场投资消费等方面给社会经济发展带来负面影响，因年龄歧视常常视老年人在养老服务、医疗卫生、社会保障及长期照护等方面需要更多的照顾、优待和救助，导致庞大的老年人力资源处于一定程度的闲置状态，缺少对真正老年群体需求的实际调研与科学预测，选择性忽视了老年群体对于延迟退休和再就业的需求，尤其是对低龄老人再就业问题重视不够，对老年人退休返聘、老年人从事公益性岗位、老年人自主创业或自谋职业等方面还缺乏“老有所为”的配套政策支撑。三是短视的老龄产业发展观。我国老龄产业既是一个蓬勃兴起的新兴产业，也是大有作为的朝阳产业。人口老龄化的快速发展，使得数量庞大、结构复杂的老年群体对专业化养老服务机构的建设提出了更高的要求，对老年人相关的产品也存在巨大的需求，这意味着我国老龄产业拥有巨大的市场消费需求。尽管市场巨大，但由于政策滞后、我国老年消费潜能并未完全释放，不愿消费、不能消费、不敢消费现状没有彻底改变，老龄经济作为国民经济增长的引擎之一仍面临重大挑战。

（三）老龄社会治理存在误区

老龄社会是一种新的社会形态，是人类社会发展的必经阶段，是经济社会发展到一定阶段的产物。目前，老龄社会治理还存在以下误区：一是老龄社会治理理念滞后。党委领导下的多元共治理念在现有老龄社会治理模式中未能充分体现。最典型的表现就是把老龄社会治理等同于老年人问题乃至养老问题，导致当前老龄社会治理研究与实践较多关注老年工作的开展和老龄事业的发展，忽视了老龄社会治理的系统性、全民性和综合性。二是老龄社会治理制度变革滞后。目前，我国关于养老资源的分配与管理分属各级政府如民政、卫生健康、发展改革、财政、住房城乡建设、自然资源等不同职能部门，体制设置存在权力分设、资源分散、管理分割等问题。例如，在长期照护制度实施过程中，老年人所需的生活照料和医疗护理分别归属于养老保障和医疗保障的范畴，导致长期照护服务被养老制度和医疗制度分割，难以形成有效、互动的治理机制。三是老龄社会治理政策创新不足。最为明显的是政策体系的“碎片化”问题。由于我国老龄政策定位的快速转变和老龄社会形式的发展，老龄政策体系区域壁垒严重，区域间（包括城市群）协同治理的政策相对较少；聚焦城镇的老龄政策较多，对于农村的关注较少；关注“老年人”

群体的政策多，“一老一小”家庭支持政策相对较少等情形，政策框架亟待完善建构。

二、积极应对人口老龄化的误区纠偏之策

要积极应对人口老龄化，需要破解在老年标准确定、老年价值认同和老龄社会治理中存在的三个误区，以与时俱进的理念、积极有为的姿态、改革创新的精神、明确的政策导向推动积极应对人口老龄化国家战略的顺利实施。

（一）以科学依据重新定义老年标准

一是从功能发挥角度定义老年年龄标准。健康的本质是功能的实现。对老年年龄标准的讨论，最关键的不应该是60岁或者65岁的日历年龄，而是老年人的健康状况。从个体层面看，老年定义与身体健康水平、精神健康水平以及社会适应能力等维度相关。因此，需要从功能发挥的角度，在以上多个维度进行综合测量，才能做出个体是否进入老年期的科学判断，真正反映人口老龄化的程度。二是立足老龄社会新形态科学定位老年学科。老年学科虽起源于对个体生命老化的关注，但在老龄社会新形态的宏观背景之下，老年学科的发展，不仅与个体生理病理相关，更与政治文化、经济社会发展密不可分。因此，老年学科的发展方向应是多个学科的综合与交叉，要立足社会新形态的宏观背景，打破传统学科局限，聚焦人口老龄化的关键性议题，构建一个人口学、社会学、心理学、医学、统计学、政治学、管理学等多学科协同理解与相互支持的学科融合范式。三是从内部异质性角度细化老年政策。老年政策的出台应突出差异性，根据人口发展的具体情况，分年龄、分健康水平摸清规律找准问题。要统筹考虑低龄老年群体较高的劳动参与、良好的健康状况以及高龄老年群体的生活照料和长期护理需求，探寻类型化与整体性相结合的“点面结合”式老年政策，重视低龄健康老年群体的社会参与、人力资源开发以及健康状况维持，将更多的政策及资源集中到高龄失能群体的照料服务及医疗健康需求上。

（二）以积极老龄观重塑老年价值认同

一是积极看待老年人口。不同于传统社会结构下的老年人数量少、比例低，随着老龄化的发展，老年人口已不再是社会边缘群体，其受教育水平与健康水平不断提高。一方面，要通过对老年人口社会角色的重新定位摆脱谈“老”色变的传统观念，充分发挥老年人在帮助邻里、调解矛盾等方面的积极作用；另一方面，通过政府、学校以及媒体等充分引导，营造孝亲敬老的社会氛围，鼓励老年人更多地实现自我发展和参与社会建设。二是树立“老有所为”的老年人力资源观。“老有所为”是人口老龄化发展的必然趋势。随着生活水平的提高和科技进步，有更多人进入老年后仍有能力继续工作。一方面，要将老年教育纳入我国成年教育体系，鼓励和引导老年大学开展丰富多样的老年教育活动，提升我国人力资源整体素质；另一方面，要采取试点推广的方式，加快研究制定弹性退休和延迟法定退休年龄的法规政策，提升老年人力资源开发水平。三是拓展老龄产业发展视野。伴随人口老龄化的发展，我国经济形态从适应年轻社会转向老龄社会的趋势不可逆转，老龄产业

发展是解决当前和未来经济长远发展的战略制高点。一方面，通过积极出台老龄产业扶持和优惠政策，并通过加强对相关政策落实的监督，确保扶持政策落实落地；另一方面，将老龄产业发展纳入国民经济和社会发展规划，围绕老年群体的实际消费需求，确定近期、中期和长期老龄产业优先发展领域，进一步整合老龄产业发展合力。

（三）从国家战略高度明确老龄社会治理着力点

一是明晰老龄社会治理理念。老龄社会治理应首先聚焦改变人们的传统观念。一方面，要创新发展新型敬老文化，通过采取在全社会广泛开展老龄化国情教育等方式，为推动老年友好型社会建设营造文化氛围；另一方面，要树立“人人有责、人人尽责、人人享有”的老龄社会治理理念，注重老龄社会治理的整体性和全局性，从经济运行、社会建设等维度更加全面地理解老龄社会治理的重要意义和相关工作。二是完善老龄社会治理制度体系。老龄社会治理制度体系变革需要强化在分工基础上的部门协同共治。一方面，强化各级老龄工作委员会工作的独立性，进一步加强决策权、协调权和监督权。区分其与负责日常工作的卫健委之间的职责权限，避免越位和缺位，对牵头部门组织联系和协调工作以及各成员单位的职责分工进一步细化，增强工作合力。另一方面，完善政府老龄社会治理考核机制，通过完善考核指标体系，将老龄社会治理绩效纳入相关部门政绩考核评估，变“被动合作”为“主动协同”。三是创新老龄社会治理政策。针对老龄政策体系不充分不平衡的问题，需要从多维度健全老龄社会治理政策体系。一方面，在顶层设计上要强化政策制定的完整性，以实施积极应对人口老龄化国家战略为契机，重点研究制定包括生育政策、家庭支持政策、教育政策、就业政策、社会保障政策以及养老服务政策等一系列老龄社会治理政策；另一方面，要关注重点人群，提高政策针对性。聚焦农村老人、中重度失能老人等重点群体，进一步促进养老服务和医疗保障制度的衔接与融合，推动“医养一体化”的发展；高度重视照护类专业人才的培养与储备；采取家庭补贴、税收减免、假期照料、托育机构建设、适老化改造等不同类别家庭支持政策，支持家庭承担养老功能等。

参考文献：

[1] 关信平. 对“老龄社会”的认知纠偏［J］. 人力资源，2013（3）：26-27.

[2] 李佳.“积极应对人口老龄化”的基础是立足中国国情［N］. 中国经营报，2019-12-09（E03）.

[3] 宋全成，孙敬华. 我国建立老年人长期照护制度可行吗？［J］. 经济与管理评论，2020，36（5）：65-75.

[4] 翟振武，刘雯莉. 从功能发挥的角度定义老年：对老年定义与健康测量的反思与探讨［J］. 中国体育科技，2019，55（10）：3-9.

[5] 党俊武. 全面推进老龄经济产业是加快内循环的重大战略主攻方向［J］. 老龄科学研究，2020，8（9）：3-22.

[6] 杜鹏，王永梅. 改革开放40年我国老龄化的社会治理：成就、问题与现代化路径［J］. 北京行政学院学报，2018（6）：13-22.

成渝地区双城经济圈背景下两地政务服务一体化发展探析

刘珂言[①]

摘　要： 为满足成渝两地人民日益增长的对美好生活的需求，成渝两地着力推进政务服务一体化建设。本文旨在推进政务服务“网上办”“快速办”“简约办”“公平办”。

关键词： 数字时代；成渝地区；一体化

一、研究背景

2020 年 1 月，在中央财经委员会第六次会议上，习近平总书记强调，推动成渝地区双城经济圈建设、形成高质量发展的重要增长极。这一决策部署是实现共建“一带一路”、长江经济带发展、西部大开发的重要战略支撑。成渝地区位于“一带一路”和长江经济带交汇处，地理位置优越。作为西部地区经济社会发展的重要引擎，成渝地区应把握两地现实需求和时代机遇，增强一体化发展的意识，发挥中心城市的辐射带动作用，努力唱好“双城记”。

2021 年 10 月，中共中央、国务院印发的《成渝地区双城经济圈建设规划纲要》中提到，充分发挥数字时代的契机，形成成渝两地政务服务互联互通，切实让成渝两地群众感受到便利，实现“少跑腿、好办事、不添堵”的愿景。

二、成渝两地政务服务一体化的实践

（一）搭建政务服务平台

成都市与重庆市两地各自在政务服务平台建设上有所成效。为进一步深化“互联网+政务服务”，2020 年 4 月，成都市政务服务“一网通办”平台正式上线，包括“一平台、三中台、五前端、两保障”，覆盖面涉及市、区（市）县、乡镇（街道）、村（社区）四级，接入服务事项 127 个，现有微信小程序、PC 端、基础平台。截至 2021 年 4 月，“天府蓉易办”微信小程序注册用户突破 196 万人。重庆市推出“渝快办”平台，截至 2021 年年初，其注册用户数达到 2 065.7 万，99%

---

① 刘珂言，中共重庆市委党校硕士研究生。

的市级行政许可事项能够实现“最多跑一次”，95%的事项达到网上可办。

为使成渝两地群众办事更加便捷、满意度提升，成都市“天府蓉易办”与重庆市“渝快办”共同推出“川渝通办专区”。在长效工作机制、政务服务标准化、数据共享等6个方面实现互联互通。充分依托当地政务服务平台，推动高频事项实现“跨省通办”。川渝通办线上服务专区实现全流程网上办理，并且重庆市两江新区、高新区等17个区县积极与成都市天府新区等市、区签订合作协议，开设“一网通办”专窗，提供线上线下结合的多渠道政务服务。“川渝通办专区”平均每天办件数达到1.5万件。

（二）行政审批事项融合

2020年10月，川渝政府办公厅印发第一批川渝通办事项清单，聚焦群众办事需求与两地企业，减少“多地跑”“来回跑”次数，使两地政务服务水平得到提升。成渝行政审批事项实现融合，具有覆盖部门广、高频事项多、实施速度快的特点。一是覆盖部门广，涉及民政、公安、人力资源等部门。二是高频事项多，包括居民身份证换领、电子社会保障卡签发等95个高频政务服务事项，实现线上政务服务“全网通办”、线下“异地可办”。截至2021年10月，“川渝通办”事项增加到210项，其中涵盖企业开办、社保民生、税务等领域。三是实施速度快，提前1年实现国家要求下5个“跨省通办”的事项，同时也将持续扩大清单范围，拓宽服务面。

（三）政务服务数据共享

2021年8月，成渝两地在“1+9”项大数据协同发展合作协议中，一是推动成渝政务数据互联互通实施落地，政务数据实现互联互通达到144个部门的5 460类。同时，政务数据目录实现互挂、政务数据资源跨省共享。二是共建数字基建实施落地。成渝两地部署5G基建达到9万个，中新国际数据通道实现共建、共享、共用，为数据共享提供了基础设施建设。

（四）网络系统相互监察

成渝两地协同建立数据安全、信息监督管理制度。成渝两地大数据中心联合签署《深化成渝地区双城经济圈大数据协同发展合作备忘录》，各部门协同推进“互联网+监管”，确保数据隐私安全，对信息开发、收集、存储、共享予以规范。同时，推进相互监察制度建设，制定信息监察法规，线上平台设立意见反馈、问卷调查、好差评等专区，使群众畅通咨询、监督，帮助政府政务服务水平得到提升。

三、成渝两地政务服务一体化的展望

（一）全面推进“网上办”

一是加快建设成渝两地数字网络服务体系平台。充分利用实体政务服务大厅成渝地区大数据平台、行政服务中心、公共服务中心与便民服务中心，强化线上线下协同治理，确保线上线下同一办事流程，推动实现“最多跑一次”改革。二是充分借助信息技术推进智慧政务中心建设。根据线上行政审批事项的需要，在线下政务中心各窗口配备电子设备，保证网上审批方便快捷。三是推进基层服务窗口建设。对接乡镇政务服务平台，加快乡镇便民服务中心基础设施建设、完善管理制度，在劳动就业、社会救助等方面提供切实帮助。

（二）整体打造“快速办”

一是政务数据资源实现整合。各地区、各部门树立正确的理念，运用“区块链”技术实现部门互联互通，在数据层面打破“数据壁垒”。二是行政审批流程实现优化。通过不断丰富政务服务应用场景，将关联事项一同办、表单整合，提供一个覆盖所有事项情景集成式套餐服务，着力实现政务服务“一件事一次办”。同时，紧贴用户个性化需求，运用智能关联、范例指导等方式，引导群众精准获取相关信息。三是服务模式实现创新。以公民需求为导向，增强政务服务黏性，在“川渝跨省通办”的基础上，推动各地区、各部门实现“可视化审批”。

（三）着力实现“简约办”

一是理清部门边界。建立成渝两地政府“责任清单”制度，依据法规规范各部门职责、协调各主体行为，进而实现审批程序的细化、量化。二是实现无纸化办理事项。建立成渝地区“数字清单”制度，扩大电子证照跨地区、跨部门互认范围，提供扫码、指纹、手势等便捷的身份认证服务方式。同时，对于能够实现网络核验的一律取消纸质申请书，杜绝不必要的重复举证。

（四）持续推动“公平办”

一是完善相互监察制度。线上充分利用现有“好差评”，对“差评”数据进行挖掘，从而达到精简审批环节、重构业务流程，同时接受群众线下全事项监督；二是完善绩效考核制度。引进使用 KPI 等科学的绩效考核标准，制定细化、有可操作性的标准参数，建立监督、整改、反馈的全闭环考核机制，使得政务人员的评优、晋升与考核结果挂钩。用数据说话，引导干部踏实做事、敢于创新。

参考文献：

［1］卢阳春，刘敏，邓良，等．成渝地区双城经济圈建设面临的主要问题及对策：基于 CiteSpace 文献计量分析［J］．中国西部期刊，2020（3）：1-3.

［2］新华网．成都上线“天府蓉易办” 政务服务“一网通办”［EB/OL］．［2019-12-11］．http://www.sc.xinhuanet.com/content/2020-05/01/c_1125932722.htm.

［3］四川日报．重庆举行 2020 年经济运行情况新闻发布会［EB/OL］．［2021-01-21］．http://www. scio. gov. cn/xwfbh/gssxwfbh/xwfbh/chongqing/Document/1697707/1697707.htm.

［4］川渝签署成渝地区双城经济圈“放管服”合作协议［EB/OL］．［2020-07-23］．https://baijiahao.baidu.com/s? id=1672970052183575007&wfr=spider&for=pc-.

［5］程灏，刘旭然，赵冰．地方政府线上政务服务平台发展瓶颈及路径探析［J］．管理工程师期刊，2018（4）：4-5.

重庆市数字政府建设研究

陈　诺①

摘　要：党的十九届五中全会指出，“加强数字社会、数字政府建设，提升公共服务、社会治理等数字化智能化水平。”随着“放管服”改革持续深化，智慧政务服务体系建设的推进，提升政务服务便民化水平成为我国数字政府建设的必然要求。重庆市作为中西部特大中心城市，在推进政务服务、优化营商环境方面，也进行了积极的探索。本文从体制机制、思维路径、信息网络安全、主体参与四个方面对重庆数字政府建设进行分析研究。

关键词：数字政府建设；智慧政务服务；公共服务

一、探索之路充满挑战

（一）顶层设计相对滞后

当前，政务服务系统的顶层设计相对滞后，数据在不同部门相互独立存储、独立维护，彼此间相互孤立，“数据孤岛”“数据壁垒”“数字鸿沟”普遍存在。目前，智慧政务体系的构建所涉及部门多、环节多、流程长、范围广，而各委办局审批系统基本是垂直建设，受理的数据一般会直接递交到各委办局的审批系统内，由此引发的部门主义和各自为政，使得政府政务处理水平专业度不高以及事务分工不明。与此同时，数字标准设立的缺失使得政务信息数据的完整性、规范性、唯一性、时效性缺少得不到保障；综合窗口受理数据无法有效实现，运行效率提升也面对极大阻碍；政务数据资源的对接和流动也有了很大的障碍，这极大地影响了智慧政务服务工作的开展和数字政府建设。

（二）传统思维形成惯性

基层政府机关人员作为智慧政府建设的重要力量，在智慧政务体系建设中扮演着关键性的角色。但目前却存在政务人员对传统电子政务的路径形成依赖并产生思维惯性的现象，在日常办公和服务中仍然按照以前积累的思维活动经验和已有的思维规律处理政务，没有迅速树立起与智能时代相匹配的新思维、新理念。同样，企业群众申请政务办理时，无法短时间就跟上不断更新的智慧政务服务模式，而引导这种思维惯性改变仅仅依托相关信息部门是难以解决的，极大地制约了智慧政务服务的推行和普及。

---

① 陈诺，西南政法大学硕士研究生。

（三）信息技术存在风险

“没有网络安全就没有国家安全”，习近平总书记也表明信息技术风险是智慧城市建设亟须解决的重点问题。首先，风险管理少规范。政府信息数据的开放、个人隐私与安全的分享、数据资源的管理与使用，方方面面问题的背后，无一不表面管理存在缺失，相应的法律规范也并不完善。其次，风险预警不理想。在线、移动、大数据等都属于新兴技术领域，所以目前信息技术人员和智慧政务服务平台工具对潜在风险的敏感度和突发情况应变处置能力都不高。最后，风险处置无规则。市场各主体各行业责任分工不明，惩罚性赔偿没有统一标准。这些网络安全问题使得数字政府建设无法拥有一道可靠的“防护墙”。

（四）数字建设力量单薄

智慧城市建设过于依靠政府力量，缺乏协同思维，政府、企业、社会未形成合力。数字政府构建涉及面广、业务关联性强、协调需求大、工作周期长、投资成本高、技术密集，由政府大包大揽“自建自管”的做法不切实际，面临资金、技术、人才、安全、服务等诸多挑战，并导致投资分散重复、建设粗放无序现象。习近平总书记指出，“发展是硬道理，稳定也是硬道理，抓发展、抓稳定两手都要硬。”而在大刀阔斧进行数字政府建设，改革智慧政务服务体系时如果仅仅是政府参与，割裂其他社会主体，会引发各种问题，如信息不对称、行政不透明、需求无导向等，极其容易激化社会各主体之间的矛盾，使政务服务政策实施的可持续性不强，长远来看不具有稳定性。

二、多措并举助力发展

（一）夯实数字制度体系

数字政府建设需要进行总体规划，统筹考虑项目各层次和各要素，制定配套实施方案，给智慧政务服务体系以完善的制度支撑。建立健全的统一严格的审批机制是其中重要一环。对此，将综合窗口系统受理的数据直接递交到审批系统内，实现跨层级、跨地域、跨系统、跨部门、跨业务的综合窗口数据流转在线审批模式，这样可以提升重庆市综合窗口整体服务效率，优化市民办事体验。另外，明确数字政府建设的总体标准，统一智慧政务服务标准，统一行政管理标准、业务标准和技术标准。减少环节、节约材料、缩短时限、降低成本，最大限度地为企业公民提供便利，推动“互联网+政务服务”改革进程。

（二）护航政务服务新思路

一方面，提升本级政务服务事项办事指南精准度，确保线上办事指南与线下办事保持一致，增强各级各部门政务服务人员主动服务、效率优先的意识，更好地发挥政府在新动能培育中的作用，从而提供更加便捷、高效的政府服务。另一方面，将综合窗口服务下沉到乡镇、街道、社区，让基层政务办事人员减少负担。同时，让基本公共服务事项大都可在网上办理，在申请入口处就让企业群众易办事、少跑路。另外，推广线上帮办代办服务，为政务服务自己“找上门”，而不是企业群众“上门找”。分类梳理各项政务信息，形成目录清单，让申报材料明确并简化，从而更好地优化营商环境。

（三）筑牢信息网络安全墙

落实国家信息安全等级保护制度，强化网络和信息安全管理，综合利用法律、行政、经济、技术等手段完善网络信息安全保障体系；加强专业人才培养。建立健全多层次信息安全人才培养体系，强化校企合作、支持开展信息安全人员能力评定工作，鼓励专业技术人员积极获取信息安全类相关职业认证；针对重要信息系统加强安全防护。如政务、金融、税务、能源、交通运输、海关、医疗卫生等重点领域，其信息系统的安全等级、安全防护要明显加强；建立风险处置规则，提高安全监测预警和应急处置能力，形成重点保障单位应急保障常态化机制，搭建应急指挥平台，实现重庆市网络与信息安全事件的统一接报、联合研判发布、应急指挥调度以及协同处置和跟踪反馈。

（四）增强多元主体参与度

政府着眼大局，统筹数字政府建设的总体规划路径，贯彻协同思维，按照功能规划、分区布局，构建政府、企业、社会协同共治行动系统。建立健全相关的奖励机制，加强政企合作，鼓励企业协助开发大数据系统，运用云计算、区块链等科学技术促使政府实时更新服务模式，激励各项服务的效能提升。推动社会治理的重心向基层下移，提高社会治理智能化水平，形成政民互动模式。统筹整合基层治理资源，发展壮大群防群治力量，发挥党员干部的先锋模范作用和基层党组织的战斗堡垒作用，不断推进网格化精细管理。

参考文献：

［1］陆生宏，井胜，孙友晋. 协同研究政务服务 助力优化营商环境［J］. 中国行政管理，2021（8）：146-148.

［2］王茜，高锋光. 关于加快数字政府建设 提升政府治理能力的议案［N］. 阳泉日报，2020-10-24（003）.

［3］马林义. 加快建设创新型内蒙古［J］. 实践（思想理论版），2019（12）：37-38.

［4］程诺. 10 部门联手力推“互联网+政务服务”［J］. 劳动保障世界，2016（16）：6.

［5］陶勇. 协同治理推进数字政府建设：《2018 年联合国电子政务调查报告》解读之六［J］. 行政管理改革，2019（6）：70-74.

［6］胡雯，原珂，宣朝庆. 社区治理与服务创新：社区培力助力“三社联动”［J］. 理论探索，2019（4）：80-85.

我国特大城市婴幼儿社区托育服务体系构建研究

吴晨旭[①]

摘　要：党的十九大报告首次提出“幼有所育”，促使学前教育从3~6岁逐步拓展到0~6岁，以实现所有幼儿的平衡发展。近几年的全国两会上，0~3岁婴幼儿托育服务也成了两会中民生和教育方面的热点。当前，在中央政策指引和社会需求的推动下，我国各特大城市托育服务体系处于重建起步阶段；同时，各特大城市托育机构缺口巨大，托育服务供需失衡，顶层设计、政策制度、社会信任、供给保障等方面存在诸多障碍。为此，以社区为依托，健全托育服务体系、匹配社会需求、完善人财物保障措施、推动托育服务落地，是较为有效的托育模式。从而推动我国纵向教育资源平衡，提高保障和改善民生水平。

关键词：0~3岁婴幼儿；托育服务；社区

作为城市治理“最后一公里”的社区，对于提供0~3岁婴幼儿早期教育具有距离、平台、资源等优势。因此，以社区为载体，构建0~3岁婴幼儿托育服务体系是推进纵向教育资源平衡的迫切需要，是提高生育率、推动全面实施二孩政策、保障和改善民生水平的必然要求。本文立足以社区为平台的公共服务基础，结合多要素分析与调研，深入了解0~3岁婴幼儿家庭的托育意义与诉求，从基本理念、体系内涵、保障机制等方面进行分析建议，构建0~3岁婴幼儿社区托育服务体系，以丰富完善我国公共服务体系以及充实社区公共服务职能研究。

一、创新基本理念

（一）坚持政府主导与多方参与原则

政府更应该在社区托育服务体系中起到主导作用，并承担主体责任，加大对托育服务的引导与支持，使学前教育资源得到扩充。在我国市场经济高速发展的背景下，特大城市地方政府应对发展3岁以下婴幼儿社区托育体系建设提出明确目标、做出具体安排，明确政府在公共托育服务体系中的责任和义务。根据城乡发展规划和托育服务体系建设整体规划，结合人口、交通、环境、社区功能等因素，科学规划，合理布局。

支持社会力量采取独资、股份制、政府和民间资本合作（PPP）等模式在社区投资建设托育机构。同时，充分盘活利用社会闲置资源，在产权明晰的基础上，支

① 吴晨旭，中共重庆市委党校公共管理教研部讲师。

持社会力量投资改造闲置幼儿园、社区活动中心等可利用的社会资源，用于托育服务业，充分发挥其经济和社会效益，提供全方位的服务，满足各式各样的家庭需求。支持中小企业与邻近社区合作，企业出资，社区提供空间场地，整合现有资源。政府严格把控好社区托育机构的准入资质，在向受众群体提供社区托育服务、缓解其生活工作压力的同时，更加全面深入地推进政府对于相关托育组织的监管，保证社区托育服务的安全和健康系数，营造一个和谐稳定的社区托育环境，保障婴幼儿群体的健康成长。

（二）坚持需求导向原则

社区应该根据家长和孩子的需要，来构建自己的托育服务体系，从各方面了解婴幼儿和家长的需求，及时处理相关问题，为家长量身打造最佳产品，满足其各方面需求。切实保障好青年父母的权益，充分认识青年群体在社会发展中的积极作用。

以需求为导向，提高托育服务供给的有效性和针对性。把握需求现状，预测变动态势，在全面两孩政策的情境下科学评估婴幼儿的存量、增量和总量，未来3~10年的潜在和真实需求及变动情况，家庭对社会化服务的具体要求等。综合年龄、时间和城乡维度，对未来托育需求进行多情境预测，精准掌握现在和未来的需求特征。做好入托婴幼儿的数量在5~10年将可能增长乏力的思考和预案，注重需求导向，了解婴幼儿家庭的实际托育需求，提高幼托服务的有效性和持续性。社区托育具有较高灵活性的同时兼备一定的稳定性，可以结合社会和市场需求，做出灵活调整，以满足社区内家庭和企业职工的多元化需求。

（三）坚持信息公开原则

社区托育服务体系的构建必须要以信息公开透明作为原则和标准，参与社区托育服务的政府部门、主管机构和社会组织必须要定时定点在相关平台向社会公众以及家长群体公布一定时期内婴幼儿托育服务开展的情况，公众可以按需查阅所需的信息和工作条目，充分保证婴幼儿托育服务体系的公开透明，极大地促进社会对政府相关部门的监督，提升政府公信力和执行力。

坚持社区托育服务信息公开原则，促进政府在公共服务能力和效率的提高。一是政府和相关组织可以通过建立信息公开的机制，及时、有效地将社区托育服务的相关政策信息向公众宣传、解读，这对于社区托育服务的发展能够发挥很好的支撑作用。二是社会公众可以通过相关的平台及时全面地了解社区托育服务的建设和推进现状，更加全面地了解此项服务的流程和理念，在一定程度上消解一部分公众对社区托育服务的误解和不信任。社区托育服务体系的构建离不开社会的监督，其良好地运转和健康的发展必然建立在社会的严格有效的监督之上。

二、丰富体系内涵

（一）建立以社区为平台的托育服务模式

以社区为平台的0~3岁婴幼儿托育服务体系在托育形式上，将充分面对家庭方的需求，提供多种形式的托育服务，主要包括基本托育生活服务、社区托育暂托服务以及全托式社区婴幼儿站点服务。

1. 基本托育生活服务

如今很大部分年轻家长群体因为工作原因无法妥善照料家庭子女。他们迫切需要寻求合适组织机构的帮助，分担照顾婴幼儿子女的责任。社区作为距离家庭单元最近的社会领域，在时间和空间上都具备很大的优势，逐渐成为满足家庭托育需求的重要场所。社区作为生活最基本的单元，可以有组织、有系统地建立起集日常生活服务、上门供给服务和陪伴服务等功能为一体的基本托育服务中心，发动社区资源为部分家庭的子女照顾工作提供基本保障。最基本的0~3岁婴幼儿社区托育服务将实现子女照料和工作发展的双向平衡。

2. 社区托育暂托服务

中国传统家庭习俗中妇女通常都扮演着哺育子女、相夫教子的角色，但是伴随文明的进步和社会的发展，越来越多的女性也拥有自己的事业，在职场丰富自己的人生经历。但这也将会面临婴幼儿子女照料困难的问题。社区托育暂托服务是在社区基本托育服务的基础上分化出的更为具体的托育形式。顾名思义，该服务是社区承担托育服务的组织根据不同家庭的需要提供短时间的照料服务，一般维持在几小时或几天。社区托育暂托服务相较于一般的托育服务具备更大的灵活性，家长群体可以根据自己的实际需要向相关组织购买不同时间长度的服务，使得家长能够更好地支配个人的时间，促进家庭、企业和社会的和谐发展。

3. 全托式社区婴幼儿站点服务

全托式社区婴幼儿站点服务在一定程度上借鉴了老年群体的康养照顾模式，是婴幼儿托育领域萌芽的全新概念。全托式社区婴幼儿站点根据托育地点的不同，可以分为居家类和托育公寓类。居家类主要根据家长的需要提供全天式长时段的整体照料服务，地点以婴幼儿家庭为主，而托育公寓类是入住社区专门提供托育服务的公寓，而配套提供的婴幼儿照料服务。此类公寓主要根据相关托育组织规划，选择适居的社区，按照婴幼儿生活的需要修建或改造的专门托育场所，

（二）推动社区托育服务多方供给

1. 加大机构托育服务供给

0~3岁婴幼儿社区托育服务的有效供给，离不开相关社区托育机构的建设和发展。政府相关部门要做好针对机构托育服务的政策规划，并且颁布合理的鼓励政策，搞活托育机构市场。首先，政府要满足有资质的托育机构的用地资源，优化市场环境；其次，政府对这些有资质的托育机构可以在经济上给予税收减免。

2. 完善社区托育服务职能

首先，政府相关部门要指导社区在修建前将社区托育机构的进驻纳入修建规划中，在空间布局、基础设施配备等环节进行斟酌，保障新建小区建成交房时托育机构的建成；其次，要创新社区托育服务的项目内容，为不同层级的家庭提供个性化的照护服务，保障0~3岁婴幼儿托育服务的普惠性和便利性，减轻家长群体的抚养压力。此外，社区供给服务的提供需要充分利用互联网技术，搭建社区托育综合服务平台，为家长群体提供在线查询、在线办理等一站式服务。同时，可以通过信息技术有效整合各种优质托育服务资源，帮助家长更好地选择托育服务，促进社区托育服务的高效供给，充分实现科学技术对于0~3岁婴幼儿托育服务的有效支撑。

3. 强调家庭托育服务角色

加强社区托育服务多方供给、健全和完善托育方式，充分发展家庭托育服务，针对不同家庭的托育需求，联动社区托育机构以及相关的医疗卫生组织等开展家庭托育，安排专业幼托人员入户提供服务。重视家庭指导，搭建社区育儿公共服务交流平台。推进建立以“家庭为主”的托育服务模式，加强家庭科学育儿指导，推动与高校、医院合作，系统化、规模化地为家长提供早期教育指导。同时，政府要综合考虑家庭托育服务的社会福利效益，为经济困难家庭提供家庭托育服务补贴，促进婴幼儿家庭托育服务均等化。

（三）建立“家长+婴幼儿”双教育结构

1. 做好家长照护知识技能普及工作

托育服务不仅是对 0~3 岁婴幼儿的照护和与教育，而且是对包括其父母在内的照护人观念意识的一种普及。对此，相关组织可以在婴幼儿照护教育的知识普及中各尽其责，帮助家长群体增长照护知识。通过搭建平台建立线上线下同时宣传、反馈、咨询、互助的交流渠道，结合互联网开展婴幼儿教育科普行动。录制相关育儿知识、营养搭配、教导方法等短视频，通过多平台深度对接，拓宽居民了解婴幼儿照护、教育知识的途径，提高其必要的知识储备。

2. 丰富婴幼儿早期教育内容

0~3 岁婴幼儿社区托育服务体系的构建应当将婴幼儿早期的教育纳入重点规划的范畴。首先，教育部门应当明确 0~3 岁婴幼儿对于早教内容和质量的需求，制定相关的政策，严格科学指导当地早教机构和托儿所等的教育开展，监督其履行职责，协调推进婴幼儿托育发展。其次，社区托育机构应当以满足托育和照管功能为主，辅以儿童早期教育的功能。

三、完善保障机制

（一）加强社区托育服务政策支撑体系建设

1. 制定总体规划，增强市场活力

地方政府应当加快 0~3 岁婴幼儿托育服务的顶层设计和总体部署，因地制宜推行托育服务试点改革，解决现行困境和阻碍因素，整合资源积极推动托育服务创新发展，推进婴幼儿托育服务的稳步建设。基于出生人口、经济发展和托育需求等情况，编制托育服务事业专项规划。对发展 0~3 岁婴幼儿托育事业和托育体系建设提出明确目标、做出具体安排，明确政府在公共托育服务体系中的责任和义务；出台发展托幼机构的综合性政策，明确各部门职责和分工，敦促各部门各司其职。同时，吸引更多机构进驻社区提供托育服务，增强托育市场活力，加强托育组织之间的竞争合作，促进托育服务行业的多元发展，提升托育服务质量。社区层面要积极对接各类社会组织和企业，为社区托育服务的推进提供帮助和支持。

2. 完善法律法规，提高监管水平

为促进托育服务业发展，保障家长群体针对 0~3 岁婴幼儿托育服务的需要，政府应当尽快出台托育机构设置、机构管理等相关办法。建议各特大城市出台

“3岁以下婴幼儿托育机构设置标准”“3岁以下婴幼儿托育机构管理办法”“3岁以下婴幼儿托育机构从业人员管理办法”等配套文件。规定并规范托育服务中的各项管理制度、经营规则、组织办法等，明确服务的财政安排、监督和评估等有关事宜，从立法上对服务对象、服务标准、资金来源、监督部门及奖惩措施等进行具体规定，推进托育服务标准化、制度化、规范化。同时，提高监管水平，制定托育服务运营全过程的监管规范。主要包括制定相关的质量监管标准；建立0~3岁婴幼儿托育工作协调小组联席审查制度；健全托育服务监管手段，强调行业自律、敦促机构不断提升自身的服务质量。

3. 完善补贴政策，加大金融扶持力度

政府作为推动社区托育服务发展主体，急需制定相关鼓励政策，采取一定的补偿措施，加大针对社区托育服务建设的资金支持力度。首先，政府相关部门可以先行建立社区托育服务机构试点，通过实践使得社会各界对社区托育有一个较为全面的了解，从而吸引更多的组织和企业开展投资，推进社区托育服务的建设；其次，政府可以在聚集一定数量的企业和人员后，将其联合起来向社区托育产业发展好的城市学习，帮助建立具有操作性和实践性的社区托育模式。

同时，具有公益性质的社会组织可以成立相应的婴幼儿社区托育服务爱心基金，对于家庭经济条件较为困难的婴幼儿群体加大补贴的力度；此外，应加大金融扶持力度，减少社会力量资金压力。建立托育专项扶持资金，通过财政补助、风险补偿等方式，支持金融机构加快金融产品和服务方式创新，保障0~3岁婴幼儿群体社区托育服务的可获得性。

（二）推进社区托育服务监督管理体系建设

1. 加强托育领域全面监管

政府有关主管部门必须强化自身的职责，对社区托育实行规范管理，重点考察社区托育机构在人员、卫生、医疗、消防安全等领域的情况，进行更为全面的监管；同时借助社会力量，可以邀请托育服务领域的专家进入社区托育机构，对其服务进行有效指导。社区托育机构要定时向社会公示服务开展的具体情况，主动接受社会群体对社区托育机构的监督。

2. 开展托育机构分类监管

针对不同性质、不同类别的托育机构，为了保障其运行的质量和社会效益的实现，应当开展分类监管。首先，可以兼顾相关机构的社会影响力，采取不同的监管措施；其次，整个评价工作的开展要做到全流程公开透明。同时，要促进政府监管和机构自律相结合，共同维护好托育市场的健康稳定发展。

3. 加强社区托育队伍资质管理

政府相关部门要加强对于从事社区托育服务队伍的资质审查工作，严格落实社区托育机构的准入和退出机制。首先，明确社区托育场所的资质条件，规范托育市场；其次，针对从事社区幼托服务的工作人员，包括承担护理工作、家政工作、医疗卫生工作、保健工作等各类服务人员，主管机构应当按照国家相关法律法规制定的标准严格落实人员的资质鉴定，提高社区托育服务队伍的资质水平。在实际管理阶段中，建立专业人员考核上岗制，定期考核，提高托育人员服务能力。

（三）加强社区托育服务保障体系建设

1. 支持保障社会力量开展社区托育服务

政府应当发挥自己在社区托育服务发展中的主导作用，制定积极的政策措施，优化社区托育服务的市场环境，推动连锁化、品牌化社区托育服务产业发展。政府的有效引导可以有效吸纳大批优质资源进入社区，社区托育机构面临思想上和技术上的双重创新，具有科学、先进教育理念的社区托育机构的建设能够极大促进社区托育服务的健康发展。

2. 加强托育服务队伍人才的培养

一方面，对于托育服务专业的优秀人才，要加大人才政策支持力度，保证优质人才的引进。按照相关规定核准编制，建立托育教师长效补充机制，在引进优秀托育教师的同时培训现有幼儿园教师，使其成为多功能人才。另一方面，在托育服务专业人才培养过程中，要充分利用高校、专业培训机构等，加强对于社区托育服务人才的相关技能培训，提升其职业素养。高校和培训机构等在培训课程的内容设置上应当结合实际，开展定向幼儿教师的培养和在职幼儿教师的学历提升培训，提供专业教育和技能培训，构建合理的薪酬待遇体系。

3. 出台低收入家庭参与社区托育的补助办法

政府相关部门要综合考虑社会和经济因素等，为家庭经济困难的 0~3 岁婴幼儿提供幼托保障。应当充分利用社会、企业、社区等多元主体的力量，综合各类资源推进育儿基地、卫生基地、母婴服务基地等建设，为低收入家庭提供相应的补贴，提高婴幼儿的身体素质。一是建立低收入家庭婴幼儿社区托育普惠福利制度，保障其基本护理、基本生活和基本教育；二是贯彻落实有关政策法规，完善法律宣传和维权机制，加强对家境困难和身体伤残婴幼儿的帮扶照顾；三是组织开展爱幼、助幼的活动，深入关爱低收入家庭婴幼儿托育，促进各项婴幼儿福利保障措施的落实。

参考文献：

[1] 庞丽娟，孙美红，夏靖. 世界主要国家和地区政府主导推进学前教育公平的政策及启示 [J]. 学前教育研究，2014 (1)：53-39.

[2] 李沛霖，王晖，丁小平，等. 对发达地区 0~3 岁儿童托育服务市场的调查与思考：以南京市为例 [J]. 南方人口，2017 (2)：71-80.

[3] 吴慧源. 早期教育社区服务模式研究：评《婴幼儿早期教育概论》[J]. 新闻与写作，2018 (1)：123.

[4] 刘中一. 国家责任与政府角色：儿童照顾的变迁与政策调整 [J]. 学术论坛，2018，41 (5)：111-116.

[5] 杨雪燕，井文，王洒洒，等. 中国 0~3 岁婴幼儿托育服务实践模式评估 [J]. 人口学刊，2019，41 (1)：8-22.

[6] 潘鸿雁. 我国普惠性托育服务的发展与思考：基于上海市普惠性托育点的调查 [J]. 福建论坛 (人文社会科学版)，2020 (1)：178-188.

共产党人精神谱系融入研究生思想政治教育研究①

付玉联②

摘 要：共产党人精神谱系融入研究生思想政治教育，是落实立德树人根本任务，把研究生培养造就成为德、智、体、美、劳全面发展的社会主义建设者和接班人的必然要求。本文通过全面考察相关理论研究与实践经验，认为目前存在共产党人精神谱系尚未能深度挖掘与有机融入研究生思想政治教育等问题，并提出研究共产党人精神谱系与研究生思想政治教育的契合逻辑与融入路径。

关键词：共产党人精神谱系；研究生思想政治教育；逻辑；路径

一、问题的提出

加强和改进新时代高校思想政治工作是高等教育发展的重要内容和生命线，直接关系到高校培养什么样的人、如何培养人以及为谁培养人这个根本问题。党的十八大以来，以习近平同志为核心的党中央高度重视高校思想政治教育工作。2021年4月，习近平总书记在清华大学考察时强调：广大青年要爱国爱民，从党史学习中激发信仰、获得启发、汲取力量，不断坚定“四个自信”，不断增强做中国人的志气、骨气、底气，树立为祖国为人民永久奋斗、赤诚奉献的坚定理想。要锤炼品德，自觉树立和践行社会主义核心价值观，自觉用中华优秀传统文化、革命文化、社会主义先进文化培根铸魂、启智润心，加强道德修养，明辨是非曲直，增强自我定力，矢志追求更有高度、更有境界、更有品位的人生。习近平总书记的重要讲话为共产党人精神谱系融入研究生思想政治教育赋予了重要时代使命、提供了科学行动指南。

共产党人精神谱系是党在革命、建设和改革实践中形成的宝贵精神财富。习近平总书记在党史学习教育动员大会上指出：“在一百年的非凡奋斗历程中，一代又一代中国共产党人顽强拼搏、不懈奋斗，涌现了一大批视死如归的革命烈士、一大批顽强奋斗的英雄人物、一大批忘我奉献的先进模范，形成了井冈山精神、长征精

① 基金项目：2021年重庆市研究生教育教学改革研究一般项目“共产党人精神谱系融入研究生思想政治教育研究”（项目编号：yjg213134）。

② 付玉联，中共重庆市委党校公共管理学教研部讲师。

神、遵义会议精神、延安精神、西柏坡精神、红岩精神、抗美援朝精神、'两弹一星'精神、特区精神、抗洪精神、抗震救灾精神、抗疫精神等伟大精神，构筑起了中国共产党人的精神谱系。"传承和发扬中国共产党人的精神谱系是时代赋予的重大理论与实践命题。因此，把中国共产党人的精神谱系融入研究生思想政治教育，是落实立德树人根本任务，把研究生培养造就成为德、智、体、美、劳全面发展的社会主义建设者和接班人的必然要求。

二、相关研究述评

在共产党人精神谱系方面，学术界认为共产党人精神谱系是党在革命、建设和改革实践中形成的宝贵精神财富（刘佳、顾保国，2020），为我们立党、兴党、强党提供了丰厚滋养。在建党百年之际，传承好共产党人精神谱系，对深化党史学习教育具有重要意义，对赓续精神葆本色和凝聚民族复兴伟力具有重要价值。在此基础上，有研究集中阐述了共产党人精神谱系（齐卫平，2019；赵金科等，2019）、红船精神（张玲、孙艳美，2021）、长征精神（唐辉、唐云，2019）、延安精神（赵耀宏，2021）、西伯坡精神（邢洪儒、2019）、红岩精神（徐光煦，2021；陈梦霖，2021）、孔繁森精神（王凤芹、胡春霞，2020）等丰富内涵，提出要赓续共产党人精神谱系（韩洪泉，2021；李茜，2021；梁忠民、梁炜，2021），从伟大精神中汲取前进力量。

在共产党人精神谱系融入研究生思想政治教育方面，学术界认为共产党人精神谱系具有深厚历史底蕴，是增强研究生爱国主义教育的情感支撑。以共产党人精神谱系的丰富内涵品格，拓展研究生爱国主义教育的实践维度。其中，有学者认为，以五四精神的崇高理想指向，明确研究生爱国主义教育的价值依归，把以爱国主义为核心的五四精神转化为加强和改进研究生思想政治教育的强大精神动力（郭灏，2016）。共产党人精神谱系融入研究生思想政治教育的方式方法包括涵养研究生文化自信（秦月，2019）、思想价值引领（高玥，2019）等。共产党人精神谱系融入研究生思想政治教育的科学路径包括融入研究生思想政治理论课程（董潇珊、李洁，2019）、融入校园文化建设（高怡，2019）、学校网络育人环境及红色社会实践等方面。

综观已有研究，学界侧重从党的思想文化与初心使命角度开展分析，相对缺乏共产党人精神谱系如何有效融入研究生思想政治教育的研究。并未解决以下问题：一是共产党人精神谱系的核心内涵包括哪些？二是共产党人精神谱系融入研究生思想政治教育的理论逻辑与可能性在哪里？三是当前研究生思想政治教育存在的问题或薄弱环节是什么？四是如何将共产党人精神谱系融入研究生思想政治教育中，进而提高研究生思想政治教育的针对性、实效性？因此，通过深入研究习近平总书记关于共产党人精神谱系以及思想政治教育工作的重要论述，把握共产党人精神谱系的时代特性，突出共产党人精神谱系在研究生思想政治教育中的地位和作用。本研究要回答以下几个方面问题：一是共产党人精神谱系是更广泛、更真实的革命精神，二是共产党人精神谱系是以唯物史观为支撑的科学精神，三是共产党人精神谱系是以爱国主义为主要内容的民族精神，四是共产党人精神谱系融入研究生思想政治教育具有重要的理论意义与实践价值。

三、共产党人精神谱系融入研究生思想政治教育的经验与问题

党的十八以来，党中央、国务院以及相关部委陆续制定和出台《关于进一步加强高校学生党员发展和教育管理服务工作的若干意见》《关于培育和践行社会主义核心价值观的意见》《关于在各级各类学校推动培育和践行社会主义核心价值观长效机制建设的意见》《普通高校思想政治理论课建设体系创新计划》《关于印发高等学校思想政治理论课建设标准的通知》《关于领导干部上讲台开展思想政治教育的意见》《关于推进实施高校思想政治理论课特聘教授制度的通知》《关于加强和改进新形势下高校思想政治工作的意见》等文件。这些政策文件从载体、方式、平台、路径等方面，为共产党人精神谱系融入研究生思想政治教育明确了制度依据和制度要求。

各高校和研究生培养单位在共产党人精神谱系融入研究生思想政治教育方面做了大量探索，形成了一些可资借鉴的经验。清华大学进一步健全研究生思想政治教育体系和加强教师队伍建设，建立了党的革命精神融入思想政治教育的相关制度。北京大学坚持以理论为本、内容为王、问题为导向、形式创新，加强思政理论课改革创新，着力打造“北大思政课”品牌；充分利用“马工程”教材，采用老中青相结合的团队教学，建立健全课程主持人、课堂主管人、主讲教师、助教“四位一体”教学管理模式；创新教学形式，开设社会主义核心价值观名师大讲堂，将课堂互动与社会实践相结合、传统授课与网络教学相结合，不断提升教学质量；加强思想政治实践课程建设，近千名研究生组成83支实践课程团队，深入革命老区、改革开放前沿接受思想洗礼。中国人民大学形成人大特色的思想政治理论课教育教学体制，切实推动党的创新理论体系和共产党人精神进教材、进课堂、进学生头脑。中央党校（国家行政学院）注重强化宗旨意识教育，着力推动研究生理论教学与实践教学相结合，常态化开展研究生红色社会实践历练。重庆大学等把红岩精神纳入研究生思想政治教育的重要内容。四川大学注重弘扬传承红色精神，努力打造实践“金课”；充分挖掘校内外红色文化资源，传承红色基因、红色文化，着力培养担当民族复兴大任的时代新人；开展“传承弘扬江姐精神，做新时代红色传人”主题教育活动，打造“江姐纪念馆”、创作《江姐颂》舞台剧、建设“江姐荣誉班”，弘扬革命先烈精神；与建川博物馆、朱德故居、邓小平故里等合作，建设大学生红色教育基地。武汉大学、南京大学等高校都纷纷依托区域内红色资源、红色精神等开展了丰富的研究生思想政治教育探索。

与此同时，通过问卷调查、深度访谈等方法，对相关研究生培养单位展开调研，发现共产党人精神谱系融入研究生思想政治教育仍存在一些问题及需求，主要包括以下几个方面：一是研究生思想政治教育的内容不够丰富，共产党人精神谱系尚未能深度挖掘与有机融入，针对研究生的精神需求未能精准匹配；二是研究生思想政治教育的工作载体不够新颖，研究生导师队伍、研究生教育教学管理人员、研

究生党支部以及课堂教学、思想政治教育课、实践教学等作用发挥不明显等问题；三是互联网、新媒体等对研究生思想政治教育的内容、方式、效果等带来的挑战与问题等。

四、共产党人精神谱系与研究生思想政治教育的逻辑与路径

通过历史、理论、实践相结合，研究共产党人精神谱系与研究生思想政治教育两者之间的契合逻辑。一是新时代弘扬共产党人精神谱系与提高研究生的政治素养、理论素质、能力素质、道德修养、创新思维密不可分；二是爱国精神对接研究生的政治素养，民主科学精神对接研究生的能力素养、理论素养，进步精神对接研究生的道德素养和创新思维；三是加强共产党人精神谱系的传播和学习，打造阵地与丰富内涵相结合是新时代加强和改进研究生思想政治教育的双重路径，有利于进一步弘扬共产党人精神谱系，进而促进研究生思想政治教育工作的开展，推动全面落实立德树人根本任务。

通过案例分析与借鉴，根据研究生思想政治教育的理论与实践，本研究认为，共产党人精神谱系融入研究生思想政治教育既要通过组织改革、阵地打造、队伍建设、方式创新等传统路径，又要将共产党人精神谱系与新时代背景、现代技术和研究生群体主张实用、需求多元、个性独立等特征进行融合，通过线上平台促进"现实世界虚拟化"，通过线下阵地促进"虚拟世界现实化"，实现共产党人精神谱系对研究生的世界观、人生观、价值观的引领与培育。

具体路径如下：一是研究生思想政治教育不仅要通过组织改革、阵地打造、队伍建设、方式创新等路径加强自身建设，还要注意汲取爱党、爱国、追求进步、不怕牺牲、艰苦奋斗等共产党人精神谱系的重要内容；二是研究生思想政治教育要将共产党人精神谱系与时代背景、现代技术和新时代研究生这一群体的特征进行融合，充分了解研究生主张实用、需求多元、个性独立等群体性特征和主观能动性，以强调政治导向、优化理论教育、创新工作载体和形式为基础；三是组织研究生开展共产党人精神谱系教育实践、创新创造实践，营造网络育人环境，促进研究生树立远大理想、培育爱国主义精神、增强时代责任感、造就奋斗拼搏精神、增强专业本领、提升品德修养。

以数字政府引领“川渝通办”改革的实践与思考

吴卿昊[①]

摘　要：为加强拓展成渝地区双城经济圈建设，实现公共服务领域的川渝共建共享，川渝实施强化政策协同、对接群众所需、突破技术梗阻、延伸服务触角等举措，携手推进“川渝通办”改革，取得了较大成效。但依然存在数据互联性、服务渠道性、责任边界性等障碍。本文从数字政府驱动的视角，提出消除数据壁垒、优化数据运营模式；畅通服务渠道、重塑政务服务流程；理清责任边界、统一通办服务标准等消除“川渝通办”改革障碍的路径。

关键词：成渝地区双城经济圈；数字政府；川渝通办

为加强拓展成渝地区双城经济圈建设，推进“放管服”改革，实现公共服务领域的川渝共建共享，2021 年 1 月，重庆市人民政府办公厅、四川省人民政府办公厅发布的《关于协同推进成渝地区双城经济圈“放管服”改革的指导意见》明确提出，加强政务服务大厅建设，开设“川渝通办”窗口。川渝两地通过实施强化政策协同、对接群众所需、突破技术梗阻、延伸服务触角等举措，携手推进“川渝通办”改革，取得了显著成效，群众获得感不断提升，但仍然面临诸多问题。当前，数字政府建设已步入加速发展时代，同时也是新时代政府建设的方向。以数字政府建设为突破口，是消除“川渝通办”改革障碍的必然选择。

一、“川渝通办”改革成效分析

“川渝通办”是指在四川、重庆两省市设置的便民服务事项，旨在推进“放管服”改革，促进川渝地区协同发展。“川渝通办”改革实施一年多以来，已发布两批共 201 项事项，改革取得了较大成效。第三批“川渝通办”事项正在广泛征求群众意见中，将为群众提供更高效的政务服务。

（一）强化政策协同，实现机制一体化

川渝两省市从机制一体化着力，消除机制障碍，为“川渝通办”提供制度保障。一是建立联席会议制度。为共同商议“川渝通办”事项，川渝两省市建立了联席会议制度，共同研究并解决“川渝通办”卡点问题，为“川渝通办”改革提供制度保障。二是出台沟通协商机制，相关对口部门建立了协作机制，协同缩小川渝两地政策的差距。如重庆市人力资源和社会保障局与四川省人力资源和社会保障

① 吴卿昊，重庆电子工程职业学院马克思主义学院教师。

厅合作助推川渝人社通办工作，协同规范文件46件，并通过出台《关于川渝职称互认工作有关事项的通知》等文件，统一办事规则和通办流程。

（二）对接群众所需，实现服务贴心化

川渝两省市从服务贴心化着力，紧跟群众所需，不断提升政务服务“温度”。一是按需定制。“川渝通办”事项清单均采取“政府端菜，群众点菜”的方式，向群众征求意见，群众可“点菜下单”，让“川渝通办”事项清单真正对准群众所需。二是精准服务。川渝两省市积极推出信用承诺制，开通绿色通道、开展上门服务，实现政务服务高效、精准、便捷；采取免费邮寄配套措施，实现最多跑一次。重庆市铜梁区推出的信用承诺制，解群众所难，在材料不齐全的情况下，可以先填写信用承诺书，先办理、后补齐材料。

（三）突破技术梗阻，实现平台畅通化

川渝两省市从平台畅通化着力，突破技术阻隔，使服务指引更精准、服务系统更畅通，不断提升服务体验。一是开设“川渝通办”线上服务专区。川渝两省市以平台为依托，重视技术革新，攻坚克难，突破技术阻碍，将“渝快办”和“天府通办”两个政务平台打通，开设“川渝通办”线上服务专区，实现“川渝通办”事项集中发布、集中申请、集中办理。二是联合打造多层级的“川渝通办”服务网点。通过服务网点，缩短群众业务办理时间，如营业执照实现异地“立等立取”、川渝户口迁移实现“10分钟落户”、社保卡实现异地办理，等等。

（四）延伸服务触角，实现区域协同化

川渝两省市从区域协同化着力，不断延伸服务触角，共同拓展“朋友圈”，使区域合作更加广泛。在“川渝通办”取得成效的基础上，重庆、四川立足西南地区，积极推广“川渝通办”改革成效，扩大改革范围，与西南地区其他三省区衔接，共同推进“跨省通办”改革。西南五省（自治区、直辖市）共同签署合作协议，建立“跨省通办”政务服务对接机制、互信机制、联席机制和协作机制，上线西南五省（自治区、直辖市）“跨省通办”服务专区，设置“跨省通办”服务窗口，联合发布“跨省通办”事项清单148项，涉及民政、税务等17个政务服务领域。

二、“川渝通办”改革存在的障碍

川渝两省市积极开展政务服务改革探索，协同推进“川渝通办”，取得了显著成效，群众获得感不断提升，但仍然面临数据互联性、服务渠道性、责任边界性等方面的堵点问题。

（一）数据互联性障碍

数据先行，共享为主。数据治理是数字政府建设至关重要的一环。“川渝通办”改革中，数据互联极为关键。尽管川渝两地不断加大数据共享，推行“全程网办”，但仍然存在数据互联性障碍，主要表现为数据共享难、数据资源未实现有效整合、“信息孤岛”仍然存在、地区间网络互通困难和数据壁垒难以根本消除。

已有的各地区业务系统均独立建设，不同部门、不同层级的系统分割存在，数据碎片化问题突出，难以在短时间内实现数据迁移和数据大整合。

（二）服务渠道性障碍

“川渝通办”改革中的服务渠道性障碍主要表现在两个方面：一是服务渠道集约化程度不够。尽管川渝两省市通过连接重庆“渝快办”和四川“天府通办”，开设“川渝通办”线上服务专区，但是专区服务依然有限，未将服务事项全部纳入服务专区，政府门户网站、行政大厅、服务专窗等作为专区的补充，造成了群众业务办理依然面临“门难找”的困境。二是服务渠道的宣传力度不够。“川渝通办”线上服务专区的宣传力度不够，导致群众对“川渝通办”服务专区功能和线上办理流程不够了解，对操作流程不熟悉，“川渝通办”的群众知晓度还有待提高。

（三）责任边界性障碍

川渝两省市在“川渝通办”改革中首先关注了服务事项标准化，但是在标准化改进过程中，难以在短时间内完全统一，办事流程中责任边界不够清晰。在实践过程中，因为不同地区、不同部门的特殊规定，申请材料不统一，导致业务受理的审查结果不同。业务申请人、“川渝通办”专窗办理人、业务部门之间的责任边界和法律关系如何界定是个难题。

三、以数字政府建设消除“川渝通办”障碍的路径

当前，云计算、5G、人工智能等新技术日益成熟，数字政府建设已步入加速发展时代，迎来全新的发展。数字政府成为新时代政府建设的方向。以数字政府建设为突破口，是消除“川渝通办”改革障碍的必然选择。

（一）消除数据壁垒，优化数据运营模式

一是建立“川渝通办”政务服务数据资源池。依托国家政务服务大数据基础，结合重庆和成都两市大数据中心建设的优势，构建川渝两省市共享的核心政务服务数据基础库，将电子证照、医疗卫生、就业社保等政务服务数据进行归集分析，不断充实“川渝通办”政务服务数据资源池。二是组建专业团队，成立“数字川渝”运行公司，优化数据运营模式。依托川渝两地优秀的互联网公司，川渝两省市应协同开展与互联网公司的强强合作，组建专业团队，为川渝两地数字政府建设提供专业的技术支持，助推“川渝通办”大数据建设形成有更专业的团队、更专业的人才和更优良的运营模式的格局。

（二）整合服务渠道，重塑政务服务流程

《成渝地区双城经济圈建设规划纲要》提出，“探索建立统一标准、开放互通的公共应用平台”“推动地级以上城市全面建立数字化管理平台”。为此，应搭建川渝一体化的政务服务平台，畅通服务渠道，为“川渝通办”提供集约化的大平台支撑。采取一站式办理的方式，简化“川渝通办”办事流程，开发“一证通行”系统，实行平台统一的政务服务流程，并加大平台宣传力度，提升群众知晓度。

（三）理清责任边界，统一通办服务标准

一是实行首办责任制，落实第一责任人的职责。明确业务申请人、“川渝通办”专窗办理人、业务部门之间的责任边界，在业务办理过程中，由首办责任人负责到底。建立以“川渝通办”专窗办理人为枢纽、服务平台为通道、业务部门为服务责任人的“川渝通办”协同工作机制。二是加强政策协同，推动同一事项统一办理标准建设。重庆、四川两省市业务部门应建立对口协作机制，优化调整“川渝通办”事项规则，统一业务申请条件、申请表格、审核程序、发证方式等业务流程，实现“无差别申请”和“同标准办理”。

平台型灵活就业人员的权益保障研究

徐茂然[①]

摘 要：互联网的快速发展催生了平台型灵活就业形式，这种新型就业形态在激活闲置劳动资源的同时也出现了在劳动权益保障方面的问题。如何保障平台型灵活就业人员的劳动权益变得紧迫且重要。本文通过分析平台型灵活就业人员权益保障问题的主要成因，并从平台企业、法规政策和从业者自身三个视角提出应对平台型灵活就业人员劳动权益保障问题的解决路径。

关键词：平台型；灵活就业；劳动权益保障

一、研究背景

互联网催生了多种新型灵活的就业形式，平台型灵活就业形式是其中之一。平台型灵活就业人员是指通过相关互联网平台寻找客户以促成交易，或选择加入相关互联网平台并为其提供非全日制、弹性和临时性劳务的劳动者，如滴滴打车的司机、啄木鸟家电维修人员、美团外卖小哥等。这种新型就业形态在激活闲置劳动资源的同时，由于互联网平台和灵活就业人员所获得的市场信息极不对称，加之传统就业模式下的相关政策法规无法对这类新型就业形成有效监管，致使平台型灵活就业人员普遍存在权益保障问题。2021 年 7 月 7 日召开的国务院常务会议指出，“维护好新就业形态劳动者劳动保障权益，有利于促进灵活就业、增加就业岗位和群众收入。”如何保障平台型灵活就业人员的劳动权益，成为十分重要的问题。

二、平台型灵活就业人员权益保障问题的主要成因

（一）互联网平台商业模式的局限性

商业的本质是盈利，无论是美团、饿了么等在初建时期的大额补贴，还是新冠肺炎疫情期间“社区买菜”等的不计成本，都体现了平台企业对蓝海市场的渴望和开拓。但这类“赔本赚吆喝”的扩张行为不会一直持续，在占据了一定的市场份额后，平台企业便将停止补贴，平台服务和货物的销售价格将会逐渐回归公允价值，这看似合理的价值回归其实隐藏着深层次的不公。值得注意的是，不论是网约车平台、外卖送餐平台还是家电维修平台，大多数平台企业只是提高了相关行业的

---

① 徐茂然，重庆机电职业技术大学工商管理学院讲师。

服务效率，做大了市场“蛋糕的尺寸”，没有增加市场“蛋糕的数量”，没有创造市场。于是，在有限的市场中，除了传统从业者外，又增加了平台企业这一“巨无霸”来分食市场收益，而强势的平台企业没有在收益分配上考虑从业人员合法权益的主动性和积极性。

（二）传统劳动权益保障体系力不从心

传统劳动权益保障体系对平台型灵活就业人员的权益保护乏力。平台与从业人员的签约方式以电子签约为主，这种看似便捷的签约方式却存在隐患。平台企业为规避自身责任、降低运营成本，多以劳务合同、代理协议或合作协议等代替劳动合同，这样的签约方式导致很多与平台签约的灵活就业人员没有社会保险和养老保险，其基本权益难以得到保障。即便平台与从业人员签订了劳动合同，但因为新业态灵活就业形式的特殊性，依然很难保障劳动者的合法权益。例如，我国劳动法对每日的工作时间和加班时间都有明确规定，但平台往往都对消费者的意见反馈设置了评价系统，即在收到差评或者超时配送都会对平台就业人员进行处罚。实际情形中，外卖商家通常处于繁华地段，交通普遍拥堵，容易造成配送不及时并带来消极评价和降级，而外卖骑手为免遭罚款，不得不继续接单，被这类“主动加班”的行为侵害的休息权无法得到保护。

（三）平台型灵活就业人员的认知缺陷

研究发现，平台型灵活就业人员普遍存在低门槛、低学历、低维权意识的“三低”特点，不论是对资本市场的把握还是对法律法规的认知，都存在一定的不足。大部分平台型灵活就业人员在加入平台时都只是简单地接受了平台的广告宣传，缺乏对平台企业宣传信息的甄别能力，更无法对自己的未来生活和职业生涯有一个客观、理性的认识和规划。这些依附平台的劳动者们大多不清楚自己签署的协议是劳动合同，还是其他无法保障自己劳动权益的代理协议或者合作协议等其他业务关系合约，他们在自己的权益受到侵害也不知道。

三、保障平台型灵活就业人员劳动权益的三个视角

本文尝试从平台企业、法规政策和从业者自身三个维度，来应对平台型灵活就业人员劳动权益保障问题。

（一）互联网平台企业要积极履行社会责任

企业的主要目标虽然是盈利，但“君子爱财，取之有道”。“有道”地“取财”不仅可以获得良好的社会声誉，还能规避社会安全隐患，提高企业核心竞争力，使企业的生命周期更长久。在中国传统文化中就讲求“不涸泽而渔，不焚林而猎”，企业应在战略上更加注重长期利益，积极履行社会责任而非“一锤子买卖”。平台企业的确在平台建设过程中耗费了大量成本，不论是大数据搜集、大数据分析还是大数据的应用等，无疑都是一个个“吞金巨兽”，加之平台企业为了争抢蓝海市场，不惜折本补贴，让成本居高不下。平台企业为了快速收回成本，实现盈利本无可厚非，但罔顾劳动者权益的缺乏战略层面考量的行为实际上并无法为平台带来真正的利益。当平台快速收回成本的同时，也会给予其他平台竞争者进入市

场的机会。对于消费者而言，如果得到的服务和产品没有质的变化，那选择更加便宜的新入场平台也是理所当然，如拼多多便是借用几乎和淘宝一样的策略迅速抢占了一大块电商市场。所以，平台企业应该有更加长远的战略视角和更高的站位，定期开展社会责任和员工权益的相关培训，关注从业人员等利益相关者的权益，建立公平公正的薪酬和奖励制度，在完善灵活就业人员权益保障的同时，积极开拓新的蓝海市场，让自身利益更加长久和稳定。

（二）出台维护灵活就业人员劳动权益的法规政策

2021 年 7 月，人力资源和社会保障部等 8 部门出台了《关于维护新就业形态劳动者劳动保障权益的指导意见》，就规范企业用工、健全保障制度、优化保障服务、完善保障机制等提出了指导性意见。同年，重庆市人力资源和社会保障局等 11 部门也出台了《重庆市维护新就业形态劳动者劳动保障权益的实施意见》，在人力资源和社会保障部所发意见上补充了劳动关系、公平就业、劳动报酬等方面的细节。2022 年 1 月，上海市人力资源和社会保障局等 8 部门出台的《上海市人力资源和社会保障局等八部门关于维护新就业形态劳动者劳动保障权益的实施意见》规定，劳务派遣用工活动中，出现被派遣劳动者因工受伤的情况，劳务派遣单位和平台企业承担连带赔偿责任，同时强调使用非劳动关系用工但符合劳动关系特征的，应依法承担相应责任。这些政策结合当地就业环境变化，在新业态就业形式下发挥了较好的作用。

（三）更加注重平台型灵活就业人员整体素质的提升

据不完全统计，我国灵活就业从业人员规模达 2 亿左右，平台型灵活就业人员是其中十分重要的组成部分。提升平台型灵活就业人员的整体素质，一方面，要增强职业教育的适应性。职业教育是国民教育体系和人力资源开发的重要组成部分，肩负着培养多样化人才、传承技术技能、促进就业创业的重要职责。职业院校要强化对学生的就业理论、法规政策的教育，让未来的劳动者懂理论、知政策、敢维权、会生活，从而培养更多高素质技术技能人才、能工巧匠、大国工匠，为促进经济社会发展提供人才和技能支撑。另一方面，应探索建立平台型就业人员的组织，如工会组织、联谊组织等，既为劳动者提供沟通交流的平台，又为其维权提供组织基础。

第二篇　优化营商环境研究

从重庆市实践看营商环境优化与政府责任履行研究

邓迎春①

摘　要：打造市场化、法治化、国际化营商环境，中央赋予重庆良好机遇和重大责任，重庆市应当深化行政体体制改革，让政务环境更加高效便利，精准定位政府职能，让市场环境更加宽松和谐，强化政府制度供给，让法治环境更加公平、公正，树立政府的核心价值观，让社会环境更加开放包容，以市场主体活力的充分释放，建好内陆开放高地、山清水秀美丽之地，推动高质量发展，创造高品质生活。

关键词：营商环境；政府责任

以习近平同志为核心的党中央高度重视优化营商环境工作，习近平总书记多次强调要打造市场化、法治化、国际化营商环境。2021 年 9 月 8 日，国务院总理李克强主持召开国务院常务会议，部署在实施《优化营商环境条例》、推动在全国打造市场化法治化国际化营商环境的同时，选择北京、上海、重庆、杭州、广州、深圳 6 个市场主体数量较多的城市，聚焦市场主体和群众关切，对标国际先进水平，进一步深化“放管服”改革，开展营商环境创新试点。这是中央赋予重庆优化营商环境的良好机遇和重大责任。本文结合重庆实践，拟就营商环境与政府责任略做论述。

一、优化营商环境必须强化政府的责任

（一）强化政府在优化营商环境中的责任有助于转变政府职能

习近平总书记强调，要以优化营商环境为基础全面深化改革。深化改革扩大开放，越来越多地要求转变政府职能，实现由原来的管制型、全面型向法治型、服务型转变。优化营商环境是一场刀刃向内的政府自身革命，核心是通过改革创新，重塑政府和市场的关系。近年来，重庆市认真按照中央精神，对标国际一流，聚焦企业需求，推进营商环境建设取得重要进展。必须明确，优化营商环境只有进行时，没有完成时。我们必须对存在的体制性障碍、机制性梗阻精准施策，加大力度为各类市场主体投资兴业破堵点、解难题。

---

① 邓迎春，中共重庆市奉节县委党校教务科副科长、高级讲师。

（二）强化政府在优化营商环境中的责任有助于营造良好氛围

政府责任是政府为更好地推动经济社会发展而进行的政府价值定位及其实践维度的集中体现。在国家治理体系和治理能力现代化的背景下，政府依然是多元治理主体中的主导力量。习近平总书记强调，特大城市要率先加大营商环境改革力度。营造国际一流营商环境，既是重庆的使命担当，也是重庆市激发市场主体活力、顶住经济下行压力、增强内生发展动力、提升城市综合竞争力的核心支撑，促进高质量发展、实现高水平开放的战略选择。

（三）强化政府在优化营商环境中的责任有助于提供环境保障

优化营商环境的本质，是要求政府以激发企业活动和增强内生发展动力为目标，努力为企业和企业家提供制度环境、经商环境、政策环境、法治环境等保障。政府责任强弱取决于是否积极作为、是否具有实干担当意识、是否准确定位自身做好服务，这正体现着营商环境优化所呈现出的一种正相关关系。重庆市进一步改善营商环境，有助于推动成渝地区双城经济圈建设走深走实，有助于促进政治生态持续改善。

（四）强化政府在优化营商环境中的责任有利于激发社会活力

一个地方的发展状况与政府责任强化、转化、释放关系密切。营商环境是发展的体制性、制度性安排，其优劣直接影响市场主体的兴衰、生产要素的聚散、发展动力的强弱。优化营商环境，就是解放生产力，提升竞争力。党的十八大以来，重庆市在优化营商环境方面的改革步伐快、力度大、亮点多、成效好，积累了不少经验，但民营经济发展程度和规模依然不尽如人意。重庆市必须乘势而行，发挥政府对国有企业、民营企业发展的引导作用，进一步激发出经济主体活力。

二、政府责任的履行

2021 年 7 月 26 日，重庆庆市召开优化营商环境大会，明确了打造市场化法治化国际化营商环境、为全市经济社会发展创造良好条件的任务。总体来看，就是要深入贯彻落实习近平总书记关于优化营商环境的重要讲话精神和对重庆市提出的系列重要指示要求，立足新发展阶段，完整、准确、全面贯彻新发展理念，服务和融入新发展格局，着力打造市场化、法治化、国际化营商环境。具体而言，应当做好以下几项工作：

（一）深化行政体体制改革，让政务环境更加高效便利

（1）加大简政放权力度。继续调整和清理不必要的行政审批项目，动态管理权责清单，实现零容忍、全覆盖，简政减到位，放权放到底。

（2）提高政府服务效率。充分利用网络平台，推动审批便利化，尤其要提高为中小微企业服务机制的运行效率，进一步方便市场主体准入和退出，便利企业网上办事。精简银行开户程序，压缩开户时间。推进市场监管、社保、税务等年报“多报合一”。探索适应新业态、新模式发展的准入准营标准。在破产案件受理后，允许破产管理人依法查询有关机构掌握的破产企业信息，在处置被查封财产时无须办理解封手续。提升投资和建设便利度。在土地供应前由政府部门开展地质灾害、水土保持等一揽子评估，强化责任。企业拿地后即可开工，不搞重复论证。对水、

电、气、暖等市政接入工程施工许可，实施告知承诺管理和在线并联办理。

（3）加强政府效能监察。聚焦市场化发力，以企业评价为第一评价，以市场主体感受为第一感受，推动有效市场和有为政府更好结合。聚焦法治化发力，给市场主体以稳定的预期，让每一位企业家和投资者吃下定心丸、安心谋发展。聚焦国际化发力，加强与国际通行经贸规则对接，在制度型开放上迈出更大步伐。

（二）精准定位政府职能，让市场环境更加宽松和谐

（1）完善市场准入机制。要提高对外开放水平；推动与部分重要贸易伙伴口岸间相关单证联网核查；简化港澳投资者商事登记手续；支持开展国际航行船舶保税加油业务；优化涉企服务；建立因政策变化、规划调整等造成企业合法利益受损的补偿救济机制；完善动产和权利担保统一登记制度；加快打破“信息孤岛”，扩大部门和地方间系统互联互通和数据共享范围，推动解决市场主体反复多处提交材料问题，促进更多事项网上办、一次办。

（2）加快推进信用体系建设。深耕信用文化，深植契约精神，将信用记录和信用产品广泛应用在行政管理和公共服务领域；强化守信联合激励机制和失信联合惩戒机制，为培育和规范信用服务市场营造良好氛围。

（3）构建市场监管体系。规范市场监管规则、流程和标准，大力推行监管责任制；提高企业违法违规成本，推进公平公正的市场环境建设；构建质量监管体系，加强质量检验检测、预警和风险防范。

（三）强化政府制度供给，让法治环境更加公平公正

（1）构建公正执法体系。完善执法程序，规范执法主体，坚决制止多头执法、重复执法、执法缺位问题；提升执法效能，减少层次，下移重心，裁量权行使必须规范，严格执行企业执法检查回访制度。

（2）构建公正司法体系。以精准解决商事合同纠纷为导向，加大行政和司法两大部门之间的信息共享平台建设力度，推进“一站式”纠纷解决服务平台建设；建立联合惩戒机制，创新人民调解机制，建立相应的调解组织；降低企业维权成本，创新知识产权审判工作机制。

（3）健全权益保护制度。全面落实中央关于完善产权保护制度和依法保护产权等方面的相关政策，依法保护企业家创新权益，依法保护企业家自主经营权。

（四）树立政府的核心价值观，让社会环境更加开放包容

（1）树立安全公共环境观。完善应急体系，坚决遏制重特大事故发生，保证安全生产责任制落到实处；着力抓好信访工作，完善社会稳定风险评估机制，有效预防和妥善化解重点领域、关键环节和重大事项存在的矛盾和问题。

（2）健全和谐共治机制。构建矛盾纠纷“大调解”工作体系和社会治理格局；推进和谐社区共治，完善社区网格化规范化治理机制。

（3）完善优质公共服务。提高公共服务的供给效率，推进城乡基本公共服务均等化，增强城市的吸引力。

（4）推进基础设施建设。牢固树立全方位、立体化的大交通的观念，提升配套功能，彰显“近悦远来”优势，吸引更多人才和企业在重庆“行千里·致广大”。

（5）建立全民参与机制。加快提升全市文化的综合实力，加强文化传承与保护，提升城市文化品位和品质，创新城市建设管理的群众参与机制。

成渝地区双城经济圈视域下政企沟通协商机制研究

李外禾[1]

摘　要：在成渝地区双城经济圈背景下，川渝各地政府在政企沟通协商机制方面更加重视政企沟通的重要性和实践性，但是也存在政企沟通协商制度还不健全、政企平等对话平台还不完善、政企信息沟通机制尚未建立、行业协会商会作用发挥不够等问题。解决这些问题，要建立成渝政企沟通协商制度，提升服务效能；构建"亲""清"新型政企关系，规范政企边界；完善政企信息互通有无机制，打破沟通壁垒；健全成渝协会商会作用机制，实行平等对话；建立成渝大统战的合作机制，共解企业难题。

关键词：成渝；政企；沟通；机制

随着成渝地区双城经济圈建设这一国家战略的深入实施，更多长期性战略红利、制度性政策红利将持续释放，为推动成渝企业发展再上新台阶提供更加强劲的战略动能。在成渝地区双城经济圈建设背景下，川渝各地政府在政企沟通协商机制方面更加重视政企沟通的重要性和实践性，正视和发现问题，寻找切实可行的政企沟通协商路径。

一、成渝地区双城经济圈视域下政企沟通协商机制发展成效

（一）川渝各地形成了领导干部联系企业家机制

川渝各地形成了领导干部联系服务重点企业机制，为企业解烦恼。例如，自贡市制定了市级领导联系商会、民营企业家制度，17 名市委、市政府领导联系自贡市青年商会等 17 个市工商联直属商会、团体会员，31 名市级领导联系罗永忠、陈祥平等 31 名民营企业家。

（二）川渝各地搭建了政府与企业家座谈交流平台

川渝企联召开成渝双城经济圈企业家交流座谈会常态化，积极助推川渝两地企业之间互助合作、融合发展。成都高新区为进一步畅通政企沟通渠道，探索搭建"茬话汇"新平台，为企业提供一个开门"找茬"、现场"问诊"、帮办代办的平台。四川省泸州市打造"委员会客厅"，组织专题协商会帮助解决民营企业发展的

① 李外禾，重庆市涪陵区行政学院培训部主任。

难点、痛点和堵点，打通纾难解困“最后一公里”。

（三）川渝各地建立了行业协会商会沟通协商机制

2020年10月23日，泛成渝地区商会联席会议机制建立，发出了“川渝民营企业家携手合作，同心共建双城经济圈”合作倡议。泛成渝地区商会联席会议机制由四川省、重庆市等西部9个省（自治区、直辖市）工商联联合建立，推动西南地区区域经济协同发展。

（四）川渝各地完善了政府企业关系规范化保障机制

川渝率先开展个体工商户全程电子化登记试点工作，大力推广全程电子化登记和电子营业执照应用，实行线上线下双轨注册服务模式。例如，涪陵区对涉及民营企业发展环境的规范性文件进行全面清理，近几年来共清理区政府规范性文件145件，其中涉及民营经济发展的规范性文件共计16件。

（五）建立了成渝政务服务一体化合作机制

川渝各地各部门主动谋划、积极对接，打破政务服务的地域阻隔和行政壁垒，助力成渝地区双城经济圈建设，越来越多的政务服务破“墙”入“圈”，实现“川渝通办”。自《协同推进成渝地区双城经济圈“放管服”改革合作协议》签订以来，成渝两地在服务联办、监管联合、数据联享等多方面合作成效显著。

二、成渝地区双城经济圈视域下政企沟通协商机制存在的问题及原因分析

（一）成渝地区双城经济圈视域下政企沟通协商机制存在的问题

1. 政企沟通协商制度还不健全

调研中我们发现，一些政府部门存在政企沟通机制“会议化”问题。有事“开会”，无事“不管不问”。部门与企业沟通存在例行公事的现象，没有建立政企沟通协商机制的制度，涉及问题往往层层上报，“领导拍板”现象突出。有些地区没有建立地方政府企业代表人士座谈会制度、地方领导人挂钩联系重点企业制度。

2. 政企平等对话平台还不完善

调研中我们发现，许多企业家认为目前急需搭建政企沟通机制的平等对话平台，让企业发现问题之后，有“渠道”可以说，有“地方”能够说。比如办理采矿权证，国土部门要林业和环保部门批复，林业和环保部门又要采矿权证等。企业没有直接的主管部门和统一规范的信息共享平台，仅靠松散的行业协会联系相关事宜，政府部门主动服务企业、主动送“干货”上门的意识还不强。

3. 政企信息沟通机制尚未建立

政府与企业未建立信息沟通机制，自支持企业发展程序启动之后，政府部门信息公开缓慢，非到实在“躲”不了才勉强“吐”出一条信息出来。有的声称项目信息内容属于敏感事项，搪塞多。虽然政府出台了许多涉及企业发展的规范性文件，但有的部门重视不够，服务意识不强，各种各样的“卷帘门”“玻璃门”“旋转门”依然存在，导致一些支持企业发展的相关政策停留在表面上、口头上，说得多，落实不到位，影响了企业发展。

4. 行业协会商会作用发挥不够

目前，国内法律未明确行业协会商会的责权、内部治理等机制，因此，行业协会商会在明确自身的职能和功能定位方面还需要努力。同时，行业协会商会在组织展览会、招商会、论坛、推广会，企业行为协调，消除市场的恶性竞争方面的作用还发挥不够。甚至一些行业协会商会涉嫌利用行业影响力收取各种费用，财务制度不健全、管理不规范。

（二）成渝地区双城经济圈视域下政企沟通协商机制存在问题的原因

1. 政企沟通机制中的“职能”影响

从政府来讲，不同类型的企业在服务方面需求各有不同，领导不能直接沟通、了解企业需求；从企业来讲，企业反映的问题非常具体，领导和部门直接干预非常难。

2. 政企沟通机制中的“权责”影响

政府直接面对企业进行沟通，不仅承担过多的不必要职责，而且因为包办了很多本应由企业去完成的事务。政府缺少政策运用的弹性和灵活性，一旦发生利益纠纷或冲突，甚至会一下子把政府自身逼到墙角，没有沟通的余地，处于无退路的窘境。因此，在实践中现行的很多具体的政企沟通机制，要么蜕变成形式主义的摆设或“花架子”，好看不中用；要么干脆就变成了变相的行政命令。

3. 政企沟通机制中的“门槛”影响

一方面，涉及企业准入的政策尚需细化、完善，需进一步清理规范涉及企业市场准入、减税降费、财政奖补等方面的政策清单，建立负面清单，进一步健全工作制度和机制，确保政策落地；另一方面，沟通方式单一，服务理念不强，导致门槛效应更明显。

4. 政企沟通机制中的“诚信”影响

政府为企业买单。比如重庆市涪陵新城区 2015 年为了搭建网上销售平台，与北京网库信息技术股份有限公司联合，让重庆渝浙酒业有限公司跟他们签署合作协议，名为支持政府工作，费用由政府承担，让企业签字、盖章，事后企业连一份协议都没有，对方也根本不为企业做事。现在新城区因网库信息技术股份有限公司不作为要求退回投资，导致网库信息技术股份有限公司反过来向企业索要高额赔偿，起诉官司在北京市东城区法院开庭，企业被迫应诉，给企业造成了非常大的困扰，让企业无所适从。

三、成渝地区双城经济圈视域下构建政企沟通协商机制的对策

（一）建立成渝政企沟通协商制度，提升服务效能

推进成渝地区双城经济圈建设，要发挥政府决策层、协调层、执行层三级运作机制作用，激发市场主体活力。因此，各地政府要创新探索政府与企业发展对接机制，尤其是在政策引导、产业规划、项目策划等方面做足文章，凝聚最广泛最深厚的建设力量。

政府要加强企业发展风险预警机制建设，开展失信数据对接等方面的合作，运

用司法大数据分析研究企业发展过程，针对企业发展存在的问题以及可能面临的法律风险，及时向工商联、相关政府部门提出建议，增强企业经营风险意识和防御风险能力；用好用活税收大数据，精准了解企业运营困难，提升税收工作的有效性和针对性，加速助力企业发展。

通过定期走访、接受咨询等方式，实行党政主要领导与企业“面对面”对接联系机制；鼓励党政主要领导每季度至少到所联系的企业调研走访一两次；鼓励领导干部积极创新联系沟通方式，与企业建立经常联系、随时沟通的渠道；针对重点园区、重点项目、重点工程、重点企业及中小微企业存在的人力资源、企业融资、物流运输、产业链供应、外贸出口等方面的问题，积极谋划协调，帮助企业化解。

（二）构建“亲”“清”新型政企关系，规范政企边界

成渝两地要建立注册资本实缴改认缴登记、企业年检改年报、“双告知、一承诺”“双随机、一公开”“多证合一、一照一码”登记、企业简易注销试点等制度，大力实施“三证合一”“五证合一”等改革工作，有效降低企业发展的准入门槛，让企业轻松发展。

成渝两地要简化行政审批手续，优化行政审批流程，缩短审批周期，实行一站式服务，将行政许可事项办理时限平均缩短为4.5个工作日。深化质量监督行政审批制度改革，按照“减时限、减环节、减要件”要求，持续优化行政审批流程，推动审批提速提质。除需现场核查的项目外，办理的行政许可原则上实现即收即办、当场发证。要切实抓好各项政策的贯彻落实，用足、用好扶持政策，认真清理并取消不合理收费，真正为企业“松绑解套”，确保企业在市场准入、土地使用、项目立项、财税、投融资等方面享受到应有的待遇。

（三）完善政企信息互通有无机制，打破沟通壁垒

在搭建成渝产业大数据平台、成渝科技资源共享服务平台和建立国企成渝合作招商引资项目库等的基础上，共同推进数据要素市场改革。成渝两地企业进入对方产业市场，要依托信息化手段和共享数据，实现信息报送工作智能化，方便企业在成渝两地产业市场自由流动。整合成渝两地资源，共建成渝共享协同平台、共享检验检测数据资源。对企业从业人员资格实施互认［包括省级专业技术人员职业资格证书（二级）、三类人员、岗位人员、职称人员等］，打通证书信息查询通道，共享注册人员基础数据等。

要畅通政府与企业供需信息。由主管部门收集以工业为主的实体企业的基本情况资料，按照投产、在建、签约等分类，建立实体企业分类管理名录库，适时动态更新。名录库信息资料与金融机构等多个部门共享，让企业能借助平台发布融资需求等信息，让政府机构能及时提供优质高效的服务。由国资金融中心牵头定期召开银政企协调座谈会、经济形势分析会、重点项目推介及情况通报会等，通过会议把政府的发展规划、银行的信贷产品、企业发展情况及融资需求等进行现场沟通，为企业和银行“牵线搭桥”。

（四）健全成渝协会商会作用机制，实行平等对话

各行业协会商会要建立独立的社团财务管理制度，严禁行业协会商会利用行政资源强制向企业收取费用行为；规范章程的使用，坚决杜绝超过章程标准；对利用

各种方式强制企业或者个人入会、阻挠退会等要监督检查。

党委、政府要从加强党的执政能力建设角度，切实把发挥行业协会作用列入重要议事日程，积极探索党对行业协会领导的新途径。探索“党委政府领导、部门指导、民间办会、依法活动”的新路子，建立行业协会工作的联席会议制度，构建党委、政府有关部门良性互动的工作新机制。以行业协会为载体，加强党的统一战线工作，充分发挥行业协会的桥梁纽带作用，建立政企平等对话交流机制。

（五）建立成渝“大统战”的合作机制，共解企业难题

建设成渝地区双城经济圈，既是川渝两地服务国家发展全局的重大政治任务，也是川渝两地统一战线面临的难得历史机遇。川渝两地民主党派应共求最大公约数，共绘最大同心圆，要积极围绕争取国家层面制定西部科技创新中心等重大规划、争取国家设立协调发展投资基金、支持公共卫生防控体系建设等重大事项，以及构建成渝地区汽车产业协调发展集群、打造川渝生态水网示范区等重大课题开展联合调研。要突出工作重点，发挥统战优势，协同用好“直通车”渠道优势，协同激发市场主体活力，协同搭建党外人才综合服务平台。

参考文献：

［1］王沪宁. 行政学导论［M］. 上海：上海三联书店出版社，1988.

［2］何炜. 西方政府职能理论的源流分析［J］. 南京社会科学，1997（7）：37-43.

［3］朱永新. 中国开发区组织管理体制与地方行政机构改革［M］. 天津：天津人民出版社，2001.

［4］盖伊·彼得斯. 政府未来的治理模式［M］. 吴爱明，等译. 北京：中国人民大学出版社，2001.

［5］毕监武. 社团蔼民：中国社团发展的经济学分析［M］. 济南：山东人民出版社，2003.

优化重庆市营商环境实证研究

徐　洁[①]

摘　要：高质量的营商环境是推动经济高质量发展的重要因素。有关研究报告表明，重庆市在营商环境总体排名较后、人才吸引因素不明显、生活环境优势不足。这反映出重庆市的法治化环境较为薄弱、政务环境优势不足、企业总部发展不足、科技创新引领市场活力不足等深层次问题。优化重庆市营商环境，笔者建议着力从加大政务服务企业发展的实效、科技创新的支持力度和强化法治保障等方面入手。

关键词：营商环境；实证研究；市场环境；法治环境

营商环境是企业生存、发展外部一系列环境、条件的综合因素，包括政务环境、经济环境、基础设施环境、法治环境、市场环境、文化环境、生态环境、科技环境、改革开放环境等因素。高质量的营商环境是推动重庆市经济健康发展的基础和土壤。本文以粤港澳大湾区研究院、21 世纪经济研究院联合发布的《2020 年中国大中城市营商环境评价报告》，中国战略文化促进会、中国连锁经营协会、中国经济传媒协会、万博新经济研究院、第一财经研究院联合发布的《后疫情时代中国城市营商环境指数评价报告》以及中央广播电视总台发布的《2019 中国城市营商环境报告》为主要参照，围绕重庆市优化营商环境这一主线，比较分析深圳市、北京市、上海市、广州市、成都市、重庆市等部分特大城市的营商环境因素，试图系统分析重庆市营商环境的优势与短板，以问题为导向提出解决建议，以促进全市经济社会高质量发展。

一、重庆市营商环境建设的主要表现

（一）在国内特大型城市营商环境排名较后

根据 2020 年 12 月 21 日粤港澳大湾区研究院、21 世纪经济研究院联合发布的 2020 年中国 296 个城市营商环境报告中营商环境总水平排名深圳市第 1、重庆市第 5、成都市第 6，见表 1。

---

① 徐洁，中共重庆市江北区委党校四级调研员。

表 1　2020 年中国部分城市营商环境建设排名

测算维度	营商环境总水平	软环境指数	基础设施指数	市场总量指数	社会服务指数
城市	总排名	总排名	总排名	总排名	总排名
重庆	5	19	4	5	6
深圳	1	1	6	3	3
北京	3	5	2	2	1
上海	2	15	1	1	2
广州	4	7	3	4	4
成都	6	6	8	8	5
杭州	7	3	10	6	7

中国战略文化促进会、第一财经研究院等有关单位联合发布的《2020 中国城市营商环境指数评价报告》表明，重庆市排名第 16 位，不仅大幅落后于上海市等特大城市，还落后于西部姊妹城市成都市，见表 2。

表 2　2020 年中国部分城市营商环境指数排名

城市	重庆	深圳	北京	上海	广州	成都	杭州
排名	16	3	2	1	4	9	6
总分	80. 17	94	94. 68	94. 93	93. 83	84. 52	90. 53

（二）人才吸引因素不明显

普华永道报告、中外城市竞争力研究会报告用职工薪资、合同法律关系良性来评价人才吸引指标。一个城市人才吸引评价指标得分越高，代表人才吸引力越强。由中外城市竞争力研究会报告可知，重庆市的人才吸引指标得分为 91. 89，虽然与其他特大型城市相比，绝对值相差不多，但是其排名处于末尾。而由普华永道报告可知，重庆市的人才吸引指标得分为 0. 53，处于中等水平，这反映了重庆市人才吸引力因素在特大型城市中处于劣势，见表 3。

表 3　2018 年和 2019 年中国部分城市人才吸引评价指标得分排名

城市	普华永道（2018）	中外城市竞争力研究会（2019）	
	得分	得分	排名
广州	0. 60	93. 79	2
成都	0. 60	92. 4	5
杭州	0. 54	93. 21	3
深圳	0. 53	94. 87	1
重庆	0. 53	91. 89	7
上海	0. 52	92. 98	4
北京	0. 37	—	—

二、制约重庆市营商环境建设深层次问题的成因分析

（一）法治保障营商环境的建设较为薄弱

当前，法治保障营商环境还有许多不足的地方，如法治国家、法治政府、法治社会一体建设还有不足、法治保障制度体系不健全、执法司法的标准体系不统一、市场主体地位不统一、司法保护的方式不多、司法保护的科学评估体系不科学等。例如，某些地区的市场主体准入不平等，市场“玻璃门”“旋转门”不同程度存在，在项目审批、工程建设承揽、市场许可等方面暗箱操作严重。一些市场主体被公安机关随意立案侦查数年没有结果，给企业经营发展带来很多限制因素，企业经营艰难度日。

（二）政务环境建设还有差距

这主要表现为重庆市推进“放管服”改革的成效不足，政府政务服务资源整合不到位，部门间统筹协调能力有欠缺，简政放权数量增加，但质量不高；有关政府部门间存在放权不同步、放权力度和标准不统一的问题，政务服务效率不高；电子政务信息应用水平不高。

（三）营商环境国际化水平不高

当前，就重庆市国际开放环境的程度而言，还有较大的不足，主要体现在：一是开放环境的程度不够，市场调节作用发挥不够；二是产业区域性、国际竞争力有待提升，区域性、全球性产业价值链高端化不足，全球高端生产要素市场化流动不足。

（四）企业总部经济发展不足

毋庸置疑，营商环境的优化提升与企业总部经济健康发展相辅相成、相得益彰。企业总部经济发展离不开优质的营商环境，优质的营商环境建设需要企业总部经济引导和刺激。当前，重庆市企业总部经济还有较大的不足。一是总部经济发展政策全面性、配套性不足，二是组织领导力量缺乏统筹，在细化统一政策标准、组织架构推动、规划统领方面不足，各区县之间工作开展不平衡，均衡性协调性不足；二是政策支持的规范性、实效性不足。政策出台层级低，奖励金额低，政策针对性不强，配套措施不足，效果不明显。

（五）科技创新引领市场活力不足

这主要表现为吸引全球高科技和人才要素流动的活力激励政策供给不足，科技资金的投入和技术成果转化效率不高。中央在渝科研院所不足四川的 1/6、陕西的 1/9。重庆的 72 所高校中，入选“双一流”名单的高校只有两所，有研发活动的高校不到一半。

三、进一步促进重庆市营商环境市场化的思考

（一）提升政务服务企业发展的实效

一是加大持续深化政务公开、便利化服务企业政策的改革力度，进一步以项目

化、清单化拓展重庆市“放管服”改革的深度和力度，进一步“简政放权”，下放权力，减少行政审批项目、行政审批环节和条件。二是加大重庆市“渝快办”的改革力度，不断提升服务能力、服务范围、服务实效，为企业经营发展提供更多更快的便利条件。

（二）加大科技创新的支持力度

当前，我国面临以美国为首的西方国家高科技封锁和打压，迫切需要国家对创建创新型社会的投入。一是建立健全大力有效支持创新发展政策制度机制。从科创资金投入、科技人才引进保障、教育支持等方面为科技创新提供保障，加大人才引进的支持力度，促进企业创新发展；二是加大对研发型企业和科研机构特别是转化科研成果较好的企业的扶持力度。

（三）提升基础设施服务质量

与武汉市、南京市、郑州市等大型城市的基础设施相比，重庆市的城市基础设施较为薄弱，高铁、高速公路、出海交通设施建设不足，住房建设、基础教育、信息化建设等方面的短板表现明显。重庆市应当积极争取国家重大建设项目和中央财政支持，充分吸引民间投资，创新管理机制，为营商环境提供基础性保障。

（四）进一步加大开放力度

一是立足西南的实际条件，与外国发达城市建立友好关系，协调外交部允许更多的国家在重庆设立领事馆，为外商企业提供更多优惠措施，鼓励支持外企尤其是世界500强企业在重庆设立总部、机构营业点等，推动外商企业发展经营。同时也积极鼓励本土企业走出去，进行全国化、全球化布局。重庆市政府应当在对外考察、融资支持、国际保险等方面，为企业走出本地、国门通过购买、参股、合作等方式进行全国化、全球化布局。

（五）进一步强化法治保障

一是重庆市要成立优化营商环境工作领导小组及办公室，由市委、市政府主要领导担任组长，各市级职能部门的主要领导为成员，负责统筹协调推动营商环境优化提升工作；二是由优化营商环境工作领导小组办公室负责各市级单位或部门的年度任务推进表，落实考核指标的设定、协调推动等工作；三是围绕保护市场主体、维护公平竞争的司法难点问题，认真贯彻落实《中共中央关于加强新时代检察机关法律监督工作的意见》，着力开展“保市场主体、护民营经济”等专项行动，推动司法保护民营经济健康发展落地见效；四是建立健全执法司法监督制约机制，统一执法司法尺度标准，消除市场准入不平等壁垒，惩治破坏市场经济犯罪行为，保障公平、公开、公正的市场秩序。

参考文献：

［1］董志强，魏下海，汤灿晴. 制度软环境与经济发展：基于30个大城市营商环境的经验研究［J］. 管理世界，2012（4）：9-20.

［2］吕雁琴，陈静，邱康权. 中国营商环境指标体系的构建与评价研究［J］. 价格理论与实践，2021（4）：99-103.

［3］程波辉. 政府职能转变视域下自贸区营商环境评估：以 A 自贸区企业满意度测量为中心［J］. 理论探讨，2021（5）：138-144.

［4］中国行政管理学会课题组，张定安，高乐. 聚焦市场主体关切持续打造市场化法治化国际化营商环境［J］. 中国行政管理，2021（8）：6-15.

［5］李志军，张世国，牛志伟，等. 中国城市营商环境评价的理论逻辑、比较分析及对策建议［J］. 管理世界，2021，37（5）：8，98-112.

政府服务民营企业的“三大”策略研究

潘用梅[①]

摘　要：改革开放40多年，民营企业成为推动中国经济发展和创造中国经济奇迹不可或缺的力量。当前，政府需要进一步做好对民营企业的服务，构建新型政商关系，打造好服务型政府，优化企业发展环境，推动经济高质量发展。

关键词：民营企业；政府；服务；策略

改革开放40多年的实践证明，民营企业成为创造中国经济奇迹的中坚力量，成为稳定中国经济的重要基础和社会稳定的“压舱石”。当前，政府服务民营企业存在服务意识不强、职能职责模糊、服务制度不健全、服务效率较低、制约和监督政府职能职责不够到位等问题。要解决这些问题，“让民营经济创新源泉充分涌流，让民营经济创造活力充分迸发”，开创民营经济高质量发展新局面，政府的服务作用是关键。

一、构建新型政商关系是政府服务民营企业的前提

思想是行动的先导，认识是行动的动力。领导干部和企业家是政商关系的主体，他们的思想道德水平和素质直接影响政商关系的质量。这就要求我们要加强宣传教育，促使领导干部和企业家自觉按法律法规办事，强化社会责任和法规意识、担当意识、自律意识，自觉成为新型政商关系的建设者。要认清“亲”“清”既是内涵各异、彼此不同的，更是相辅相成、互为补充，共同构成有机统一的整体。必须反对“亲而不清”和“清而不亲”，既要反对“亲”过了头而难以言“清”，把政商关系异化为官商勾结、以权谋私；又要反对“清而不亲”，人为割裂政商之间的内在联系，不再对非公有制企业或民营企业家有“亲”的感情或行动，使政商之间互相漠视、互相排斥，甚至互相对立。只有对民营企业和企业家真诚相“亲”，才能激浊扬“清”，气正风“清”，这样的“清”才是真“清”；只有同民营企业家的关系保持“清”，即没贪心、私心，不搞权钱交易，才能坦荡地“亲”，经常地“亲”，这样的“亲”才是真“亲”。只有官待商以真“亲”，商对官才能积极、主动地同各级党委和政府及部门多沟通、多交流，讲真话，说实情，建诤言，满腔热情地支持地方发展；只有官待商以“清”，商自然也才能洁身自好、走正道，做到遵纪守法办企业、光明正大搞经营。

---

① 潘用梅，重庆市梁平区行政学校高级讲师。

二、打造服务型政府是政府服务民营企业的基础

（一）增强服务企业的意识

我们的政府是为人民服务的，政府的组成人员是人民的公仆，这是由国家政权的性质和地位所确定的。一是树立服务新理念。政府要树立先企业之忧而忧、后企业之乐而乐的理念，服务企业就是保增长、促发展，帮助民营企业就是帮自己等理念，明确服务标准，增加透明度，构建系统化的服务体系，以此赢得民营企业家的信赖，增进他们对党和政府的信任。二是畅通服务渠道。各级领导干部都要联系民营企业，建立与企业家常态化联系制度，确定走访调研的内容和频次，真诚地与企业家交往，积极倾听他们的心声，加强思想政治引领，推动解决问题。政府还要设立“企业家市（区、县）长接待日”，设立企业咨询热线，让领导能够及时了解企业所需，及时为他们提供有效服务；服务企业的相关部门，要扩充专门人员队伍，建立服务工作台账；各级工商联、商会组织也要发挥好桥梁和纽带作用，使政商关系在“清”的前提下“亲”起来。三是积极解决企业问题。坚持以问题为导向，积极作为、靠前服务，定期组织企业家座谈，固化包保责任制和问题解决机制，为企业处非常之时、出非常之策、解非常之急，为企业办实事、渡难关、送温暖。同时，政府要加大公共服务力度，推动产城融合发展，下大力气抓好交通、水电气等方面的保障工作，为企业健康发展提供有力支撑。

（二）提高服务企业的效率

一是做好“放管服”工作。“放管服”是构造“亲”“清”新型政商关系的源头活水。政府要加大“放”的力度，强化“管”的能力，提升“服”的水平，要明确权力清单、责任清单，用政府权力的“减法”换取市场活力的“加法”，纠正政府“看得见的手”的“越位”行为，压缩官员“权力寻租”空间，切实为企业“松绑”，为群众“解绊”，为市场“腾位”。二是为企业提供便利。学习福建省“马上就办”和宁波市“最多跑一次”的先进经验，从服务、方便、速度三个主题词入手，建设“一网式”“一门式”“一站式”政府服务体系，实现服务“一窗通办、区域通办、一端通办”。三是开辟网络服务模式。推动“互联网+政务服务”，搭建市（区、县）统一在线审批平台，开辟“政策包”“审批网上一键通”“手机App平台”等特色服务模式，打造网上“企业之家”，搭建企业家之间、政企之间的交流平台，加大政府涉企政策等信息的开放力度。

三、优化企业营商环境是政府服务民营企业的关键

（一）营造良好的政策环境

地方各级政府要营造加快企业发展的政策环境，比如，出台鼓励企业产品创新、技术创新、金融创新和管理创新政策；推动大众创业、万众创新发展的财政补助政策；鼓励企业集聚发展政策；支持大数据智能化发展政策等。地方各级领导还要通过调研，了解现有政策在施行过程中存在的不足，企业发展更需要哪些政策帮

助，从而不断修正政策，实现民营企业科学发展。同时，要打通政策落实的“最后一公里”，可以委托第三方开展政策落实情况评估，了解民营企业的政策知晓和受益情况，查找影响政策落实的突出问题和关键环节，采取有效措施推动政策落地、落细、落实，增强民营企业的政策获得感。

（二）营造良好的法治环境

在市场运作过程中，若法治始终在场，则权力不敢任性，企业不敢乱来，市场也将有序运转。政府要充分尊重企业的市场主体地位，保证企业依法平等使用生产要素、公平参与市场竞争、同等受到法律保护，鼓励支持工商联和行业协会商会依法维护企业的合法权益，积极开展法律援助活动；同时，还要建立由政法委、工商联、经信委、科委等有关部门组成的保护企业家权益联系协调机制，全面保护物权、债权、股权、知识产权及其他无形财产权，依法打击侵害企业合法权益的各种违法犯罪行为，并完善权力追责制度，努力营造有利于企业发展的法治环境。

（三）营造良好的市场环境

一是提高政府行政水平。实行政府部门权责清单动态管理，梳理并公开行政职权运行中需要企业提供的要件，公布事项办理的岗位与时限，畅通政府部门网站、电话等反馈意见的渠道。二是全面放开市场准入。实施市场准入负面清单制度，落实民营企业在投融资、招投标等方面与公有制企业同等待遇，全面推进政府和社会资本合作（PPP），鼓励民间资本进入公共服务领域，加大政府采购民营企业、民营组织社会服务的力度。三是实施公平竞争审查制度。对市场准入、招商引资、产业发展、招标投标、政府采购、经营行为、资质标准等涉及市场主体经济的规章、规范性文件等政策措施进行审查，定期开展市场垄断行为专项治理。

参考文献：

[1] 储建国. 构建新型政商关系先要清晰界定政商关系 [J]. 党政视野，2016（7）：53.

[2] 李丽辉. 营商环境，没有最好只有更好 [N]. 人民日报，2019-04-19（005）.

[3] 张新昕. 民企需要哪些政府支持 [J]. 人民论坛，2019（8）：71-73.

[4] 浙江省科学技术厅. 浙江省产业创新服务综合体建设实践 [J]. 今日科技，2019（5）：4-14.

营商环境法治化建设探析

——基于重庆市梁平区的调查及思考

谭仕荣①

摘　要：法治是最好的营商环境。近年来，梁平区虽然在建立健全制度、规范执法服务、加强司法保护、推进营商环境法治化建设方面取得了较大成效，但仍存在法治意识不强、服务水平和队伍素质不高等问题，需增强法治意识、服务意识、规则意识，织密“防护网”，建立“连心桥”，托起“公平秤”，才能加快营商环境法治化建设步伐，更好保障各类市场主体高质量发展。

关键词：营商环境；法治；服务；规则

习近平总书记在中央全面依法治国委员会第二次会议上强调，“法治是最好的营商环境。”2021 年 3 月 31 日，重庆市出台了《重庆市优化营商环境条例》，并于 7 月 1 日起施行。梁平区委、区政府将 2021 年确定为营商环境法治建设年。为加快营商环境法治化建设步伐，给企业“松绑”、群众“解绊”、市场“腾位”，笔者以梁平区为例，就营商环境法治化建设情况进行调研，并提出了思考建议。

一、梁平区营商环境法治化建设的基本情况

近年来，梁平区大力开展营商环境建设专项行动，年度考核排名全市前列。市场主体对政策的透明度、稳定性，对政府的办事效率、执法的公正性，对各方面手续办理的便捷度，对梁平解决商事合同纠纷效率等方面的评价连年提升。

（一）建立健全制度

2020 年，梁平区全面开展不符合《优化营商环境条例》规定的清理工作，对不利于企业发展的规范性文件废止 7 件、修改 1 件、审核 32 件，有效破除影响和制约优化营商环境的制度障碍。在矛盾纠纷易发多发的征地拆迁、物业管理、劳动争议、医疗等领域设立 10 个专业性、行业性调委会，调解纠纷 2 016 件，调解成功率达 97.6%。2021 年 4 月，梁平区出台了《重庆市梁平区“营商环境法治建设年”工作方案》，为打造区域营商环境高地提供了坚强的法治保障。

（二）规范执法服务

梁平区认真落实行政执法“三项制度”，严格行政执法监督，坚持善意包容，

① 谭仕荣，重庆市梁平区行政学校科研室主任、正高级讲师。

依法依规慎用强制性措施，尽可能减少对企业经营活动的影响。2020年，梁平区办理涉市场主体刑事案件共24件，其中涉企案件12件，不起诉2件8人，涉个体工商户12件，不批准逮捕1件1人；还不断加强法律服务建设，组织47名律师为民营企业开展法治“体检”服务25次；依法依规畅通渠道、容错纠错，及时受理企业行政复议申请，办理涉企行政复议案件11件，纠正违法或不当行政行为案件2件。

（三）加强司法保护

梁平区严厉打击各类违法犯罪行为，狠抓“查扣冻、拘捕押”，加大营商环境相关案件的审判和执行力度，为企业创造平等有序、安全放心的投资经营环境。2020年，梁平区严惩电信诈骗、非法集资等涉众型侵财犯罪，审结18件、82人；严格落实涉企专案侦办、挂牌督办、快侦快办机制，当年侦破各类涉企案件15起，为企业挽回经济损失600余万元，依法维护了企业及职工的合法权益。

二、梁平区法治化营商环境建设中存在的问题

2020年年底，梁平区营商环境办联合区统计局对全区33个乡镇（街道）的120家企业进行了营商环境满意度调查，调查结果见表1。

表1　2020年度梁平区营商环境企业满意度调查情况

梁平	你们企业到当地政府部门办事方不方便？	您认为当地公共资源交易是否公开透明？	您认为当地服务企业的政策是否落实？	您认为当地服务企业的政策宣传是否到位？	您认为当地政府在招商引资时的承诺是否兑现？	您认为当地政府在市场监管中是否有选择性执法现象？	您向当地政府反映困难是否得到及时回应？	您认为当地对企业的产权保护是否到位？	总体而言，您对本区营商环境是否满意？	平均得分
调查结果	93.15	85.69	87.91	90.93	91.81	96.18	90.41	90.92	85.92	90.32

调查结果显示，梁平区2020年营商环境明显好转，法治化程度不断提升，但影响营商环境的“玻璃门”“弹簧门”“旋转门”依然存在，与公开透明、公正高效的法治化营商环境要求和企业、群众的期盼，还有一定差距。

（一）法治意识不强，难以诚实守信

一方面，从政府部门看，部分机关和执法人员法治意识淡薄，政治站位不高，存在按老办法、凭经验办事现象，严格依法行政还有差距。在“您认为当地政府在招商引资时的承诺是否兑现”这一调查问卷栏中，企业满意率为91.81%，说明有的单位或个人对诚信的认识不足，招商引资中盲目承诺而无法兑现，影响了政府的信誉。另一方面，从企业看，部分企业法治意识淡薄，仍执着于“关系至上”理念，不请“法律顾问”或者“顾而不问”现象普遍存在。个别企业法治意识和契约精神不够强，特别是一些企业不但没有带来税收和效益，反而消耗了大量的土地资源，也有个别企业甚至出现违法乱纪现象。

（二）律师配备不够，服务水平不高

梁平区聘请律师担任法律顾问的企业不多。仅有的法律顾问作用主要集中在提供法律咨询和代理诉讼事务等方面，参与企业决策论证的少，为企业开展法治“体检”的更少。还有的企业经营缺乏完整的法律保障，签订的合同往往存在法律漏洞和风险。

（三）执法队伍人员素质不高，干扰企业经营

梁平区仍然存在部分执法人员素质不高、专业化能力不强，执法不规范、不公正，滥用自由裁量权、过度执法等现象，损害企业合法权益时有发生，法治营商环境亟待优化；还存在多头执法、重复监督、重复执法问题，对企业正常生产经营活动产生干扰。

三、推进营商环境法治化建设的思考及建议

（一）增强法治意识，织密“防护网”

（1）集中开展“条例”解读。梁平区通过党委、政府的重要会议，在当地报纸、政府公开网站等开设专栏，全方位、多层次、高频率、立体化宣传和解读《重庆市优化营商环境条例》等规定。

（2）纳入法治宣传重点。梁平区全面落实“谁执法、谁普法”责任制，利用新媒体新技术推进分业、分类、分众法治宣传教育，创新以案释法、以案说理方式，为市场主体提供“菜单化”“订单式”法律服务，努力培育法治意识，营造“人人都是营商环境”的法治氛围。

（3）推动法律顾问全覆盖。梁平区定期为全部企业开展法治“体检”，帮助企业提供专业的法律服务，增强企业经营管理者的法治意识，提高其防范风险的能力，促进企业健康发展。

（4）建立公共法律服务中心。梁平区建立了集律师、公证、法律援助、行政复议应诉、人民调解、法治宣传等职能于一体的公共法律服务中心，为企业提供“一门进入、一网通办”的“保姆式”法律服务。

（二）增强服务意识，建立“连心桥”

（1）深化“放管服”改革。各政府职能部门要进一步深化“放管服”改革，进一步放宽市场准入，强化事中、事后监管，优化政务服务，提升行政效能。要直面“问题顽疾”，着重解决好用电、用地、物流、融资等要素成本高的共性问题。

（2）营造诚实守信氛围。依法建立完善行业自律规约，兑现承诺协调机制，畅通政企沟通机制，强化政府、企业依法履行职责和执行合同意识。利用大数据推进企业信用建设，建立守合同、重信用企业名单和企业经营异常名录、违法违规企业名单、失信黑名单，加大对失信人员的惩戒力度，引导市场主体依法诚信经营。

（3）加强政策落地督查。加强对重点企业“一对一”“多对一”联系帮扶，畅通企业投诉渠道，定期开展企业优惠政策落实落地精准督查，对落实不到位的相关单位和个人，要严肃问责、限期整改。

（三）增强规则意识，托起“公平秤”

（1）严格执法。严格执法是法治政府建设的基本要求。要提高执法人员法治素养和依法行政能力，增强规则意识，坚持“法定职责必须为，法无授权不可为”，做到有法必依、执法必严、违法必究，依法惩处各类违法行为，切实维护企业和群众利益。

（2）文明执法。坚持权责法定，明确行政执法部门权责清单，全面公开执法程序、执法主体、执法对象、执法事项范围，公正文明执法，加强执法监督，严防执法扰企，避免简单化和“一刀切”等简单粗暴执法。

（3）公正司法。坚持宽严相济、处罚适当原则，建立“规则之治”，依法慎用查封、扣押、冻结等措施，尽可能降低对企业经营活动的影响。依法平等对待涉诉企业，加强知识产权保护，让经营主体全心谋发展。

参考文献：

［1］田玉珏，李政. “上海是习近平总书记创新和开放思想先行先试的地方”［N］. 学习时报，2021-09-03（003）.

［2］王姣. “中国奇迹”的利益机制研究［J］. 重庆理工大学学报（社会科学版），2021，35（9）：21-32.

［3］中共重庆市委宣传部、重庆市司法局关于开展法治宣传教育的第八个五年规划（2021—2025年）［N］. 重庆日报，2021-10-09（004）.

［4］中华人民共和国国民经济和社会发展第十四个五年规划和2035年远景目标纲要［N］. 人民日报，2021-03-13（001）.

［5］陈振. 论党内问责工作原则［J］. 中共四川省委党校学报，2017（3）：39-43.

实探中国智谷（重庆）科技园“放管服”

卫 东[①] 周 卫[②]

摘　要：近年来，中国智谷（重庆）科技园取得不俗成绩，与“放管服”工作密不可分。为此，本文对中国智谷（重庆）科技园“放管服”进行了探秘。

关键词：放管结合；服务创新

自2018年中国智谷（重庆）科技园揭牌以来，就吸引了微软、阿里巴巴、京东、高通、科大讯飞、VIVO、中移物联网、中交通信、中交兴路、美的、清华紫光……全球智能产业大牌齐聚科技园，为城市发展注入澎湃动力，成为西部领先、辐射全国、覆盖全球的产业园区。预计到2025年，中国智谷（重庆）科技园将会带动总规模约2 000亿元的收入，汇聚国内外知名智能企业30家，集聚全国性数据智能平台30个，引培国家级研发机构20家，涵盖智能产业高端人才20万人。

根据最新统计数据，智谷科创中心2020年纳税总额突破1.06亿元，成为南岸区（经开区）首个亿元级科技园区。与此同时，全园区营业收入达88.39亿元，成为全区新的重要经济增长极。2021年第一季度，产业经济持续向好，以芯讯通、紫光、芯坤为代表的龙头企业产业增速较快，新引进企业4户，正在洽谈企业13户，园区职工总数持续增长，预计全年有望突破100亿元，迈入全市百亿元级科技园区行列。

一、放管结合，夯实协同高效机制

在中国智谷（重庆）科技园，实行“领导小组+领导小组办公室+智谷公司”的管理体制。领导小组主要发挥综合统筹作用，由南岸区委主要负责同志担任组长，南岸区政府主要负责同志、重庆经济技术开发区管委会主要负责同志任常务副组长，南岸区政府、重庆经济技术开发区相关领导为副组长，成员由南岸区委办公室、区政府办公室、组织部、发展改革委、科技局、经济信息委、财政局、商务委、金融办、大数据发展局、招商投资局、江南新城管委会、规划自然资源局、重庆经济技术开发区经发局、投促局、财务局、招商服务中心等相关职能部门主要负责人组成。

---

① 卫东，中共重庆市南岸区委党校高级讲师。

② 周卫，中共重庆市委党校硕士研究生。

领导小组下设办公室，智谷公司主要负责人兼任办公室主任。领导小组办公室负责领导小组日常工作，牵头开展智谷核心区招商引智项目会商，统筹调度智谷核心区载体资源，会同有关单位具体负责推动产业发展、政策落实、项目审核等工作。智谷公司作为园区开发运营服务的市场化、专业化的国有企业，由南岸区政府、重庆经开区管委会直接领导，纳入区属重点国有企业管理，由区国资委履行出资人职责、行使出资人权力，全面负责园区的招商服务、载体整合、资产运营等工作。

实行“领导小组‘例会制’+专题工作会”分层议事、快速响应的决策机制。领导小组例会由组长召集，原则上每月召开 1 次，审议重大项目、议定重要决策、督办重点工作，研究解决智谷发展过程中的产业布局、招商引资、园区管理等重要问题。专题工作会由领导小组办公室主任召集，根据具体情况不定期召开，主要研究、协调和处理日常工作中的专项问题。

以国家级经开区、国家级高新区的考核模式对智谷进行考核，建立完善的园区运营评价机制。智谷公司实行全面绩效管理机制，由区国资委负责对智谷公司经营业绩和绩效管理进行考核，突出聚焦主业、鼓励创新、奖励进位、以绩论效，重点考核领导小组交办任务的落实情况。领导小组办公室会同相关成员单位对产业发展、招商引资、政策落实、企业服务等情况进行定期督查，督查情况在领导小组会上进行通报，强化监督机制。

二、服务创新，营造良好营商环境

智谷公司成立后负责南岸区科创中心的运营。科创中心于 2003 年建成投入使用，建筑面积约 7.5 万平方米，共有 A、B、C、D、E 栋楼。其中，A、B 栋为办公用房，由政府统一进行了简装，装修情况基本能够满足企业拎包入驻需要；C、D、E 栋为工业厂房，按照过去招商引资方式，由入驻企业根据实际需要自行装修，政府给予装修补贴。目前，科创中心除 B 栋将交由飞象公司整体运营外，其余楼栋基本出租完毕。

事例一，精心服务为企业解难

2020 年 8 月上旬，飞象公司向智谷公司反映晚上加班无空调问题。对此，智谷公司第一时间走访科创中心 A 栋所有企业了解情况。飞象公司所在 A 栋存在加班使用空调不便的问题。经实地查看，A 栋共入驻企业 7 家，有 3 家企业存在经常加班现象，其中 2 家已在入驻前装修时加装了分体式空调，飞象公司既不愿承担中央空调费用，也未能加装分体式空调，这一问题也被反映到了区委。智谷公司庚即与飞象公司商议并提出解决方案，智谷公司将自身加班使用的 2 台移动式空调免费借予飞象公司使用，随后飞象公司自行购买 2 台移动式空调。目前，飞象公司共有 4 台移动式空调，可以满足加班需要。

2020 年 8 月下旬，智谷公司召开全体职工大会，就飞象公司加班使用空调问题做出深刻反省，并认真学习《重庆市南岸区人民政府办公室 重庆经济技术开发区管理委员会办公室关于印发〈南岸区重庆经开区 2020 年优化营商环境工作要点〉的通知》，要求全体干部职工特别是党员干部引以为戒、举一反三、综合施策，要牢固树立以民生为本、企业为基的理念，着力形成服务好企业、支持企业家工作的良好局面。

按照南岸区的要求，智谷公司已将 B 栋企业全部迁出，准备交由飞象公司整体打造工业互联网生态创新中心。目前，区经济信息委正在与飞象公司商谈《项目合作协议》，将约定工业互联网生态创新中心的装修方式、管理模式、扶持政策。协议签订后，智谷公司立即将 B 栋移交给飞象公司，并配合做好装修工程，将中央空调改造为分体式空调，彻底解决企业加班不便的问题。飞象公司将从 A 栋搬至 B 栋，办公条件也会大大改善。

事例二：运营环境治理

经过 17 年的使用，科创中心从过去工业企业生产基地转型为科技型企业办公基地，基础设施出现不同程度老旧破损，相关问题受到各界广泛关注。2019 年年初，区人大代表、政协委员就科创中心环境问题形成提案建议。为努力提升企业服务质量，智谷公司下大力气推进科创中心环境提档升级。一是完善服务配套。完成虚拟围墙安防系统、地下车库及智能停车系统工程，建成投用智谷餐厅、咖啡吧和 24 小时图书馆等生活休闲设施，为园区企业提供较大便利。二是规范物业管理。印发科创中心《物业手册》《物管公约》，清理闲置资产，提高资产效用。三是强化安全生产。制定安全生产管理制度和应急预案，定期开展安全隐患排查、消防演练等预警工作，加强园区安全生产防控。2019 年年底，人大代表、政协委员均对科创中心环境整治结果给予满意的评价。

事例三：常态化疫情防控

新冠肺炎疫情发生以来，智谷公司在南岸区委、区政府、经开区党工委、经开区管委会的统一指挥下，压实工作责任，夯实工作基础，落实工作举措，一手抓疫情防控，一手抓经济社会发展。目前，智谷公司帮助科创中心企业解决复工复产中面临的用工、物资、融资等问题多项，直接减免企业 2020 年第一季度租金 221 万元，协助落实企业扶持资金 975. 55 万元。在相关部门共同努力下，科创中心招商引资工作有序推进，园区企业数由疫情前的 53 家增长到 57 家（另有 4 家签约项目即将入驻），员工总人数由疫情前的 1 565 人增长到 1 871 人。

服务工作措施：为支持企业发展，营造良好营商环境，智谷公司多措多举。

（1）成立了 6 个工作组，每月定期走访企业，节假日慰问企业，全年主动解决了包括信通院临时走廊拆换等 1 781 起企业困难，园区亲商氛围进一步浓厚。

（2）积极支持企业发展。借助园区的政府通道和社会资源平台，帮助企业解决发展中的困难。2020 年智谷公司举办专题培训 66 次，全力协助企业完成招工、争取上级资金支持、兑现招商引资政策，企业对园区的信任感切实增强。2021 年智谷公司重点完成了邑丰公司在市经信委办理的经营许可行政手续，邀请专家指导沄析公司扩展运营模式等 12 个专项。

（3）加强园区管理服务。智谷公司制定出台了《物业手册》《管理公约》等规章制度，全面理顺了业主、企业、物业的关系，保障了企业合法权益和日常经营；配合企业开展日常疫情防控和安全检查，确保企业实现全面复工、全员复岗，主动协助企业查出整改安全隐患点 71 处，为企业排除后顾之忧。

四是升级园区配套环境。近年来，智谷公司投入上千万元，完成了园区外立面改造，文化创意设施建设，绿化添植修补，达到换衣、亮灯、见景的效果，彻底改变“老破旧散”的形象，新增智谷食堂、小超市、快递柜、便利店等生活设施，园区风貌焕然一新。

地方营商法治环境的优化路径研究

杨　旭[①]

摘　要：推进国家治理体系和治理能力现代化，对我国营商环境建设提出新的要求，营商环境法治化是营商环境治理现代化的基本要求。通过分析地方营商环境法治化的实践现状及存在的不足，提出优化地方营商法治环境的路径建议：用法治来规范政府和市场的边界；依法平等保护各类市场主体产权和合法权益；构建“亲”“清”新型政商关系；畅通企业提出异议和救助渠道。

关键词：营商环境；法治；优化路径

推进国家治理体系和治理能力现代化，对我国营商环境建设提出新的要求。党的十八大以来，习近平总书记在不同场合从多个层次对优化营商环境做出论述。2013 年，党的十八届三中全会明确提出要“营造法治化营商环境”。2019 年 2 月 25 日，习近平总书记在中央全面依法治国委员会第二次会议上直接提出“法治是最好的营商环境”这一论断，营造法治化营商环境已经成为优化营商环境的重要现实课题。2019 年 3 月 15 日，第十三届全国人民代表大会第二次会议表决通过了《中华人民共和国外商投资法》，成为我国外商投资领域新的基础性法律。2019 年 10 月 8 日，国务院第 66 次常务会议审议通过的《优化营商环境条例》，为市场主体提供了更为完善的制度保障，这意味着营商环境建设全面进入法治化轨道。

一、营商环境法治化是营商环境治理现代化的基本要求

世界银行《全球营商环境报告》认为，营商环境是指市场主体在市场准入、生产经营、退出过程中涉及的有关外部因素和条件。营商环境法治化是营商环境治理现代化的基本要求，其核心理念是依法、平等、限权和护权。

（一）营商环境法治化能为企业提供稳定性预期的制度供给

在推动经济发展的诸多因素中，资金、资源、技术、人才等是主要因素，有效聚集以上要素，并使其发挥良好交互作用，能有效提高当地经济发展质量。在市场经济条件下，企业是市场主体，政府不能直接决定以上要素的转移，但可以通过影响企业决策来间接影响以上要素的调配。政府通过宏观调控影响企业决策的杠杆措施包括财税优惠、保险补贴、投资服务、融资支持等政策。这些政策中，营商法治环境有独特的作用和功能，其核心功能是通过最优的政策制度来维护企业的稳定性

① 杨旭，中共重庆市沙坪坝区委党校副教授。

预期。与其他政策措施强调优惠扶持不同，营商法治环境中，通过制定明确、公开、稳定的政策制度，有助于企业提前进行合理预判，从而做出准确的市场决策。

（二）营商环境法治化是保持经济良性发展模式的基础

地方经济要实现高质量发展，就需要保持经济良性发展模式，这就要求企业在关注自身发展前景的同时，要兼顾对社会公共利益和社会长远利益的考量。而这需要政府的有效监管，通过法治政府建设，对企业在环境保护、安全生产、公平竞争、诚实守信等方面制定明确的权利清单、负面清单和责任清单，让企业明确其经营行为的合法边界以及不可触碰的底线；同时，在政府和社会各方面的监督下，及时纠正和调整不合规行为，从而既保证了企业的合法经营行为，又实现了对社会公共利益和长远利益的保障。

二、我国地方营商环境法治化的实践现状及存在的不足

（一）我国地方营商环境法治化的实践现状——以C市S区为例

S区政府2019年出台了《S区营商环境优化提升工作方案》，开展了“窗口服务再提质”“行政审批再提速”“企业经营降成本”等9个专项行动。在营造地方营商法治环境方面取得一定的成效。

（1）完善企业扶持政策兑现机制。建立若干个政策分享群，由主管部门及时发布相关产业扶持政策，建立政策发布、企业反馈双向直达通道；完善企业扶持政策兑现机制，成立由区财政牵头、相关部门参与的政策兑现会审小组，规范兑现审批流程。

（2）行政审批效率稳步提升。用审批时限的“减法”换取企业效益的“加法”，实现市场活力的“乘法”。截至2020年年底，全区行政审批时限压缩87.8%；行政许可即办比例提升至54.8%，全程网办提升至83.18%，跑动次数下降到0.17次；企业开办时限压缩至1天，实现“零材料、零收费、零见面、零跑路”的“四零审批”。

（3）行政执法严格规范。严格行政执法人员资格培训管理，全面推行“三项制度”和“双随机”“一公开”，规范执法行为，强化重点行业监管，推进包容审慎监管，强化行政执法规范监督，邀请专家、企业代表评查行政处罚案卷2 267件自查。

（4）诚信建设稳步推进。通过加强自身监管，接受人大代表、政协委员横向监督和接受社会监督等渠道，政务诚信持续提升；通过搭建区属信用平台、强化信用宣传，探索信用应用等方式，归集各类市场主体信用信息100万余条，特别是区税务局联合银行推出的“信用+金融”市场应用“云税贷”，实现社会诚信价值彰显。

（二）存在的不足

（1）存在制度性障碍。由于制度制约和历史发展原因，部门间信息无法完全共享。审批事项存在重复和交叉，机构改革后部门审批权限未做颗粒化梳理，行政审批边界不清，增加企业负担和制度成本。

（2）政务服务效能不高。各部门从上至下业务系统存在条块分割，各部门间“数据烟囱”“数据孤岛”以及数据壁垒依然存在，数据尚未实现共享。“一网通办”仍有局限，受地方政务服务智能化程度限制，法定材料无法实现共享，群众重复提交材料现象依然存在。

（3）多头执法现象时有发生。多头检查、重复检查、过度监管等现象依然存在，企业疲于应付。比如，对危险化学物品和易燃易爆品的监管检查中，可能出现应急、公安、街道、园区先后多批次到现场检查，增加企业迎检负担。

三、优化地方营商法治环境的路径建议

（一）用法治来规范政府和市场的边界

一是加强法律制度建设，规范和引领政府向市场主体更大力度放权，健全完善企业扶持兑现机制。二是以维护公平竞争市场秩序为目的，实施市场准入负面清单制度，清理废除妨碍统一市场和公平竞争的各种规定和做法。三是以提升服务效率为目标，优化政务服务。建立智能化应用，加快推进“互联网+政务服务”，尽快打破“数据烟囱”“数据孤岛”以及数据壁垒，推动部门间数据资源在安全可控的前提下有序共享。

（二）依法平等保护各类市场主体产权和合法权益

在立法上，加快修订公平竞争的相关法规，保障不同所有制企业在准入许可、经营运行、招标等方面的公平对待。在执法上，深化综合执法改革，减少执法层级、下沉执法力量、完善执法程序，全面清理梳理多头执法、重复执法，推行综合执法，切实减轻企业迎检负担。同时，探索市场主体风险预警分类监管，采取差异化监管措施。对关系到人民群众生命健康的疫苗、药品、特种设备、危化品等严格监管，对新业态、新产业、新技术、新模式包容审慎，确保市场活而不乱。在司法上，通过公正司法，依法维护市场主体合法权益；在守法上，要加强社会信用体系建设，营造诚信守约的人文环境。

（三）构建“亲”“清”新型政商关系

一方面，对于党员干部而言，既要深入了解、切实关心民营企业家存在的现实问题，支持民营经济稳定健康发展，又要同民营企业家保持纯洁和清白的关系；另一方面，对于民营企业家而言，既要积极、主动同各级党委、政府和部门沟通交流，积极推动地方经济发展，又要坚持合法经营、诚信经营的基本底线。

（四）畅通企业提出异议和寻求救济的渠道

一是精准服务企业，坚持定期沟通交流，积极对接企业所需所盼，让企业熟悉知晓政策、用好用足政策，为企业提供“定制服务”；二是制定投诉处置机制，公开投诉监督电话，畅通企业投诉渠道，并规范有效地处理好企业诉求，解决企业办事找不到门、找不到人、来回跑的问题，切实优化提升营商环境。

参考文献：

[1] 李洪磊. 营商环境优化的行政法治保障 [J]. 重庆社会科学，2019 (2)：17-25.

[2] 彭向刚，马冉. 政企关系视域下的营商环境法治化 [J]. 行政论坛，2020 (2)：91-98.

[3] 赵海怡. 中国地方营商法治环境的优化方向及评价标准 [J]. 山东大学学报（哲学社会科学版），2019 (3)：108-114.

[4] 郑继汤. 习近平关于构建法治化营商环境重要论述的逻辑理路 [J]. 中共福建省委党校学报，2019 (6)：25-30.

商会服务民营经济“两个健康”的自身革命探析

江　培①

摘　要：商会服务民营经济“两个健康”必须推进自我革命、自我革新。要坚定推进脱钩改革，坚定不移地突出“商人为本”，坚持不懈地深化“脱钩改革”；要坚守商会基本性质，始终坚持统战性，充分彰显经济性，全面体现民间性；要坚持提高资政质量；要坚持弘扬企业家精神，引导和支持民营企业家增强爱国情怀，勇于开拓创新，诚信守法经营，担当社会责任。

关键词：优化；营商环境；商会组织；自我革命

商会组织（以下简称商会）存在的价值就在于架起政府与企业联系的桥梁，服务民营经济健康发展、服务民营企业家健康成长（以下简称“两个健康”）。“打铁必须自身硬”，服务也得自身硬。商会必须加强“自我革命、自我革新”，方能在服务“两个健康”大道上“明事理，晓分寸，懂取舍，知进退，识大体”。

一、为了更好服务民营经济“两个健康”，商会要坚定推进脱钩改革

（一）“商会”是“商人之会”“群团之会”，必须坚定不移地突出“商人为本”

商会是由商人依法组建、以维护会员合法权益、促进工商业繁荣为目的的非营利性社会团体，故有“商人之会”“群团之会”之誉。根据形成过程、经费来源等不同情况，我国商会可以分为官办、民间两大类。民间商会包括除专业性、学术性社会团体外的经济类行业协会、商会、联合会、促进会等。工商联（总商会）是党领导的工商界人民团体和民间商会，是党和政府联系民营经济人士的桥梁和纽带，是政府管理民营经济的助手。总商会、工商联一套人马两块牌子，用于民间或与国外交往。推进商会治理体系和治理能力现代化，必须坚持“商人为本，商人办会”，保证其基本要素的本原所在。

（二）“商会”非“经商之会”“官营之会”，必须坚持不懈地深化“脱钩改革”

我国商会在为政府提供咨询、服务企业发展、优化资源配置、加强行业自律、创新社会治理、履行社会责任等方面积极作为，已经成为国家经济社会发展的重要力量。但在全面深化改革的进程中，我国商会特别是行业商会依然存在政会不分、

① 江培，中共重庆市巫山县委党校教师。

管办一体、治理结构不健全、监督管理不到位、创新发展不足、作用发挥不够等问题，必须深化改革予以改正。

党的十八大以来，以习近平同志为核心的党中央把商会改革纳入国家整体改革布局和群团组织改革大盘。党和国家在加强和改革工商联工作的同时，先后颁发了《行业协会商会与行政机关脱钩总体方案》《关于全面推开行业协会商会与行政机关脱钩改革的实施意见》，2020 年基本实现了协会商会与行政机关“应脱尽脱”。党的十九届四中全会将工商联及商会治理纳入了国家治理体系范畴，要求“发挥行业协会商会自律功能”。当下，必须巩固“脱钩”成果，从根本上切断商会与行政机关之间的利益链条，实现党的十九届五中全会提出“十四五”期间有序推进、2035 年基本实现商会治理现代化的目标。

二、为了更好服务民营经济“两个健康”，商会要坚守组织的基本性质

（一）始终坚持统战性

统战性是商会立会之本。工商联及商会是党领导的统战组织，参政议政、民主监督、团结教育、协调关系是商会的基本功能，服务民营经济“两个健康”是商会统战性的彰显。一是要“组织起来，加强引导”。一方面，要彰显政治优势，始终坚持党的领导，用党的民营经济工作方针政策团结人、争取人，以党的建设引领商会建设。另一方面，要增强政治力量，增强民营企业对中国特色社会主义的信念、对党和政府的信任、对企业发展的信心。二是要“集中起来，反映上去”。及时、主动了解企业所需、困难所在，及时、积极反映给各级决策部门，组织、引导和参与政策制定，切实贯彻国家关于在制定行政法规规章行政规范性文件过程中充分听取企业和行业协会商会意见的要求。三是要“调动起来，落实下去”。以提高服务能力增强商会的凝聚力，以提高思想力增强商会的行动力，以提高创新力增强商会的发展力，加快建成社会主义现代化强国。

（二）充分彰显经济性

经济性是商会兴会之要。一要突出经济服务职能，全面清理取消行业协会商会违法违规收费，建立健全收费长效监管机制。二要开展经济服务活动，为会员提供信息沟通、政策咨询、企业诉求、市场利益调解和自身权益保护等服务。

（三）全面体现民间性

民间性是商会强会之基。一要高举团结民主大旗，调动广大会员的积极性，把商会做强做大、把会员企业做强做大。二要履行监管引导责任，增强商会的向心力和凝聚力，为会员维权、纾困和解难，让会员形散心不散，永远跟党走。

三、为了更好服务民营经济“两个健康”，商会要提高资政质量

2020 年年初的新冠肺炎疫情发生后，商会智库提出很多有益建议被党和政府决策采纳。2020 年 12 月 8 日，习近平在党外人士座谈会上强调，要把党的十九届五中全会精神体现到工作谋划、履行职能、自身建设等方面，积极建言献策。商会

智库要从习近平新时代中国特色社会主义思想的理论体系来认识服务“两个健康”，从推进国家治理体系和治理能力现代化的制度层面来促进“两个健康”，重点研究安商稳商、金融支持、减负惠企、强企优企、政商关系，让“政策跑在企业前面”。就重庆而言，要深入学习贯彻习近平总书记关于重庆工作的系列指示，夯实共同奋斗的思想政治基础，增强助推成渝地区双城经济圈建设的责任感、使命感，参与成渝地区双城经济圈建设，打造营商环境研究智库，组建优化营商环境专家库，提出专业论证意见，贡献行业专业力量，与相关政府部门建立研讨交流机制，维护营商秩序。

四、为了更好服务民营经济“两个健康”，商会要坚持弘扬企业家精神

高质量发展迫切需要民营企业加快转型升级，提高民营企业家队伍的整体素质。2020 年 7 月 21 日，习近平在企业家座谈会上要求：企业家要带领企业战胜当前的困难，走向更辉煌的未来，就要弘扬企业家精神，并从爱国、创新、诚信、社会责任和国际视野五个方面丰富和拓展了企业家精神的时代内涵。商会要引导民营企业家弘扬张謇精神，做企业家精神的践行者、引领者、维护者。

（一）引导和支持民营企业家增强爱国情怀

爱国主义是凝心聚力的兴国之魂、办好一流企业是民营企业家爱国的首要大事。要把企业发展与国家繁荣、民族兴盛、人民幸福紧密结合，主动为国担当、为国分忧，促使发展的质量更好、效益更高、竞争力更强、影响力更大。

（二）引导和支持民营企业家勇于开拓创新

开拓创新是引领发展的第一动力，是企业家的本质特征和根本灵魂。2021 年 7 月 26 日，在重庆市优化营商环境大会上，重庆市委书记陈敏尔讲话强调，要深入贯彻落实习近平总书记关于优化营商环境的重要讲话精神和对重庆提出的系列重要指示要求，立足新发展阶段，完整、准确、全面贯彻新发展理念，服务和融入新发展格局，着力打造市场化、法治化、国际化营商环境，集中精力做好当前经济工作，确保“十四五”开好局、起好步。商会要引导民营企业深化改革，加强创新，转型升级优化重组，完善民营企业参与国家重大战略实施机制，不断增强企业核心竞争力。

（三）引导和支持民营企业家诚信守法经营

法治意识、契约精神、守约观念既是现代经济活动的重要意识规范，也是信用经济、法治经济的重要要求。商会要引导和支持民营企业家，做诚信守法经营的践行者、亲清政商关系的行动者，依法经营、依法治企、依法维权，不断提高企业竞争能力。

（四）引导和支持民营企业家担当社会责任

企业社会责任包括公共责任、道德行为、公益支持。商会要引导民营企业承担公共责任、道德行为，依法缴税，特别是在统筹推进疫情防控和经济社会发展的形势下，稳定就业岗位，关心员工健康，提供优良产品和优质服务；要深入践行社会主义核心价值观，广泛开展救助灾害、救孤济困、扶老助残等慈善活动，积极投身教育、科学、文化、卫生、体育、环境保护等公益事业。

激发市场主体活力须持续优化营商环境

孔云峰[①]

摘　要：没有市场主体活力的激发，就没有经济活力的产生。保护和激发市场主体活力是满足人民美好生活需要和保证产业链、供应链稳定的客观要求，中国经济发展过程就是激发市场主体活力的过程。在中国经济和世界经济面临新冠肺炎疫情和逆全球化影响的关键时期，只有激发市场主体的内在活力，才能聚合成高质量发展的强大动力；只有持续优化营商环境，才能激发市场主体的活力。要加快转变政府职能，营造“安商”法治环境以及“兴商”发展环境、“亲商”“重商”的氛围，培育软实力之花，结出硬实力之果。

关键词：市场主体；活力；营商环境；优化

发展才是硬道理，激发市场主体活力就是发展。发展必须有环境，营商环境就是发展的环境。发展必须激发市场主体活力，激发市场活力必须持续优化营商环境。本文拟以这一主题略做论析。

一、没有市场主体活力的激发，就没有经济活力的产生

（一）习近平总书记的要求意义深远

习近平总书记指出：“市场主体是我国经济活动的主要参与者、就业机会的主要提供者、技术进步的主要推动者，在国家发展中发挥着十分重要的作用”，“要千方百计把市场主体保护好，激发市场主体活力，弘扬企业家精神，推动企业发挥更大作用实现更大发展，为经济发展积蓄基本力量。”这一论述具有重大现实意义。

（二）激发市场主体活力的经济原理

保护和激发市场主体活力是满足人民美好生活需要和保证产业链供应链稳定的客观要求。从需求角度看，马克思所说的“供个人享受而满足个人需要”之物，都得依靠市场主体提供；从供给角度看，只有保护和激发市场主体的活力，才能保证产业链供应链稳定。

市场主体作为经济活动的基本单元，其要素所有权、投资收益权、独立经营权以及知识产权等，都必须受到应有的尊重和得到保护，促进形成规模日益巨大的社会生产力，使市场主体产权所有者由内在动力驱使，自主扩大生产经营规模，主动

---

① 孔云峰，中共重庆市巫山县委党校正高级讲师。

降低投资经营风险，在获取投资收益的同时，创造税收、稳定就业、提高经济效益和增加社会财富。因此，保护市场主体就是保护社会生产力，培育市场主体就是提高社会生产力，激发市场主体活力就是调动社会生产力。

（三）中国经济发展过程的有力证明

从某种意义讲，中国经济发展的过程就是激发市场主体活力的过程。新中国成立后，全国人民以极大的热情投入社会主义建设之中，创立了大量的国有企业、集体企业和工商户，形成了新中国初期的市场主体，奠定了中国经济的早期基础。

改革开放以来，以市场经济导向的经济体制改革，优化了国有企业和集体企业构成，发展了民营企业和个体工商户，形成了现在的国有企业、民营企业、外资企业、港澳台资企业以及个体工商户等各类市场主体。它们是我国经济发展的重要力量，在创造“两个奇迹”中发挥的作用是不可替代的。

党的十八大以来，我国市场主体蓬勃发展、市场规模扩大、市场结构持续优化、市场环境日益完善。充满活力的微观市场主体绘就了磅礴壮观的宏观经济发展图景。2020 年，我国统筹疫情防控和经济社会发展取得重大战略成果，经济总量再上新台阶，全年国内生产总值为 1 015 986 亿元，比 2019 年增长 2. 3%，是全球唯一实现经济正增长的主要经济体。按年平均汇率折算，2020 年我国经济总量占世界经济的比重超过 17%。经济恢复走在世界前列，成为推动全球经济复苏的主要力量。

（四）市场主体活力激发的现实需要

在中国经济和世界经济面临新冠肺炎疫情和逆全球化影响的关键时期，只有更好地发挥市场主体的主观能动性，激发市场主体的内在活力，释放中国经济体量的内部潜力，才能聚合成高质量发展的强大动力。

市场主体活力得以激发之时，就是中国经济甚至世界经济得到更好发展之际。特别是在中国疫情防控和经济恢复都走在世界前列，已经进入常态化精准防控时期，中国会成为经济复苏特别是更好发展的热土，这必然会促进中国经济和世界经济实现更好发展。

二、只有持续优化营商环境，才能激发市场主体的活力

激发市场主体的活力，必须优化营商环境。良好的营商环境是不断深化改革、扩大开放的生产力和竞争力，优化营商环境是增强经济健康有序发展的吸引力、创造力。习近平总书记多次强调，要加快转变政府职能，培育市场化、法治化、国际化营商环境。

（一）坚持依法行政，营造“安商”法治环境

一是要规范行政检查执法。要不断提高政府的公信力和执行力，加快推进行政执法公示制度、执法全过程记录制度、重大执法决定法治审核制度等制度建设，重点解决行政执法中的乱作为、慢作为和不作为问题；要整顿执法队伍，规范执法主体，推进联合执法、综合执法，杜绝多头执法、重复执法。二是要依法保护投资者的合法权益。要以制度监督权力，严防以公权力为庇护伞侵害投资者利益的行为，

重拳打击各类扰乱市场经济秩序的行为，杜绝投资领域的地方保护主义，打造公平公正的竞争环境。三是要强化企业经营司法保障。一方面，要切实保障知识产权，依法惩治侵害知识产权行为；另一方面，要拓宽涉企案件纠纷解决途径，推进多元纠纷解决机制改革，降低纠纷化解成本。

（二）深化“放管服”改革，营造“兴商”发展环境

一是要深化简政放权，做好减法。要不断优化行政审批，通过简化、合并或取消等方式精简行政审批事项，促进行政审批提质增效，减少企业跑腿次数，降低业务办理成本；要继续深化商事制度改革，搭建统一的网上在线注册审批平台，推进商事登记更加便捷，全面实施“多证合一、一照一码”，促进同级部门间的信息互联互通，为企业注册登记提供便利。二是要强化监督管理，做好加法。要坚持放管结合并重，通过不断强化事中、事后监管，营造宽松的市场准入环境。一方面，要加强对“监管者”的监督，杜绝监管者在监管过程中的各种不当行为，遏制利用行政权力干预、阻碍企业发展的行为；另一方面，要强化市场监管，打击各种不当获利行为，为企业修筑“防火墙”。三是要着力优化服务，做好乘法。要着力提升服务能力和质量，以服务促管理，为企业发展创造条件。一方面，要营造便民利企的政务环境，完善政务服务大厅建设，推进网上政务服务，逐步形成以网上审批为主、自助服务为辅、窗口服务托底的服务模式；另一方面，要营造普惠市场主体的政策环境，不断完善惠企政策体系，健全利企政策“清单”，全方位减轻企业负担。此外，要打通政策落地的“最后一公里”，加强政策配套措施与实施细则的建设，强化重点领域改革的谋划和推进，严格落实国家改革政策。

（三）构建良好的政商关系，营造“亲商”“重商”氛围

一是要杜绝政商之间“清”而不“亲”。要着力破解领导干部安于现状“不愿为”、怕担责任“不敢为”、能力不足“不能为”、工作拖沓“不想为”等问题，督促领导干部主动作为，关心支持民营企业发展，为企业排忧解难；同时，要缓解民营企业顾虑，广开言路，加强彼此信任，强化沟通联系。二是要推进政商之间“亲”“清”耦合。“亲”“清”是新时代构建健康政商关系的最重要特征，两者互为补充、相辅相成。领导干部在与企业家交往时，要增强党性意识和底线意识，真心实意支持民营企业发展，不搞以权谋私和权钱交易，做到“亲”而有度、“清”而不疏。民营企业家也要洁身自好，摒弃投机思维，不搞商业贿赂，主动与政府沟通反馈，做到与领导干部之间清清楚楚、清清白白，有交集而不交易，有交往而不交换。

参考文献：

林丽鹂. 市场主体蓬勃发展 全面小康成色更足［N］. 人民日报，2021-09-07（002）.

营商环境“法治化”的“话”与“化”

雷兆玉①

摘　要： 营商环境优化的本质是法治化，法治是最好的营商环境。要努力打造稳定公平透明、可预期的营商环境，让营商环境法律体系更健全，把平等保护贯穿法治全过程，把权力都关进法律的笼子里，以依法治理凝聚起强大合力，把涉外法治人才纳入培训中。

关键词： 营商环境；法治化；要求；路径

营商环境优化的本质是法治化。国家重要行政法规《优化营商环境条例》把“市场化、法治化、国际化”作为优化营商环境应当坚持的基本原则，习近平总书记多次指出：“法治是最好的营商环境”。党的十八大以来，在以习近平同志为核心的党中央领导下，我国致力于打造稳定公平透明、可预期的营商环境，加快建设开放型经济新体制，法治在营商环境建设中越来越好地发挥了引领和规范作用，为各类市场主体投资兴业提供了制度保障，国家经济持续健康发展。本文拟就营商环境法治化的“话”（要求）和“化”（路径）略做探析。

一、基本要求：营商环境法治化的“话”

习近平总书记多次强调，要改善投资和市场环境，加快对外开放步伐，降低市场运行成本，营造稳定公平透明、可预期的营商环境，加快建设开放型经济新体制，推动我国经济持续健康发展。“稳定公平透明、可预期”就是营商环境法治化的要求。

（一）营商环境法治化必须公开透明

如果一个营商环境缺乏甚至没有公开透明，那么，那些确保政府权力在阳光下运行“责、权、利”界线就会显得相对模糊，由此必然衍生出贪赃枉法、徇私舞弊、权力寻租等现象，良好的营商环境便无从谈起。因此，必须坚持依法治权，建立法治政府，才能营造出稳定公平透明的法治营商环境，推动我国经济持续健康的高质量发展。

（二）营商环境法治化必须稳定可预期

实践经验证明，不论是“引进来”还是“走出去”，离开营商主体对营商环境稳定的制度性信心、计划和预期，是不可能有什么营商活动的。世界银行经济学人

---

① 雷兆玉，中共重庆市巫山县委党校副校长、正高级讲师。

智库等机构研究发现，提高政策、法律的可预见性，能使某区域投资者增加投资的可能性提高三成。这就清楚地表明，稳定的法治化营商环境，才是经济发展的最大保证。因此，必须坚持依法治国，才能确保政府行为的连续性、稳定性、一致性，这是决定长期性投资行为的关键性因素。

（三）营商环境法治化必须公平竞争规范有序

百舸争流必有道，公平竞争必有规。营造公平竞争规范有序的营商环境，既要公正对待民营企业、国有企业和外商，一视同仁地对其从法律上加以平等的保护，赋予其公平竞争的机会和权利，又要充分发挥市场在资源配置中的决定性作用，鼓励企业或个人在法律规定范围内通过正当有序的竞争获利。因此，必须坚持“亲”“清”有度，构建“亲”“清”新型法治化营商环境。

二、路径探析：营商环境法治化的“化”

据世界银行《2020 年营商环境报告》，2019 年全球营商环境排名，中国比 2018 年上升 15 位，排名第 31，这是我们坚持运用法治思维和法治方式持续优化营商环境取得的重要成果。但是，营商环境法治化是一场深刻的体制改革和制度创新，是一项基础性、系统性工程，任重而道远。如何进一步促进营商环境法治化的“化”？2019 年 2 月 25 日，习近平总书记在主持召开中央全面依法治国委员会第二次会议发表重要讲话时强调，要把平等保护贯彻到立法、执法、司法、守法等各个环节，依法平等保护各类市场主体的产权和合法权益。这就是营商环境法治化的路径。

（一）让营商环境法律体系更健全

“没有规矩不成方圆”。实现营商环境法治化，没有一套完备的法律规范体系，就会缺乏明确的规范依据和制度支撑，因此，完善制度环境便是法治化的首要工作重点。现在，《中华人民共和国民法典》《中华人民共和国外商投资法》等法律，在各自调整范围内为优化营商环境提供了坚实的制度基础。《优化营商环境条例》是优化营商环境的基础性行政法规，已于 2020 年 1 月 1 日起正式施行。这个条例总结了我国优化营商环境的经验做法，将实践证明行之有效的改革举措用法规制度固定下来，围绕贯彻新发展理念、正确处理政府和市场关系、完善社会主义市场经济体制等，做出了有针对性的制度设计，确立了对内外资企业等各类市场主体一视同仁的营商环境基本制度规范，为打造公平开放透明的市场规则和法治化营商环境提供了制度保障，标志着以政府立法为各类市场主体投资兴业提供制度保障迈出实质性步伐。但是，这个条例目前还是行政法规，还必须在执行过程中逐步完善，适时上升为“优化营商环境法”，并制定和完善相应的法律法规，为改善营商环境保驾护航。

（二）把平等保护贯穿法治全过程

平等是法治的内在价值。优化营商环境，就要依法平等保护各类市场主体产权和合法权益，坚持内外资企业一视同仁、平等对待。《中华人民共和国外商投资法》就特别强调对外商投资企业依法平等适用国家支持企业发展的各项政策，保障外商投资企业依法平等参与标准制定工作，政府采购依法对外商投资企业在中国境内生产的产品、提供的服务平等对待。这是一个非常重要的法律举措，它有利于提振境外投资者的信心，激发其投资热情。平等保护的法治原则还应在市场准入、审批许可、经营运行、招投标等方面充分体现，为民营企业打造公平竞争环境，给民营企业发展创造充足的市场空间。必须有序地推进产业政策向普惠化、功能性转变，清理违反公平、开放、透明市场规则的政策文件，推进反垄断、反不正当竞争执法。

（三）把权力都关进法律的笼子里

规范权力运行是法治的客观要求。营造良好的营商环境，要求我们坚持用法治来划定政府和市场的边界，尊重市场经济规律，注重通过市场手段调节各类主体的利益关系。只有把权力关进制度的笼子，让权力在法治轨道上运行，才能理顺政府和市场的关系，不断消除制约经济发展和社会活力的体制机制障碍，充分发挥市场在资源配置中的决定性作用，更好地发挥政府的作用，有效激发市场内在动力和活力。当前一项非常重要的工作，就是规范重大行政决策程序，做到坚持以人民为中心，坚持从实际出发，坚持尽力而为、量力而行，以规范的程序、科学的决策维护重大公共利益、维护人民合法权益，促进决策权、执行权、监督权既相互制约又相互协调。

（四）以依法治理凝聚起强大合力

营商环境法治化必须打好立法、执法、司法组合拳，多点发力、多方配合，才能为企业发展创新提供法治支撑，促进企业合法诚信经营。要创新监管方式，寓监管于服务之中，强化源头治理和质量安全监管，探索适应新业态的特点、有利于公平竞争的公正监管办法，推进“互联网+监管”。要加大打击假冒伪劣产品的力度，坚决遏制重特大质量安全事故发生，对企业违法经营侵犯人身权、财产权等行为坚决严格依法惩处、公开曝光，提高企业违法违规成本，不断提升监管效能，使市场既充满活力又规范有序。

（五）把涉外法治人才纳入培训中

中华民族伟大复兴战略全局和世界百年未有之大变局，已经将中国与世界更加紧密地联系在一起，全球经济竞争日趋激烈，实质上就是国际营商环境的竞争。人才往哪走、资金往哪流、项目在哪建，归根结底取决于哪里的机会多、障碍少、效率高、服务好。已深度融入经济全球化进程的中国经济要在国际竞争中赢得优势、掌握主动，必须在营造国际一流营商环境上取得更大进展。“人才是第一资源”，涉外法治专业人才显得特别重要，因此，要加强涉外法治专业人才的培养，积极开展涉外法律服务，保障和服务高水平对外开放。高等政法院校或专业，应当积极、主动地与涉外法律服务机构等实务部门建立联合培养涉外法律人才，将优质涉外法律服务教学资源引进高校，强化实践教学。扩大对外公证合作，推动建立国际商事调解组织，培养一批在业务领域、服务能力等方面具有较强国际竞争力的涉外法律服务机构。

总之，坚持市场准入平等，严格规范行政执法，加强诚信政府建设，严格落实重大行政决策程序，清理涉企业收费，落实行政机关负责人出庭应诉制度，加强知识产权保护，加强刑法司法保护，切实破解立案难，依法慎用强制措施，准确把握法律政策界限，强化法律监督。这就是营商环境法治化的全部真谛所在。

商会服务民营经济“两个健康”的紧迫任务

田 雨[①]

摘 要：明者因时而变，知者随事而制。成渝地区双城经济圈建设为商会服务“两个健康”提出了新任务，商会要组织引导民营企业在领悟成渝地区双城经济圈建设中感恩奋进，在贯彻成渝地区双城经济圈建设的整体战略中建功立业，在把握成渝地区双城经济圈建设的系统大局中稳步疾行，为成渝地区双城经济圈建设加油添彩。

关键词：双城经济圈；商会；两个健康；紧迫任务

汉代著名政治家桓宽说：“明者因时而变，知者随事而制。”2021 年 10 月 20 日，中共中央、国务院发布了《成渝地区双城经济圈建设规划纲要》（以下简称《纲要》），标志着成渝地区双城经济圈建设踏上了“高质量发展、高品质生活”的新征程。《纲要》明确提出：“大力发展民营经济。建立规范化、常态化政商沟通机制，畅通民营企业反映问题和诉求的渠道。积极缓解民营企业和中小微企业发展难题，创建民营经济示范城市。搭建川商渝商综合服务平台，引导川渝两省份商（协）会和重点民营企业共同开展项目推介、银企对接，鼓励川商渝商回乡创业。支持举办川渝民营经济发展合作峰会。”

以服务民营经济健康发展、民营经济人士健康成长（以下简称“两个健康”）为宗旨的商会和行业协会组织（以下简称商会），应当将成渝地区双城经济圈建设作为服务的紧迫任务，组织引导民营企业，以闻令而动的快速反应、时不我待的奋进姿态，积极融入“唱好双城记，建好经济圈”的磅礴大潮，为打造西部高质量发展重要增长极抢抓新机遇、谱写新篇章。

一、商会要组织引导民营企业在领悟成渝地区双城经济圈建设中感恩奋进

以习近平同志为核心的党中央高度重视成渝地区发展。习近平总书记多次赴川渝考察调研，做出重要指示。2019 年 8 月，习近平总书记主持召开中央财经委员会第五次会议，提出要形成几个能带动全国高质量发展的新动力源。2020 年 1 月，习近平总书记主持召开中央财经委员会第六次会议，明确要求编制《纲要》。2020 年 10 月，习近平总书记主持召开中央政治局会议，审议《纲要》。2021 年 10 月 20

[①] 田雨，中共重庆市巫山县委党校教师。

日，中共中央、国务院印发了《纲要》。习近平总书记关于成渝地区双城经济区建设的重要论述，是习近平新时代中国特色社会主义思想关于区域协调发展的亮丽篇章，为未来一段时期成渝地区发展提供了根本遵循和重要指引；《成渝地区双城经济圈建设规划纲要》，是指导成渝地区高质量发展的纲领。

商会是一个集中行业智慧、引领行业发展、营造良好的市场竞争环境、维护行业利益的综合性服务组织，其生存和发展都与经济活动高度关联，充满生机的经济活动是商会成长发展的沃土。成渝地区双城经济圈建设就是川渝两地商会走向欣欣向荣的沃土。重庆各级商会都要组织引导民营企业，抓住成渝地区双城经济圈建设战略机遇，感恩奋进，积极行动。

二、商会要组织引导民营企业在贯彻成渝地区双城经济圈建设的整体战略中建功立业

（一）商会要引导民营企业在领悟成渝地区双城经济圈建设的战略意义中建功立业

当今世界正经历百年未有之大变局，新一轮科技革命和产业变革深入发展，国际分工体系面临系统性调整。我国已转向高质量发展阶段，共建“一带一路”、长江经济带发展、西部大开发等重大战略深入实施，供给侧结构性改革稳步推进，为成渝地区新一轮发展赋予了全新优势、创造了重大机遇。同时，成渝地区综合实力和竞争力仍与东部发达地区存在较大差距，基础设施瓶颈依然明显，城镇规模结构不尽合理，产业链分工协同程度不高，科技创新支撑能力偏弱，城乡发展差距仍然较大，生态环境保护任务艰巨，民生保障短板不少。

“十三五”以来，成渝地区发展驶入快车道，已经成为西部地区经济社会发展、生态文明建设、改革创新和对外开放的重要引擎。共建“一带一路”、长江经济带发展、西部大开发等重大战略深入实施，为成渝地区新一轮发展赋予了全新优势、创造了重大机遇。在这一重要引擎发力、重大战略实施中，民营企业既要为所做的重大贡献而自豪，更要在未来的征程中再创辉煌。

商会要引导民营企业充分发挥成渝地区双城经济圈建设的全新优势，紧紧抓住发展机遇，积极走上发展舞台。一是要在区域协调发展上抓机遇、图发展，积极为增强成渝地区人口和经济承载力、在西部形成高质量发展的重要增长极建功立业；二是要在扩大开放上抓机遇、图发展，积极为打造内陆开放战略高地和参与国际竞争的新基地，助推我国形成陆海内外联动、东西双向互济的对外开放新格局建功立业；三是要在生态文明建设上抓机遇、图发展，积极为引导生态功能区人口向城市群集中、保护长江上游和西部地区生态环境建功立业。

（二）商会要引导民营企业在把握成渝地区双城经济圈建设的战略定位中建功立业

成渝地区双城经济圈位于“一带一路”和长江经济带交汇处，是西部陆海新通道的起点，具有连接西南西北，沟通东亚与东南亚、南亚的独特优势。区域内生态禀赋优良、能源矿产丰富、城镇密布，是我国西部人口最密集、产业基础最雄厚、创新能力最强、市场空间最广阔、开放程度最高的区域，在国家发展大局中占

有独特而重要的战略地位。规划着眼在推进新时代西部大开发中发挥支撑作用、在共建“一带一路”中发挥带动作用、在推进长江经济带绿色发展中发挥示范作用，努力把成渝地区双城经济圈建设成为具有全国影响力的重要经济中心、科技创新中心、改革开放新高地、高品质生活宜居地。

商会要引导民营企业在这样的战略定位中找到位置、抓住重点。一是围绕建设具有全国影响力的重要经济中心，重点抓住提高参与全球资源配置能力和整体经济效率，共建全国重要的先进制造业基地和现代服务业高地，打造西部金融中心、国际消费目的地。二是围绕建设具有全国影响力的科技创新中心，重点抓住推动创新环境优化，促进创新资源集成，打造全国重要的科技创新和协同创新示范区。三是围绕建设改革开放新高地，重点抓住积极推进关键领域改革，扩大全方位高水平开放，成为区域合作和对外开放典范。四是围绕建设高品质生活宜居地，重点抓住筑牢长江上游生态屏障，促进社会事业共建共享，打造世界级休闲旅游胜地和城乡融合发展样板区，建设包容和谐、美丽宜居、充满魅力的高品质城市群。

（三）商会要引导民营企业在实现成渝地区双城经济圈建设的战略目标中建功立业

《纲要》提出，到 2025 年，成渝双城引领的空间格局初步形成，基础设施联通水平大幅提高，现代经济体系初步形成，改革开放成果更加丰硕，生态宜居水平大幅提高，经济实力、发展活力、国际影响力大幅提升，一体化发展水平显著提高，区域特色进一步彰显，支撑全国高质量发展的作用显著增强；到 2035 年，建成实力雄厚、特色鲜明的成渝双城经济圈，成为具有国际影响力的活跃增长极和强劲动力源。商会要引导民营企业围绕目标，紧抓发展机遇，明确实施路径，不断取得阶段性标志性成果，同时还要重点关注并确保完成城镇化率、铁路网总规模、科技研发投入强度、跨界河流断面水质达标率等量化指标。

三、商会要组织引导民营企业在把握成渝地区双城经济圈建设的系统大局中稳步疾行

成渝地区双城经济圈建设是国之大者，商会要教育引导胸怀国之大者，坚持从全局谋划一域、以一域服务全局，为发挥三大作用协力共进。

（一）抓实关键：坚持系统论

川渝两地地缘相近、人文相亲，合作意愿、合作能力持续增强，相向发展、联动发展态势良好。商会要教育引导民营企业，坚持系统观念，满怀“川渝一家亲”深情，坚持“一体化发展”思想，发挥优势、错位发展，优化整合区域资源，加强交通、产业、科技、环保、民生政策协同对接，在政府“统一谋划、一体部署、相互协作、共同实施”中，合力打造高水平区域协作发展样板。

（二）夯实基础：贯彻“两山论”

长江经济带高质量发展的前提和基础是加强生态保护，成渝地区双城经济圈建设的首要任务是守护长江上游安全。商会要引导和服务民营企业，深入贯彻习近平生态文明思想，牢固树立绿水青山就是金山银山的理念，强化长江上游生态大保

护，严守生态保护红线、永久基本农田、城镇开发边界三条控制线，优化国土空间开发格局，提高用地、用水、用能效率，构建绿色低碳的生产生活方式和建设运营模式，实现经济效益、社会效益、环境效益有机统一。

（三）充实动力：建立开放机制

成渝地区改革基础较好，开放格局初步形成，创新资源较为丰富，但与东部发达地区相比，在改革开放水平和科技创新能力等方面有待进一步提升。要营造一流营商环境，共建统一的市场规则、互联互通的市场基础设施，推动要素市场一体化，建设高标准市场体系，深化“放管服”改革。要增强市场主体的活力，支持开展区域性国资国企综合改革试验，建立规范化、常态化政商沟通机制，搭建川商渝商综合服务平台。要探索经济区与行政区适度分离改革，探索建立统一编制、联合报批、共同实施的规划管理体制，试行建设用地统一管理机制，支持建立互利共赢的税收分享机制。

（四）办实大事：以民生为本

贯彻以人民为中心的发展思想，增加优质公共产品和服务供给，推动社会事业一体化发展，不断提高人民群众的获得感、幸福感、安全感。

商会服务民营经济“两个健康”的时代使命

俞昭磊①

摘　要：优化营商环境的实质是建立良性政企关系，商会组织是密切政企关系的桥梁和纽带，服务民营经济健康发展和民营经济人士健康成长是商会的天职、价值和魅力所在。商会要准确把握新发展阶段，引导民营经济敢于育先机开新局，切实贯彻新发展理念，服务民营经济善于谋高质量发展，积极构建新发展格局，支持民营经济勇于大循环双循环。

关键词：优化；营商环境；商会；两个健康；时代使命

优化营商环境就是优化企业等市场主体在市场经济活动中所涉及的体制机制性因素和条件。政府是政策制定者与市场治理者、服务者，企业是发展社会主义市场经济的重要主体，良好的营商关系就是健康的市场秩序，健康的市场秩序就是良性的政企互动关系，因此，优化营商环境的实质就是建立良好的政企关系。商会和行业协会（以下简称商会）是政企关系的桥梁和纽带，服务民营经济健康发展和民营经济人士健康成长（以下简称“两个健康”）是商会的天职、价值和魅力所在。习近平总书记指出：“每个时代总有属于它自己的问题，只要科学地认识、准确地把握、正确地解决这些问题，就能够把我们的社会不断推向前进。”把握新发展阶段，贯彻新发展理念，构建新发展格局，就是商会服务民营经济“两个健康”的时代使命。

一、商会要在准确把握新发展阶段中引导民营经济敢于育先机开新局

习近平总书记强调：“新发展阶段，就是全面建设社会主义现代化国家向第二个百年奋斗目标进军的阶段。这在我国发展进程中具有里程碑意义。”商会要引导民营经济充分认识新发展阶段，在危机中育先机，于变局中开新局。

（一）更加深刻地认识新的历史方位

正如习近平总书记所判断的那样：“民营企业是在中国这片希望的田野上发展起来的。民营企业一开始确实是一片荒芜，但从夹缝中成长起来了。这也恰恰是中国特色社会主义筚路蓝缕开出的一条路。”根据党的十九届五中全会精神制定的《国民经济和社会发展第十四个五年规划和2035年远景目标纲要》，绘就了民营经济的发展美景。习近平总书记在建党百年庆祝大会上的讲话中号召：“新的征程

---

① 俞昭磊，中共重庆市巫山县委党校教师。

上，我们必须坚持大团结大联合，坚持一致性和多样性统一，加强思想政治引领，广泛凝聚共识，广聚天下英才，努力寻求最大公约数、画出最大同心圆，形成海内外全体中华儿女心往一处想、劲往一处使的生动局面，汇聚起实现民族复兴的磅礴力量！”商会要将民营经济元素注入这一新的历史发展之中，引导民营经济与中华民族“强起来”同步飞跃，促进民营经济“两个健康”，同时商会也要在这一进程中焕发强大活力、丰富中国智慧和中国方案。

（二）更加准确地把握新的矛盾转化

马克思指出：“我们判断这样一个变革时代也不能以它的意识为根据；相反，这个意识必须从物质生活的矛盾中，从社会生产力和生产关系之间的现存冲突中去解释。”党的十九大确定我国社会主要矛盾是“人民日益增长的美好生活需要和不平衡不充分的发展之间的矛盾”，党的十九届五中全会再次强调：我国已转向高质量发展阶段，发展不平衡不充分问题仍然突出，“重要战略机遇期”依然存在，但机遇和挑战将以新的发展变化而展现，发展中的矛盾和问题集中体现在发展质量上。商会必须准确把握新的社会矛盾，把发展质量问题摆在更为突出的位置，着力提升发展质量和效益，引导民营经济，以独特的思维、方式和方法，准确识变，科学应变，主动求变，在危机中培育先机，在变局中开创新局，为我党谱写经济快速发展和社会长期稳定“两大奇迹”新篇增添信心、底气。

（三）更加坚定地遵循新的发展方针

大力发展民营经济是习近平经济思想的重要内容，也是习近平关于统战工作重要论述的重要内容，是党的经济统战大政方针，是商会服务民营经济“两个健康”的根本遵循。党的十九届五中全会明确要求“激发各类市场主体活力”“毫不动摇巩固和发展公有制经济，毫不动摇鼓励、支持、引导非公有制经济发展”“优化民营经济发展环境”。商会要更加坚定地遵循这一大政方针，积极引导和促进民营经济为在中国特色社会主义现代化强国建设大道上，积极建功立业，健康发展成长。

二、商会要在切实贯彻新发展理念中引导民营经济善于谋高质量发展

解决民营经济的“两个健康”问题，根本在于解决发展不平衡不充分问题，关键在于贯彻新发展理念。党的十九届五中全会对贯彻新发展理念提出了新的要求，商会要在切实贯彻新发展理念中，服务民营经济以高质量发展实现“两个健康”。

（一）更加增强高质量发展的信心

商会要引导民营经济正确认识和准确研判新发展阶段我国经济发展的环境和条件，不仅要充分认识中国经济发展健康稳定的基本面、支撑高质量发展的生产要素条件、长期稳中向好的总体态势“三个没有改变”，更要充分认识 14 亿多人口内需市场的客观存在，中等收入群体的持续扩大，大量消费需求的快速升级、产业体系的全面完整、国土资源的幅员辽阔等“三个有利变化”，将民营经济人士的个人发展、民营企业的群体发展与强大的社会主义祖国发展，紧紧融合在一起，共铸新的辉煌。

（二）更加减轻高质量发展的负担

商会要协助政府多措并举打好组合拳，面对增值税等实质性减税、企业社保缴费实际负担实质性下降、涉企行政事业性收费零收费的加快推进、税费征管的严格规范，操作流程和中间环节的简化等新政实施，使企业实质性降负落到实处，增强民营企业家对党和国家政策良好效果的获得感。

（三）更加优化高质量发展的环境

商会要积极构建“亲”“清”新型政商关系，以民营企业“自己人”的心态和情感，广泛听取民营企业“自己人”的反映和诉求，主动为“自家人”作想，积极为“自家人”解困，服务于“自家人”健康发展和健康成长。

（四）更加充满高质量发展的活力

习近平总书记针对民营企业的融资难、融资贵等问题开出了良方，给出了真招。商会要助力创新开展融资服务，使企业的活力更足，在提供金融支持上下真功、出实招。

（五）更加减少高质量发展的顾虑

商会要助力平等保护产权，使企业的顾虑更少，协助和支持相关机关单位，落实“罪刑法定、疑罪从无”的原则，让企业家卸下包袱、轻装前进，继续加大力度甄别纠正侵企冤错案，保护民营企业的财产权益，保障企业合法正常经营，让企业家感受到公平正义。

三、商会要在积极构建新发展格局中支持民营经济勇于大循环双循环

（一）引导民营经济在新发展格局中增强新动力

大国经济的一个共同特征是市场规模大、国内可循环。构建新发展格局，符合经济客观规律，符合发展形势所需，符合商会发展和民营经济“两个健康”规律。在传统国际经济循环明显弱化乃至受阻之际，国内大循环的强化就是增强经济发展韧性、带动国际经济循环的重大机遇。商会要引导民营经济紧紧抓住扩大内需这一战略基点，扭住供给侧结构性改革，提升国民经济体系整体效能。同时，坚持对外开放、深入参与国际循环，推动可持续发展。

（二）团结民营经济在新发展格局中迈上新征程

党的十九大确定了从2020年起到2035年基本实现社会主义现代化、到21世纪中叶建成社会主义现代化强国的目标。商会要团结民营经济，紧紧抓住这个目标，坚持和完善我国基本经济制度，走进新发展阶段，贯彻新发展理念，构建新发展格局。

（三）支持民营经济在新发展格局中落实新布局

党的十九届五中全会升华了“五位一体”总体布局和“四个全面”战略布局，特别是从“全面建成小康社会”到“全面建设社会主义现代化国家”的战略升级，更加优化了高质量发展主题，更加深化了供给侧结构性改革主线，更加强化了改革创新的根本动力。

新的社会阶层代表人士优化营商环境业绩评价

中共巫山县委党校统战部、中共巫山县委党校课题组[①]

摘　要：优化市场化法治化国际化营商环境是国之大者，党和政府是主导者，新的社会阶层人士是一支特殊力量。新发展阶段是新的社会阶层人士快速成长但尚未成熟的关键可塑期和加强团结引导的重要窗口期。加强新的社会阶层人士统战工作，应以建设高素质代表人士队伍为切入点，建立健全“政治坚定、业绩突出、群众认同”的评价体系。新的社会阶层人员在优化营商环境中建功立业是“业绩突出”评价的时代内容。要引导和促使新的社会阶层人员，把握新特点，增强新动力，赋予新责任，营造新环境，在优化营商环境中建功立业，在祖国大地上谱写突出业绩。

关键词：优化营商环境；新社会阶层人士；业绩评价

一、构建新的社会阶层代表人士优化营商环境“业绩突出”评价体系的范畴

（一）构建新的社会阶层代表人士优化营商环境“业绩突出”的评价对象

新的社会阶层人士是在我国改革开放以来生产关系、治理方式、社会分工和产业结构深刻变化中应运而生、应时而长的新群体。以习近平同志为核心的党中央历来高度重视新的社会阶层人士的统战工作。2020年颁布的《中国共产党统一战线工作条例》，确认了新的社会阶层人士为民营企业和外商投资企业管理技术人员、中介组织和社会组织从业人员、自由职业人员、新媒体从业人员四大群体，他们就是“业绩突出”评价对象。

（二）构建新的社会阶层代表人士优化营商环境“业绩突出”的评价内容

“业绩突出”是从其专业特点而言的，指新的社会阶层人士建功立业，成就突出，贡献较大。新的社会阶层人士以知识分子为主体，其业绩以知识为主体。习近平多次强调，人民的需要和呼唤，是科技进步和创新的时代声音。加强科技供给，服务经济社会发展主战场，营商环境优化是硬任务，也是新的社会阶层代表人士建功立业的大舞台。因此，在优化营商环境中，基础研究领域工作者，要追求真理和知识，敢为人先，做出原创性贡献，把“论文”发表在世界顶级科学杂志上，在世界科技前沿为祖国争光；应用和开发领域工作者，要解决国民经济和社会发展面

① 课题执笔人：钟南邨，中共重庆市巫山县委党校教师。

临的经济、社会和科技发展的关键难题，大胆发明、勇于创新，把经济、社会和科技研究成果转化为现实生产力，把“论文”即业绩写在祖国大地上。

二、认识构建新的社会阶层代表人士优化营商环境“业绩突出”评价体系的意义

（一）构建新的社会阶层代表人士优化营商环境“业绩突出”的紧迫性

新的社会阶层人士工作是统战工作的新领域，也是统战工作新的增长点和着力重点。但新的社会阶层人士在优化营商环境中业绩评价，缺乏现成经验和既有法则。因此，构建新的社会阶层代表人士优化营商环境的“业绩突出”评价体系，时不我待。

（二）构建新的社会阶层代表人士优化营商环境“业绩突出”的现实性

在优化营商环境中，要引导新的社会阶层人士筑牢思想“防火墙”，巩固共同团结奋斗的思想政治基础，把思想和行动统一到中央决策部署上来，积极投身大众创业、万众创新，助推经济提质增效，创造无愧于时代的突出业绩。因此，构建新的社会阶层代表人士优化营商环境的“业绩突出”评价体系，事关发展大局。

（三）构建新的社会阶层代表人士优化营商环境“业绩突出”的政治性

在新的社会阶层人士优化营商环境评价体系中，政治坚定是根本，群众认同是基础，业绩突出是前提。新的社会阶层人士是推动我国经济社会发展的新生力量，他们在根本利益上与工人、农民、体制内知识分子是一致的，是党的阶级基础和群众基础的重要组成部分。因此，构建新的社会阶层代表人士优化营商环境的“业绩突出”评价体系，事关政治大事。

三、确定构建新的社会阶层代表人士优化营商环境“业绩突出”评价体系的视角

（一）准确把握新的社会阶层代表人士优化营商环境建功立业的新特点

（1）职业构成多元化。新的社会阶层人士主要分布在“体制”外的新生职业，大都是技术和管理人员，相当一部分职业与媒体、信息、社会交往平台、社会舆论相关，绝大多数系党外人士，其职业的“新”“高”“特”特征，本身就随着改革开放深化而具有“增值性”和“含金量”，因此，其评价应注意多元化。

（2）社会联系横向多。新的社会阶层人士的社会联系，“横”向广泛而“纵”向相对薄弱，容易成为政府社会组织视野中的“盲点”，因此，其评价须体现立体化。

（3）生活方式不稳定。新的社会阶层人士职业构成复杂、生活方式不稳定，“求变”能力和市场适应能力都比较强。因此，其评价具有灵活性。

（4）个人利益关注高。新的社会阶层人士更多依赖市场生活和发展，对社会整体发展、整体提升的关切都与个人相关联，因此，其评价要加强针对性。

（二）激发新的社会阶层代表人士优化营商环境建功立业的新动力

"四大群体"（私营企业和外资企业的管理人员和技术人员、社会组织从业人员、自由职业人员、新媒体从业人员）是典型的市场经济环境下逐步扩大和发展的中等收入群体的重要部分，是社会发展进程中具有影响的群体。因此，其评价必须注重实效性。

（三）切实赋予新的社会阶层代表人士优化营商环境建功立业的新责任

新的社会阶层人士是中国改革开放以来大发展和中国走向世界舞台中央进程中的受益者，他们对社会方向的认同、对社会责任的担当、对社会进程的贡献，既是个人发展和进步的前提，也是群体价值所在。因此，必须促使他们在优化营商环境中，为自己创造美好生活，为社会发展做出积极贡献。

（四）积极营造新的社会阶层代表人士优化营商环境建功立业的新环境

尽管新的社会阶层人士大多是高收入阶层，但普遍缺乏归属感。因此，必须充分尊重他们，以教育引导为主线，以培养使用为重点，以组织团结为依托，以健全机制为支撑，为他们建功立业营造新的环境。

四、把握构建新的社会阶层代表人士优化营商环境"业绩突出"评价体系的内容

（一）引导新的社会阶层代表人士在优化营商环境中把握两个大局

新的社会阶层人士必须自觉把握两个大局，即自觉把握中华民族伟大复兴的战略全局、世界百年未有之大变局。对于可能迟滞或中断中华民族伟大复兴的全局性风险问题要突出前瞻性；对于防范化解我国政治、意识形态、经济、科技、社会、外部环境等领域重大风险问题要突出系统性；对于事关我国国家安全、经济发展、生态保护、民生改善的基础前沿难题和关键核心技术要突出可行性；对于我国国家治理体系和治理能力中存在的短板和不足要注重对策性；对国际协作等问题要贡献中国智慧、中国方案。

（二）教育新的社会阶层代表人士在优化营商环境中站稳人民立场

必须坚持以人民为中心，把满足人民对美好生活的向往作为工作出发点和落脚点，投身火热社会实践，聚焦人民创新创造，把业绩创造在祖国大地上。

（三）支持新的社会阶层代表人士在优化营商环境中深入实际实践

必须立足我国基本国情，一切从我国国情出发，使其在优化营商环境中建功立业更加符合中国实际，要深入调查研究，使其在优化营商环境中建功立业更加有理有据合情。

五、完善构建新的社会阶层代表人士优化营商环境"业绩突出"评价体系的机制

（一）强化思想引领

思想引领是先导，要以习近平总书记关于加强和改进统一战线工作的重要思想

为指路明灯，坚持大团结大联合，坚持一致性和多样性统一，加强思想政治引领，广泛凝聚共识，广聚天下英才，努力寻求最大公约数、画出最大同心圆，促进新的社会阶层人士在优化营商环境中建大功立伟业。

（二）强化党的领导

党的领导是关键，要把新的社会阶层代表人士在优化营商环境中建功立业纳入党的建设总体布局，充分发挥党组织的政治核心作用，健全体制机制，形成工作合力。

（三）强化团结引导

团结才能出成果，坚持“充分尊重、广泛联系、加强团结、热情帮助、积极引导”的方针，把握社会化方向，抓住网络重要途径，分类施策，精准施策，抓住重点，突破一点，带动一片。

（四）强化成果运用

成果运用是导向，坚持“适度安排使用”，将业绩评价结果与新的社会阶层党外代表人士的发现、培养、选拔、使用挂钩，让他们在名誉上有甜头、在政治上有奔头，营造新的社会阶层代表人士公平竞争、健康成长的良好氛围。

（五）强化宣传鼓舞

宣传鼓舞出力量，充分展示新的社会阶层代表人士优化营商环境所建立的功业，为他们健康成长营造良好的外部环境。新的社会阶层人士要主动、积极参与，弘扬优秀品质，发挥引领作用。

推进“跨省通办”建设：成效、问题及对策

秦家艳[①]　张　明[②]

摘　要： 政务服务“跨省通办”是“一网通办”模式的进一步发展，是“互联网+政务服务”的深度探索。本文在总结政务服务“跨省通办”取得成效的基础上，分析了“跨省通办”存在的“制度体系不完备”“信息建设水平低”“服务事项覆盖面窄”等问题，并立足于政务服务“跨省通办”管理框架的设计导向，提出完善“跨省通办”制度体系，健全相关标准体系，强化“跨省通办”技术支撑，明确“跨省通办”政务服务清单等建议，进一步建设人民满意的服务型政府。

关键词： 跨省通办；政务服务；一网通办

党的十八大以来，为促进服务政府、责任政府、法治政府、廉洁政府的建设，提高依法行政和政务服务水平，全国各地进行政务服务建设的相关探索与实践。2016 年，浙江省“最多跑一次”改革取得实质性成效并在实践中不断深化。2018 年 4 月，跨地区、跨部门、跨层级“一网通办”的全国一体化政务服务平台启动建设；同年 8 月，上海出台“一网通办”加强政务服务的要求和标准形成的“一网受理，只跑一次，一次办成”模式获得各地的认可与采纳，并在全国迅速推广。重庆市“渝快办”即为其推广典型案例。在新冠肺炎疫情期间，为阻断新冠传播途径，促进经济社会健康发展，国家推行政务服务“网上办、掌上办、自助办、预约办”等“不见面”举措，推动了更多事项一网通办、跨省通办。此间也发现“跨省通办”存在服务权限界定不明确，部门之间信息共享不畅、跨省业务部门难以协同、跨省分类标准不一等情况。2020 年 9 月 24 日，国务院办公厅印发了《关于加快推进政务服务“跨省通办”的指导意见》；同年 12 月，“跨省服务”专区在全国一体化政务服务平台上线。国家一系列举措无一不强调政务服务新模式“跨省通办”的重要性。推进“跨省通办”建设，健全相关制度、内容体系，进一步优化政务服务刻不容缓。

一、“跨省通办”政务服务建设初见成效

“跨省通办”是针对我国 2 亿多流动人口及企业异地办事而推行的政务服务新模式，其以需求为导向，充分利用大数据促进线上线下政务服务融合，打破地域阻

① 秦家艳，西南大学硕士研究生。
② 张明，西南大学国家治理学院副教授。

隔和部门壁垒，为民众提供更便捷、优质的服务。在“互联网+政务服务”建设的基础上，“跨省通办”政务服务模式已初见成效。

（一）有明确的以需求为导向的管理框架

我国“跨省通办”管理模式已较为明晰：政务服务提供者根据群众、企业的相关诉求收集并初步整理需要实现“跨省通办”的相关事项；并进一步上传至各地政务服务中心，进行信息整合及项目分类；最后由各地政务服务中心将相关事项提交全国一体化政务服务中心进行跨省联办。据此，本文构建出大概管理框架（见图1）。该框架包括四个实体：政务服务的请求者、实体政务大厅、地方政务服务中心以及全国一体化政务服务中心。各实体功能明确，以群众需求为导向提供相应服务，以大数据为依托促进线上线下衔接，推进跨域信息共享。

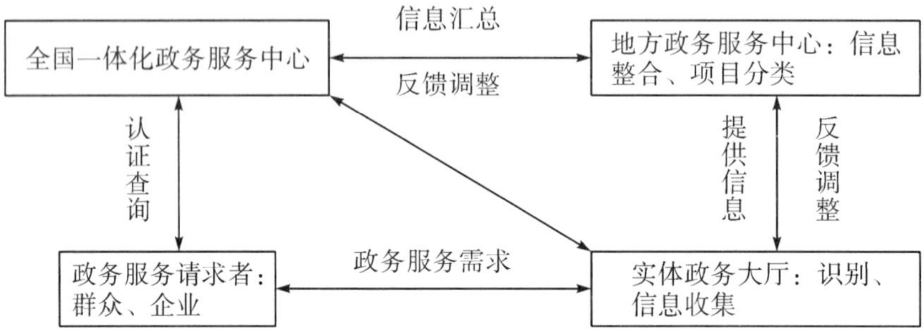

图1 “跨省通办”政务服务管理框架

（二）政务服务水平显著提高

政府形象（包括服务态度、服务水平、服务内容）及公众感知质量（公众在使用接受服务后，对服务的质量以及自身需求的满足程度等方面的实际感受或认知）正向影响公众满意度。因此，本文采用王殿玺搭建的政府满意度及其变迁研究，通过公众保障性评价、公正性评价和公益性评价等测量维度的不同指标上升情况（见表1）展现出近年来政务服务水平提高。

表1 2005—2015年我国政府公众满意度变化总体情况

		保障性评价			公正性评价			公益性评价		
		医疗服务	养老服务	公共教育	规则公平	执法公平	社会公平	国家安全	社会治安	环境保护
不同年份均值	2005年均值	2.880	2.906	3.116	2.665	2.738	2.712	3.445	3.001	2.995
	2015年均值	3.299	3.400	3.494	3.150	3.242	3.231	3.838	3.588	3.229
	均值差异及显著性	0.419	0.494	0.378	0.485	0.504	0.519	0.393	0.587	0.234
政府满意度变迁方向	城乡变化：									
	城市户籍	+	+	+	+	+	+	+	+	+
	农村户籍	+	+	+	+	+	+	+	+	+

（三）高频政务服务事项初步实现“跨省通办”

目前，我国在第一批实行的高频事项“跨省通办”中，有 40 余项可以通过“一网通办”的方式实现，11 个事项通过线下方式实现。同时，开通了京津冀、长三角、粤港澳大湾区、川渝等 6 个区域通办服务，并明确到 2021 年年底基本实现高频政务服务事项“跨省通办”。

二、“跨省通办”政务服务建设的现存问题

在“跨省通办”政务服务建设进程中，我国以全流程网上办理为导向，建立服务事项清单，着力优化政务服务流程和创新政府工作方式，并取得一定成效，但在“跨省通办”制度体系、信息化建设、服务事项等方面仍存在许多问题。

（一）缺乏完备的“跨省通办”政务服务制度体系

目前，“跨省通办”政务服务标准化建设仅仅依托国务院办公厅印发的《关于加快推进政务服务“跨省通办”的指导意见》（以下简称《意见》），政务服务的建设发展过程中法规、规章、规范性文件和标准等政策文件匮乏。《意见》里面仅有简单的指导内容，缺乏细致化的法规规章标准作为保障。实践过程中，并无国家层面统一标准，导致各地自成一个标准，而服务事项、业务标准模糊又进一步导致服务效率低。

（二）“跨省通办”标准化、信息化建设水平有待提高

“跨省通办”跨地域标准不一，事项名称不一以及各省（自治区、直辖市）政务服务中心名称不一，如河南线上政务服务平台名为河南政务、重庆市线上政务服务平台名为重庆市政府、江苏线上政务服务平台名为江苏政务服务。且每一省（自治区、直辖市）平台的内容版块各不相同，部分平台内容繁杂，查询“跨省通办”服务事项较为麻烦。在“跨省通办”服务专区中查询事项跳转时延迟严重，微信小程序卡顿现象也仍然存在。实践中，各地政府往往出现跨区信息共享渠道不畅通，造成跨地域业务协同难、“跨省通办”服务难以真正实行的问题。

（三）“跨省通办”服务事项内容体系不完备

“跨省通办”探索仍在初期，服务项目较少，覆盖面窄的问题突出。如异地就医快速备案事项就仅涉及 23 个省（自治区、直辖市），重庆市暂未纳入其中。根据政务服务分类标准，政务服务包含行政权力类事项和公共服务类事项。在第一批高频服务事项“跨省通办”中分类标准存在差异，细化事项方面仍存在不足，导致申请表单和办事材料较为烦琐。同时，在清理整合事项过程中，各省（自治区、直辖市）项目名称叫法不一，服务事项的规范程度较低，无统一标准。

三、推进“跨省通办”建设的对策建议

随着“跨省通办”改革的持续发展，相关的管理机制、信息共享的畅通程度以及事项处理的一致性程度已经成为制约“跨省通办”深入推进的瓶颈问题。为推进“跨省通办”政务服务，进一步提高政务服务质量与效率，本文针对以上问

题提出以下几点建议：

（一）完善“跨省通办”制度体系，明确服务规则和标准

1. 完善“跨省通办”政务服务建设的相关法律法规

制度规范是实现“跨省通办”的重要保障。“跨省通办”中的身份证明、电子档案及数字证书认证等程序急需有关制度规范，以解决身份证明难、办事烦琐等问题。“跨省通办”以互联网为依托，因此还需完善政府信息数据开放、个人隐私与安全等方面的法律规范。

2. 明确“跨省通办”事项的规则和标准

各地区各部门应细化量化政务服务标准，压缩自由裁量权，明确“跨省通办”申请条件、办理程序、审核时长、发证方式等内容，发布相应办事指南。以国家一体化政务服务中心事项目录为标准，提升地方政务服务事项标准化程度，持续推进名称、编码、依据、类型等基本要素“四级四同”，推动事项办理规范化运行，实现同一事项在不同地域无差别受理、同标准办理。

（二）强化“跨省通办”标准化建设的技术支撑

1. 做实实体政务大厅，发挥实体政务大厅在推动改革中的支撑保障作用

将实体政务大厅分为服务、秩序、物品等管理版块，同时增设“跨省通办”线下服务窗口，协调推进线下平台标准化工作的展开。提高政务服务人员专业素养，为政务服务人员行为、态度、服装等制定统一标准，明晰权责，使职能部门内按一个标准为审批服务提供业务支持，提高群众满意度。

2. 搭建精准化、标准化、科学化、便捷化的“跨省通办”政务服务平台

大数据、人工智能等的不断创新为“跨省通办”的建设提供了技术的可能性。“跨省通办”中的“通”表现为线上和线下的联动和共通。线上通过互联网加强跨区、跨部门信息数据共享，整合分散杂乱的信息是其关键一环。因此，搭建精准化、标准化、科学化、便捷化的“跨省通办”政务服务平台，保障群众异地办事的流畅性、便捷性，对于促进各省（自治区、直辖市）协同发展，提高信息共享水平，打破地域行政壁垒，实现“跨省通办”十分重要。

（三）明确“跨省通办”政务服务清单

明确“跨省通办”服务事项内容是提升服务标准化程度的重要基础。在初始收集群众、企业的相关诉求，做到凡与群众和企业密切相关的行政管理事项，包括行政许可、非行政许可审批和公共服务事项均纳入政务服务中心办理，地方政务服务中心初步明确高频跨省政务服务事项类别。再由全国一体化中心采用“事项拆分”与“办事情形梳理”相结合的方式，对各地汇总的高频政务服务“跨省通办”事项清单进行整理，进一步列出尽可能涵盖更多事项，覆盖更多省（自治区、直辖市）的“跨省通办”政务服务清单。

参考文献：

[1] 王欢明. “一网通办”撬动城市治理现代化：评《“一网通办”：新时代的城市治理创新》[J]. 中国行政管理，2021（7）：149-150.

［2］陆生宏，井胜，孙友晋. 协同研究政务服务　助力优化营商环境［J］. 中国行政管理，2021（8）：146-148.

［3］程镝. 政务服务中心服务质量公众满意度研究：基于H市政务服务中心“最多跑一次”改革［J］. 山东大学学报（哲学社会科学版），2021（1）：65-74.

［4］王殿玺. 一致性趋向和差级化结构：公众政府满意度的十年变迁（2005—2015）［J］. 宁夏社会科学，2019（4）：63-75.

［5］赵勇，曹宇薇.“智慧政府”建设的路径选择：以上海“一网通办”改革为例［J］. 上海行政学院学报，2020，21（5）：63-70.

［6］宋林霖，赵宏伟. 论“放管服”改革背景下地方政务服务中心的发展新趋势［J］. 中国行政管理，2017（5）：148-151.

［7］中共中央办公厅　国务院办公厅印发《关于深化政务公开加强政务服务的意见》［J］. 电子政务，2011（8）：107-109.

重庆市优化法治化营商环境：框架、困境与路径[①]

陈昌海[②] 王作军[③]

摘 要：法治是最好的营商环境，营商环境本质上是法治化营商环境。法治化是优化市场化国际化营商环境的重要基础，发挥着引领、规范和保障作用。本文尝试从制度、政务、司法和市场环境中的营商法治内容构建法治化营商环境的逻辑框架，进而在此基础上分析重庆市法治化营商环境优化在营商法制体系、行政执法规范、司法公正保障、法治思维观念等方面面临的现实困境。最后，基于上述困境从制度供给、执法规范、司法保障和价值弘扬四个维度探究重庆市法治化营商环境优化的路径选择。

关键词：营商环境；法治化营商环境；路径选择

2021年9月8日，国务院常务会议决定，在推动打造全国性市场化、法治化、国际化营商环境的同时，在上海、重庆等六座城市中开展营商环境创新试点，表明构建法治化营商环境的重庆做法将进一步受到全国关注，同时也将深刻影响成渝区域营商环境协同优化思路。因此，通过构建法治化营商环境的逻辑框架，分析重庆市法治化营商环境优化的困境和路径，进而为具体实践和做法提供一定参考和借鉴。

一、法治化营商环境框架构建

（一）法治化营商环境

1. 法治化营商环境的内涵界定

法治营商环境的概念在我国可追溯至党的十八届三中全会通过的《中共中央关于全面深化改革若干重大问题的决定》，其中明确提出“建设法治化营商环境”。从我国目前对法治化营商环境的研究来看，大多数学者主要从外延、特征、功能、

① 基金项目：重庆市哲学社会科学重大理论研究阐释重大项目“重庆西部大开发的重要战略支点研究”（项目批准号：19SKZDZX07）。

② 王作军，西南大学国家治理学院教授、博士生导师。

③ 陈昌海，西南大学硕士研究生。

构成、量化指标、法理基础等角度对法治化营商环境进行内涵界定和概念阐释。因此，本文对于法治化营商环境的内涵界定将以营商环境的概念外延为视角，即是指涉及营商环境中与政务、人文、市场、制度等环境相关的立法、执法、司法和守法的系列环节和过程。

2. 优化法治化营商环境的意义

（1）丰富法治化研究内容的必要实践。重庆市作为全国营商环境创新试点城市之一，能够充分利用此次政策契机和试点机遇，精准对标国际国内一流水平，开展系列创新研究和创新举措，促进兼具理论功底和区域特色的法治化营商环境发展，以广阔的实践土壤培育出更为丰富、更切实际的法治化研究内容。

（2）推进全面依法治市的题中之义。社会主义市场经济本质上就是法治经济，而优化法治化营商环境也是全面依法治市的重要内容。推动法治化营商环境优化升级，推进新型经济领域营商环境立法，加强以民营企业为首的市场主体权益的法律保障，营造优质的法律服务环境，才能进一步保障依法治市的合理性、全面性和权威性。

（3）促进经济高质量发展的关键举措。良好的法治营商环境能够吸引发展要素集聚，维护公平有序的市场秩序，加强知识产权的保护，切实解决市场垄断和不当竞争问题，杜绝欺行霸市、强制交易、敲诈勒索等违法行为，持续激发市场活力和发展潜力，从而在促进重庆市经济高质量发展的同时实现持续健康发展。

（4）加强成渝协同共建法治化营商环境的重要支撑。成渝正在不断加强法治建设领域合作交流，协同打造“区域法治共同体”。鉴于此，通过优化重庆市法治化营商环境，提升区域营商环境质量，从而带动成渝两地构建协同立法机制、加强行政立法协作，打破市场壁垒、深化区域经济合作，深入推进司法合作常态化和统一化，推动执法联动响应和协作，为法治化营商环境协同共建打下坚实基础。

（二）法治化营商环境框架构建

法治化营商环境的运行框架主要由市场环境、制度环境、政务环境和司法环境中的营商法治内容构成，且分别就制度供给、执法规范、司法保障和价值弘扬方面为法治化营商环境优提供重要保障。同时，外围四大环境形成一个循环闭环，彼此之间呈相互改善、相互影响、相互作用和相互促进的态势，共同构建法治化营商环境不断优化和完善的平台和“基底”，如图 1 所示。因此，基于法治化营商环境框架，重庆市优化法治化营商环境的现实困境和路径选择将集中围绕上述四方面展开深入剖析。

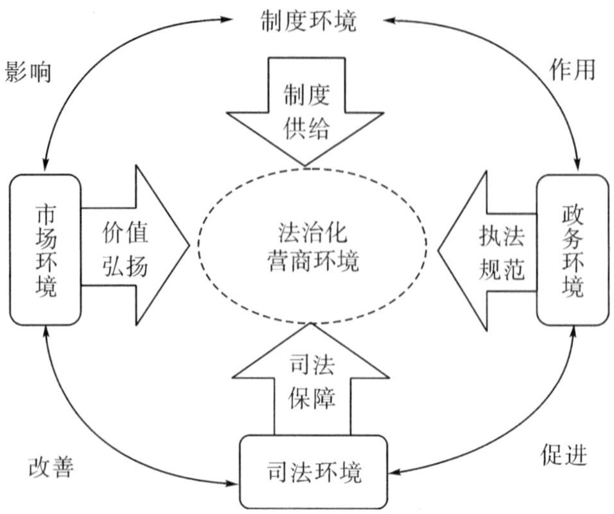

图 1 法治化营商环境逻辑框架

二、重庆市法治化营商环境优化的现实困境

（一）营商法制体系有待完善

营商法律制度体系是优化法治化环境的必要条件。虽然当前重庆市正在逐步出台优化营商环境的地方性法规、政策和规章，但整体营商法律体系仍不健全，系统性仍不足。一是营商环境法律顶层设计不足。营商环境包括市场、政务、法治和人文环境等方面，涉及主体众多、事项庞杂，但目前仅有《重庆市优化营商环境条例》一部法规提供基本的法律制度保障。二是商事主体参与立法程度不高。立法过程中，商事主体的参与度较低，意见征求多流于形式，市场主体的真实想法难以进入政策议程，政策难以有效制定，利益需求难以实现。三是还未形成科学合理的长期立法规划。伴随重庆市营商环境创新不断发展，短期的政府工作、行动方案或指导性文件无法适应市场快速发展和更迭换代的需要。

（二）行政执法规范有待改善

行政执法是优化法治化营商环境的主要途径，行政机关的执法行为和水平直接影响区域营商环境的效率和质量。其具体表现在以下几个方面：一是执法队伍缺乏规范化管理。具备专业素养执法人员较少，执法水平参差不齐，问责机制不完善，导致专业执法队伍整体素质偏低、能力不足。二是执法标准不统一。一些行业或部门的执法标准和相关规范信息不公开、不透明，促发“选择性执法”“差别化执法”“多头执法”等现象发生。三是执法程序不规范。民营企业进行执法时不按法律规定的程序进行，程序意识、个人因素和高昂执法成本促使基层执法人员在执法过程存在“随意执法、口头执法”行为。

（三）司法公正保障有待加强

司法公正是优化法治化营商环境的根本保障。近年来，重庆市法院出台多项措施为民营企业提供高效公正的司法服务，但从微观来看司法不公情况依然存在。一是个别部门以行政手段插手商事纠纷问题。行政干预司法、插手司法审判等问题尚未得到完全解决。二是纠纷解决的效率不高。司法审判僵化适用法条，商事纠纷诉讼周期长、解决形式单一等造成营商主体司法成本增加，经济损失加重。三是产权保护制度仍有薄弱环节。主要存在产权受侵的相关法律救济不一，制假贩假、企业对产业保护制度理解不够等问题

（四）法治思维观念有待提高

法治思维观念是优化营商环境的重要支撑。重庆市集“大城市、大农村、大山区”于一体，整体法治思维观念不强抑制法治营商环境进一步优化。一是基层政府法治思维有待提升。通常基于固定的内容、流程和模式，与市场主体开展法治合作、交流与服务。二是部分营商主体法治意识薄弱。在行政审批、涉企行政性事业收费、融资投资、项目招标等涉及切身利益事项时，企业家采用利益输送等违法途径获利的情况仍然存在。三是民众法治观念较淡薄、法治素养不高。

三、重庆市法治化营商环境优化的路径选择

（一）加强顶层设计，强化制度供给

优化法治化营商环境的起点是充分发挥法律制度的引领作用，构建完善统一的政策法规体系。一是要加强营商环境法律制度的顶层设计。持续制定关于营商环境优化的地方性法规或政府规章、规范性文件，在立法层面确定营商环境的价值目标与基本规则，增加政策的公开性和确定性。二是要提升商事主体参与立法的程度。充分保障多元主体参与立法，拓宽参与渠道，认真吸纳如工商联、行业协会、企业商会、中介机构等的立法意见和诉求，为立法提供更多智力支持。三是要立足长期立法规划，提高政策制度的精准性、时效性和科学性。通过前期充分的调研，及时废除、修改和清理落后、过时的政策、法律规定，同时及时推进地方法规、政策文件的制度落实和细化。

（二）改进执法规范，保障执法公平

优化法治化营商环境的中心是充分发挥执法的保障作用，严格改进执法规范以保障市场主体的合法权益。一是要加强行政执法队伍建设。首先，要着力于执法队伍专业素养提升，建立常态化、规范化和精细化培训和考察机制；其次，要明确执法主体，完善执法队伍综合评价和问责体系。二是要创新监管方式，加大监管力度。在全面推行行政执法公示、执法全过程记录、重大执法决定法制审核“三项制度”的基础上，借助“愉快办”App、政务服务网站、政府电子信箱等互联网手段，搭建群众监督意见反馈平台，充分实现事前、事中和事后监管。三是要完善执法程序制度。推进经济交往流域综合执法，以执法卷宗和记录为载体，加强统一领导协调、部门协同联动；同时，严格规范和公开执法标准，推进执法行为合规合法。

（三）优化司法环境，提升服务质量

优化法治化营商环境的过程要充分依靠司法的护航作用，形成安全稳定、公正良序的法治化营商环境。一是要保障基本司法环境公平。大力打击经济犯罪，依法

打击侵权和涉企犯罪，加大知识产权保护力度，杜绝行政干预司法现象。二是要不断提升司法服务质量。首先，通过网络化、智能化平台提高效率、减少环节、降低成本，争取在全市推行立案无纸化、诉讼电子化；其次，通过持续深化多元化商事纠纷解决机制改革，在“1+X”民营经济司法保护工作机制的基础上，充分运用“智慧法院新生态体系”功能，进一步高效发挥仲裁、调节在解决商事纠纷中的优势；最后，整合优化法律服务资源，拓展法律服务行业，为更多小型民营企业提供法律咨询、司法鉴定和权益保护等服务。

（四）营造法治氛围，增强法治意识

优化法治化营商环境的根本是达成全民守法的价值共识，让社会公众形成符合市场经济法治要求的价值观念，因而需要市场经济主体与社会群众共同增强法治意识，营造社会经济交往的系统化、制度化、规范化的法治文化氛围，推进营商环境法治化建设。一是要健全基层政府人员法治培训和干部学习制度，定期开展商事法律学习和基础理论培训。二是要增强企业法治意识，通过“一对一”“订单式”“追踪式”等方式提供“法治宣传和体检”服务，提升企业法律风险预警防范能力。三是要建立健全普法宣传教育机制，组建“政校社企”联合的宣传教育团队，借助官方抖音、微博和微信公众号等新媒体手段，多层次、全方位宣传法治价值，不断增强全民法治观念。

参考文献：

[1] 王玥. 市域法治营商环境评价指标体系的现状、不足和完善：以青岛市为例 [J]. 太原城市职业技术学院学报，2021（9）：171-175.

[2] 杨莹. 西部地区优化营商环境的法治化路径 [J]. 内蒙古科技与经济，2021（13）：16-17.

[3] 钱玉文. 我国法治化营商环境构建路径探析：以江苏省经验为研究样本 [J]. 上海财经大学学报，2020，22（3）：138-152.

[4] 黄泽萱. 广西营商环境优化的法治建构框架与实施路径 [J]. 广西民族大学学报（哲学社会科学版），2019，41（5）：178-184.

[5] 郭清梅. 新时代完善民营企业法治化营商环境研究 [J]. 河北省社会主义学院学报，2020（3）：52-58.

[6] 眭鸿明. 建构法治化营商环境的意义、内核及路径 [J]. 群众，2019（10）：17-19.

政府职能转变助力营商环境优化的实践和对策

——基于重庆市北碚区民营经济发展服务局的调查

古诗源[①]　王　斌[②]

摘　要： 转变政府职能，深化“放管服”改革，着力优化营商环境，是激发市场主体活力和创造力的重要举措，对推动高质量发展、构建开放型经济体制以及实现政府治理体系和治理能力现代化具有重要意义。本文以重庆市北碚区的实践为例，通过对北碚区民营经济发展服务局进行调查，分析北碚区在优化营商环境中值得学习的地方并思考政府如何转变职能得以推动营商环境优化。

关键词： 政府职能转变；营商环境；放管服改革

习近平总书记指出，“政府要加快职能转变，推动建成市场化、法治化、国际化的营商环境。”优化营商环境对于推动社会经济发展具有非常重要的意义，因为好的营商环境不但交易成本低，而且能够提升交易效率，进而带动技术创新，最终使经济质量更上一层楼。营商环境优化，从根本上来说就是要重塑政府与市场的关系，而要实现这一目标必须要转变政府职能。当前，我国进入高质量发展阶段，政府通过职能转变，减少对市场的干预，提高政务服务水平进而推动营商环境优化是激发社会发展动力最直接最有效的途径。为了贯彻党的十九大的精神，积极推动营商环境优化，重庆市北碚区在 2017 年 12 月成立了民营经济发展服务局，积极探索转变政府职能推动营商环境优化。本文基于政府职能理论，以北碚区的实践为例、以北碚区民营经济发展服务局为样本，对其具体做法进行分析，思考政府职能如何转变得以推动营商环境优化。

一、政府职能转变与营商环境优化的协同关系

政府职能转变与营商环境优化有着密切关系。一方面，加快政府职能转变，不仅可以使政府在资源配置中更好发挥作用，让政府和市场在互补的过程中合力推动资源实现最大化配置，从而形成良好的营商环境推动经济高质量发展；另一方面，营商环境的进一步优化又会反过来要求政府创新资源配置方式，从而加快政府职能转变。

---

① 古诗源，西南大学硕士研究生。

② 王斌，西南大学国家治理学院教授、博士生导师。

（一）优化营商环境需要政府做好职能转变“加减法”

1.“加法”：创新监管和优化服务

优化营商环境，首先，政府要完善信用机制，优化营商环境，落实相关政策，做到依法行政，实现政务公开，从根本上优化政务服务；其次，政府要主动走进企业内部，倾听企业的声音，了解企业的困境，同时还应该听取行业协会和工商联会等部门的意见，帮助企业理清发展思路，制定发展战略；最后，政府要有效保障企业与企业家的合法权益，同时不断优化监管模式，鼓励企业创新发展，并给予一定的容错空间，有效地激发市场活力。

2.“减法”：简政放权和减税降费

一方面，政府必须要在简政放权方面做出转变。深入理解“放管服”的精神，持续不断的深化改革，不断优化和精简各种办事流程，提高政府工作效率。要始终以“只找一家”“只跑一次”作为简政改革的目标。特别是在审批、融资、企业不动产登记等方面，要制定科学高效的工作流程，要将以前的“群众跑”，通过优化和精简，转变为“干部跑”“数据跑”。另一方面，在推动简政放权的时候还要聚焦企业所面临的负担过重的难题，将国家和各省的减税降费相关政策全面落实到位，让企业能切实享受到国家的优惠政策，从而减轻企业负担，推动企业健康发展，实现营商环境优化。

（二）优化营商环境是转变政府职能的实现路径

从理论上看，政治、经济、文化、社会等都是营商环境不可或缺的组成因素，营商环境在一定程度上反映了一个地方的政府治理能力。推动营商环境优化，会倒逼政府创新资源配置方式，进而使治理能力得到提升。所以，政府职能转变与营商环境优化之间有着紧密关系，哪里的政府职能转变得好，则就能够有更好的营商环境，进而就能够获得更好的发展，因为这里的市场生机勃勃，更能吸引资金、项目和人才。当前，优化营商环境最重要的就是打通长期存在的痛点、难点、堵点，不断推动政府职能转变。

二、北碚区民营经济发展服务局助力营商环境优化的实践

为了贯彻党中央“优化营商环境”的重要精神，重庆市发布了《关于全面优化营商环境 促进民营经济发展的意见》。北碚区抢先抓住政策先机，提出“只找这一家”新型政务服务模式，成立民营经济发展服务局。这是政府转变职能、优化营商环境所做出的探索和实践。

（一）民营经济发展服务局助力营商环境优化的“加法”

1. 积极优化涉企服务

政府在企业发展过程中给予的支持力度不大，政企沟通渠道不畅，导致很多企业特别是中小企业的发展壮大难上加难。这就需要政府了解当地产业结构，结合每个企业的实际情况制定帮扶方案。

自民营经济发展服务局成立后，首先放宽了准入条件，鼓励新兴企业立足，吸引外地企业入驻。针对不同类型的企业出台了相应的培育计划，让大企业“顶天

立地”，让小企业“铺天盖地”。鼓励企业不断创新升级，走出一条快速发展的道路，并且针对不同类型的企业，制订了“一企一案”的培育计划。其次，为了解决企业长期以来的难题，在“只找这一家”模式下，民营经济发展服务局主动走访企业了解其发展过程中遇到的问题，树立主动服务的理念，疏通了政企交流渠道，建立起政府与企业一对一的沟通渠道，固化“线下”走访模式，从多方面了解企业发展难题。同时，民营经济发展服务局坚持以问题导向，建成了系统的困难疏解机制，根据企业自身实际情况出发，有针对性制定解决方案，切实解决企业发展过程中的难题。

2. 积极创新监管模式

政府要落实《优化营商环境条例》等法律法规，对损害企业的违法行为严重打击，保护企业的合法权益；同时，政府要创新监管，用好管好政府权力，促进营商环境更加健康发展。

民营经济发展服务局对该区破坏市场秩序、违法经营等行为加强了监管，并且消除了地域歧视和影响企业参与和公平竞争的限制性规定，从而推动营商环境的优化。例如，民营经济发展服务局建立了“双随机一公开”智能化跨部门联合监管平台并制定了行政执法公示制度和行政处罚群众公议制度。

（二）民营经济发展服务局助力营商环境优化的“减法”

1. 积极深化简政放权

企业办事难、办事慢和政府政务效率低下是长期存在的问题，政府要以“放管服”改革为抓手，在重点领域深化简政放权，积极推进“网上办”“只进一扇门”，全面提升政府办事效率。

为了解决以往企业办事难、办事慢的问题，民营经济发展服务局充分贯彻“放管服”的精神，针对各项审批程序展开了大幅优化和改善，推出“最多跑一次”业务64项，服务时限总压缩率达到67%；实施大量证件合并改革，率先推出“三十一证合一”。此外，在整个工作中，“一站式”服务的比重大幅提升，群众只需要一套表、在一个窗口就能够完成整个流程。同时，民营经济发展服务局还实施了“证照分离”“证照联办”和工程建设项目改革。例如，在民营经济发展服务局一系列改革后，将不动产一般登记业务审批时间压缩到了5个工作日内。

2. 积极落实减税降费

融资成本高、中小企业难以实现银行贷款等问题严重阻碍了企业发展，这就需要政府严格落实国家的减税降费政策，宣传到位，帮助企业进行融资、贷款和上市。

企业发展离不开资金的支持，民营经济发展服务局自成立后就围绕民营企业发展制定了一系列的保障政策；鼓励金融机构降低对民营企业融资抵押的要求，帮助企业与金融机构沟通协调。同时，民营经济发展服务局通过线上线下积极宣传真正落实国务院出台的一系列减税降费政策，切实解决企业“融资难”“融资贵”的问题。

三、深化政府职能转变，进一步优化营商环境的对策

优化营商环境不仅是当前应对新冠肺炎疫情冲击，实现经济平稳增长的有效举措，也是满足人民群众美好生活需求的选择。所以，政府要进一步转变职能，打造一流的营商环境。

（一）强化“加法”，持续提升效能

1. 加强事中、事后监管

只有加强事中、事后监管，强化政府监管职能，才能避免“一管就死”和“一放就乱”。将原有重审批改变为重事中、事后监管，深化对企业生产经营活动的监管，推动形成一个全过程、全链条的监管体系。同时，政府还要创新监管模式，积极运用区块链、大数据等新兴技术提高监管水平。

2. 优化对企政务服务

一方面，政府对企业要始终坚持公平、公正的态度，只要是在中国注册，无论是国有企业、民营企业还是外资企业，都应当依法得到保护。对待新产业新业态既要鼓励支持，不断壮大新动能，又要保障安全，引导其健康稳定发展。另一方面，政府工作人员要增强主动服务意识，积极走访各企业，切实为企业排忧解难，并积极召开各种座谈会，真正建立起“亲”“清”的政商关系。

（二）持续“减法”，不断提高效率

1. 进一步优化职能职责体系

尽快出台政府权责清单，从而使政府各单位的职能边界清晰明确。

2. 进一步推进业务流程再造

政府可以根据业务流程的特征重新设计和再造各类涉企服务的业务流程，以服务最大化为目标，以提升政务服务能力为导向，积极推进业务流程再造；同时，政府要明确自身在流程再造中的职责，通过改变组织结构和职能部门的机制设置，从根本上改变传统职能机构的划分。

参考文献：

[1] 董江爱，梁俊山. 政府职能转变视角下的资源型地区营商环境优化路径研究：以山西省为例 [J]. 中国行政管理，2020（5）：20-25.

[2] 赖先进. 改善优化营商环境的举措、成效与展望：基于世界银行《营商环境报告2020》的分析 [J]. 宏观经济管理，2020（4）：20-26，30.

[3] 彭俊杰. 优化营商环境是转变政府职能的试金石 [N]. 中国社会科学报，2020-11-11（010）.

[4] 宋林霖，张培敏. 优化营商环境：成效、挑战与对策 [J]. 财政监督，2019（14）：115-119.

[5] 肖捷. 加快转变政府职能 [N]. 人民日报，2020-12-03（006）.

民营经济高质量发展视角下重庆市北碚区深化“放管服”改革的困境和对策

郭志聪[①] 吴 江[②]

摘 要：“放管服”改革是为顺应国家治理能力现代化的内在要求而推动我国行政体制改革的最新改革形式。民营经济是我国社会主义市场经济的重要组成部分，对推动国民经济健康稳定发展有重要作用。重庆市北碚区作为重庆市唯一的民营经济综合改革示范试点区，在深化“放管服”改革方面积累了一定的经验，但在促进民营经济高质量发展的实践中依然在简政“放”权、市场监“管”、政企“服”务方面存在制约性问题，需要持续推进简政“放”权提质增效、市场监“管”改进转型、政企“服”务优化升级，促进民营经济发展向更高水平、更高质量发展迈进。

关键词：“放管服”改革；民营经济；高质量发展

2019 年 6 月 25 日，李克强总理在全国深化“放管服”改革、优化营商环境电视电话会议上的讲话中指出，深入贯彻新发展理念，加大力度深化改革扩大开放，其中一个关键性举措就是持续推进“放管服”改革。作为重庆市唯一的民营经济综合改革示范试点，北碚区持续深化“放管服”改革，通过行政审批改革、监管机制创新、营商环境优化等举措，民营经济取得了较快、较好的发展。截至 2021 年 9 月，全区市场主体有 78 394 户，同比增长 26. 8%，其中民营企业有 23 294 户、同比增长 15. 75%，个体有 53 166 户、同比增长 33. 45%。2021 年上半年民营经济供给实现税收入 29. 5 亿元，同比增长 32. 7%。

一、民营经济高质量发展视角下北碚区深化“放管服”改革的成效

（一）行政审批改革展现新态势

北碚区持续推动“放管服”改革向纵深发展，在简政“放”权中彰显新担当，逐渐形成高效便利的政务环境。一是推进行政审批改革。北碚区 32 个区级部门进驻行政审批服务中心，事项进驻率占比为 99. 3%，行政审批时限总体压缩 50%以上。“一窗式”改革成效明显，政务服务中心新设 27 个综合窗口取代以往各部门

① 郭志聪，西南大学硕士研究生。
② 吴江，西南大学国家治理学院党委书记、教授、博士生导师。

设立的41个窗口，一窗分类受理事项率达到85.5%，居全市第一，真正实现一窗办多事、一窗办成事。二是推行证明事项告知承诺制。北碚区率先在全市推行证明事项告知承诺制，推出56个事项实行告知承诺制，并在全市率先理顺街道（乡镇）政务服务管理体制，实现电子政务外网覆盖全部村和社区，打通政务服务的“最后一公里”，使市场主体实实在在感受到简政放权的实惠和便利。

（二）监管机制创新展现新样式

北碚区积极创新市场监督管理机制，建立健全“360”度新型监管机制，在市场监“管”中彰显新作为，基本形成竞争有序的市场环境。一是完善行政执法体系。北碚区现已搭建“双随机一公开”智能化跨部门联合监管平台，在全区全面推行跨部门联合监管模式，并建立工商联与公、检、法、司等部门的常态化联动机制，市场监管的覆盖面扩大。二是鼓励民营企业参与市场监管。北碚区出台《民营企业家参与涉企政策制定暂行办法》《重要涉企政策事先征求民营企业和商会意见》，赋予民营企业参与市场监管的权力和义务，提高市场主体参与监督管理的主动性和积极性，涉企执法的满意度显著提升。

（三）营商环境优化展现新气象

北碚区积极推进民营经济综合改革，在政企“服”务中彰显新使命，廉洁清正的营商环境越加浓厚。一是构建“亲清”新型政商关系。北碚区出台《北碚区构建亲清新型政商关系公职人员正负面清单》并针对企业人员出台构建“亲清”新型政商关系的指导性意见，成立“北碚企业廉洁联盟”，实现政商双向的约束机制，形成政企之间的良性互动。二是创新政企服务模式。北碚区民营经济发展服务局创新“线上线下直通车”制度、区领导联系企业制度、“驻企服务专员”制度、政策咨询首问负责制度等企业帮扶模式。至今选派超过500名干部担任“亲清特使”，成为重点企业的服务专员，累计帮助企业解决问题4 000余件，为企业争取专项资金近1亿元，极大改善了民营企业办事难、办事慢的境况。

二、民营经济高质量发展视角下北碚区深化“放管服”改革的困境

为促进民营经济高质量发展，北碚区在深化“放管服”改革中做了很多卓有成效的探索与实践，但民营经济发展只有更好，没有最好。在“放管服”改革实践中北碚区依然存在一些问题：

（一）简政“放”权在数量和质量上还不到位

北碚区“放管服”改革已经进入深水区和攻坚区，民营经济涉及领域广、范围宽、部门多，北碚区规模以上的民营企业涉及交通运输、仓储邮政、环境保护等10个行业门类的35个行业类别，“放管服”改革难度大。部分政府部门在“放管服”改革中依然存在“放小权不放大权”或“明放实抓”的现象。少数行政审批事项仍未彻底清除，在减轻企业负担方面依然存在一定的发展空间。

（二）市场监“管”在公平和公正上还不给力

最新一轮机构改革后，北碚区市场监管局作为唯一主体统筹全区市场监督管理职能，市场监管主体较为单一，尚未形成政府主导、社会参与、群众监督的多元化

治理模式。同时，“重事前审批，轻事后监管”或“以事前审批代替事中、事后监管”依旧是市场监督管理的“慢性疾病”，这样的监管模式难以从根本上解决市场违法乱纪问题，也难以形成市场监管的威慑力。

（三）政企“服”务在效率和效益上还不带劲

北碚区创新民营企业服务模式，建立“线上线下直通车”制度收集企业发展难题。基于企业视角而言，网络平台运行不稳定，操作不便捷等问题频频发生，难以发挥出网络平台的作用。企业反映的相关问题办理时限依然较长，如民营经济发展服务局仅完成问题初步筛查和交办就需要5个工作日。部分部门和企业帮扶人员在帮助企业解决问题时存在就事论事、照本宣科的问题，主动帮助企业思考变通寻求解决方案的能力还有所欠缺。

三、民营经济高质量发展视角下北碚区深化“放管服”改革的对策

促进民营经济高质量发展只有进行时，没有完成时。北碚区应立足实际，坚定不移地推进简政“放”权提质增效、市场监“管”改进转型、政企“服”务优化升级，促进民营经济发展向更高水平、更高质量发展迈进。

（一）以数量和质量为突破口推进简政“放”权提质增效

一是行政审批事项要在数量上做“减法”，及时清理和规范行政审批事项，确实应该下放的要积极赋予市场主体发展权力，确实无法下放的应该实行清单化和标准化管理，真正做到“应放尽放”，从而激发市场主体发展的内生动力。二是简政放权要在质量上做加法，不断提升行政审批效能，简政放权不是行政审批事项在数量上的叠加，促进民营经济高质量发展要在质量上把好关，切实做到将与推动民营经济高质量发展的相关事项作为深化简政放权的突破口，要加强对基层和窗口的人、财、物的保障，确保权力下放后不仅接得住，而且管得好。

（二）以公平和公正为目标推进市场监“管”改进转型

一是要积极革新监管理念，事中、事后监管同事前审批一样，是加强市场监管的重要环节，要将事中、事后监管同事前审批一样，纳入市场监管的全过程管理，从市场准入、企业发展、退出市场全周期维护市场的公平秩序。二是要加强技术赋能市场监管，构建智慧型监管体系。民营经济市场主体量大类多，传统的监管模式难以发挥有效作用，要充分利用现代信息技术构建高效的市场监管体系。例如，利用数字化平台实行市场主体信用登记制度，并根据不同的信用等级采取梯队化监管模式，有效提升监管的针对性和公正性。

（三）以效率和效益为导向推进政企“服”务优化升级

一是持续推进政务服务的标准化和规范化建设，深化“一窗式”办理和“一站式”改革。加强对网络平台和政务服务窗口的规范化建设，保障网络平台和政务服务窗口的平稳运行，提升群众办事效率。二是要提升政企服务专员的综合素质，充分利用卢作孚民营经济学院和西南大学的优势资源，加强对政企服务专员的思想教育和业务培训，提升政企服务专员的思想素质和业务能力。建立科学合理的考核评价制度和政企服务专员的激励制度，调动政企服务专员干事创业的主动性、积极性。

参考文献：

[1] 重庆市北碚区人民政府. 中共重庆市北碚区委 重庆市北碚区人民政府关于印发《北碚区深化“放管服”改革持续营造一流营商环境实施方案》的通知[EB/OL]. [2021-10-28]. http://www.beibei.gov.cn/zwgk_239/zcwj/qtwj/202109/t20210910_9683288.html.

[2] 潘小娟. 政府的自我革命：中国行政审批制度改革的逻辑起点与发展深化[J]. 行政管理改革，2021（3）：43-49.

[3] 卫鑫. “放管服”改革的现实问题与完善路径[J]. 中国行政管理，2021（2）：155-157.

[4] 廖福崇. “放管服”改革过程中畅通政企沟通渠道的实证研究[J]. 中南大学学报（社会科学版），2021，27（2）：183-191.

[5] 周志强，李舜. 新时代推动中国经济高质量发展的路径思考[J]. 人民论坛，2020（16）：74-75.

[6] 李昕恬. 以新发展理念引领民营经济高质量发展[J]. 人民论坛，2021（25）：84-85.

重庆市北碚区优化市场化营商环境的实践探索

邓明锋[①]　王　斌[②]

摘　要：优化市场化营商环境是激发市场主体活力、促进经济发展的重要条件。党的十九届五中全会提出，要深化“放管服”改革，不断优化营商环境。全国深化“放管服”改革着力培育和激发市场主体活力会议强调，要培育壮大市场主体，更大程度激发市场活力和社会创造力。本文结合重庆市北碚区深化行政审批制度改革、落实公平竞争制度、厘清“亲清”关系等优化营商环境的举措，探索北碚区需要进一步激发市场活力、推动要素自由流和健全产权保护制度，从而达到优化市场化营商环境的目的。

关键词：北碚区；市场化；营商环境

优化市场化营商环境是激发市场主体活力、促进经济发展的重要条件。党的十九届五中全会提出，要深化“放管服”改革，不断优化营商环境。全国深化“放管服”改革着力培育和激发市场主体活力会议强调，要培育壮大市场主体，更大程度激发市场活力和社会创造力。本文结合重庆市北碚区优化市场化营商环境的相关举措，探索如何进一步优化北碚区市场化营商环境。

一、优化市场化营商环境的价值意蕴

在社会主义市场经济体制下，市场在资源配置中起决定性作用。营造良好的市场化营商环境，是我国经济健康发展的重要组成部分，是解放和保护先进生产力的现实需要。

（一）有助于推动国家经济高质量发展

“十四五”时期我国要推动经济高质量发展，为全面建成社会主义现代化强国奠定坚实的物质基础。受新冠肺炎疫情的影响，世界经济处于低迷状态，我国经济也面对巨大的下行压力，但是我国经济依然保持良好增速，经济总量排名世界第二。其主要原因得益于我国在“放管服”改革的大力推动下，持续优化市场化营商环境，坚持以市场导向，帮助市场主体发展壮大，政务信息不断公开，数据更加开放，提高了市场竞争力和吸引力，助推国家经济迈向高质量发展。

（二）有利于促进地方政府服务转型升级

近年来，重庆市贯彻落实习近平总书记关于优化营商环境对重庆市提出的系列

---

① 邓明锋，西南大学硕士研究生。
② 王斌，西南大学国家治理学院教授、博士生导师。

重要指示精神。首先，作为优化营商环境的落实者从聚焦市场发力，切实关注市场主体的真实感受，认真将党中央关于优化营商环境的一系列方针、决策部署落实到位；其次，重庆市通过调整服务方式以达到优化营商环境的目的，积极变过去的被动服务为现在的主动服务。因此，优化市场化营商环境有利于促进地方政府服务转型升级。

（三）有利于激发市场主体的活力和创造力

优化市场化营商环境，对激发市场主体活力和创造力具有重要意义。在推动经济发展、优化营商环境中，政府优化监管方式、保障市场主体公平准入，毫不动摇健全公平竞争审查机制，推进要素市场化配置改革。深化“放管服”改革，坚持市场取向，围绕市场主体特别是中小微市场主体客观诉求，解决市场主体营商办事的堵点、难点，不断培育市场主体活力、激发其创造力。

二、重庆市北碚区优化市场化营商环境的举措

（一）深化行政审批制度改革，持续激发市场的活力

一是不断优化审批流程，缩短审批时间，减少审批事项，大力提升为民服务的便民度。通过深化改革，2020 年民营市场主体新发展 11 722 户，较上一年增长 20.94%，全部市场主体新发展了 11 906 户，较上一年增长 20.6%。二是聚焦模式创新。北碚区对标世界银行营商环境指标，推行“集群注册”登记模式，保障市场主体公平准入，为 1 861 户企业免费发放印章，让企业感受到了政府的温暖，开办企业实现“一网、一窗、一次、一日”，避免了民营企业在登记注册时出现多跑路、白跑路等问题。

（二）落实公平竞争审查制度，维护公平竞争秩序

一是强化公平审查制度，推行了《重庆市北碚区公平竞争审查制度实施方案》，提高了公平竞争审查的权威和效能，实现了创新驱动发展和经济持续健康发展。北碚区民营经济发展局从维护市场公平出发，严格监督各个市场主体的经营活动，督促引导市场主体自觉维护公平竞争秩序，切实维护市场主体的公平待遇，特别是中小民营企业的利益，打造公平公正的营商环境。二是建立健全第三方评估机制，强化反垄断和防止资本无序扩张。针对现有营商环境中存在的影响统一市场和公平竞争的阻碍因素，通过建立健全第三方评估机制来进行清理，依法保障各类市场主体特别是小微企业、个体工商户的发展空间，确保市场主体地位一律平等，进一步激发市场活力。三是深化招标投标和政府采购等公共资源监督管理改革，以构建工程建设项目招标投标监管体系，促进招标投标过程公平、公正、公开。

（三）厘清亲清政商关系，提高政府工作服务效率

一是是聚焦新型政商关系，传达企业诚信经营、合法经营，传递拒腐倡廉正能量，构建政企健康的工作关系，使企业家和政府敢于沟通交流，提高政府工作服务效率。北碚区通过组建 52 个走访组以构建走访服务长效机制，更好地“主动服务”市场主体，提出构建新型政商关系“亲清 8 条”倡议和成立“北碚企业廉洁联盟”，集中处理了 5 800 余件企业问题。二是在优化市场化营商环境的进程中，

北碚区为了落实党中央和重庆市委的要求，出台了《打造亲清新型政商关系典范区专项工作方案》，明确“列清单、明边界”的基本要求，列明20条干部行为清单，帮助干部划清界限、消除顾虑和明确责任，营造出了风清气正的营商环境，提高了政府的工作服务效率。

（四）持续推进制度创新，用科技为市场注入动力

一是北碚区聚焦制度创新，优化政府职能结构，实现通过设立政务服务中心把分散的职能部门聚集到一起，加强“三级四务”党群连心集成服务体系的构建，进一步提高民营企业办事的便利度。二是不仅在自身制度上创新，还引导企业创新。近年来，北碚区统筹搭建创新科研平台，推动实现企业的转型升级，进一步提高企业盈利能力，通过几年的努力北碚区民营科技型企业的数量不断增长，用科技创新引领企业更好更快发展。三是打造财政金融绿色通道，落实惠企政策，引导企业调整发展战略，为企业提供金融保障和金融支持，帮助北碚区优质企业挂牌上市。

三、重庆市北碚区进一步优化市场化营商环境的路径

（一）以产业生态良性循环激发市场活力

北碚区可以以环西南大学创新生态圈为基础，持续推进校企之间的深度合作，开辟生态经济新空间，促进产业生态的良性循环，在合作中西南大学可以发挥自身优势，为企业提供技术支持，带动企业的科技创新，企业则可以吸纳优秀的科技人才进入企业，帮助学校学生解决就业问题，实现校企之间的双赢。为保证北碚的产业生态良性循环，下一步需要构建一套健全的服务体系，为市场主体的创新创业服好务，在园区企业办理工商税务登记的时候，为它们提供一站式服务，让园区企业感受到政府“求贤若渴”的心情，保持市场活力，吸引更多民营企业加入环西南大学创新生态圈，激发市场的创新动力，让北碚的营商环境充满活力，吸引更多优质人才和优质企业落户北碚，共同营造市场化营商环境。

（二）推动要素自由流动助力乡村振兴

北碚区这几年针对培育营商环境下了很多功夫，但还存在诸多问题，职业农民兴办的农业企业发展不容乐观，农村的营商氛围不浓，“放管服”改革的效果不够理想，农村还是很难吸引到优质项目。因此，当下北碚区应该积极推动有利于农业企业发展的生产要素，让农业企业的营商环境在整体上得到大的改善，持续推进产业用地的市场化配置和改革，为农业企业用地成本减负，缓解农业企业投资的资金压力，特别是缓解农民自己开办的农企的资金压力。同时，要保障农企申报各类农业项目的公平待遇，尽可能为它们提供便利，对滥用行政权力排除和限制农业项目竞争的行为要坚决查处，要建立农业企业的营商环境评价机制，制定相关的评价指标体系和评价方法，更好地促进北碚区农业经济健康发展，把市场化营商环境的优化和乡村振兴有效衔接起来，助力北碚乡村振兴。

（三）健全产权保护制度赋予创新动能

随着北碚市场化营商环境的持续优化，越来越多的科技企业入驻北碚，比如西

南大学科学中心、大数据前沿研究中心等，这些项目会产出非常多的新技术新产品，这些技术的知识产权安全问题也就随之而来。因此，下一步北碚区需要加大产权保护力度，完善产权保护制度，对市场上侵犯企业知识产权的行为要做到零容忍，提高企业的创新创业积极性，激发科创园区企业的创业动能。

参考文献：

[1] 张占斌."十四五"期间优化营商环境的重要意义与重点任务[J].行政管理改革，2020（12）：4-10.

[2] 胡税根，冯锐，杨竞楠.优化营商环境 培育和激发市场主体活力[J].中国行政管理，2021（8）：16-18.

[3] 王彩艳，许绍霞.遇到困难 北碚民企首先想到"亲清特使"[N].重庆日报，2021-04-14（9）.

"放管服"背景下政务服务标准化建设的优化路径研究

——以重庆市北碚区为例

蒲俊帆[①] 王 斌[②]

摘 要："放管服"改革是简政放权、放管结合、优化服务的统称。政务服务标准化建设，既是深化"放管服"改革的重要举措，也是建设服务型政府的必然要求，更在推进地方治理能力现代化进程中发挥着积极作用。重庆市北碚区顺应当前形势，积极推进政务服务标准化建设，已经取得一定成效。本研究以重庆市北碚区为样板，理清政务服务标准化的定位、作用与主要任务，总结当前标准化建设取得的经验，探究如何进行路径优化，并结合实际提出相应的对策、建议。

关键词：政务服务；标准化；路径优化

"放管服"改革是简政放权、放管结合、优化服务的统称。习近平总书记在党的十九大报告中指出，当前的工作重点是要"建设人民满意的服务型政府"，这为如何深化"放管服"改革指明了前进方向。政务服务标准化建设，既是深化"放管服"改革的重要举措，也是建设服务型政府的必然要求，更在推进地方治理能力现代化进程中发挥着积极的作用。重庆市北碚区顺应当前形势，积极推进政务服务标准化建设，已经取得一定成效。本文以重庆市北碚区为样板，理清当前政务服务标准化建设取得的经验，探究如何进行路径优化，并结合实际提出对策、建议。

一、"放管服"改革下的政务标准化建设

（一）政务服务标准化在"放管服"改革中的定位与作用

1. 政务服务标准化的定位

政务服务标准化主要表现为将标准化的理念、原理、技术等引入政务服务部门中，为服务部门与工作人员提供行之有效、能够不断改善发展的服务标准体系，以提高政府政务服务质量的一系列活动。

在"放管服"改革背景下，政务服务标准化建设是推进国家治理体系和治理

---

① 蒲俊帆，西南大学硕士研究生。

② 王斌，西南大学国家治理学院教授、博士生导师。

能力现代化的必然要求。当前，国务院多次出台相关文件，进行宏观部署，统筹全局，推进政务服务标准化建设，不断提高政务服务水平。

2. 政务服务标准化的作用

在当前“放管服”改革中，优化服务是三个主要任务之一。政务服务标准化建设通过建立标准化体系，不断提高政务服务水平，为深化“放管服”改革、提升基层治理能力现代化水平提供了重要作用。

一是优化政务服务环境。建设统一规范的办事场所、基础设施、服务事项，促使一个地方能集中办理多部门事务，能够改善当前的政务服务环境，提供真正使公民满意的服务。二是提升政府行政效能。设立事项标准，明确多部门的服务范围与具体细则，能够使服务部门避免权责不清的问题，大力提升行政效率。三是提高政务服务质量。建立政务服务标准体系，梳理服务流程，并在当前基础上不断优化，促进服务型政府的转型。

（二）政务服务标准化建设的主要任务

如何推进政务服务标准化建设，已成为当前的一个重要问题。2019 年 12 月，国务院发布了关于全面推进基层政务公开标准化规范化工作的相关意见，指出各地应积极开展基层政务公开试点工作，结合地方实际，推进其标准化、规范化，并提出要建成全国范围内统一的基层政务公开标准体系要求。

针对当前现状，应着眼全局，引入系统整体，以政务服务部门提供服务的过程为主要脉络，从服务前、服务中、服务后几个方面归纳当前的主要任务。首先，服务前要做好顶层设计，进行总体规划与全局统筹，并提供规范的基础设施；其次，服务中要做到流程标准化，建立清晰明确的服务事项清单，运用高效技术手段，通过部门专业人员提供优质服务；最后，服务后要做到评估标准化，设立量表进行量化考核，将公众满意度纳入评估标准内，真正做到有效监督。

二、北碚区政务服务标准化建设的实践与经验

北碚区在“放管服”改革背景下，结合自身实际因地制宜，对政务服务的职责体系、资源配置、人才队伍、事项清单等方面进行优化，推进政务服务标准化建设，提高基层治理能力现代化水平。

（一）推进职责体系标准化建设，促进政务服务一体化

首先，北碚区设立了独立机构政务服务办公室，对政务服务各部门界定明确的岗位职责、选定固定的责任人、量化负责的服务事项，统一管理相关事宜，推动各部门职责体系标准化；其次，为实现便民、利民的目标，北碚区又建立了可承接 500 余项政务服务工作的区政务服务中心，并下设社区（村）服务中心，构建区、镇、村三级政务服务标准体系，通过明确各层级的职责关系，进一步优化办事程序，促使政务服务一体化，让民众能够真正做到“只进一扇门”。

（二）推进资源配置标准化建设，促进服务设施统一化

北碚区聚焦整合服务资源，统一政务服务基础设施标准。首先，北碚区规范了政务服务中心场地建设，实行功能分区，统一机构名称、场所标识；其次，全区的

政务服务中心均提供免费复印、医药箱、手机充电站等统一规范的配套便民设施；最后，北碚区为乡镇（街道）、村（社区）提供高新技术设备，投入110万元分批配备“好差评”评价器170台、多媒体机39台、电脑50台、高拍仪34台。

（三）推进人才队伍标准化建设，促进服务人员专业化

北碚区积极培养政务服务人员，建立专业的人才队伍。首先，近几年持续新增事业编制与窗口人员指标，在服务部门大力吸纳各学科人才，改善当前服务工作人员的偏科现状；其次，北碚区选拔政务服务人员的管理与考评主要由政务服务办统一负责，评优单列，以此调动工作人员的积极性，促进人员管理的规范化；最后，政务服务办对服务部门的人员进行统一培训、统一派驻，增强其专业知识，使只了解单部门业务的“专科人才”转变为精通多部门业务的“全科人才”。

（四）推进事项清单标准化建设，促进服务程序规范化

北碚区建立事项清单，梳理完善政务服务程序。一方面，北碚区发布《2021年北碚区政务服务工作要点》，对本年度服务工作内容做了宏观要求，强调需深化行政审批体制改革，健全政务服务事项清单动态管理机制，逐项梳理行政备案事项，规范备案程序，提升区、街道（乡镇）、社区（村）三级政务服务能力；另一方面，为实现审批规范化、办事简单化，政务服务办设立了具体的区、街道（乡镇）两级行政权力事项和公共服务事项清单，并梳理了40余项“一件事情”清单，为“最多跑一次”的工作要求提供了标准与范例，使服务流程能够减时间、减环节，进一步提高了政务中心的行政服务效率。

三、政务服务标准化建设的优化路径

（一）以事务流程为纽带，健全标准化服务体系

政务服务标准化建设，需要健全完善政务服务标准体系，设立专业完备的服务标准。因政务服务领域存在多部门交叉、事项繁重等问题，当前设立的政务服务标准很难面面俱到。一方面，要以政务服务事务流程为核心主线，积极寻找标准体系中重复交叉的部分，对跨领域跨部门的清单事项进行重点关注，精简重复事项，为政务服务“减负”；另一方面，需要邀请标准委员会和政务部门内部进行商讨，听取各领域专家的建议，综合各方观点，不断完善修订政务服务标准规范。

（二）以实际情况为基础，落实标准化工作方案

政务服务标准化建设，需要结合实际，将设计好的标准化工作方案落到实处，做到具体情况具体分析。目前，政务服务标准化建设虽已经取得一定成效，但大多仍旧是沿用国家层面的标准与举措，未能形成自身的特色。为此，需要做到以下两点：一是对当地情况进行深入调查，明确本地政务服务部门与居民的实际需求，设计出真正适合本地的政务工作方案；二是积极对当地进行个性化探索，建立标准示范点，以点及面，将标准化工作方案的成功经验不断推广到全区乃至全市。

（三）以“互联网+”为着力点，改进标准化技术工具

政务服务标准化建设，需要顺应大数据与信息化、网络化的时代发展趋势，改进“互联网+政务服务”这一技术工具。当前，应需要注重信息流的整合，避免

“信息孤岛”现象，以便使政务服务的技术工具达到标准化水平。一是吸纳专业技术人才，利用大数据优势积极开发巩固“互联网+政务服务”新模式，保障电子政务软、硬件相统一，在技术上同样达到标准化、专业化；二是推进“渝快办”网站建设，积极开发运营政务微信公众号与小程序，改进政务服务工具，设立统一标准的政务模块，整合信息流，让数据跑起来、活起来，使居民在家也能享受到不降质的政务服务。

（四）以绩效评估为抓手，完善标准化监督制度

政务服务标准化建设，需要重视绩效评估在服务监督制度中的重要作用，推动监督管理标准化，以提升服务质量。当地应建立“好差评”制度，对绩效评估考核进行优化。一是需要公开量化考核标准，发挥多主体监督的作用，收集各监督主体的意见对考核量表进行修改细化；二是考核过程中重视公民监督的重要作用，增加公民对该政务服务的满意度在绩效评估中的所占比重，建设令人民满意的服务型政府；三是根据绩效评估结果设立相应奖惩措施，对表现优良的部门或个人进行荣誉奖励或物质奖励，并将优秀经验推广至全区乃至全市，不断推进政府服务标准化、规范化。

总体而言，北碚区政务服务标准化建设已经取得了良好成效，应不断吸取经验教训，发挥优势，适应本地居民的生活需求，助推地方治理能力现代化水平不断提高。

参考文献：

［1］刘松. 我国政务服务标准化建设现状及对策［J］. 中国标准导报，2015（11）：42-44.

［2］徐剑，徐丰华，陈丽君. 政务服务标准化现状及路径优化分析［J］. 中国标准化，2020（7）：110-113.

新型政商关系下政府购买稳评服务的协同机制设计

邓淋铧[①] 邹东升[②]

摘 要:“亲”“清”新型政商关系是评价政府购买重大行政决策社会稳定风险评估(简称稳评)锚定“有为政府”“有效市场”的参照坐标。当前,政府购买稳评服务中政府理念偏误、委托偏误、机制缺憾等问题渐显端倪,诱使政商协同性付之阙如,导致稳评失灵、失范。面向新型政商关系的政府购买稳评服务协同机制,应从厘清稳评中的政商权责谱系、落实常态化稳评监督和第三方清退制、健全稳评中政商责任分担体系等方面着力。

关键词:“亲”“清”新型政商关系;稳评;协同机制;政府购买服务

一、问题的提出——靶向规制重大行政决策风险的稳评

2020 年 10 月 26 日,习近平总书记在党的十九届五中全会指出,“当前和今后一个时期是我国各类矛盾和风险易发期,各种可以预见和难以预见的风险因素明显增多。”当前,我国正处于国家整体转型、政府改革深化的特殊时期,诸多社会风险接踵而至。同时,民众意识的觉醒,个体诉求呈分散、锐化的形态。

风险社会语境下,为避免“重庆短命医改”“四川邻水事件”等决策类群体性事件重蹈覆辙,2005 年,立足于源头靶向规制决策涉稳风险的稳评机制发轫。然而,当前稳评第三方市场中的政商关系紊乱、低价竞标、利益置换等乱象,稳评不断遭受合法性危机的挑战。据此,本文基于“亲”“清”新型政商关系视角,多方面考辨稳评中的政商关系及其协同性,裨助于政府在购买稳评服务中成为更“精明的买主”。

二、面向新型政商关系的稳评协同机制及展开

(一)“亲”“清”新型政商关系的勃兴

习近平总书记在 2016 年全国两会期间,首次提出了建设“亲”与“清”并重

① 邓淋铧,西南政法大学硕士研究生。
② 邹东升,西南政法大学教授、博士生导师。

的新型政商关系的要求。尔后，党的十九大报告明确写入“构建亲清新型政商关系”，党的十九届四中全会提出“完善构建亲清政商关系的政策体系”。事实上，“亲”“清”政商关系是基于社会主义民主法治与市场经济规则之上的政府与民营的一种非人格化、非依附型的全新政商关系。其中，“亲”指关系亲密，其旨在政府与企业之间形成一种地位平等、坦诚交往、彼此信任的亲密关系；“清”指风清气正，旨在政企交往应运行于阳光下，推动政治生态日益清朗。“亲”“清”新型政商关系既是党中央和国家对非公有制经济的扶持与鼓励的体现，也是以人民为中心、全面从严治党、依法治国、依法行政在优化营商环境领域的现实映射。

（二）构建稳评政商协同机制的必要性

将市场机制引入公共服务供给中，“创造服务中的自由选择机会，完善竞争环境”是政府购买公共服务成功的关键。因此，以新型政商关系为面向，构建稳评政商协同机制。一是有利于资源配置的优化，降低政府行政成本。2002—2008年政府采购年鉴的数据显示，服务类项目采购的资金节约率超过总节约率。二是有助于形成多元评估共同体，提高稳评民主性。譬如，在南通某扩建项目中，第三方评估机构在稳评中将该项目定为中风险。项目暂缓实施后经过多次修改得到附近群众的理解和支持，有效避免了社会矛盾的激化。三是引入私人部门管理手段和市场激励结构，打破政府垄断稳评的供给地位，提高供给效率。

三、稳评中政商协同性缺失的表征及致因

（一）理念偏差：“行政”对“评估”的越界干预

在我国稳评的长期实践中，对其准确性、科学性也不乏质疑。一方面，行政决策机关通常委托系统内机关担任风险评估主体。这样一来，行政系统内部同时拥有政策制定职能和风险评估职能，使得稳评沦为论证政策出台可行性的“背书”工具。在2015年重庆医疗服务项目价格改革中，稳评组由物价局、原卫计委和部分医院代表组成。因而，原卫计委的潜在利益倾向很容易影响决策的评估小组。后者在人格化权威驱使下，只能对决策做可能性“证明”，而非“可行性”论证，言其“利”而不论其“弊”。另一方面，评估方法依附于评估主体存在。评估主体受“社会人”属性驱动，仍无法摆脱“个人偏好”与“价值中立”的选择困境，尤其身处“政绩锦标赛”的行政系统内部估主体，对决策“上马”的强烈期冀，引致“行政”对“评估”的越界干预成为可能。

（二）委托偏误：“亲”“清”消解下第三方委托失范

由于对政府政商关系中“亲”“清”消解，造成了第三方评估模式的任人唯“亲”与“亲”而无度。任人唯“亲”，即指第三方评估模式中政府时常倾向于选择委托“熟人”进行评估。在一些地方政府看来，熟悉的第三方机构更能准确把握政府的利益倾向，满足政府的隐形期冀。更为吊诡的是，第三方机构为达成与政府的长期合作在一定程度上丧失了价格协商主导权，从而政府在一定范围内对委托成本可控。

相比之下，“亲”而无度则是指政府在购买稳评服务中营造亲商氛围下的规则

性缺失。现阶段，全国仍缺乏一套通用且行之有效的第三方机构能力评价体系，虽然在部分地方工作文件中对第三方机构设置了准入门槛，但具体指标和操作流程方面的规定仍模糊。譬如，南京市对第三方机构资格证书、能力、人员和场地配备做出了要求，并规定对审核合格的第三方机构进行考试后可纳入第三方机构信息库。然而，对于考试的组织形式、流程、范围、结果公示都没有进行明确的规定，地方政府的“裁量权”空间广袤，可能选择由“利益承诺”、与政府关系“密切”但尚不具备评估能力和水平的第三方承接稳评项目。

（三）机制缺憾：责任分担机制缺席下的权责抵牾

实践中，稳评责任分担机制的缺席，引发的权责抵牾是阻碍稳评发展的主要原因。一是中央及地方政府在开展稳评工作时遵循“谁决策、谁评估、谁负责”的原则，责任又往往意味着要求政府高层官员对其作为做出解释。但在实践中，评估主体的边界模糊性和不确定性给稳评实施和稳评结果带来了极大的不确定性。派生的问题是，处于上级的评估主体为了避责会将评估责任下移，而基层政府往往缺乏必要的行政执法权，在繁重的日常工作中还要承担稳评任务，难免本末倒置。二是第三方评估机构追责制度尚未建立，现有政策主要集中于对行政主体的责任追究，且较为零散与模糊。责任分担机制的缺失造成政商双方在稳评中的权责抵牾——第三方机构评估失误付出代价小，几乎无涉具体的稳评追责范畴。脱离了责任谱系的规约，第三方容易令其将目标锁定在进入第三方推荐库或拿下稳评项目上，而忽略稳评成效本身。

四、面向新型政商关系的稳评政商协同机制构建

（一）“亲”而有别：厘清稳评中的政商权责谱系

有效推进政府购买稳评服务质效提升，需要构建“亲”而有别的政商关系，当务之急是厘清稳评中的政商权责谱系。一是实现行政决策主体的政策制定职能和评估职能的分离，避免评估主体为政策“上马”背书，保证稳评结果的中立性、客观性。二是纠正行政主体理念偏差，明确稳评中政商权责范围，赋能第三方机构中立评估。应当打破行政主体权威惯性的固化藩篱，使其专注于稳评中引导、监督职能的履行，实现政商权责适配、良性互动。相比而言，行政主体应积极营造亲商氛围，其表征为积极协助第三方评估机构采取问卷调查、民意座谈会等评估手段，打破民众对于第三方机构合法性的质疑。

（二）“清”而有方：落实常态化稳评监督和第三方清退制

实现政府购买稳评“清”而有方，前提是建立第三方“持证上岗”制，转变“最低价中标”观念。在信访办、维稳办等部门引导下开展第三方机构培训和能力考核，夯实第三方推荐库“工具理性”。管理市场竞争是政府成为“精明的买主”的核心问题。2019 年 12 月 3 日，国家发展改革委公布的《中华人民共和国招标投标法（修订草案公开征求意见稿）》中对“低价中标”进行了修订，严格限定经评审的最低投标价法的适用范围。因而，地方政府在购买稳评服务时，应转变“重价格、轻质量”的指挥棒，有效管控合同履行风险，避免“劣币驱逐良币”；

同时，推进稳评行业协会建设，建立稳评过程监督制。行业协会不仅能够推进第三方机构管理规范化，协助政府落实对稳评过程监督，还能够引导第三方机构平衡好企业利益与公共利益。

建立第三方清退制，规范第三方推荐库管理。引入专家评审机制对第三方评估结果进行审查，对草率评估、倾向性评估的第三方机构进行清退处理。构建第三方信誉信息管理体系，限制其在一定时期内的入库资格。在这方面，可以学习借鉴《贵阳市第三方社会稳定风险评估机构管理暂行办法》的经验，针对入库第三方机构实行黄牌警告，对一年之内受到两次黄牌警告的进行及时清退。

（三）“亲”“清”相融：健全稳评中政商责任分担体系

健全稳评中政商责任分担体系是构建“亲”“清”相融政商关系的必由之路。一是提高追责法律位阶，扩大追责范围。追责制度作为约束和惩戒稳评各主体行为的手段必须得到扩展与强化。追责范围不应只停留在行政系统内，还应涵盖对第三方机构追责，对于不合格的第三方机构依法依规追究其民事责任，对涉嫌犯罪的第三方机构追究其刑事责任。除追究责任主体的主要责任外，还应对在评估实施、评估审核、评估督办和评估复查等环节中承担审核和督办等机关追究连带责任。二是落实责任倒查制，倒逼各主体履职尽责。对于因稳评介入而派生的群体性事件，属地政府应建立终身追责制。

五、结语——回到新型政商关系

“十四五”规划纲要中提到，“要增强机遇意识和风险意识……善于在危机中育先机、于变局中开新局”。政府购买稳评服务作为公共服务市场化的特殊实践，是我国“抓机遇，开新局”的重要工具。同时，也必须注意到，一旦稳评成为政商利益置换手段、寻租腐败温床，会危及区域社会稳定甚至是国家安全。在“亲”“清”新型政商关系下，促成政商的稳评中的良性协同，形成政企合力，将是理论界和实务界只争朝夕的迫切任务。

参考文献：

[1] 王帅. 法治、善治与规制：亲清政商关系的三个面向［J］. 中国行政管理，2019（8）：99-104，150.

[2] E. S. 萨瓦斯. 民营化与公私部门的伙伴关系［M］. 周志忍，等译. 北京：中国人民大学出版社，2002：125.

[3] 句华. 中国地方政府公共服务合同外包的发展现状：基于二手数据的分析［J］. 北京行政学院学报，2012（1）：24-29.

[4] 句华. 公共服务中的市场机制：理论、方式与技术［M］. 北京：北京大学出版社，2006：8.

[5] 廖秀健，刘白. 重大决策社会稳定风险评估的困境及其规制：以重庆“短命医改”为例［J］. 中国行政管理，2016（1）：139-144.

[6] 邹东升，陈昶. 重大行政决策社会稳定风险第三方评估的意蕴、偏误与纠偏 [J]. 领导科学，2020 (10)：26-29.

[7] 杨安华. 西方国家公共服务合同外包研究的进展与趋势 [J]. 甘肃行政学院学报，2009 (6)：55-61，126.

[8] 朱正威，石佳，吴佳，等. 社会稳定风险第三方评估：实践进展、现实障碍与优化策略 [J]. 江苏行政学院学报，2017 (4)：96-103.

[9] [美] 唐纳德·凯尔特. 权力共享：公共治理与私人市场 [M]. 孙迎春，译. 北京：北京大学出版社，2009：163.

成渝地区双城经济圈背景下两地政务服务标准化建设研究

王圆俊[①]

摘　要：2021 年 10 月 1 日，国务院印发了《成渝地区双城经济圈建设规划纲要》。该纲要的出台表明，推进成渝地区双城经济圈建设已经上升为国家发展战略，成渝地区双城经济圈建设是实现中国西部发展的重要支点战略。在成渝两地开展跨区域的政务服务标准化是实现经济圈高品质发展的基础。本文将从成渝两地建设政务服务标准化的现状出发，剖析其中存在的问题，并从跨区域的政务服务顶层设计和协调机制，以及政务数据标准化建设方面来为实现成渝两地政务服务标准化建设提供参考意见。

关键词：成渝地区双城经济圈；政务服务；标准化

一、引言

2021 年 10 月 1 日，国务院印发了《成渝地区双城经济圈建设规划纲要》。该纲要的出台表明，推进成渝地区双城经济圈建设已经上升为国家发展战略。在成渝两地人民政府共同拟定的《关于协同推进成渝地区双城经济圈“放管服”改革的指导意见》中，对于无差别的政务服务十分重视，即在成渝两地开展能够互联互通互相承认的政务服务，使得成渝两地居民、企业、社会组织等主体在成渝两地办理政务事务时能够打破不同区域的行政壁垒，享受到标准化、规范化、高效化的政务服务。政务服务是指政府部门及所属机构面向公民、企业、社会组织以及其他政府部门和机构提供的相关服务，其具有行政性、公益性的特质。成渝两地联合推进政务服务的标准化，以此为基础实现政务服务的便利化和规范化，从而提高政府公共服务的效率和成渝地区双城经济圈的协调治理能力。然而，对于成渝地区双城经济圈建设完善的政务服务标准化体系是一个复杂且困难的过程，其内容涉及了制度安排、电子政务、行政机构安排、行政机构利益协调等。即使在城市一体化发展比较发达的长三角城市群地区，对于跨区域的政务服务标准化建设资料都比较缺乏。本文将首先阐述重庆市、四川省以及成渝地区双城经济圈建设的政务服务标准化现状，并针对其所存在的问题提出对策。

---

① 王圆俊，西南政法大学硕士研究生。

二、成渝地区政务服务标准化建设现状

（一）重庆市政务服务标准化建设现状

重庆市坚持以“川渝通办”为目标，着力打造“能办事、好办事、快办事、办成事”的政务服务体系。2019 年重庆市市场监管局发布了《“渝快办”工作规范》，其中包含了关于政务实体大厅的建设规范、网上政务服务平台建设规范、政务服务建设规范、效能监管工作规范、政务公开工作规范等 7 项地方标准。在这样的政策文件下，重庆市逐步推进的“一网、一门、一次”政务服务改革取得了一定成效。从国家统计局 2019 年 7 月对于重庆市各个区县的政务服务相关数据调查的情况来看，在“一网通办”中用一个标准受理、一个平台流转使得重庆市各区县政务服务流程得以优化。同时，标准化的政务服务进一步推动了行政服务中心从单一审批向综合服务的转变，因此服务的业务范围更广，提升了政府的办事效率。然而，在这样的环境中，对于政务服务标准化建设仍然存在问题，部门“数据孤岛”导致专网数据与当前政务服务网站难以实现完全对接，使之不能联通各个部门对于政务服务的流程。

（二）四川省政务服务标准建设现状

四川省人民政府将政务公开与标准化建设进行有机融合，制定了《政务公开组织管理规范》《政务公开绩效考核规范》《政务公开工作社会评价规范》等 9 项地方标准。截至 2019 年年底，四川省共有 19 个政务服务地方标准。2020 年 2 月，为了落实《国务院办公厅关于全面推进基层政务公开标准化规范化工作的指导意见》，四川省人民政府发布了《关于全面推进基层政务公开标准化的工作通知》。该通知要求，县级政府对于线上政府网络服务的网站安排，需要统一进行板块设置，其中最重要的是政府信息公开专栏；同时，在政府绩效考核体系建设中，需要包含基层的政务公开标准化工作的内容，以便更好地评价其绩效，使得政策指导能够落到实处。通过政策的指导内容可以了解到，四川省将政务服务标准化与政务公开相结合，能够增强政府公信力、提高政府行政效率。

三、成渝地区双城经济圈政务服务建设中存在的问题

（一）政务服务标准体系顶层设计不足

成渝地区双城经济圈建设现今的指导文件以《成渝地区双城经济圈建设规划纲要》为依托，其中涉及了进行跨区域的基本公共服务标准化的建设。但是，迄今为止对于进一步深入和探讨还较为缺乏，基本公共服务之外的企业、社会组织、个人都还需要其他服务标准化的建设还没有提上议程。然而，政策的制定是对未来行动的安排，需要其具有先进性。同时，成渝两地都有标准化研究的专业机构，但是缺乏一个顶层设计将专业化的机构进行有效联系，这就导致在组织接洽上存在问题。

（二）政务服务标准缺乏协调机制

成渝地区双城经济圈还缺乏对于建立成渝区域一体化的政务服务标准研制和实施协调机制。这种机制的建立不仅需要政府文件作为指导，还需要学术界、商界、社会组织等来进行跨区域的联动活动。

（三）政务数据标准化建设推进缓慢

在成渝两地大力推进“互联网+政务服务”的过程中，政务信息的共享将会受到数据标准的影响，数据标准不一致将会影响到信息共享的推进。尽管重庆市和四川省已经分别推出网上办事清单和标准，但是当数据建设下沉到两地的各个区县时，其因在数据标准理解上存在偏差，导致成渝地区双城经济圈政务数据标准化建设迟缓。在成渝两地联合印发的《成渝双城经济圈“放管服”改革指导》中也提出了对于跨区域服务模式的建设，强化成渝两地数据交换共享。现今成渝两地对于政务服务数据标准化的探索还处于初级阶段，且总体速度较为缓慢。

四、推进成渝地区双城经济圈政务服务标准化建设的建议

（一）建立有效协调政务服务标准协调机制

成渝地区双城经济圈之所以需要积极稳步推进协调机制的建设，不仅是因为其两地内部在政务服务标准建设中也存在由于信息、层级的不对称导致的矛盾，更重要的是因为成渝两地日后将作为一个经济整体衔接国家发展战略。在成渝两地联合进行政务服务协调机制的探索时需要按照“应采尽采”原则，以相关的国家标准为最基本的原则，在此基础上制定成渝区域政务服务标准。同时，成渝地区建设需要采用清单式管理作为发展政务服务协调机制的主要形式，在发布政务服务事项省市通办审批标准方面，需要统一事项名称、办事流程等，并结合本地实际情况同步导入标准化服务指南，构建统一的数据共享交换平台体系，从而加快成渝地区政务服务一体化。

（二）加快推进政务数据标准化建设步伐

成渝两地需要加快推进政务数据标准化建设步伐，按照统一的标准来规范数据采集、数据共享和数据开放，最终实现政务服务数据的统一管理，并在线上通过“川渝互办通”平台实现数据的有效利用。

参考文献：

［1］黄翠萍，郭斌. 北京市政务服务事项标准化实践与探索［J］. 中国标准化，2021（10）：37-43.

［2］汤峥，沈俊杰，张硕，等. 政务服务标准化发展综述［J］. 中国质量与标准导报，2021（2）：44-47.

［3］徐剑，徐丰华，陈丽君. 政务服务标准化现状及路径优化分析［J］. 中国标准化，2020（7）：110-113.

[4] 魏礼群. 推进政务服务标准化提升政府治理现代化水平 [J]. 行政管理改革，2015，12 (12)：13-17.

[5] 姜思仪，徐剑，陈丽君. 政务服务效能评估 [J]. 大众标准化，2021 (16)：154-156.

[6] 张会平，胡树欣. “互联网+政务服务” 跨部门数据共享的推进策略研究 [J]. 情报杂志，2018，37 (12)：168-174.

[7] 潘功珏. 重庆推进政务服务改革成效与问题分析 [J]. 中国国情国力，2019 (11)：68-69.

[8] 魏房忠. 长三角地区政务服务“一网通办”的实践与思考 [J]. 中国信息化，2020 (9)：103-104.

[9] 杨万蓉，郭文宇. 智慧政府视角下四川省移动政务平台服务能力现状研究 [J]. 中小企业管理与科技 (上旬刊)，2021 (6)：126-129.

优化市场环境:基于贵州省微型企业现状分析

张　霖①

摘　要：近年来，贵州省正视差距，认真落实党中央、国务院关于优化营商环境的各项决策部署。贵州省从优化微型企业市场环境出发，打造企业发展环境新高地。因此，本文通过分析贵州省微型企业的制度、资金、政策实施方面所存在的问题而提出相应的完善微型企业要素供给问题、整改企业制度、强化体制机制创新的对策建议以优化贵州省企业发展环境，进而实现贵州省经济的可持续发展。

关键词：优化市场环境；微型企业；发展现状；对策

一、引言

贵州省地处中国西部，是全国经济欠发达的省（自治区、直辖市）之一，经济发展明显滞后，其微型企业的数量或产值远远落后于东部的发达省份。对于贵州省的经济发展而言，微型企业是其在经济发展活动中的一股重要力量。尤其是省内国有企业发展状况不佳的情况下，贵州省的微型企业更是起着越来越重要的作用。

近年来，贵州省以招商引资为引领、体制机制创新为突破，相继出台了一系列招商政策，营造了良好的企业发展环境，政策优势更加明显，持续推动产业转型升级。该体制为推动贵州省微型企业高质量发展提供了有力支撑，促进了贵州省成功脱贫的实现，助推了全省经济的可持续发展。在国家政策的支持以及贵州省积极响应下，贵州省于2020年11月23日宣布所有贫困县摘帽出列。同时，在扎实做好“六稳”工作、全面落实“六保”任务下，贵州省各项行业的增长面达69%，重点监测的19个行业中有超过50%的行业实现增长，其中有7个行业达到两位数增长。贵州省的成功脱贫、政策体系的不断构建为微型企业的发展创造了机遇。

二、贵州省微型企业发展概述

（一）贵州省微型企业发展现状

贵州省高度重视微型企业发展，积极贯彻落实国家给予的相关政策，先后出台了相关文件，不断加强对微型企业的指导，创新企业服务体系，优化企业发展环境，顶层设计，层层落实，在一定程度上有力地促进了贵州省微型企业的成长与发

---

① 张霖，西南政法大学硕士研究生。

展。2020 年，国家大部分经济行业由于新冠肺炎疫情的暴发而受到强烈的冲击，经济呈现下行态势，而贵州省微型企业也难于幸免。在此次新冠肺炎疫情的冲击下，分析发现贵州省微型企业存在发展不稳定、不平衡、不充分等问题，这些问题也是导致贵州省经济发展较慢、企业发展环境不完善的原因所在。

（二）贵州省微型企业存在的问题

1. 企业管理制度不健全，产品市场占有率低、竞争力强

调查显示，贵州省微型企业多为家庭式或家族式经营，企业管理方式比较落后、主观性较强、缺乏客观性，而像抱团发展、相互协作、协调发展的企业很少，且缺乏组织化。2019 年，国家对贵州省的扶持资金达 10 亿元，其中 8 亿元用于直接补助微型企业。但高额的补助却让全省行业内出现了无序竞争、竞相压价、盲目开发资源、盲目进行企业开设的现象，企业经营存在管理风险和法律风险。究其原因，一是微型企业自身发展条件存在一定的局限性，其经营规模相对较小、应对市场风险的能力偏弱；二是在现今科技如此发达的情况下，各行业都竞相出现，导致微型企业生存压力大；三是微型企业本身以家庭式管理为主，随意性较强，企业管理者的行业发展意识薄弱；四是当地政府对微型企业的后续扶持工作力度还需加大；五是随着网络技术的不断发展，产品更新换代速度加快，更需要微型企业以一种更为新颖实用的经营方式来站稳脚跟。

2. 政府扶持政策还未全面落实，市场环境存在腐败问题

贵州省通过实施“三个 15 万元”政策，从财政资金直接补助、税收贡献奖励、贷款支持三个方面助力贵州省经济发展。但是，实际情况是，政策多而落实少；部分县市为严格按照政府要求进行贷款，对 15 万元额度内的贷款给予优惠利率扶持，却出现了贷款超出基准率 30%以上的现象。此外，则是相关微型企业对政府提出的“微型企业在投资达 10 万元以上，政府则给予 5 万元的资金补助”的政策理解存在异议。

3. 要素资源流动性弱，资金获取的便利性不足

资金短缺、融资难是微型企业一直以来面临的较为普遍的问题，也是制约微型企业生产经营、扩大规模和升级转型的主要原因。导致微型企业融资难的原因可以从多方面来分析。从银行的角度来分析，一般法人机构发放小微贷款平均利率为 6.43%，其中微型企业贷款利率达 7.92%，下降了 247 个基点，而微型企业属于一种经营规模偏小的企业组织，其贷款额度较小、融资担保公司少且贷款程序十分冗杂、工作成本高、监管难度大，过高的利率导致很多微型企业融资困难。从企业的角度来分析，微型企业可用于抵押的不动产少、企业生产不稳定、企业的成活率相对比较低，只有 1/3 的微型企业能活过三年。而且微型企业的资信度要比大中型企业的资信度要低很多，所以微型企业的贷款要求往往难以得到融资银行的认可。

三、解决贵州省微型企业发展所存在的问题的对策及建议

（一）规范企业制度管理，改善领导方式，改进吸引投资方式

企业的有效运行，要靠有能力、有想法、有创新思维的领导者和管理者，更要

依赖于管理制度的建设和领导者的管理方式。在规章制度下，企业领导者要以身作则，用客观理性的方式，在以企业制度为基础的情况下，衡量对错。企业管理者要擅长与员工进行沟通交流，倾听员工意见，逐步由“一家言”的家长式领导管理方式向“百家争鸣”的民主型管理方式转变。此外，还要加强企业文化建设，形成企业自身的文化特色，营造良好的、和谐的工作氛围，调动员工工作的主动性，提高企业运营效率，促进企业发展。在吸引投资方面，微型企业要以大数据为依据，制定企业未来发展规划，改造提升传统产业，重点培育加工制造、科技创新、创意设计、软件开发、民族手工艺品加工、特色食品生产、乡村旅游开发和种养殖加工等行业，引导微型企业创建自主品牌，带动企业提升产品质量不断提高企业的核心竞争力和附加值，推动微型企业转型升级。

（二）整合企业内部资源，争取融资机会，使企业内的资金得到最大限度的利用

贵州省微型企业由于管理体制不健全、财务状况不明晰，使得企业40%的内部资金没有得到充分利用，进而造成企业资金浪费严重，资金没有得到充分的利用。首先，需要微型企业的管理者对企业的管理制度、系统进行改革，整合企业内部资源，充分利用企业中一切可以利用的资金。其次，从员工间进行融资，说服员工对企业投资，从而减少企业融资压力；同时，使得愿意进行融资的员工获利，达到一举两得的效果，不仅为企业发展留下了可靠的人才，还能推进企业进一步发展。最后，企业要获得融资，必须完善企业管理，推出详细的财务收支计划，使外部对企业财务有一个较为清楚的认知，从而获得投资和贷款。

（三）要强化体制机制创新，净化市场环境，规范监管执法

要制定公平公正、透明的政商交往准则，给政商交往提供一张“明白纸”，明确政府和企业哪些应该为、哪些不能为、哪些必须为。政府及有关部门要建立完善制度化、经常化的政企沟通机制，实现政府与企业的良性互动，让政商关系在“清”的前提下“亲”起来。推行党政领导、相关部门联系非公有制企业制度，健全完善重点企业挂钩帮扶机制。要强化监督问责机制，将如何处理政商关系纳入干部考核评价体系，让为政者在制度机制的阳光下行使权力、担负责任。要坚持惩处与保护并重，鼓励勇于担当、敢于作为，严格把关地方政府对政策的执行力度、对政策补助资金的分配额度，杜绝腐败问题的滋生，推进政府、企业优良作风建设。

四、结语

习近平总书记在中央财经领导小组第十六次会议上指出，要营造稳定公平透明、可预期的营商环境。优化营商环境就是解放生产力、提高竞争力。优化营商环境是激发市场主体活力的关键，也是应对严峻复杂形势、促进经济稳定恢复的重要举措。贵州省通过积极回应企业需求、倒逼市场环境不断改善、树立“一盘棋”思想，进一步形成打造优良市场环境的共识和合力，以等不起、慢不得、坐不住的责任感和良好状态行动起来，激发市场主体活力和社会创造潜力，进一步形成市场环境好、创新能力强、发展活力足的良好局面。

参考文献：

[1] 李健. 创新型小微型企业助力脱贫实践 [J]. 中国西藏，2021 (1)：34-35.

[2] 乾兴平，许邵庭. 以高质量发展统揽全局 [J]. 当代贵州，2021 (6)：1-3.

[3] 侯永正. 用制度优势提升财政现代化治理能力 [J]. 人大论坛，2019 (11)：68-69.

[4] 何建华. 新常态下小微企业创新创业困境成因及对策 [J]. 吉林工商学院学报，2018，34 (4).

[5] 杨彬. 小康路上"电力足"：南方电网贵州电网公司：优化营商环境　提高供电服务水平 [J]. 当代贵州，2019 (3)：102.

[6] 杨志坚，张其琮. 让用户充满"获得感"：南方电网贵州贵阳供电局优化营商环境满足个性化用电需求 [J]. 当代贵州，2019 (24)：62-63.

[7] 马直辰，范垚. 贵州遵义推动营商环境持续优化 追回拖欠 7 年之久的监理费 [J]. 中国纪检监察，2021 (1)：46-47.

[8] 张秦，孙长坪. 基于 Cite Space 的我国营商环境研究重点与趋势的知识图谱分析 [J]. 统计与管理，2021，36 (11)：124-128.

[9] 赖先进. 哪些优化营商环境政策对经济增长影响更有效：基于全球 162 个经济体的证据 [J]. 中国行政管理，2020 (4)：145-152.

“放管服”改革视角下基层政府履职尽责的现实困境及破局路径

邹东升[①] 顾 权[②]

摘 要：在我国“放管服”改革背景下，我们发现“放管服”改革与基层政府履职尽责存在相互推动、相互促进的关系，由此探析出基层政府在处理基层事务中面临权力下放不到位、权责划分不清晰、服务体制待规范的现实困境。基于此，基层政府需从转变公共管理理念、营造和谐行政生态环境、推进基层公务员队伍建设等方面进行破局。

关键词：“放管服”改革；基层政府；履职尽责

“放管服”改革在党的十九届四中全会中被写入《中共中央关于坚持和完善中国特色社会主义制度 推进国家治理体系和治理能力现代化若干重大问题的决定》，并强调深化“放管服”改革是完善政府治理体系的重要举措。这就需要推进政府职能转型，实现国家与社会、政府与市场等多元主体良性互动与协同治理。2021年7月11日发布的《中共中央 国务院关于加强基层治理体系和治理能力现代化建设的意见》明确规定了要依法赋予乡镇（街道）综合管理权、统筹协调权和应急处置权，提升基层治理能力。可见我们党和政府对“放管服”改革的决心，体现了基层政府履职尽责的核心理念。“放管服”改革在我国政府职能转型中起着非常重要的作用，目的就是为了实现政府治理现代化，满足人民美好生活的需要。而随着“放管服”改革的深入，基层政府所承担的职能也需要做出相应的转型。但是，在职能转变的过程中，基层政府也面临权力下放不够、权责划分不清、服务能力不足等问题。因此，为了使“放管服”改革与基层政府职能转型能够同步，这些问题需要加以解决。基于此，本文在“放管服”改革的视角下，探寻基层政府履职尽责面临的现实困境及破局路径，以期为新时期基层政府适应“放管服”的需求提供参考。

一、“放管服”改革与基层政府履职尽责的关系

“放管服”改革是一场“刀刃向内”的革命，是建设服务型政府、提升政府治

---

① 邹东升，西南政法大学教授、博士生导师。

② 顾权，西南政法大学硕士研究生。

理效能的重要抓手，是建设中国特色社会主义现代化强国的必然要求。"放管服"是指"简政放权、放管结合、优化服务"。其中，"放"的核心是政府角色定位，着眼点在于厘清政府、市场与社会的界限和关系，简政放权激发市场与社会的活力，从而让利于民；"管"的核心是政府管理转型，着眼点在于公正监管，把握与权衡好政府治理的效度，以"放"为基础的"管"应该有所变革与创新，目的是保护好市场主体的权益，建立法治型政府；"服"的核心是治理能力现代化，着眼点在于优化服务，提升供给质量，形成现代化的治理理念和长效的治理机制，增强服务能力，建立民众满意的服务型政府。由此可见，"放管服"改革是以简政放权为核心、放管结合为关键、优化服务为目标的"一体两翼"的系统性改革。它不是政府简单地进行机构改革，而是以整体性治理为理念探析政府职能的运作机理，实现市场本位、社会本位和服务本位的回归，使得政府、市场、社会多元协调共治①，最终实现基层政府治理体制机制的现代化。如图 1 所示。

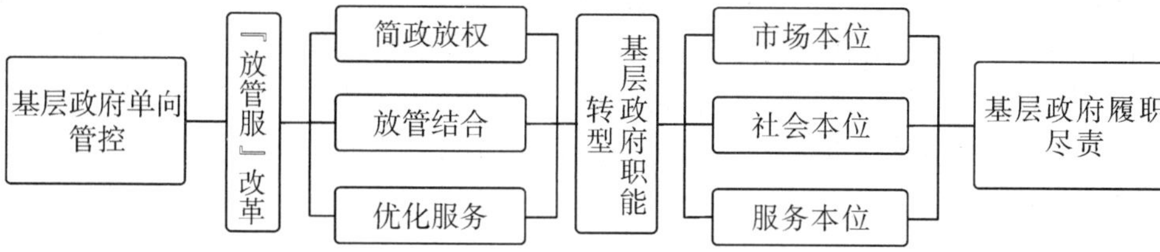

图 1 "放管服"改革与基层政府履职尽责的内在关系

因此，深化"放管服"改革是推进基层政府履职尽责的重要抓手；反之，基层政府履职尽责也为"放管服"改革提供了行动指南，推动基层政府履职尽责必须以"放管服"改革为导向。

二、"放管服"改革视角下基层政府履职尽责的现实困境

目前，我国政府"放管服"改革已进入深水区。但是，我国基层政府的治理能力还很难满足基层事物的治理需求，导致基层政府在履职尽责过程中还面临诸多现实困境。

（一）"放不下"，基层政府权力下放不到位

从以往的经验来看，改革不是"独角戏"，是需要各级政府各个部门相互配合和联动的。权力的下放也必然对应着权力的承接，基层政府作为简政放权的落脚点，需要深入群众去完成上级政府下发的许多任务。但是，面对一些棘手的问题，由于上级权力下放不到位，经常会出现"上面千条线，下面一根针"的情况，从而难以满足群众的多样化需求，使得一些群众对基层政府产生一定的不满情绪，久而久之就可能导致群众怀疑基层政府的行政能力。因此，放权不到位使得基层政府的目标难以完成，从而大大阻碍了基层政府治理水平的提高。

① 孙杰，郑永丰. 政府治理现代化视阈下"放管服"改革的路径 [J]. 科学社会主义，2020 (1)：117-122.

（二）“管不到”，基层政府权责划分不清晰

由于社会经济结构的变迁与发展和社会矛盾的转化，我国农村地区正面临人口流失、公共基础设施不健全、公共文化服务不到位、电子政务发展滞后等现实问题。因此，我国基层政府想要履职尽责最大的困境就是难以找到一个良好有序的基层治理方法。一是由于基层政府在社会治理中职权划分较为混乱，从而导致经常出现大事无人管、小事无人问的情况；二是基层政府的人才引进机制存在问题，使得农村缺少相关的基层社会治理人才，从而导致基层政府治理能力较低；三是村委会与乡镇政府之间存在较为突出的权责不清的问题，并且这种问题会直接导致基层政府治理效率低下。在这样的环境中，基层政府的职能难以得到较好的发挥，权力的运行和职责的担当也存在错位的问题。

（三）“服不好”，基层政府服务体制待规范

目前，基层政府关注的重点仍然是当地的经济发展及其衍生出的各种数据报表，而不是真正服务于民，以各种数据来衡量人民的生活水平，很少真正去关心民之所需、民之所急。这就出现“服务止于口”的病态现象，所以各地虽然都组建了政务服务中心，但是真正落实为民谋利的服务却很少，导致有名无实或者仍然存在“门难进、脸难看、事难办”的现象，最终为此买单的依然是人民群众，长此以往更是对政府信誉的挑战。

二、“放管服”改革视角下基层政府履职尽责的破局路径

面对“放管服”改革视角下制约基层政府履职尽责的现实问题，基层政府更需要从公共管理理念、行政生态环境、公务员队伍建设等方面进行破局，推动基层政府履职尽责朝着更加完善的方向发展。

（一）转变公共管理理念

“放管服”改革背景下，基层政府履职尽责必须要将公共性放在核心位置。所谓公共性就是为民谋利。基层政府不应该只关注数据指标和唯 GDP 论，用所谓的经济指标来衡量当地的行政水平，而应该将更多的资源投入公共基础设施建设和创造人民喜闻乐见的公共文化服务中去，这就需要基层政府统筹协调各个部门之间的关系，使得行政职能效率最大化。

基层官员要始终怀有“民为贵”的信念，然后在此基础上进行公共管理理念的创新。只有这样，才能实现预期的目标；只有坚持全心全意为人民服务的宗旨，才能满足人民的需要、维护人民的利益。因此，构建服务型政府一定要树立以人为本、依法行政的理念。

（二）营造和谐的行政生态环境

“放管服”改革不仅是一项涉及全要素的系统性工程，还是一场“刀刃向内”的惠民工程。基层政府要转变固有的“官本位”思想，展现给大众一个全新的面貌，因此，除了政府自身的努力外还需要构建和谐的行政生态环境。一是优化政治生态环境。对基层政府各个部门的政治生态实施评估，从根源上解决纲纪废弛之弊，为基层政府精细化治理提供坚强的政治保障。二是改善经济生态环境。经济基

础决定上层建筑。完善社会主义市场经济体制，优化基层营商环境，减少行政干预，增强基层工作人员服务意识，加大基层公共基础设施的投入，提供更多的公共产品和服务。三是创新文化生态环境。在习近平新时代中国特色社会主义思想的指导下，鼓励更多的基层商会、行业协会等社会主体参与到基层公共文化服务建设中去，提供更多的特色化、个性化、多元化的公共文化服务，推动高质量发展。

(三) 推进基层公务员队伍建设

在“放管服”改革背景下要想基层政府职能转型符合国家治理体系现代化的要求，让权力放得下、放得稳，就必须要推进基层公务员队伍建设。一是提高基层干部的政治素养。基层干部的政治素养关乎基层政府工作的效率，也是基层政府行政能力的侧面反映。因此，首先，要强化基层干部的学习意识，既要学习党的建设和政府治理的相关理论，还要学习国内外改革的先进经验，从他国的经验中探索自己的道路。其次，要倡导基层干部多参与政治活动培养自身的领导能力和协调能力，积极与群众紧密联系，真心真意为群众干实事。二是转变基层公务员的管理理念。首先，早期“家长型”的政府治理理念已经不符合现代社会发展的需要。基层公务员要树立服务型政府理念，时刻与群众紧密相连，推动服务型社会与服务型政府相融合，为后续政务服务开展奠定基础。其次，基层公务员要牢固树立法治理念，在日常执法过程中落实依法治国的方针政策。三是完善基层公务员的考核制度。首先，要明确基层公务员的考核内容和目标。由于基层公务员事情多、任务重，因此要将过去定量的考核方式转换为考核任务完成的效果和质量的方式，原先的内部评估转换为内部评估与民主评估双重标准相结合的方式。其次，建立健全基层公务员考核体系，将业务绩效、日常表现、群众满意度等内容纳入综合考评，工资与综合考评相挂钩，提升基层公务员的工作积极性，从而使群众满意度上升一个新台阶。

四、结语

基层政府能够履职尽责是深化中国特色社会主义行政体制改革的重要内容，也是提升国家治理效能的重要推手。在未来转型过程中，要以习近平新时代中国特色社会主义思想为纲领，基于“放管服”改革的视角，继续运用电子政务等手段，积极推进人、财、物等资源下沉，让基层政府能够承接好下放的权力，推动基层政府履职尽责，更好地服务于民，推进国家治理体系现代化。

参考文献：

［1］习近平. 关于《中共中央关于坚持和完善中国特色社会主义制度 推进国家治理体系和治理能力现代化若干重大问题的决定》的说明［J］. 时事报告（党委中心组学习），2019，38（6）：1.

［2］孙杰，郑永丰. 政府治理现代化视阈下“放管服”改革的路径［J］. 科学社会主义，2020（1）：117-122.

［3］卫鑫.“放管服”改革的现实问题与完善路径［J］.中国行政管理，2021（2）：155-157.

［4］王峰.“放管服”改革中政府间纵向关系调整：逻辑与进路［J］.中国行政管理，2021（8）：22-24.

［5］汪韶源，吴江.深化重庆“放管服”改革和政府职能转变的实践与思考［J］.重庆行政，2020，21（1）：37-39.

西部地区优化营商环境法治保障研究

——以成渝地区双城经济圈为例

李伟丽[①]

摘　要：与东部沿海地区相比，我国西部地区营商环境的建设仍有较大差距，主要体现在营商法规制度体系尚未建立、法律政策制定较为滞后，政府法治意识有待加强、思想认识不到位，法律服务保障不够充分、部门协同机制不健全等方面。为优化我国西部地区营商环境，从法治角度保障市场主体权益，需从结合地域实际、优化区域协同，完善法律规制、加强主体参与，转变政府职能、构建诚信体系，拓宽救济渠道、强化社会参与四个方面进行完善。

关键词：营商环境；法治化；后发优势；依法行政

2019年2月25日，习近平总书记在中央全面依法治国委员会第二次会议上提出“法治是最好的营商环境”，法治是推进经济高质量发展与优化营商环境的重要手段。良好的营商环境是一个国家或地区经济软实力的重要体现。进入新时代，我国西部地区如成渝地区双城经济圈等区域，结合当地实际情况，实事求是地对优化营商环境进行了积极探索。但由于我国西部地区深处内陆，交通不便，宣传力度不够，发展起步较晚，发展基础较为薄弱，在优化营商环境的过程中也暴露出了不少问题。

一、西部地区营商环境法治化建设的做法及成效

（一）优化区域协同，共创优质营商环境

2021年5月，在四川省十三届人大常委会第二十七次会议上，川渝第二个协同立法项目《四川省嘉陵江流域生态环境保护条例》通过一审。2021年7月1日起，川渝首个协同立法项目《四川省优化营商环境条例》正式施行。这是川渝两地人大常委会过去一年来协同立法的成绩单，无疑有助于川渝优化营商环境按下法治“加速键”，唱好“双城记”，建好经济圈。

（二）强化法治协作，完善营商法律规制

2021年3月31日，重庆市第五届人大常委会第25次会议审议通过《重庆市优化营商环境条例》，这是与《四川省优化营商环境条例》相对应的首个川渝协同

① 李伟丽，中共重庆市秀山县委党校教师。

立法的重大成果。此次颁布的《重庆市优化营商环境条例》从优化市场环境、政务服务、法治保障等方面，对重庆市构建新的营商环境做出了明确规定。四川省与重庆市开展区域协同发展法治研究，加强重点领域立法协作，组织起草了《推进成渝地区双城经济圈法治一体化建设的指导意见》，推动打造区域法治共同体。

（三）改进司法规制，优化营商环境

目前，重庆市全面推行线上“一网通办”、线下“一窗综办”、川渝“跨省通办”，全市政务服务效能持续提升，办事更高效，市级行政许可事项“最多跑一次”比例超过97%，网上可办事项超过95%，各区县政务服务大厅“一窗综办”窗口和事项数量均超过80%，第一批95项川渝通办事项于2021年实现无差别受理、同标准办理。

二、西部地区营商环境法治化建设过程中存在的问题

（一）营商法规制度体系尚未建立，法律政策制定滞后

从文本位阶上看，西部地区处于相对滞后的状态，发文等级占比最多的是地方工作文件，由此显示出西部地区对营商环境法治化的重视度有待提升；从政策主题上看，着重在加大对企业的投资力度、登记规范手续等前序环节发力，注重缩短办事时限，规范企业办理事项的程序。虽然这些方面可以提升法治效率，但法治化体系建设仍显不足。

（二）政府法治意识有待加强，思想认识不到位

我国西部地区由于改革起步较晚，受计划经济体制影响较大，个别部门和领导干部对优化法治化营商环境的实质内涵认识不到位，法治意识有待增强，在做出涉企决策和处理涉企事务时，仍沿用“管”的理念，由“管”向“服务”的理念转变还不到位，政府工作人员运用法治思维和法治方式推动经济社会发展的能力参差不齐。2017—2019年成渝司法数据显示，成渝两地诉请行政信息公开的案件占比约为12%，高于全国8%的平均水平。可见，西部地区群众对政务公开、阳光行政的诉求普遍比较强烈。

（三）法律服务保障不够充分，部门协同机制不健全

服务于优化营商环境的法治专门机构与力量保障不充分，依法治市（县、区）办的人员力量不足。法律服务资源分布不均，如重庆市60%的律师事务所和73%的社会律师主要分布在经济发达地区的主城区，基层法律服务所和基层法律服务工作者的数量也呈逐年下降态势，各县区以及乡村法律服务资源力量单薄；优化法治化营商环境在立法、执法、普法等方面都不同程度地存在部门间协作配合不够的问题。尤其突出体现在横向的各部门间以及纵向的上下层级之间的数据汇聚共享程度不高，多系统同时运行的情况较多，信息壁垒未能打破，“信息孤岛”现象仍然存在。

三、西部地区优化营商环境法治保障的应对之策

（一）结合地域实际，优化区域协同

一是西部地区在借鉴东部地区经验时应务必注重结合本地区的实际，不能盲目照搬照套；二是要以法治的稳定性、可预见性和衡平性来保障营商环境的自由、效率和公平；三是西部地区应从优化营商环境条例的制定与实施入手，提高治理文本位阶，以地方性法规确定当地营商环境法治化建设的基本路径、原则和内容。

（二）完善法律规制，加强主体参与

一是构建完备、协调、统一的营商法规体系。坚持党的领导，发挥党总揽全局、协调各方的领导核心作用，坚持科学立法，结合本地区实际情况，开展可行性与必要性分析以及合法性审查，提高立法质量。二是保障商事主体的立法参与权。商事主体是商事立法过程中不容忽视的社会力量，商事主体营商的满意度、参与度也是衡量营商环境的软指标。在行业协会发展较为普及的商人社会中，行业协会代表的意见最能集中反映商事主体的一些共性问题和诉求，从行业协会着手能够更有效率地吸纳商事主体的立法建议。同时，可将不同行业、不同企业类型的商事代表纳入营商环境优化人才智库中，在法律制度构建层面为稳定、可预期的营商环境提供智力支持。

（三）转变政府职能，构建诚信体系

一是依据法律来判断商事行为的合法性，以法律手段调节经济活动，以法定程序开展执法活动；注重企业合理诉求的解决，提高营商环境的便利化和人性化程度。二是要保证市场在法治的轨道下良性运作。首先，推进诚信政府建设，通过增强政府干部诚信意识，建立失信问责机制，提升政府公信力，规范政务诚信；其次，推进企业诚信建设，通过建立企业信用监管，监督企业诚信经营行为，将惠企政策与企业诚信挂钩，切实履行市场主体责任。

（四）拓宽救济渠道，强化社会参与

一是拓宽法律救济渠道。对违法企业给予政策性保护，减少企业损失，维持职工和债权人权益，维护市场和社会稳定；在企业退出市场方面，要合理选择企业的破产程序，对于资不抵债和明显丧失清偿能力的企业，应注重破产企业资产的保值增值，提高清偿率，及时进行破产清算，公平清理债权债务，保护债权人和债务人的合法权益。二是创新法律法规宣传方式，探索利用短视频等新媒体引导人们在潜移默化中养成守法自觉，营造良好的法治氛围；要建立企业守信联合激励和失信联合惩戒机制及相应的信用修复机制，给诚信守法的企业以激励，给失信违法的企业以震慑，维护好市场的正常秩序。三是建立严格意见反馈机制。以地方政府规章等形式明确规定反馈意见的合理机制的法律后果和利用倒逼机制激励政府及时、依法梳理并回应公众（特别是相关商事主体）的立法建议和意见，从而实现立法的“理性选择”，充分利用“互联网+”的技术优势，从多媒体平台开辟信息收集渠道。

参考文献：

[1] 贾清. 法治是最好的营商环境［J］. 求知，2021（2）：36-38.

[2] 袁莉. 新时代营商环境法治化建设研究：现状评估与优化路径［J］. 学习与探索，2018（11）：81-86.

[3] 李琰，吕昭星. 甘肃省营商环境法治化建设研究［J］. 甘肃理论学刊，2021（1）：89-96.

[4] 李春根，陈文美. 推进西部少数民族地区经济社会发展的实施难点与政策重点［J］. 山东社会科学，2021（3）：133-137.

开放视角下打造国际化营商环境研究

——以重庆市渝北区为例

马　丽[①]

摘　要：营商环境直接关乎一个地区的经济竞争力和软实力。打造国际化营商环境是深度融入和促进新发展格局构建的重要依托，也是提升区域发展影响力和竞争力的重要内容。重庆市渝北区是中国（重庆）自由贸易试验区、中新（重庆）战略性互联互通示范项目的重要承载地，是首批国家临空经济示范区。瞄准高标准，打造国际一流的营商环境，是渝北区不断提升核心竞争力的重要支撑。本文主要围绕如何打造国际化营商环境，从开放经济视角对渝北区营商环境建设进行客观分析并提出相应的对策建议，以期对其有所裨益。

关键词：国际化；营商；渝北

进入新发展阶段，重庆市渝北区要坚持开放引领、互利合作，积极对标先进理念、领先标准和最佳实践，促进经济运行方式与国际接轨，加快集聚优质要素资源，更有效地参与全球价值链和产业链的调整与重构，不断增强区域的影响力。

一、融入国际体系，打造互利共赢的开放环境

近年来，重庆市渝北区大力推进国家临空经济示范区建设，着力构建对外开放新格局，开放型经济发展成效显著。在新的发展背景下，渝北区要持续全面融入共建“一带一路”，加快建设内陆开放高地，不断增强全球资源配置能力。

一是推进对外投资合作。依托对外贸易企业发展促进会等载体，大力引导汽摩、电子设备等优势产业加快境外布局，优化对外投资产业结构，支持企业多元化拓展对外投资发展的空间。完善企业境外投资政策咨询和融资服务，支持企业开展跨境产能合作和创新合作。二是培育集聚开放型市场主体。以临空前沿科技城、空港工业园、创新经济走廊建成区为主要承载地，加快支持传统工业企业转型升级。加快建成临空智能终端产业园，推动形成外向型工业企业出口基地。三是加强国际交流合作。创新合作机制，扩大政府和民间的友好往来，密切与“一带一路”沿线国家，白俄罗斯、芬兰等欧洲国家，泰国、菲律宾等东盟国家友好合作交流，鼓励民间外交，策划开展一系列有影响力的民间交流活动。四是深化渝北区自贸板块

① 马丽，中共重庆市渝北区委党校副教授。

改革创新。强化市区相关部门协同联动，向上积极对接和争取对口政策，推动海关口岸监管创新、多式联运通关模式创新在渝北区先行先试，争取承担外资企业简化注册流程等试点，不断激发创新活力。

二、瞄准价值链高端，构建现代化开放型产业体系

近年来，渝北区积极发展新经济培育新动能，加快培育壮大战略性新兴产业，有效推动了经济高质量发展。在新的发展背景下，渝北区要坚持把提高供给体系质量、加快构建现代化开放型产业体系作为主攻方向，鼓励企业紧盯国际先进水平，以技术升级、品牌培育、质量提高等内容为核心，全面塑造竞争新优势。

一是明确产业发展重点。紧扣区域战略定位、资源禀赋，聚焦价值链高端环节，重点发展智能终端、航空制造、生物医药等临空制造业，保税展示、会展经济、创新金融、现代物流、文化旅游等新兴服务业，全面构建以“人工智能+”“大数据+”“5G+”等为核心的开放型产业体系，在产能规模、研发创新、标准品牌等方面提升核心竞争力。二是拓展产业链。以智能终端、软件信息服务等产业为招商重点，配套引进集成电路设计、人工智能、物联网、中间件上下游关联企业，推进产业链招商，带动产业集群发展。发挥龙头企业的带动作用，引领配套企业协同发展，扩大产业集聚效应。三是全面加强科技创新。围绕重点产业和发展需求，积极引进高端科研机构落户和跨国企业建立研究中心、实验室，持续增强高质量科技供给能力。抓好企业研发机构培育基础工作，建立储备库，指导条件成熟的企业积极申报市级科技研发机构，形成较为完善的分级培育机制。四是培育优化高端中介服务。对标发达地区高端中介服务标准，加大会计、税务、咨询等高端中介服务机构的引进培育力度，从品牌培育、集聚发展、创新创业等方面给予一定支持，不断提高其服务实体经济的能力。

三、整合优质资源，建设高素质的创新创业人才高地

近年来，渝北区实施了“临空海外英才千人计划”和“临空创新人才支持计划”等一系列措施，努力为渝北区经济发展汇聚强大智力资源。在新的发展背景下，渝北区要以高层次创新型人才和高技能人才为重点，统筹引领、有序推进各类人才队伍建设，以体制机制创新激发人才发展活力，着力凝聚高端人才的“强磁场”。

一是加大人才引育力度。鼓励社会化引才和柔性引才，大力实施人才培养计划，重点围绕智能制造、大数据、英语及小语种翻译等领域，引进和培育一批主导产业和龙头企业所需的专业人才和团队，提高育才引才的精准度。建立“政+校+企”联动合作模式，依托高等院校、职业技术学校大力开展订单培训、岗前培训和职业技能培训，为企业培训紧缺人才。二是强化人才交流。支持企业设置一定比例的流动岗位，与科研院所和高等学校合作，促进企业家、企业科技人员、院所研究人员、高校教师等人才合理交流。充分发挥国家信息中心等资源优势，定期组织

开展学术技术交流、项目合作研讨等活动，推动智力交流与合作。三是推进高端智库建设。以专业知识为背景，吸纳汇聚专业领军人物和专职研究人员，针对特定领域进行长期深入的调查研究，形成高价值智库产品。探索建立对外开放政策研究中心，引进专业人才长期从事政策研究工作。四是优化人才服务工作。深化人才服务体制机制改革，不断健全人才评价、流动等制度体系。参考各地相关政策措施，为人才在医疗保健、住房、配偶安置、子女入学等方面提供便利，为吸引、留住、用好人才提供政策支持。围绕外籍高端人才，相关部门定期走访、征询意见，确保各类问题能够及时解决。

四、强化价值引导，营造多元包容的社会文化氛围

自渝北区推进文明城区建设以来，社会文化氛围日趋浓厚，在文明素质、开放氛围、公共服务等方面的工作成效日益凸显。在新的发展背景下，渝北区要在公共服务、文化氛围等方面形成与国际接轨的体制机制，吸引全球先进生产要素向渝北集聚，全力打造开放城区新形象。

一是营造良好的文化氛围。巩固文明城区拓展创建成果，建立健全引导群众积极参与城市建设管理的体制机制，形成全民参与的良好局面。在党政机关、新闻媒体、教育系统和公共服务行业等领域不断推广使用普通话，加强“国际理解教育”，增强全民的国际意识和同国际社会交往的能力。二是提升城区风貌。以项目建设为抓手，结合渝北区风貌融汇特色文化和国际化元素，开展园林绿化、市政设施、背街小巷等景观提升工作，对开放空间等重点区域进行精心设计和改造，不断改造提升渝北城区风貌，创建宜人的公共开放空间。三是提高国际化公共服务水平。加快打造国际化社区，精心布局一批具备国际化水平的文化、教育、医疗、餐饮等服务设施，为国际人群提供良好的城市居住环境。优化国际语言环境，探索建立重庆语言服务贸易基地，解决国际交流语言服务的困难。完善标准化标识系统，推进公共交通设施、城市道路设施、城市街区、公园绿地等重点公共区域双语标识设置，不断提升其国际形象。四是加强城区宣传推介。加强品牌研究策划，挖掘和整合区域优势资源，制定符合渝北区形象的标准化推广方案，吸引更多国际目光聚焦渝北。此外，可以设立英文版政府网站，实时更新主要信息，助力城市形象推广。

营商环境是一项涉及经济社会改革、对外开放等众多领域的系统工程。在全球坐标中，渝北区要持续扩大开放，与国际先进水平对标，在政务服务、法治保障等方面给市场主体以稳定的预期，用更优质的服务打造更优质的营商环境，吸引更多的国际化企业来渝北区投资兴业，助推渝北区经济高质量发展。

参考文献：

[1] 黄玲，胡琼，王敏仪. 成都国际化营商环境研究 [J]. 合作经济与科技，2020（6）：18-22.

［2］陈诗波. 积极推进营商环境国际化建设 着力打造内陆对外开放新高地［J］. 先锋，2019（11）：25-27.

［3］陈伟伟，张琦. 系统优化我国区域营商环境的逻辑框架和思路［J］. 改革，2019（5）：70-79.

［4］张志超. 关于新形势下优化营商环境的思考［J］. 现代商业，2017（35）：49-50.

［5］赵滨元. 优化营商环境对策研究［J］. 北方经济，2019（4）：10-13.

重庆市渝北区打造营商环境“升级版”的路径研究

沈庆航[1]

摘　要：近年来，重庆市渝北区深化“放管服”改革，积极推动政府职能转变，营造出了良好的营商环境，但在市场环境、法治环境、国际环境等方面，还不同程度存在一些问题。因此，要在营造更优市场环境、法治环境和国际环境等方面上下功夫，为渝北区实现经济社会高质量发展创造更好环境、提供更有力支撑。

关键词：营商环境；市场环境；法治环境；国际环境

营商环境是一个地区经济软实力和综合竞争力的集中体现。为推动重庆市渝北区经济社会高质量发展、形成国际国内双循环新发展格局，加快打造渝北区市场化、法治化、国际化营商环境，笔者通过实地走访、座谈交流等方式，深入开展了调研。

一、渝北区营商环境概况

近年来，渝北区深入推进“放管服”改革，全面落实《优化营商环境条例》（以下简称《条例》），主动对接国际惯例和通行规则，积极转变政府职能，激发创新创业活力，营造出快捷、高效、规范、透明的营商环境。

（一）加强组织领导，运行机制畅

一是成立渝北区优化营商环境工作领导小组，出台工作方案，统筹开展优化全区营商环境工作。二是建立区领导常态化走访企业制度、民营企业诉求问题办理制度。对标世界营商环境评价体系和重庆市营商环境考核机制，开展优化营商环境年度考核工作。三是开展“营商环境宣传月”活动，宣传具有渝北特色的营商环境。

（二）深化改革创新，市场活力足

一是深化商事制度改革，实现企业设立登记、印章刻制、税票申领等“一窗通办”、全流程“一日办结”；二是优化立项用地规划许可、建设许可、施工许可、竣工验收四个阶段综合窗口建设，实现一般社会投资项目 50 个工作日内办结；三是在全市率先探索开展自贸区“一本报告管全域”改革试点，为企业落地渝北降低时间成本。

---

① 沈庆航，中共重庆市渝北党校（行政学校）办公室副主任。

（三）转变政府职能，政务服务优

一是优化流程再造，依申请事项时限压缩比、平均跑动次数、即办件比例等均达到全市既定目标。二是首批推出的 13 项“一件事一次办”主题套餐，为新办餐饮、超市、保健等经营店所提供菜单式服务，申报材料减少 76 项，时限压缩 50%。三是与德阳市、成都市双流区、成都市金牛区和赤水市、银川市等地签订合作协议。2021 年 1~5 月，渝北区实现跨省通办 10 790 件、川渝通办 6 945 件、全渝通办 232 749 件。

（四）高效配置资源，双创驱动强

一是深入推进科教兴区和人才强区计划。2020 年，渝北区引进了 94 名拥有自主知识产权或掌握核心技术的创新创业人才。二是以创新发展驱动产业结构调整。截至 2020 年年底，全区国家高新技术企业达 690 家、科技型企业 2 905 家。渝北区“双创”指数和综合科技竞争力持续保持全市第一。

二、渝北区在营商环境建设中存在的主要问题

虽然渝北区营商环境得到显著改善，但与“坚持市场化、法治化、国际化整体推进，打造一流营商环境”的要求相比，还存在一定差距和不足。

（一）在市场环境方面

在市场环境方面，主要表现在以下三个方面：一是政务服务标准化有差距。整体标准化水平不高，事项库动态调整不及时，仍普遍存在“办事指南信息存在错误，或与实际办事要求不一致”等问题。二是政务服务规范化不足。个别单位未将全部审批职能整合到行政审批科，或者行政许可事项虽然进驻了政务服务大厅，但授权不充分，个别事项只能受理、不能审批。三是政务服务便利化有短板。梳理出的“一件事一次办”套餐少且含金量不高，办件数量还不多。

（二）在法治环境方面

在法治环境方面，主要表现在以下四个方面：一是依法行政能力有待提高。行政执法规范化有待加强，执法信息化建设比较落后，依然存在执法不公正、不规范的情况。二是公正司法存在薄弱环节。在刑事司法审判中，对民营企业和市场主体的认定、从轻处罚的标准等不易把握。破产管理人履职能力不强，破产案件办理仍然存在一定困难。三是信用监管水平亟待提升。信用承诺在政务服务事项中应用程度不够、种类较少，信用报告在生产经营活动当中应用不广泛。四是公共法律服务略显滞后。部分涉外企业对重庆临空政策法律服务国际中心知晓率低、了解不深，使得该中心的作用发挥有限。

（三）在国际环境方面

在国际环境方面，主要表现在以下三个方面：一是国际化配套设施不够完善。具备国际化水准的教育、文化、医疗等配套设施建设较为滞后，涉外的律师、公证、司法鉴定、调解、仲裁等公共法律服务机构也较为缺乏。二是融资信贷难题依然存在。商业银行过度依赖抵押担保，民营担保公司的门槛、费用相对较高，部分企业因产品缺乏核心竞争力，或者轻资产多、重资产少，导致自身融资能力不足。

三是水、电、气服务获得感偏低。电网基础较为薄弱，特别是老城区燃气设施设备建成年限较长，容易出现故障。

三、优化提升营商环境的对策建议

习近平总书记指出，营商环境只有更好、没有最好。优化营商环境是一项十分复杂的系统工程，同时也是一个不断学习借鉴、创新超越的动态过程，需要聚焦市场主体，坚持以问题为导向，以国际视野拉高标杆，不断深化改革创新、持续用力、久久为功，为渝北实现经济社会高质量发展创造更好环境、提供更有力支撑。

（一）聚焦优质有序，着力优化市场环境

（1）增强政务服务能力。相关部门整合行政审批职能并充分授权，确保行政审批事项“应进必进”、已进驻事项审批权限到位。在区行政服务中心试点引入第三方管理社会事务综合窗口，督导全区各级政务服务大厅规范运行“前台综合受理、后台跟进审批、综合窗口出件”。

（2）创新政务服务方式。梳理推出自然人生命周期“出生一件事”“结婚一件事”“购车一件事”等套餐。科学设置涉及法人生命周期套餐的“一件事”窗口，为更多市场主体提供“一站式”的菜单服务。

（3）提升政务服务质效。对标全市政务服务效能评估体系及网上政务服务能力建设五大指标，通过“日提醒、周扫描、月通报、年考核”督促问题整改，督促部门、镇街大力推进网上审批，不断提高网上受理率和全程网办比例，逐步实现“不见面审批”，使更多的政务服务事项办理像网购一样方便。

（二）聚焦公平公正，着力优化法治环境

（1）全面提高依法行政水平。对照《重庆市优化营商环境条例》，及时组织开展涉民营企业政策文件全面清理工作，为民营企业发展提供制度保障和政策支撑。

（2）切实加大司法保护力度。严格调解人员考核方式，杜绝诉前调解“走过场”。推行破产案件繁简分流，优化破产清算和重整之间的程序转换，提高破产案件办理质效。积极调动社会力量共同参与，统筹协调处理涉及企业融资风险、个案信访处理等实际问题。

（3）不断健全社会信用体系。全面推进涉企经营许可事项告知承诺制，探索开展容缺受理、审批替代、行业自律等信用承诺，重拳打击企业违法失信行为。以创建全国法治政府建设示范区为契机，加强“双公示”信息工作的督查考核，夯实信用监管基础。

（4）扎实推进法治社会建设。把优化营商环境纳入“八五”普法规划，通过微信公众号、《渝北手机报》开展相关法律法规宣传。持续推进市域社会治理现代化示范点建设，加大国际中心在全市范围内对涉外企业的推广力度，不断增强该中心的影响力和带动力。

（三）聚焦开放透明，着力优化国际环境

（1）切实提高涉外服务能力。试点打造国际化街区、国际化社区，布局一批具备国际化水准的教育、文化、医疗等配套设施，为国际人群提供良好的居住环境

和生活环境。以两江国际商务中心为载体，积极引进法律、会计、咨询等国际化高端中介服务机构，打造具有全球资源配置力和影响力的高端服务业集群。

（2）着力优化融资信贷环境。“线上”搭建企业共建、数据共享、互利共赢的金融综合服务平台，“线下”建立银企对接常态化机制，提高产融信息对接效率。推动商业价值信用贷款、科技型企业知识价值信用贷款等扩面放量，扩大政府性融资担保对小微企业融资担保的有效供给，让金融“活水”更快、更顺注入企业。

（3）保障获得水、电、气供应。做好水、电、气维护改造工程，指导供电、供水、供气等国有企业统筹安排计划检修、安装接入等工作，尽量减少停电、停水、停气次数。开展故障主动研判、干预工作，探索开展“单经理制”，实施以客户需求为导向的差异化服务。

参考文献：

[1] 何文，宋有，佩奇. 成都高新区市场监督管理局：构建亲清政商关系，助力国际化营商环境建设 [N]. 四川日报，2021-09-29（011）.

[2] 本报评论员. 辽宁振兴，营商环境必须根本好转 [N]. 辽宁日报，2021-10-08（001）.

[3] 刘佳. 三亚金融多“活水”“获得信贷”更便利 [N]. 三亚日报，2021-09-28（002）.

优化营商环境促进高质量发展探究

——以重庆市×区为例

余 玲[①]

摘 要：营商环境既是生产力也是竞争力。良好的营商环境是实现高质量发展的重要条件，也是实现政府治理体系和能力现代化的题中之义，更是当前川渝两地唱好“双城记”的重要内容。当前，优化营商环境过程中，在推进服务理念出新、体制机制创新、配套服务谋新等方面都存在一些困难亟须解决。针对现在存在的问题，需要进一步改善政务服务、完善配套供给、注重平台搭建、加强宣传和监管，用好的营商环境为实现更高质量、更有效率，更加公平、更可持续的经济发展提供助力。

关键词：优化；营商环境；放管服

一、推进营商环境优化的现实价值

企业等市场主体在市场经济活动中所涉及的体制机制因素和条件被称为营商环境。打造市场化、法治化、国际化营商环境，营造可预期、公平公正的营商生态，是近年来各级政府推动经济社会高质量发展的重要举措，具有极为重要的现实意义。

（一）推进营商环境优化是国家治理体系和治理能力现代化的题中之义

党的十九届四中全会通过的《中共中央关于坚持和完善中国特色社会主义制度 推进国家治理体系和治理能力现代化若干重大问题的决定》中，把“深化行政审批制度改革，改善营商环境”作为完善政府治理体系和提高治理效能的一个重要内容。政府作为国家治理主体，必须要优化职责体系，深化“放管服”改革，切实降低制度性交易成本，不断提高政务服务能力和水平。

（二）推进营商环境优化是实现高质量发展的重要保障

良好的营商环境是经济发展的重要条件，中国经济已经由高速增长转向高质量发展阶段，而高质量发展则是要在质量效益明显提升的基础上实现经济持续健康发展。因此，实现高质量发展，就是要把营商环境转化为生产力、竞争力，用好的营商环境为高质量发展提供助力，推动质量变革、效率变革、动力变革，进而实现更

① 余玲，中共重庆市渝中区委党校教研室副主任、讲师。

高质量、更有效率，更加公平、更可持续的经济发展。

（三）推进营商环境优化是成渝地区双城经济圈建设的重要内容

2021年10月正式落地的《成渝地区双城经济圈建设规划纲要》，为成渝地区高质量发展制定了“任务书”和“施工图”。作为当前和今后一个时期成渝地区双城经济圈建设的纲领性文件，该纲要指明了推动成渝地区双城经济圈建设的重点任务。在具体的规划中，就明确要求“营造一流营商环境”，从高标准市场体系建设、政府职能持续转变等多方面联手打造内陆改革开放高地，凸显了优化营商环境的重要价值。

二、推进营商环境优化中存在的困难

近年来，政府在聚焦一流营商环境打造，推进硬件更新换代、软件提能升级，软、硬件同向发力促进营商环境优化取得了一定成效，但是，在对标世界银行创一流方面，仍然存在一些亟须解决的问题。

（一）服务理念有待进一步出新

一是服务主动性不足。对服务理念理解不深不透，落实不优不细，在主动服务、靠前服务、积极作为方面存在滞后性。企业所需所求服务与政府惠企政策落实存在“中梗阻”，主动研判企业现实需求和困难频次不高、办法不多，措施供给不够精准，双向沟通了解不畅。二是服务精细化不够。针对企业经营全生命周期需求的全方位、一体化的服务配套不够完善，针对不同类别、规模企业的多层次、个性化服务的创新举措不多。三是公用设施配套服务优化不够。公用设施供应保障“一站式”集成服务和帮办服务便利化有待提升，部分老旧产业园区停车难、物业服务较差等问题有待解决。

（二）体制机制有待进一步创新

一是“放管服”改革不够深入。简政放权不同步导致不同层级、部门、事项承接落实下放行政审批错位，审批流程衔接机制有待完善。跨部门、多事项、高频度改革导致部门之间管理权责交叉、重叠，服务企业职能、资源过于分散，影响服务效能整体提升。二是服务便利性需增效。“一窗受理、限时办结”工作机制尚未完善，部分行政审批申报流程长、耗时久、兑现难，个别政策落实环节多、进度慢、程序复杂、兑现久等现象依然存在，事项办理集成度不够高，主动帮扶的机制有待完善。三是信息互通有待拓展。涉企政务平台多、账号多、种类多，职能部门间的审批数据壁垒仍未打破，数据共享度、开放度不够高，数据共享困难。政策宣传力度不够，平台不优，涉及面不广，做好优质政策解读的人才和技术力量缺乏，企业获取政策的全面性和精准性有限，政策知晓率不高。

（三）配套服务有待进一步谋新

一是人才“引育留用”惠企不够。人才引进、惠企人才培育留用的措施办法有待创新、人居环境有待改善，政策宣传力度仍需加大。在了解企业人才需求，对接企业人才服务，帮助企业管理型、技术型人才梯队培养方面力度不强，专业培训指导不优。二是对标先进标准不高。营商环境整体提升有所改善，但对照发展目标，对标世界银行指标，对比发达城市先进做法仍有差距，在优化营商环境的标准确定、措施改进、新兴技术探索以及企业吸引力方面都有待加强。三是法治环境有待健全。市场监管方式创新不够，监管力量整合不够，分级分类差异化监管和联合监管规则标准的精准性和有效性有待提高，跨部门综合执法机制难以建立。

三、优化营商环境推进高质量发展的几点建议

（一）改善政务服务，为优化营商环境服务增效

一是审批效率要提升。以“非禁即准”“非限即许”原则推动政务审批事项要件减少，环节简化、承诺时间缩短、承诺时限压缩。完善政务服务大厅功能，统一优化网上审批流程，实现线上线下并联审批，不断推动政务服务水平、公共服务效率全面提升。二是行政权责要明晰。明晰完善涉及经济发展各行业主管部门权责，细化明确目标任务、工作措施、责任分工，构建统一高效完善的企业服务工作组织体系。相关部门建立工作专班、专人负责，确保各项措施落地见效。三是服务资源要整合。建立健全信息沟通、重要事项协商等机制，大胆消除制约企业发展的思想障碍、体制障碍、政策障碍，形成多元协同共治共管格局。借助双城优势，将营商环境优化与成渝地区双城经济圈建设同步部署实施，推进服务联办、监管联合、数据共享等“川渝通办”政务服务创新。

（二）完善配套供给，为优化营商环境服务提质

一是多层面完善公共服务设施配套。推动硬件、软件双提升，构建国际化大都市商务、教育、医疗等专业服务体系，实现人居环境和营商环境双向促进优化。坚持以问题为导向，规划用好空置楼宇，推动老旧商业载体改造，整体改善产业集群管理服务、内部设施、周边环境，提升企业入驻率和满意度。二是多政策引进留用优质人才。多渠道储备高端前沿发展人才，重视后备人才吸纳和培养，针对特殊人才设立奖励补贴和专项补助。支持企业与市内外高校开展产学研合作，帮助企业引进高层次、紧缺型、实用型人才开辟“绿色通道”“直达通道”，协助解决其住房、医疗、子女入学等现实需求。三是多方式招商、育商、稳商。创新招商、育商、稳商方式，汇聚专业、专职、专家形成招商、育商、稳商工作合力，推进专业招商、精准育商、贴心稳商一体化、常态化。加强个性化、针对性“定制化”服务，及时发布“机会清单”，针对不同规模、行业企业融资征信等多层面需求提供更实政策支持、释放更多政策红利。

（三）注重平台搭建，为优化营商环境科技赋能

一是推进企业服务网络平台建设。完善线上服务功能打造，集政策查询、政企互动、供需对接、业务办理、企业诉求等政务功能为一体，为企业提供全周期便捷服务。专人专项规范网上政务服务，推进数字化、信息化、智能化服务平台建设，做好政务服务清单梳理编制，发布网上办理事项标准和办事指南，推进服务企业工作内部流程优化、外部流程再造。二是加强数据共享和业务协同。减少审批体内循环环节，探索开展人工并联审批，创新“一门受理、内部流转、集成服务”，真正让“数据跑路”代替“企业跑路”。深化企业登记信息分析，全面提升数据应用，

加强对改革措施的跟踪、分析和评估。三是多领域延伸服务。创新“一对一”“定制式”服务方式，不断完善干部联系企业制度。充分调动企业家协会等行业组织的积极性，打造“企业家俱乐部”，办好“企业家沙龙”等活动，营造企业健康成长环境。

（四）加强宣传和监管，为优化营商环境生态促兴

一是广泛开展政策宣传解读。完善政策体系，不可持续政策及时修正，重复、低效政策要调整，碎片化政策要整合，有效提升政策供给。借助政府门户网站及新媒体客户端向企业精准推送服务，畅通企业反映困难、表达诉求的通道，展现服务企业工作和成效，营造整个社会广知晓、高支持，多参与优化营商环境的良好氛围。二是加强规范化监管建设。开展跨部门企业服务事项跟踪问效，加强专项督查形成整改清单，督促立行立改。完善社会法治环境，健全征信体系和失信联合惩戒机制，注重行政审批人员及执法人员法律素养培训，建立健全“打、控、防、管”市场综合监管体系。三是构建新型政商关系。构建既“亲”“清”的政商关系，厘清政治底线、政策边线、制度红线，细化政商交往正当行为和“负面清单”，打造政商关系新生态，促进风清气正、健康和谐营商环境形成。

参考文献：

［1］优化营商环境条例［M］. 北京：中国法制出版社，2019.

［2］宋林霖，陈志超. 中国语境下的营商环境优化：核心议题与治理路径［J］. 中国行政管理，2021（1）：147-149.

“招育稳”并进
优化成渝双城协同发展营商环境

张晓露[①]

摘 要：在大力推动成渝地区双城经济圈建设过程中，成渝双城协同发展是一个新的命题。除了持续营造市场化、法治化、国际化的营商环境外，还需要更多差异化、个性化的思考，推行“招育稳”并进，优化成渝双城协同发展的营商环境，共谋发展。

关键词：招商；育商；稳商；成渝协同；营商环境

党的十九届四中全会把“深化行政审批制度改革，改善营商环境”纳入推进国家治理体系和国家治理能力现代化这一重大时代课题，成为完善政府治理体系和提升治理效能的重要内容。成渝地区双城经济圈建设，是习近平总书记亲自谋划、部署、推动的重大国家战略，有助于打造内陆开放高地，构建以国内大循环为主体、国内国际双循环相互促进的新发展格局。2020 年 4 月 9 日，重庆市招商投资促进局与四川省经济合作局签署了《成渝地区产业协同招商战略合作协议》，在开展产业招商、搭建开放平台、优化营商环境等方面建立了合作机制。

一、打造差异化、个性化营商环境是成渝双城协同发展的新要求

中央深入实施区域协调发展战略，成渝地区双城经济圈成为西部增长极，为招商引资带来了前所未有的机遇，使成渝两地具备更多发展优势，也对营商环境提升提出了新要求。

（一）新业态新模式加速发展的新要求

世界经济新旧动能加快转换，人工智能、大数据、量子信息、生物技术等产业催生大量新业态、新模式加速布局，创造产业提升全新时机。成渝协同发展要充分发挥地理位置、经济基础、资源要素等比较优势，在营商环境的升级打造上，要针对吸引更多中高端产业导入的需求，进行差异化、个性化的优化。

（二）激发“人、财、力”导入为经济发展赋能的新要求

一是成渝地区双城经济圈战略落地，需要在房价优势、交通优势、落户政策等方面营造更具吸引力的营商环境，聚集更多创新、创业人才落户扎根，使成渝地区

① 张晓露，中共重庆市渝中区委党校教研室主任。

的人才储备更可持续。二是成渝合作之后经济外向性及开放程度更高，需要吸附足够的资本来应对经济加快发展的需求，更加需要市场化、法治化、国际化的营商环境，带动整个西部经济发展。三是成渝两地将科技产业纳入城市发展的战略体系，提升智能产业生产力。而一线城市的劳动力、房地产租赁、物价与生活成本大幅攀升，中外企业开始聚焦中国西部，需要差异化、个性化营商环境吸引高端人才与资本，更好地发挥成渝的“比较优势”，提升科技创新能力，驱动各行业可持续发展。

（三）加强成渝互通互联大力发展总部经济的新要求

目前，成都、重庆分别吸引 301 家、287 家世界 500 强企业进驻，相较于北上广等一线城市还有相当大的差距，除了开放、自由、有序外，还要注重成渝互联互通，形成差异化、个性化的营商环境，扩大比较优势，吸引更多企业设立区域总部，适应大力发展总部经济的要求。

二、推动“招育稳”并进 优化营商环境中存在的问题

招商、育商、稳商（以下简称“招育稳”）一体化协同推进，是营造协同发展营商环境的关键一招。针对不同行业、企业，营造出差异化、个性化营商环境，有助于形成成渝双城良性互动，促进区域经济高质量发展。

（一）“招育稳”成渝协同机制还需进一步完善

成渝发展水平相似，产业大类趋同，一直有竞争，需要进一步思考和谋划如何破冰前行，变竞争为协同，更好地形成招商合力。此外，成渝两地互通互联的水平尚不能满足“招育稳”并进的需求，协同发展的能力较弱，公共服务共建共享不够，需要双方进一步探索完成有效协同机制，变各自为政为联动推进，形成相互推动、互为补充、良性循环的优质区域性营商环境。

（二）“招育稳”部门协同机制还需进一步完善

在实际运行中，相关部门对“招育稳”并进的认识不够，多提于口头见于文字，缺乏开创性的举措和精准“打法”，重完成招商引资目标考核、轻企业注册落地后的培育服务，“招育稳”存在脱节现象。有的部门和工作人员抱有“谁招商谁负责”的思想，导致同一个项目在“招育稳”环节涉及多个部门时，各工作组之间、部门之间不同程度存在工作壁垒和“踢皮球”现象，协同推动难度大，沟通成本高。

（三）“招育稳”之间的协同机制还需要进一步完善

在招商环节，招商企业总体税收占比不高、龙头企业数量偏少、行业分布不均，引领作用不突出等问题在成渝双城经济圈都不同程度地存在；后续的育商、稳商则重视不够，有的部门和工作人员在招商企业落地后，缺乏对“招商企业落地后尚未在本地生根发芽、随时都还有走不出困境的风险和外迁的倾向”的认识。此外，“招商就是兑现税收，育商就是兑现政策，稳商就是走访调研”的思想导致对招商后的培育发展缺乏精准分析和深入调研，政策简单，培育举措单一；协调解决招商企业困难和问题常避重就轻。“招育稳”之间的协同机制运转不良，不利于

营商环境的持续优化。

三、"招育稳"并进、共谋发展，优化成渝双城协同发展营商环境的建议

成渝地区双城经济圈将成为中国第四个发展极，两地要树立一体化发展理念，完善协同发展的机制体制，"招育稳"并进，用更加优质的营商环境让创新活力充分迸发，绘就高质量发展新篇章。

（一）立足"招育稳"并进，加强成渝协同，优化成渝双城经济圈营商环境

1. 推动成渝两地营商环境一体化

对外联合开展城市营销，打造双城招商营销新 IP，扩大成渝地区双城经济圈的整体影响力；对内积极推进服务联办、监管联合、数据共享等"川渝通办"政务服务创新，协同推动产业政策对接互认，推动各类政务服务异地可办、两地通办，提高服务品质和实效。

2. 创新建立政策协同研究机制

开展招商引资联合实地调研和课题研究，分析成渝地区的对外招商引资政策，提出协同发展政策建议。对标国内发达地区，围绕重点产业，加强招商引资政策的研究分析，谋划推动产业协作机制、办法、平台。探讨打破统计数据壁垒，制定促进分工的要素配置政策、利益分享机制（如：两地企业在成渝的投资都可认定为本地的招商引资数据；支持两地企业进行业务拓展，投资额、税收等数据由原注册地和新业务注册地按一定比例分成等），支持两地企业扩大投资、做大做强，真正变竞争为竞合。合力完善双方招商引资基础数据共享机制，立足资源禀赋、产业基础、承载能力以及产业发展规划，相互提供项目情况、产业发展、招商动态、工作创新等信息，实现招商领域数据互通、信息共享。

（二）落实"招育稳"并进，加强部门协同，优化地域营商环境

1. 增强"招育稳"的统筹力

要第一时间确立各级统筹部门，向国际专业机构借智，充分调研，成立专班起草"招育稳"一体发展的实施方案。区县层面要通过主动对接成渝、市级部门产业规划和重点项目布局等方式，明确思路，着眼长远，强化"打法"。赋予统筹部门在组织指导、综合协调、工作调度、监督检查、政策建议、奖励兑现等职能职责方面的"话语权"。

2. 打破线上线下部门壁垒、畅通协同通道

打破禁锢营商环境优化的"部门墙、业务墙"，在线下推行"招育稳"各环节"前台一窗受理、后台分工办理"和"一网办、简化办"的服务模式。在线上，充分发挥区块链、大数据、云计算等技术优势，探索打造"目录区块链"系统，针对共享难、协同散、应用弱等问题，高效联结各部门的职责、目录以及数据，为区、市乃至成渝双城的营商数据互联共享、开发利用提升等提供支撑。

（三）创新“招育稳”并进，优化营商软环境

1. 以招商质量把好“招育稳”的“第一关”

招商项目质量直接关系后期育商、稳商的难易和经济发展增量的成效。“招育稳”的“关口”是招商质量，要加强招商的规划引导，明白“招什么”。各部门要抓住成渝协同发展机遇，关注综合性、交叉性、前沿性产业，重点对新技术、新业态、新模式等新产业加强研判，以“新”总部招商为重点，积极创新招商方式，扭转以行政招商为主的传统方式，深入研究实施产业链招商、基金招商、飞地招商等新模式。

2. 以精准服务找好“招育稳”的“落脚点”

政务环境、企业服务、人才环境，是招商企业落地注册后“留下来”“活下去”的重要因素。育商、稳商，要以“企业发挥经济社会效益”为出发点，支持企业找市场、找“朋友”、找项目，不断激发内生动力。建议成渝联合编制年度发展机会清单，区级层面同步跟进，从产业升级、城市有机更新、营商环境优化、发展建设项目等多维度提供“机会种子”，为企业提供产业、技术、金融、政务、人才等方面的精准服务。系统梳理现行政策，研究制定更加优惠、更加聚焦扶持政策，瞄准重点产业、园区、楼宇、人群，向总部企业、上市企业、金融企业、高新企业、纳税重点企业进行政策倾斜。探索设立招商企业担保基金，为重大招商项目融资提供担保，帮助解决融资难问题。对重点招商企业实施管家服务，打造“双城管家”服务品牌，建立服务“双城绿色通道”；协调解决“后顾之忧”；畅政企沟通渠道，构建“亲”“清”政商关系。

以党建机制创新引领民营经济高质量发展

陈国富①

摘　要：新时代新发展阶段民营企业的党建工作，既是民营经济搞好党的建设不能回避的话题，也是“双循环”发展格局下推进民营经济高质量发展必然要解决的问题。做好新发展阶段民营企业的党建工作，既有益于推动民营经济高质量发展，也能够提高民营企业党建工作科学化水平，进而巩固扩大我们党执政的群众基础和社会基础。而民营企业党建工作创新要以推进民营经济高质量发展为旨向，以高质量党建激发出企业强大的生产力，增强民营企业党员的主体意识，架起党与企业的“连心桥”，进而凝聚起推动民营经济高质量发展的合力。

关键词：企业党建；机制创新；高质量发展

一、做好新时代民营企业党建工作的价值意蕴

（一）有益于推动实现民营企业健康发展

民营经济是我国国民经济中不可或缺的组成部分，是推动经济社会发展的关键力量。新时代加强和改进民营企业党建工作有助于实现“两个健康”。在民营企业推进党的建设，企业能够及时了解党和国家关于非公经济领域的各项政策，并结合企业自身实际，将政策转化为发展战略与机遇，从而提高生产力、抢先占据市场、赢得客户，最终推动整个行业的发展。而加强民营企业的党建工作，也有助于构建“亲”“清”政商关系，民营企业党组织在企业内部开展廉洁自律和反腐败工作，对企业生产经营活动进行监督，划清“权”与“钱”的界限，遏制权钱交易、官商勾结等行为，促进企业内部自我净化、合法经营。

（二）有益于提升民营企业的软实力

企业文化建设能够将企业和员工的切合点紧密连接在一起，并把员工个人的发展与企业的发展维系在一起，进而激发员工对工作的热情，并将这种热情转化成更高的生产力，为企业创造更多的财富。民营企业党组织开展党建工作能够推动和推进企业文化建设，提高企业文化建设水平，间接地实现企业获取经济利益的最终目的。通过为企业文化建设搭建的平台，企业党组织既能够取得如社区、街道、党建

① 陈国富，重庆市长寿区行政学院教授。

服务中心或上级党组织的支持，为文化建设增添外部动力；还能激发普通员工在文化建设中的热情，为企业推进文化建设提供强有力的保障。

（三）民营企业实现高质量发展的必然选择

民营企业的健康发展离不开党建引领与党建创新，民营企业应站在新时代的背景下，推动民营经济党建向更高层次发展，为党的领导提供政治和组织保障，加快实现中国特色社会主义现代化的历史进程。由于缺乏这种组织和制度保障，民营经济与党的领导之间就会日益脱离，民营经济无法有效融入社会主义国家发展战略，需要我们不断探索，更好地谋求发展。实践证明，加强民营企业党建创新，不仅要着眼于巩固党的执政基础，加强党的基层组织建设，还要着眼于党的现实目标追求与民营企业客观需求的目标对接，找准两者平衡的利益结合点，按照“企业需要、企业家认同、员工拥护、党员欢迎”的原则，因企制宜，积极探索党建模式创新，助力民营经济高质量发展。

二、民营企业党建工作中存在的主要问题

（一）民营企业党组织作用发挥不明显

一是企业党组织开展活动次数较少。调研资料显示，民营企业党组织能够定期开展活动的占比约为29%，有相当部分的民营企业党组织很少开展活动，或者几乎没有开展活动。二是企业党组织开展活动形式较为单一。支部学习活动大多停留在学文件、读报纸上，很难吸引企业党员的关注度，党员参与企业党组织活动的积极性也不高，党组织的凝聚力和号召力也不可能得到充分体现。三是活动经费不足，并已严重影响到民营企业党组织作用的发挥。四是党组织活动场所不足。这方面的问题主要表现为缺乏党支部活动室、场地配套设施不全、活动空间狭窄陈旧，甚至有的企业党组织开展活动以租用场地为主。

（二）民营企业党组织有效覆盖率较低

一是企业党组织理想性要求和民营企业中党员的现实要求存在一定的差距。二是社会流动性和党建制度的刚性需求存在一定的差距。由于市场竞争的不确定性以及党员的流动性，民营企业党组织组建面临党员人数不足、流动性大等难题。三是党组织与企业经营之间的关系存在传统的组织活动方式无法在民营企业党组织中进行有效的对接，以及党组织活动难以有效开展等问题。

（三）民营企业党建工作机制有待完善

一是党建工作机制不健全。有的民营企业党组织受多个上级党组织的“混合管理”，几个部门都是民营企业支部的上级管理单位，工作上既有交叉又有盲区，极易出现“重管”“漏管”现象。二是沟通渠道不够通畅。民营企业虽然已经建立有党组织，但是党组织架构和工作流程仍有瑕疵，党组织日常工作分工不明、党组织与企业其他部门人员不交叉任职，造成上级传达的任务完成不及时、企业内部信息互享不顺畅、党组织活动难开展。三是企业党建工作成效有待提升。企业党组织之间虽然开展了一些交流互动的活动，但是参与活动相关单位数量庞大、类型繁杂，所交流的内容大多是宏观规划或不适用于民营企业的党建工作，也难以提升民

营企业党建工作的成效。

三、以党建机制创新引领民营经济高质量发展的举措

（一）加强思想教育以提高思想认识

一是要把思想教育覆盖到民营企业党建工作的各个主体。充分发挥党的思想政治教育的优良传统，将思想政治教育涵盖到民营企业党组织工作中的各个主体。二是要把思想教育贯穿民营企业党建工作的各个发展阶段。由于民营企业的党建工作起步较晚，现阶段仍属于全面铺开的阶段，需要不断地对制度、队伍进行建设、架构，进而为民营企业党建工作的健康有序进行提供坚实的思想基础。三是促进党建与企业文化的融合。民营企业党组织通过改善企业主与职工的关系，帮助职工树立主体意识，树立一种自信、健康、开放的心态；通过开展各种形式的文化活动，帮助企业职工陶冶情操，营造良好的企业文化氛围，进而增强民营企业党组织的凝聚力、影响力。这种“党建+企业文化”格局，有利于充分发挥两者的合力，共同推动民营企业的健康发展。

（二）正确处理好企业党建工作中的几对关系

一是要处理好民营企业党组织与企业的关系。党组织与民营企业的关系，可以比作“树和藤”的关系，民营企业需要像“藤”一样去依赖中国共产党这棵“树”，依靠党的领导，民营企业才能有更好的发展。二是要处理好民营企业党组织与企业主的关系。协调好企业主与员工之间的关系，构建合理的利益磋商机制，促进企业主和员工之间的融洽与和谐，进一步增强党组织对企业主和员工的凝聚力，引领民营企业实现经济高质量发展。三是要处理好企业党组织与党员队伍的关系。这既需要企业加大发展党员的力度，积极培养民营企业关键岗位上的生产经营管理者、科研人员和骨干，壮大入党积极分子队伍，把那些符合条件的企业优秀人才及时吸纳到党组织中来；也需要严格党员队伍的教育管理，为企业的健康发展提供强有力的人才支撑。

（三）推进民营企业党建工作机制创新

一是推进企业党员教育培训机制创新。可以通过线上线下相结合的方式，借助企业文化宣传栏、公共活动区搭建“红色党建”智慧信息平台的方式进行党课教育、党建活动宣传和党建内容展示等，积极营造企业党建文化的良好氛围。二是推进企业党建与企业融合发展机制创新。民营企业党建工作要与企业文化融合，以党建促进企业文化活动的创新，进而构建起与企业文化融合的长效机制。三是推进企业党建工作的内容与形式创新。通过把企业党建活动与学习先进典型结合起来，增强民营企业创先争优的信心，促进广大党员在民营企业的本职岗位上争当先进，为企业党建工作的健康发展提供坚强动力。四是切实提高民营企业党组织的覆盖率。对于企业党员人数已经到达到组建党组织的条件但尚未建立党支部的民营企业，只要条件成熟“能建必建”，让企业党组织迅速发展起来。而对于那些党员人数不够或不具备条件组建党组织的民营企业，可以采取组建联合党支部的方式，建构起联合的企业党组织。

建设法治化营商环境的实践与思考

——以重庆市城口县为例

张国旭[①]

摘　要：法治化营商环境是营商环境优化的重要方式之一。它既是国家依法治国的重要内容，也是提高治理质量、实现治理法治化的重要举措。近年来，我国的经济在发展过程中时常会遇到各种困难和问题，营商环境法治化程度会直接影响当地的经济发展。本文以城口县为例，在分析法治化营商环境的必要性上，结合城口县营商环境所存在的问题进行总结，对具体举措进行分析，助力法治化营商环境的工作质量更上一层楼。

关键词：法治化；营商环境；法治化举措

习近平总书记曾在依法治国的会议中要求：在改革开放的进程中要重视法治，并指出“法治是最好的营商环境”。党中央以及地方政府也多次就营商环境的法治化推出了很多相应的制度。由于新冠肺炎疫情的发生，近两年全国各地的经济也受到不同程度的影响。为了振兴经济，各地也都采取了很多的措施来巩固营商环境，法治化营商环境就是其中之一。城口县地处重庆市东北部，2020 年该县全年生产总值为 55. 2 亿元。为了优化营商环境，城口县以制度建设为基础，立足新发展阶段，对标国际国内一流营商环境优化经验，结合市场主体需求，制定了 2025 年营商环境优化目标，并在实践中形成了一系列良好的法治化营商环境路径。

一、优化法治化营商环境的必要性

法治化营商环境既是市场经济发展的需求，也是确保市场有序运行的重要方法。有了法治的保障，经营主体才能够公平、公正、有序、诚信的经营和竞争。

（一）优化法治化营商环境是全面依法治国的重要内容

在市场经济中，国内外各类集团、企业和个体户在经营中都能够依法平等地享受法律的保护。法律能够保护各个企业和经营者的合法权益，对于产权、技术、知识产权等各方面都能够进行保护，从而让经营主体在市场中稳定发展。对于城口县来说，优化营商环境是促进当时经济发展的重要手段，而营商环境的改善效果也直接影响着当地的经济发展。因此，将完善法治体系、丰富法治工作手段、切实发挥

① 张国旭，中共重庆市城口县委党校办公室主任、讲师。

法治管理效果与优化和提高营商环境质量结合起来，更能够促进管理，更好地保障经营主体的合法权益，从而进一步优化法治化营商环境。

（二）优化法治化营商环境是完善治理现代化的重要举措

国家提出治理现代化，这既是全面深化改革的重要举措，也是提高治理水平的重要方法。优化法治化营商环境既是依法治国也是治理现代化的重要内容之一。《关于持续营造国际一流营商环境的意见》为法治化营商环境明确了工作方向。通过法治路径来解决营商环境建设中的问题，增强相关工作人员依法按章办事的意识，把法治力量转化为促进经济发展的动能。

（三）优化法治化营商环境是提高治理质量的重要方法

营商环境是一个综合、复杂和有机的体系。市场在资源配置中起基础性作用。政府及其规制手段和策略，以及国家的营商法治化水平，是市场经济重要的塑造力量。在市场经济中，如果政府相关部门管理不当，也可能给市场造成影响。政府依法执政的水平，工作的效率和公开程度，以及市场经济相关的法律制度的建设与执行情况，这都是影响营商环境的重要因素。法治化营商环境能够有效保护经营主体的合法权益不受到侵犯，可以为市场监管提供保障，能够推动经营主体的信用建设，促进经济高质量发展。

二、城口县营商环境建设所存在的问题

虽然城口县在营商环境的建设上做出了很大的努力，在某些方面也取得了成绩，但是与一些经济发达地区相比，仍然存在差距。2020 年，城口县的经济社会发展考核结果为：营商环境满意度 2.33 分，渝东北三峡库区城镇群中排名倒数第三；万家民营企业满意度-0.91 分，渝东北三峡库区城镇群中排名倒数第五。在重庆市对县营商环境专项考核 13 项指标中，开办企业、获得信贷、政务服务 3 项指标渝东北三峡库区城镇群中排名倒数第一。可见，城口城的营商环境存在很大的问题。

（一）对于法治化营商环境的建设不够重视

在营商环境建设中，有很多相关的政务单位以及与营商环境建设有关的企业和机构，对营商环境的建设认识不够，尤其是对法治化营商环境的重要性认识不够。一方面，没有结合城口县的实际情况来有针对性地制定法治化营商环境改善措施，对于当前法治营商环境建设所存在的薄弱环节的认识不够，也没有从主观和客观上去分析法治化营商环节建设存在问题的原因及对策；另一方面，一些单位的工作人员对于营商所涉及的法律法规认识不足，自身的法律和政策水平不能满足当前工作的需要；在硬件和软件建设上也存在相应的配套设施不齐全，设施落后，依法办事的宣传力度不够等现象。

（二）工作作风有待改进

一些与法治营商环境有关的单位工作人员对自己的业务不熟悉，相关法律掌握得不够，工作手段单一，没有创新意识。对于上级领导安排的工作任务完成不及时，缺乏担当意识。在实际工作中服务态度和服务效率都有些不尽如人意，在对企业服务时不够用心，与群众沟通时态度生硬，存在让群众长时间等待、办事流程不

清晰等现象。部分工作人员不能正确对待自己的权利，存在为群众办事时摆架子、要特权，以权谋私的现象。

（三）监管和执行力度不够

在监管方面，对于涉及营商环境与服务相关单位的监管力度不够。在工作中，仍然存在一些阻碍企业依法营商的现象。在执法过程中，也存在多头执法、重复执法或者交叉执法的现象，很多执法人员没有严格履行自己的工作职责，存在为了利益利用手中的职权违规办理，或者执法不公、过度执法以及执法不作为。

三、城口县法治化营商环境建设举措

（一）构建依法治理体系

一是加强对法治化营商环境建设的重视。针对城口县营商环境所存在的一系列问题，结合城口县市场经济的实际情况，立足新发展阶段，以推动当地经济高质量发展为主题，以市场需求为导向，以依法行政为前提，以营商环境创新试点城市建设为契机，对城口县法治化营商环境的建设做出了规划部署，不断完善依法治理体系。二是针对营商环境建设中所涉及的法治环节、法治单位的工作做出了具体规定。细化了工作职责，明确了工作任务，要求各单位对当前工作中所存在的问题进行梳理，围绕如何更好地服务于市场主体细化工作举措，工作中加强沟通和协调，推动法治政策的迅速落地，确保法治化建设能够发挥其实际作用。

（二）构建完备的地方制度体系

在国家、省、市现行与营商环境建设有关的法律、法规、制度的基础上对地方制度体系进行完善。要求司法局拓展社会各方有序参与决策的途径，建立公众意见反馈机制和重大行政决策跟踪反馈制度。同时，完善行政决策运行机制，建立健全重大决策社会稳定风险评估机制，完善评估程序。不断完善电子诉讼体系，实行电子送达。除此之外，凡是市场主体能够提供有效的电子资料的，都可以通过线上完成办案和缴费等工作。完善企业法律文书送达地址先行确认及责任承诺制，全面录入存量企业信息，提高法律文书送达效率。推出生效判决自动生成查询机制，确保当事人申请执行不再需要纸质生效证明。建立常态化协调机制，协助“破产法庭”推进企业破产过程中信息共享、信用修复、财产处置、企业注销、涉税办理、风险防范等事项。

（三）提高法治服务人员的能力

一方面，加强对法治营商环境建设所涉及的单位及员工的教育培训，开展“和谐同行”能力提升三年行动计划，培育和壮大劳动关系协调员队伍，推动广大企业争创劳动关系和谐企业。开展金牌劳动人事争议调解组织的培育工作，健全劳动争议调解组织，探索设立劳动争议仲裁派出庭，提高争议处理效率。另一方面，完善奖惩机制。对于工作中的先进典型、创新工作经验给予表彰和奖励，对于一些在工作中服务态度恶劣、工作效率低下、以权谋私等现象进行严格处罚，从而促进法治服务的工作质量提高。

（四）发挥依法行政的保障作用

为了提高依法行政效果和质量，做好相关保障工作，维护市场主体的合法权益，城口县针对小额诉讼制定简易的民事诉讼程序，简化诉讼流程，提高诉讼效率。同时，完善审判管理系统，优化“数智说”平台，提高时间节点管理的智能化水平，缩短数次开庭之间、开庭到做出判决之间的间隔时间。建立破产企业职工权益保障机制，协调解决职工社会保险关系转移、退休人员社会化管理、档案接转等事项，保证职工合法权益。为保障胜诉人的权利能够尽快实现，城口县人民法院采取当事人议价、定向询价、网络询价等方式确定财产处置参考价，提高财产处置的效率。建立知识产权保护联席会议制度，开展知识产权专项整治，完善企业法律顾问制度以及相应的办案协调机制、纠纷解决机制，帮助和保护企业的合法权益不受损害。

（五）强化内外部法治监管

一方面，城口县充分发挥市场监管部门联合“双随机、一公开”监管联席会议作用，各部门联合监管形成全力，实现监管常态化。积极推进实行信用分级分类监管，对于公共信用实行动态分级评价、监管，推行信用修复机制，引导企业共建信用经营环境。同时，对食品、药品、特种行业等行业实行重点监管，对市场中的新技术、新产业、新业态、新模式等实行及时监管，并有针对性地完善相应的监管机制。完善“免罚清单”制度，逐步扩大轻微违法经营行为免罚清单范围。另一方面，城口县加强相关部门的内部监管。对于部分工作进行公示，对于先进典型和工作成绩进行公布，对于违法违规损害营商环境的行为进行曝光和处罚。加强法治营商环境建设政策的宣传，营造人人懂法、人人支持法治化营商环境建设的氛围。

（六）强化和创新执法

在执法的过程中，加强与本地各部门以及外地相关部门的沟通，充分调动各部门的资源。相关部门现有的违法线索及信息实行共享，对于监管及处理进行互通，在提高治理效率的同时也能够避免影响到企业经营。在执法过程中，积极推行综合执法的创新举措，对交通、农业、环境、卫生、文化等领域实行多个部门联合执法，对于各个行业的行政处罚标准进行斟酌，细化处罚裁量基准，对于有失公平公正的处罚及时进行纠正，保障执行的公正性，有效提升群众和企业的满意度。

参考文献：

[1] 姜明安. 新时代法治政府建设与营商环境改善［J］. 中共中央党校（国家行政学院）学报，2019，23（5）：92-100.

[2] 李洪雷. 营商环境优化的行政法治保障［J］. 重庆社会科学，2020（2）：2，17-25.

[3] 李新庚. 社会信用体系运行机制研究［M］. 北京：中国社会出版社，2017.

[4] 陈洪连. 乡村环境协商治理的困境与出路［J］. 齐鲁学刊，2019（3）：100-108.

[5] 罗培新. 世界银行“获得信贷”指标的法理分析及我国修法建议［J］. 环球法律评论，2019，41（2）：65-83.

[6] 赵海怡. 中国地方营商法治环境的优化方向及评价标准［J］. 山东大学学报（哲学社会科学版），2019（3）：108-114.

有效市场与有为政府更好的结合推动经济高质量发展

何 新[①]

摘 要：推动国民经济高质量发展是“十四五”时期我国经济发展的重要主题，这需要有效市场和有为政府相结合。有效市场意味着市场在资源配置中起决定性作用。而市场的趋利性会导致市场失灵，这就需要发挥有为政府的作用，市场主导加上政府因势利导，实现“有效市场+有为政府=1+1>2”的效果，才能消除市场发展的各种难点、堵点以及痛点，从而更好地贯彻新发展理念和构建新发展格局、跨越中等收入陷阱。本文从提高宏观治理能力、深化国有企业改革、优化营商环境和做实做细“三张清单”等方面提出建议，使市场和政府能够更好地结合，推动经济高质量发展。

关键词：有效市场；有为政府；经济高质量发展

党的十九届五中全会提出“推动有效市场和有为政府更好的结合”，这一论述将市场“看不见的手”和政府“看得见的手”之间的关系提升到了一个新的高度。“十四五”时期是我国全面建设社会主义现代化的开端，同时也处于“两个一百年”的历史交汇期，让市场和政府能够和弦共振，对于畅通国内国际双循环、实现共同富裕和社会主义现代化建设具有重要意义。

一、有效市场和有为政府的含义

有效市场是指市场在资源配置中起决定性作用，市场引导资源的流向，提高资源要素的利用效率，为经济高质量发展提供动力。有为政府意味着政府要摆正自己的位置，厘清自己与市场的关系，防止在行使职能时产生角色缺位、越位和错位的情形。同时，也承担一系列为社会服务的职能，为市场发展提供良好的环境。两者的有效结合也是贯彻新发展理念的必然要求。

二、经济高质量发展下有效市场和有为政府更好结合的意义

（一）进一步激发社会活力和创造力的必然选择

改革开放以来，我国经济快速发展，我国在实践中对政府和市场间关系的理解

① 何新，中共重庆市大渡口区委党校教师。

愈加深刻。目前，我国经济已经由高速发展向高质量发展转变，国内主要矛盾也发生改变，贫富差距逐渐加大，民生等领域保障不完善，发展不平衡不充分的现象突出，这些都阻碍着经济进一步发展。在这种情况下，就需要建立一个能够激发社会创造能力和市场活力的机制体制。在此过程中，我们需要用辩证法的思想来解决问题，取得“1+1>2”的效果，实现经济高质量发展。

（二）跨越中等收入陷阱的必然要求

从历史经验来看，从第二次世界大战结束到今天，绝大部分经济体在达到中等收入阶段之后就会出现经济停滞，收入始终不能进一步提升至高收入水平，或直接重新掉入低等收入阶段，即陷入“中等收入陷阱”。在20世纪六七十年代，一些拉美和东南亚国家经济发展得很好，人均收入远远高于同期的中国，但自进入21世纪后，它们的经济就会出现停滞，收入徘徊不前。

为什么会出现这种情况呢？是因为它们照搬西方的观点，不能很好地处理政府与市场的关系，从而引起效率降低、腐败频发、政局动荡等社会现象。如今我国国民生产总值已经突破的100万亿元，人均收入连续两年超过1万美元。2020年在新冠肺炎疫情影响下，我国成为世界唯一正增长的经济体，在经济取得亮眼成绩的同时也应该看到其中存在的潜在风险。如我国经济增速放缓、创新能力不足、出生率呈现断崖式下跌、人口老龄化问题十分严峻。如今我国正处于中等收入陷阱的风险期，要想跨越中等收入陷阱，就必须使有效市场和有为政府相结合，加快供给侧结构改革、提高全要素生产效率和创新水平。

（三）贯彻新发展理念推动经济高质量发展的必由之路

新发展理念是我国社会经济发展的指导理念，阐述了关于我国在发展过程中的动力、方法、路径以及目的等问题。习近平总书记在《求是》上发表了关于推进共同富裕的文章，特别强调让全体人民参与分享改革的成果，在经济高质量发展中推进共同富裕。同时，构建形成初次分配、再分配和第三次分配的分配格局，这需要政府和市场共同发挥效力。有效市场是共同富裕的基础，只有把蛋糕做强做大，才能有更多的资源划分。有为政府是实现共同富裕的保障，制定划分蛋糕的标准，更公平地划分蛋糕。同时，政府也需要出台一些支持创新的激励机制和政策，为整个社会创新发展提供良好的环境。此外，在实行绿色发展和建立高水平的开放体系中必然也需要政府和市场共同发挥作用，这样才能实现更好的发展。

（四）加快构建新发展格局实现经济现代化的现实要求

加快构建新发展格局是“十四五”规划中的重要内容，对我们建立现代化的经济体系具有重要意义。要加强产业链的发展和创新，提高供给的能力和质量，加快推进解决一些“卡脖子”的技术和难题，让我们在国际竞争中可以占据优势而不会出现被动的局面。此次中美贸易战中，美国深知中国不能制造芯片并深度依赖进口芯片，就启动了限制供应芯片给中兴和华为的程序，对这两个企业造成了重大打击，所以解决“卡脖子”的问题迫在眉睫。如果不能掌握核心技术，我们的命脉始终掌握在其他国家手里，就不能取得经济的进一步发展，中华民族的伟大复兴更是无从谈起。但仅仅是靠政府和市场的某一方都不能顺利完成这项任务。市场需求是这些领域的发展动力，但在发展过程中需要政府提供一些机制体制的保障。

三、有效市场和有为政府更好结合的方向与路径

（一）提升宏观治理能力，更好发挥政策效用

如今我国经济进入新常态，如何提升宏观治理能力是政府有为的重要体现。政府应充分发挥制度优势，合理设计顶层布局，居安思危，为实现第二个百年目标提前铺好路、布好局。

随着经济新模式、新业态的出现，政府应适应时代的变化，创新财政政策和货币政策来实现经济更好更快的发展。就货币政策而言，应推进数字经济和数字货币发展；就财政政策而言，应妥善使用政府资金，使其在促进经济结构升级方面发挥重要作用。同时，在社会治理和保障、风险防范等易产生市场失灵等领域，政府应着重加强注意力。特别是存在的系统性风险，政府应有预警机制和应对的方法。政府在制定政策时，应引导市场上的资金等要素流向互联网、人工智能、5G、大数据、先进制造业等新兴领域，推动整个社会的创新和科技进步，从而推动经济高质量发展。

（二）深化国有企业改革，做大、做优、做强国有企业

深化国有企业改革，一是建立中国特色现代企业制度。首先坚持国有企业的发展始终在党的领导下进行，保障国有企业改革沿着正确的方向前进；其次实现机制体制的创新，建立现代产权制度，为创新发展扫清障碍。进一步强化国有企业市场主体的地位。同时，加强与其他市场主体的合作，实现双向发展。除此之外，调动国有企业人才的主动性、积极性和创造性，从而激发各类要素活力。二是全面贯彻和落实新发展理念，推进供给侧结构改革，使得国有企业内部实现结构升级，提升国有企业的质量效益和竞争力，推动国有企业由“大”变“优”、由“大”变“强”。同时，始终要把创新摆在首位，依托“互联网+”搭建一批产业协调创新平台，发挥国有企业在创新发展中的引领作用。三是强化对国企的监管。实施动态监控预警机制，提升监管效率和水平。

（三）优化营商环境，鼓励、支持、引导非公有制经济发展

民营企业作为我国社会主义市场经济的重要组成部分，承担着创造税收、促进创新、吸纳就业的重要角色。所以，优化非公有制企业的营商环境是推动经济高质量发展的必然要求。一是发扬企业家的精神，在整个社会上形成尊重和爱护企业家的风气，使经济发展的潜能得以释放。二是优化权责明确的组织环境。加大简政放权的力度，简化审批流程，将相关事项进行统一审批。三是优化高效务实的服务环境。顺应“互联网+”时代的发展，落实好在网上办事、审批、服务为一体的服务项目，着力优化“不见面、立马办”的办事模式，让信息多跑路、企业少奔波，降低企业的办事成本，提高企业的抗风险能力。要把“放管服”改革各项工作做实做细。四是优化开放透明的政策环境。首先为小微企业降税减费，同时制定激励措施，引导金融机构强化对小微企业的融资服务；其次提高政府产业政策透明度，能够及时兑现承诺，保证非公有制企业能够真正享受国民待遇。除此之外，还应建

立协同服务机制，强化政府对企业的协同服务，为企业排忧解难，切实当好企业的“保姆”，使企业能够更加稳健发展。五是营造风清气正的法制环境。进一步巩固和完善联合执法机制，加大执法行为惩处力度，构建真正的“亲”“清”政商关系，形成清正廉洁的社会风气，增强市场主体的稳定感、安全感和信任感；同时，逐步建立非公有制企业维权受理机制，为其扫清发展障碍，提振民营企业的信心，释放各项政策的红利，从而构建高标准市场体系，为企业营造稳定良好的制度环境。

（四）做实做细“三张清单”，消除机制体制障碍

“三张清单”指的是“权力清单”“责任清单”和“负面清单”。“三张清单”的实施，明确市场与政府各自行为的界限，在此情况下两者能够更好地发挥各自的作用。

就政府而言，要落实好责任和权力清单。权力清单意味着要法定授权才能为。责任清单意味着法定的责任必须为，如果该为而不为，就会受到追责和惩罚，权责要相匹配。通过权力和责任清单来界定政府行为边界，政府也得以发挥更大的效用。就市场而言，负面清单的实施意味着只要法律没有禁止的事都可以做。这样就可以给企业更大的自主权，为企业进一步解绑，从而有利于激发市场各类主体的活力。

政府的有关部门应在实际工作中实行“放管”相结合。一是根据责任的分工，把之前已经出台的各项政策落实下来；二是在行政审批改革的过程中，注重对取消项目的事后监督，使之可以进一步落实；三是强化监督责任人，并落实监管措施，及时了解实施进程。同时，政府应创新监管方式，学会在监管中借助社会的力量，从而形成合力，发挥更大的效用。

参考文献：

［1］卢福财，王守坤. 历史脉络与实践视野下的有为政府：中国特色社会主义政治经济学的核心命题［J］. 管理世界，2021，37（9）：77-90.

［2］赵娜. 政府作用与市场作用结合的中国经验：比较、批判与超越［J］. 经济学家，2021（5）：75-82.

［3］常庆欣. 有效市场和有为政府更好结合 推进构建高水平社会主义市场经济体制［J］. 山东社会科学，2021（2）：20-25.

［4］张新宁. 有效市场和有为政府有机结合：破解“市场失灵”的中国方案［J］. 上海经济研究，2021（1）：5-14.

［5］任晓伟，赵娜. 推动有效市场和有为政府更好结合研究［J］. 中国高校社会科学，2021（3）：91-98，159.

［6］邹新月，涂仕达. 有为政府+有效市场、区域金融发展与经济增长：中国经济增长的实证分析［J］. 金融论坛，2020，25（7）：16-24.

[7] 陈龙，伍旭中. 新时代—市场观：市场经济 3.0 的政治经济学［J］. 广西社会科学，2019（12）：1-7.

[8] 朱富强. 如何引导“企业家精神”的合理配置：兼论有为政府和有效市场的结合［J］. 教学与研究，2018（5）：51-58.

[9] 林毅夫. 中国经验：经济发展和转型中有效市场与有为政府缺一不可［J］. 行政管理改革，2017（10）：12-14.

成渝地区双城经济圈视域下新型政商关系研究

何洪华①

摘　要：成渝地区双城经济圈视域下川渝各级政府积极构建“亲”“清”新型政商关系，但也存在招商中政商关系的“掉价”、税收中政商关系的“挖墙脚”、招标中政商关系的“塌陷”、行政审批中政商关系的“教条化”、信息中政商关系的“躲猫猫”等问题。分析原因有地方政府存在“利益博弈”、政府与市场主体之间的“看不见的手”、企业不守法“成本低”“关系就是生产力”的影响。解决这些问题，要强化川渝政商关系的“清单”制度，划出交往“安全区”，推动政商关系“亲清有界”；搭建“川渝共享平台”，实现政商资源数据共享，推动政商关系“亲清有源”；把“看不见的手”和“看得见的手”更好地结合起来，引导和规范干部行为，推动政商关系“亲清有度”；建立川渝民间组织交流合作机制，形成“多边、多层次、多形态”合作模式，推动政商关系“亲清有畅”。

关键词：成渝；视域；政商关系

2020 年 1 月 3 日下午，习近平总书记对成渝地区战略定位做了清晰概括。从这一天开始，成渝地区双城经济圈建设上升为国家战略。面对发展机遇，川渝各级政府针对政商交往中的“痛点”“堵点”开出了“药方”，积极推动构建“亲”“清”新型政商关系，积极推动成渝地区双城经济圈建设。

一、成渝地区双城经济圈视域下新型政商关系现状分析

（一）强化新型政商的政务服务

川渝政府建立“互联网+政务服务”体系，推动新型政商关系。2020 年，四川省政务平台累计办理行政审批事项 5 824. 3 万件，办件平均提速 65. 81%；重庆市搭建“渝快办”一体化政务服务平台，用户数量突破 1 000 万，每天网上办件约 10 万件，网上办件量已累计超过 5 500 万件。

（二）规范新型政商的市场主体

2018 年重庆市新登记市场主体 41. 18 万户；2019 年重庆市新设立各类市场主体 23. 95 万户，截至 12 月底，全市市场主体总量达到 261. 01 万户。四川省全面推

① 何洪华，中共重庆市潼南区党校正高级讲师。

开106项行政审批事项“证照分离”改革。截至2019年年末，四川省实有市场主体总数613万余户。

（三）建立新型政商的市场监管一体化机制

2020年4月2日，重庆市市场监督管理局和四川省市场监督管理局签署了《重庆市市场监督管理局 四川省市场监督管理局深化川渝市场监管一体化合作推动成渝地区双城经济圈建设工作方案》，确定了川渝两地未来推进合作共建的方向和八大重点任务共计31个重点项目，创新构建跨省跨区域“同一标准办一件事”的市场准入服务系统。

（四）建立新型政商的区域多边合作机制

2020年3月23日，万州、达州、开州开展调研座谈，探索构建跨省域、跨市区统筹发展新思路；4月10日，四川省遂宁市与重庆市潼南区签署《推进区域战略合作协议》，推动遂潼一体化发展；4月14日，四川省广安市与重庆市合川区、渝北区、长寿区、黔江区、涪陵区、垫江县、忠县7区县共同签署了《融入成渝地区双城经济圈建设战略合作框架协议》，共建成渝地区双城经济圈“1+7”交通一体化融合发展先行示范区；4月15日，四川省邻水县与重庆市垫江县签订系列合作协议，就6个方面26项内容达成合作共识；4月17日，四川省眉山市与重庆市大足区签订《四川省眉山市人民政府 重庆市大足区人民政府推动成渝地区双城经济圈建设合作框架协议》，携手推动成渝地区双城经济圈文旅合作。

二、成渝地区双城经济圈视域下新型政商关系中存在的问题

（一）招商中政商关系的“掉价”

成渝地区的一些区县政府在地方招商引资政策中以吸引企业入驻为主，各地出台的招商政策存在优惠不一的问题。有的区县在招商政策中，免税3年或优惠税3年，有的区县还提供厂房免租3年。

（二）税收中政商关系的“挖墙脚”

一些企业用发票报销的方法“偷税”。特别是民营企业老板所有私人花费的钱，都可以拿到企业报销。成渝地区有的乡镇为完成税收任务、获得税收返还以及提升所谓的政绩，竟以回扣、返点等“优惠政策”从外地买税充账。

（三）招标中政商关系的“塌陷”

一些领导干部“曲线”插手招投标，“围标”“串标”“陪标”现象突出。调查统计发现，川渝工程项目中“围标”“串标”案件占招投标违法违规案件的比例高达87.6%。

（四）行政审批中政商关系的“教条化”

有的工程竣工验收后，审计时间较长，施工过程增加的工程量不按进度付款，工程尾款至少要2~3年才能结算清楚，导致企业资金周转困难；有的工程项目运行管理成本高，项目未动工就要交，投标保证金为2%、民工保证金为2%、工伤保险为0.1%、合同履约保证金为10%~15%，安全生产责任险等完工后还要留质保金3%~5%。

（五）信息中政商关系的“躲猫猫”

政府对企业信息“躲猫猫”。有的支持企业发展程序启动之后，政府部门信息仍然不公开，非到实在“躲”不了才勉强“吐”出一条信息出来。“躲猫猫”“打太极拳”成了权力寻租。

三、成渝地区双城经济圈视域下新型政商关系中存在的问题

（一）地方政府存在“利益博弈”

川渝相邻地方政府在争取中央政策以及争夺各类要素资源的集聚方面展开了竞争，倾向于认为一方所得即另一方所失。

（二）政府与市场主体之间存在“看不见的手”

川渝政府有的市场准入门槛高，从而制约企业发展。如技改门槛定在500万元以上，小微企业根本就达不到该要求，所以科委、农委的相关扶持政策从未享受过。

（三）企业不守法的“成本低”

个别企业家的守法意识等有待进一步增强。有的不法企业主与官员“做生意”“谈买卖”。企业主“围猎”成本低、收益高。“被拉下水的人淹死了，而拉人下水的人却毫发无损”。

四、成渝地区双城经济圈视域下构建新型政商关系的对策建议

（一）强化川渝政商关系的“清单”制度，划出交往“安全区”，推动政商关系“亲清有界”

川渝要建立《川渝两地工程建设项目招标投标信息公开目录》，可以每半年或每年公开1~2次。川渝税务要重点推进重点项目管理、税收政策执行等重大税收事项合作。针对当前一些招商引资项目中存在的“引资不引税，只见项目不见税”等突出问题，川渝税务将税收评估和税源筹划工作前置。对部分项目存在的税源迁移、虚增投资、不合理享受政府奖补政策、缺乏产业链配套筹划以及“对赌”机制不完善等问题，要立即开展整改和纠正。

（二）搭建“川渝共享平台”，实现政商资源数据共享，推动政商关系“亲清有源”

川渝在搭建川渝产业大数据平台、川渝科技资源共享服务平台和建立国企川渝合作招商引资项目库等基础上，共同推进数据要素市场改革。川渝要共同清理企业发展有关法律法规、政策及标准规范，共同研究制定促进企业协调发展的法规政策，为川渝企业市场营造一个公平统一的政策环境。川渝两省市企业进入对方产业市场，要依托信息化手段和共享数据，实现信息报送工作智能化，方便企业在川渝两省市产业市场自由流动。

（三）把“看不见的手”和“看得见的手”更好地结合起来，引导和规范干部行为，推动政商关系“亲清有度”

川渝相关部门在制定政策时，要公平对待民营企业与国有企业，消除隐形壁垒，确保公平竞争。加强行政审批权运行监督，全面推行“马上办、网上办、就近办、一次办”“互联网+”政务服务网，落实首问负责、一次告知、延时服务、预约服务等工作制度。川渝党政机关工作人员行为的“负面清单”，建立守廉企业“引导清单”。给干部划定了“不可为”的红线，让干部严格自律，严格依规、依纪、依法与企业和企业家交往；同时，又以红头文件的形式明确了“可为”的范畴，鼓励干部担当作为，积极、主动去构建亲清新型政商关系。

（四）建立川渝民间组织交流合作机制，形成“多边、多层次、多形态”合作模式，推动政商关系“亲清有畅”

分类建立川渝两地产业协会、运营流通企业的沟通交流机制。借助“互联网+”战略，搭建沟通 App 平台等。鼓励成立川渝两地商业组织，联合成立川渝两地行业协会或联盟。推动川渝两地市场共融，加强区域协同发展，搭建政府与企业、企业与企业之间的交流合作平台。川渝要共同建立危险废物跨省市转移“白名单”合作机制，开展跨界污染联合执法。川渝要积极举办各类“企业主体主题活动会”，不断提高服务企业及企业家的能力。

参考文献：

［1］习蓉晖. 新时代中国构建亲清政商关系中“亲”的困境及构建政商联系沟通服务机制研究［J］. 改革与开放，2019（2）：48-51.

［2］郑善文. 构建亲清新型政商关系若干问题研究［J］. 理论研究，2018（5）：59-66.

［3］段寅生，刘建利，王鹏程，等. 构建亲清新型政商关系的实践探索与建议［J］. 宝鸡社会科学，2019（1）：5.

［4］张亚芬. 构建“亲”“清”新型政商关系［J］. 管理观察，2019（25）：86-87.

［5］徐明春. 营商环境视域下的政商关系研究［J］. 财富生活，2019（16）：4，6.

［6］陈乐. 构建亲清新型政商关系 成都划出“十准八不准”［N］. 成都商报，2019-06-23（002）.

［7］刘波. 四川：构建亲清新型政商关系 建立健全公职人员政商交往“负面清单”［N］. 四川日报，2019-03-28（003）.

优化重庆市营商软环境的建议与对策

李蜀鹂[①]

摘 要：城市的可持续性发展离不开优质的营商环境，营商软环境对地区经济社会发展起着至关重要的作用。目前，虽然重庆市民营经济已经实现较快发展，但民营经济软环境的建设在全国范围的水平仍稍显落后。

关键词：营商软环境；重庆市；数字政府

一、前言

2019 年和 2020 年世界银行发布的最新营商报告显示，我国的营商环境在近两年明显改善，均名列前茅。其中，在 2020 年的世界银行的 10 项评估指标中，我国 8 项指标的排名均有所提高，得益于“互联网+政务服务”水平提高以及国家出台的有关优化营商环境的相关文件。目前，我国的营商环境法律制度已经初步形成体系，该体系以《优化营商环境条例》为主体，其他部门法制定的相关规定和地方优化营商环境的专门立法为补充。

二、重庆市建设数字政府和优化营商环境取得的成效

（一）法治化营商环境不断完善

要优化营商环境，需要具备国际化、便利化和法治化三大要素。而法治化是优化营商环境的核心要素。在法治保障方面，重庆市收获了以下成果：一是 2019 年成立西部首家破产法庭，清理过剩产能、帮扶困境中的企业，并实现互联网会议常态化，累计召开互联网听证、债权人会议 220 多次。二是面对新冠肺炎疫情，重庆市积极制定针对性措施，降低企业运行成本，减缓企业的压力。企业贷等制度也在如今的后疫情时间点激发企业的市场主体活力。三是借鉴北京市、上海市、广州市的优化营商环境的先进经验，出台相关文件，聚焦企业生命周期，有针对地找到 11 个重点领域，制定 10 项改革任务和 100 条措施，同时清理全市范围内涉及优化营商环境的有效行政规范性文件、其他政策文件以及地方性法规。四是成渝两地首次协同制定《优化营商环境条例》，为建设成渝地区双城经济圈按下了加速键。

---

① 李蜀鹂，中共重庆市北碚区委党校教师。

（二）政务环境不断优化

政务服务凭借互联网的便利，服务水平有了提高，具体表现在以下三个方面：一是针对群众，优化各项服务。重庆市推出了“渝快办”平台，启动了电子版本不动产证书。二是实行“一个企业一个证件”的改革，与四川省联手，加速推进“跨省通办”“川渝通办”等服务，加快建成成渝地区双城经济圈。三是政务数据共享，努力利用大数据打破横向部门间的数据共享瓶颈；依托大数据为企业画像，对政府的各项政策进行精准推送。

三、重庆市优化营商软环境的困境

在 2020 年中国 296 个城市营商环境的报告中，重庆市排前十名。该报告中软环境的评定标准采用权重占比相同的四大类：人才吸引力、投资吸引力、创新活跃度和市场监管，因此重庆市营商环境软环境排名可从以上四大类进行提升与优化。可以将人才吸引力与投资吸引力这两大类存在的短板概括为市场主体获得的重视感不足，营商软环境的创新活跃度则与重庆市建设数字政府所取得的具体成效紧密联系。重庆市营商软环境的短板存在于以下三个方面：

（一）市场主体的重视程度不够

一是中小企业融资难、融资贵。如疫情期间虽然出台了许多利于中小型企业融资的政策，但是较多基层金融机构在审批贷款时还是在沿用之前的规章制度，这就使得缺乏质押或抵押物的中小企业很难获得信用贷款。二是外来投资者对投资环境不满。何成茜曾对重庆市的外来客商进行问卷调查，调查显示，外来客商对重庆市的政务环境（具体表现为政府的办事效率、政府的服务是否标准、外来投资的审批手续是否便捷等）不满意。虽然重庆市各区县都在简放政权，但实际上企业办事倡导“最多只跑一次”的理念还未能真正实现。

（二）构建的数字政府功能不完善

重庆市的数字政府建设虽已取得阶段性成果，但仍然存在业务应用协同创新不足和政府数据治理体系缺失的短板。在业务应用协同创新方面，政务应用的共享和协同创新力不足。由于各个区县和各个部门之间的信息化发展不平衡，对数据共享重视程度不够，造成重复采集、数据冗杂。以上缺陷都在一定程度上阻碍了数字政府的建设进程。

（三）监督机制不健全

近几年来，重庆市创新了市场监督管理理念，也取得了一定的成果，但仍然需要顺应时代的潮流进行进一步转型，以适应当下市场监管的需求。目前，其监督机制存在两个方面的问题：一方面是市场监督，另一方面是政务系统内部监督。对于市场监督的不健全体现在理念和监管方式上。在理念上，政府部门需要转变观念；在监管方面，责任主体未精准施力，导致在事中、事后的执法过程中无法找到真正的问题。没有建立有效的政绩考核机制，导致某些地方的内驱动力不足；在外在约束上则表现为地方行政官员责任的产生与实施的行政行为的效力是同时产生的，对地方行政官方的问责机制若异化则有一定的概率导致少部分官方在履行职责上倾向于消极或被动的服从状态，如果地方官员不积极履行行政职责，那么前期营商环境优化积累的资源和优势将会部分流失。

四、重庆市建设数字政府和优化营商环境的对策建议

（一）提升市场主体的获得感

1. 深化金融改革

深化金融改革可以从以下两个方面进行：一是转变传统金融机构单一关注抵押和质押的观念，保证形式的多样化（如信用保证、企业主的信用以及未来的现金流保证等），进一步让中小企业贷款更为便捷，以便激发市场活力；二是实施差异化监管。在内部的绩效考核中提高民营企业融资业务的占比。对于优秀民营企业的贷款利率在政策上实施利率倾斜机制的同时，对企业的融资过程中所产生的附加费用进行清理和规范，以便激发市场资金池的活力。

2. 优化政务环境

为补齐各区县参差不齐的信息化水平短板，需优化“互联网+政务所配套的软件和硬件”，借鉴先进地区的政务服务系统，如上海市的“一网通办”。在宏观层面上，深入挖掘“互联网+政务平台”营商软环境的优化潜能，并逐步实现“最多跑一次”的政务理念，同时运用大数据的数据共享功能以及定位功能，聚焦数字政务弱势区县，以便高效实现发达区县的数字经验共享；在微观层面上，各区县可以在地方政务大厅中为小规模企业提供免费的数字教育，同时完善有关电子签名、电子档案等相关法律法规的问题。

（二）转变建设数字政府的理念

当前，为建设更好的数字政府，首先需要消除数据共享的壁垒，促进部门大数据转变为业务数据。一是扩大政务数据资源共享的范围，以便其更好与政府的业务职能相融合；二是转变政务数据共享的模式，让数据共享不受地域的限制、让各部门更好的协同办公。其次需要将数据治理转为城市治理。目前，政务部门的数据主要还是服务于本部门的工作，工作人员应当转变理念，认识到数据治理的核心在于运用大数据便捷地处理城市治理工作。

（三）提高市场监督管理水平

为营造良好的营商软环境，一方面需要对外部市场进行有效的监管，另一方面则是要通过政务部门的自我监督来加强对营商软环境的监督与管理。

1. 强化外部市场监督

摒弃扁平化的监管思维模式，树立空间化、立体化的监管思维。对整个事件的各个环节都需要进行全面的监管，以便维持良性、稳定的市场秩序。

2. 强化政务系统内外部监督

强化政务系统的内部监督，需要依靠双重激励机制。一方面，运用刚性手段对存在懒政问题的行政人员进行教育，严重者给予处分，发挥警示作用；另一方面，运用奖励机制调动行政人员履行职责的积极性。

政务系统的外部监督则是需要运用政务评价机制。社会监督在政务评价机制中

占有巨大的优势，社会主体对行政系统的监督更为尖锐、客观且监督成本低。在营商环境的语境下政务工作评价需要将社会监督的主体限定为企业，其评价范围也需限定在与企业相关联的服务事项当中。同时，对社会主体进行评价时应当注重经济效益原则，如在同等收益的情况下，企业用的成本越少，当地的政务服务水平越高。除此之外，政府还可以引入第三方专业评估机构，对政务系统进行评估，以彰显评估的专业性与客观性。

参考文献：

［1］习近平．法治是最好的营商环境［N］．人民日报，2019-05-05（001）．

［2］何成茜．重庆市营商环境评价研究［D］．重庆：重庆工商大学，2021．

［3］蒋博涵．法治化营商环境：内涵、困境与进路［J］．长春理工大学学报（社会科学版），2021，34（2）：29-34．

［4］赵谦．执政不作为治理研究［J］．法学杂志，2018，39（12）：37-46．

［5］彭向刚，马冉．政务营商环境优化及其评价指标体系构建［J］．学术研究，2018（11）：55-61．

［6］韩春晖．以法治化营商环境提升国家竞争力［J］．中国司法，2019（8）：15-17．

重庆市持续优化营商环境研究

彭丽亚[①]

摘　要：重庆市作为国家首批营商环境创新试点城市，聚焦市场主体关切，大力推进和深化“放管服”改革，但在市场环境、法治环境、开放环境、政务环境等方面仍存在不少短板和薄弱环节。本文聚焦突出问题，提出营造优质有序的市场环境、公平公正的法治环境、透明便利的开放环境、高效便捷的政务环境四点工作建议。

关键词：营商环境；市场化；法治化；国际化

一、重庆市优化营商环境工作开展情况

（一）市场活力充分释放

重庆市开办企业推行“一网一窗一次一日”改革，网上办理率达 98.5%，平均耗时压减至 1 天；开展“延期还本付息”和“普惠小微信用贷款支持”专项行动，缓解市场主体融资难问题。重庆市 2021 年 1～9 月新增市场主体 41.15 万户，较 2020 年和 2019 年同期分别增长 14.23%、29.64%，全市市场主体达到 313.57 万户、企业 98.15 万户。

（二）法治环境持续改善

重庆市与四川省开展协同立法，出台了《重庆市优化营商环境条例》；构建了事前信用承诺、事中信用分级分类监管、事后信用惩戒的监管机制，51 个市级部门依据“红黑名单”累计实施奖惩 32 万次；对新产业、新业态、新模式实行包容审慎监管，制定市场监管领域轻微违法经营行为免责清单；深化川渝两地知识产权合作，跨区域开展联合执法、应急联动；成立了西部地区首个破产法庭，破产案件平均审理时间 181 天，同比缩短 212 天。

（三）开放水平稳步提高

重庆市推广铁海联运“一单制”、铁路运单物权化、贸易融资结算等规则试点，实现“一次委托”“一单到底”“一次保险”“一箱到底”“一次结算”；推进国际贸易“单一窗口”建设，累计业务量超过 8 700 万票；优化“离港确认”模式，推广“提前申报”“两段准入”。近三年，重庆市进出口整体通关时间分别缩短 65%、85%。

---

① 彭丽亚，重庆市沙坪坝区童家桥街道规划和建设管理环保办公室副主任。

（四）政务服务提质增效

重庆市全面推行线上“一网通办”、线下“一窗综办”，搭建贯通国家、市级部门、区县、镇街、村社的五级政务服务平台，“渝快办”办件量超过1.95亿件，网上可办事项比例超过95%；政务服务大厅“一窗综办”窗口设置和进驻事项比例均超过80%；有序推进高频事项“跨省通办”“川渝通办”“西南五省通办”。

二、重庆市优化营商环境面临的主要问题

（一）在市场环境方面

开办企业的便利度需提升。企业开办数据信息共享整合有所欠缺，未完全实现“一网通办”，电子证照、电子印章应用还需推进。公共资源交易费用高。重庆市工程建设项目招投标需缴纳投标保证金、招标代理费等10类费用，手续费类型多、金额高。中小微企业融资难。银行面向中小微企业放贷谨慎，“敢贷、愿贷、能贷”机制有待健全，企业仍然面临贷款难、成本高、无抵押物的问题。

（二）在法治环境方面

司法效率仍需进一步提升。世界银行营商环境咨询评估显示，重庆市立案申请和送达阶段办理时间为55天，较北京长25天、较上海长20天。知识产权保护力度偏弱。知识产权保护存在周期长、举证难、赔偿低等问题；同时，受法律修改滞后性、知识产权无形性及案件专业性等因素影响，企业知识产权维权的获得感较低，专门知识产权法院亟待成立。跨部门监管联动不足。“双随机、一公开”监管有待加强，依托监管平台开展双随机工作仅实现国务院明确的16个部门全覆盖，未拓展到更多部门。联合抽查工作开展较少，多头执法、重复执法等现象仍然存在。

（三）在开放环境方面

对外通道网络仍需完善。西部陆海新通道铁路、公路等基础设施建设仍需完善，运输能力受到制约。中欧班列竞争激烈，重庆市紧跟成都市之后排名第三，班列先发开行优势弱化。受三峡通航能力不足影响，黄金水道航运优势发挥不充分。口岸服务质效有待提升。物流信息化建设相对不足，货物运输各阶段的信息难以实时共享，物流企业、海关、检验检疫等不同业务系统无法有效衔接，存在“信息孤岛”现象。受地区自然环境条件影响，重庆市港口、堆场等基础设施建设成本高，经营企业投入大。

（四）在政务环境方面

政务标准不统一。重庆市涉企政务网站、公众号、App的种类多样、操作不同，事项办理集成度不够高。个体工商户认为线下注册登记比较简单、线上办理意愿不强。服务效率不够高。“一窗综办”未完全落实，政务服务事项实行政务服务大厅集中办理未完成全覆盖，存在综合窗口设置不足、设备配置不足等问题。数字化手段运用不足。推动政务服务数字化转型改革的迫切感不强，政务服务效能较先进城市存在差距，电子化应用场景不够多，“数据孤岛”现象仍然存在，“一网通办”未完全实现。

三、重庆市优化营商环境的建议

（一）营造优质有序的市场环境

畅通市场准入。升级开办企业业务系统，放宽企业住所登记条件，免费发放电子营业执照和电子印章，降低准入制度成本。深化“证照分离”改革，加快推进“照后减证”和简化审批，解决“准入不准营”问题。维护公平竞争秩序。落实公平竞争审查制度，清理有悖平等保护、公平竞争的涉企文件。开展反行政垄断专项执法行动，依法查处行政机关违规行为。运用大数据、云计算等方式加强公共资源交易智慧监管，清理不合理收费，明确款项支付时限，促进招标投标行为公平、公正。优化要素供给机制。做好水、电、气等供应保障，提供便捷稳定和价格合理的服务。加大信用融资产品推广力度，增加对中小微企业的信用贷款投放。推进技能人才评价制度改革，持续提升职业教育质量，加快培育各类技术技能人才。促进要素跨区域自由流动和高效配置，推动成渝地区双城经济圈要素市场一体化。

（二）营造公平公正的法治环境

提高司法审判质效。推进以“易诉、易审、易解、易达”四大平台和“法智云中心”为核心的“智慧法院”建设，推进全流程网上办案。强化知识产权保护。筹建知识产权保护中心，建立知识产权保护联席会议制度。加大对侵权假冒行为的惩戒力度，推动实施知识产权惩罚性赔偿制度。创新市场监管方式。强化“双随机、一公开”监管、跨部门综合监管、“互联网+监管”和信用分级分类监管。开展市场监管领域重点监管事项清单化管理试点，明确监管对象、监管内容、监管措施等，聚焦管好“一件事”实施综合监管。严格规范执法。推动建立健全跨部门、跨区域行政执法联动响应和协作机制，实现违法线索互联、监管标准互通、处理结果互认，减少对市场主体正常经营活动的干预。依法建立健全各行业、各领域行政处罚裁量基准，合理划分裁量阶次，明确规定适用不同阶次的具体情形，纠正处罚畸轻畸重等不规范行政执法行为。

（三）营造透明便利的开放环境

完善对外开放通道体系。发挥西部陆海新通道物流和运营组织中心的作用，统筹推进“一主两辅多节点”枢纽体系和境内外分拨集散中心建设。建设中欧班列集结中心示范工程，提高通关运行效率和运输安全保障能力。提升长江水运通道服务效率，完善集散分拨体系，创新江海联运模式和机制。拓展渝满俄国际铁路班列辐射范围，丰富货源品类，增加开行频次。提高跨境贸易便利化水平。优化口岸布局，完善口岸功能，推进智慧口岸建设以及“单一窗口”功能向国际贸易全链条延伸。持续推进口岸通关模式和物流模式改革，优化进出口环节证件流转方式，引导和规范口岸收费行为，提升口岸综合服务质效。加强招才引智。深入实施重庆市英才计划，面向全球引进领军人才及团队，加大国家级人才培养、引进、推荐的力度，加快集聚战略科技人才和高水平创新创业团队。完善高端人才“塔尖”政策和青年人才“塔基”政策，构建全过程、专业化、一站式人才服务体系。

（四）营造高效便捷的政务环境

规范服务标准。健全政务服务事项管理和动态调整机制，实现数据同源、动态更新、联动管理。全面整合全市各类政务服务平台，将“渝快办”平台作为全市政务服务的总门户、总平台、总枢纽，实现政务服务事项集中办理。提升服务质效。全面推行“一网通办”“一窗综办”及线上线下融合办理，推动更多政务服务事项由“网上可办”向“全程网办”转变。规范区县政务服务大厅建设和运行，逐步提高无差别综合窗口的占比，方便群众“只进一门”“只跑一窗”。强化数字赋能。聚焦企业全生命周期，对涉企服务审批事项、申请材料进行全流程全要素数字化解构，打通数据联通瓶颈，实现更多应用场景电子化。

有效市场和有为政府结合的意义和路径

徐双双[①]

摘　要：发展是解决我国一切问题的基础，但是发展还必须是高质量的。目前，我国正处在高质量发展阶段。高质量发展是当今社会的一种全新社会理念，高质量发展中要求政府和市场更好结合，政府和市场的结合必须是有效结合。有效市场与有为政府的结合点在于优化收入分配，实现共同富裕和人民至上的价值理念。有效市场和有为政府的有效结合不仅是适应高质量发展的要求，还能破除市场失灵。因此，政府和市场的结合中必须体现更加成熟的政府和自由竞争而有序的市场，这样形成合力，组合成政府和市场的双强模式，才能够推动我国社会经济真正的可持续发展。

关键词：高质量发展；有效市场；有为政府；结合路径

高质量发展在我国党的十九次全国代表大会上首次被提出，这一崭新概念的背后反映出我国经济已经从高速增长阶段转向高质量发展阶段。高质量发展意义非凡，高质量发展是高速发展的进阶，是一种全新的转变与突破。高质量发展必须要把握整体推进和重点突破的关系。长期以来，市场和政府的关系一直都是影响经济发展的核心和焦点问题。为此，建立一种更高水平的社会主义市场经济体制是推动高质量发展的关键。党的十九届五中全会指出："坚持和完善社会主义基本经济制度，充分发挥市场在资源配置中的决定性作用，更好发挥政府作用，推动有效市场和有为政府更好结合。"这一新论述充分地说明探讨如何使两者更好结合对于促进经济发展和现代化国家建设既有理论意义，也具有重要的实践价值。

一、有效市场与有为政府结合的含义与结合类型

有效市场和有为政府概念一经出现，便受到各界广泛关注。但是，究竟何为有效市场，何为有效政府，这是首要问题。我们只有在准确把握有效市场和有为政府本质的基础上，才能更进一步研究如何更好地将两者结合起来推动经济发展。

（一）有效市场

市场是在社会分工和商品交换的情形下产生的，有社会分工和商品交换的地方才有市场存在。斯密认为，市场运行的两个要素是自利和竞争。自利属于市场运行的内在动力，竞争是外部压力。市场是一把双刃剑：一方面，它能够进行社会资源

---

① 徐双双，中共重庆市委党校硕士研究生。

的分配并激发社会活力；另一方面，市场的过度竞争、信息不完善、调节过程的盲目性和滞后性等弊端也必然会导致社会不稳定，甚至引发市场失灵。因而有效的市场是至关重要的。

有效市场是新结构经济学中的重点，由林毅夫首次提出。他认为市场的有效性需要讨论，有效市场必须考虑本国处于什么发展阶段，不能忽视不同发展阶段差异的内生性。有效市场是指经过市场化改革，要素获得合理配置，最终使得国家具有经济增长活力的市场。社会主义市场经济体制的建设和完善是有效市场形成的前提，价格改革是有效市场建设的基础，非公有制经济发展是有效市场建设的重要环节，对外开放是完善有效市场的必要条件。完善的市场体系、良性的市场竞争，市场主体采取稳妥的行动，对个人利益和社会发展起着正向作用才能是有效的市场。

（二）有为政府

政府在运作过程中既有积极作用也有消极作用，如果缺乏灵活性和主观偏差性，这是“政府失灵”。政府角色并非一成不变，在微观领域中充当着“守夜人”角色，而在宏观领域中政府将不再仅仅是“守夜人”的身份。“有为”表现为建设职责明确、依法行政的政府治理体系，通过建立健全法律制度、完善高标准市场体系，以法治的顶层设计为市场的有效运行提供有力保障，维护市场公平。在市场经济的运行过程中，需要法治保护市场主体的基本权利。有为政府是指在研究经济转型升级过程中，保证政府不会因无知而出现乱为或者因无知而无为。孙学玉认为，有为政府的逻辑起点是针对市场失灵，围绕市场管不好、管不到的地方，确立政府职能范围，厘清作用事项，选择管理方式。因此，只有政府承担起应有的责任，才能保证一个良性运行的市场秩序。

（三）结合的含义和类型

结合是指人或事物之间有着密切的联系。有效市场和有为政府有效结合是指在社会经济发展过程中，有效市场和发挥一定作用的政府在某些方面产生相应的联系，协同共生，形成有机整体共同推进高质量发展。

有效市场和有为政府结合可以从许多不同的视角和方面体现两者的结合，比如以体现人民至上的价值观念来达到公平与效率相统一的目标。西方国家一直认为公平和效率是悖论，两者不可兼得，但是在我国人民至上的价值观念之上，使得中国有效市场和有为政府的行为具有一致性方向。

优化收入分配结构、推进共同富裕也是有效市场和有为政府的结合点。共同富裕是社会主义的本质要求，也是政府和市场关系结合的良好体现。促进城乡公共服均等化，提高农民的收入是政府与市场作用结合的着力点。

马克思主义认为，世界上的一切事务都处于运动和变化之中，我们需要用辩证的眼光去看待万事万物。当然无一例外，政府和市场的结合形态也是多样的，没有一种固定模式。从古至今，中国政府和市场的关系有强政府强市场、弱政府弱市场、强政府弱市场、强市场弱政府四种模式。有效市场和有为政府的结合如果停留在表面，达不到期望的效果。有效市场和有为政府必须是有效结合。虽然不会有一种固定不变的结合形态，但是我们可以探索出适应当下社会经济发展的最优模式，这样对高质量发展才有一定的意义可言。

二、有效市场与有力政府有效结合的意义

现代社会市场经济是以政府调节为补充、市场调节为基础的经济体制。从某种程度上说，有效市场和有为政府缺一不可，必须将两者更好结合以促进经济可持续发展，但是结合的价值意义是研究有效结合路径的前提条件。价值意义层面的分析对提出更有针对性的解决方案起着指引作用，以便挖掘出两者最优的结合形态。

（一）适应高质量发展的要求

党的十八届三中全会通过的《中共中央关于全面深化改革若干重大问题的决定》首次明确指出，要处理好政府和市场的关系，使市场在资源配置中起决定性作用和更好发挥政府作用。党的十九届五中全会首次提出，要推动有效市场和有为政府更好结合。协调处理好政府和市场的关系体现了我国的制度优势，体现党的领导下经济建设的必经之路。因此，只有有效市场和有为政府的有效结合，才能平衡长期目标与近期利益，真正推动高质量发展。

（二）破除“市场失灵”

市场失灵是市场经济发挥作用失利的产物。夸大市场作用，过分放任市场自由，营造过于宽松的环境便会带来市场失灵，经济就会出现周期性危机或萧条。经济危机如果只依靠市场调节将会经历漫长的过程。市场有其自发性和趋利性。市场的利己主义如果过于突出，消费者和商品生产者之间的利益冲突影响公平，致使社会动荡不安，将会产生巨大的负面影响。市场无法提供公共服务，社会生态环境等方面也无法进行调控。因此，市场缺陷和市场失灵是政府干预的缘由。政府的优越性在于能进行综合调控，政府可以做一些市场做不到或者做不好的事情，它的干预可以弥补市场的不足。政府与市场双向结合能够抑制市场失灵，使市场更加有效。因此，有效市场和有为政府的有效结合是题中应有之义。

（三）避免“政府失败”

我国经验结果表明，灵活高效和民主廉洁的政府对于社会经济发展至关重要。但是，政府失败现象屡次发生，非市场缺陷及政府失败有不同的表现、类型和原因。政府失败主要表现为公共政策失效或者失误、公共物品供给的低效率、内部性和政府扩张、寻租腐败等基本类型。政府相对于市场也有一定的缺陷，比如信息不完善、缺乏灵活性、主观偏差性等。如果过分强调政府干预，缺乏市场活力，经济就会停滞不前。政府在一定程度上还会出现官僚主义和形式主义的问题，以及对市场的监管力度不够。从某种程度上来说，我们不能只采用政府配置资源的方式，而是要市场和政府双向结合。

三、有效市场和有为政府结合的路径

市场经济发展结果表明，没有单纯的市场经济，也没有独裁政府，只有市场调节与政府调控相结合的混合经济。高质量发展背景下，处理好市场和政府之间的关是当今社会亟待解决的重大问题。关键是如何才能实现有效市场和有为政府有效结

合，把握好两者发挥作用的尺度，从而形成合力。下面将依次对三种不同的结合路径进行阐述。

（一）市场领域要辅之更加成熟的政府

一方面，政府要尊重市场经济发展规律，为其创造更好的营商环境是政府的首要责任。公平稳定的环境才会带来有效的市场。在市场领域，政府应该以市场的规则为主导，政府要清晰自己的定位，界定自己与市场的边界，避免角色错位和越位。政府还要充分释放市场活力，必要时做到权力下放，有些权力还要根据市场变化灵活应变。建立以市场为中心的市场经济制度，确保资源配置的最优化，构建高标准的市场体系也是成熟的政府需要考虑的问题。因此，除了维护市场秩序和制定规则外，政府还应该控制自己的权力。

另一方面，政府要在市场经济发展起带头模范作用。公平正义是政府超脱于市场之上的要求。政府要以高质量发展为导向，做好整体性规划，主动积极有为。针对市场主体的投机、诚信缺失和收入分配不公等问题，政府要把握全局，站在全体人民群众的立场和角度上为民尽责。从宏观层面看，政府要发挥主导性作用，统揽全局，真正做到为民谋福利；从微观层面看，政府只是组织者和参与者。政府还要提高其公信力和办事效率，强化有效市场和有为政府更好地结合。

（二）政府引导下配备自由而有序的市场

市场是在行政的前提下建立起来的，并非自发或者自然的。林毅夫认为，有效市场可以引导各个企业按照要素禀赋结构所决定的比较优势进行最优选择，最终使得整个国家具有竞争优势。但同时需要认识到，市场在资源配置中起决定性作用但并不是全部作用，不能理解为忽视甚至否认政府的作用，市场和政府的作用是有机统一的。政府引导并不是过度干预，而是要尽量减少政府的主动倾向。政府不能无为和乱为，要监管和补充市场并且要维持市场秩序。政府应激发市场活力，防止地方政府“倒逼”行为的干扰，汲取政府因过度干预经济的“过犹不及”教训。

政府要激励市场主体发扬企业家精神。企业家精神是有效市场不可缺乏的关键要素，企业家精神的核心就是创新。张维迎强调市场和企业家精神的万能性，认为市场和企业家精神可以做一切政府在市场中做的事情。但是，其实事实并非如此简单，市场需要提高其创新能力，也需要受到政府在某些方面的限制。

（三）有效市场和有为政府要相辅相成

马克思主义的辩证法认为夸大任意一方的作用都不能促进发展，不能只重视一方，而忽视另一个方。正如习近平总书记所指出的：“在市场作用和政府作用的问题上要讲辩证法、两点论，使市场在资源配置中起决定性作用和更好发挥政府作用，两者是有机统一的，不是相互否定的，不能把两者割裂开来、对立起来，既不能用市场在资源配置中的决定性作用取代甚至否定政府的作用，也不能用更好发挥政府作用取代甚至否定市场在资源配置中起决定性作用。”有效市场和有为政府之间也具有双向因果关系。任何主体都不应超越应有的界限，也不能孤立存在或发挥作用。一方面政府和市场在结合过程中要发挥结合的正向效应，另一方面要避免积极行为引发的负面效应，实现两者的最优结合。政府与市场并肩发力，形成有为政府和有效市场组成的强大组合模式，是习近平新时代政府—市场观的重要特征。因此，有效市场和有为政府应该相互协调、相互促进，形成一个有机统一的整体，携手推动我国高质量发展。

参考文献：

[1] 沈坤荣，施宇. 中国的“有效市场+有为政府”与经济增长质量［J］. 宏观质量研究，2021，9（5）：1-15.

[2] 常庆欣. 有效市场和有为政府更好结合推进构建高水平社会主义市场经济体制［J］. 山东社会科学，2021（2）：20-25.

[3] 孙学玉. 推动有效市场和有为政府更好结合［J］. 人民论坛·学术前沿，2021（15）：86-90.

[4] 林毅夫. 中国经验：经济发展和转型中有效市场与有为政府缺一不可［J］. 行政管理改革，2017（10）：12-14.

[5] 刘儒，郭荔. 社会主义市场经济条件下政府和市场的互补关系及特征［J］. 东南学术，2021（1）：61-70.

[6] 陈龙，伍旭中. 习近平新时代政府—市场观：市场经济3.0的政治经济学［J］. 广西社会科学，2019（12）：1-7.

深化“放管服”改革背景下优化营商环境探析

——以重庆市为例

张 旭[①]

摘 要：深化“放管服”改革，优化营商环境是新常态下适应我国经济社会高质量发展的必然要求。本文结合重庆市当前营商环境现状和不足，从政务环境、市场环境、法治环境以及人文环境中找到行之有效的优化路径，以推进重庆市营商环境建设更好更快发展。

关键词：营商环境；“放管服”；重庆市

营商环境是指企业等市场主体在市场经济活动中所涉及的体制机制性因素和条件。优化营商环境是深化“放管服”改革的新要求，是理清政府、市场关系的关键举措。2020 年 9 月，李克强总理在全国深化“放管服”改革优化营商环境电视电话会议上的讲话强调深化“放管服”改革、优化营商环境，是激发市场主体活力和发展内生动力的关键之举。当前，我国“放管服”改革已经入深水区，各个领域内都存在亟待解决的问题，在营商环境建设方面，存在政务服务不到位、公众满意度低、市场机制体制不健全以及监管不到位等问题。针对上述问题，2020 年 10 月，中共中央、国务院印发了《成渝地区双城经济圈建设规划纲要》，强调成渝两地要建立高标准市场体系、共建统一的市场规则、互联互通的市场基础设施，加快清理废除妨碍统一市场和公平竞争的各种规定和做法。

一、重庆市营商环境建设的现状

重庆市是长江经济带、丝绸之路经济带的重要中心城市，营商环境建设在全国居于前列。国家发展和改革委员会与民间研究机构的数据显示，2020 年，重庆市营商环境评估结果整体上处于全国领先，其中，在营商环境法治化建设方面表现优秀，成立了西部地区第一个破产法庭，将一些结构简单的破产案件进行专门审理、简化流程，相关案件的处理时间整体缩短了 20%以上。在政务服务建设方面，重庆市政府借助智慧政务平台，大大提高了政务效率和群众满意度，重庆市人民政府官方 App、微信、微博无论是平台的建设与维护，还是发布内容的质量和流量在全国大中城市中都居于前列，尤其是借助电子政务 App“渝快办”平台，累计注册

① 张旭，中共重庆市委党校教师。

用户达2 066万，市级行政许可事项"最多跑一次"比例超过99%，办件量突破1.4亿件，网上可办事项超过95%。

二、重庆市营商环境建设存在的主要问题

（一）在政务环境方面

1. 政务服务不到位

借助于电子政务平台和"一窗通办"建设，无论是线上办理还是线下办理，重庆市政务效率和政务水平都得到了很大的提升，但还存在内部不均衡、政策透明度低、政务工作人员能力不足等问题。首先，内部不均衡是指重庆市作为占地八万多平方千米的特大城市，其内部各层级政府、职能部门之间的政务服务水平存在较大差异，在一些区（县）的政务大厅会出现"一窗通办"落实不到位、政策信息公开不及时、群众办事来回跑的现象。其次，政策透明度是指政策主体全面推进政策制定、执行、评估、调整与终结全过程的公开。目前，重庆市政策透明度低主要表现在权力清单建设模糊、政策宣传不足、公众办事指南不清晰。最后，政务工作人员的工作能力对政务服务质量产生直接影响。政务工作人员工作能力不足主要表现在两方面：在思想方面，许多政务工作人员没有形成主动服务意识，对政务服务的理解不到位；在实际工作方面，随着经济社会的快速发展，政务工作早已不是简单的"签字、盖章"，而是以信息技术为基础的技术服务。因此，必须通过教育、培训手段提升政务工作人员的思想素质和工作能力。

2. 部门数据共享度不高

目前，重庆市政务服务相关App已达21个，涉及领域包括医疗、工商、交通、民政、法院等部门，许多政务服务都可以通过网上办理实现。但是，各职能部门之间还存在信息横向传输困难、同一信息反复填报的问题。部门壁垒是造成信息共享困难的主要原因，其背后是各部门之间利益关系的错综复杂。因此，在持续推进营商环境国际化、便利化、市场化的过程中重庆市政府必须着重解决跨部门、跨区域之间行政信息共享困难的顽疾。

（二）在市场环境方面

重庆市市场环境建设的问题主要是社会资源有效整合不足，民间分散资本和外资的整合力度需进一步加大。社会资源是指可被利用的客体，带有明确的目的性和手段倾向。社会资源的有效整合是释放市场活力的前提条件，也是优化政府职能与机构设置的现实需要。当前，重庆市的社会资源有效整合不足的主要原因是因为市场中介组织的数量和质量都不能满足经济社会高质量发展的需要。截至2021年9月，财政部和司法部的资料显示，重庆市目前注册备案的有律师事务所924家、会计师事务所142家，无论是绝对数量还是人均占比都远低于北京、上海等。此外，第四轮学科评估显示，重庆市目前只有两所"双一流"建设高校。高校和科研院所的数量都不足以为资源有效整合提供人才支撑。

（三）在法治环境方面

1. 市场监督管理不足

监管是营商环境建设过程中必不可少的环节，是对市场秩序的维护，是对公众利益的保护。重庆市营商环境建设过程中监管不足的问题主要表现在两方面：一是监管主体模糊。营商环境是一项系统工程，涉及金融、医疗、民政、法院等方面，这也导致实际监管过程中会因为专业技术问题不足而难以开展工作。此外，对营商环境建设的监管不能只局限在政府内部，还需要畅通外部监管渠道，尤其注重完善市场主体和公众对政务服务的监管机制。二是目前的监管主要集中在营商环境建设中的结果，忽视了对营商环境决策的监管。事实上，一些与营商环境相关的政策没有得到有效落实，除了执行能力不足外，很大程度是因为决策在制定的时候就已经脱离了客观现实。

2. 法治化建设还待加强

营商环境法治化是营商环境建设的硬指标之一。《重庆市优化营商环境条例》从 2021 年 7 月 1 日开始执行，填补了重庆市在营商环境法治化建设方面的空白。但是，与国际先进城市相比，还存在法治体系不健全、法治意识淡薄的问题。法治体系不健全是指重庆市关于营商环境的立法工作起步较晚，相关工作开展中还存在无法可依的现象，再加上正在实施中的《重庆市优化营商环境条例》主要是对营商环境建设的原则性和价值性问题进行规范，而没有对许多具体的行为进行约束。此外，无论是公众还是政府工作人员都存在法治意识淡薄的问题，对营商环境工作的法治化认识不到位，在实际的工作中也更难做到依法办事、依法行政。

（四）在人文环境方面

营商环境中的人文环境是指政府和市场、公众在相互合作、相互影响的过程中所形成的信任和规范的总和。目前，重庆市社会信用体系建设“十四五”规划已分别从建立诚信建设长效机制、优化营商环境、健全规划实施保障机制等几方面加快重庆市社会信用体系建立，但良好的信用体系绝不是停留在文件上，而是需要政府、公众和企业共同去践行。重庆市信用体系建设还存在信息不对称、缺乏长效监督机制的问题：一方面，信息不对称是指公众和企业会倾向于向政府和银行传递一些对自己有利的信息而对一些负面的信用关系避之不提；另一方面，当前对社会信用体系内的监管大多是短期、重过程而忽视了长期影响。

三、“放管服”改革下重庆市营商环境优化的路径

（一）建设高效的政务环境

政务环境是指行政系统内外部影响行政效果的因素的总和。重庆市的政务环境建设在全国居于前列，以深化“放管服”改革为背景，可以加强以下几方面的建设：

1. 持续推进简政放权，优化政府职能和权限

转变政府职能，建设人民满意型、服务型政府，必须持续推进行政审批制度改革，加快推进权力清单制度建设。重庆市要充分利用行政层级少一级的优势，把更

多的资源向基层倾斜，切实提高基层政务服务水平；同时，必须加强顶层制度设计，将各部门之间分散的服务职能进行整合，让数据多跑路、群众少跑路，落实好“一窗通办”“五证合一”“一照一码”等政策。

2. 加快技术创新应用，推进“互联网+政务”建设

重庆市智慧政务建设有良好的现实基础，在后续的工作中需加快新兴技术的创新和应用，加快推进“互联网+审批”模式建设，落实好“不见面”审批制度。此外，应当继续把政府门户网站建设好，将职能部门之间的政务服务功能进行试点整合，推进重庆市域内跨部门、跨区域的行政信息可以互联互通。

3. 畅通公众参与渠道，以人民满意程度为最终评判标准

政府是政务服务的提供者，政务服务的根本评价尺度是人民群众的满意程度。因此，在建设高效的政务环境中，重庆市政府必须要注重全过程民主，工作的着力点必须放在提升公众的幸福感和获得感上。值得注意的是，网络舆论愈发成为公众参与政务的重要形式，重庆市政府还需进一步借助电子政务平台及时公开相关信息，回应公众关切。

（二）建设便利的市场环境

完善市场环境是营商环境建设的重要目的，也是衡量一个地区营商环境水平的硬指标。近年来，重庆市市场环境建设稳中有进、持续向好，但在市场体系建设方面还需进一步加强。

1. 完善市场监管体系，形成良性竞争秩序

创新市场监管方式，提升监管效能，进一步维护市场秩序，保护市场主体利益，是下一阶段重庆市营商环境建设的重点。对标世界银行营商环境评价指标，重庆市还需要进一步降低企业开办成本，简化审批程序，在财产登记和税收方面给予一定的政策优惠。此外，对市场的监管并不意味着事无巨细，而是对宏观经济进行调控，对有序的市场秩序进行维护。

2. 完善市场准入机制，促进资源合理配置

进一步完善市场准入机制，充分释放民间资本和外资企业的市场活力，建立市场准入负面清单制度。重庆市作为西部的中心城市，长江经济带、丝绸之路经济带也交汇于此。因此，必须充分利用区位优势，在适当的领域可以降低市场准入机制，吸引外资和民间资本。

3. 保证配套设施建设，充分发挥市场作用

市场环境内的配套设施主要是指用水、用电、土地等要素资源在市场环境中的使用。重庆市面积大、资源丰富、发展潜力巨大，在推进营商环境市场化的过程中可以提供适当的优惠政策，鼓励尖端技术企业和互联网公司落地重庆，以助力重庆市经济社会高质量发展。

（三）建设公正的法治环境

法治保障是营商环境建设的内在需要，必须将营商环境法治化作为衡量营商环境建设的核心指标，从立法工作入手，以法律法规为准绳维护市场秩序和公众利益。

1. 健全营商环境立法体系，推动营商环境建设制度化

目前，重庆市营商环境建设已步入法治化轨道，司法工作已取得较好的效果，后续还需完善营商环境立法和执法体系。一方面，立法工作需要立足基层、扎根群众、帮助企业，除了对一些方向性的原则问题规定外，必须重视对具体工作进行约束；另一方面，在执法过程中，以“放管服”改革为指引，健全商事纠纷处理制度，简化流程，降低商事纠纷处理成本。

2. 强化法治化监管措施，明确营商环境建设的责任主体

政府是营商环境法治化的责任主体，提高市场监管效率，必须完善监管体系，尤其注重完善民意表达的方式。值得注意的是，当前信息技术发展迅速，新冠肺炎疫情形势严峻，重庆市政府必须加强对一些新业态经济形式的监管，如短视频、直播带货等。

3. 加强知识产权保护，维护市场主体的合法权益

重庆市必须服务于国家中心任务，加大知识产权保护，打击假冒伪劣产品，完善相关法律法规，切实维护市场经营主体的权益。此外，必须将创新摆在一个更重要的位置，鼓励公众和企业形成创新意识，为大众创业、万众创新提供良好的客观条件。

（四）营造良好的人文环境

良好的人文环境不仅会提升社会资源的使用效率，也会降低市场交易成本。重庆市政府在接下来的工作中需要推进政府廉政建设，建立“亲”“清”的新型官商关系，加快构建社会信任体系，建立社会信用体系的长效监管机制，营造“失信者处处受限，守信者处处便利”的社会氛围，将信用体系的建设落实到运用上去，在多领域建立信用“红黑名单”制度。

参考文献：

［1］李克强. 优化营商环境条例［J］. 自然资源通讯，2019（20）：8-13.

［2］李克强. 在全国深化“放管服”改革优化营商环境电视电话会议上的讲话［J］. 中国行政管理，2019（7）：6-10.

［3］张威. 我国营商环境存在的问题及优化建议［J］. 理论学刊，2017（5）：60-72.

［4］高华濂. A单位窗口政务服务质量问题及提升策略研究［D］. 苏州：苏州大学，2019.

［5］徐吉洪. 寻根问路：我国边疆民族地区“双一流”建设之审思［J］. 研究生教育研究，2019（5）：6.

［6］黄显荣. 影响乡镇政府执政能力的因素探究［J］. 学理论，2010（12）：38-40，126.

［7］刘倩. 创业板市场的基本法律问题研究［J］. 法商论坛，2010（1）：60-61.

［8］董彪，李仁玉. 我国法治化国际化营商环境建设研究：基于《营商环境报告》的分析［J］. 商业经济研究，2016（13）：141-143.

［9］宋林霖，何成祥. 优化营商环境视阈下放管服改革的逻辑与推进路径：基于世界银行营商环境指标体系的分析［J］. 中国行政管理，2018（4）：67-72.

［10］张三保，康璧成，张志学. 中国省份营商环境评价：指标体系与量化分析［J］. 经济管理，2020，42（4）：15.

深化“放管服”改革 优化营商环境

刘珂言[①] 闫 建[②]

摘 要：党的十八大以来，我国进行了力度大、范围广、程度高的“放管服”改革。营商环境得以优化，标志着“放管服”改革进一步发展。经过几年的发展，我国营商环境便利度有上升趋势，并且“放管服”也取得了一些成效。但依然有治理结构碎片化、市场隐性壁垒和市场监管滞后、基层“放管服”改革未充分发挥的问题存在。同时，本文对如何“放”、如何“管”、如何“服”提出了三点建议。

关键词：“放管服”改革；政府职能；营商环境

一、“放管服”改革和营商环境的提出和内涵

（一）“放管服”改革和营商环境的提出

党的十八大以来，以习近平同志为核心的党中央从全局出发，把处理好政府与市场关系、转变政府职能作为深化改革的关键，进行了力度大、范围广、程度高的“放管服”改革。2013 年，提出把简政放权、放管结合作为“当头炮”和“先手棋”，承诺五年内国务院部门行政审批事项压减 1/3，实际上仅用两年就实现目标；2014 年，强化放管结合；2015 年，纳入优化服务。2015—2020 年，李克强总理连续六年就“在全国深化‘放管服’改革、转变政府职能”这一主题召开电视电话会议并发表重要讲话。

优化营商环境是以习近平同志为核心的党中央提出的经济发展新方略。营商环境分为一般环境和具体环境。一般环境包括政治、经济、法治、社会、生态等，具体环境包括政企关系、劳动力市场、金融机构等。

（二）“放管服”改革和营商环境的内涵

“放管服”改革是推动政府职能转变的重大举措。其中，一是简政放权。减少行政审批，将不该政府管理的事项放权给下级政府、市场、企业和个人，确立市场在资源配置中起决定性作用，减少政府对资源配置、经济活动直接干预，以激发市场的活力。二是加强监管。发挥政府在简政放权过程中的监管作用，加强事中、事后监管，创新监管方式，维护市场公平竞争。三是优化服务。对服务内容、效能、

---

① 刘珂言，中共重庆市委党校硕士研究生。

② 闫建，中共重庆市委党校教授、硕士生导师。

方式进行优化，实现公共服务多元有效供给，为公众提供高效便捷的政务服务。总之，“放管服”改革要协同推进，而不是简单相加，加大力度简政放权，实施行政审批制度改革，放权给市场、社会组织；同时，政府放权之后，必须强化监督的法治化、标准化，把该管的管到位，放管并重；此外，政府服务要做到精准化、便民化。

营商环境是企业发展的外部环境，反映一个地区经济发展的活力与潜力。营商环境不仅仅决定做生意的难度、成本，甚至可能左右生意的成败。营商环境指标反映政府行政审批、行政管制、行政执法等因素。要提升营商环境的核心竞争力，就必须进一步简政放权、放管结合、优化服务。

二、“放管服”改革的现状

面对经济下行的巨大压力，政府合理运用宏观政策进行定向、精准调控，推进政府职能转变，进行“放管服”改革，形成“简政放权”“放管结合”“优化服务”三管齐下。目前，我国实施“放管服”改革已经取得一些成效。在政府职能转变方面，改变了以往重审批、弱服务、轻监管的情况，全面实施市场准入负面清单。改革了市场监管体制，实施“双随机、一公开”的日常监管方式。全国各地基本实现“一站式”政务服务方式，企业和群众切实感受到“放管服”改革带来的便利、高效。

目前，我国“放管服”改革仍然存在一些短板。一是治理结构碎片化。我国基本权力结构依然是条块关系，“条条”具有封闭性，“块块”导致各部门难以有效配合，在简政放权过程中容易基于自身部门利益考虑，该下放的权力没有下放，陷入“形式化”，条块分割结构导致“放管服”改革的碎片化体现在管理、流程、信息碎片化。二是市场隐性壁垒和市场监管滞后。虽然政府实施市场负面清单，但是一些行业出于自利动机进行垄断，导致在一些基础性产业非基本公共服务领域等一些民间资本难以进入，给经济发展造成很大阻碍。某些地区为维护本地区发展利用政策、技术壁垒，使得全国统一市场难以形成。同时，新经济业态层出不穷，单一市场监管滞后于多元发展现实需求。三是基层改革未充分发挥。“放管服”改革的落脚点在基层，由于基层激励不到位导致政策执行过程动力不足。同时，基层执行付出与收益不对等，出现“责大权小”的情况。

三、推进改革发展的对策建议

（一）更大的“放”

一是大幅精简各类重复审批。要清理一个事项由多个部门多头、重复审批的情况，能整合的整合，该取消的取消。同时，强化主体责任，全面清理规范各类管理措施以及新增的变相、违规乱设审批环节。二是取消不必要的审批。把本来由市场主体决策的事项，取消有关部门审批。并且从放管角度出发，把既不涉及重大项目布局又不触及安全底线的审批，由事前审批转为事中、事后监管审批，改变“以批代管”的情况。三是加强公平、质量管理。坚持放管结合，基层政府部门要注重加强事中、事后监管。

（二）更好的“管”

一是公正监管。监管公平公正才能使市场公平、高效运作，提高监管执法的透明度与规范性，完善“双随机、一公开”监管、“互联网+监管”、跨部门协同监管等；加大监管力度，提高违规成本；完善各领域监管标准体系，以推动行业制定更高标准；提升企业各环节协同办理，让主体能进能出。二是创新监管。在新兴产业实行包容审慎监管，传统监管方式很难适应其发展需要。个别领域实行柔性监管，对一些可能存在风险的流程，可以探索试点再进行推广。三是守好底线。对于一些药品、疫苗等领域，必须实行严格的全链条、全主体监管。目前，有些领域安全质量问题频发，要强化主体责任，对违法行为加大惩处力度。

（三）更优的“服”

一是推行“不见面”审批，实现群众在各地区、各时间段都能够便利办事，降低企业和群众的办事成本。更大范围内实现“一网通办”，采取“快递+政务服务”、电子认证等方式，推进各地区与国家平台实现一体化建设，重视老年人、视障听障残疾人等弱势群体的需求，提供有针对性的服务。二是扩大“跨省通办”事项，充分发挥各地政务服务平台的作用，加大整合力度。对于跨地区事项，加快跨区政务数据共享，推行标准化制度建设以及电子证照跨省互认，完善高频事项“跨省通办”。三是提供公平的基本民生保障服务。新冠肺炎疫情对低收入群众就业冲击较大，为扩大基本民生保障政策覆盖面，利用大数据等技术手段，建立“政策找人”机制，使得困难群众及时得到保障。

第三篇　社会治理研究

新时代城市基层社会治理的创新路径探析

陈　彤[①]

摘　要：基层社会治理是国家治理体系中的重要组成部分，关系着国家治理现代化目标的实现。市域社会治理变革城市治理应以整体性为原则，立足社会矛盾频发社会治理转型难度加大、城镇化进程中流动性和人口结构变化、传统型与非传统型公共安全叠加的现实诉求，采取多种创新路径推动基层社会治理的发展。例如，夯实城市基层社会治理的价值基础、推动"政社互动"模式深化发展、加强城市基层社会治理的基础制度建设、推进城市基层社会治理机制与技术创新等，逐步建立新型的基层社会治理秩序，凝聚有效治理合力，形成人人有责、人人尽责、人人享有的社会治理共同体。

关键词：基层社会治理；市域社会治理；政社互动；创新路径

城市基层社会治理作为国家治理体系的基础和重要组成部分，与人民群众密切相关，也关系着国家现代化治理目标的实现进程。党的十九大报告指出，要加强社区治理体系建设，推动社会治理重心向基层下移，发挥社会组织作用，实现政府治理和社会调节、居民自治良性互动。当前，中国基层社会治理模式正经历着从计划时期"行政一元化"管理体制向现代"多元共治"治理体制的全面转型，逐步建立新型的基层社会治理秩序，提升城市基层社会治理的科学性。

一、整合城市：市域社会治理变革城市治理

市域社会治理是国家治理的重要支柱，是国家治理体系中的重要组成部分。它除了强调政府的作用外，还应强调市场主体、社会组织、民众在公共事务治理中的作用。而城市基层社会治理也并非新问题，它处于国家政权向下延伸和社会自组织网络运转的交汇处，呈现了国家与社会关系的基本结构。从市域社会治理变革城市治理需要紧紧围绕共建、共治、共享方向，以整体性治理理念为指导，把握市域社会治理规律的特点，突出体制创新、机制完善、制度建设，凝聚各方智慧，提高社会治理水平，确保人民安居乐业、社会安定有序，努力把宏伟蓝图变成美好现实。

整体性治理理论兴起于 20 世纪 90 年代末起的后新公共管理时代，是基于对新公共管理模式的修正和反思，以公民治理需求为导向，以信息技术为治理手段，通过协调、整合、责任的治理机制，不断从分散走向集中，从破碎走向整合，实现政

① 陈彤，中共重庆市委党校硕士研究生。

府的整体性运作。

（一）以公众为中心

公共性是现代行政体系合法化的来源，整体性治理的治理目标是取得公众利益。以公众需要和公众服务为中心，强调政府的社会管理和公共服务职能，通过协调、合作、整合等方法促使公共服务各主体紧密合作，为公众提供无缝隙公共服务，把民主价值和公共利益置于首要位置。党的十九大报告指出，努力以“人民为中心”，以增进民生为发展的根本目的。保证全体人民在共建、共享发展中有更多的获得感，使城市的发展成果惠及人民。

（二）以整体性为取向

整体性治理理论是对新公共管理模式的反思和修正，借助信息技术的优势，通过建立一个跨组织的、将整个社会治理机构联合起来的治理结构，克服碎片化的管理困境。调整社会和市场的横向关系，并发挥政府的战略协作与统筹服务的作用，构建一种政府与市场和社会通力合作、运转协调的治理网络。

（三）以综合组织为载体

传统公共服务的供给方式以政府为中心。而整体性治理理念不同，它提倡构建一种横向的组织结构，充分发挥群团组织、基层群众自治组织和社会组织在化解基层矛盾中的独特作用，更好拓展公共服务的参与空间。将部分公共服务职能让渡给企业、非政府组织，通过建立多元化的合作伙伴关系，吸引和调动各方力量参与地方公共服务的供给。

二、内在诉求：城市基层社会治理的现实挑战

几十年来，中国城市社会经历了快速变迁，伴随跨越式的城市化进程，由社会阶层、权力结构、社区形利益分配等引发了一系列城市治理问题。这些矛盾和冲突往往会在基层社会沉降并诱发各类事件，比如社会抗争、利益博弈等，给局部地方带来社会稳定的风险。

（一）利益型社会矛盾频发，社会治理转型困难

伴随城镇化的转型和利益结构与利益关系的调整，社会利益格局发生了巨大变化。一方面，利益分配不公，财富向精英阶层汇聚，一部分社会弱势群体的切身利益遭到严重损害，导致民众对不平等现象的不满和对政府政策公信力的质疑；另一方面，多元利益要求快速增长，利益主体基于维护自身权利的立场和不同的价值观念以及表达的差异化偏好，导致社会个体之间、个人与集体之间、干群之间产生利益纠纷。基层社会治理是利益纠纷及社会矛盾的发生地和聚集地。城市基层治理面对多种多样的社会矛盾形式，主要体现在两个方面：一是涉及利益冲突的主体多元，触及冲突的事务性质复杂，类型多样；二是利益冲突的解决多倚重行政手段，而采用行政复议、仲裁等法律途径来解决纠纷的比例仍然很低。如果城市社会基层治理不能在调整基层利益和化解矛盾问题方面有所创新和成功转型，那么基层社会的维稳将难以进行。

（二）城镇化进程中流动性和人口结构变化带来的新问题

中国几十年来快速的城镇化进程，大量外来人口涌向城市，彻底改变了城市原有以户籍和单位体制为基础的稳定的人口结构。流动性和城市人口结构的变化，对政府的传统管理方式提出了挑战，主要体现在三个方面：

一是城市人口扩张考验城市基层公共服务的供给能力，这不仅要求基层公共服务提供这洞察不同的服务需求，而且要以公平公正和包容的心态对待为城市做出贡献的外来人口；二是城市人口结构变化带来沉重的人口老龄化压力，构建基层养老服务体系，引入社会资本形成社区养老协同、合作的社会网络成为城市基层社会治理的重要举措；三是流动性对城市基层社会治理的基础信息采集和动态实时监测能力提出了更高要求。外来进入人口和本地人口区域间迁移，导致原有的信息采集和掌控方式变得更加困难，给城市社会问题的研判、公共安全保障等造成阻碍。

（三）传统型公共安全与非传统型公共安全叠加考验城市基层社会治理

当今的城市风险，不仅是传统意义上的犯罪、军事袭击等公共安全问题，而且有一些新型安全问题影响着城市全局发展，比如金融风险、信息风险、流行病风险等。随着城市的快速发展和转型，区位发展不均衡，多元文化价值观并存，思想动态纷繁复杂，居民对共同体规则的制定存在价值争议，考验着城市基层社会治理进程的推进。

完整的城市风险管理体系主体应当由政府、市场、社会等构成。城市安全与风险的预防和处置已不单单是政府的责任，而有赖于企业组织、社会组织、社区和居民个人构成风险治理的共同体，使社会力量发挥监督政府行为等重要作用，成为基层治理的合作伙伴，同政府一起来规避一些治理风险。

三、实践路径：城市基层社会治理的创新路径

党和政府历来十分重视社会治理工作。推进基层城市社会治理路径创新，构建人人有责、人人尽责、人人享有的社会治理共同体，在社会治理多元主体之间构建良性互动、合作共治的创新路径。

（一）夯实城市基层社会治理的价值基础

“信任就是相信他人未来的可能行动的博弈”。当前，社会治理的价值多元性及张力将长期存在，基层城市治理多元主体的合作制度构建和顺利运行是以多元主体之间的价值认同为基本前提的。

（1）发挥德治先导作用。树立社会主义核心价值观，发挥传统文化的滋养作用、身边榜样的示范作用、意见领袖的带动作用、党和政府在基层社会治理中的领导核心作用，致力于构建以执政党建设为中心的多元力量社会协同、合作治理的基层治理结构。形成“市—区—街道—社区”的党组织四级联动的体系，使党组织力量在城市基层中下沉，促进主流价值的传播。

（2）党和政府推进城市基层社会治理的关键任务是实现公平、正义和法治的基本价值。党和政府社会治理的合法性来自它们所提供的基本社会制度的公平正义性。当前，城市基层治理错综复杂，政府与社会、官员与民众、监管不力的市场组

织和民众之间多重矛盾交织，就更需要夯实城市基层社会治理的价值基础，建立公平正义的国家制度，以扫黑除恶专项斗争为契机弘扬社会正气，使基层社会治理建立在较高的道德水平之上，实现社会治理的政治与管理目标。

（二）推动“政社互动”模式深入发展

“政社互动”是指政府行政管理与基层群众自治的有效衔接和良性互动，是当前城市基层社会治理的一条创新路径。它健全了群众自治机制，厘清了基层政府和群众自治组织的权责边界；它是新时期经济社会转型升级的必然要求，铲除阻碍和影响，增强市场动力和社会活力，推动行政管理模式变革，从根本上提升政府的运转效能和群众满意度。

“政社互动”还是构建多方参与、和谐共治的社会治理体制的必然要求，发挥基层自治组织、社会组织的连接纽带作用，切实为基层群众多办好事、实事。“政社互动”的创新实践，改变了基层政府以行政命令下达指标任务的传统工作方法，其实质是使用法治思维和法治方式来推动社会治理体系和治理能力的现代化。

一是政府必须改变“大包大揽”的做法，把不该管和管不好的事项转移出去，给政社协同治理、社会自主自治创造空间，让社区组织和社会组织的动力与活力得到最大释放。二是实行政社互动契约化管理模式。政府可以与基层群众自治组织签订“委托协议”和“项目协议”，这两类协议都属于政府和其他组织签署的行政合同，需要依法规范，纳入法制化的轨道。三是发挥基层群众自治组织和社会组织作为社会治理“减压器”和社会矛盾“稀释器”的功能，建立健全公众参与的利益协调、诉求表达、权益保障等工作机制，特别要做好新时期利益矛盾冲突较多领域的矛盾化解工作，回应合理诉求，加强教育疏导，努力把矛盾化解在萌芽状态。

（三）推进城市基层治理的基础制度建设

政党和政府基层组织是城市基层社会治理中的引领者，担当着完成城市基层治理体系和能力现代化转型的使命。广泛联系人民群众，改革创新自身制度，打破既有的利益结构是完善城市基层社会治理基础制度建设的有效路径。

（1）调整应对城市基层社会治理重大问题涉及的国家重要法律法规。城市的规划、空间和人口等因素的快速变化，使得一些与城市基层社会治理相关的法律法规文件已不再适应现实的需要，需要进行调整和规范。城市基层社会治理迫切需要政府和社会公众的规制行为进行明确的划分，逐步确立清晰的自由与秩序、权利与义务和合理的责任框架。

（2）提升党和政府建设的开放性，夯实引领城市基层社会治理转型的政治基础。一是建立政党、政府基层组织开放制度，将城市基层组织嵌入社会网络中；二是建立“议事咨询”制度，以解决公共事务决策为“抓手”，形成咨询议事结构，动员多元主体参与，推进彼此合作；三是完善城市基层党组织的服务制度，明确党组织服务的定位和业务工作重点，发挥党组织服务的优势。

（四）推进城市基层社会治理机制与技术创新

当前，城市基层政府需要解决的是改变日常管理中被动性应对的局面。近年来，部分城市基层政府以推进城市精细化管理为核心理念，在公共服务提供等领域进行改革创新，促进跨部门、跨层级和跨界协调合作治理，逐步改变和调整治理的结构与权力关系。

（1）塑造城市基层多元治理主体合作机制，形成共同参与社区规划、设施建设、公共资源分配等事务的合作治理。

（2）利用新媒体、大数据等手段推进“智慧社区”建设，利用其机制将政府部门下达到社区的事务进行整合，提供智能停车、智能家居、社区风险预警等基础设施和服务供给，提高社区内设备的使用率。“智慧社区”建设也会成为城市基层社会治理创新的一个重要趋势。

参考文献：

[1] 周庆智. 在政府与社会之间：基层治理诸多问题研究［M］. 北京：中国社会科学出版社，2015：13.

[2] 崔会敏. 整体性治理对我国行政体制改革的启示［J］. 四川行政学院学报，2011（1）：10-13.

[3] 彼得·什托姆普卡. 信任：一种社会学理论［M］. 程胜利，译. 北京：中华书局，2005：33.

[4] 徐增阳，张磊. 公共服务精准化：城市社区治理机制创新［J］. 华中师范大学学报（人文社会科学版），2019，58（4）：19-27.

重庆市“放管服”改革提升基层治理能力研究

——以重庆市九龙坡区行政服务中心为例

李松耕①

摘　要：近年来，重庆市高度重视营商环境的营造与优化，坚持以服务对象为核心，创新改革政务服务新模式和工作思路，切实提升各领域政府服务效率，提高市场主体办事便利度与满意度，刀刃向内倒逼“放管服”改革提质增效。但目前在简政放权、市场监管制度和政务服务能力等方面仍面临诸多现实困境。本文以区级行政服务中心为研究观察点，提出从权力规制、制度供给和智慧治理等角度提升基层治理能力的完善路径，助推重庆市“放管服”改革的理论与实践发展。

关键词：放管服改革；基层治理；路径研究

党的十九大明确指出，“转变政府职能，深化简政放权，创新监管方式，增强政府公信力和执行力，建设人民满意的服务型政府。”良好的营商环境就是生产力、竞争力。目前，重庆市高度重视营商环境的营造与优化，坚持以“人民为中心”的核心发展思路，创新政务服务模式，改进工作思路，着力提升各领域政务服务效率，提高市场主体办事便利度与满意度，刀刃向内倒逼“放管服”改革提质增效。本文以重庆市一区级行政服务中心为研究观察点，总结归纳其近年来推行“放管服”改革取得的实践成效，并分析其中存在的一系列现实难题，立足实际提出可行的改进举措，助推重庆市“放管服”改革的理论与实践发展，更好助力基层治理能力提升。

一、重庆市“放管服”改革提升基层治理能力的具体实践

自重庆市全面推行“放管服”改革以来，九龙坡区行政服务中心始终围绕“简政放权、放管结合、优化服务”的改革思路，持续深化体制机制改革，提升政务服务水平，逐步实现政务服务向便民化、高效化、精准化和智能化转变。

（一）行政审批改革助推简政放权

重庆市在推动简政放权过程中，行政审批制度的改革是一项关键任务，九龙坡区行政服务中心以增强办事企业和人民群众的获得感、幸福感和安全感为重要指

① 李松耕，中共重庆市委党校硕士研究生。

引，不断推动行政审批权下放，精简审批程序。从审批条件看，九龙坡区民政局窗口于2019年推行“三个凡是，减证便民”政策，对21个行政许可事项进行梳理清理和流程再造，尽可能地采取简化登记程序。从审批程序及要件上来讲，九龙坡区财政局窗口全面推行“证照分离”改革，着力为企业“松绑”、为群众“解绑”，成功搭建中介机构从事代理记账行业行政审批事项全程网办的线上服务平台，并进一步精简《办事指南》，对政策、流程、资料和注意事项等通过微信公众号、门户网站进行详细解读、推送与宣传，解决群众办事的前期顾虑。

（二）监督评议机制提升监管效能

为全面提升服务效能，构建“亲清”新型政商关系，落实九龙坡区“九龙一坡”十项重点任务，搭建“最多跑一次”一流政务服务平台，区政务服务中心于2019年1月21日正式成立全区政务服务监督评议团，首批监督评议团成员通过推荐、遴选等方式，行使参与权、监督权、评议权和建议权。政务服务监督评议团每届任期两年，人员包括党代表、人大代表、政协委员、专家学者、群众代表和服务对象等。近年来，政务服务监督评议团通过多种形式参与到审批改革过程中，全体监督评议员切实履行监督评议职责，在实践中及时收集、总结、反馈相关情况，初步形成全方位、立体化、多侧面的监督评议机制，促进该区的政务服务监督质量的提升。

（三）“一窗一网”优化服务水平

群众对政务服务的好口碑得益于重庆推出“一窗受理、分类审批、统一出件”政务服务新模式，线上依托“渝快办”实现“一网通办”，线下着力打造“一窗综办”，双渠道共同提供良好高效的政务服务。

（1）在服务范围上，通过将“一窗综办”实现纵向延伸直抵镇街，在横向上拓展至公共服务事项，并达成横向有机衔接，进一步拓宽“一窗综办”服务范围。

（2）在内部运行机制上，区政府服务中心建立了自我修复、后台审查要点反馈、前后台无缝衔接和服务评议四项重要机制，实现内部子系统间良性对接以及外部环境的有序交互，并结合“二带一”的学习加实践模式提升服务人员的业务熟练度和精准度，为政务服务优化提供基础支持。

（3）在办事流程上，推动实现办事标准化变革。针对以往不同窗口人员面对行政审批事项做出差异化解释的情况，区政务服务中心要求各部门将纳入综合窗口办理的事项进行标准化梳理，流程精细度细化到出现每个情形的申请材料和审查标准，同时提供完整的示范文本、表格，禁止擅自增加材料，严格按照网上对外公开的《办事指南》对外受理、接件，让老百姓不会再产生因工作人员解释不一致导致的困惑。

（4）在服务要件上，通过优化服务环境、规范服务行为、改善服务态度、提供错时服务等方式，让群众办事效率更高，群众获得感进一步增强。

二、重庆市“放管服”改革提升基层治理能力的现实困境

（一）推动简政放权的力度有待加大

重庆市按照中央要求持续推进市级和区县部门改革，不断深化“放管服”改革，但在基层贯彻上还面临诸多现实困境，在简政放权的事项、数量、质量和机制等层面同预期目标仍存在一定差距。

（1）简政放权的质与量的不协调。从九龙坡区政务服务中心的实践情况看，虽然许多审批事项看似“放权”的数量增长明显，但要解决实际问题时仍旧存在困难。其主要原因在于行政体制内部纵与横的放权不一致。纵向上，行政系统上下级存在权小责大的治理短板，“压实责任”逐步演化为“向基层问责”，基层多被动参与，少自主选择，权限下放程序的不畅通导致层层审批陷入“死循环”，最终致使政务服务效率不高；横向上，平行部门间仍存在放权不同步、放权力度和标准不统一的现象等。

（2）简政放权的配套整合机制不健全，部门间协同能力有待提升。由于基层的现实境遇存在异质性，基层执行人员的能力素质存在差异，加之基层工作难以实现处处指导，导致基层政务服务单位及人员或会对上级文件产生认知偏差，在涉及多部门协同联动的审批事项时，难以结合地方实际采取具体执行方案。

（二）针对市场的监管制度有待完善

“放管服”改革最终实现离不开相关制度的支撑。“放管服”改革中放管结合的一个重要环节就是监督管理，而监督管理科学合理与否取决于监管制度的完善程度。近年来，重庆市各区（县）不断创新市场监管方式、构建新型监管机制、拓展市场监督管理理念，取得阶段性成效，让重庆市的营商环境得到一定程度的改善和提升。但是，市场监管涉及领域广、内容杂、权限多，一些市场领域仍然存在非公平竞争、市场运行失序、市场监管不力等现象，事中、事后监管难度加大。例如，食品安全、医药卫生等许多关乎人民群众生命健康的领域，只要是出现市场监管不到位或其中一环的监管缺位，势必会造成较大的社会影响。因此，地方政府针对市场风险防范体系的建设脚步需要加快，这对于提升基层治理能力来说尤为关键，也是目前较为薄弱的一环。

（三）优化政务服务的能力有待提高

人民满意的服务型政府建设是否到位，一个重要的参考标准就是基层政府的政务服务水平是否得到了群众的认可。就目前重庆市在优化提高政务服务能力方面的情况来看，群众对地方政府提供政务服务，特别是基层的政务服务质量的满意度距离预期要求还存在一定差距。其具体表现在以下两个方面：

（1）便民服务网上办结普及率还有待提高。2021 年重庆市一体化政务服务平台九龙坡区各部门行政审批业务与公共服务业务运行统计表（1～3 月、4～6 月）的数据显示，市场主体通过网上办理方式申请公共服务的受理率分别为 80.15%和 92.44%，而行政审批的受理率分别为 64.69%和 58.54%，其中还存在 1 项超期办

结服务。另外，从两组数据的特征属性看，互联网申请数与窗口申请数的比例差距较大，表明便民服务网上办理率还需进一步提升。

（2）部门协同服务力度不够。当前，行政服务中心建设较为完备，至少在基础设施、办公环境、窗口设置、业务划分等方面均呈现出精细化发展趋势，但“物理集中”、碎片化等结构性缺陷也相伴而生。就政务服务的目标来看，目前缺乏系统性资源整合方案和战略规划，部门间协同效率总体较低，“互联网+政务服务”改革还不够彻底。

三、重庆市“放管服”改革提升基层治理能力的完善路径

（一）善“放”：重视权力规制，激发基层治理活力

深化“放管服”改革，推动政府简政放权的关键是要将权力下放，把放权落到实处，但这实际上是一个双向的过程，即向上规制与向下规范。因此，对政府权力的限制与规范成为根本，沿用规制学的概念表述为“权力规制”，但不同于一般的“规制”内涵——政府干预市场的行为，而是侧重对规制者的规制，是对权力向上的规制，属于一种“元规制”概念。“放管服”改革实际上就是一场刀刃向内的政府自我革命，既要敢于对政府这只有形之手的约束和限制，又要确保公权力行使在法律角度的公正性与合法性。因此，在深化“放管服”改革、激发基层治理活力以及提高基层治理能力的过程中最重要的一环就是要进一步厘清政府与市场、政府与社会的权力边界，进而精准推进行政审批制度的改革，包括放宽市场准入制度、前置改后置审批制度、证明事项告知承诺制等，而这本质上是对政府行政审批权的规制，对权力进行持续的“确权规制、用权规制、评权规制和督权规制”，选择对现行行政体制影响程度较小的方式，不断完善科学合理的权利规制体系，压缩行政审批层级与环节，实现权责共生、权责对应，让“一窗综办”“一网通办”进一步落实落细，真正激发基层治理活力。

（二）擅“管”：健全制度供给，创新监管方式

制度可以消除不确定性，是持续和稳定行动的基础，健全制度供给是“放管服”改革中实现放管结合的重要保障。根据《优化营商环境条例》的规定，营商环境是指“企业等市场主体在市场经济活动中所涉及的体制机制性因素和条件”，而其中提及的体制机制性因素和条件指的是政府的一系列制度性涉及和供给。因此，变革与创新政府的制度性供给成为推动放管结合的本质要求，也是加强和创新市场监督管理的基本思路。

（1）要转变监管理念，形成系统性、整体性监管思维。面对浩如烟海的市场主体及行为，政府需要明确自身职能定位，在对市场责任主体进行监管时把握关键领域，即“事前—事中—事后”的基本管理学逻辑，保证市场主体始终处于法律框架内有序运行。

（2）形成市场监管的制度性安排。在前者的基础上，要秉持“轻事前准入、重过程监管”的基本原则。政务服务中心可以依托清单管理、节点管理和绩效管

理多种方式，从前、中、后三个关键节点对中心内各窗口、单元、人员、办理事项及进度进行全过程的即时监督，利于问题及时反映与处置。通过制度供给的实现，加之政务服务平台搭建赋能基层治理，针对市场责任主体的监督管理得以巩固和升华。例如，“一窗综办”“一网通办”“不见面审批”等，正是制度变革在全国取得的初步成效和应用。

（3）加强社会参与政务服务评议机制建设。除了行政体制内部固有的监督机制以外，最为有效的监督机制，还是要外部监督。国务院办公厅印发的《关于建立政务服务“好差评”制度 提高政务服务水平的意见》明确指出，要建立政务服务绩效由企业和群众评判的“好差评”制度。例如，九龙坡区成立的政务服务监督评议团便是外部监督功能的重要体现，核心是体现社会参与监督，让群众成为“阅卷人”，直指各类形式主义和官僚主义，揪出服务不到位、效率上不去、百姓不满意的人和事，利于倒逼放管结合的制度建设，真正实现制度供给的持续性优化。此外，通过细化对每个窗口、每位工作人员的评分机制，评价内容涵盖窗口服务规范、工作纪律、仪容仪表、着装规范、形体仪态、办公物品摆放、室内整洁程度以及垃圾分类情况等方面，让群众从不同角度来实现对政务服务中心的综合考评也更具有参考性和科学性。

（三）优“服”：优化政务服务，加强智慧治理

（1）培育“互联网+政务服务”思维。明确“互联网+政务服务”的服务思维，是提高基层治理能力现代化水平的关键前提。但是，在具体实践中，我们会发现人们很容易陷入一个思维误区，即把“互联网+政务服务”理解为数据信息技术和政务服务的简单相加。实则不然，两者非但不是简单相加，更是推动政府职能转变的重要突破口，是促使地方政府从管理思维转变至治理思维的必经之路，是政府在互联网背景下提供公共服务新的逻辑范式。

（2）重视政务服务数据信息共享。探索建立数据共享汇聚机制，整合既有“人、财、物”等资源数据，健全区级乃至市级基层治理数据资料库，着力推动基层治理数据信息共享，并根据实际情况面向社会公开，向基层政府提供开放使用权限。

（3）拓展应用场景。持续推进“一窗一网”线上线下双渠道政务服务建设，加强“渝快办”平台建设，提高政务服务“一网通办”基础支撑能力，推行适老化和无障碍信息服务，逐步提升线上办理普及率、使用率、申请率，同时线下办事服务窗口仍然作为重要的服务渠道。

参考文献：

［1］程波辉，陈玲.“放管服”改革视域下社会治理创新：一项研究框架［J］.理论探讨，2020（4）：152-157.

［2］王凤阁，陈霄.重庆市营商环境优化提升的路径研究［J］.重庆科技学院学报（社会科学版），2020（3）：27-30.

[3] 王凤阁，陈霄. 重庆市营商环境优化提升的路径研究 [J]. 重庆科技学院学报（社会科学版），2020（3）：27-30.

[4] 彭向刚. 技术赋能、权力规制与制度供给：“放管服”改革推进营商环境优化的实现逻辑 [J]. 理论探讨，2021（5）：131-137.

[5] 李克强. 在全国深化“放管服”改革优化营商环境电视电话会议上的讲话 [N]. 人民日报，2019-07-29（002）.

[6] 胡税根，翁列恩. 构建政府权力规制的公共治理模式 [J]. 中国社会科学，2017（11）：99-117，206.

[7] 李克强. 优化营商环境条例 [N]. 人民日报，2019-10-24（10）.

[8] 刘双良，秦玉莹. “放管服”改革背景下地方治理能力的提升：基于“互联网+”的分析视角 [J]. 江淮论坛，2018（6）：123-127.

成渝地区双城经济圈区域协作机制研究
——基于京津冀、长三角、粤港澳大湾区的比较视角

周 卫[①]

摘 要： 从成渝统筹城乡综合配套改革试验区到成渝经济区、成渝城市群，再到成渝地区双城经济圈建设，川渝合作步伐逐渐加快。川渝两地地方政府间就地方合作事宜进行了充分的沟通与协调，拓展了正式与非正式的交流渠道，但主要是通过一系列松散的意见、规划、协议，实效欠佳。通过对京津冀、长三角、粤港澳大湾区城市群区域协作机制的分析得出经验和启示，并基于成渝地区双城经济圈实际，提出两地区域协作机制的建设路径。

关键词： 成渝地区双城经济圈；区域协作机制；比较研究

2021年10月20日，中共中央、国务院印发了《成渝地区双城经济圈建设规划纲要》，其中明确提出要健全合作机制，打造区域协作的高水平样板。目前，尽管川渝两地政府间建立了由"四川重庆党政联席会议、四川重庆常务副省（市）长协调会议、成渝地区双城经济圈建设联合办公室、专项工作组"组成的"四级合作机制"，但仍停留在地方层面，统筹力度仍显欠缺。京津冀、长三角、粤港澳大湾区是我国开展区域合作最早的地区，在区域协作方面已经探索出许多成熟经验。因此，借鉴京津冀、长三角、粤港澳大湾区城市群区域协作机制的成功经验，建立健全成渝地区双城经济圈区域协作机制，是实现有序竞争、共赢发展的迫切需要。

一、三大城市群区域协作机制的模式

（一）京津冀城市群"核心式"区域协作机制

2014年8月，国务院成立京津冀协同发展领导小组，领导小组办公室设在国家发展改革委，形成推动京津冀协同发展的核心力量。在京津冀协同发展过程中，领导小组加强统筹指导和综合协调；领导小组办公室组织拟定并协调实施京津冀协同发展战略规划、重大政策，承担领导小组日常工作，推动实施重大规划、重大政策和重大项目，协调解决跨地区、跨部门重大事项，健全完善督促检查机制。近年来，按照党中央、国务院部署，领导小组加强统筹，领导小组办公室、专家咨询委

① 周卫，中共重庆市委党校硕士研究生。

员会、三省市和有关部门密切配合、狠抓落实，京津冀协同发展工作得以有序推进。

（二）长三角城市群“层级式”区域协作机制

自2008年起，长三角政府层面开始实行决策层、协调层、执行层“三级运作”的区域合作机制。决策层由“长三角地区主要领导座谈会”决定和决策关系长三角区域发展的重大事项；协调层由“长三角地区合作与发展联席会议”协调推进和检查督促跨区域重要合作事项；执行层由“联席会议办公室”和“重点合作专题组”制订年度工作计划并推进落实。2018年，执行层增加了新成立的“长三角区域合作办公室”，负责研究拟定长三角协同发展的战略规划，以及体制机制和重大政策建议，协调推进重要合作事宜，统筹管理长三角合作与发展共同促进基金、长三角网站和有关宣传工作。至此，长三角区域协作机制框架基本完成，区域合作的协调性和有效性进一步增强。

（三）粤港澳大湾区“联动式”区域协作机制

2017年7月，《深化粤港澳合作推进大湾区建设框架协议》对粤港澳区域协作体制机制做出安排：一是协调机制，国家发展改革委、广东省人民政府、香港特别行政区政府、澳门特别行政区政府四方每年定期召开磋商会议，协调解决粤港澳大湾区发展中的重大问题和合作事项；二是实施机制，四方每年提出推进粤港澳大湾区建设年度重点工作，由国家发展改革委征求广东省人民政府和香港、澳门特别行政区政府以及国家有关部门意见达成一致后，共同推动落实；三是公众参与机制，发挥以“粤港澳大湾区区域合作与发展决策咨询组”“粤港澳大湾区经贸协会”为代表的智库、行业协会等机构的作用，畅通合作咨询渠道，研究探讨各领域合作发展策略、方式及问题。

二、三大城市群区域协作机制的经验启示

（一）充分认识区域协作的重要意义

京津冀协同发展、长三角区域一体化发展、粤港澳大湾区建设从两个层面对我国经济社会发展产生了重要的影响。一是自身效益。由于区域协作的开展和不断深化，区域规模经济效应开始显现，基础设施密度和网络化程度全面提升，各类生产要素快速集聚，区域一体化快速发展，推动京津冀、长三角、粤港澳大湾区成为高质量发展的三大增长极。二是外部效益。京津冀协同发展旨在建设以首都为核心的世界级城市群，带动环渤海地区协同发展；长三角区域一体化面向更大的亚太市场，着眼协同解决长江经济带纵向发展问题；粤港澳大湾区则重在发挥港澳融入国家发展大局的积极作用，发挥在“一带一路”建设中的重要节点和重要枢纽作用。

（二）因地制宜建立区域协作机制

京津冀、长三角、粤港澳大湾区三个地区各自的发展基础和战略定位不同，其区域合作机制也各具特色。京津冀协同发展是当前三大国家战略之一，离不开国家的战略统筹和顶层设计，加上其内部发展差异较大，需要建立国家层面高层次的核心组织来领导协调区域合作；长三角的市场化程度更高，开放性更强，与京津冀不

同，不需要依赖国家出面建立相关组织来推进区域合作，而是通过地方政府、市场、社会等多方力量自发自愿地形成区域协作机制；粤港澳大湾区处于“一国两制”的框架之下，构建更高层面的协调机制以发挥中央政府的统筹协调作用，才能更加切实有效地推进大湾区建设，有利于克服粤港澳大湾区区域合作机制在一定程度上流于形式的弊病。

（三）重视区域协作主体的多元化

在长三角区域一体化发展过程中，除了政府主导的区域协作机制外，市场和社会的力量也发挥着重要作用。以行业协会与企业为主体，以市场为媒介，以各类招商引资、技术合作、商品营销为重点的展销、推介、论坛、交流会议等形式的市场化合作机制成为长三角一体化的重要基层推动力；以长三角一体化发展专家咨询委员会、长三角高校智库联盟、长三角产业创新智库联盟等为代表的官方和民间智库成为建言献策的重要渠道。可见，充分调动地方政府、行业协会、企业、社会组织等区域协作主体的积极性、主观能动性、创造性，能够提高区域协作的实效性。

三、对建立成渝地区双城经济圈区域协作机制的建议

借鉴三大城市群区域协作机制的经验和做法，在合作意识、实施机制、行为主体等层面建立成渝地区双城经济圈区域协作机制，为深化川渝合作建立更多切实有效的渠道和机制保障。

（一）在合作意识上，强化“一盘棋”思想

扭转川渝恶性竞争局面、深化合作领域，必须打破地区本位观念，增强合作意识、培育合作文化。首先，要纠正认知观念。百年来，川渝之间的分分合合以及川渝分治后对地域空间、资源要素的争夺，使两地的关系颇为微妙。通过改变独善其身的想法，树立川渝发展状况“唇齿相关”的意识，在互利互信的基础上以实现区域整体的利益。其次，要培育合作文化。川渝地区历史源远流长，巴蜀文化底蕴深厚。川渝两地具有相似的语言体系、风俗习惯、文化传承，要以两地对巴蜀文化的认同感为基础，使文化认同成为推动区域合作的强大内生动力。

（二）在实施机制上，健全多维度跨地域协作机制

一是建立更高层级的组织协调机制。建议省（市）政府提请中央设立国家层面的成渝地区双城经济圈建设领导小组，强化中央政府对成渝地区双城经济圈建设和跨地域协作的顶层设计，统筹指导成渝地区双城经济圈建设重点合作事项，减少成渝地区双城经济圈内部的摩擦与纷争。二是强化实体协调机构的枢纽作用。以长三角区域合作办公室为范本，通过成渝地区双城经济圈建设联合办公室聚焦共同关切的问题，对碎片化、零散化的项目的协调沟通，抓好任务分解落实，加强前瞻谋划，在综合协调和督促落实等方面发挥更大的作用。三是建立健全绩效评价与激励机制。一方面，通过制定科学的量化指标，考核地方政府在推进成渝地区双城经济圈建设工作中的绩效，再根据绩效给予相应奖励，旨在以考核促实施；另一方面，通过建立激励补偿机制对协作主体进行利益补偿与引导激励，对于愿意将资源、信息、知识、机会进行区域共享的协作主体给予物质性补偿和表扬等形式的奖励性报

酬，以此更好地鼓励区域协作主体之间在相互信任和相互尊重的基础上进行合作创新与资源共享。

（三）在行为主体上，发挥市场和社会的作用

一是发挥工商联的桥梁作用。川渝两地工商联要在资源整合和平台搭建上下功夫，搭建信息发布、市场供求等平台，完善已有的跨区域民营经济合作机制，探索建立川渝区域性、行业性商会联盟，共同开拓市场，实现抱团发展。二是充分发挥行业协会（商会）在产业协作、经济发展中的作用。行业协会要突破行政区划障碍，组成跨地区的行业联盟，共同制定区域行业发展规划、区域共同市场规则，推进区域市场秩序建立，探索区域各类市场资源的连接和整合等，为行业发展营造良好的合作环境。三是建立以各地专家学者为主体的专家咨询委员会。专家咨询委员会应定期举办会议、学术沙龙及相关调研活动，为政府及相关部门提供公共政策咨询服务，强化成渝地区双城经济圈建设的专业支持。

参考文献：

[1] 申晓佳，张凌漪. 创新体制机制推进成渝地区双城经济圈建设 川渝两地已签署合作协议 200 余份 [N]. 重庆日报，2020-11-18（10）.

[2] 巨云鹏，郝洪. 长三角区域合作办公室成立一年间：一体化探寻更多可能 [N]. 人民日报，2019-01-03（10）.

[3] 王东强，钟志奇，文华. 城乡统筹视角下的区域协作体制机制创新研究 [J]. 城市发展研究，2013，20（12）：45-49.

基层社会治理创新的“内卷化”叙事与建构[①]

向 红[②]

摘 要：基层治理位于国家治理“末梢”，是国家治理的“最后一公里”。本文梳理了基层治理创新“内卷化”问题的表征和成因。通过对S市B区“党建引领、小区治理”案例的分析，阐释了基层社会治理创新的内在机制，指出破解创新“内卷化”困境的关键在于政党嵌入社会，建构新合作主义行动。

关键词：社会治理；创新；内卷化；叙事；建构

党的十八届五中全会提出了创新、协调、绿色、开放、共享的发展理念，并把创新放在五大发展理念之首，强调创新是引领发展的第一动力。党的十九届五中全会明确提出将“社会治理特别是基层治理水平明显提高”作为“十四五”时期经济社会发展的主要目标之一。因此，通过大数据平台搭建、政府服务外包、结对竞赛等实践探索，创新社会治理体制机制，不断提升社会治理绩效，目前已经成为地方政府应对国家政策压力的行动策略，并涌现出了大批“创新社会治理典型案例”，但此系列基层治理创新实践也常常陷入命名式、标签式的伪创新，出现创新“异化”或“流产”的不在少数，不仅无法实现“给社区减负增能提效”目标，反而造成基层治理的低水平重复。综上所述，基层社会治理创新走入了“内卷化”的场域，这种现象不仅浪费了社会资源，也让我国基层社会治理陷入了“创新低效—认同危机—实践消极”的恶性循环。为此，如何规避基层社会治理创新“内卷化”风险越来越引起政界和学界的广泛关注。

一、基层社会治理创新与“内卷化”的理论渊源

内卷化，起源于美国人类学家戈登威泽对一种文化发展模式的描述，即当某种文化发展到最终状态之后，既无法稳定下来，也无法使自己转变到新的发展形态，而是不断地在其内部变得愈发复杂。本文从“内卷化”视角出发，认为在基层社会治理创新工作发展到一定阶段后，由于一些因素的影响而陷入了停滞状态，既无法维持现状又难以自我更新，取而代之的是其内部关系的不断复杂和精细化，最终导致这一制度逐渐丧失活力。

---

① 基金项目：川渝党校（行政院校）系统2021年党史研究专项重点项目“城市社区党建中党与社会链接机制：主体补位与社会建构”（项目编号：CQDX2021BZXZD-033）。

② 向红，重庆市璧山区行政学校副教授。

(一)“内卷化”的基本特征

经过多年探索与实践，基层社会治理创新呈现出党的坚强领导与社会活力充分释放的积极态势。然而，创新绩效似乎并不显著，在眼前一片热闹嘈杂的社会治理创新的“跃进式”发展背后，另一幅基层治理创新“无增长式发展”的图像也随之浮现。总体来讲，主要表现在组织“内卷化”、权力“内卷化”和利益“内卷化”等方面。

(1) 组织“内卷化”。一是基层原有组织行政倾向更加强化。如直接颁布政策文件和规章，再将管理机构扩大，增设人员、增加职能，最后用检查验收评比的方法评估效果，组织性质和运行机制没得到根本变革。二是村社干部行政化。社区治理公共事务标准化和指标达标的目标替代了一些治理任务本身的实质目标，村社干部的“行政化”也导致自治性和自主性不足等问题。

(2) 权力“内卷化”。权力“内卷化”主要表现为国家政权对基层治理的错位。一是权责关系不对等，权责分立，降低基层对复杂治理环境的回应能力。尽管行政系统运行倡导简政放权原则，但基层运转的基本情形是“事”与“权”的张力存在，表现为“有限权力，无限责任”“事权下沉，实权上移”，基层回应“一线”问题时被授权可动用的决定、财政、协调及考核权力十分有限。

(3) 利益“内卷化”。随着国家权利在基层的收缩，给“基层组织滥用权利提供了契机”，内卷行政村社组织有自治之名而无自治之实、行政化突出、赢利动机不纯、管理服务蜕化，社区诸多利益主体容易形成“联盟”，共同侵占国家自上而下惠民政策与地方发展成果。

(二)“内卷化”的生成机制

在实践中，是什么使得基层社会治理创新走向了“内卷化”?

(1) 极度有限被动的基层自治空间。在压力型体制下，上级政府将基层治理任务进行指标化，层层分解至社区管理者，作为最小的治理单元，社区治理就面临“上面千条线、下面一根针”的困境。由于各种各样的任务繁多以及频繁的检查考核，本来就没有多少自主空间的社区，更是处于匆忙应付的工作状态中，由此加剧了居委会行政化的趋势，其自主创新的自治空间受到挤压。

(2) 权责失衡的上下级政府关系。在现行的权力上收、责任下卸的压力型体制下，上下级政府之间的体制性权责关系并不平衡，这在县、乡两级政府之间体现得更加明显。上级部门的“权力最大化、责任最小化”，与基层政府的“权力最小化、责任最大化”形成强烈反差。在巨大责任压力下的基层干部，即使有干事创新的活力，也几乎会逐渐熄灭在无限繁忙的任务和压力之下。

(3) 外在激励难以转化为内在激励。对于基层干部来说，工作任务是由上而下布置的，责任追究是由上而下追查的，考评奖励也是由上而下确定的，基层干部几乎完全处于被动接受的状态。对于大多数没有多少晋升前途的基层干部来说，外在的激励很难转化为创新担当的内在激励。何况干得越多，风险越多，越有可能被追责。

二、C 市 B 区“党建引领+”项目前期“内卷化”的挑战

（一）项目的启动

B 区地处 S 市西部，常住人口 70 多万，城镇化率超过 60%。其下辖的社区众多，涵括现代商品房社区、单位大院、城乡接合部社区等，不同社区的社会结构不同，大部分社区的基层治理矛盾较为突出。为此，B 区在深入调研的基础上，2019 年 1 月着手开展“党建引领、小区治理”，选取了 7 个矛盾突出、类型各异的居民小区进行试点，探索小区党支部领导下的基层治理路径。

（二）试点初期的“内卷化”风险

对 B 区来讲，“党建引领、小区治理”项目之所以能取得成效，根本在于将党支部建在了小区上，由支部书记领导，业委会与物业相互配合。调研发现，刚开始社区对该项目存在较大质疑，但上级文件要求又必须执行，在试点阶段就面临“内卷化”风险。

1. 上级主导的价值观“内卷化”风险

价值观体系是地方政府领导所持有的基本价值取向和认知行为模式。B 区委组织部作为“党建引领、小区治理”项目创新的主导者，拥有丰富的公共资源，大力推进该项目的开展，但反而加速了项目初期的“内卷化”。一是“党建引领、小区治理”项目从方案的制定到出台，再到试点，仅用了几个月时间，项目还未真正进入成熟期。任何一个项目如果还没有一个比较成熟的体制机制设计，一旦大规模推行就容易遭遇各种困境，甚至造成项目“流产”。二是街道党工委、社区党委，甚至业委会、小区业主都普遍认为，阶层固化严重、社会分层加剧等社会问题纷繁复杂，而社会自治组织的自主管理能力较弱，认为政府在基层社会治理中必须起主导作用。这无形之中强化了上级主导项目推进的惯性思维。

2. 小区党支部的利益“内卷化”风险

B 区出台文件、设定目标与任务之后，各社区党委、试点小区的党支部怨声载道，各种场合不断“诉苦”。一是居委会吐槽社区问题纷繁复杂。居民与社区干部，甚至与街道之间存在着若隐若现的冲突和张力。二是业委会吐槽没有实权。上级要求收集居民需求，建立治理清单，将居民诉求分流到业委会解决，很多业委会主任抱怨自己没有合法权利去管理。三是社区哭穷“要人要钱”。试点社区针对此项目涉及面广、工作难度大、协调关系难等困难，向上级提出要增派人手和划拨专项资金，通过“讨价还价”方式来强化自己的角色收益。所以，该项目在初期就面临利益“内卷化”的挑战。

3. 治理阵地的组织“内卷化”风险

“党建引领、小区治理”项目试点以来，上级要求全程纪实党员报到、承诺、践诺等情况，建立台账，每月对账并在小区公示。此外，还要完成小区党支部十项任务清单，按时上交任务分解推进表等，致使“两委”成员常常要完成小区行政化工作，而对服务功能的发挥较弱。因此，该项目也面临组织“内卷化”风险。

（三）项目的初步成效

在试点初期，该项目遇到诸多顾虑、质疑与挑战，时刻面临“内卷化”风险。但是，从后期开展的成效来看，不仅取得了良好的基层社会治理效果，还实现了创新的持续与扩散。从开始的 7 个试点小区到 2020 年的全面推广，成功避免了项目“内卷化”风险。一是试点阶段的项目包括 7 个小区，服务居民万余人，共处理居民诉求 3 250 多件，调解成功 3 245 件，成功率超过 99%。从而赢得了居民的一致好评，和谐了邻里关系。C 市 B 区最终从全国入围的 100 个基层治理创新案例中脱颖而出，成功入围全国“创新社会治理典型案例”。二是从项目实施成本来看，除了项目初期新成立党支部启动经费和小区党支部运行经费补助以外，后期并未追加相关经费。在实施过程中，在职党员回小区党支部报到做事，但不需额外支付费用。该项目不断催生大量效益，增量成本却没有额外产生。

在众多陷入“内卷化”漩涡的基层社会治理创新项目中，C 市 B 区到底是如何成功规避创新“内卷化”风险的呢？

三、使“党建引领+”运转起来：破解创新“内卷化”风险

通过参与式观察、深度访谈等方式，笔者对 C 市 B 区“党建引领、小区治理”实践进行了连续两年多的跟踪调研，并借助个案研究法对项目内在机制进行了多维度分析。发现“党建引领、小区治理”项目在生命周期的第一阶段，即创新与扩散阶段具有显著优势。将党支部建在小区上，通过完善组织体系、健全自治体系、革新服务体系形成运行有效的三维机制，实现了社区与基层行政的整合，创新了城市基层社会治理新格局，成功规避了项目初期“内卷化”的风险。

（一）健全组织体系，夯实治理根基

一是建构小区功能型党支部。C 市 B 区出台了《城市居民小区党支部建设暂行办法》，把党支部建在小区上，建构起城市基层“街道党工委—社区党委—小区党支部—楼栋党小组”四级架构，让党的组织阵地延伸到小区。二是要求党员、“两代表一委员”主动回家“亮身份、亮承诺、亮行动”，把党员到社区报到细化为到居住小区报到、承诺、践诺。三是彰显小区党建引领价值，指引小区党支部开展“收集居民需求，建立治理清单”重点工作，确保小区党建“干有路径”，小区治理“干有方向”。

（二）健全自治体系，提升治理效能

一是引领自治载体规范建设。C 市 B 区制定了《关于加强城市居民小区业主委员会建设的实施方案》，明确小区党支部成立后与街道党工委、社区党委一起进入业主委员会选举筹备组。二是推动业委会实体化运作。探索小区业主委员会注册登记为民办非企业单位，实现业主委员会合法化、实体化运行。业主委员会对广告位、停车位等小区公共区域依法进行自主经营和管理，使全体业主成为“股东”“合伙人”。三是构建立体监督体系。建立党支部、业主监事会、第三方机构和全体业主四维监督体系，畅通监管渠道，落实监督权利。

（三）健全服务体系，提升服务质量

一是完善公共服务。依靠新兴技术，探索建立“城市生活网”，搭建“线上+

线下”智慧平台，集成智慧党建、便民服务等功能，解决小区业主大会召集难、议事难等问题，积极推进养老、托幼等服务进小区。二是延伸社区服务。优化基层党建联席会议制度，开展“党建引领、警邻同行”工作，要求全警到居住小区亮党员、民警身份，搭建“家门口受理办结”的小区居民诉求办理“直通车”。三是拓展基础服务。在小区党群服务中心（站），面向小区党员和居民提供点单式服务，建立议事协调、服务评价、纠纷调处等机制。

四、政党激活社会：建构合作主义行动

党孕育于社会、扎根于人民，有着广泛的群众基础和完善的社会结构组织体系。但是，伴随市场化改革运动的兴起及冲击，整个社会开始由组织化建构体系转向社会再组织化建构体系，而在社会再组织化建构过程中，需要发挥党的再组织化功能，将碎片化、分散化的个体加以组织化、合作化，促进社会的稳定、团结与繁荣。

“党建引领、小区治理”对基层治理创新“内卷化”风险的成功规避，扩宽了国家治理变迁的视角，即政党主导国家与社会关系的重塑，从而在党建引领下开展有组织的基层治理合作行动。笔者认为，“党建引领、小区治理”的目的在于，一方面将利益区隔、分化的行政部门与分散的多元主体加以协调与整体化，以共同实现治理目标；另一方面，党组织在“以人民为中心”和“美好生活”建构的导向下，激发社区治理活力与社区居民的主体活力，进而推动社区居民形成自治、共治意识。在试点阶段，C 市 B 区对基层采用了动员、行政压力与行政包干制的政治统合策略，在社区层面则通过“诉苦”妥协策略将自身利益诉求嵌入项目中，重构了多元主体之间的社会资本，信任、合作与协同开始整合，联动机制逐步优化，有效避免政策“空转”、社区精英“合谋”而导致的内卷化风险。通过基层党建的引领，重塑了突破原有国家与社会关系二元互动的新型合作主义，即政党嵌入，逐渐建构起一种党建引领下的新合作主义，实现公共事务治理中国家和社会的协同与合作。

参考文献：

[1] 韩志明. 小心翼翼的行动者：社区治理的内卷化叙事：以 S 市 Y 区“睦邻门”案例为例 [J]. 中国行政管理，2020（12）：69-75.

[2] 王诗宗，杨帆. 基层政策执行中的调适性社会动员：行政控制与多元参与 [J]. 中国社会科学，2018（11）：135-155，205-206.

[3] 吴晓林. 治权统合、服务下沉与选择性参与：改革开放四十年城市社区治理的“复合结构”[J]. 中国行政管理，2019（7）：54-61.

[4] 李友梅. 当代中国社会治理转型的经验逻辑 [J]. 中国社会科学，2018（11）：58-73.

[5] 侯麟科，刘明兴，陶郁. 双重约束视角下的基层治理结构与效能：经验与反思 [J]. 管理世界，2020，36（5）：15，145-160.

乡村产业发展中基层政府的“有所为”与“有所不为”

陈学彬[①] 杨雪娇[②]

摘　要：在全面推进乡村振兴战略背景下，大力发展乡村产业显得至关重要。在贯彻落实中央关于乡村产业发展的各项政策和措施中，基层政府无疑起着决定性作用。为了充分发挥基层政府服务职能，多措并举促进乡村产业振兴，基层政府既要充分发挥自身作用，又要明确角色定位，做到既“有所为”，又“有所不为”。

关键词：乡村产业；基层政府；职能发挥

乡村产业发展是全面实施乡村振兴战略的首要任务，是解决“三农”问题的前提，是繁荣农村、富裕农民，推进和实现农业农村现代化的重要支撑。基于此，中央高度重视乡村产业发展，要求把加快发展乡村产业作为实施乡村振兴战略的首要任务进行部署，以产业振兴推动乡村全面振兴，并先后印发《国务院关于促进乡村产业振兴的指导意见》和《全国乡村产业发展规划（2020—2025年）》，为加快发展乡村产业提供了政策支持和有力保障。如何将这些决策部署落到实处，基层政府起着决定性作用，在推动乡村产业发展中，基层政府既要“有所为”，又要“有所不为”，才能确保乡村产业持续向好发展。

一、促进乡村产业发展是基层政府履职的题中应有之义

乡村产业，根植于县域以下的广大地区，是以丰富的农村资源为依托，以广大农民为主体的产业体系，不但地域特色鲜明，而且利益联结紧密，承载着重要的乡村价值。而基层政府直接服务农村，直接从事农村工作，是推动乡村产业发展的服务一线，也是中央对乡村产业发展的各项政策和措施的具体实施者和践行者。从理论上讲，促进乡村产业发展，是基层政府从管理到服务职能转变中的重要职能；从实践意义看，乡村产业发展与基层政府存在相辅相成的关系。一方面，乡村产业发展需要的人才、技术、资金等需要得到基层政府的支持，乡村产业的发展规划、项目引进对接、市场监督等同样依赖于基层政府；另一方面，基层政府职能发挥水平往往受该地区的经济社会发展状况和生产力发展水平制约，从这个意义讲，乡村产

① 陈学彬，中共重庆市城口县委党校教务科科长、高级讲师。
② 杨雪娇，中共重庆市城口县委党校科研科科长、讲师。

业的发展程度将反作用于基层政府。

二、乡村产业发展中基层政府应“有所不为”

近年来，各地政府加大扶持力度，积极发展乡村产业，在组织方式、体系构建、规模形成上打下了坚实基础。但在对城口县A村的调研中，我们发现乡村产业发展仍面临产业选择不精准、销售渠道不畅通、群众的积极性不高等问题。为了避免这些问题的产生，基层政府需要转变角色，明确服务界限，做到“有所不为”。

（一）不“一厢情愿”

乡村产业发展的主体，主要是广大农民或涉农企业。发展什么，不发展什么，应充分了解群众意愿，调动群众的积极性和主动性，而不是基层政府想发展什么就发展什么，通过行政命令的方式“一厢情愿”把产业直接“摁进”乡村。我们在走访中，发现A村虽然有成规模种植的中药材和发展的食用菌，但大部分群众对政府主张发展的产业都不满意，他们认为，村里的产业能否发展起来以及发展得好与坏，都是政府的事，与他们无关。一部分群众不但对产业发展失去了信心，更对当地政府失去了信任。

（二）不盲目发展

在当地政府的主张下，香菇成了A村的主导产业。但等到A村香菇大量上市的时候，却因为销售渠道不畅，大量香菇烂在棚子里。因此，产业发展的盲目性，是该村产业发展最大的问题。尽管全村产业看似轰轰烈烈发展起来了，但这些产业在乡村“闪亮登场”后，最终却在产业→产品→商品→资金环节中掉链了。种植香菇曾是其他地方成功的案例，是供不应求的产业，但被大规模复制后，市场饱和了，价格下跌了，群众增收致富的愿望也落空了。

（三）不急于求成

乡村产业发展，既是一个循序渐进的过程，也是一个长期的过程。因此，基层政府要克服急于求成和急躁冒进毛病。我们在调研中发现，当地政府在A村产业项目的把关和选择上，大都趋向于短平快，一味追求规模效应和短期效应，而忽略了第一、二、三产业融合发展和可持续发展，尽管这些产业看似风险小、见效快，可是整个市场供给已处于过剩状态，产品价格持续进入下滑趋势，当地政府却依然只顾“埋头拉车”，而没有“抬头看路”，这自然难以抵御市场风险，更是无法达到乡村产业高质量发展要求。

（四）不大包大揽

乡村产业发展中，基层政府不能缺位，但也不能管得过多、卡得太死。近年来，随着脱贫攻坚工作对产业扶持力度的加大，一些基层政府对自身定位产生了偏差，角色由“保姆”式逐渐发展为“家长”式，无论是产业项目的引进还是农民具体的经营方式、生产行为，甚至包括市场服务与生产管理，都由政府大包大揽，而忽视了市场对产业发展这个决定性因素，最终导致市场失灵，产业发展受到阻碍。尽管A村在当地政府的主导下先后发展了鱼腥草、食用菌和中药材，但当地政府对产业发展过多干预，农户和集体经济组织以及涉农企业对当地政府的依赖性极为严重，导致当地政府变成了乡村产业发展中不可动摇的核心主体，乡村产业发展演变成基层政府的“独角戏”，最终因为忽略市场的作用而失去了市场。

三、乡村产业发展中基层政府应“有所作为”

乡村产业发展是一项综合性的系统工程，基层政府必须找准自身定位，正确发挥职能，处理好与市场的关系，做到放管结合，优化服务，在促进乡村产业持续更好发展上有所作为。

（一）合理制定发展规划，解决发展什么的问题

科学合理制定产业发展规划，是实施乡村振兴战略走好第一步的关键，也是基层政府为乡村产业发展把好第一关的关键。但制定发展规划，并不是基层政府拍脑袋决策出来的。在制定发展规划前，需要做好三个调研：一是充分了解农民意愿。最了解农村的是农民，产业发展最大的受益人也是农民，只有在充分征求农民意见、吸纳合理建议的基础上，乡村产业发展才能得到农民的最大支持；二是充分了解乡村的特点。乡村有什么？没有什么？适合发展什么？不适合发展什么？都要做到心中有数，才能避免不跟风、不盲从，科学制定中长期发展规划，才能立足资源禀赋，选择发展优势明显、特色鲜明的能彰显地域特色和承载乡村价值的产业；三是充分了解市场供需情况。做好市场调查和研判，通过城乡居民消费需求、市场变化来确定需求，以需求作为产业发展的良性引导。

（二）发展壮大经营主体，解决谁来发展的问题

当前，乡村产业谁来发展，既是基层政府面临的一大困惑，也是基层政府躲不开绕不过的难题。因此，发展壮大经营主体，确保“有人”发展，成了基层政府抓好乡村产业的重要职责。首先，要突出农民主体地位，想方设法留住和吸引农民工回乡返乡，让一部分年富力强的农民安心留在农村发展产业；其次，鼓励和支持带动能力强的农业企业进村发展，形成“企业+专业合作社+家庭农场+农户”参与的乡村产业发展联合体；同时，引导农业专业的大中专毕业生和农业科技人员以及退役军人等入乡返乡创业，实现多种主体共同参与的融合发展模式。

（三）提供市场优质服务，解决怎么促进发展的问题

乡村产业发展的具体实施者，是涉农企业和农民等经营主体，基层政府需要做到的是正确引导和提供优质服务。一是建立促进乡村产业发展的体制机制，做好项目包装；二是加强乡村产业的基础设施建设，提供生产服务和公共物品供给，更好地满足产业发展主体公共需求，营造良好的市场环境；三是持续加大政策支持、资金支持、专业技术指导和专业人才的引进和培养，实现乡村产业发展的资源聚集，并盘活农村闲置土地，为乡村产业发展提供用地保障；四是开展专业技术培训和科学技术指导，以“互联网+”的模式，深入推进乡村产业大数据建设；五是围绕乡村产业可持续发展，提供其他优质服务。

（四）构建利益联结机制，解决发展成果由谁受益的问题

乡村产业发展应以富民惠农为宗旨。基于此，基层政府应该在确保农户增收的基础上，建立更加持续、更加稳定的利益联结机制。引导产业发展主体间建立科学

合理的合作方式，探索“订单收购+分红”或“土地租金+务工工资+分红”的利益联结模式，降低农户生产经营风险，把农业产业链的增值收益和就业岗位更多的留给本地农民，促进农民持续增收。与此同时，畅通乡村产业从生产到加工再到销售渠道的良性发展，不断提高产业效益和产业竞争力，延伸拓展产业链，提升价值链，通过信息服务、产销对接活动等，保障乡村产业能够“种得好”，更能“卖得好”，最终实现农民“收益好”。

参考文献：

[1] 侯志帅. 徐水区大因镇政府推动乡村发展研究 [D]. 保定：河北大学，2021.

[2] 杨梦迪. 城乡一体化背景下苏州近郊乡村产业发展研究 [D]. 苏州：苏州科技大学，2016.

[3] 唐浩 .33 个乡镇书记镇长如何看乡村产业兴旺? [D]. 长沙：湖南农业大学，2019.

[4] 胡芝芳. 必须坚持有所为有所不为：社会主义市场经济条件下政府角色定位探析 [J]. 新西部（理论版），2014（7）：39-40.

"小网格"彰显基层治理"大作为"

——以重庆市城口县为例

邓　琼[1]

摘　要：习近平总书记强调，"要加强和创新社会基层治理，使每个社会细胞都健康活跃，将矛盾纠纷化解在基层，将和谐稳定创建在基层。"为探索优化网格化管理的有效途径，重庆市城口县全面实施网格化管理实践，把党组织领导下的自治、法治、德治相结合的社会治理各项事务融入网格，构建全员参与、全域覆盖的社会治理"一张网"。

关键词：小网格；管理实践；基层治理；大作为

党的十九届五中全会明确指出，推进国家治理体系和治理能力现代化，实现经济行稳致远、社会安定和谐，为全面建设社会主义现代化国家开好局、起好步。新时代、新阶段、新要求，迫切需要加强和创新社会治理，实现共建共享。重庆市城口县创新基层社会治理，全面实施网格化管理实践，把党组织领导下的自治、法治、德治相结合的社会治理各项事务融入网格，构建全员参与、全域覆盖的社会治理"一张网"。

一、"小网格"推动工作体系"规范化"

为规范网格化建设和管理工作，重庆市城口县出台了《关于实施网格化管理推进基层治理体系和治理能力现代化的实施意见（试行）》，明确了网格化管理的基本原则、工作目标、重点任务、网格管理体系的构成及职责。

（1）科学划分网格，夯实治理基础。按照"地域相邻、构成相似、规模适度、方便管理、便捷服务"的原则，统筹考虑地域面积、人口分布、复杂程度等因素，将区域内人、地、物、事、组织等基本要素纳入网格服务管理，形成治理"一张网"，全县建设形成"县—乡镇（街道）—村（社区）—基础网格"四级网格体系。重点对基础网格重新进行了优化整合，在城市社区按街区、片区和实际工作要求等进行划分，共划分城市社区网格 114 个；在农村地区以村居民小组、村居民聚居点、村民自治院落、楼栋等为基础进行划分，共划分农村地区网格 1 139 个。

（2）组建网格队伍，压实工作责任。按照"网中有格、格中有人、人在格上、

---

① 邓琼，中共重庆市城口县委党校高级讲师。

事在格中”的网格化管理模式组建团队、明确分工，确保各项工作有人抓、有人管，负责对接、协调、统筹推进工作。建立了由县委副书记任总网格长，乡镇（街道）党（工）委书记和帮扶单位主要负责人任本地区网格长，乡镇、街道驻村（社区）领导任村社区网格长的工作制度，明确了村（社区）“两委”成员和符合条件的扶贫综合岗担任专职网格员，发动乡贤、党员、楼栋长、院落长等担任兼职网格员，县级部门帮扶干部、乡镇（街道）机关干部担任基础网格兼职网格员。目前，全县四级网格长全部明确到人，建立了35名县领导包乡镇（街道），22个县级职能部门、110名领导班子成员包片区的工作制度，配备专兼职网格员6 012名，明确了128名业务人员具体负责日常工作。

二、“小网格”促进工作流程“科学化”

优化工作流程，扎实推进治理重心下移。细化明确了四级网格和部门共37项重要职责任务，严格按照“巡查—发现—采集—筛选—上报—核查”的工作流程，全面落实“定格、定人、定职、定责”措施，确保实时掌握社会末梢“动态情”，定期收集、汇总、研判、处置、反馈四级网格中的各项事务。其中，县级网格负责统筹协调全县网格化管理工作，及时受理、处置各类网格事件，指挥处置突发事件，协调处置乡镇（街道）不能解决的事项，开展业务培训、考核督导等工作；部门负责指挥协调相关管理队伍、服务队伍开展工作，按照各自职责及时受理处置县级网格分派的事项，在规定时限内完成办理工作并反馈结果；乡镇（街道）网格负责及时协调处置和反馈县级网格交办或村（社区）网格上报的事项，对村（社区）网格进行考核、评估、监督和管理，对基层治理相关的一般突发事件进行指挥处理；村（社区）网格负责整合辖区内各类人员力量，组织村（居）民、志愿者参与网格管理，开展管理、服务等工作，对基础网格上报的信息进行处置，保障网格员正常开展工作，落实日常工作的评价评估。基础网格负责联系、组织、发动、宣传、服务群众，宣讲党的方针政策，把党委、政府的各项决策部署落到实处，为老百姓提供便民服务。

三、“小网格”创新工作方式“智能化”

（1）信息化推进网格化。把信息化作为创新社会治理的核心任务和关键环节，以信息化推进网格化，延伸拓展群工系统、“渝快办”等移动终端App，实现网格人员工作信息化，建立资料信息库，对辖区人、地、物、事、组织、网络等基本要素全面动态掌握，推动人口、房屋、劳动、民政、党建、计生、治安、信访等基础工作进格入网，有的放矢为各类群众提供精准服务。及时采集上传信息，实现基层信息数据的及时更新和共享联通，建立源头采集、分流交办、检查督促、结果反馈工作流程，实现社会治理与服务群众同步联动。

（2）实现智慧治理。切实发挥好“视频监控综合管理”平台在县域治理中的中枢大脑作用。进一步优化硬件设施，加强应急联动指挥工程建设，利用694个治安监控、104个车辆卡口、50个人脸卡口对辖区内“火情”进行实时监测并推送。进一步运用好政务App、社区服务热线、微信公众号等方式，广泛收集民情民意，提供有针对性的服务。进一步加强网格化队伍管理，提高网格员“发现问题”的能力，“人防+机防”有机结合，完善网格内“发现+上报+处置+反馈”问题处理机制，做到“快速发现、迅速反馈、即时解决、闭环处理”，实现“紧急情况，力量即到”。

四、“小网格”实现工作合力“最大化”

城口县以网格化管理为基础，大力整合各类社会治理资源，积极推行“多网合一”，将分散的治理力量、信息平台、公共资源等进行优化整合，打破信息壁垒、条块分割、各自为战等制约，做实做强“四级网格”，实现了“上面千条线”和“基层一张网”无缝对接；建立完善了9项工作运行制度，做到重心下移力量下沉，实现基层各项事务与网格化管理的深度融合，合力攻坚社会治理难题。以有效防范网格内黄赌毒、涉黑涉恶、邪教违法活动、群体性上访、重点人员漏管失控、刑事治安案件、重大灾害事故、重大舆情事件等为前提，细化明确网格内防风险、防疫情、护民生等具体任务，全面落实网格事项准入和分类处置、“民情直通车”“乡镇吹哨，部门报道”“社区吹哨，党员干部报道”以及上岗公示和民主测评等制度，最大限度形成既各司其职、各负其责，又信息互通、密切配合的强大工作合力，实施精准化、精细化治理，构建“基层工作靠网格、部门工作在网格”的格局，实现“小事不出基础网格、一般事不出乡镇（街道）网格、大事不出县级网格”的目标。

五、“小网格”提升工作水准“专业化”

切实加强组织保障，充分发挥党委的领导作用。城口县成立了网格化管理工作领导小组，各乡镇（街道）、县级部门单位分别成立了相应工作或专项小组，实行主要领导负责制，建立完备的网格化管理工作组织体系，确保各项工作有力推进。切实加强人才保障，建立网格员培训制度，全面提高队伍整体业务水平。切实加强经费保障，统筹整合城乡网格化管理建设运行经费，将由政府承担的经费按规定纳入财政预算，落实专岗专项补贴，建立与经济发展水平相适应的增长机制，同时充分调动社会各方面的力量，多渠道筹措资金，保障工作顺利开展。切实加强环境保障，以大力推进县、乡、村三级综治中心建设为依托，健全网格化管理体系，保证网格员履职有平台，群众办事有去处。加快推进“雪亮工程”建设，为网格化管理提供科技信息支撑，推动四级网格资源共享；积极打造社会治理品牌，全面提升“党建引领+三治协同”示范成果，努力营造全社会支持、参与，“人人共建、人人共治、人人共享”的社会治理环境。

新时期重庆市在党的全面领导下乡村治理现代化的理论与实践

郑迦元①

摘　要：2021年是中国共产党成立100周年。在党的全面领导下，“十三五”时期我国现代农业建设取得重大进展，为乡村振兴奠定了良好的基础。面对新时期党中央对实现乡村治理体系和治理能力的现代化提出的新要求，重庆市委、市政府也引起高度重视。因此，总结重庆市新时期在党的全面领导下乡村治理现代化的相关理论以及实践经验，对未来走好乡村善治之路有着至关重要的作用。

关键词：党的全面领导；乡村；治理

乡村治，则天下安。2021年中央一号文件指出，“农业农村发展取得新的历史性成就，为党和国家战胜各种艰难险阻、稳定经济社会发展大局，发挥了‘压舱石’作用。”重庆市作为国家重要先进制造业中心、西部金融中心、西部国际综合交通枢纽和国际门户枢纽，主动适应全球治理体系变革，农村基层组织、干部队伍建设全面加强，党组织的战斗力、凝聚力显著提升，乡村治理体系和治理能力现代化加快推进，农村发展安全保障更加有力，社会和谐稳定。通过统筹推进乡村治理机制，创新乡村治理范式，重庆市现已形成诸如永川“乡贤评礼堂”、大渡口“老杨群工”、奉节“‘四访’工作法”、武隆“院坝治理”等乡村治理的典型经验，其中，党的全面领导起到举足轻重的作用。新时期，重庆市推进乡村治理体系和治理能力现代化任重道远，需准确把握党的全面领导下乡村治理问题研究的理论缘起和实践经验，才能全面提升重庆市乡村治理效能的优化。

一、乡村治理问题研究的理论缘起

乡村治理是西方理论与中国实践的有机结合，伴随基层自治相关问题的研究引入中国。20世纪90年代，“治理”的概念在公共管理领域逐渐兴起。与传统政府管制相区别的是，治理并非依仗政府权威作为统治机制，而是通过行为主体的交互作用对社会产生影响，外力不可驱动和改变其内部结构及秩序。根据全球治理委员会较具代表性和权威性的表述，治理是个人或机构经营管理统一事务的各类方式的总和，是使各类冲突和利益矛盾相互调和的持续过程。

① 郑迦元，中共重庆市大足区委党校讲师。

二、在党的全面领导下乡村治理问题研究的理论缘起

中国共产党是中国特色社会主义事业的领导核心。在中国共产党的领导下，我国乡村治理取得了举世瞩目的伟大成就。从党史角度考察，在农民革命论的指导下，1921 年 9 月中国第一个新型农民组织宣告成立。1927 年，井冈山革命根据地的建立，为早期党的基层组织推进乡村治理提供了现实基础。2004 年，党的十六届四中全会提出，要建立健全党委领导、政府负责、社会协同、公众参与的社会管理格局，协同治理应运而生。

进入新时期，愈发凸显党的领导对乡村治理的重要性。2019 年 9 月，中共中央印发了《中国共产党农村工作条例》，具体规定了党如何领导乡村治理工作。2020 年 12 月，习近平总书记在中央农村工作会议上强调，要加强和改进乡村治理，加快构建党组织领导的乡村治理体系。2021 年 4 月，中共中央、国务院发布的《关于加强基层治理体系和治理能力现代化建设的意见》指出，要以加强基层党组织建设、增强基层党组织政治功能和组织力为关键，以加强基层政权建设和健全基层群众自治制度为重点，推进基层治理体系和治理能力现代化建设。

三、新时期重庆市在党的全面领导下乡村治理现代化的实践经验

（一）“乡贤评理堂”中的党建引领协同治理

自 2015 年以来，重庆市永川区遴选出 107 名乡贤评理员，以“乡贤评理员”为主体、“乡贤评理堂”为载体、“乡村社会矛盾”为客体，发挥乡贤评理员“乡村情理医生”角色的重要作用，以法评理，以人评理，以事明理，以情感人，探索出了一条在党委领导下，“自治、法治、德治”相结合推动乡村治理现代化的道路，实现“小事不出村、矛盾不上交、邻里更和谐”的文明乡风。其中，党建统领在乡贤评理堂中发挥了最大的政治优势，发挥了基层党组织的政治核心和战斗堡垒作用，把加强党组织的引领与充分发挥群众自治作用有机结合起来。

（二）“五色群杨”中的“党建+防疫”共治格局

自 2020 年新冠肺炎疫情暴发以来，九龙坡区金凤镇党委就积极响应重庆市委、高新区党工委号召，把积极做好疫情防控工作，作为检验政治觉悟和党性宗旨的重要战场。在疫情防控过程中，全镇坚持“党建引领、资源整合、志愿服务”的理念，创新运用了“老杨群工”站室点三级服务网络，成立 6 个新冠肺炎防控临时党支部，有效推进自治、法治、德治三治合一，以“党建+防疫”筑实筑牢“五色群杨”疫情联防联控、群防群治的严密防线，充分体现和彰显了在构建新时代基层社会治理新格局中健全党的全面领导制度体系的思想。

（三）“四访”工作法中的党建引领“四治”融合

奉节县地处三峡库区和秦巴山区国家集中连片特困地区，是国家扶贫开发的重点县，贫困发生率一度高达 13.5%，脱贫任务十分艰巨。在帮扶过程中，干部工作方法和作风还存在薄弱环节，对物质帮扶抓得多、抓得紧，对扶志措施抓得少、

抓得松，导致仍有部分贫困乡村的群众“靠着墙根晒太阳、等着别人送小康”。

2019 年，奉节县开始以干部走访、教师家访、医生巡访和农技随访（“四访”）推动脱贫攻坚工作，成为奉节密切党群干群关系、服务引导群众的重要举措。可以发现，通过“四访”健全自治、法治、德治、智治体系，奉节县形成善治格局，以公开促公正，以公正助公平，以公平树公信，实现基层党建政治引领、基层组织示范引领、基层党员典型引领、基层治理创新引领。在此过程中，奉节县通过“四访”工作法贴近群众，与群众交心谈心、将心比心、以心换心、心心相印、一呼百应，群众认可度达 98.67%。

（四）“院坝治理”中的党建引领“三治”融合

重庆市武隆区后坪乡白石村山高地贫、居住分散，项目开发、矛盾增多。随着党的十九届四中全会的召开，全村在完善共建、共治、共享的社会治理制度的语境下，开始探索如何走好乡村的善治之路。在白石村党委的领导下，2020 年，白石村以“院格化”的治理模式，不断发动群众，以问题为导向，因地制宜，把 10 户传统院落作为“突破口”，划小治理单元、推进“三治”融合，团结群众跟党走、齐努力、加油干，成功甩掉了“贫困帽”。2021 年 3 月，白石村入选第八批“全国民主法治示范村（社区）”名单，成为远近闻名的人居环境优美、基层治理和谐、内生动力十足之村。

参考文献：

[1] 耿玉基. 乡村矛盾的实质治理：以“三治融合”为阐释对象 [J]. 河北法学，2021，39 (11)：155-170.

[2] 高其才. 走向乡村善治：健全党组织领导的自治、法治、德治相结合的乡村治理体系研究 [J]. 山东大学学报（哲学社会科学版），2021 (5)：113-121.

[3] 郝晓雅，陈胜开，张茜. 新乡贤一定会受欢迎吗：乡村治理中新乡贤参与的困境破解与路径优化 [J]. 领导科学，2021 (18)：21-24.

[4] 费孝通. 行行重行行 [M]. 北京：群言出版社，2014.

乡村新型服务业发展的调查与思考

——以重庆市梁平区为例

高　玲[①]　谭仕荣[②]

摘　要：乡村新型服务业是实现小农户和现代农业发展有机衔接的重要平台。当前，乡村农资供销服务孕育新机，农业生产社会化服务展现雏形，农业融合乡村旅游崭露头角，电商平台和快递物流触角乡村，但存在工作重视不够、主体能力不足、缺乏融合平台、政策支撑有限等问题。要提升认识，科学制定方案；培育主体，提升服务质量；融合发展，提升服务效率；完善政策，优化服务环境。只有这样，才能适应农村生产生活方式变化，发展好乡村新型服务业。

关键词：新型服务业；乡村；主体；融合；政策

习近平总书记强调，“发展多种形式适度规模经营，培育新型农业经营主体，健全农业社会化服务体系，实现小农户和现代农业发展有机衔接。”随着新型城镇化的推进，农村人口向城镇转移，谁来服务“三农”问题日益凸显。近年来，一些城市资本和工商资本投入农业，适度规模发展已呈大趋势，但也引发了怎么种地、如何种好地和怎样振兴乡村问题，乡村新型服务业应运而生。乡村新型服务业是适应农村生产生活方式变化，支持发展农技推广等生产性服务和休闲旅游等消费性服务产业。为推动乡村新型服务业发展，笔者以梁平区为例进行调查，并提出了几点建议。

一、乡村新型服务业发展的现状

（一）农资供销服务孕育新机

近年来，梁平区供销社的社有企业——新合农资公司选取15个农资网点，实地了解农资供应及春耕备耕情况，协助网点做好农资储备和销售。该公司成立的“梁平供销服务队”送农资进村入户，每年配送化肥近7 000吨，农膜300多卷（10余吨），种子30余吨，农药近2吨，共300多车次。

（二）农业生产社会化服务展现雏形

2016年，梁平区启动农业生产社会化服务试点，现已成立重庆田中秧农产品

① 高玲，重庆市梁平区行政学校助理讲师。

② 谭仕荣，重庆市梁平区行政学校科研室主任、正高级讲师。

股份合作社、重庆捷梁农机股份合作社等 7 家专业合作社，服务主体 38 家；搭建“育种育苗、代耕代种、机播机收、统防统治、统购统销”水稻种植全程社会化服务平台，每年为 1 万多家缺劳动力、缺技术、缺机械的农户提供“保姆式”全托管或半托管社会化服务 3 万余亩（1 亩≈0.066 7 公顷），为农户每亩增产 50 千克以上，节约成本 700 多元。

（三）农业融合乡村旅游崭露头角

梁平区突出农文旅融合发展，把田园风光作为乡村旅游的重要载体，推进全域旅游发展。近年来，梁平区建成 AAAA 级景区 2 个、AAA 级景区 2 个，建成百里竹海市级旅游度假区，明月山·百里竹海民宿回归之旅入围全国 100 条精品旅游线路（重庆仅 4 条），滑石村、龙滩村入选首批市级乡村旅游重点村。发展梦溪淞园、古寨乡村酒店等民宿近 100 家，获评重庆金牌、银牌民宿各 2 家，还把猎神村打造成了独具特色的民宿群落。2020 年，梁平区乡村旅游游客达 742.27 万人次，实现总收入 31.9 亿元。

（四）电商平台和快递物流触角乡村

梁平区建成区级农村电商公共服务中心 1 个、镇级电商孵化中心 8 个、村社电商服务站 170 余个。2020 年年底，全区电子商务交易额达 72.3 亿元，“十三五”期间年均增长 56.7%；网络零售额达 9.49 亿元，“十三五”期间年均增长 51.5%。全区还组织开展各类直播带货活动 80 余场次，销售各类农产品达 1.2 亿元。

二、发展乡村新型服务业面临的主要问题

（一）工作重视不够，发展导向不明

重庆市政府于 2015 年、2019 年分别下发了《关于加快发展生产性服务业的实施意见》《重庆市人民政府关于新形势下推动服务业高质量发展的意见》等文件，但提及乡村服务业较少。梁平区主管部门还未出台乡村新型服务业发展实施方案，也没有发展规划和具体举措。

（二）主体能力不足，服务质量欠佳

一是专业技术人才匮乏。目前，梁平区留守的村民，多数年龄偏大、文化水平不高，对现代农业技术知之甚少，而大学生学习涉农专业的不多、选择服务“三农”的更少。在岗的部分专业人员在操作技术、服务规范等方面存在业务不通、水平不高等问题。二是重要环节缺乏服务主体。梁平区有 35%的乡镇没有农业生产性服务主体，有较大规模服务主体的乡镇不足 25%。缺乏为适度规模经营提供决策咨询的专业服务和为特色产业提供关键环节技术服务的主体。三是服务水平有待提高。梁平区有的服务主体管理松散，经营粗放，新式装备较少且不齐全，不能形成“一条龙”服务模式；有的服务主体存在技术不够规范、收费价格偏高，作业协同性、服务整体性、群众认可度都有待提高。

（三）缺乏融合平台，服务效益偏低

一是生产性服务较少。目前，梁平区仅有 3 家较大的水稻种植全程社会化服务专业合作社，从事种子、化肥、农膜、农药等前端供应的服务较多，农业生产经

营、技术指导、市场信息咨询服务相对较少。二是融合性服务缺失。梁平区生产性服务主体偏少，致使一些现代农业项目没有产业支撑，千篇一律的“门票”项目和“农家乐”项目经营季节短、压力大，第一、三产业融合发展少。三是缺乏综合性服务平台。目前，梁平区还没有搭建服务全面乡村振兴的新型服务供需平台，产业主体和服务主体之间信息不对称、服务效益偏低。

（四）政策支撑有限，硬件建设滞后

一是财政扶持不够。当前，梁平区享受乡村新型服务业的财政补贴范围较小，标准较低，加上补助政策不稳、宣传不到位等问题，服务主体的规模很难扩大。二是农机补贴制度尚需完善。梁平区补贴目录与服务主体实际需要的设备有偏差，比如，一些大中型拖拉机、病虫防治无人机等未纳入目录。三是基础设施建设落后。梁平区农村公路及产业基地的道路建设滞后，难以推行全程机械化服务；新型服务主体建设用地申请难，乡村物流网络信息较弱，一些地方电网改造升级迟缓等问题制约着乡村新型服务业发展。

三、推进乡村新型服务业发展的对策思考

（一）提升认识，科学制定方案

一是统筹推进工作。政府要提升对乡村新型服务业发展重要性的认识，统一制定服务工作流程，做到规范、简便、务实。统一制作服务承诺书、合同书、服务卡等示范文本，规范服务主体行为。二是做好发展规划。把加快发展乡村新型服务业纳入现代服务业发展整体规划，制订近期行动计划和中长期发展规划，出台总体和分项实施方案。三是明确工作职责。完善服务体制机制，明确梁平区文化和旅游发展委员会、农业农村局、商务局、供销合作社、涉农金融机构和公益性机构服务“三农”的宗旨和工作职责、目标任务，壮大乡村新型服务业务。

（二）培育主体，提升服务质量

一是培育市场主体。支持进城农民和学成青年返乡经营乡村新型服务业，支持涉农企业和专业合作社发展乡村新型服务业，农资生产经营企业参与乡村新型服务业。可建立农资等直营超市，借助报刊、微信、手机短信等平台，及时推送业务信息，帮助服务主体直接与市场衔接，提高服务效益。二是提升服务能力。实施服务主体综合能力提升工程，结合农技培训，采用课堂讲授、基地实践等方式，提升其操作技能。政府职能部门要加强对乡村新型服务业的指导和监督，规范服务行为，提升服务质量。三是培养技术人才。把乡村新型服务人才纳入职业教育和职业技能提升行动计划，多渠道解决乡村新型服务业发展的人才需求问题。

（三）融合发展，提升服务效率

一是加快发展融合性服务业。相关部门要指导、支持以特色高效农业为载体，以自然风光和乡村民宿、地域文化等为媒介，开发经果林农业生产、乡村旅游、农村电商等乡村新型服务项目。二是加快推进搭建服务业平台建设。搭建乡村新型服务业发展供需平台，畅通服务主体与产业主体之间的信息对接，力求服务环节全程化、优质化和差异化，确定重点服务领域，以点带面，并以服务大众为主。三是加

快推进生产性服务建设。进一步优化农业生产社会化服务体制机制，运用现代农业技术，提升服务能力，密切服务供求关系。

（四）完善政策，优化服务环境

一是完善财政补贴政策。完善政府购买服务机制，逐年增加乡村新型服务业发展财政预算，引导相关财政扶持项目、资金向新型服务业倾斜和整合。二是完善新型服务业发展补贴政策。比如，建立农机补贴目录动态调整机制，及时把现代农业技术和信息技术、大中型农业机械、农业智能化设备纳入补贴范畴，给予农机燃油补贴。三是加快乡村基础设施建设。按照当地农业发展特别是山地特色高效农业发展规划，修建适合大中型农业机械作业的道路；把与现代农业密切相关的重要基础设施建设用地纳入农业生产及附属设施用地范围；合理规划和建设农资、农产品等物质的仓储、加工、集散周转等设施，形成方便、快捷的电商（快递）下乡通道；督促、支持乡镇加快实施第二批农网改造工程，落实好农业用电、用网优惠政策。

参考文献：

[1] 孙世芳. 以社会化服务推进农业现代化 [N]. 经济日报，2021-09-26(007).

[2] 中华人民共和国国民经济和社会发展第十四个五年规划和 2035 年远景目标纲要 [N]. 人民日报，2021-03-13 (001).

[3] 李嘉欣. 重庆市农家乐空间分布与发展研究 [D]. 重庆：西南大学，2020.

[4] 贺娜，费睿. 永川 打造区域性消费中心城市 [N]. 重庆日报，2021-09-23 (018).

新冠肺炎疫情防治视角下的基层公共卫生应急能力建设研究

——以重庆市梁平区为例

司 媛[①] 杨 帆[②]

摘 要： 公共卫生应急能力建设是社会治理的重要内容。本文以新冠肺炎疫情防治为契机，立足于梁平区的实际，分析了梁平区公共卫生应急能力建设存在的问题，并结合习近平总书记重要指示精神，提出了加强梁平区公共卫生应急能力建设的建议。

关键词： 梁平区；基层；公共卫生应急能力；对策建议

公共卫生应急能力建设是社会治理的重要内容。2020 年 6 月 2 日，习近平总书记在专家学者座谈会上指出，要完善我国重大疫情防控体制机制、健全国家公共卫生体系、增强应对突发重大公共卫生事件的能力。2021 年中央一号文件也指出，全面推进健康乡村建设，持续提升县级疾控机构应对重大疫情及突发公共卫生事件能力。为此，我们要以习近平总书记的重要讲话和中央一号文件精神为指导，以疫情防治为契机，找准定位，在夯实基层医疗机构、加强社区的管理和防控、筑牢基层防病的基础上下功夫，切实加强梁平区公共卫生应急能力建设。

一、梁平区公共卫生应急能力建设存在的问题

随着决胜全面建成小康社会取得决定性成就，梁平区公共卫生应急能力得到很大提高，但此次新冠肺炎疫情暴发，却暴露出梁平区在公共卫生应急能力建设中还存在诸多问题。

（一）应急管理机制的规范性尚需加强

目前，全区已建立起区疾控中心、区人民医院、基层医疗卫生机构“三位一体”的疾病防控机制，但全区尚未形成及时、规范的公共卫生突发事件预警、防控、直报、救助机制，应急管理的制度化、标准化程度还不够高。调研发现，乡镇医疗卫生机构在传染病的规范化处置和有效应对方面往往依赖区疾控中心，应急响

---

① 司媛，中共重庆市梁平区委党校高级讲师。

② 杨帆，中共重庆市梁平区委党校讲师。

应不够迅速，规范处置力度不够。并且，乡村医生和个体诊所对传染病报告意识不强，及时性、准确性也有待提高。

（二）防控能力还需进一步提高

1. 专业人员数量质量有待提高

一是从区级层面看，梁平区疾控中心核定编制55人，全区有总人数93万，如若按疾控人员配备比例1.38~1.45人/万人的要求，则我区专业技术人员数量不足，且区级医院从事传染病防控工作人员均为兼职。二是从乡镇层面看，现有公共卫生工作人员289人，职称、学历偏低，学临床医学专业的较少，还没有公共卫生专业毕业的人员，专业人员结构不优。三是从村级层面看，从业人员整体年龄结构偏大、学历偏低、知识结构老化、诊疗水平不高、专业能力不足。村级医疗机构并无正常退出机制，年迈者等待观望，年轻者不愿进入，造成了后继乏人的窘境。

2. 防控管理网底不牢

一是村社干部、楼院长、网格员和志愿者对传染病防控专业知识掌握不够。楼院长和网格员的年龄普遍偏大，日常排查和随访困难较多。二是网格管理困难。随着城市社区常住人口不断增多，加大了网格管理的难度。三是校医配备不足。学校人口众多且高度密集，相互接触频繁，是传染病防控的重要场所。从《学校卫生工作条例》要求来看，学校的应急人员配备不足，也缺少传染病防控相关知识的系统培训。

3. 应急救治基础设施薄弱，防护物资短缺

基础设施薄弱、防护物资短缺在基层是十分普遍的现象。例如，全区乡镇、村一级基层医疗卫生机构缺少手持式测温仪，也没有热成像体温仪，甚至一些村卫生室的防控物资几乎为零，物资储备、轮换、更新、补充及快速调配机制还不健全。以新冠肺炎疫情防控检测为例，全区荧光定量PCR核酸检测仪仅有14台，每天可检测的最大标本量约9万人份。全区基层医疗卫生机构仅袁驿镇、福禄镇配备了CT，七星、碧山、紫照等13个卫生院无DR设备，铁门、城东、复平等10个卫生院无彩超设备，部分中小型设备已超期服役，影响检查效果。区级医院发热门诊均系肠道门诊临时改建，面积狭小，功能分区不规范，无法满足“三区两通道”标准的设置要求。基层医疗卫生机构没有独立的发热门诊、肠道门诊，临时用帐篷搭建的发热门诊不规范。全区无专门传染病应急救治医院，存在应急救治床位不够、危急重症抢救资源配置不足、病患转运风险高等问题。

（三）公共卫生知识普及尚需进一步深化

公民是公共卫生体系建设的参与者，但由于全区公共卫生知识宣传普及不高，没有形成全方位共同参与的模式。不少公民对爱国卫生运动和健康促进活动认识不足，主动参与积极性不高，从事爱国卫生运动和健康促进活动的自觉性和长期性不够。在新冠肺炎疫情背景下，这一现象显得更加突出。例如，调研发现，仍有一些市民认为出门不戴口罩、相互串门聚餐不是什么大不了的事。在疫苗接种上，有的市民认为只要我不出门，不接种也没关系。这种侥幸、无知的认知严重影响了全区公共卫生应急能力的整体提升。

二、提高梁平区公共卫生应急能力建设的对策建议

习近平总书记在2020年6月主持召开的专家学者座谈会时强调，只有构建起强大的公共卫生应急体系，健全预警响应机制，全面提高防控和救治能力，织密防护网、筑牢隔离墙，才能为切实维护人民健康提供有效保障。为此，结合习近平总书记重要指示精神和梁平区实际情况，提出如下建议：

（一）健全应急工作机制

1. 建立高效应急机制

要坚持党委对重大疫情和公共卫生应急工作的全面领导，建立应急研判、决策机制；健全和优化上下联动的应急工作机制，在应急物资和应急人员调配，信息收集、汇总、上报和信息发布上增强协调性和配合力；建立应急“战时”督导、考核和问责机制。加强区疾控中心对全区公共卫生机构的指导责任，强化基层医疗卫生机构对村卫生室、个体诊所的监管责任，落实村、社区网格管理在疾病防控中的兜底责任。同时，还要杜绝重大公共卫生事件迟报、瞒报、漏报等情况发生。

2. 创新防治结合机制

避免医防两条线，实现疾病预防控制和医疗救治的互联互通，做到信息通、资源通、人员通，提高全区公共卫生应急能力。

3. 建立全方位应急群防群治机制

充分发挥慈善会、红十字会、志愿者协会、企业家协会、商会等组织联系广泛、资源富集、信息畅通的优势，鼓励其积极作为、有序参与，及时向群众提供有效援助；还要充分利用村、社区网格的优势，配合专业人员做好应急排查、执勤值守、宣传引导和后勤服务，做到有序防控，精准防控，避免过激过度防控情况发生。

（二）落实监测预警“前哨”责任

1. 落实早期监测预警机制

要提高重大公共卫生事件发现、报告、预警能力。压实基层医疗机构“前哨”责任，紧紧围绕“早发现、早报告”要求，强化对医疗机构医务人员（特别是乡村医生、个体诊所）传染病信息报告的收集和利用，切实做到有疑必报、有报必查。

2. 畅通信息快速通道

加强区卫生信息平台建设，把医疗机构与疾病预防机构两大信息系统有效整合，实现传染病网络直报系统与医疗机构信息系统互联互通，确保报告的及时性和准确性。可按照“互联网+基层”模式，以区人民医院为中心，建设区域影像中心、检验中心、心电中心，在34个基层医疗卫生机构建设远程会诊室，配备对应的终端设备，建设远程医疗信息、移动医疗平台及远程会诊、双向转诊业务协同应用系统。改变卫健“数据孤岛”情况，推动全区卫健大数据融合。

3. 加强检测能力建设

推动区疾控中心现有P2生物安全实验室升级为P2+，实验室标准化建设达到

三级乙等以上；在原有微生物检测、病原学检测、水质分析及细菌培养的基础上，逐步完善全区免疫学、生物化学、分子生物学检测能力。加快区中医院、区妇幼保健计划生育服务中心等二级医疗机构核酸检测实验室建设，大幅提高全区检测能力。

（三）加强疾控人才队伍建设

1. 科学设置区疾控中心编制，提高专业人员素质

通过遴选、公开招聘、考核招聘等多种方式，吸引优秀医务人员从事疾病防控工作；同时，不断提高传染病防控工作人员财政保障水平，把防疫津贴纳入财政全额预算。

2. 在市级统筹基础上，积极争取社保政策支撑和财政资金投入

参照2017年对离岗乡村医生的处理办法，一次性解决60岁以上乡村医生养老和医疗保障问题，实行有序退出；对60岁以内的乡村医生，通过“财政解决一点、自己承担一点”的办法，协调解决乡村医生养老保险问题；同时，通过鼓励乡村医生兼职村社干部、兼职公益岗位等渠道，提升乡村医生待遇。

3. 固化优化现有疾控队伍

以带教学习或临床跟班方式对基层疾控人员进行分期分批轮训。对乡村医生、个体诊所医生及社区网格员采取集中培训、片区培训、线上培训等方式培训；同时，还要加强传染病等重大疫情防控培训演练，提高应对处置能力。

（四）加强应急救治物质基础建设

1. 推进基础设施规范化建设

以迁建区疾控中心为契机，统筹建设完善应急信息化中心、应急物资储备中心、医学培训和应急演练中心、健康教育与健康促进中心。一是要加强区域救治中心标准化建设。推进区人民医院感染科改扩建项目，按要求新增业务用房2 000平方米左右，病床100张左右。推进袁驿、屏锦、福禄、云龙、新盛5个中心卫生院合理改良传染病区布局，配优配强设施设备，优化救治流程，形成全区“以中心带片区”的救治格局，实现公共卫生应急救治网络全覆盖。二是要加强基层“二诊”规范化建设。采取扩建、维修改造等方式，对基层医疗卫生机构发热门诊和肠道门诊进行规范化建设。

2. 推进资源配置有机融合

一是要开展各级医疗机构等级创建工作，做强“个体”。持续推进区人民医院创建三甲医院，有序推进区中医院三级医院创建，推动区妇幼保健计划生育服务中心二甲医院创建。做好基层医疗卫生机构等级评审，启动“星级村卫生室”评审。二是要推动区域医疗资源整合，做实“整体”。持续纵向推进以区人民医院、区中医院为牵头单位的“医共体”建设，横向推进以袁驿、福禄等较大规模基层医疗卫生机构为重点的区域医疗卫生一体化建设。三是要加强设备物资保障。配置区级医疗机构的负压救护车、呼吸机等急救设备，补齐中心卫生院CT和乡镇卫生院彩超、DR、生化分析仪等基本设备，逐步更新老旧中小型设施设备，添置完善村卫生室基础应急医疗设备。加强应急物资储备，启动全区卫生应急物资储备仓库建设。加强疫苗、药品、试剂、医用防护物资等实物以及信息、生产能力和技术的储

备，建立实物轮换使用机制。

（五）提高全民参与度

1. 全面普及法律知识

针对广大市民，制定公共卫生安全和疫情防控等相关法律法规的普法方案，把普法工作任务落实到乡镇（街道）、学校和企业，增强公共卫生风险防控意识。确保其在发生公共卫生应急事件时，能自觉服从应急管理。

2. 大力推进新时代爱国卫生运动

创新方式方法，动员组织人民群众积极参与垃圾分类、消除“四害”、改水改厕、村庄（小区）清洁行动，完善公共卫生设施，推进城乡环境综合整治。

3. 广泛开展健康教育

制定健康促进活动规划和标准，以医疗卫生工作人员为骨干组建健康教育专业机构，落实乡镇（街道）健康教育主体责任，把任务分解到村（社区）。普及健康知识，开展心理辅导，培养积极健康心态，消除公共卫生应急恐惧感，提高群众公共卫生认知水平和应急自救互救能力。

参考文献：

［1］黄毅峰．公共卫生重大风险治理机制：理论、实践与构想［J］．东方论坛，2020（2）：101-112.

［2］彭雷．疫情大考中推进社会治理能力现代化的几点思考［J］．江南论坛，2020（8）：4-5.

［3］汪言品．2000—2010 年新华社职业化规范建设探析：重大突发事件报道推进职业化建设进程［D］．南宁：广西大学，2011.

［4］黄建军，杨建洪，肖建秋，等．某军校一起突发公共卫生事件的危机管理［J］．解放军预防医学杂志，2015（4）：466-467.

［5］黄飞，赵雁林．加快结核病监测系统信息化建设［J］．中国防痨杂志，2020（7）：49-52.

提升危机领导力的三重考量

陈兴国①

摘　要：新时代，各种自然灾害、事故、公共卫生事件、安全问题、重大舆情等风险与危机，具有突发性、难控性、可变性、灾难性，时刻考验着政府及其执政者的预见能力与防控水平。面对风险与危机，执政者不能退缩与逃避，而是要不断学习与磨砺，努力提升危机研判、危机决策与危机终结等危机领导力。

关键词：危机领导；危机研判；危机决策；危机终结

新时代、新使命、新挑战，很大程度上考验着执政者的危机意识、风险防控与应急管理，这种危机领导力既不同于信仰力、学习力、变革力、激励力等常态领导力，也不同于程序化决策、确定性决策等静态决策力，而是执政者在危机认知、态度以及排危实践中彰显的预见力、决断力与控制力等，是执政者在坚持底线思维的执政行为中形成的危机研判、危机决策与危机终结能力。

一、危机研判：不完全信息下的危机甄别

信息是海量的、多源的、立体的、异构的，在特定时期、紧急情况下，执政者获取信息的渠道不畅通、信息来源不对称，容易在危机的甄别、危机的种类、危害的预见、排危的实施等方面，形成思维混沌、预案粗疏、决策失灵。随着应急管理机构的组建、信息革命的深入和大数据技术的发展，为更及时、精准地开展危机甄别奠定了基础。执政者要借助新技术提升以下三种能力：

（一）危机甄别

执政者应保持居安思危的精神状态、提升危机甄别的预见能力、做好备灾防灾的行动准备。这种危机准备力最关键的是危机预见力，危机管理大师罗伯特·希斯把它置于缩减危机的首位。在新时代，执政者通过大数据和智能化，多渠道、全方位、立体化获取危机信息，建立风险因子数据库，早期感知，做好重点危机信息、关键危机信息和边缘危机信息的分类、指标权重与量化处理，对背景值的因变量、事件值的自变量、环境值的控制变量进行逻辑分析，找到事件源与潜在危机的内在关联，克服危机信息碎片化，构建危机等级评判体系，提升危机的智能甄别能力。

（二）智能预警

危机预警能力是低成本的，是执政者应急管理的最高境界。当危机降临前，执

---

① 陈兴国，重庆市綦江区行政学校高级讲师。

政者应未雨绸缪，克服危机甄别中的哈姆雷特焦虑症，及时、冷静分析事件的元信息与不确定因子，避免淹没在海量的危机信息和坏消息中犹豫不决，快而准地做出危机预警，实而好地管控危机事件。在新时代，为提高危机预警的科学化水平，可搭建智能化平台，将各种元信息、风险因子、事态进展、传播渠道、危害程度、社会响应等量化指标输入平台，分析事件的危机方向、风险等级、解决途径，依据风险因子及时向单位和社会做出智能预警。

（三）动态监控

信息不对称、程序不完备、环境不确定，掌握的信息也许永远无法满足执政者对危机甄别和智能预警的需求，执政者应当摒弃常态化决策条件下完美主义困惑，依据智能平台提供的大数据和参数分析，划定合理的风险区间和危机大势图谱，用睿智和担当，适时、果敢地做出危机甄别，并搞好动态监测与信息修正，提升危机甄别的灵敏度与精准度，让追随者少走弯路。

二、危机决策：应急追随者的沟通与感召

追随与领导行为相关，追随者和执政者都是危机领导的关键力量。有效追随、乐于参与、积极回应的追随者，有助于领导决策；相反，孤立、冲动、旁观、被动的追随者，可能影响甚至阻碍领导决策。要在应急管理中形成积极引导与正向激励，应当通过沟通与感召，调动追随者积极参与。领导在与追随者的互动决策中要提升三种能力：

（一）果敢的危机决策

由于危机爆发的隐匿性、突然性、复杂性和多变性，执政者的危机决策始终是有限理性，一方面，部分追随者的负面干预多少会影响决策的效度；另一方面，客观环境不容许执政者过多考虑，如果瞻前顾后，可能贻误最佳时机。因此，执政者的危机决策不能循规蹈矩、按部就班，而是一种非程序性决策，要充分采用智能平台的大数据，综合运用目标排序、风险树、灰靶、头脑风暴等风险决策法，尽力克服危机决策中的鸵鸟效应、霍布森选择、涟漪反应等，果敢地做出危机决策。

（二）积极的危机感召

执政者的排危减灾不是孤军奋战，全民参与十分重要，其感召力大小决定危机研判与排危减灾的程度，是最本质的危机领导力。执政者的特质与领导效率相关，自信心强、决断力好、高瞻远瞩、有亲和力、身先士卒的执政者，比较富有人格魄力，就可形成一呼百应的危机感召力。执政者要加强自身人格修炼，做好危机回应渠道设计，调动追随者全程参与、全面融入，避免信息梗阻和互动障碍，实现群防群治、群策群力。

（三）有效的危机沟通

追随者是一个巨大群体，有的积极、有的消极，有的顺从、有的逆反，有的进取、有的退缩，有的冲动、有的沉稳，有的喜欢控制、有的近似受虐，不同类型的追随者对危机决策有着直接而重要的影响。危机决策与应急管理如果得不到追随者的有力回应，就很难形成决策的有效性。大卫·卡维尔认为，支持与执行是追随者

最本质的职责。但要唤起他们的充分信任，在互动中达成目标一致和价值认同，尽力消除信息壁垒和意见分歧，特别是要注意人际传递中的信息失灵，就要健全新闻发言人制度，尊重并唤醒追随者的主体意识与社会责任感，通过官方渠道加强媒体沟通和舆论引导，防止谣言、传言的恣意传播，有效汇集追随者的真知灼见，为危机决策和预案制定提供帮助。

三、危机终结：加强排危资源的统筹协调

一旦出现危机，核心区域很可能舆论失范与秩序失控，如果稍有懈怠或处置不当，就有可能陷入混乱，加速危机的爆发，加深灾害程度。为把风险降到最低，执政者必须提升危机终结能力。

（一）协同控制

当潜在风险因子聚变与危机加速裂变时，明明暗暗的信息流都朝危机源汇合，多方排危资源也会集聚，如果没有执政者权威对危机“孤岛”进行协同与控制，各种排危资源可能会在危机排查、风险评估、应急处置、信息发布、恢复重建等环节的不同网点相互阻滞、冲突、离散或内耗。要发挥 1+1>2 的协同效应，在平时演练和现场救援时，要以应急管理部门为中心，构建多系统、多组织、跨领域的应急管理系统，强化危机决策的权威性、指挥调度的统筹性、救援实施的协同性，通过领导沟通与协调，各单位、各部门的子系统之间形成信息互享、资源互补、人员互动、资金互济的最佳状态，把损失和灾害降到最低。

（二）现场救援

排危减灾的关键是要有一支专业化的救援队伍和应急治理的长效机制，但在重大危机面前，还是势单力薄。执政者必须具备社会共治理念，发挥基层党组织的战斗堡垒作用和志愿服务队的协助功能，全民动员、全社会参与，利用当下的物资装备和技术力量，动员全社会积极投身排危减灾工作，推动责任单位联防联治、社区居民群防群治、辖区单位协防协治，提升全社会的危机应对与现场救援能力。

（三）善后处置

恢复与重建，不是可有可无的累赘，而是危机处置的重要环节，不少执政者在危机的紧张状态中解脱出来，容易在善后工作中松懈，导致排危减灾工作半途而废、虎头蛇尾。执政者要牢牢把握善后处置的主导权，绝不可放任自流，在“最后一公里”栽了跟头，要对危机进行多角度反思，对灾害进行全方位评估，对预案进行系统回眸，并注意平衡各方利益，从讲政治、守规矩、重大局的高度，妥善处理各方矛盾和不同群体利益，防止出现灾害并发症和后遗症。在学习和总结的基础上，执政者还要快马加鞭，搞好基础设施恢复，尽力消除追随者的心理阴影，加快组织重构和社会重建，让人们从危机和灾害的恢复与重建中重拾获得感、幸福感和安全感。

参考文献：

［1］ 陈茂先. 不完全信息下的决策选择艺术［J］. 领导科学，2011（20）：23.

［2］ 关铮，佘廉，魏凌. 危机领导力研究综述：借鉴与展望［J］. 中国延安干部学院学报，2016（6）：106.

［3］ DAVID CAVELL，VICKI RAST. Dynamic followership：the prerequisite for effective leadership［J］. Airspace Power Journal，2007（18）：102-110.

［4］ 张光雄，邓博. 社会主要矛盾转化视野下地方政府应急治理能力研究［J］. 广西大学学报（哲学社会科学版），2018（3）：65.

发挥市场政府优势 赋能乡村产业振兴

——以重庆市荣昌区河包镇产业振兴为例

肖富义①

摘 要：乡村振兴难，而难中之难是产业振兴。重庆市荣昌区河包镇作为市级乡村振兴示范镇，在推进以粉条产业为重点的产业振兴中，充分发挥市场“有效”和政府“有为”的双推双促作用，闯出了一条乡村产业振兴的新路子。在市场和政府的广泛结合、深度结合和全面结合中让粉条这一传统产业焕发出新活力，呈现出新增长。重庆市荣昌区河包镇推进乡村产业振兴的经验和做法，堪可成为产业振兴带动乡村振兴、产业发展助推乡村发展的样本。

关键词：市场；政府；乡村；产业振兴

千年河包，百年粉条。粉条这一传统产业，在市场和政府双重作用下，在重庆市荣昌区河包镇重新焕发生机，传统产业呈现出新的增长。其经验和做法充分体现“有效市场和有为政府更好结合”的生动实践。

一、以市场和政府广泛结合推进全产业链构建

河包镇已有300多年粉条生产历史，粉条工艺和粉条爽滑筋道的口感在业内享有良好口碑和声誉。近年来，在河包镇镇党委、镇政府引导下，粉条企业在市场竞争中求生存、求发展，闯出了一条粉条产业发展新路——构建粉条全产业链。

（一）夯实原材料基础

原材料供应是产业发展的基础。河包镇按照“小业主、大连片、大产业”的思路，采取基地化+小规模成片种植方式，以白塔社区、转龙社区、雷抬社区、黄檀村和经堂村为重点，集中成片打造20 000亩（1亩≈0.066 7公顷）高淀粉红薯基地、3 000亩辣椒基地、1 000亩大豆基地。不仅如此，原材料种植面积还在向河包镇周边区域扩展和辐射。大量质优价廉的原材料，夯实了粉条产业发展基础。

（二）做强加工企业

一是推动粉条企业进园区。建立粉条产业园区，已入驻23家企业，产业的规模效应和聚集效应正在逐步显现。二是推进配套企业建设。采取村集体经济投资入股，建设12个红薯淀粉粗加工点；采取引进优质企业投资，财政资金适当补助方

① 肖富义，中共重庆市荣昌区委党校统战研究室主任。

式，建设 2 家红薯淀粉净化提纯企业；采取集体经济牵头，多方参与，建设 2 家农产品烘干和分拣中心以及辣椒初加工中心；引进或建立 2～3 家仓储冷链企业，健全农产品仓储冷链物流体系，等等。三是实施粉条提质工程。重点引导粉条企业做好品种培优、品质提升和品牌塑造等工作，全力打造河包粉条公用品牌，不断提高市场占有率和影响力。

（三）推进营销变革

采取政策鼓励方式，大力推进河包粉条的商业营销，培育扶持重庆市大茂农业发展有限公司等龙头企业做大做强；鼓励支持粉条企业开发更多适应电商需求的新产品；通过第三方平台拓展外贸业务，打造优势农产品出口基地，等等。通过商业营销变革，推动生产与消费有效对接。

（四）拉长产业链

一是发展休闲创意农业。利用原材料基地，打造农事体验、研学观赏景观带，发展研学体验农业。二是培育和发展特色旅游。深入挖掘河包粉条制作工艺、肉龙、小洪拳等非遗文化，整合河包明清老街、白塔、斜塔、真原堂、瓦米沟微村落等传统历史文化，发展农文体旅融合业态。2021 年 4～7 月，仅经堂村旅游合作社实现营业收入就超过 50 000 元，展现出广阔发展前景。

二、以市场和政府深度结合推进产业转型升级

打造“中国粉条特色小镇”，作为河包镇产业发展目标，推进产业提质升级，推动形成以粉条产业为主导的现代农业产业新格局。

（一）推进农村“三变”改革

推进农村资源变股权、资金变股金和农民高股民（“三变”）改革，推动农村资源的市场化，提高资源的利用效率和效能。河包镇各村（社区）积极推进农村资源的股权化改革，同时用好用活荣昌区支持发展壮大村级集体经济资金 100 万元，积极拓展产业发展新渠道、新路径。经过不懈努力，村级集体经济不断壮大，由昔日的“空壳村”变成了如今的产业村；农民通过土地流转、发展红薯辣椒大豆等种植、就地务工等方式，收入持续稳定增加。

（二）培育农村新型经营主体

市场主体是经济增长的“发动机”。以粉条产业园为平台，通过招商引资、农民工回乡创业等方式，引进或培育新型经营主体。与此同时，发挥好农村新型经营主体作用，通过订单、合作等方式推动农户（尤其是小农户）与现代化大市场对接，带领农民闯市场。

（三）搭建产业发展平台

一是扩大粉条产业园区。2021 年，粉条产业园园区再扩建 300 余亩，推动粉条产业向标准化规模化发展。二是构建产业发展共同体。围绕粉条产业采取“公司+基地+农户”方式，鼓励农户参与集体经济、参与企业生产经营、参与大户种养业，引导农户走农业产业化发展之路。

（四）提高企业发展科技含量

运用生物科技、工业技术成果发展智慧农业，推进粉条产业向科学化、高端化发展。与西南大学、四川轻化工大学等高校合作，研发甘薯育种新产品，研发无明矾、无添加粉条生产新技术。建设专家大院，加大对产业发展的科技支持力度；建立河包粉条产品研发、检测中心，制定河包粉条生产标准、检测标准，加强产品质量和卫生把控，提升粉条产品的市场竞争力。通过提升科技含量，促进粉条企业发展。

三、以市场和政府全面结合推进产业高质量发展

在充分尊重市场规律的基础上，深化政府“放管服”改革，以“四跟进”推动“有为政府”与“有效市场”相匹配，从而实现粉条产业发展的叠加效应。

（一）规划项目跟进

一是做好产业发展规划。增强规划的引领性、约束性。在实践中，河包镇加快推进“多规合一”，推进粉条产业发展的事项化、清单化，引导社会各方按照规划进行投资建设。二是做好招商引资工作。河包镇围绕产业发展规划进行产业布局，在粉条产业园、高淀粉红薯基地等发展条件较好、发展要素聚集的地方，推动优势特色项目的包装、招商、落地，以项目化方式吸引更多资本、专业人才到河包镇创业发展。三是做好产业发展的资金扶持。河包镇整合市级乡村振兴建设配套资金和其他项目资金，强化对关键领域、重点项目的扶持。

（二）基础设施跟进

产业振兴需要持续补短板、强弱项，尤其是要补齐功能性短板。河包镇整合各类涉农资金，鼓励社会资本参与，鼓励农户投工投劳，加强路网、水系及灌溉设施建设，补齐交通设施、水利设施、标准农田建设等方面的短板，增强粉条产业发展后劲，努力变短板为发展的跳板。

（三）产业人才跟进

一是发挥粉条企业党支部带动作用。河包镇抓好党组织“带头人”建设，鼓励年轻、优秀党员成为产业发展的“领头雁”，带领农民闯市场，实现共同富裕。二是用好人才政策。河包镇用好中央、地方鼓励各类人才返乡下乡参与乡村振兴的政策，持续推进产业发展带头人、本土人才引进和培育。2020 年，河包镇培训各类人才 65 名，不断壮大乡村人才队伍。三是创新乡村人才机制。河包镇引导农民工返乡创业，鼓励大学生、城镇各类人才到农村就业创业。2020 年，河包镇吸引 7 名本土人才回乡创业。通过多措并举，进一步夯实产业发展的人才基础。

（四）体制机制跟进

一是推进制度创新。河包镇探索推进农村集体经济发展的政策措施，重点探索“三权分置”下农村闲置宅基地和闲置住宅市场化、产业化的办法措施，提升农村资源利用效益。二是创新投融资体制机制。河包镇重点探索财政优先保障、金融重点倾斜、工商资本参与的乡村产业发展多元投入的办法措施。三是探索完善融资贷款、设施建设补助、税费优惠、用地保障等扶持政策。

总体说来，河包镇粉条产业发展取得的成绩可圈可点。一是推动经济发展。2020 年，该镇地区生产总值达到 15 亿元，村级集体经济总收入近 380 万元。二是带动农民就业。河包镇从业范围涵盖种植、加工、销售、服务等领域，从业人员超过 11 000 余人，关联从业就业农民数量占全镇常住人口的 46.6%以上。三是增加农民收入。2020 年，该镇农民人均收入达到 20 759 元。河包镇推进产业振兴的实践表明，传统产业在市场和政府双重作用下，同样能展现出广阔的发展前景。

和顺茶馆：
基层矛盾纠纷化解机制创新的法治考察

陈思诗①

摘　要：党的十九届四中全会指出，要加快推进市域社会治理现代化，坚持以法治思维和法治方式协调利益关系，化解矛盾纠纷，进一步提高市域社会治理的法治化水平。完善社会矛盾纠纷多元预防调处化解综合机制，是助力社会治理法治化的重要环节。本文基于对重庆市沙坪坝区回龙坝镇和顺茶馆的实地调研，从问题缘起、实践举措和取得成效三个方面深刻剖析以和顺茶馆为载体的基层社会矛盾纠纷化解创新机制，深度挖掘蕴含其中的“和为贵”理念，总结经验启示，以期为进一步推进市域社会治理现代化和法治国家、法治政府、法治社会一体建设提供基层创新样本和有益借鉴。

关键词：和顺茶馆；基层矛盾；化解机制；法治考察

党的十八大以来，我国社会主义法治建设发生历史性变革、取得历史性成就。党的十九届四中全会就完善社会治理制度方面提出：“完善社会矛盾纠纷多元预防调处化解综合机制，努力将矛盾化解在基层。”“十四五”规划建议中就维护社会稳定和安全问题，再次强调要“完善各类调解联动工作体系，构建源头防控、排查梳理、纠纷化解、应急处置的社会矛盾综合治理机制”。《法治政府建设实施纲要（2021—2025年）》也将“健全社会矛盾纠纷行政预防调处化解体系，不断促进社会公平正义”作为法治政府建设系统工程中的一项重点工作。可见，在全面依法治国背景下，构建和完善矛盾纠纷多元化解机制，整合人民调解、行政调解、司法调解等多种社会资源，形成功能互补、程序衔接的矛盾纠纷有效化解体系既必要也可行。和顺茶馆作为沙坪坝区回龙坝镇党委政府精心打造的一个基层社会治理综合体，以矛盾纠纷调处为切入点，不断发展和顺文化的内涵和外延，探索出了一条城市化进程中乡村治理向社区治理转型的有效路径。

一、缘起：转型期矛盾纠纷不断 安置区治理难度升级

近年来，在城市化进程加速推进的大背景下，沙坪坝区回龙坝镇面临由大征地、大拆迁、大建设所带来的1.7万余名征地农转非群众就地安置、部分“乡村”

① 陈思诗，中共重庆市沙坪坝区委党校讲师。

变“社区”、大量“村民”变“市民”的严峻现实。村民们从农房到楼房、从院坝到小区、从散居到聚居，虽然物质条件好了，生活更加便利了，却出现了身份认同格格不入、生活规范格格不入、治理方式格格不入的三大难题。群众因为交流沟通不畅、困难诉求不知何处表达，邻里、家事、物业等矛盾纠纷大量发生，不敬不孝、治安事件、上访集访等问题层出不穷，领导干部常常是“来了就走不脱”，安置房也变成了“火药桶”。各种矛盾交织叠加，社区治理面临前所未有的压力和挑战。

为扭转这一局面，进一步推进辖区社会治理工作，深化“枫桥经验”重庆实践十项行动，沙坪坝区回龙坝镇党委政府创新利用川渝独特的茶文化元素，紧扣“和则顺”的文化理念，坚持三大定位——基层社会治理综合体、枫桥经验实践场、城乡居民暖心房，深度挖掘“三治”融合的理论内涵，推出服务群众的18道“茶点”和三大“福袋”，精心打造集“矛盾化解、民意沟通、法治宣传、法律服务、心理疏导、公益活动、文化生活”七大功能为一体的和顺茶馆，通过“公益型茶馆+基层社会治理综合体”的运营模式以及“百姓点单，茶馆买单”的消费方式，紧贴群众需求，广泛凝聚人心，不断提升群众自我教育、自我管理、自我服务能力，让问题解决在基层，让矛盾化解在基层，不断增强人民群众的获得感、幸福感和安全感，为创新基层社会治理模式和推动社会矛盾纠纷多元化解探索有益经验。

二、实践：优服务建队伍搭平台“一站式”化解大小矛盾

（一）推出六道茶点，实现定制化公共法律服务

针对安置小区纠纷主体多元化、利益诉求复杂化、纠纷类型多样化等问题，和顺茶馆提供法官“送法”、莎姐“讲法”、民警“说法”、律师“普法”、法律援助、公证服务6道“和顺”法治茶点，以法治化解民怨，有效减轻政府维稳压力，提升政府公信力，增强居民法治意识，引导居民自觉遵法、学法、守法、用法，营造办事依法、遇事找法、解决问题用法、化解矛盾靠法的良好法治环境，大力提高基层社会治理的法治化水平。具体而言，由区法院每两周开展“以案说法”、便民诉讼服务、巡回审判等；区检察院“莎姐”每月为辖区青少年定期开展犯罪预防、自护教育、法律小讲堂等活动；回龙坝派出所每月结合辖区案件情况开展“以案说法”、普法教育等活动；邀请律师每周为辖区居民免费提供法律咨询，定期开展普法小讲堂；每两周为群众提供法律援助咨询服务，协助群众办理法律援助事项；司法公证员每两周定期为居民群众办理相关司法公证业务。

（二）组建一支调解员队伍，形成“大调解”工作格局

回龙坝镇党委、政府制定了定期排查、受理登记、分流指派、联动联调、突发事件应急调处、定期回访的矛盾纠纷多元化解工作制度，组建了30余人的和顺调解员队伍，形成了以人民调解为基础，人民调解、行政调解、司法调解、专业调解、乡贤调解优势互补、有机衔接、协调联动的“大调解”工作格局。（见图1）

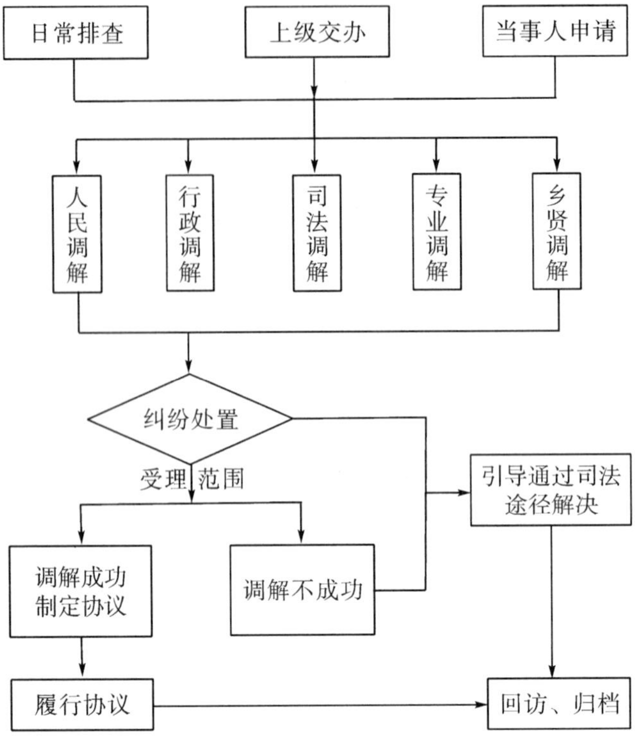

图 1　和顺茶馆矛盾纠纷多元化解流程

（三）设立一个巡回法庭，实现“断案+普法”零距离

沙坪坝区法院陈家桥法庭对辖区街道进行法律指导，在和顺茶馆里设立巡回法庭，法官即时开庭，在百姓身边断案，形式生动新颖，既审了案又普了法，彰显了司法人文关怀，有助于实现案结、事了、人和，成效显著。例如，和顺茶馆巡回法庭就曾开庭审理过一起居民在辖区超市购买过期食品要求商家赔偿的案件。此案当时还有辖区内的其他商家代表到场旁听，法官以案释法、有理有据，让消费者和商家双方依法解决了纠纷，庭审后法官还为旁听的商家代表和居民们释法明理，答疑解惑，让老百姓增长了很多法律知识。

三、成效：畅通渠道定分止争 营造良好法治环境

和顺茶馆的构想及实践，充分发挥了法治在社会治理中的保障作用。从政府层面看，通过巡回审判、以案释法、政策宣讲、送法下乡、普法教育等法治宣传手段以及司法公证、公益性法律顾问、法律援助、法律咨询等法律服务，规范矛盾纠纷多元化解工作制度和操作流程，有效减轻了维稳压力，提升了政府公信力及运用法治思维和法治方式深化改革、推动发展、化解矛盾、维护稳定的能力。从居民层面看，畅通了居民诉求表达渠道，确保居民投诉有门，引导居民自觉遵法、学法、守法、用法，增强居民的法治意识，提高居民的法治素养，让居民遇事从信“访”变成信“法”，从崇尚“闹”变成商量，领导来了不再围追堵截，而是化身形象大

使，主动宣传安置区的新变化，进一步提升居民的获得感、幸福感和安全感。从社会层面看，在全社会营造了办事依法、遇事找法、解决问题用法、化解矛盾靠法的良好法治环境，有效提高基层社会治理的法治化水平。

四、启示：树立和践行以人民为中心的法治理念

（一）立足群众需求，不断畅通诉求表达渠道

矛盾纠纷解决的前提是诉求表达渠道的有效畅通。当纠纷解决涉及多个部门职责时，部门与部门之间推诿、拖延现象时有发生，随着时间的拖延，当事人花费的成本越来越大，矛盾纠纷日趋复杂，当事人的调解、和解意愿逐渐降低，很容易导致矛盾激化，造成不可挽救的损失。而构建大调解机制，目的就是杜绝推诿、拖延、梗阻现象的发生，畅通群众的诉求表达渠道，给当事人提供更多的便宜且及时有效的纠纷解决方式，以满足群众多样化的需求。具体而言，一是加快推进智慧化信息化建设，畅通“线上线下”两条通道。实现社情民意在网上了解、矛盾纠纷在网上解决，做到矛盾纠纷苗头隐患第一时间发现、第一时间研判、第一时间化解，加大线上线下融合力度，确保矛盾不上交。二是搭建“实体+热线”法律法规宣传平台。组织法律顾问深入社区，采取“菜单式”普法、以案释法等方式，通过普法精品课视频、法律服务券等形式，扎实推进精准普法工作，对普法对象实现精准普法，筑牢法治建设阵地，能够有效提高老百姓的法律素养和知法守法水平，为做好后续调解工作打下了坚实基础。

（二）创新工作模式，全面整合纠纷解决资源

当前，社会矛盾纠纷大多牵涉面广、复杂程度高，且多是交叉到多个政府部门。传统的纠纷解决方式由于彼此缺乏信息交流，条块分割，各自为政，不能形成有机的统一整体，解决多样化和复杂化的社会纠纷往往心有余而力不足。和顺茶馆通过组建和顺调解员队伍，整合纠纷的各种解决力量，形成以人民调解为基础，人民调解、行政调解、司法调解、专业调解、乡贤调解优势互补、有机衔接、协调联动的“大调解”工作格局。可见，多元矛盾纠纷的解决不能仅依赖于新建一个机构去越俎代庖代为履行各相关部门的调解职能，而是需要通过各相关部门调解工作触角的延伸和调解工作网络的对接，主动排查社会矛盾，及时报告疑难纠纷，做到早发现、早沟通、早化解，以保证调解工作“以防为主、调防结合、多种手段、协同作战”战略预期的有效实现。具体而言，需要全面整合部门和社会力量，调动一切可用因素，采取综合手段把纠纷处理好、解决好，加快实现矛盾纠纷多元化解工作由“单兵作战”向“协同会战”转变。各相关部门及社工、律师、心理咨询师等社会力量的提前主动介入，有助于依法、及时、就地化解矛盾纠纷，最大限度维护当事人的切身利益，确保矛盾不上交、不激化。

（三）坚持法治手段，提升干部法治思维能力

法律是治国之重器，良法乃善治之前提。法治思维能力是各级党员领导干部化解矛盾、维护稳定的基本素养，对于当前我国加快建设社会主义法治国家显得尤为重要。在全面推进依法治国的进程中，领导干部要将已经树立的法治思维巩固、强

化，成为法治信仰，提升法治能力。法治政府建设是一个十分庞大的系统工程，各条战线、各个方面的进展参差不一，有些体制上的难题有待破解，广大执法队伍的素质也还有待进一步提升。具体而言，一是要坚持提高自身的法律素养，认真学习党纪国法，自觉接受法律和纪律的约束，保障法律法规的公平正义，做遵纪守法的楷模，在矛盾纠纷化解实践中坚守法律底线，坚持人民至上，确保依法行政，维护人民群众的利益。二是要提高法治思维能力，善于运用法治思维观察问题、解决问题，避免自由放任、粗暴执法，善于针对存在的突出问题查找漏洞和薄弱环节，建立依法执政的长效机制。三是要带头践行法治，通过党员领导干部以身作则地践行、宣传，有助于在广大群众中形成示范效应，带动全社会尊法、学法、守法、用法。

参考文献：

[1] 王斌通. 大力提升新时代社会治理法治化水平［EB/OL］.（2021-03-02）［2021-10-06］. 光明网，https://theory.gmw.cn/2021-03/02/content_34653590.htm.

[2] 张炜. 踏实地 重实效 善创新 探索基层社会治理品牌打造：以重庆市沙坪坝区“和顺茶馆”“特钢能人坊”为例［J］. 重庆行政，2021，22（2）：50-52.

[3] 王昌荣. 通过诉源治理把矛盾纠纷化解在源头［N］. 学习时报，2021-09-22（001）.

[4] 曹海军，王梦. 制度、资源与技术：社会矛盾调处化解综合治理之路：以衢州“主”字型矛调模式为例［J］. 中共天津市委党校学报，2021，23（3）：80-87.

[5] 陈金钊. 用法治推进社会平衡发展：化解新时代社会主要矛盾的基本方式［J］. 社会科学战线，2020（5）：189-200.

以“和美八法”扭住构建和谐村社的“牛鼻子”

——以重庆市石柱县三河镇为例

黄娅蓉[①]

摘　要：石柱县三河镇探索出的“和美八法”是有效化解基层矛盾的金钥匙，包括道德舆论、以案释理、乡贤疏导、情感化解、借巧力、搭楼梯、背靠背、牛皮糖等在内的八种方法，其对村社基层矛盾调解具有普遍性和指导意义。

关键词：和美八法；构建；和谐村社；牛鼻子

党的十九大报告提出，要加强社区治理体系建设，推动社会治理重心向基层下移。党的十九届四中进一步要求“保持社会稳定”“完善正确处理新形势下人民内部矛盾有效机制。完善社会矛盾纠纷多元预防调处化解综合机制，努力将矛盾化解在基层。”保持社会稳定，实现安定和谐，关键是要抓住化解基层社会矛盾这个“牛鼻子”。

党的十九大以来，全国各地不断探索创新，摸索出了许多可供借鉴的基层治理金点子，比如重庆市石柱县三河镇这个曾经因矛盾多而使发展举步维艰的城乡接合部在学习“枫桥经验”的基础上，结合本地实际，探索出了有效化解村民矛盾、构建和谐村社的八种方法，被当地干部群众形象地称为“和美八法”。在“和美八法”的治理体系下，形成如今三河镇干群政通人和顺，邻里互助关系好、群众发展干劲足，百姓思想观念通的良性循环。三河镇先后被石柱县评为“脱贫攻坚典型示范镇”“ 乡村振兴龙头兴旺镇”。“和美八法”也成为处理村社矛盾的典型方法在全县推广。

一、道德舆论法扫不正之风扬正气

道德舆论法是指对本村那些性格古怪、妒忌他人、自私自利、思想不正、败坏公序良俗等有违道德底线的人一方面给予帮助，另一方面引导群众舆论，使其在舆论压力中改邪归正，从而使整个村落形成风清气正的良好氛围的一种调解方法。

以邻里、亲缘形成的农村社会是一个很讲脸面的社会，如果自己的不当行为被身边的人谴责，便会对自身形成压力从而倒逼当事人改正过错。道理舆论法在村落一旦形成并引导得当，会在整个村中形成伸张正义、扬善抑恶、崇德向善、扶危济

---

① 黄娅蓉，中共重庆市石柱县委党校中级教师。

困、扶弱助残等良好风气，培育淳朴民风。这既是村民自治、德治等理念的具体实践，也是农村社会自我治理能力提升的具体体现。

二、以案释理法助依法办事深入人心

以案释理法是指对那些遇到问题和矛盾就习惯性采取非法蛮横方式解决、不依理、不依法、不依规办事的人使用的专业法律调解办法，主要采取由法律咨询员、司法调解员、诉讼调解员、驻村警务员组成的法律专业团队对调解对象开展同类案例的类比，通过摆事实、讲依据，分析所涉问题适用的法律法规，教育调解对象知法、懂法、守法，从而达到解决矛盾的效果。比如三河镇某村村民邹某因家属医患纠纷、儿子违法建筑被强拆、蜂桶被毁、居住的房屋遇滑坡遭损等问题成为老上访户，经常围堵在村委、镇政府领导办公室门口要求解决其诉求。针对邹某的行为，和美工作室对其进行法律指导和分析，并以山东容城市非法上访人员被人民法院判处有期徒刑的案件为例，让其明白任何事情的解决必须依理依法，通过分析教育最终使邹某走上了依法维权的道路。

以案释理法对调节对象开展法律教育使其懂法守法，是推动基层社会治理向法制化、专业化、正规化迈进的有效方式。

三、乡贤疏导法践共建共治新理念

乡贤疏导法是指引导在本乡本土有名望、有威信、为人正直、断理公道、敢于直言、热心为民的贤达人士为群众调解矛盾纠纷的一种调解方法。贤人凭借自身的人格魅力和社会威望，站在中间立场以做好事的角度公正断理，容易为老百姓所认可和接受。例如，三河镇某村村民秦某与温某因争地界发生纠纷争执，双方矛盾激化至打架斗殴一触即发的地步，激烈的争吵声被乡贤马某听到。他寻声走去，问明情况后耐心劝导双方，致使双方握手言好。

乡贤疏导法就是将社会贤达和公信力强的人纳入社会治理队伍，发挥各种优势，实现人人尽力、共享和谐。

四、情感化解法育乡风文明扬传统美德

情感化解法是指运用邻里、家庭在长期共存共处中形成的深厚感情化解矛盾和纠纷的一种方法。例如，三河镇某村村民马某因家庭土地被征用，便以其母亲的名义购买了社会养老保险。马某在领取社会养老保险一段时间后，母子两人发生矛盾，马母就要收回养老保险的领取权，双方矛盾激化。村和美工作室因此以情感化解法进行调解，引导家庭成员认识到家和才能万事兴，敬老孝老、上慈下孝、尊老爱幼、相亲相爱等家风导向和亲情观是每个家庭和睦兴旺的秘诀，最终达成由马母领取养老保险，但鉴于儿子的家庭情况，母亲每月拿出 550 元资助儿子家庭的协议。

家庭、邻里间运用情感化解法解决矛盾，不仅能将复杂的问题简单化，有效化解矛盾，而且能引导群众更加深刻地认识到邻里、亲情的重要性，形成向上向善、和睦互助、相亲相爱的处事传统和良好家风。

五、借巧力工作法开新思路解难题

借巧力工作法是指抓住当事者的某些特点，有针对性地巧借某些社会力量和新媒介，促使当事者纠正错误、端正品行、遵纪守法的一种调解方法。例如，三河镇某村村民陈某年近 80 岁，体弱多病，生活无力自理，虽有子女四个且在外都生活较好，但无一人愿承担赡养父亲的责任。村和美工作室抓住几个子女都很在意自己脸面的特点，商量采用假借媒体“曝光”的办法促使其子女赡养老人。在调解过程中，当几个子女得知可能会用媒体“曝光”自己并不光彩家事时，个个都自当羞愧，于是当面达成了轮流照顾老人的协议。

借巧力工作法正是面对棘手而采用传统办法难以解决的问题时，开拓新思路、运用新手段、寻求巧力解决问题的妙方法。

六、搭楼梯工作法顺心消气促和顺

搭楼梯工作法是指在矛盾调解过程中，针对双方内心均已接受调解意见，但因一时抹不开面子而仍固执己见的情况，给当事方一个体面的台阶，助其顺利接受调解意见的一种调解方法。比如，三河镇某村村民冉某在自家门前小路上锄草，拔出的草扔在了陈某家屋后的坡坎上。陈某认为冉某所扔的草对自己房屋排水沟会产生拥堵，双方因此发生了争吵。院落调解员查看现场后，发现扔的草不多且离房屋较远，对阳沟排水并无影响，就对双方进行劝导，双方虽然心里已经接受劝导但嘴上仍不饶人。随后调解员不声不响地捡起地上的草，看到调解员在捡草双方都不好意思地来抢他手中的草并停止了吵闹。

搭楼梯工作法是在谙熟被调解双方心理动向后对症下药的一种创新方法。

七、背靠背工作法化繁为简平事端

背靠背工作法是指在对当事双方面对面调解不仅无法理清双方的权利义务头绪，而且可能会将事情越扯越乱，导致矛盾升级的情况下，对当事双方采取分别劝解、协商以达成一致意见的调解方法。例如，2017 年三河镇某村村民陈某骑电瓶车路上遇马某正在倒车，双方均让对方先走，但同时均以为对方会让自己先走，正当马某骑车通过时，陈某倒车将马某连人带车堵在院墙上，使马某受伤医治无效死亡。事发后，双方聚集了几百人且众说纷纭，群情激奋，虽然交警队已开展现场勘查，但暂无结论，双方当事人及亲属也无主见，听风就是雨，矛盾急剧上升。为此，和美工作室及时介入，通过咨询交警队事故情况及其责任划分后，对陈某和马某家人分别单独进行调解，最后达成了赔偿协议。

对矛盾双方积怨太深或事故突发且巨大导致双方面对面只会将矛盾复杂化的情况，采取分别单独会谈和劝解的方式会更加有效。

八、牛皮糖工作法精诚所至金石为开

牛皮糖工作法是指针对某些积怨太深经过层层调解无果的矛盾，以牛皮糖式的不厌其烦、不解决问题不罢休的干劲和决心，多次劝解调和，达到最终解决问题为止的一种调解方法。比如三河镇某村村民李某和熊某因地界常年发生口角乃至大打出手，通过院长、网格长多次调解无果。和美工作室了解情况后，摆出不劝和不罢休的姿态，多次上门劝解。双方在看到和美工作室的诚意后，逐渐敞开心扉说出自己的真实想法与心愿，最终达成和解意见。

牛皮糖工作法对于那些积怨较深的矛盾纠纷、性格倔强的调解对象或短期无法调解成功的案例，通过多次上门一是能逐渐化解积怨，二是能展示出调解人不化解矛盾永不放弃的真诚姿态，打动被调解者。

参考文献：

[1] 陈一新. 加快推进社会治理现代化［N］. 人民日报，2019-05-21（013）.

[2] 王海锋. 依靠群众 纵横到底 夯实基层治理基础［N］. 河南法制报，2021-10-22（005）.

[3] 李艳. 打造富民强村 建设和谐村社：山西省襄垣县王桥镇东山底村一瞥［J］. 山西农业（村委主任），2007（6）：59.

浅析“典型案例”对创新县域乡村治理的启示

伍先美[①] 唐洪珊[②]

摘　要：乡村治理体制是国家治理体系不可或缺的有机组成部分，乡村社会的稳定性和发展能力与乡村治理体制的安排密切相关，有效的乡村治理体制是国家社会稳定的基石。本文基于对农业农村部推介的全国乡村治理典型案例分析，梳理了新时代“自治”“法治”“德治”（以下简称“三治”）相结合的乡村治理方法措施，总结新时代健全以党组织领导的现代化乡村治理体系取得的成效与优势并得出以下启示：打好基础，尊重群众首创精神；抓住关键，注重党建引领；把握根本，依规依法治理；强化保障，以服务人民为中心；“三治”融合，坚持乡村治理的努力方向。

关键词：乡村治理；典型案例；机制创新；启示

乡村治理是国家治理的基石。党的十九大以来，中央农村工作领导办公室、农业农村部连续推介两批全国乡村治理典型案例。总结推广典型案例，既是落实中央一号文件关于“推广乡村治理创新性典型案例经验”的具体举措，也是典型引领、推进工作的一种方法。全国乡村治理典型案例为建立“三治”融合的乡村治理体系提供了经验与启示。

一、乡村治理典型案例中的“三治”方法路径

2019年6月23日，中共中央办公厅、国务院办公厅印发的《关于加强和改进乡村治理的指导意见》，强调加强党对乡村治理的集中统一领导，健全“三治”相结合的乡村治理体系。从两批全国乡村治理典型案例来看，新时代乡村治理创新的路径以“自治”为主要抓手的居多，“三治”相结合的治理创新不足。

（一）“法治”的主要做法

典型案例中，“法治”的主要做法包括村民自治“法治化”和“送法下乡”两类。例如，广东省惠州市“一村一法律顾问”，通过整合县域法律服务资源，实行双向选择，明确法律顾问的六个角色及职责，即宣讲员、审查员、引导员、调解员、建设员和信息员。浙江省宁波市宁海县小微权力清单“36条”安徽天长市“积分+清单”防治“小微腐败”都是采取了将村民自治纳入法制轨道的做法，以

① 伍先美，中共重庆市巫溪县委党校名师工作室主任、高级讲师。
② 唐洪珊，中共重庆市巫溪县委党校科研科副科长、讲师。

县域为单位，自上而下进行顶层设计，构建责任传导工作机制。安徽省天长市自上而下推行“清单+积分”制度，与村干部绩效考核挂钩捆绑。

（二）“德治”的主要做法

一部分依靠传统“德治”强化新时期“德治”，如培育和动员以新乡贤为主体的治理力量。例如，江西省鹰潭市余江区抓“宅改”促治理，引入新乡贤参加村民事务理事会，各村均建立了改革微信群，及时向在外工作人员、务工经商赤子、青年学子传达党和国家政策、改革动态、家乡变化。每年举办各类人才恳谈会，实地考察“宅改”试点先进村。另一部分依靠“力治”强化“德治”。山东省临沂市沂水县殡葬改革破除丧葬陋习，主导推行民风改革动员，作为一项自上而下的政治任务来抓。

（三）“自治”的主要做法

其主要做法有两种：一是缩小村级治理半径，二是动员多元主体参与村民自治。其中以第一类做法居多。

1. 综合村级治理半径

典型案例中的做法是将自治单元下沉到历史上的自然村落及以下，具体形式又分为两种：一种是完全下放，即设置党小组、村委会、理事会在村民小组一级，落实人员编制、经费保障等。例如，湖北省宜昌市秭归县“村落自治”、广东省佛山市南海区“织密三级党建网格”。另一种是补充性下放，即在村民小组一级开展村民议事会、党群圆桌会等活动。例如，福建省泉州市洛江区罗溪镇构建党建“同心圆”、湖北省黄石市大冶市“党建引领·活力村庄”等。自治下沉的主要原则有利益相关、地域相近、文化相连、群众自愿、便于自治。

2. 动员多元主体参与村民自治

参与村民自治，既可以是专业社工组织或其他专门化组织，也可以是以留守妇女、老人等为主体的非专业社会组织。例如，四川省成都市郫都区唐昌街道战旗村党建引领社会组织协同治理，引入专业社工，开展“促国学经典颂扬家风家训”和“老年人健康工程”两个社会工作项目，培育社区社会组织“舞蹈队”“妈妈服务队”等，开办农民夜校，举行“实训+网络”“课堂+现场”“集中+流动”等多种形式的教育活动。又如陕西省安康市汉阴县“三线”联系群众工作法。

（四）“三治”融合的创新做法

在浙江省宁波市象山县，以“村民说事”为依托，引导发动新乡贤等各类人才参与说事，强化“议事”的程序规范性、标准科学性、内容合法性，配合“一村一法律顾问”制度、“小微权力”规范化运行制度，并借助互联网搭建线上线下融合的民情综合信息平台，融“三治”建设于一体。

二、乡村治理典型案例取得的成效及优势

为加快推进乡村治理体系和治理能力现代化，党中央、国务院做出一系列重大决策部署。从推介的全国乡村治理典型案例看，乡村治理成效显著，县域治理呈现突出优势。

（一）成效显著

以党组织为核心的农村基层组织建设进一步加强，乡村治理内容逐步充实，乡村治理手段不断创新，乡村治理体系进一步完善，农村基本公共服务显著改善，农村社会保持和谐稳定，广大农民的获得感、幸福感、安全感不断增强。以下面三个案例为代表举例说明：

（1）“余村样板”走出了一条民主法治、生态文明与美丽乡村建设互促共进的新路。湖州市安吉县余村以建设“民主余村、法治余村、平安余村、幸福余村”为目标，通过夯实法治建设之“本”、善用法治思维之“道”、借助法律服务之“力”、弘扬法治文化之“魂”，构建了大事一起干、好坏大家判、事事有人管的“村事民议、村事民治”基层治理新模式，实现了产业变强、村庄变美、村民变富、村风变好、治理变精，为加强和创新社会治理提供了可供借鉴的经验和路径选择。

（2）“三清单”（权力清单、责任清单和页面清单）运行法把基层的小微权力监管纳入区域治理现代化的体系建设当中。宁波市鄞州区率先推行基层公权力“三清单”运行法，村社干部廉洁自律方面的初信初访与过去相比下降了31.2%。

（3）“以信用为抓手的积分管理”模式，对农民有激励作用，同时对一些不良行为有约束作用。目前有790个村居党组织、2.3万名党员干部、26.3万农村群众建立了信用档案，制定了具体的激励和约束办法。信用积分制乡村治理的模式在荣成取得了显著成效。社会矛盾纠纷减少了22.8%，农村不文明行为由10%下降到现在不足1%，农村志愿者服务队伍由两年前不足5 000人达到了现在的15.7万人。党委政府，包括村居推进工作，群众“一呼百应”。

（二）优势明显

新时期乡村治理创新以县域为单元的典型案例居多，优势明显。

（1）能充分发挥好自上而下、政策引导、制度保障的作用。例如，天津市宝坻区“深化基层民主协商制度”，区政府出台政策，自上而下将民主政治建设程序化、规范化、制度化，并将以上内容纳入对区乡干部的年终考核。河北省邯郸市肥乡区“红白喜事规范管理”，县、乡、村三级成立移风易俗工作领导小组，三级书记任组长，层层签订责任状、制定方案、推动落实，并出台《移风易俗节约操办红白事参照标准》。

（2）能充分统筹整合好县域各类资源，搭建互联网智慧治理平台。例如，河北省邯郸市肥乡区“红白喜事规范管理”，区政府将转变民风当作一项政治任务，整合县域资源开展宣传教育、提供公益服务，并出台优惠政策作为激励。湖北省宜昌市秭归县村落自治，自治权下放到村民小组一级，加强“幸福村落”建设，每年每村从县财政安排2万元专项建设资金，“一事一议”财政奖补资金六年共计投入10多亿元。广东省惠州市一村一法律顾问，整合全市法律服务资源，推出一村一法律顾问制度，加强法治建设。

（3）能强化党的领导，并有效统一坚持党的领导与落实基层民主。例如，上海市宝山区“社区通”智慧治理，为及时有效预警社区舆情、提供精确服务，全区创立了以党建为引领、移动互联网为载体、村居党组织为核心、城乡居民为主体的智能化治理系统。

（4）能很好地理顺县、乡、村的权责关系，继续转变政府职能，规范行政管理与村民自治的治理边界。例如，安徽省滁州市天长市通过“积分+清单”防治“小微腐败”。全市推行“清单+积分”制度，梳理出“三清单”，绘制流程图，出台《推行村干部积分制管理试点工作意见》。

（5）能有助于分类施策、各村试点、因地制宜、稳步推进。例如，北京市顺义区“村规民约”推进协同治理，将各村划为社区平安建设型、村域环境优化型、村风民风引导型、浅山生态涵养型、流动人口调控型、民生服务保障型六个类型，分类施策，避免一刀切。江西省鹰潭市余江区抓“宅改”促治理，作为全国宅基地改革示范区，按照“产权”与“治权”对等原则，将自治权下放到村民小组一级，成立村民事务理事会，结合各村特点，成立了三种不同类型的理事会。

三、乡村治理典型案例对创新县域乡村治理的启示

（一）打好基础，尊重群众首创精神

在乡村治理的实践中，无论是治理理念的选择，还是治理过程的掌控以及治理绩效的提升，最终都体现在治理主体的能力和水平上。依靠群众的力量，充分尊重群众的首创精神，突出了作为治理主体参与的自觉性和能动性。比如，在推行“垃圾不落地”模式上，有的村民建议将过去“垃圾定时定点”投放的做法改为上门直接收取，这既便利村民也能养成大家对垃圾分类的行动自觉。真正做到了自己的事自己做主、村里的事情村民决定。

（二）抓住关键，注重党建引领

一支作风扎实的干部队伍是和谐有序推进乡村治理的关键。“典型案例”中，注重党建引领，建立了党员民主议事清单，按照党员先讨论、党员先带头原则，组织党员在每月主题党日对重大党务、重大决策、重大财务等事项进行民主讨论商议，定期研究村庄生态环境建设、集体经济发展、村规民约、村风民俗等党员群众关注的重要问题，并形成会议纪要作为实施村内重大事项前置条件。同时，建立党员责任落实清单，全域设置党员责任区、责任岗，明确每名党员的工作职责。如定期开展“垃圾死角集中清”“水质监测随手拍”等活动，充分发挥党员干部在乡村治理中的率先垂范作用，助推了乡村治理工作顺利进行。

（三）把握根本，依规依法治理

浙江省宁波市鄞州区“三清单”运行法解决基层干部用权问题，产生非常好的效果。“三清单”一个流程，一个平台全网智管，一竿到底全员知晓，一套组合拳全面的监管。“四个一”将对基层干部用权范围、内容、监督、智管平台体系等统筹组合，让干部干得清清白白，让群众看得明明白白。

（四）强化保障，以服务人民为中心

乡村治理的最终目的是服务群众。重庆渝北区统景镇推行“民情茶室”工作法，江苏省南通市海门区创新实施“四民工作 1+1”工作法等案例能取得良好的效果，归根结底在于始终把人民放在第一位，以人民为中心。

(五)“三治”融合，坚持乡村治理方向

典型案例中的“余村样板”，走出了一条民主法治、生态文明与美丽乡村建设互促共进的新路。同时，余村在坚持“德治润心”、充分发挥榜样示范作用的德治实践上也取得了较好的治理效果。乡村治理需要采取以自治、法治、德治为基础与相统一的治理模式，其中自治为基础、法治为保障、德治为支撑。加强和创新社会治理，应进一步创新“三治”融合建设的有效载体，总结、提升和推广成功经验，促进基层“三治”融合建设的深度融合和稳定均衡的发展。

参考文献:

[1] 本书编写组. 党的十九大报告辅导读本 [M]. 北京：人民出版社，2017.

[2] 曹志立，孙德超. 乡村振兴战略下的乡村治理转型与完善 [J]. 商业研究，2018 (12)：11-19.

[3] 郑会霞. 构建乡村社会治理体系的意义、困境及对策 [J] 学习论坛，2018 (12)：87-92.

[4] 乐建华. “三治”融合提升治理水平 [J]. 科教文汇 (中旬刊)，2018 (1)：184-185.

[5] 胡洪彬. 乡镇社会治理中的“混合模式”：突破与局限：来自浙江桐乡的“三治合一”案例 [J]. 浙江社会科学，2017 (12)：64-72，157.

[6] 王晓莉. 新时期我国乡村治理机制创新：基于20个典型案例的比较分析 [J]. 科学社会主义，2019 (6)：123-129.

老旧小区改造中的城市基层治理实践与探索

——以重庆市北碚区为例

丁佳欣[①] 王 斌[②]

摘　要：老旧小区改造作为重大民生工程，对满足居民美好生活向往、推动城市更新和转型具有重要意义，是基层治理的关键环节。我国老旧小区改造的进程中，普遍面临社会参与不足、民主协商不够、改造成果难以延续等难题。重庆市北碚区通过建立党建引领的多方联动机制、政府统筹的资源整合机制、建管结合的成果维护机制，来优化社区治理效能、凝聚社会治理合力、提高服务水平，从而破解老旧小区改造中的基层治理难题。本文通过对重庆市北碚区的老旧小区改造实践进行分析，探讨我国老旧小区改造的可行模式，对于当前我国正在开展的老旧小区改造具有一定借鉴意义。

关键词：老旧小区改造；基层治理；党建引领；多元共治

2020 年 10 月，党的十九届五中全会通过的《中共中央关于制定国民经济和社会发展第十四个五年规划和二〇三五年远景目标的建议》明确提出，“实施城市更新行动，加强城镇老旧小区改造和社区建设。”城镇老旧小区改造作为城市有机更新的重要载体，是改善人居环境和提升城市品质的重要举措，是重大民生工程和发展工程。小区作为城市管理的最小单元，是市域治理的最终落脚点，也是社会治理的基础，故老旧小区改造更是一项社会治理工程。本文以重庆市北碚区为例，对老旧小区改造过程中的基层治理实践进行探索。

一、老旧小区改造面临的治理困境与难题

《中共中央关于制定国民经济和社会发展第十四个五年规划和二〇三五年远景目标的建议》明确提出，“加强和创新社会治理，完善社会治理体系，建设人人有责、人人尽责、人人享有的社会治理共同体。”基层治理作为社会治理的基础，有着主体多元、民主协商、资源广泛、结果持续等特点及要求，但是在实际的老旧小区改造过程中存在治理主体单一、民主协商不够、结果难以持续等治理难题。

（一）治理主体单一，社会参与不足

基层治理强调主体的多元性，基层治理不是“独角戏”而是“大合唱”，需要

---

① 丁佳欣，西南大学硕士研究生。

② 王斌，西南大学国家治理学院教授、博士生导师。

“党委领导、政府负责、社会协同、公众参与”。但在实际的老旧小区改造过程中，常常陷入传统政府主导的行政管理模式中，政府仍习惯用自上而下的命令、指挥、控制等行政手段主导小区改造工作。而居民作为老旧小区改造的受益者，却由于年龄普遍较高，参与意识、协商意识、公共意识还跟不上社会现代化的步伐，没有主动参与社区事务的习惯，反而在涉及自身利益的社区公共事务上参与度不高。

（二）民主协商不够，各方利益难以平衡

基层治理的过程突出民主协商，倡导沟通、对话、合作，需要各利益相关者进行协商，达成共识。但在实际的老旧小区改造过程中，纵向上，以效率为导向的自上而下的沟通方式较多，以居民诉求为导向的自下而上的反馈沟通较少；横向上，小区居民之间有着错综复杂的利益关系和不同的利益诉求，在涉及公共基础设施建设和公共活动空间改造等事务上，由于没有业主委员会和物业管理企业，老旧小区往往缺少自身的沟通协商平台，各方利益诉求难以表达，利益难以平衡。

（三）社会资源投入较少

基层治理需要整合各种资源，基层治理所需的资源不能单纯依靠政府资源投入，还需要发挥政府财政投入的辐射作用，带动和吸引市场与社会资源的投入。但在实际的老旧小区改造过程中，一方面，老旧小区周边经济活力较低，业态单一，吸引社会资本参与投资改造较为困难；另一方面，居民对改造项目资金投入的自愿性较低，普遍存在“搭便车”等集体行为困境，导致市场和社会资源投入较少。

（四）重建设轻管理，改造成果难以延续

基层治理尤其是涉及基层的项目建设，必须遵循系统思维，统筹规划、建设、管理的全过程。但在实际的老旧小区改造过程中，存在重视前期规划、改造、建设，而轻视后期管理的问题，大部分老旧小区没有业委会和物业管理企业，缺少有效的长效管理机制，导致极易出现“建设改造—破旧损坏—再建设改造”的恶性循环，改造成果难以巩固和延续。

二、北碚区老旧小区改造中的治理实践与创新

北碚区委、区政府积极落实重庆市委、市政府“重庆市城市提升行动计划”，在市住房和城乡建设委员会指导下，北碚区住房和城乡建设委员会积极推进老旧小区改造和社区服务提升工作。当前，北碚区的老旧小区改造重点项目，文星湾片区的老旧小区改造项目，规模巨大，涉及建筑 81 栋，建筑面积约 13.87 万平方米，针对改造中面临的社会参与意识、建设成果不易延续等治理难题，北碚区以“共建、共治、共享”的社会治理格局为目标，组织引导街道、社区结合自身实际情况，积极探索破解老旧小区治理难题的方法和路径。

（一）北碚区破解老旧小区改造治理难题的具体实践

1. 建立党建引领的多方联动机制

重庆市北碚区街道党工委牵头，涉及改造片区的社区党委和党支部联合网格长、楼栋长、社区志愿者、居民代表等社区党员骨干进行广泛宣传动员，通过在各楼栋建立微信群、入户调查、楼栋会、院坝会等形式进行走访调研，汇集民意，化

解改造分歧和争端。涉及改造片区的社区党委以网格化党建为统领，发挥网格长和楼栋管家的作用按照“支部应管尽管、组织应建尽建”的要求，引导居民成立“社区自治管理服务委员会”，下设议事部、物业部、财务部等 7 个部门，实行“问需提案—协商立项—共同办理—意见反馈”工作模式；还联合“自管会”引导楼栋党员成立业主委员会或居民小组，通过业主大会引进物业服务企业实施专业管理或组建社区“物业服务中心”。最终形成党组织领导下的自管会、业委会、物业服务中心等的多方联动机制。

2. 建立政府统筹的资源整合机制

北碚区在老旧小区改造过程中建立政府统筹引导的多元化资源整合机制，采取“居民分担、企业投资、财政奖补”等方式拓宽筹集资金的渠道，引导企业和社会资源投入小区改造。建立居民合理分担机制，发动居民采取据实分摊、让渡公共收益、使用物业专项维修资金等方式自筹资金，允许居民提取住房公积金用于所在老旧小区改造及同步户内装修。鼓励社会资本参与改造运营，明确“谁投资、谁运营、谁受益”原则，通过公开招商、择优选择企业以市场化方式参与改造，并落实相关的税费减免政策。天生街道联合尚能商管在天生丽街引入新零售业态、朝阳街道依托朝阳文创大道吸引重庆壹贰陆文创公司进入，撬动社会投资 2 000 余万元；落实财政奖补政策，鼓励居民出资增设电梯，给予最高 10 万元/台补助，以奖代补的形式向物业中心补贴部分经费。

3. 建立建管结合的成果维护机制

北碚区在老旧小区改造过程中，将基础设施建设和公共活动空间改造升级，与小区管理、城市管理紧密结合，推动管理与硬件设施同步升级，更加有效地维护小区改造的成果，确保“一次改造，长期保持”。社区对已完成改造的老旧小区，实行引进专业物业服务公司、居民自治、社区物业服务中心管理等模式进行分类管理，建立小区长效管理机制。北碚区在“马路办公”“五长制”的基础上创新实施“双长制”，由街道社区与区城管局干部同时担任街长、路长，协同联动及时处理城市管理问题，通过“双街长、双路长”对接责任片区下辖的巷长、楼长和店长，将区级部门、街道、社区和社会力量有效整合，形成了“2+N”的合力；依托“智慧城管监督平台”，实现智能响应、精准处置。同时，在社区创新打造综治·网格化服务管理“双中心”，将综合治理和网格化管理融合在一起，区内所有社区全部建成双中心，而且按照一个平台、一个窗口五大功能来进行配制，并按照每 300 户或 500 户来建立一个网格，配备网格管理员，实现区内全覆盖。

（二）北碚区老旧小区改造中的治理经验

1. 党建引领，优化社区治理效能

中国共产党代表最广大人民的根本利益，以全心全意为人民服务为根本宗旨，与老旧小区改造提升工作中以居民为中心、居民需求为导向的主旨严密契合。增强基层党建力量，充分发挥基层党组织的领导核心作用，引导和动员多元主体参与到社区治理中，是优化基层社区治理效能的根本前提和保证。北碚区在老旧小区改造中坚持党建引领，将基层党建工作贯穿老旧小区改造规划、建设和管理的全过程，发挥基层党组织和党员服务群众、凝聚人心的作用，深入群众汇集民意，带动群众主动参与，构建了党组织领导下的自管会、业委会、物业服务中心等的多方联动机制，将党的领导优势转化为治理效能，提高了小区改造效率。

2. 共建共治，形成社会治理合力

基层治理是基层各利益相关者为实现同一目标、解决同一问题，进行沟通对话、广泛协商、形成共识、通力合作，共同解决问题的过程。在党委领导、政府履职的基础上，充分调动多元主体和多方力量积极参与社会治理，广泛动员，引导居民积极参与，整合基层社会各方面的资源和力量，形成基层治理合力，是基层社会治理机制的优化路径。北碚区在老旧小区改造过程中着力构建“共谋、共建、共管、共评、共享”的治理格局，在党建引领下，实现政府同企业、社会组织、居民的良性互动，变“独角戏”为“大合唱”，变政府要“改”为群众要“改”。搭建沟通议事平台，在各环节问需问计于民，实现共同协商、民主决策；建立政府统筹引导的多元化融资机制，畅通多渠道筹集资金，完善成果共享机制，鼓励社会资源投入，实现共同建设、成果共享。

3. 建管并举，提高管理服务水平

提高治理现代化水平，必须统筹规划、建设、管理和生产、生活、生态等方面。北碚区在开展老旧小区改造工作过程中，严格遵循系统思维，从整体出发，统筹安排小区改造工作规划、设计、建设、管理的全过程。坚持建设与管理齐抓，将小区的综合改造和管理提升相融合。建立分级负责、权责明确、责任落实、运转协调、监管到位的老旧小区服务管理体系，优化小区管理；创新实施“双长制”，在社区创新打造综治·网格服务管理“双中心”，优化城市管理。

三、破解老旧小区改造治理难题的对策

随着我国老旧小区改造进程的不断加速，面临改造中普遍存在的社会参与不足、民主协商不够、资源难以整合、成果难以延续等治理难题，应秉承人民主体地位的理念，坚持党建引领多元共治，凝聚社会合力，形成决策共谋、发展共建、建设共管、效果共评、成果共享的基层社区治理新格局。

（一）坚持党建引领

在老旧小区社区改造的治理过程中要坚持党建引领，发挥基层党组织的引领作用，扩大基层党组织的有效覆盖范围。深化“党建+社会治理”有效途径和载体，调整优化基层党组织设置，按照“组织应建尽建、党员应管尽管”的要求，因地制宜建立小区党支部、单位联合党委、产业党支部或党群服务中心，并牵头建立自管会、业委会等，进一步夯实基层党组织服务社会治理的组织基础。推动社区党委联系社区各党支部，将党员嵌入治理工作中，充分发挥基层党组织和党员服务群众、凝聚人心的作用，深入群众，了解居民的需求，汇集民意，发挥党员的先锋模范作用，宣传引导居民积极参与小区改造，不断拉近基层党组织和居民之间的距离，增强居民对党组织和党员工作能力的认可，进一步夯实党的执政根基。

（二）坚持多元共治

党的十九届五中全会指出，“建设人人有责、人人尽责、人人享有的社会治理

共同体。”在治理过程中，要坚持多方参与，构建党委领导、政府负责、社会协同、公众参与的社会治理体系，形成“共谋、共建、共管、共评、共享”的治理格局，将多元主体、多方力量、各种资源有效整合起来融入社会治理当中。在党建引领下，“实现政府治理同社会调节、居民自治良性互动”，吸纳企业、社会组织、志愿者、专家、居民等多方力量，以共同利益和共同目标为纽带，凝聚基层社会治理合力。

（三）坚持人民主体地位

在老旧小区社区改造的治理过程中，始终坚持人民主体地位，以人民群众利益为重、人民群众发展为本，把维护群众利益作为开展老旧小区改造工作和社会治理工作的出发点和落脚点，重点解决居民生活中的痛点、难点和堵点问题。在小区改造过程中，问情于民、问需于民、问计于民、问绩于民，切实保障人民群众的知情权、参与权、监督权，唤醒居民的主人翁意识，发挥居民的主体作用，调动居民的积极性、主动性和创造性，引导居民参与规划、设计、改造建设和监督管理的全过程，切实做到汇集民意、集中民智。

参考文献：

[1] 孙辉. 当前基层治理中存在的问题及其因应之道 [J]. 党政论坛，2020（4）：27-30.

[2] 邢华，黄祖良. 老旧小区改造如何“以人为本”：北京劲松北社区改造中的党建引领与社会资本重塑 [J]. 上海城市管理，2021，30（5）：23-28.

[3] 王彩艳. 肖亚平. 北碚“智慧监督+双长制”走出大城众管新路子 [N]. 重庆日报，2021-06-16（002）.

[4] 方董平. 坚持党建引领多元共治，推进基层社会治理现代化 [N]. 南宁日报，2020-07-07（010）.

[5] 蓝蔚青. 在城市有机更新中完善基层治理 [J]. 观察与思考，2020（10）：59-66.

党建助推基层治理能力提升

——以重庆市九龙坡区为例

李婧妍[①] 王 斌[②]

摘 要：党的基层组织作为党在基层全部工作的战斗堡垒，在整合和配置基层社会资源中起着有效的引领作用，能够为基层社会治理构建良好的社会秩序，增强基层社会的创新能力。重庆市九龙坡区在推进基层体系和治理能力现代化过程中摸索出一条“党建引领、群众自治、社会参与、服务民生”的基层治理新路径。本文主要以重庆市九龙坡区为样板来探讨基层党建与基层治理能力的提升。

关键词：党建；多元参与；基层治理

基层治理是国家治理的基石。党的基层组织作为党在基层全部工作的战斗堡垒，在整合和配置基层社会资源中起着有效的引领作用，能够为基层社会治理构建良好的社会秩序，增强基层社会的创新能力。重庆市九龙坡区在推进基层体系和治理能力现代化过程中摸索出一条“党建引领、群众自治、社会参与、服务民生”的基层治理新路径。本文主要以重庆市九龙坡区为样板来探讨基层党建与基层治理能力的提升。

一、党建和基层治理的逻辑机理

随着社会的发展以及改革的纵深推进，基层社会治理面临空心化、功利化和碎片化等危机。党的基层组织作为党在基层全部工作的战斗堡垒，在基层社会资源的有效利用、优化提升、合理配置方面起着有效的引领作用，能够为基层社会构建起良好的社会秩序，激发基层社会的创新能力。

（一）基层党建与基层治理的逻辑关系

党建引领是社会治理的根本保障。党建引领就是要统一思想认识，让基层党组织成为凝心聚力的“主心骨”。让党员干部成为促推基层治理的“领头羊”、让各界力量成为参与基层治理的“生力军”，夯实党在基层的群众基础，推动基层各项事业顺利发展。高质量党建引领高质量基层治理。加强基层党建能够引领基层治理机制更加完善，基层政权更加有力，基层公共服务精准高效，基层群众自治充满活

---

① 李婧妍，西南大学硕士研究生。
② 王斌，西南大学国家治理学院教授、博士生导师。

力，全面提升基层治理体系和治理能力现代化水平；反之，基层治理能力现代化水平提升能够夯实党的执政根基，促进基层党组织政治引导力和组织力的提升。

（二）基层党建推动治理的运行机制

基层治理体系中各主体的职责定位可以概括为党委领导、政府履责、社会组织协同、群众参与。党建引领发挥了推动服务型政府纵深化发展的重要作用，在党组织的引领下，基层政府全方面提升行政执行能力、为民服务能力、议事协商能力、应急管理能力、平安建设能力。社会组织在党组织的引导下有秩序地运作积极承担基层政府部分职能，提高公共服务和公共产品供给的效率；群众作为基层治理的主体，在党组织的引领下积极参与基层治理，共享治理成果。

（三）基层党建提升治理能力的路径

提升基层治理能力，要从加强党的组织建设、人才建设和体制机制建设三方面推进。一是要加强基层组织建设，以提升基层党组织的组织力为重点，优化党的机构部门，厘清职责。二是要积极培育党的优秀后备干部，打造一支对党忠诚、为民服务、素质超强的基层干部队伍。三是要构建党委领导、党政统筹、简约高效的乡镇管理体制，要深化基层机构改革，统筹党政机构设置、职能配置和编制资源，提高基层党组织的战斗力；完善协商机制，明确民主议事协商主体、程序和范围，构建民主协商体系，切实解决治理重、难点问题；设立监督机制，畅通监督渠道，使公众能够及时高效表达利益诉求、监督举报违规行为，实现有序治理，提高基层共治水平。

二、重庆市九龙坡区提升基层治理能力的主要举措

在九龙坡区党委的指导下，九龙坡区农村地区通过重新梳理乡镇政府以及基层党组织在基层治理中的职责定位，强调基层社会其他治理力量尤其是基层群众在基层社会治理中的积极作用和责任，构建“人人有责、人人尽责、人人享有”的社会治理共同体，形成了“一元引领，多元参与”的治理新格局，提升了基层治理的效能。

（一）优化基层党组织结构，提升党员干部素质

基层治理，人才为先。在人才引入方面，九龙坡区引入 91 名本土大学生回乡，其中有 66 名大学生已进入村“两委”班子，其余都充实到了后备队伍中。现九龙坡区基层党组织大专以上学历的基层干部占比为 96.8%，村支书队伍平均年龄为 42.2 岁，实现了基层干部队伍的年轻化、专业化。在干部培训方面，开设“头雁”讲坛等多种培训活动，帮助村干部尤其是村里的年轻党员干部提高履职能力，现已经分级、分批、分期培训 290 名村干部，全面提升了村干部的综合素质和能力。

（二）实行职权职能“清单制”，激发基层治理活力

九龙坡区的村“两委”班子在工作上实行“清单制”的工作方法；根据现有的村级事务，整理出村（社区）证明事项保留清单、取消清单、基层群众性自治组织依法自治事项清单和依法协助政府工作事项清单（以下简称“四项清单”）。“四项清单”从源头上厘清了街镇和基层群众性自治组织权责边界，进一步推动了

基层政府权力的下放，提高了公共服务提供的精细化程度。目前，九龙坡区的“三社联动”已升级为“五社联动”，全区有注册志愿者25.8万余名，孵化培育包括环境保护、社区服务、文化娱乐等在内的社区社会组织队伍20支，有力引导村民通过社区社会组织的方式参与到促进邻里关怀、关爱留守儿童、情系空巢老人等志愿服务中，营造出“我为人人，人人为我”的良好公益氛围。

（三）激发“内生动力”，引入“外生动力”

九龙坡区在试点农村社区开展社会工作服务项目，鼓励村民成立社区社会组织，激发农村社区治理“内生动力”。九龙坡区专门成立了调节群众矛盾的老杨工作室，总结凝练“老杨群工”的工作方法，全区现建立起1个区级“老杨群工中心”、13个镇级“老杨群工站”、156个村级“老杨群工室”、3 000多个网格的“老杨群工点”。“老杨群工”已延伸到基层的每个“神经末梢”，九龙坡区逐步构建起了镇、村、组三位一体、线上与线下相结合的全方位服务网络，成立了有千余名志愿者参与的农村社区群众自治队伍。在“外生动力”引入方面，九龙坡区以项目为支撑，鼓励社会资本和社会力量参与农村社区治理。完善项目管理政策，深化涉农项目“放管服”改革，鼓励有条件的工商企业向种养大户、农业合作社、家庭农场输入资金、技术和现代化经营管理模式。实现了村集体、村民零风险，营业额提成收益有保障。

三、九龙坡区提升基层治理能力的经验总结

（一）提升基层党组织组织力

干部队伍建设是党建工作的基础，组建一支高素质的党建人才队伍是我们党能够始终保持强大的创造力、凝聚力和战斗力的重要原因。党组织要加强党组织的内部建设，一方面，以人才为抓手，党组织积极发挥优秀党员干部的先锋模范作用；党组织推荐的优秀人才要作为基层政府主要负责人，以此来提高基层党组织的战斗力；另一方面，要提升党组织的组织力和政治引导力，重大事项由党组织按照程序讨论决定，引导社会组织协同参与，群众积极参与基层治理中。

（二）党建引领构建基层系统联动机制

坚持党建带群建，一方面，要积极培育扶持基层公益性、服务型和互助性的社会组织，引导社会各组织积极承担部分公共服务职能，激发基层治理的内生动力和外生动力，进一步提高公共服务和产品提供的效率；另一方面，要搭建区域化党建平台，整合社会组织资源，构建基层治理网络，引导更多的社会组织参与基层治理，在创新社会治理实践中不断凝聚党建与治理共识，形成基层社会治理的强大合力，提高社会治理的民主化、科学化、整体性、开放性和预见性水平。

（三）党建引领群众参与基层治理

基层治理能力的提升，要发挥人民群众自身的力量。一方面，党组织要加强对群众的思想引领，让群众自觉、自愿参与到基层治理中，鼓励群众成立社区社会组织，学会自己做真正意义上的“当家人”；另一方面，党组织负责人要做好党在基层的“形象代言人”，坚定政治方向，增强“四个意识”、坚定“四个自信”、做

到“两个维护”。党员干部要深入一线调研和学习，全方面掌握基层治理动态，切实做好服务群众工作，推动小区党建和小区治理融合发展，不断激发基层治理动力，形成共建、共治、共享的社会治理新格局。

参考文献：

[1] 赖雄麟，梁东亮.“党建+”模式全面提升基层治理水平［J］. 人民论坛，2021（26）：93-95.

[2] 闫燕. 加强基层党建引领基层治理的对策研究［J］. 决策探索（下），2021（2）：21-22.

乡村治理中基层党组织治理效能提升的路径研究

——以重庆市北碚区静观镇为例

李梦娟[①]　王　斌[②]

摘　要：基层党组织在乡村治理中处于核心地位，坚持以乡村治理实践为抓手，完善党组织自身建设，有利于提高基层党组织的组织力，发挥基层党组织的政治优势，最终实现治理效能的提升。完善党全面领导基层治理制度是提升治理效能的有效途径，可以从领导机制、能动机制和保障机制三个方面来完善基层党组织的治理体系，发挥基层党组织在乡村治理中的带动作用，进而推动乡村治理现代化。因此，在推进乡村治理进程中，要牢牢抓住基层党组织建设这条主线，提高基层党组织的战斗力和执行力，发挥优秀党员的示范作用，构建一个治理有效的基层战斗堡垒。

关键词：乡村治理；基层党组织；治理效能

在新时代乡村振兴背景下，提升基层党组织的治理效能是以从严治党为现实需求，也是推动基层党组织由传统管理向现代化治理转变并最终实现基层党组织治理效能提升的必经之路。为深入贯彻“十四五”规划中创新基层治理的精神，重庆市北碚区静观镇在完成脱贫任务后积极推进乡村振兴工作，在乡村治理中发挥基层党组织的引领作用。本文主要以北碚区静观镇为例，立足于乡村治理实践，通过分析北碚区静观镇的实践经验来探索如何在乡村治理中实现基层党组织治理效能的提升。

一、乡村治理中基层党组织的治理效能

（一）完善基层党组织的自身建设，保证基层治理效能的提升

1. 强化政治引领，发挥基层党组织的政治功能

基层党建重点在“建”，基层党组织只有保持健康肌体，才能更好发挥基层党组织乡村治理中的引领和带动作用，确保乡村治理的公平性与科学性，为实现乡村振兴提供动力支持。基层党组织在乡村治理中，要充分发挥党员的先锋模范作用和党组织的带动作用，通过基层党建的政治属性来激发乡村治理的主体性和公共性，

---

① 李梦娟，西南大学硕士研究生。

② 王斌，西南大学国家治理学院教授、博士生导师。

在党的政治引领下实现乡村治理现代化。同时，基层党组织也要严格要求党员，规范工作程序，加强思想教育，提高党员的政治觉悟，让党员在乡村社会实践中提升自己的政治决断力和政治执行力，真正将党建落到实处。

2. 加强组织建设，提升基层党组织的组织力

党的全面领导需要以完备的组织体系为支撑，发挥党组织在乡村社会中的示范作用，最终构建一个知民情、解民意的坚强战斗堡垒。组织力是党组织的重要属性，提高组织力要以解决人民群众所关注的问题为抓手，将基层党组织体系与乡村治理体系相结合。同时，高素质的领导队伍是基层党组织的组织力得以提高的重要保障，组建一支高标准的人才队伍就要实现人才资源的合理流动，以乡村治理实践为平台、群众诉求和问题解决为考评标准，发掘优秀治理人才，培养党员干部的实干品质，为乡村治理输送全面型人才。

（二）完善党的全面领导基层治理制度，实现乡村治理现代化

1. 构建基层党组织治理的领导机制，完善顶层设计

在基层党建的过程中，坚持党组织的全面领导是稳步推进乡村振兴的根本保证，组织建设和政治引领是党建引领的双翼，基层党组织要在乡村治理的实践中将政治优势转化为现实动力，以解决群众所关心的问题为出发点，建立一个深入人民群众内部的高效组织。一方面，加强党组织在政治方向的引领就要坚决贯彻党的主张，确保乡村治理的正确方向，保证领导的科学性和有效性；另一方面，加强党的组织内部建设，规范组织管理程序，创新治理模式，探索基层党组织与村委会之间的合作模式，实现乡村治理模式的创新。

2. 完善基层党组织治理的能动机制，优化资源配置

党的全面领导是实现乡村治理现代化的核心和关键。在乡村治理进程中，党组织处于领导核心地位，政府组织处于主导地位，村民是乡村治理的主、客体，因此要在乡村治理中实现党组织和政府组织的融合发展，就要构建党委领导、政府负责、村民参与的治理机制，发挥出治理的有效性，实现资源的优化配置。基层党组织要积极引导广大村民参与到治理实践中来，协调基层党组织和政府组织的关系，实现党政联盟；同时，也要处理好政府和村民的关系，建立完备的民意传达机制，鼓励村民自治，推进乡村振兴。

3. 构建基层党组织治理的保障机制，保证治理有效

加强法治建设和德治教化的结合是基层治理的前提和基础，也是提升基层党组织治理效能的重要保障。一方面，健全的法制体系是基层党组织治理的依据，是保障治理合法性、科学性的前提，是保证民众参与治理的“定心丸”；另一方面，良好的德治氛围是提高村民自治能力，增强乡村社会自我调节能力的重要约束。因此，基层党组织要以宣传道德文化为手段，致力于在乡村形成互相约束、借鉴学习的良好氛围。

二、北碚区静观镇基层党建引领乡村治理现代化的实践经验

（一）北碚区静观镇乡村治理中基层党组织的治理实践

1. 创新治理模式，完善领导机制

在具体实践中，北碚区静观镇党委与政府创新“网格+治理”模式，坚持村党组织对村级各类组织和各项工作的全面领导，建立农村党员定期培训制度，提高基层党组织的凝聚力，激发了乡村治理活力，积极健全网格化管理，抓实矛盾纠纷联排联调联处，排查矛盾纠纷 83 件，解决 78 件，化解率达 93. 98%。

2. 加强党政互动，构建动力机制

在具体实践中，北碚区静观镇党委以新时代自治、德治和法治相结合的乡村治理模式为基础，积极探索出一条符合自身实际的“1+1+4”党建工作法，将优秀的党员培养成乡村治理的冲锋者，将乡村治理的贡献者作为党组织的后备干部，为乡村振兴提供源源不断的动力。

3. 强化道德约束，构建保障机制

在具体实践中，北碚区静观镇党委和政府以“静观三色”文化为主线，将传承红色基因、践行绿色发展理念和深挖特色优势资源相结合，加强党员宣传教育，营造良好的文化氛围，加强道德约束，通过加强物质文明和精神文明建设推进乡村治理。

（二）北碚区静观镇乡村治理中基层党组织提升治理效能的优秀经验

1. 聚焦党建提升治理效能

北碚区静观镇党委以党员先锋模范平台为依托，持续提升治理效能，实现在党建引领下提升乡村治理效能。党建引领是乡村治理的指路标和奠基石，以往的乡村治理通常将重点放在治理的实践问题中，以现实问题为触发点，激发乡村治理活力。但是，这种被动式的治理模式缺乏常态化和科学性，难以适应当前时代的进步和发展。坚持党的全面领导，聚焦党组织自身建设，立足于乡村治理实践，以乡村社会的现实问题为抓手，可以突出党建重点，提升党组织的治理效能，推进乡村治理现代化。

2. 立足实践创新组织建设

北碚区静观镇党委创新党建工作模式，强化村党组织在基层的执政地位，实现村党组织对村级各类组织和各项工作的全面领导，实行村级重大事项“四议两公开”。提高基层党组织的组织力是建设成为服务人民、聚焦民生、推动发展坚强战斗堡垒的重要步骤，基层党组织是基层党员参与治理的载体和平台，进行组织建设是党组织的必修课。如何学好这门课，就要理论联系实践，坚持全心全意为人民服务，以当地的治理实践为着力点，积极推动党政联盟，加强基层党组织的组织建设。

三、乡村治理中提升基层党组织治理效能的优化路径

（一）激发内在动力，构建共治共享的乡村治理体系

群众参与积极性是提升基层党组织治理效能并实现乡村治理有效性的前提。一是基层党组织要充分发挥引领带动作用，以思想教育、文化宣传为手段，坚持群众路线，吸引群众积极参与到治理实践中来，将实现人民日益增长的美好生活需要作为治理的出发点，在实践中提升党组织自身的治理效能。二是在推进乡村治理现代化的过程中，要坚持系统化思维，改变传统的乡村治理模式，坚持合作治理，鼓励村民自治，处理好政府、社会和村民之间的关系，发挥党组织的领导协调作用，促进多元利益主体的良性互动，真正实现自治、德治、法治的有机结合。

（二）完善人才机制，加强领导干部队伍建设

一是要开展教育活动，加强对党员同志的培训教育，通过干部和人才队伍建设，健全专业化党员干部的培养机制，实现领导干部队伍的系统化，提高党组织的组织力；二是要积极构建党政联盟共同体，坚持以党组织领导为核心，基层政府组织积极配合，将党的政治优势转化为治理效能，从乡村治理实践中汲取先进经验。

（三）提高技术水平，坚持技术赋能推进智慧党建

在信息化时代，要坚持利用现代技术推进治理共同体建设，实现基层党组织治理现代化。一是在基层党组织的治理中要持续推进技术赋能，加强组织建设，利用互联网、大数据的技术优势，逐步建立形成“网格 + 智慧”的党建机制。为基层党建提供技术支持和保障，为乡村治理体系的创新提供新机会。二是要完善管理规范，构建系统化、标准化的制度体系，制定大数据共享清单，让信息技术可以覆盖到乡村社会中，最终推进智慧党建建设并实现乡村治理现代化。

参考文献：

[1] 章荣君. 新时代基层党建带动乡村治理效能提升研究［J］. 湖湘论坛，2021，34（4）：48-57.

[2] 唐建明. 以基层党建引领新时代乡村振兴：逻辑理路与实践进路：基于湘西十八洞村等脱贫与振兴经验的调查［J］. 湖南师范大学社会科学学报，2021，50（4）：31-40.

全面推进乡村振兴战略下重庆市乡镇政府数字治理困境与破解路径研究[①]

田文君[②] 申丽娟[③]

摘　要：实现乡镇数字政府治理现代化，是推动实现乡村振兴战略的生动实践与过程。乡镇数字政府建设为乡镇政府、企业、社会公众实施乡村振兴提供了方向、搭建了桥梁、拓宽了渠道。乡镇数字治理是重庆市全面推进乡村振兴战略下城乡融合发展的一个重要突破口，利用数字技术推动乡村振兴，对构建乡镇政府治理体系和推进治理能力现代化有支撑性作用。本文从 TOE 理论框架视角出发，基于技术—组织—环境的理论框架来探讨重庆市乡镇政府数字治理面临的实践困境。对此，本文对全面推进乡村振兴战略下重庆市乡镇数字政府的发展解构了技术支撑路径、组织适应路径、环境保障路径。

关键词：数字治理；乡镇政府；乡村振兴

一、引言

全面推进乡村振兴是党的十九届五中全会《中共中央关于制定国民经济和社会发展第十四个五年规划和二〇三五年远景目标的建议》、2021 年中央一号文件做出的总体部署。2021 年，《中华人民共和国国民经济和社会发展第十四个五年规划和 2035 年远景目标纲要》指出，“激活数据要素潜能，推进网络强国建设，加快建设数字政府，以数字转型整体治理方式变革。”2021 年 2 月 10 日，重庆市人民政府印发的《重庆市国民经济和社会发展第十四个五年规划和二〇三五年远景目标纲要》指出，“加强乡镇组织、基础工作、基本能力建设，推动社会治理重心向乡镇下移”。同时，重庆市 2021 年《政府工作报告》对“提高数字政府建设水平”“健全城乡融合发展体制机制”进行了战略部署。

“上面千条线，下面一根针”即上级政府各种政策，最终都要通过乡镇政府贴近群众来表达执行。乡镇政府在乡村振兴战略实施的过程中作为主导力量，发挥着

① 基金项目：重庆市社会科学规划青年项目“后疫情时期重庆市域社会治理共同体建设研究”（项目编号：2020QNGL35）；基本科研业务费专项资金项目重点项目“全面推进乡村振兴战略下西部县级政府数字治理韧性构建研究”（项目编号：SWU2109204）。

② 申丽娟，西南大学国家治理学院副教授、硕士生导师。

③ 田文君，西南大学硕士研究生。

举足轻重的作用。在数字化时代背景下，乡镇政府信息管理、技术创新、服务效率等面临更多的新机遇与新挑战。用乡镇政府这一根针在全面推进乡村振兴战略下对数字治理现代化建设穿针引线。

乡镇数字政府治理以乡镇政府为主体，依托互联网、大数据平台、信息管理技术与社会企业、公众互动充分，来提高政府宏观调控、市场监管、社会治理、生态保护治理能力，全方位提高公共组织的效率与服务水平。实现乡镇数字政府治理现代化，以技术赋能和技术赋权推动数字经济和实体经济深度融合，传统产业要顺应数字化时代转型与数字产业互促共进。乡镇数字政府建设为乡镇政府、企业、社会公众实施乡村振兴提供了方向、搭建了桥梁、拓宽了渠道。

二、实践困境：乡镇政府“技术”—“组织”—“环境”

目前，我国电子政务、信息公开、数字政府等相关研究领域广泛地采用Tornatizky和Fleischer提出的TOE框架。基于TOE下的技术—组织—环境的理论框架来探讨重庆市乡镇政府存在的数字治理困境。

（一）乡镇政府技术困境：数字信息处理困难

“难”处理数据，技术落后。重庆市乡镇政府在海量数据中搜集整合、分析提取、处理发布、决策执行。乡镇政府在数字化平台基础建设上面薄弱，信息化水平与上级政府存在很大差异。如乡镇政府数据平台服务建设难，数据信息搜集统计分散化、分析处理表层化、信息发布零碎化，有些还需要提交纸质材料，无法发挥电子政务服务高效智能的作用。乡镇政府数据失真、数据安全与数据垃圾问题明显。普遍村民群众对数字政府治理中数据搜集和信息公开存在一些隐私与安全的顾虑，一定程度上影响了群众对乡镇网上办事的接受度和使用率。

（二）乡镇政府组织困境：部门联动协作缺乏

“联”不到位，各自为战。重庆市在2018年创新推出“渝快办”即全市一体化在线政府平台。该在线政务涵盖多达20个民生服务领域。重庆市的企业与居民在行政审批、交通、民生、社保、医疗、教育等方面即可享受网上办理。重庆市政府办公厅通报了2021年第一季度全市政府网站和政府系统政务新媒体检查情况，一共检查88个政府网站、1 502个政府系统政务新媒体，检查比例为100%，总体合格率分别为96.6%、98.9%。各个区县也有自己一套系统，但存在基层政府尤其是乡镇政府数字平台办理各自为战，没有形成统一办事准则与流程的问题。乡镇工作事务烦琐细小，跨部门、跨层级、跨行业的政务数据共享存在较大困难，这些使得乡镇数字政府逐渐成为“信息孤岛”。部门之间合作协同联动机制缺乏，部门工作职责不清，存在推诿扯皮现象。群众需要花费大量时间与精力在各个部门之间办事。政务共享的服务数据资源缺乏统一治理，数据呈现出零散化、无效性、重复性的特征。乡镇企业与群众在办理事项无从下手、过程重复，多个部门之间来回跑，无法让乡镇企业与群众实现“最多跑一次”的目标。

（三）乡镇政府环境困境：数字平台资源匮乏

“缺”平台基础，资源匮乏。重庆市是中国中西部地区唯一的直辖市。2021 年《重庆市统计年鉴》显示，重庆市地域面积 8.24 万平方千米，常住人口 3 208.93 万人，辖 29 区、8 个县、4 个自治县；204 个街道、611 个镇、193 个乡。重庆地貌以丘陵、山地为主，别名“山城”。“渝快办”是一体化、智能化、数字化政务工作平台。截至 2021 年 10 月，“渝快办”在重庆市市级部门和区县试用、测试单位 236 家，其中市级部门 16 个（单位 27 家），区县 8 个（单位 207 家），企事业单位 2 个，注册用户 19 040 人。重庆市的“渝快办”数字政务服务平台是推动政府职能转变、建设数字政府的重要举措，但是城乡经济发展不平衡，基础设施薄弱匮乏，乡镇政务服务信息平台、“一窗口式办理”服务平台少，无法实现全覆盖的乡镇数字政府建设。

三、路径解构：重庆市乡镇政府数字治理困境的破解

（一）技术革新与平台整合，激发乡镇治理新活力

技术革新与平台整合，为全面推进乡村振兴战略下乡镇政府数字治理构建技术支撑路径。加强重庆市乡镇政府平台搭建和移动端建设，推动重庆市乡镇政府数字治理特色发展，有针对性地推进乡镇村民数字化平台建设，树立以人民群众需求为导向的技术服务理念。

（二）上下联动与部门协同，推进协调发展新机制

上下联动与部门协同，为全面推进乡村振兴战略下乡镇政府数字治理构建组织适应路径。统一各个乡镇部门使用数字行业软件，在数据资源的共享、开放、开发不重复报送和使用，提高管理效率。提升“渝快办”数字乡村的业务开展、政务特色、平台搭建等的品牌效应和服务能力。增强重庆市各个乡镇政府部门协同发展意识，实现村民办事“只跑一次”，提高行政服务效率。

（三）加强平台和人才建设，创造高效服务新环境

加强平台和人才建设，为全面推进乡村振兴战略下乡镇政府数字治理构建环境保障路径。面对平台稀缺和资源匮乏的乡镇数字，充分调动多元主体理论参与到数字治理建设，乡镇政府是连接乡村振兴战略下的数字治理与公众参与的重要桥梁，搭建乡镇数字公共服务平台，加强基础设施建设，创办数字化服务项目如乡镇文化资源共享工程。依靠数字技术，推动社会企业、技术人才下沉乡镇服务网络。如重庆联通黔江分公司首次与重庆市黔江区乡镇合作的智慧农业推广项目。重庆联通黔江分公司结合乡村振兴战略及黔江区域乡镇经济情况，通过签约项目打造样板乡镇，向更多重庆市乡镇辐射智慧农业的推广应用。“数字乡镇”平台探索建立“互联网+网格管理”服务模式，通过平台探索优化乡镇服务平台把琐碎日常管理事务通过平台精简化，加强重庆市乡镇行政人员的数字化技能培训、信息化管理，增强其服务意识，建设专业数字服务人才队伍，营造良好的数字治理环境，提升乡镇政府管理效能。

参考文献：

[1] 李晓昀，邓崧，胡佳．数字技术赋能乡镇政务服务：逻辑、障碍与进路[J]．电子政务，2021（8）：29-39.

[2] 冯菲菲．乡村振兴背景下西部贫困农村数字治理研究[D]．南充：西华师范大学，2021.

[3] 陈天祥，徐雅倩，宋锴业，等．双向激活：乡镇治理中的数字赋能："越秀越有数"数字政府建设的经验启示[J]．华南师范大学学报（社会科学版），2021（4）：87-100，206-207.

[4] 杨琳，田禾，田贵明．用"互联网+政务服务"推动政府治理能力现代化："渝快办"助推治理能力现代化转型的重庆实践[J]．中国领导科学，2021（3）：90-97.

[5] 冯朝睿，徐宏宇．当前数字乡村建设的实践困境与突破路径[J]．云南师范大学学报（哲学社会科学版），2021，53（5）：93-102.

[6] 汪雷，王昊．乡村振兴视域下的数字乡村治理：困境与出路[J]．邵阳学院学报（社会科学版），2021，20（4）：32-37.

乡村振兴背景下
农村人居环境多元主体协同治理机制研究

周钰卓[①] 卢熙芝[②] 朱 琳[③]

摘 要：为确保农村人居环境整治工作有效促进乡村振兴战略实施，本文通过理论剖析和实证研究，提出乡村振兴背景下农村人居环境的多主体协同治理机制。研究发现，整治机制的不完善带来参与主体缺失、产业协调不足等问题，主要表现在生活垃圾污水处理、公共基础设施建设等方面短板突出，政府与市场参与不足、农户参与意愿不强等问题。基于乡村振兴背景下农村人居环境的多主体协同治理路径，可以充分将人居环境改善与高质量发展、乡村治理协同推进，从根本上激发农户和社会组织等多主体参与人居环境整治的动力，服务提升乡村产业发展的市场竞争力，为其他地区农村人居环境整治机制优化提供理论支持与现实参考。

关键词：乡村振兴；人居环境；协同治理；有效市场；有为政府

一、问题的提出

随着全面建成小康社会，人民对美好生活的追求日益强烈，对高质量环境的需求愈发迫切。绿色发展逐渐成为当下发展的趋势。新时代乡村振兴背景下，农村人居环境整治是建设美丽乡村的关键。中共中央、国务院多次印发文件指导农村人居环境整治工作。如中共中央办公厅、国务院印发的《农村人居环境整治三年行动方案》和中央农村工作领导小组办公室、农业农村部印发的《2020年农村人居环境整治工作要点》，都提出稳步推进环境整治工作，确保三年行动方案贯彻落实。农村人居环境整治是既符合绿色发展又响应乡村振兴战略的重要举措，推动农村地区环境整治成为绿色发展、乡村振兴的主题。

二、农村人居环境多元主体协同治理内在逻辑

（一）农村人居环境多元主体协同治理理论基础

农村人居环境整治是一项综合且复杂的社会工程，涉及空间重构、生态修复、

---

① 周钰卓，西南大学本科生。

② 卢熙芝，西南大学本科生。

③ 朱琳，西南大学国家治理学院讲师。

文化锻造等多层次内涵，迫切需要各方利益主体采取共同行动，形成合作治理格局。

协同治理理论产生于协同论与治理论的碰撞融合中，是解释与外界保持物质或能量交换、远离平衡的开发性系统，如何通过内部各要素或子系统的协同，自发形成在时空和功能上的有序结构的理论。随着社会政治经济的发展，在日益复杂严峻的形势下，为有效应对因资金不足、效率低下等造成的各类公共事务，逐渐形成政府、市场、公民等多元主体参与公共治理的方式，最终形成“协同治理”局面。

（二）农村人居环境多元主体协同治理机制框架

乡村振兴背景下农村人居环境多元主体协同治理主体包括政府、市场、社会组织、基层组织、农户五大主体，治理过程中充分与产业、人才、文化、生态、组织有效互动，凝聚社会经济生态驱动力，促进良好的生产、生活、生态空间的农村人居环境良性发展（见图1）。

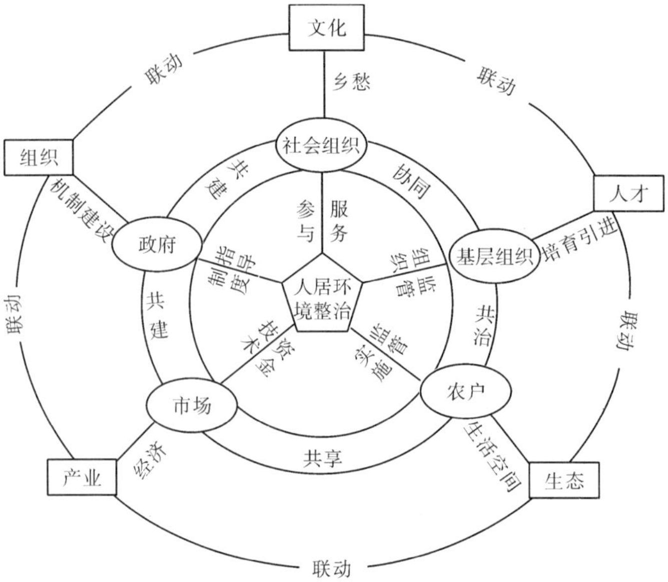

图1 农村人居环境多元主体协同治理机制框架

（三）农村人居环境多元主体协同治理内在逻辑

针对乡村振兴背景下农村人居环境多元主体，协同治理理论指出整治中各主体之间应通过互动、配合等发挥各自优势，形成政府—市场—社会组织—基层自治组织-农民“五维”协同模式，达到1+1>2的效果。

1. 有序推进由政府主导向政府指导转换

政府职能决定政府承担维护社会稳定、确保共同富裕的责任。政府参与整治，一是与各主体形成协同治理格局，监督各部门工作；二是加强政策导向和宏观调控，响应民众需求，融合政府利益与公众需求。

政府作为环境整治的引导者，要具有系统性思维，从政策规划、人员配备、资金整合等方面统筹布局。一是政策规划。政府要因地制宜、科学规划。二是人员配备。政府要合理安置实绩突出、勇担责任的“一把手”，发挥人才引领作用。三是资金整合。政府要充分发挥民间资本市场作用，多渠道筹集资金。此外，政府还应积极引导企业、社会组织及农户家庭向环境保护领域投资，为环境整治提供强大的资金保障。

2. 市场主体参与可有效提升人居环境-产业互动作用

市场参与人居环境整治，一是解决“政府失灵”问题，优化市场资源配置，释放市场活力；二是确保市场各企业充分利用产业优势与环境整治要素，将产业发展与环境改善有机结合。

企业作为市场的重要主体，应积极融入农村人居环境整治项目，将农村环境基础设施建设与农村特色产业、休闲农业、乡村旅游业有机结合，为环境整治注入资金，提升环境质量。人居环境与产业的互动作用，既为农村环境治理厚植经济资本，也为市场各大企业找寻发展契机。

3. 基层组织主体可以有效维系村集体和村民权益

基层组织密切联系群众，代表群众最关心、现实的利益，政策落实还需依靠基层组织具体执行。基层组织包括众多机构，如村党支部、村民委员会和村经济合作社等，上连政府、下连广大群众，起着纽带作用。其参与环境整治一是向群众传达政策内容，二是向上级政府反馈人居环境整治情况。

4. 以农民为主体是“以人为本”的需求

农户是农村人居环境整治的根本出发点和落脚点。农户参与整治的积极性、主动性是否激发以及整治与农户需求是否结合是决定农村人居环境整治能否成功的关键因素。因此，脱贫地区在构建农村人居环境整治多元主体协同治理模式的同时，要考虑农户在农村人居环境整治中的需求，保护农户参与农村人居环境整治的主体地位。

三、西南地区 A 县农村人居环境整治案例分析

（一）A 县农村人居环境现状

1. 调查概况

A 县位于重庆市东南部，是国家级贫困县，2019 年退出国家扶贫开发工作重点县。A 县旅游资源丰富、生态文化优势突出，“十四五”时期规划走农文旅融合的乡村振兴路线。2021 年 4~5 月，围绕乡村振兴 20 字（产业兴旺、生态宜居、乡风文明、治理有效、生活富裕）方针设计调查问卷，对 A 县 32 个村进行实地调查，获取有效问卷 1 293 份。

2. A 县农村人居环境现状

生活垃圾与农业废弃物整治效果有待提升。调查显示，镇村未合理配齐农村垃圾分类投放设施，农户主动参与环境整治的力量微弱。32 个村中，有 23 个村未配备垃圾分类投放站点，导致 90.64%的受访农户（1 172 户）未对生活垃圾进行分类投放。农户对生活垃圾、化肥包装袋、农业废弃物等处理方式都有待引导。

厕所粪污与污水处理整治质量不高。一是厕所管护主体缺失，导致家禽粪便缺乏合理处理利用。有无害化厕所的农户（1 059 户）中，仍有 245 户无法正常使

用，占比为23.14%。农户对禽畜粪便的处理方式具有随意性。饲养家禽牲畜的973户农户中，有445户未对禽畜粪便统一处理、随意排放，占比为45.73%。二是污水处理设施建设任务较重。调研村中，发现32个村，正在开展铺设污水管网的仅有9个。

基础设施和公共服务设施建设是农村人居环境的薄弱环节。脱贫攻坚期间医疗、教育设施建设不断完善，各项服务水平稳步提高。但受访农户中，仍有331户表示学生上学不便，占比为25.60%；有226户表示村内就医不便，占比为17.48%；文体设施建设及文体活动开展情况同样亟须提升，有857户表示不知晓或没参加过村内举办的文体活动，占比为66.28%。

（二）A县农村人居环境整治主体参与情况

1. 政府和基层组织缺乏顶层设计

政府和基层组织负责农村人居环境整治工作的顶层设计，为环境整治提供制度支持和组织保障。A县自脱贫后，政策调整较少，仍然沿用脱贫攻坚的相关规定，导致政府和基层组织主体对环境治理规范性和科学性指导不足。

2. 市场和社会组织主体参与严重不足

多元主体协同治理下，市场和社会组织应参与环境治理，并提供资金支持。A县产业发展条件尚不成熟，市场吸引力小，农村人居环境整治与文化生态旅游业融合不足，企业、社会组织缺乏参与动力，对资金力量庞大的企业主体引进困难。

3. 农民主体性地位体现不够

农户参与农村人居环境协同治理机制尚未建立，农民主体的权、责、利模糊。A县出现的只建不管、只用不管的问题明显，普遍对饮水设施保护、环境保护等工作不关心。

四、结论与对策建议

脱贫地区农村人居环境多元主体协同治理机制是有效衔接乡村振兴、联动全社会大格局资源的方式。基于本文研究，提出以下建议：

（一）开创多元主体协同治理的新局面

为构建多元主体共建共治共享新格局，各主体必须明确角色定位与职责分工。政府作为“顶层设计者”，应从政策、资金等方面给予农户支持，指导各主体共同治理。市场作为“资源配置者”，应引导社会资本、企业等融入环境治理，发展乡村旅游、吸引人才资本下乡。社会组织作为“重要参与者”，应开展结对帮扶，吸纳资本、创新技术，结合农户需求开展工作。基层组织作为“桥梁纽带”，联结农户与市场、社会组织与政府，指导各主体基于农户需求进行环境整治。农户作为“落实者和受益者”，应表达自身诉求，与市场主体建立利益联结机制。五大主体在治理实践中，应联手构建协同治理、共建共治共享新格局。

（二）打造多元产业协同发展的新高度

脱贫地区多元产业协同发展是实现农业可持续、农民增收进而保护环境整治经济来源的出路，也是充分利用有效市场释放活力的关键举措。当前，乡村地区发展旅游业将朝着融合环境治理与产业发展的方向前进。而发展乡村旅游业必须在考虑当地居民和旅游者需求的基础上，做好基础设施与公共服务建设。脱贫地区有效市场与整治要素结合，以“富”带“美”，厚植环境整治经济发展动力，通过以工代振方式带动低收入人口增收，实现环境整治与产业发展相互促进。

（三）激发农户主体参与整治的新动力

农村人居环境整治的根本出发点和落脚点在于农户。乡村振兴背景下，人居环境整治必须发挥农民的主体作用，激发农户参与整治的动力。对未成年人可以从思想上进行教育，充分发挥家庭、学校和社会力量。对成年人，则采用奖励式的方法，建立农村人居环境共建、共治、共享利益联结机制。通过各种措施机制，让农户肩负整治责任，激发农民、动力与创造力，为推动农村人居环境整治贡献力量。

参考文献：

[1] 卞素萍. 美丽乡村建设背景下农村人居环境整治现状及创新研究：基于江浙地区的美丽乡村建设实践［J］. 南京工业大学学报（社会科学版），2020，19（6）：62-72，112.

[2] 陈水光，孙小霞，苏时鹏. 农村人居环境合作治理的理论阐释及实现路径：基于资本主义经济新变化对学界争论的重新审视［J］. 福建论坛（人文社会科学版），2020（1）：81-89.

[3] H HAKEN，A WUNDERLIN，S YIGITBASI. An introduction to synergetics［J］. Open Systems & Information Dynamics，1995，3（1）：97-130.

[4] 柳红霞，邓佳一. 协同治理的理论生成逻辑及动力机制［J］. 秘书，2021（2）：13-24.

[5] LIHI LAHAT，NETA SHER-HADAR. A threefold perspective：conditions for collaborative governance［J］. Journal of Management and Governance，2020，24（3-4）：117-134.

[6] JAN KOOIMAN. Social - Political Governance［J］. Public Management Review，1999，1（1）：67-92.

[7] NICOLAS ROBERT，et al. Development of a bioeconomy monitoring framework for the European Union：An integrative and collaborative approach［J］. New Biotech Nology，2020，59：10-19.

[8] 杜德森. 多元主体协同治理下农村垃圾治理研究［D］. 石家庄：河北师范大学，2020.

[9] 张金香，付素静，王德轩. 农村环境治理中地方政府的职能研究［J］. 中国环境管理，2013，5（3）：19-22.

[10] 鞠昌华，朱琳，朱洪标，等. 我国农村人居环境整治配套经济政策不足与对策［J］. 生态经济，2015，31（12）：155-158.

[11] 纪志耿. 当前美丽宜居乡村建设应坚持的“六个取向”［J］. 农村经济，2017（5）：79-83.

［12］于法稳，侯效敏，郝信波. 新时代农村人居环境整治的现状与对策［J］. 郑州大学学报（哲学社会科学版），2018，51（3）：64-68，159.

［13］王成，李颢颖，何焱洲，等. 重庆直辖以来乡村人居环境可持续发展力及其时空分异研究［J］. 地理科学进展，2019，38（4）：556-566.

［14］王永生，施琳娜，朱琳. 脱贫地区农村人居环境现状及整治框架：以重庆某县为例［J］. 农业资源与环境学报，2022，39（2）：417-424.

［15］孙前路，房可欣，刘天平. 社会规范、社会监督对农村人居环境整治参与意愿与行为的影响：基于广义连续比模型的实证分析［J］. 资源科学，2020，42（12）：2354-2369.

社区抗击新冠肺炎疫情的作用机理研究

——以重庆市江津区琅山社区为例

陈　雯①

摘　要：在新冠肺炎疫情的防控中，社区作为城市治理的基本单元，进一步巩固和加强了基层党组织的领导，在促进志愿服务活动发展、有效管控社区人员流动等方面发挥了积极的作用。与此同时，近年来，我国社区治理也做出了一些成就，如形成多元主体协同共治的社区治理模式、治理方式由“管理”向“服务”转变。本文通过对我国社区治理成就进行梳理和探索，以重庆市江津区琅山社区等基层社区为样本，分析社区治理在此次新冠肺炎疫情中发挥的作用机理，以此更好地促进社区发展。

关键词：疫情防控；社区治理；作用机理

新冠肺炎疫情在全球范围内正在肆意传播，更让百年未有之大变局正在加速变化当中。此次疫情是我们国家所遇到的传播速度最快、感染范围最广、防控难度最大的一次突发公共卫生事件。笔者作为此次疫情的亲历者和见证者，对疫情发展形势进行了观察和思考，从一开始的混乱无序，到初步组织起行之有效的防御体系，再到依托社区这个基本单位不断推广防疫经验办法，最后到今天疫情防控取得重大进展。可以明显看出，基层社区在整个疫情防控过程当中，发挥着无法代替的优良作用。只有这样，才能够真正实现并打通疫情防控工作当中的服务群众的“最后一公里”。

本研究以重庆市江津区琅山社区等基层社区为样本。疫情中，笔者在居家隔离期间，通过阅读新闻、报刊等方式，进一步了解全区基层社区在这场大考中所付出的巨大努力。以小见大，推而广之，旨在为优化基层社区治理体系，以更好服务人民群众做出努力。

一、我国社区治理的成就

（一）形成多元主体协同共治的社区治理模式

近代以来，随着我国政治以及经济管理不断发展，以政府为主体的社区治理模式已经不再适应于当前所处时代发展的潮流。而如今，社区治理模式也随着时代的

① 陈雯，西南政法大学硕士研究生。

变化而更加向创新的方面发展，并且也愈发注重实践。就目前来说，城市社区治理在发展过程中，不断向更加成熟、稳定的治理模式靠近。相应地，这会使更多不同的行为主体参与进来，以此形成多元主体的协同共治的社区治理模式。目前，我国城市社区多元主体协同共治的典型形式是以“三驾马车”为特征的社区组织结构。这里的“三驾马车”指的是社区党组织、社区居民委员会和社区服务站（工作站）构成的管理组织架构。三者之间相互制衡，以此达到更好的治理效果。实践证明，多元主体协同共治的社区治理模式是一种比较稳定的模式。这种模式可以使社区治理水平得到明显提高，社区治理的目标因此能够更加迅速地完成。

（二）治理方式从“管理”向“服务”转变

目前，社区治理方式已经发生变化，政府之下的“管理”已不再适用，一切的行动目的都向着“服务”转变。社区的功能只有不断得到巩固，才有可能建设一个更加民主化、有秩序、健康发展的社区。

因此，如果社区治理只是一味地强调“管理”这一维度，而不把重点放在其下一阶段，即“服务”维度上，势必很难实现最初的社区治理愿景。只有当治理的方式发生了变化，为社区人民提供高品质服务，才能够使社区治理的框架向更成熟的方向发展。进而，社区的治理方式从“管理”转变为“服务”是必然的趋势。

二、社区抗击疫情的作用机理

自新冠肺炎疫情发生后，在以习近平同志为核心的党中央的领导下，我国广大基层社区充分发挥自身优势，综合运用一系列的方法和手段，团结并且带领着广大人民群众打响了一场疫情防控的阻击战、人民战争。

（一）加强基层党组织建设

社区要彻底贯彻并且实施党中央的决策部署，基层党组织的真正实力和能力与党的战斗力、领导力与影响力直接密不可分。一是党的十八大以来，全国400多万个基层党组织以提高组织能力为重中之中，不断强化政治建设、思想建设和组织建设，积极把中国发展成为一个生命力强大的战斗堡垒；二是要积极发挥社区党组织统一指挥、统一协调、统一调度的作用，提高社区治理政治站位，发挥党员的带头示范效应；三是要坚持党建引领，为抗击疫情提供了强有力的组织保证，为党的决策的实施、基层防控疫情的领导、全国统一动员做出了巨大努力。

以江津区琅山社区为例，自疫情发生后，由琅山社区党委书记带头，从农历正月初二开始，就一直带头坚守在疫情防控的一线上。同时，4名社区“两委”成员和8名社区工作者也始终在岗位上。在他们的影响下，383名社区在职党员、退休党员、楼栋网格员纷纷行动起来，守护居民安全，为全面阻击疫情建立了“第一道关”。他们的主要任务是挨家挨户摸排情况、宣讲政策，询问居民是否有发热症状，明确定点医院，规划送医路线，尽全力遏制疫情蔓延和传播。群众都说：“看见共产党员战斗在街头巷尾，就像是有了主心骨一样，感到非常安心。”这表明，在此次疫情防控过程当中，基层党组织起到了重要作用，成为普通群众的坚强后盾。

（二）促进志愿者活动蓬勃开展

早在1978年，我国的志愿者服务活动就已经开始实施。改革开放以来，志愿者服务活动随着时代的发展而不断扩大并且持续进行。自疫情发生后，在庞大的居家人群中，有许多人参加志愿者活动。他们都有强烈的为民服务愿望，都希望能够为疫情防控献计出力。

琅山社区有楼院42个、户籍人口5万余人，以现有社区力量很难覆盖所有小区，因此急需志愿者的参与。当听到所在小区正在招募志愿者的消息后，大量人员主动报名。在为期一个月的志愿服务活动中，要跟随社区工作人员一道，走街串巷、上门入户，逐一登记筛查本区域可疑对象，确保无一遗漏；为行动不便的老人购买运送米、面、油等生活必需品，经常与他们保持电话沟通。据统计，疫情期间，琅山社区新增志愿者队伍7支，志愿者服务人数增加到1 500余人，有效壮大了防疫力量。

（三）有效控制社区人员流动

自2020年2月14日起，江津区开始实施来江津人员14天居家或集中隔离的规定。从当时的情况来看，这一规定有助于防止疫情进一步扩散蔓延，起到了防微杜渐的作用。但在实际操作中，也出现了群众不理解、不配合的情况，更糟的是有人并没有执行“禁足令”这项命令，因此就有了隔离者的朋友或者家人冒充使用出入证明、隔离者私自假造出入证明等恶劣情况。针对这一情况，基层社区将力量集中在前端控制上，坚持一手抓“检查”、一手抓“宣传”的方法，实现了“两手抓，两不误”。

三、结语

新中国成立初期，我国已初步形成基层社会治理体系轮廓，在70余年的改革发展中逐步完善、不断创新，最终形成了以基层社区为载体、共建共治共享等特点。在此次新冠肺炎疫情防控中，可以看出，通过打出坚持基层党组织坚强领导、开展志愿服务活动、管控社区人员流动等一系列“组合拳”，在极短时间内实现了服务和管理好14亿人民群众这一重大目标，彰显了新时代中国特色社会主义制度下的基层社区治理体系的显著优势。

参考文献：

［1］李汉卿．协同治理理论探析［J］．理论学刊，2014（1）：138-142.

［2］闫兆刚，由“管理”到“治理”：我国基层政府社会治理问题分析［J］．产业与科技论坛，2016（15）：239-240

［3］雷琼．喻卫斌．常态化疫情防控中的社区治理：逻辑、困境与出路［J］．中共石家庄市委党校学报，2020（12）：27-31.

［4］李强．卢尧选．疫情防控与我国基层社会治理创新［J］．江苏社会科学，2020（4）：24-31，241-242.

[5] 郭锐乐，王云飞. 突发公共危机下的社会风险及社区治理主体的行为建构：以新型冠状病毒肺炎疫情为例 [J]. 云南农业大学学报（社会科学版），2021（1）：26-32.

[6] 田文波. 突发公共卫生事件下广州社区治理的实践探索与启示 [J]. 探求，2020（6）：96-102.

[7] 盛洪涛，周强，汪勰，等. 新冠肺炎疫情考验下的武汉社区治理新思考 [J]. 城市规划，2020（9）：9-12，21.

[8] 苑楚晴. 社区治理体系的重构探析：以新冠肺炎疫情防控为例 [J]. 现代商贸工业，2020（31）：39-40.

[9] 侯爽靓，陈树文. 治理效能视角下对疫情灾害防治中社区治理的研究 [J]. 领导科学论坛，2020（19）：24-36.

第三方机构参与社会稳定风险评估的困境与出路

张笑寒①

摘　要：将社会稳定风险评估作为重大行政决策的前置要件，对完善我国政府行政决策体制机制，提升行政决策质量和效能有着重要意义。第三方评估机构参与社会稳定风险评估，有利于保证社会风险评估结果的民主性、合理性与科学性。本文以治理能力现代化为导向，通过分析第三方机构参与社会稳定风险评估中面临的困境及探索改善路径，以期提升第三方机构参与社会稳定风险评估的实践效能。

关键词：社会稳定；风险评估；第三方机构

社会稳定风险评估（以下简称“稳评”）是通过系统科学的手段，对重大行政决策有可能引起的社会风险进行分析、预测和评估，为重大行政决策的出台保驾护航，保障社会的稳定与发展。第三方评估机构参与稳评有利于提高评估效率，调动公众的参与积极性，集思广益，促成重大事项决策更加科学合理。可是，第三方机构在参与稳评时仍然存在诸多问题，包括理念上的偏失、权威性不足等，使得第三方机构的评估没有充分发挥出对政府重大行政决策的引导作用。

一、第三方稳评机构参与社会稳定风险评估面临的困境

（一）第三方稳评机构的权威性有待提高

（1）公众认同度低。权威性不足一直以来是第三方稳评机构的最大困境，在早期因为第三方稳评的客观性、信息来源多样化等优势，我国政府大量行政决策的稳评工作都以政府购买的形式委托给第三方稳评机构。在此过程中，第三方评估机构往往难以得到公众认同，工作的开展、项目的建立往往都依赖于政府，权威性得不到保障。

（2）第三方机构难以长久保持独立性。第三方稳评机构参与政府稳评的形式多为政府购买服务项目。政府是稳评机构的主要信息、资金来源之一，在评估过程中与政府有千丝万缕的联系，评估策略、方案和具体方法也不得不站在政府的角度考虑，长久以来第三方评估难以维持客观性、独立性。

① 张笑寒，西南政法大学硕士研究生。

（二）第三方稳评机构存在专业化短板

（1）第三方稳评机构发展受限。大多数第三方稳评机构是在党的十八大之后，为了响应建立健全重大决策社会稳定风险评估机制的要求应运而生的，其中更有一部分是原先的可行性评估公司、环境评估公司等其他领域的评估公司转型而来。发展时间较短，评估机制尚未成熟，评估程序相对不规范。此外，第三方稳评机构的专业人员较少，由高校学者、原政府官员等构成，对稳评的人力要求捉襟见肘；运营体系和工资奖惩机制的不完善导致第三方稳评机构专业人员的流动性大，机构发展受限。

（2）评估手段的单一。目前，我国稳评主要采用现代社会调查的方式方法，在实际稳评过程中，应组合应用多种方式和方法，结合信息化、数字化的评估工具，达到深入广泛的调查、充分搜集各方意见和诉求的目的，不能局限于单一的方法。第三方稳评机构在风险调查评估过程中，往往只使用其中一种或者两种方法，对信息化、数字化的评估工具利用不足，难以得出完整、全面的数据支持，导致评出的结果与实际的社会稳定风险情况有明显差异。

（三）社会稳定风险评估的理念偏失

（1）政府部门对稳评存在认识误区。有些政府部门对于稳评的态度是消极的、被动的，对于稳评的认识不是“保障政策顺利进行的推手”，而是“影响政策顺利进行的障碍”。从“经济人”角度看，政府对于稳评必然是抵触的，如果稳评的结果判定政府决策为中高风险，则意味着决策无法实施或者需要做出重大改变，这种情况下政府的利益是受损的。在这种消极态度的影响下，第三方稳评机构往往难以做出客观科学的评估，即使稳评结果客观科学，也难以得到政府部门认可。

（2）第三方稳评机构的主体意识不强。长期以来，在政府主导的发展模式下，我国形成了“大政府，小社会”的局面，社会通常将政府决策视为神秘性、排外性的活动，政府以外的参与者普遍主体意识不强。这种传统的认识误区严重影响了第三方稳评机构的积极性，容易出现把稳评当作走过场，“为了稳评而稳评”的情况。

（四）稳评制度安排的缺乏

制度安排和政策支持是第三方稳评工作顺利开展的基础和保障。从当前我国中央和地方关于稳评的文件来看，对于第三方稳评的描述多为“建立健全”，可以看出我国政府重视和认可第三方稳评，但是在制度、政策和法律方面并没有具体地加以规范，第三方稳评的法律化和制度化进程明显滞后。一是对第三方稳评机构准入资格认定模糊不清，没有统一标准，无专用资质，评估人员没有相应的资质证书；二是因为稳评工作的属地原则，稳评招标程序仍待规范；三是政府对第三方稳评的信息公开没有明确要求，导致政府和稳评机构的信息不对称，影响稳评的有效性；四是由于稳评机构和行政机关组织性质不同，对稳评机构很难做到严肃问责、规范问责、精准问责、慎重问责。

二、第三方稳评机构参与社会稳定风险评估的出路

（一）加强稳评的思想建设

一是政府部门要摒弃传统的“官本位”行政思想，消除对第三方稳评的消极

情绪，形成对在决策和评估中引入第三方主体的正当性和科学性的正确理解和认知，改变以往对公共事务大包大揽的刻板形象；二是政府部门必须重新审视和第三方主体的关系。政府不是第三方稳评机构的领导者，而是监督者和合作者。

（二）健全第三方稳评法律规范体系和行业规范体系

制度建设具有根本性、全面性、长期性和稳定性，第三方稳评的制度化、法制化是提高第三方稳评有效性的根本保障。一是规范行业标准，加强行业监管，绝不允许无准入资格的第三方稳评机构参与稳评工作。二是规范第三方稳评机构参与政府稳评工作的程序，包括招标、信息公开等环节，严格要求第三方稳评机构按照相关的法律和政策规定开展稳评工作。三是做好稳评的问责追责。稳评工作应当实事求是，对于第三方稳评机构在稳评过程中出现徇私舞弊、欺下瞒上的情况，应当严格按照相关法律规定，对其单位或个人给予处分；对涉嫌犯罪的，要移交司法机关依法追究法律责任。

（三）提高第三方稳评机构的权威性和专业性

提高第三方稳评机构的权威性和专业性，应当从以下几点入手：一是加强稳评机构组织建设，构建完善的人才招聘机制、学习机制、激励机制、薪酬机制，完善机构运营体系，提高社会公众认同度，确保机构的长远发展，补齐现有的专业化短板；二是合理利用信息化、数字化的评估工具，如利用线上网络程式将调查对象的被动接受变为主动接受，通过使用大数据工具分析其他类似政策的风险情况用为借鉴等，结合现代社会调查方法，争取评估数据的科学、全面、有效，保障稳评结果的科学合理。

三、结语

第三方稳评机构参与政府重大决策社会稳定风险评估，是构建国家治理体系和推进治理能力现代化的需要。当前，面临第三方机构参与社会稳定风险评估的诸多困境，必须采取科学合理的制度化和法制化保障等手段，才能从根源上提高第三方稳评的有效性和合理性，推动重大决策的顺利实施。

参考文献：

［1］邹东升，陈昶，陈思颖. 重大事项社会稳定风险评估的权益引导困境与机制设计［J］. 领导科学，2019（6）：79-79.

［2］郝晨洁. 政府购买服务项目第三方评估的问题及对策研究［D］. 呼和浩特：内蒙古大学，2020.

［3］恽劼. 地方政府重大行政决策第三方评估的体系化建构［J］. 长沙民政职业技术学院学报，2018，25（4）：41-44.

［4］李文姣. 第三方介入重大决策社会稳定风险评估的困境与机制建设［J］. 学习论坛，2020（4）：82-87.

协作治理研究

——以C市R区整治摊贩占道经营为例

王 磊[①]

摘 要：随着中国城镇化的快速推进，城镇人口不断增加，人们对于幸福感、舒适感、满足感的追求与城镇基础设施、市政管理质量水平等条件形成不均衡不平衡的对比状态，城市基层政府部门、第三方社会组织和社区居民等多元主体的协同合作成为解决各种矛盾和冲突的重要方法，而摊贩占道经营问题是中国城镇化的发展与推进过程中需要关注的公共问题，以C市R区整治占道经营问题为例，分析流动摊贩占道经营的根源以及影响，依据协作治理理论检视政府部门整治摊贩占道经营过程。

关键词：街头摊贩；占道经营；协作治理

一、引言

随着我国经济的快速发展和城镇化水平提高，街头摊贩的规模在扩大、数量也在不断增加，摊贩的存在影响了城镇居民的日常生活。跟随而来的就是政府部门对摊贩的治理问题，它不仅仅是中国在城镇化进程中所面临的问题，世界上其他国家尤其是发展中国家也需要普遍关注这一问题。国外学者 Keith Hart 在对加纳经济发展因素的研究中发现非正规部门——街头摊贩对于加纳本国经济和增加就业机会的重要贡献作用，而这种贡献被加纳政府管理者忽视；Sharit K Bhowmik 通过关注亚洲不同国家街头摊贩的研究，来横向比较不同国家街头摊贩的规模及摊贩的构成，大多数亚洲国家的政府或多或少地拒绝承认街头贩卖是一种合法活动，街头小贩都面临不断被驱逐和摊贩被毁的威胁；Peter Jones 等研究发现，在英国大型零售连锁店和大型购物中心虽然占据了零售业的主导地位，但街头交易和街头摊贩仍然是许多英国城镇的特色，在治理过程中公共利益与私人利益的冲突影响着地方当局对于街头摊贩的规制政策。在中国国内，不同学者从不同角度对街头摊贩问题进行研究，如崔占峰从农村土地制度变迁、农村集市功能趋于弱化、身份分离、阶层属性模糊四个方面来解释流动摊贩产生的根源；孙志建基于“新多源流模型”来对中国城市摊贩监管行动缘何稳定于“模糊性治理”问题进行机制性解释，指出“模

① 王磊，西南政法大学硕士研究生。

糊性治理”是政府在中庸和妥协的政策选择产物；庞明礼等从行动者策略互动的角度来分析城市街头空间中摊贩与城管部门的冲突与博弈；罗筠将流动商贩视为政治行为主体，从政治过程角度来研究街头商贩作为政治行为主体的行动逻辑。张康之认为合作与协作有着根本性的区别，协作是官僚制组织实现组织目标的手段，具有强制性，而合作是资源前提下的一种协商结果，未来的社会治理将是一种“合作治理”；姜士伟从“协作治理”的用词、原因及内涵三个维度来进行阐述“协作治理”与“合作治理”的不同之处；吕志奎等阐释西方协作治理理论兴起背景、理论基础、实践运用；郑巧等从服务型政府的价值诉求角度来分析在中国实现协作治理的合理性和现实基础。

二、案例分析

本案例中占道经营治理地点为 C 市 R 区红旗桥至莲花桥、天主堂广场，这两处为 R 区占道经营最为集中的两个区域，撤县改区前原 R 县市政园林管理局于 2009 年在城区非主干道两侧设置了日杂用品等临时占道摊位经营摊区 16 个。目前，红旗桥至莲花桥占道经营摊位为 72 个，天主堂广场占道经营摊位为 23 个。

（一）占道经营问题的缘由

R 区临时占道经营摊区的设置最开始主要是为了解决下岗人员、低保户、困难群众等低收入人群就业和游摊违规经营问题，原 R 县市政园林管理局向每一个摊位每月收取 200 元的临时占道费和环卫费（残疾人 100 元）；另外，摊贩群体主要以中老年人为主。这些人受教育水平较低，主要是小学文化和初中文化水平，甚至有少部分人是文盲。绝大部分摊位经营摊贩的主要收入来源是摊位经营所得，这是他们占道经营摊区摊贩的最初原因。

占道经营摊位的经营种类与经营方式也在不断发展变化，从过去生活用品、餐饮小吃、擦皮鞋等商品服务逐步向服装鞋包、电子产品等方面拓展，而集贸市场等数量空间布局和覆盖能力无法满足本地区居民的生活需求，同时正规市场的东西价格相对昂贵，而摊贩的占道经营却可以弥补这两方面的不足，同时摊贩所经营的物品大都是群众日常生活用品，所以居民更倾向于就近购买占道经营摊贩所提供的商品。

（二）占道经营的影响

1. 临时占道摊位影响市容市貌，加大了市政部门管理难度

占道经营类型主要有两种：一是马路占道经营，常见的有以三轮车、四轮货车、板车等工具来占道，具有流动性强、占用马路范围广等特点；二是人行道占道经营，主要是沿街摊位在经营过程中将商品外摆和用灯箱广告等物品占用人行道，甚至将商品及垃圾直接堆放在人行道上。占道经营给来往车辆和行人带来了安全隐患，造成交通拥堵。以上这些问题增加了 C 市市政管理部门的管理难度和管理成本，同时，占道经营所产生的垃圾、污水等严重影响了城市卫生和市容环境。

2. 临时占道摊位影响周边居民出行和办事

天主堂广场的临时占道经营摊位毗邻著名风景区天主堂。这里紧邻白象社区，

周边商铺众多，属城区闹市区，周边居民小区集中、人口密集，而经营摊位占道现象十分严重，经常造成交通拥堵，干扰居民的正常出行。另外，天主堂广场茶摊违规占道经营现象突出，且经常因临时占道范围分配不均引发争执，社区工作人员时常需要对此进行调解，影响到附近居民到白象社区办理正常事务，严重挤占了公共资源。

（三）占道经营问题整治过程中的协作治理机制

1. 协作治理的触发阶段

R 县正式撤县后改称为 R 区，区划调整后，交通、通信、能源等基础设施和文教、卫生等服务设施都在 C 市的统一规划下，而 R 区临时占道经营与 C 市发展战略严重偏离，城市建设管理、创建国家卫生城市与文明城市“三创”工作要求下城区占道经营成为一个亟须解决的问题。R 区区食药监分局、区信访办、区政府法制办、区环境保护局、区市场监督管理分局、区就业人才服务局、区公安局、区委网信办、区城市管理局等政府部门代表，区政协委员，昌元街道、玉屏社区、白象社区等街道社区工作人员，T 社会风险评估咨询有限公司工作人员、临时占道经营摊位摊主、周边门市店主和周边群众等利益相关者共同参与到 R 区占道经营问题整治中。

2. 协作治理的发展阶段

协作治理中，各主体协同合作的最常规途径就是沟通与对话，即各主体通过在共同的平台上交换意见、协调分歧来达成共识，为信任的建立奠定一定的基础。基于彼此信任才能制定有行动力的规划，得到各主体的配合与落实。在 R 区占道经营问题整治开始前，C 市 R 区城市管理综合行政执法支队用一周时间就莲花桥至红旗桥池水河沿线临时占道经营摊区、西街广场临时经营摊区综合整治工作进行公告公示。R 区城市管理局委托 C 市 T 社会风险评估咨询有限公司，对 R 区部分临时占道经营摊位综合整治项目进行社会稳定风险评估，调查收集互联网上关于该项目的相关信息。R 区区食药监分局、区信访办、区政府法制办、区环境保护局、区就业人才服务局、区公安局、区委网信办、区城市管理局等政府部门代表，区政协委员，昌元街道、玉屏社区、白象社区等街道社区工作人员，T 社会风险评估咨询有限公司工作人员，临时占道经营摊位摊主、周边门市店主和周边居民群众等利益相关者共同参加占道经营整治座谈咨询会，在会上共享了前期工作进程、民意收集汇总、已识别的风险以及调查的成果，并公布相关部门对整治过程中的潜在风险预判意见及防范措施，这些措施是协作治理进行的核心要素。

3. 协作治理的深入阶段

R 区城市管理局在整治占道经营问题上严格落实住房和城乡建设部“721”工作法：让 70%的问题用服务手段解决，20%的问题用管理手段解决，10%的问题用执法手段解决。统筹“民生”和“市容”两大问题，结合“三创”工作来启动城区临时占道经营摊区综合整治工作。R 区城市管理综合行政执法局整体上加强了对临时占道经营日常管理和综合执法工作，R 区城市管理局联合区公安局、区工商分局、区环境保护局、区食药监分局等部门展开城市管理综合执法工作，形成部门合力，有效解决占道经营问题。另外，成立了由相关政府部门代表、街道社区工作人员、临时占道经营摊位摊主、周边门市店主代表和群众代表等组成的矛盾协调工作组，妥善处理并协调各方的利益关系，共同协商解决，避免矛盾扩大升级；积极听取周边居民反映的问题，形成了集信息收集、反应互动、矛盾化解为一体的风险防控和应急处置协作机制，形成了“反映问题有门路、解决困难有途径”的良效机制。协作治理要能深入进展，就要让各主体在协同合作得到一些阶段性成果，虽然这些成果只是某一阶段的成绩，不是各主体的最终目的，但是这些成果可以激励强化各主体对协作的信心和对未来成功的美好愿景，促使政府部门协调配合治理持续下去。

三、结论

“协作治理既重视多元主体参与公共事务并真正发挥决策者的作用，又支持政府在协作中扮演事实上的领导者角色，因而更贴近中国社会治理的现实。”R区占道经营问题整治过程说明政府部门协调配合治理在流动摊贩占道经营问题治理过程中所发挥的作用与所担当的角色是其他主体无法替代的，在政府的资源和平台支持下，整治过程中各部门达成共识，形成沟通交流和利益协调等协作机制，从而使部门协调配合过程能持续存在。政府部门协调配合治理实际上解决的是政府部门集体行动中存在的困境和问题，促成协调配合的诱因和动力机制应当是基于现实的直接利益“诱因”，同时也需要政府利用资源、权力来促发。治理问题的产生由政府决策、社会舆论、专家建议等形式促发，而这个问题又与多方相关联，进而通过政府动员、社会联络而健全政府部门协调配合机制，超越“分蛋糕”形式的直接利益分配而能达成对公共问题的善治。

参考文献：

[1] KEITH HART. Small-scale entrepreneurs in Ghana and development planning [J]. Journal of Development Studies, 1970, 6 (4): 104-120.

[2] SHARIT K. BHOWMIK. Street vendors in Asia: a review [J]. Economic and Political Weekly, 2005, 40 (22/23): 2256-2264.

[3] PETER JONES, DAPHNE COMFORT, DAVID HILLIER. The regulation of street trading in the UK [J]. Geography, 2004, 89 (3): 248-253.

[4] 崔占峰. 进城流动商贩问题的根源、本质与治理反思 [J]. 管理世界, 2013 (10): 176-177.

[5] 孙志建. 中国城市摊贩监管缘何稳定于模糊性治理：基于“新多源流模型”的机制性解释 [J]. 甘肃行政学院学报, 2014 (5): 11, 28-43, 127-128.

[6] 庞明礼, 陈念平. 城市化进程中的空间挤压与行动者策略：关于城管执法研究的文献综述 [J]. 上海行政学院学报, 2020, 21 (2): 73-85.

[7] 罗筠. 机会空间、资源策动与城市流动摊贩的管理困境：政治过程的解释框架 [J]. 广东行政学院学报, 2013, 25 (4): 63-69.

[8] 张康之. 论社会治理中的协作与合作 [J]. 社会科学研究, 2008 (1): 49-54.

[9] 姜士伟."协作治理"的三维辨析：名、因、义［J］. 广东行政学院学报，2013，25（6）：11-15.

[10] 吕志奎，孟庆国. 公共管理转型：协作性公共管理的兴起［J］. 学术研究，2010（12）：31-37，58.

[11] 郑巧，肖文涛. 协同治理：服务型政府的治道逻辑［J］. 中国行政管理，2008（7）：48-53.

[12] 郭道久. 协作治理是适合中国现实需求的治理模式［J］. 政治学研究，2016（1）：61-70，126-127.

构建乡村政治生态监测体系 助力乡村振兴

林艳婷[①]

摘　要： 全面从严治党持续深入推进，净化乡村政治生态也是新时代的重要命题。经过长期从严管党治党，乡村政治生态明显好转，但受农村传统政治文化、宗族观念等因素影响，乡村政治生态仍有顽固性、隐蔽性问题亟待解决。在推进乡村振兴的重要时期，为保证党的政治方针在乡村得以正确贯彻落实，净化和修复乡村政治生态是势在必行。因此，为精准掌握乡村政治生态突出问题，必须实施政治生态监测，遵循问题导向、定性与定量相结合、主观与客观评价平衡等原则，依据党内法规体系建构一套科学并具有可操作性的评估指标体系，通过政治生态监测预警、分析研判、自我画像，实现乡村政治生态的精准治理、源头治理、系统治理，以良好乡村政治生态面貌扎实推进乡村振兴。

关键词： 乡村政治生态；政治生态监测；指标体系构建

党的十八大以来，习近平总书记把全面从严治党纳入“四个全面”战略布局，为我国净化政治生态提供了科学的理论指导。在全面从严治党背景下，习近平总书记强调“严肃党内政治生活、净化党内政治生态是伟大斗争、伟大工程的题中应有之义，是我们党坚持党的性质和宗旨的重要法宝，是我们党实现自我净化、自我完善、自我革新、自我提高的重要途径”。全面从严治党，基础在全面，必然要覆盖到乡村的各个领域、各个方面。在这一背景下，党的建设不断推进，净化乡村政治生态亦成为全面从严治党的重要命题。党的十九届五中全会提出“优先发展农业农村，全面推进乡村振兴”，培育良好政治生态土壤对于推进乡村振兴的重要性不言而喻。在新时代推进乡村振兴的重要时期，为完成“十四五”目标、解决“三农”问题，就必须把党的建设和乡村振兴协同推进，净化和修复乡村政治生态，积极营造有效推进乡村振兴的政治生态。因而，为精准、科学地掌握乡村政治生态突出问题，必须实施政治生态监测，构建一套科学并具有可操作性的评估指标体系，深入剖析乡村政治生态发展的难点、盲点，研究各系统之间的关联性，实现乡村政治生态的源头治理、智能治理和精准治理，从根本上助力乡村振兴发展。

一、政治生态的理论阐释

学术界从不同侧重点出发对政治生态的内涵展开了理论探索，既用生态学的观

① 林艳婷，西南政法大学硕士研究生。

点和方法研究政治现象，分析党的政治系统的各要素之间及其与政治环境之间的相互作用；也基于政治语境，分析政治行为体与政治环境之间相互作用，准确把握人与组织、人与环境的互动规律，实现党内政治生态系统的平衡。直到2019年中共中央颁布了《关于加强党的政治建设的意见》，第一次以规范性文件的形式对党内政治生态内涵做了明确阐述，得到学术界的普遍认同。该意见从政治建设角度出发，围绕严肃党内政治生活、严明党的政治纪律和政治规矩、发展积极健康的党内政治文化、突出政治标准选人用人、永葆清正廉洁的政治本色五个方面建设政治生态，涉及党组织及党员干部、党内法规、党风廉政建设、政治生活、组织生活、监督问责等具体内容。基于上述的理解，可以将政治生态理解为地方政治生活现状及政治发展的集中表现，是政治制度、政治文化、政治生活等要素相互作用的综合体，是对政治系统内众多政治现象、政治实践的理论概括和实践总结。

二、开展乡村政治生态监测的必要性

党的十八大以来，习近平总书记高度重视党内政治生态建设，多次在公开讲话和文章中强调要营造风清气正的政治生态，提出“党要管党，首先要从党内政治生活管起；从严治党，首先要从党内政治生活严起”“严肃党内政治生活、净化党内政治生态，是党的建设中带有根本性、基础性的问题”“政治生态好，党内就会正气充盈；政治生态不好，党内就会邪气横生”等重要论述。对于乡村而言，良好的政治生态可以促使广大人民群众凝心聚力，共同为促进乡村振兴献计献策，并有效消除形式主义、享乐主义、官僚主义等不利影响，帮助领导干部树立正确的价值观、人生观、权力观，以全心全意为人民谋利益、干实事，脚踏实地地带领广大人民群众脱贫致富，共同建设美丽乡村。

经过长期从严管党治党，乡村政治生态明显好转，党风、政风呈现新面貌，但仍有一些突出问题未得到解决。受金钱至上的利益观、腐败的权力观等因素影响，在思想政治建设、组织建设、作风建设、制度建设等方面存在突出问题。譬如，在思想政治建设上，由于农村基层干部理想信念淡化、党员意识不强、法律意识淡薄等问题，造成党支部书记腐败、“两委”恶意竞争、履职不到位、干群关系恶化等问题；在组织建设上，由于缺乏好班子和带头人，未能建设一支投身于乡村振兴的党员队伍，导致村干部在集体资源分配、工程招标、项目承包等方面出现挪用公款、收受贿赂等违法乱纪现象，甚至出现“小官大贪、村干部巨贪”等严重腐败行为。这些问题不仅严重损害了党风、政风和党的形象，还严重影响乡村振兴的推进，必须深刻认识到营造风清气正的乡村政治生态的极端重要性和现实紧迫性。

为摸清乡村政治生态的具体问题和难点、盲点，将大数据分析引入政治生态，探索开展政治生态监测，构建科学的政治生态监测体系。所谓政治生态监测是指依托专业技术公司开发政治生态监测信息管理平台，科学设定监测指标，借助数据分析获得政治生态评估结果，实现对政治生态实时监测、科学研判和有效预警的过程。通过政治生态监测，综合反映了党风、政风、社风的客观面貌，进一步掌握村（社区）政治生态的总体情况，让监督具体化、可视化。而后以公开监测结果排名的方式倒逼有关部门进行整改和修复，让纪检监察机关对标对表，依法整改典型性、普遍性、苗头性问题。进而有效推动了乡村政治生态精准化、智能化治理，增强净化乡村政治生态的科学性、系统性、合理性，为全面从严治党的创新发展和乡村振兴的稳步推进做出积极贡献。

三、乡村政治生态监测指标体系建构

由于政治生态监测指标体系是一个相对完整、复杂的运行系统，因此在建构该体系之前，要先明确需要遵循的指标设计原则、指标设计依据以及指标设计框架。

（一）指标设计原则

（1）问题导向原则。该原则主要包含两个内容：一方面，在乡村政治生态具体监测指标的设计中，需要从具体问题入手，突出明确的问题导向，从源头上解决思想政治建设、组织建设、作风建设、制度建设中存在的隐蔽性问题，优化乡村政治生态秩序；另一方面，在乡村政治生态监测中要始终聚焦民生、民情与民意等实际问题。基层工作内容虽较为简单，但更贴近群众，其指标设计应当更加务实。在建构监测指标体系时要充分考虑到党员领导干部是否能够深入群众、感受民情、感知民意，以人民群众生活中的操心事、烦心事、揪心事为问题导向，做到问政于民、问需于民、问计于民，认真倾听群众的呼声，了解群众的真实诉求。

（2）定性与定量相结合原则。政治生态系统中的各个要素既有可量化的，也有不可量化的。对于可量化的指标，只需通过大数据平台抓取有关部门的数据作为监测数据，不仅方便，也减少了有关部门数据造假的可能性，使得数据更为真实有效。而对于不可量化的因素，需要根据前期的调查、走访情况以及后期的综合分析等途径采集信息，采用不同的评价方式，用具体的定性评价指标进行评估。因此，只有运用定性和定量相结合的原则，以及不同的评估方式和技术，才能使监测指标的覆盖面更加广泛和全面。

（3）注重主观指标与客观指标的合理平衡，其着力点包括“合理确定相对权重、差异化处理、强化公民为本和结果的导向的客观指标的设计、发挥满意度调查的诊断与改进功能”，采用独立客观的第三方评价，融入社会人士的评价，避免单一主体评价造成结果偏差，有效保障政治生态监测的科学性与合理性。

（二）指标设计依据

治国必先治党，治党务必从严，从严必有法度。党内法规作为一种行为规范，督促广大党员牢固树立“四个意识”，严格遵守“中央八项规定”，为推进全面从严治党，提高党的创造力、凝聚力、战斗力提供了更加有力的制度保障。现有党内法规制度体系，依照“1+4”的基本框架，分为党章以及党的组织法规、党的领导法规、党的自身建设法规和党的监督保障法规四大板块，覆盖党的领导和党的建设各方面，渗入政治生态的各领域、各层面、各环节。这些党内法规对乡村的政治生活、组织生活、某一重点领域与重点环节、某一重点工作等内容做出了具体规定，特别是在思想教育、行为规制、反腐倡廉、执纪问责等方面均做出了具体要求，为监测指标设计提供了规范性参考，明确了政治生态监测和考核的方向与目标。

（三）指标设计框架

当前，北京、浙江、江苏等地先行开展了政治生态监测体系构建的实践探索，并有相应的制度体系运行。从已有的实践经验来看，政治生态监测指标体系框架设计大体概要如下：

政治生态监测指标体系设计大体围绕党内法规制度体系建设所涵盖的制度建设、政治建设、思想建设、组织建设、作风建设、纪律建设六方面展开。以《关于新形势下党内政治生活的若干准则》为例，该准则在坚定理想信念、坚持党的基本路线、坚决维护党中央权威、严明党的政治纪律、保持党同人民群众的血肉联系、坚持民主集中制原则、发扬党内民主和保障党员权利、坚持正确选人用人导向、严格党的组织生活制度、开展批评和自我批评、加强对权力运行的制约和监督、保持清正廉洁的政治本色 12 个方面分别做出具体规定。以这 12 个方面为切入口，秉持上述三个原则，将政治生态监测指标划分为党内政治生活、政治纪律与政治规矩、政府清正廉洁、选人用人、社会综合评价等评价板块，保障政治生态监测的公平公正。在此基础上，根据实际情况逐渐细化一级指标、二级指标等，明确了具体的政治生态监测方向。

就现有的开展情况来看，多地仅围绕县域政治生态开展政治生态监测，少有将村（社区）这一层级纳入监测范围。以浙江省常山县政治生态监测评估体系为例，其村（社区）政治生态监测指标设计参考《中国共产党农村基层组织工作条例》《中国共产党党和国家机关基层组织工作条例》等党内法规来设计指标体系。这些党内法规主要对乡镇党委主要职责、精神文明建设、乡村治理、领导班子和干部队伍建设、党内监督等方面提出了明确要求。经总结归纳后形成政治生活规范度、党内监督严实度、党员干部清廉度、人民群众满意度等多个板块。以党员干部清廉度为例，下设的一级指标与二级指标应当全面考察党员干部的政德、廉洁、绩效等表现，重点考察在重大原则问题上的政治立场，在乡村工程建设、资源开发、个人金融信贷等重点领域的党风廉政建设情况以及群众满意度等表现，与党风廉政建设责任制、工作绩效考核、“好差评”制度等相结合，加强对关键岗位的管理监督。除全国统一性的标准外，还可以适当融入地方特色，因地制宜，监测与评估各地政治生态情况。如各地可以根据实际政治生态状况融入乡村振兴、生态环境保护、社会治理、公共服务等方面内容，以全面、真实地反映各地政治生态情况。

有些党内法规内容过于抽象，不能简单地以分数来评判其落实情况，需要以活化的具体表现形态来考察。如《关于新形势下党内政治生活的若干准则》中关于“坚定理想信念”的论述，涉及“党员政治信仰”“党内学习制度”等，较难以量化方式考察。因而，需要将其转化为考察党员干部的政治立场和政治言行，设计“党的理论和路线方针政策执行情况”“中央八项规定精神问题查处情况”等指标，若发表不当言论造成不良影响的，则按相应权重扣分。其余板块以此类推，构建覆盖全方位、各领域的政治生态监测体系。

综上所述，将乡村政治生态监测指标体系分为四个板块，设立 12 个一级指标、23 个二级指标。详见表 1。

表 1 乡村政治生态监测指标体系

评价内容	一级指标	二级指标
政治生活规范度	政治建设	党的理论和路线方针政策执行情况
	组织建设	基层党建工作开展情况
		党的领导核心作用发挥情况
	文化建设	先进文化宣传普及度
		教育、培训学习情况
党内监督严实度	责任落实	村（社区）党组织主抓直管情况
		村（社区）干部履职情况
	权力运行	村级民主决策执行情况
		“三务”公开情况
	三资管理	村集体资产管理情况
党员干部清廉度	作风建设	中央八项规定精神问题查处情况
		廉洁自律问题查处情况
		“三不三乱”
	纪律建设	违纪违法查处
		党纪政务处分执行
人民群众满意度	乡风文明	移风易俗情况
		创建全国文明建设工作落实情况
	信访举报	信访趋势
		集体上访情况
	密切联系群众	服务群众
		乡村振兴
		民生实事
	群众评价	评价满意率

基于党内法规设计和构建政治生态监测指标体系的优势在于：一是以党内法规形式分析了乡村政治生态存在的突出问题，对乡村政治生态问题进行解构，提高了乡村政治生态“画像”精准度；二是实现了对政治生态的量化测量，解决了长期以来在评估政治生态操作过程中只能定性分析而无法定量分析的难题，克服了以往一般性的评估指标因内容空泛、定性模糊而难以考量乡村政治生态良好与否的问题；三是“不仅为党员提供明确的行为指引，更为纪委监委执纪执法提供‘微腐败’治理的精准依据”，精准治理乡村政治生态问题。让乡村政治生态得到更为精准的监测和评估，及早发现、及早纠正乡村政治生态问题，及时解决苗头性问题，防微杜渐，实现乡村政治生态的源头治理、系统治理、精准治理。把党内法规贯穿

政治生态监测指标体系设计始终，充分发挥党内法规的规则导向作用，有效推动依规治党与制度治党一体推进、全面从严治党向纵深发展，助推乡村政治生态好转，以更好的政治生态面貌开创乡村振兴新局面。

参考文献：

[1] 习近平在中共中央政治局第三十三次集体学习时强调 严肃党内政治生活 净化党内政治生态 为全面从严治党打下重要政治基础 [J]. 中国纪检监察，2016 (13)：11-12.

[2] 中国共产党第十九届中央委员会第五次全体会议公报 [J]. 中国人大，2020 (21)：6-8.

[3] 中共中央文献研究室. 习近平关于协调推进“四个全面”战略布局论述摘编 [M]. 北京：中央文献出版社，2015.

[4] 中共中央文献研究室. 十八大以来重要文献选编（下）[M]. 北京：中央文献出版社，2018.

[5] 中共中央文献研究室. 习近平关于全面从严治党论述摘编 [M]. 北京：中央文献出版社，2016.

[6] 习近平. 增强推进党的政治建设的自觉性和坚定性 [J]. 思想政治工作研究，2019 (8)：7-9.

[7] 周志忍. 论政府绩效评估中主观客观指标的合理平衡 [J]. 行政论坛，2015，22 (3)：37-44.

[8] 邹东升，姚靖. 新时代微腐败治理的纪法衔接 [J]. 理论探讨，2019 (1)：128-134.

构建完善的农村公共服务体系路径探究

陈国富[①]　范小丹[②]

摘　要： 构建完善的农村公共服务体系，既是实现城乡基本公共服务均等化的基本目标，也是加快实现乡村振兴战略目标的有效路径。这一方面能够为国家治理体系和治理能力现代化提供实践指南，另一方面在于应对农村公共服务不完善带来的社会问题。建立健全农村公共服务机制、加强政府对农村公共服务的管理和监督、建立农村公共服务治理共同体、加强农村公共服务人才队伍建设是构建完善的农村公共服务体系的核心要义。

关键词： 新时代；农村公共服务体系；实践路径

一、农村公共服务体系建设应处理好几大关系

（一）处理好中央和地方的关系

中央政府对地方政府的支持和引领是农村公共服务体系建设的前提和基础，而地方政府对中央政府相关政策的落实是农村公共服务体系建设的重要保证。中央政府主要负责对农村公共服务进行顶层设计，构建普适性的农村标准化公共服务体系，为各地因地制宜制定本地区标准化公共服务体系提供理论依据。而地方政府必须根据地方的实际情况，制定出符合本地区农村公共服务可操作性的实施方案。地方政府编制农村公共服务规划不能简单套用城市公共服务规划，也不能简单套用其他省（自治区、直辖市）的农村公共服务规划。要科学把握本地区乡村公共服务的特殊性、差异性，因地制宜，把乡村民俗作为核心要素，构建切合本地区实际的农村公共服务体系。

（二）处理好城市和乡村的关系

城乡发展不平衡是中国经济社会的基本特点之一，农村公共服务体系建设中必须处理好城乡之间的关系。通过构建城市发展体制机制和政策体系，结合乡村的实际情况，加强城乡之间的互联互动，推动人才、土地、资本等生产要素在城乡之间的双向流动。城市与乡村是“城乡互构”的辩证关系。在这种新型城乡关系中，城市公共服务和农村公共服务相互补充、相互支持，一方的存在以另一方的存在为

① 陈国富，重庆市长寿区行政学校教授。

② 范小丹，重庆市长寿区凤城第一小学教师。

根本条件。城乡一体化发展是当下中国社会发展的必然趋势，可以通过城市引领乡村，用城市发展反哺农村发展，最终实现城乡一体化协调发展。

（三）处理好内部和外部的关系

从内部条件看，农村公共服务体系是一个总体性范畴，必须处理好各个子系统之间的关系，把农村基础设施服务体系作为农村公共服务体系建设的经济基础，农村公共文化服务体系作为农村公共服务体系建设的思想灵魂，把农村科技服务体系作为农村公共服务体系建设的发展动力，把农村基础教育服务体系、农村公共卫生服务体系、农村社会保障服务体系、农村金融服务体系作为农村公共服务建体系建设的重要保障。从外部条件来看，农村公共服务体系与乡村振兴战略、农业现代化、农村现代化、实现中华民族伟大复兴都有着不可分割的必然联系。乡村振兴既是农村公共服务体系建设的重要内容，也是农业现代化建设的生动体现。农业、农村现代化建设需要完善的农村公共服务体系，进而为农村公共服务提供理论支撑和智力支持。

二、农村公共服务体系建设存在的主要问题

（一）农村公共服务的体制机制不完善

一是农村公共服务的供给主体单一。有的地方基层政府承担了所有的农村公共服务，既是农村公共服务的管理者，又是农村公共服务的经营者。二是农村公共服务的供给决策体制不健全，忽视了农村公共服务消费主体即农村居民的现实需求，导致供给与需求之间严重脱节。三是对农村公共服务的财政投入不足，没有建立科学的财政投入机制，基层政府对农村公共服务的供给刺激主要来源于地方财政，很少有信贷资金、社会资金的参与。四是对农村公共服务的激励和监督不到位。对农村公共服务供给决策实施的全过程没有形成系统的激励和监督机制，导致城乡区域间的公共服务协调性不强。

（二）政府对农村公共服务的管理和监督不到位

一是没有建立“自上而下”的农村公共服务管理制度，对农村公共服务没有建立责任落实制度。而单一的农村公共服务供给主体，导致农村公共服务质量和水平远远达不到预期效果。二是基层政府对农村公共服务的指导流于形式，没有真正发挥其政府效能。基层政府对农村公共服务的管理权限不清晰，导致相关职能部门相互推诿。三是对农村基础教育、农村公共文化等领域的指导和监管不力，也不能了解农村居民的个体需求。

（三）社会公众对农村公共服务的参与不到位

一是在传统的农村公共服务体系中，公共服务内容采取“自上而下”的操作模式，农村居民居于被动接受的状态。二是农村公共文化服务内容稀少。随着互联网的逐步普及和智能手机的普遍使用，农村居民的文化娱乐条件有了很大变化，但农村公共文化服务的内容却没有跟上时代的步伐。三是农村公共服务的内容与形

式，都与农村居民的个体需求相差甚远，难以贴近农村居民的现实生活，让其产生亲切感、愉悦感。

（四）农村公共服务的人才缺乏

一是农村从事公共服务的工作人员学历层次低，专业技能和专业水平不够，缺乏必要的文化知识，他们的专业水平和能力素养难以完全胜任农村公共服务工作。二是农村从事公共服务的工作人员深入群众不够，有的不具备网络信息技术素养，对政府下达的文件及相关政策一知半解，导致很多关系到农村居民公共服务的政策难以落实。三是农村从事公共服务的工作人员出现老龄化趋势，普遍缺少新鲜血液的输入。

三、构建完善的农村公共服务体系的实践路径

（一）健全农村公共服务体制机制

一是建立以需求为导向的农村公共服务供给决策机制。农村公共服务供给要充分体现农村居民的公共服务需求，畅通民意表达渠道，增强农村居民的民意表达信心。二是建立农村公共服务的激励和监督机制。对农村公共服务供给决策实施的全过程进行有效的监督。三是适度引入市场竞争机制，吸引借贷资本、社会资本投入农村公共服务建设，充分发挥村委会的服务功能，建立“一事一议”制度。四是加大农村居民对公共服务的参与力度，建立城乡区域间的互动促进机制。

（二）加强对农村公共服务的管理和监督

一是建立健全农村公共服务管理制度，逐步完善农村公共服务供给的绩效评价体系。二是各级政府应与企业、社会团体合作，搭建农村公共服务平台，为农村居民提供便捷化的诉求渠道。三是设置相应的农村公共服务指导委员会。其成员可以由政府相关部门工作人员、村民委员会委员、农村基层党组织成员组成，亦可聘请社会工作、公共管理、社会治理等领域的专家指导工作。四是加强对农业科技、农村基础教育、农村公共文化、农村基础设施等具体领域的指导和监管，逐步建立农村公共服务机构，满足农村居民的个性化需求。

（三）构建农村公共服务供给共同体和价值共同体

倡导企业、社会团体、农村居民共同参与，构建你中有我、我中有你的城乡公共服务供给共同体和价值共同体。一是建立人人参与的农村公共服务共济共同体。在农村基层党组织的领导下，建设人人有责、人人尽责、人人享有的农村公共服务供给共同体，让农村居民充分享有民意表达权。二是搭建农村居民、企业、社会团体与政府之间的对话平台，将农村公共服务的利益相关者吸纳进来，充分了解利益相关者的个性需求，增进利益相关者的相互理解，进而达到提供完善的农村公共服务的目标。三是促进农村公共服务政府、学术界与产业界之间的合作与交流。四是建立健全农村公共文化服务体系，构建农村公共文化价值共同体。利用互联网和新媒体，加快实施城乡公共文化服务全覆盖，全面提升其服务效能。

（四）加强农村公共服务人才队伍建设

构建完善的农村公共服务体系，关键在于发挥人的作用。一是加强对农业科技人才的培养。高校可以开设农村公共服务方向的公共管理专业，并培养该方向的各层次人才，构建农村公共服务体梯级人才培养体系。二是建立大学生村官人才选拔制度。充分发挥大学生村官的主动性和创造性，为其搭建个人发展的平台，最大程度彰显其社会价值，让其在农村公共服务工作中享有幸福感、获得感。三是加强农村基础教育师资队伍建设，提升农村教育服务人员的素养。只有把人才培养放在首要位置，才能建立健全农村公共服务人才队伍支撑体系。

搭建川渝两地协同实施智慧城市治理的五个平台

张琦雯①

摘　要：成渝地区双城经济圈建设稳步推进，两地的协作拓展到经济、社会、文化、生态发展的方方面面，协同社会治理是其中不可或缺的重要内容。搭建社会协同治理、重大灾害应急检测服务、数据保全鉴证证据、交通一卡通、智慧文旅五个平台，协同实施智慧城市治理，可以实现两地城市社会治理双向协同、数字经济互补发展。

关键词：川渝；协同；智慧城市

2020年1月，习近平总书记主持召开中央财经委员会第六次会议，亲自做出推动成渝地区双城经济圈建设的重大决策部署，这是新时代川渝两地发展的重大战略机遇。同时，在“数字中国”的发展战略下，我国的数字经济与实体经济不断融合，产业转型升级日新月异。伴随数字经济新动能向城市管理、服务及产业等社会治理方面渗透，催生出综合立体城市治理的数字经济治理新生态。社会治理面向的产业主体全面向智能化、精细化、服务化方向发展。各城市基于自身特点和基础，社会治理向特色化、功能化的方向演化。随着四川省、重庆市双双入选“国家数字经济创新发展试验区”，川渝两地协同实施智慧城市治理更是应有之义。建议川渝两地协同实施智慧城市治理搭建五个平台。

一、社会协同治理服务平台

（1）建设城市协调发展管理系统。系统研究成渝地区双城经济圈沿线城市主要干道、建筑、农业种植用地、生态用地的类型、分布及变化情况，建立产业经济评价、农业经济评价、生态地理评价模型，建立城市建筑智能分析模型，开展城市建筑智能提取、城市建筑变化分析、多时相遥感影像对比、多维可视化统计分析等应用建设，为区域经济发展、群众生活营造良好环境。

（2）建设生态环保治理系统。打造成渝地区双城经济圈一体化河湖生态监管系统，提供河湖的生态数据、治理辅助决策，实现成渝地区双城经济圈水资源自动识别、水质感官污染分析、水域岸线管理、生态破坏场景识别等。形成覆盖整个成渝双城经济圈的空气质量网格化监测网络，实现“网格化监测预警”“污染源清单核查”“单点污染源控制”“重污染区靶向治理”“微型空气站选址”等，为区域空

---

① 张琦雯，中共重庆市北碚区委党校教师。

气治理带来新的决策依据。

（3）推动川渝两地协同精细化城市社会治理。以大数据处理与人工智能解译能力，规模化处理遥感影像海量数据，自动化识别建筑、农田、道路、水域等目标，结合业务场景，客观、定量、实时地给出分析评估。为川渝两地城市协同政府在生态环境、城市规划、农林监管、应急管理等城市治理提供决策辅助。同时，让人民群众在科学化、精细化、智能化城市治理过程中提升幸福感。

（4）搭建川渝一体化公共应急平台。新冠肺炎疫情防控是对我国治理体系和能力的一次大考。近年来，大数据、区块链、人工智能、“互联网+”等技术为等信息化手段不断为提升治理能力赋能，作为战“疫”武器发挥着重要作用，实现对川渝两地人员活动轨迹精准溯源和叠加分析，一旦发现确诊或疑似患者，立刻就能找到和他们利用相同交通工具或在相同时空驻留的密切接触者。在疫情期间实现川渝两地的人员、场所、车辆、物资等时空分散的信息实时汇聚、高频交互和动态决策，构建联动省（市）、市（区县）、街道、社区层级的信息化系统。未来一旦出现任何重大公共事件，可以立即激活，为公共应急处置和快速协作提供强有力的信息化支撑。

二、重大灾害应急监测与服务平台

川渝两地地质、自然条件复杂，是自然灾害频发的地区。近年来，川渝两地突发灾难性事件频繁发生，严重威胁人民的生命和财产安全，同时，也对社会稳定造成了较大影响。因此，加强对突发事件的应急管理体系和应急监测服务系统建设，是关系川渝两地经济和社会发展全局以及人民群众生命财产安全的大事。

面临自然灾害频发、公共安全形势严峻复杂等情况，迫切需要补齐信息化短板，综合运用航空摄影、5G 网络、大数据、物联网、云计算、区块链、人工智能等新技术，建设具有系统化、扁平化、立体化、智能化、人性化等特征的现代化应急救援系统。无人机具有灵活机动、便于携带、应急决策快、环境适应性强等突出优势，在应急决策和抢险救灾方面有很好的适用性。川渝两地滑坡、泥石流、地震等重大自然灾害的无人机应急监测与服务系统亟待建设。

针对川渝两地的地震、洪涝、森林火灾等重大自然灾害，构建协同联动、运转高效的业务体系，通过建设一套无人机应急监测与服务系统，实现对灾害现场的快速、大范围、持续、多手段、自动化、智能化的低空监测与智能服务，满足灾害风险监测评估和灾害现场应急救援对高效科学、及时准确辅助决策信息的需求；通过平台建设，可以逐步构建川渝两地系统联动、运转高效的业务体系，融合发展、创新驱动的科研体系，科学规范、效能显著的管理体系，建立一支结构合理、素质优良的人才队伍。进而形成反应快速、科学精准的自然灾害综合风险计策预警能力，持续打造国内一流、国际知名的防灾减灾救灾信息交流、技术服务和决策支持中心。

三、数据保全鉴证证据平台

由川渝两省市高级人民法院牵头，会同川渝两地公证、司法等部门，结合“数据保全+电子认证+区块链”技术搭建川渝统一数据保全鉴证证据平台；川渝两地司法权力部门，如公安局、检察院、法院、司法局等，对平台证据给予同步有效确认，基于证据平台产生的调解、仲裁、公正、诉讼判决结果，优先执行；通过数据互认的高透明度，有效消除各方疑虑，推进川渝司法体系跨域立案、跨区域远程办理、跨层级联动办理的在线司法协作体系建设，推动畅通司法信息交流渠道、优化在线办案机制和纠纷一体化解决模式，为金融、保险、医疗、电商、物流及知识产权等领域提供网络赋强公证、网络仲裁、互联网审判多元化纠纷解决通道，提升协同司法服务效率。

四、交通一卡通平台

根据交通运输部关于促进交通一卡通健康发展，加快实现互联互通的指导意见，川渝两地应深入贯彻落实国务院关于城市优先发展公共交通的指导意见，全面推广普及交通一卡通，逐步实现跨城、跨交通方式互联互通，更好服务川渝两地综合交通、智慧交通、绿色交通、平安交通建设，为广大人民群众提供更安全、更便捷、更高效的交通运输服务。

利用交通卡沉淀的数据，深入实施川渝城市公共交通智能化应用示范工程，推进成渝地区双城经济圈智慧型综合出行信息服务系统建设。充分利用互联网和信息技术加强对城市群公共交通运行状况监测、分析和预判，为公共交通系统规划和应对措施提供有数据保障，对交通路线和站点的潜在危害进行系统识别和有效引导，提高公共交通在大客流量情况下的安全性，切实杜绝事故隐患，全面提升成渝地区双城经济圈城市之间协调公共交通服务品质。

五、智慧文旅平台

近年来，川渝两地吸引了大量的游客，但由于各区旅游业发展不均衡、游客人均消费低、旅游品牌和产品建设不足、交通不便等问题造成川渝地区旅游综合收入增幅放缓，急需利用数字化手段有效整合全市文旅资源，解决文旅供给侧和文旅需求侧的矛盾。智慧文旅解决方案坚持“成渝协同发展”产业布局，推进成渝地区全域旅游综合产业发展升级。通过打通旅游上下游产业的所有资源，通过数字化手段，服务于游客、景区、商家、第三方服务提供商，打造集文旅数据汇聚、资源整合、服务管理、信用交易、营销推广为一体的数字化全域文旅生态系统。

依托“文化+旅游+科技”的结合转变，通过数字技术手段推进管理及服务的提升，打造成渝地区双城经济圈文旅产业新动能；推动“文化+旅游+其他业态”融合，创新更多文旅新业态，推进全域旅游尽快落地，培育文旅融合新业态。探索巴蜀“文化+旅游+金融”创新，通过数据整合，助力数字应用驱动产业发展。

加快成渝地区双城经济圈医疗合作的对策建议[①]

刘 悦[②] 赵 宇[③]

摘 要：没有全民健康，就没有全面小康。本文通过剖析成渝地区双城经济圈医疗合作的重要价值与积极意义，深度挖掘医疗合作环境缺乏保障、医疗辐射功能拓展不足、医疗合作机制尚未形成等主要问题，并提出打造示范引领的西部医学高地，实现医学中心和产业中心聚集，搭建医学、医疗、医产实体合作平台，完善区域医疗合作互联互通机制，拓展“医疗+”业态新兴领域等对策建议。

关键词：医疗合作；成渝地区双城经济圈；医产学协同；对策建议

2020年10月16日，中共中央政治局召开会议，审议通过了《成渝地区双城经济圈建设规划纲要》，成渝地区双城经济圈建设发展正式成为国家战略。经济发展与卫生健康事业发展水平息息相关，加快成渝地区医疗合作，有利于为“一带一路”、内陆开放战略高地建设提供高质量医疗服务支撑，有利于全方位全周期保障人民健康，加快形成成渝地区卫生事业发展新格局，维护成渝双城经济社会稳定。

一、成渝地区双城经济圈医疗合作存在的主要问题

（一）医疗合作环境缺乏保障

“健康中国”理念尚未深入人心，尚未形成健康人人有责的良好氛围。成渝两地拥有整个西部最集中的医疗卫生资源，但“大而不强、多而不精”的特点依旧没有彻底改变。医护人员多点职业、设备共享、成果转化等受到相关政策的严格限制。成渝地区之间缺少医疗合作的实体平台，无法在医疗产业转移、资源共享、信息互通、技术合作、人员培训、管理咨询等方面开展有效合作。

（二）医疗辐射功能拓展不足

当前，成渝地区医疗合作还处于起步阶段。据不完全统计，2020—2021年，

---

① 基金项目：2021年度重庆市社会科学规划项目“成渝地区双城经济圈国家卫生应急队伍协同机制研究”（项目编号：2021NDQN54）；重庆市社会科学规划基金项目“演化情景视阈下非常规突发事件整体性治理研究”（项目编号：2020PY56）。

② 刘悦，重庆市人民医院医务处。

③ 赵宇，重庆市人民医院医务处。

川渝地区医疗机构签订合作协议 20 余项，重点强调组织之间的合作，以此带动局部合作，而城乡之间、区域、县域之间联动较少，推动国家医疗战略融入、医疗科创引领、医疗资源共享、健康产业协同、医疗技术推广、卫生应急救援等方面还相对缺失。根据《重庆卫生健康统计年鉴（2021）》的数据，2020 年，重庆卫技人员有 237 726 人（四川 633 275 人、北京 303 699 人、天津 114 042 人），重庆平均每千常住人口卫技人员数量 7.42 人（四川 7.57 人、北京 13.87 人、天津 8.22 人），重庆平均每千户籍人口卫技人员数量 6.96 人（四川 6.97 人、北京 21.68 人、天津 10.09 人），在医疗服务供给能力方面与北京、天津等省（市）有较大差距；在外地就医比例方面，大部分重庆、四川医疗机构市外病人就诊比例偏低，距离北京、上海 4 成以上的市外病人就诊比例差距较大。

（三）医疗合作机制尚未形成

成渝地区医疗产业融合度不高，产业园区分布分散，传统医疗行业盈利能力将持续下降，而新技术、新产业还没有形成规模效应，尤其是在高科技药品、高端医疗设备、生物科技、基因诊疗、智慧辅助诊疗、医学新材料、医疗旅游等方面合作还比较缺失。根据 2017 年新华社发布的“医疗服务（区域）发展指数”(MSDI)，在全国 31 个省（自治区、直辖市）中，四川排名第 7 位，重庆排名第 18 位。由此可见，川渝两地医疗服务能力不强，存在医疗服务和高端制造分割、科技研发与成果转化分割、医疗诊治与养老服务分割等问题。

二、加快成渝地区双城经济圈医疗合作的对策建议

（一）打造示范引领的西部医学高地

以西部医学高地为定位，以“健康为本、服务战略、科创引领、产业融合”为理念，以新业态集群和公共服务平台为重要支撑，推进成渝地区医疗一体化发展，在成渝地区形成示范引领、优势互补、互惠共享、协同发展的格局，在全国形成与中东部良性互动、相互呼应、相互支撑的格局。依托成渝地区医疗合作项目，2025 年前，促进“大健康”相关产业发展，个体及群体健康指标体系力争达到国际标准；2030 年前，将成渝地区打造成国家医疗科创中心、国家医疗会议中心、国家健康体验中心、国家（西部）医疗应急救援中心、西部医疗产业协同中心、西部医疗信息共享中心，增强引领能力、服务能力、协同能力与核心竞争能力。

（二）实现医学中心和产业中心聚集

一是实现健康产业集聚。盘点成渝地区产业，整合两地资源、避免重复建设、产业提档升级，建设生命健康示范产业园区，紧盯中高端、个性化、疑难杂症医疗服务需求人群，建设集医、教、研、产、创于一体的现代国际医疗服务示范园区。在职业资格方面，鼓励医生多途径多点执业，鼓励成渝两地医生交流、挂职、学习；适当放宽园区医疗产业相关产业资源流动的限制，尤其是在涉及设备租赁、人才柔性流动、中外合作办医、预留医疗用地转让及共享等方面；建立医疗产业创新创业基地，吸引高、尖、特、新产业，补足补强产业链条，逐步形成产业集聚、产业融合。二是实现高、精、尖医疗技术集聚。截至 2021 年 6 月，十大国家医学中

心集中设置于北京、上海、广东，而成渝地区偏少，仅有四川大学华西口腔医院获批设置国家口腔医学中心、以重庆医科大学附属儿童医院为主体联合四川大学华西第二医院设置国家儿童区域医疗中心。以国家医学中心、国家区域医疗中心为龙头，省级医疗中心为纽带，选择成渝地区多家大型三甲医院、中小型基层医院，共同建设全国一流的医联体，加快形成区域分级诊疗体系。2021 年 1 月，四川省人民政府办公厅和重庆市人民政府办公厅共同印发《成渝地区双城经济圈便捷生活行动方案》，将符合条件的公立和社会办定点医疗机构纳入国家跨省异地就医管理子系统，享受相同的医保政策、管理和服务；率先实现两地公立三级甲等综合医院检查检验结果互认，并逐步扩大到公立三级综合医院和公立二级甲等综合医院。开放医疗技术资源、技术平台和技术信息，使其成为西部地区医疗机构共同参与、共同攻关、成果共享、协同合作的中心枢纽，不断提高医疗技术方面的竞争力、辐射力和组织力。

（三）搭建医学、医疗、医产实体合作平台

一是加强成渝地区一流医学院校合作，建立西部（成渝）医学科学研究院。依托其搭建共享型的临床研究平台、科研协同平台、医学实验室和医学人才培训中心，成为医疗、教学、科研、成果转化的重要载体。二是搭建西部（成渝）医疗互通平台。制定区域医疗技术、信息等标准，探索“智能+互联+数据”的智慧医疗模式，推动区域内医疗信息标准化、医联网全覆盖、医疗大数据化；搭建医疗大数据平台、远程医疗平台、精准医学平台、医疗辅助决策平台、医疗物联网、医疗资源交互平台等合作平台，推动区域内医疗关键资源的自主流动和有效引导。三是以西部（成渝）医疗产业联盟为基础，搭建国家医疗产业对接平台。承办西部（成渝）医疗产业合作论坛，着力推进医疗高端智库、医疗产业战略伙伴计划和医疗成果转化大会 3 个核心项目建设，加强产业转移、资源共享、技术合作等方面的交流，支持医疗服务、科研教学、健康管理、健康保险等医疗机构和企业在成渝地区聚集，加快推进医疗服务业国际化进程，推动长江经济带乃至中西部“大健康”产业发展。

（四）完善区域医疗合作互联互通机制

一是创新合作管理机制。在政府组织管理层面，由四川、重庆卫生健康主管部门联合成立领导小组（成渝地区双城经济圈大健康管理事务部），统一协调管理，减少审批流程，提升服务效率；建立咨询委员会，由川渝两地医疗行业有关专家学者、职业经理人、高校教师、政府领导等组成，发挥参谋助手、决策建议、推动发展、交流合作等功能；建立符合医疗科技的分配体系，完善以医疗科技创质量、应用推广效率、专业贡献率、影响力为导向的分类评价体系，健全以增加知识价值为导向的分配政策，提高科研技术人员成功转化收益的分享比例。二是创新医疗服务机制。将国内外成熟行业管理模式与成渝地区医疗服务资源深度对接，打造龙头生物医药企业、深挖精准医学技术、增加高端医疗服务供给，完善医疗服务结构，提升未来医疗行业的核心竞争力。三是创新人才培养合作机制。建立全球化医疗行业人才配置机制，为医疗行业人才跨国、跨区域柔性流动提供良好的支撑条件，推进成渝人才特区（卫生健康）建设；建立成渝地区医疗人才分类培训项目，选拔医、护、技、管理、后勤等人员进行互访学习，优化医疗培训证书互认机制，建立医学院校、医疗机构的纽带关系。四是创新医疗技术合作机制。在国际国内医疗评审评价方面开展合作，帮助医院通过医疗标准认证；出台优惠措施，吸引国内外顶尖学术研究机构在成渝地区设立总部或分部；搭建技术合作平台，引入先进医疗技术，开展疑难危急重症科技攻关，推动医疗水平和服务能力快速提升。

（五）拓展“医疗+”业态新兴领域

重点发展“医疗+区块链”“医疗+互联网”“医疗+智能设备材料”“医疗+旅游经济”“医疗+中介服务（技术教育、会展）”“医疗+医养”。以“医疗+区块链”为基础，帮助实现数据共享、透明可信、防伪溯源等功能，发挥其在数据挖掘、标准制定、医疗定价、保险精算、就诊资源匹配等方面的作用，深挖医疗数据和生物样本数据蓝海。以高端医疗、健康管理为龙头，以照护康复、健身休闲、养生保健为特色，培育健康产业链完善创新产业链。升级传统医疗产业，积极培育战略新兴医疗产业，跨行业整合提升医疗产业核心竞争力，促进技术和产业向价值链高端延伸、向产业接合部推进。推进“医疗+互联网”业态升级，搭建区域医疗互联平台，积极探索医疗电商、网络健康宣教、互联网医院等方式。推进“医疗+成渝制造”升级，加快推进区域医疗物联网建设，在大型放射设备、移动医疗设备、核心支撑软件、智能医疗设备、医疗新材料、3D医疗打印等方面发力，强化医疗制造标准，加强医疗制造产品全生命周期管理；积极打造新业态，在医疗旅游、医疗中介、中医养老等方面着力，支持美容旅游、医疗保健、医疗会展、医疗教育、医疗经纪人、医养结合等新业态的发展，丰富医疗产业形态。

党建引领村集体经济发展的探索与思考

——以CK县为例

严 华[1] 张 璇[2]

摘 要：发展壮大农村集体经济是加强党对“三农”工作全面领导的重要体现，是发展壮大农村经济、实施乡村振兴战略的重要路径和任务要求。本文在对CK县进行田野调查的基础上，梳理基层党组织引领村集体经济发展的做法，分析发展困境，提出优化党建引领村集体经济发展的建议。

关键词：党建引领；集体经济；对策建议

发展壮大农村集体经济是加强党对“三农”工作全面领导的重要体现，是发展壮大农村经济、实施乡村振兴战略的重要路径和任务要求。广大农村特别是老少边地区，经济社会发展水平相对滞后，区域发展不平衡不充分的矛盾突出。在巩固脱贫攻坚成果与乡村振兴衔接的关键期，如何激发群众的内生动力实现共同富裕，是基层党组织面临的难题。CK县立足党的建设，充分发挥基层党组织的战斗堡垒作用，以党建引领村集体经济发展，把村民由“分”到“统”组织起来，有效利用资源，提高生产的抗风险能力，村集体经济发展初见成效。

一、CK县党建引领村集体经济的发展现状

（一）党建引领发展情况

CK县通过持续发挥基层党组织的凝聚力、影响力和战斗力，以村“两委”为主体、党员示范为支撑，探索“党支部+联合社+农户”等模式，推动村集体经济健康发展，促进农户增收致富。一是发挥支部引领作用。脱贫攻坚彻底解决了老百姓的“两不愁三保障”问题，为建立更加紧密的党群组织纽带，CK县因地制宜将浓厚的生活气息及民间文化元素注入党组织的阵地，将群众组织起来、凝聚起来“抱团发展”。坪上村利用本地湖泊地理优势，规划沿湖旅游带，打造了集村民议事大厅、旅游接待中心、托幼所、群团活动室等于一体的便民服务中心。二是发挥“头雁”的带动作用。“支部强不强，关键在领头羊”。目前，全县已有180余个村实现村党支部书记、村主任“一肩挑”，重点从本土致富带头人、优秀返乡农民工

---

① 严华，中共重庆市城口县委党校讲师。

② 张璇，中共重庆市城口县委党校教师。

以及退役军人中选拔有市场经营理念、有干事激情的“头雁”，配强村党支部书记。三是发挥党员的示范作用。广泛动员党员干部积极参与村级产业发展，建立党员示范点。凉风村党员伍东，中专毕业后，一直在沿海务工经商。2015 年，伍东毅然返回家乡，立下宁愿“脱层皮”也要带领乡亲“脱掉贫”的誓言。返乡后，他带动村民发展种植中药材等特色产业，至 2020 年年底，带领凉风村 47 户、172 人全员稳定脱贫，村民人均收入由 2016 年的 4 800 元提升到 11 000 元，贫困发生率从 2016 年的 39.9%下降为 0。

（二）集体经济发展情况

CK 县立足长远，不断深化农村“三变”改革助推集体经济健康发展，最大限度地盘活资源，以期实现“资源变资产、资金变股金、农民变股民”，村党组织有针对性地嵌入集体经济组织，入股不控股，让村集体有钱办事，防止村集体经济空心化，同时又实现风险共担、利益共享，群众有了“主心骨”。全县 181 个行政村制定了各具特色的村集体经济发展规划，已有近 50 个村启动培育村集体经济组织，其中 26 个村初步实现了营利性收入。

白鹤村以“两不闲置两不兜底”模式创新发展村集体经济。即村党支部统筹组织全村 312 名闲散劳动力，利用本村 600 亩闲置土地发展中药材，引导农户以土地或劳动力入股，土地租金不兜底、劳务工资不兜底，根据最终收益多少来确定土地租金和劳务工资。同时，将 80%的利润分给土地入股和务工农户、10%的利润为全村困难户分红、10%的利润用作与集体经济组织的管理费用和后期发展的垫底资金。2020 年，直接带动 20 余户闲散劳动力，务工收入 1.5 万元，带动 18 户土地流转收入近 3 万元。这样，既创新了农村经济主体之间的利益联结机制，又盘活了资源、激活了村民发展内生动力。

二、党建引领村集体经济发展的现实困境

（一）战斗堡垒作用发挥不够，人才储备不足

一是村级党组织服务发展精力不够。农村工作任务重，涉及面广，村“两委”对接多个行政部门的事务，需要花费大量的精力开会、报表、维稳、迎检，疲于完成各种事务性工作，思考和带领村民增收致富的时间和精力匮乏。二是村“两委”干部的能力不适应新时代的工作要求。边远地区大量优秀年轻人宁愿外出务工，也不愿留在村里担任村干部。目前，在岗的村干部普遍年龄偏大、思想保守，面对生产生活方式多元化的村民群体，党员干部确实存在与群众说不上话的尴尬状态。同时，工作思路不宽，办法不多，不敢担风险，学习能力、开创意识都无法适应当前农村工作的需要。

（二）村集体经济组织发展滞后，资源利用率不高

一是闲置资源有待进一步盘活。由于交通、物流等配套基础设施相对落后，没有充分挖掘集体资产和人力资源的内在潜力，部分资源长期闲置，农村集体经济发展滞后。二是缺乏专业人才、创新精神不够。现阶段，村集体经济从规划到运行模式，从资金来源到利润分配等方面都缺乏相应指导。在集体经济发展前期，村

“两委”干部更多关注的是资金、技术、人才等，忽视了对现有集体资源的利用，特别是对生态资源价值转化、金融扶持等政策的运用不够充分，创新谋发展思路不多。

三、进一步优化党建引领村集体经济发展的对策建议

（一）加强农村基层党组织建设，发挥支部堡垒作用

一是激发党组织活力，引领发展。村党支部是发展壮大村集体经济的“组织引擎”。切实选优配强村“两委”班子，将那些眼界宽、能力强、素质高、讲奉献的“能人”选到支部书记的岗位上来。通过专题培训、观摩学习等方式进一步提升村级支部书记的综合素质，注重培养本土人才和村后备干部。推行党组织有效嵌入集体经济组织制度，发挥一个支部统领一片群众的组织优势，发挥村党支部的战斗堡垒作用。二是牢记初心使命，增强宗旨意识。进一步加强对广大党员干部的宗旨教育，牢记“人民就是江山，江山就是人民”，引导党员干部重点关注困难群体，通过土地、林地等闲置资源入股，到集体经济组织务工等多种方式帮助增收。同时，从县级涉农部门的党员中选派出“服务小分队”，赴各乡镇指导村集体经济发展，帮助其产业规划、技术援助和政策宣讲，增强集体经济发展的后劲。三是搭建党群沟通平台，转变观念。推行县级领导干部包片联系工作制度，充分利用第一书记、驻村工作队在信息、技术等方面的优势，强化其对集体经济组织的参谋作用。基层党组织变管理群众为发动群众、组织群众，以搭建好服务平台代替行政命令，在服务过程中实现政治引领；同时，引导农民群众自我管理、自主发展，培育村民自治组织带头人，健全集体经济议事会、乡贤评议会等自治组织。建立完善法律服务组织体系，选聘人民调解员，既为集体经济发展营造安全稳定的社会环境，又为基层组织“松绑”，逐步建立起自治、法治、德治、智治的新时代乡村治理模式。

（二）加强农村集体经济组织建设，激活群众内生动力

一是善用政策支持，盘活经营性资产。充分利用好现有财政、金融等扶持政策，稳步推进农村“三变”改革，充分利用土地、林地、河道等资源禀赋，把闲散农民有序组织起来，大力发展特色农业，结合本地实际，发展壮大农村集体经济组织。二是发挥本土优势，定位产业发展项目。集体经济发展要立足本地传统特色产业优势，紧盯市场前景，选准村民增收重要渠道，建立“联合社+合作社”，联合社负责销售和产业技术指导，形成一定的规模优势，打造统一品牌，对外抱团对接市场，探索“联合社+合作社+电商平台”等生产经营模式，进而形成生产组织化、产加销一体化、产品培育品牌化、政策落实系统化、管理服务规范化（以下简称“五化”）联动机制。三是科学管理，激发集体经济组织活力。建立完善集体经济组织管理章程，创新运营制度，打破入股就有收益的“铁饭碗”，避免干多干少一个样“吃大锅饭”的困局，创新农村经济主体间的利益链接机制，进一步释放自然资源和人力资源活力，明晰个人与组织之间的关系，老百姓的政治权利和经济权利更加凸显，进一步增强了村民参与自我服务的意识，提升自我发展的能

力。探索建立集体经济科学合规的利益分配机制，妥善解决利益关系不明晰等问题。各级业务主管部门切实加强对集体经济组织的监管，防止资产流失。

参考文献：

［1］彭筱航.《中华人民共和国乡村振兴促进法》施行［J］. 云南农业科技，2021（4）：17.

［2］中共中央 国务院关于实施乡村振兴战略的意见［N］. 人民日报，2018-02-05（001）.

［3］黄祖辉. 准确把握中国乡村振兴战略［J］. 中国农村经济，2018（4）：2-12.

［4］李福科. 构建“三位一体”组织体系引领乡村治理创新：重庆市城口县实施组织振兴［J］. 重庆行政（公共论坛），2018，19（6）：38-41.

乡村振兴战略背景下农村经济发展途径探析

万 伟[①]

摘 要：当前，我国乡村振兴战略逐渐迈入成熟阶段，这也代表着制约农村农业发展的诸多关键性问题得以解决。深入推进乡村振兴战略是促进农村经济持续发展、产业兴旺的有效途径，在新时期下分析研究乡村振兴战略对推动农村经济发展的重要作用，探讨乡村振兴战略背景下农村经济发展的新思路，不但能够让农村经济建设工作迈上新的台阶，也能够促进广大农民群众经济收入持续提升，实现乡村产业均衡发展。本文结合笔者实际研究，对此问题展开了探讨。

关键词：乡村振兴；农村经济；发展途径；对策建议

近年来，农村劳动力越来越多地朝着城镇转移，农村地区劳动力流失问题日趋严重，农产品数量与质量逐步降低，在很大程度上阻碍了农村经济发展，出现了农业生产规模与实际效益不匹配的现象。因此，国家政府提出乡村振兴战略，要求促进农村经济活动内容与形式的创新，根据地区实际情况制定有针对性的发展措施，为农村经济发展带来更多政策优惠，完善相关管理制度，从而最终实现乡村振兴战略发展目标。

一、乡村振兴战略对推动农村经济发展的重要作用

一方面，乡村振兴战略的推进实施能够有效推动农业现代化建设水平提高。现阶段，国内农村地区各类农产品与粮食的供需关系得以不断优化，农民群众的经济收入逐步提高，脱贫攻坚工作取得了伟大成果，大环境变化让乡村振兴战略发展目标逐步实现。在未来开展农村经济建设发展工作中，随着各项政策制度的贯彻落实，城乡居民经济收入会持续提升，同时政府相关部门在新农村建设中所投入的资源逐渐增多，乡村振兴战略的深入推进为农村经济发展和农业现代化水平提高指明了目标与方向。

另一方面，乡村振兴战略的推进实施为农民实现共同富裕打下了坚实基础。我国土地资源十分丰富，但耕地数量占比并不多，加之国内农村人口数量相对更多，城市工业化水平还需要进一步提高，由于各种因素带来的影响，国内大部分农村地区依旧以小农经济为主，“大国小农”在未来几年依旧属于我国的基本国情。因为农村人均耕地数量不足，对农业经济发展带来了非常大的影响。对于这些情况，国

---

① 万伟，中共重庆市巫山县委党校教师。

家政府引起了充分关注和重视，同时积极增加人力、资金等投入，不断推进农村经济改革，积极促进集体经济发展，真正实现了农业生产效率与生产质量的提升，为最终实现农民共同富裕打下了坚实基础。我国整体经济建设发展最终以共同富裕为目标，因此必须更加关注农村地区的经济建设发展，致力于提升农民经济收入，深化落实乡村振兴战略，为农业经济发展注入新活力，以此为依托确保共同富裕目标的最终实现。

总而言之，我们必须要充分认识到乡村振兴战略对于农村经济发展的重要促进作用和现实意义，特别是在现阶段农村经济发展增速日益提升的新形势下，更应当以乡村振兴战略为依托，确保农村经济发展步伐持续稳健迈进。

二、乡村振兴战略背景下农村经济发展途径

（一）构建现代农业发展体系

为促进农村经济发展质量不断提升，应推进农业转型升级，确保农业现代化建设目标实现。农业现代化建设关系到诸多行业和领域，应当确保农业生产、加工以及销售等各个流程之间的协调迈进，尽快建立更加全面系统的产业体系、生产体系以及经营体系，实现农业资源的充分挖掘利用，确保农业生产经营活动竞争力持续增强。实际工作中，一是应当尽快建立健全农业现代化产业体系，真正发挥出农业产业化的引领功能，对农业生产经营涉及的相关流程予以充分整合，推动农业产业发展。二是应当尽快建立完善现代化生产体系，在生产活动中积极推广普及现代信息技术和各类现代化机械设备，当地主管部门应当根据实际情况开展技术推广普及工作，对农业生产设备予以不断优化更新，实现农业生产效率提升，确保农业科技成果有效转化，不断提升风险防范能力。三是应当建立现代化经营体系，如积极建设农民专业合作社，实现规模化农业经营。借助于上述三大体系的构建与完善，可以有效推动农业转型升级，促进农业现代化建设水平提高。

（二）拓宽农业资金融资渠道

农村经济高质量发展应当有充足资金作为保障。乡村振兴战略背景下，财政部、农业农村部等部门通过实施农村金融发展、增加财政资金支持等措施来助力农村经济发展。然而，财政资金能够投入农村的部分始终有限，不能够完全补充资金空间。所以，为实现农村经济的持续稳定发展，促进农业经济转型升级，还需要进一步拓展农业资金融资路径。从现阶段的实际情况来看，农业资金融资渠道较为单一，真正得到的资金支持较少，对此要促进农村金融制度的不断完善，对“三农”金融服务工作予以不断优化，拓展农民群众的融资途径。地方政府部门要全面执行国家相关优惠政策，组织开展各类金融服务新项目的试点推广工作。另外，还需要对农村金融产品风险管控体系予以完善，第一时间将更多现代化农业经营模式融入信用评价标准中来，对农民群众的授信额度适当增加。财政部门、保险企业以及金融机构应当密切沟通联系，实现多方合作，努力营造组织、企业以及农民群众风险共担的和谐良好的农村金融发展环境，为农村经济的持续健康发展带来充足的资金保障。

（三）深入调整优化农业结构

乡村振兴战略背景下，基于各项优惠支持政策，我国农业现代化发展水平得以持续提高。然而，少数地区的农业基础尚未牢固，仅仅依靠单一化的农业结构，市场竞争力较弱。另外，农村经济建设发展和乡村生态环境保护工作表现出一定的矛盾，自然资源过度开发、生态资源短缺等问题阻碍了农村经济发展。在这样的形势下，必须要对农业结构予以持续优化，促进第一、二、三产业的协调发展。一是应当对本地农产品结构、布局结构等展开全面调查分析，逐渐整合农产品生产、销售等各个流程，深化推进第一、二、三产业融合，不断增加农产品附加值，优化调整农业生产链。二是树立绿色生态发展理念，严格遵循可持续发展原则。现代人更加关注和重视农产品的绿色与健康，过去的农业生产模式更加倾向于对数量的追求，与当前市场需求存在矛盾。所以，应当充分关注农产品生产质量，对生产流程实施全面监督管理，尽快统一相关标准，提升品牌影响力和产品附加值。三是应当充分发挥出生产资源的潜力与价值，对农业生产模式进行创新与改革，积极推进农产品深加工、服务业等发展，把旅游业、农村电商等现代化业态建设起来，如此不但能够有效扩宽第一、二、三产业之间的融合路径，还可以显著提升农村经济发展质量。

（四）推动城乡一体化发展

乡村振兴战略背景下，城镇化建设进一步促进了农村生产模式和生活面貌的改变，然而城乡发展差距却始终客观存在，这对农村经济发展和新农村建设步伐的迈进带来了阻碍。所以，在推动农村经济建设发展工作中，应当确保城乡经济协同迈进，逐渐减少城乡发展差距。一是应当建立健全投入保障制度，对投融资机制予以完善，在依托财政支持的前提下积极寻求更多社会资金，形成多元化的金融支持格局，确保农村经济发展质量持续提升；二是应当树立城乡一体化发展理念，坚持落实以城带乡，处理好公共服务、就业社保等领域存在的城乡矛盾；三是要创新农业生产模式，最大限度地解放农业生产力，确保城乡对立矛盾能够从本质上予以解除。

（五）积极培育现代新型农民

乡村振兴战略背景下，推进农村经济高质量发展，必须要促进广大农民群众综合素质能力提升，积极培育更多现代新型农民，这样才能够与农业现代化发展要求相契合。一是应当大力提升农民群众增收致富能力。不断增加农民群众中的高收入群体数量，促进农民整体经济收入增加。借助于城乡一体化建设，在很大程度上改变广大农户传统的生产生活模式，现代新型农民必须要拥有较高的生产技能，通过定期组织培训学习活动提升其综合素养。在这一过程中，应当充分考虑不同地区的具体情况，借助于促进就业、鼓励就业等途径，推进农业与其他产业的融合发展。二是应当开展常态化宣传教育工作。随着农业现代化水平提高，更多现代信息技术和生产设备得以普及运用，对广大农户的专业技术能力提出新的要求，所以地方农业主管部门要建立完善常态化宣传教育机制，定期组织当地农户参与各种技能学习活动，学习内容要涉及种养殖、农业机械设备等方面，让农民群众真正掌握现代化生产技能。尤其是互联网在农业领域中的运用促进了农业产业的创新与改革，所以还应当让广大农户具备一定的信息素养和计算机操作能力，从而在符合条件的地区积极开展网络营销、直播带货等活动，让农产品拥有更多的销售渠道。三是要积极引入更多优秀人才。农村经济建设发展需要更多专业化人才的支持，地方政府部门要制定有效的激励措施来吸引人才，优化农业工作队伍结构，助力农村经济发展。

三、结语

综上所述，推进实施乡村振兴战略，促进农村经济发展，必须要依靠农民群众的主动参与和积极配合，还需要社会各界的支持与帮助。要实现乡村振兴战略目标，应当着力推进农村经济发展，不断完善相关管理机制，进一步优化农业产业结构，重视现代新型农民培育工作，增加资源投入，促进农村特色经济发展，助力农业转型升级。只有这样，才能够确保农村经济持续健康发展。

参考文献：

［1］郑必镇．基于乡村振兴的农村旅游扶贫路径研究［J］．农村经济与科技，2019，30（24）：50，102.

［2］杨秀琴．乡村振兴中农村闲置用地的处置路径［J］．山西农经，2019（24）：1-3，6.

［3］郑雪琪．健全农村社会保障体系 助力乡村振兴战略［J］．湖北农机化，2019（24）：10.

［4］徐雪竹．乡村振兴背景下的农村产业融合研究［J］．内蒙古科技与经济，2019（24）：7-8.

产业融合理论视域下以数字技术推动文旅产业转型升级的思考

——以重庆市为例

郑 姣①

摘　要：“十四五”规划纲要勾勒出了我国数字经济发展的宏伟蓝图，提出了文旅融合发展的要求，为文旅产业发展和数字经济发展指明了方向、注入了动力。在2020年新冠肺炎疫情期间，文旅产业数字化发展爆发出了强劲的增长潜力，刺激了重庆市文旅产业的全面复苏。由此可见，以数字经济推动文旅产业的转型升级已经成为必然趋势。目前，重庆市在运用数字经济推动文旅产业转型升级方面取得了显著成效，但也存在发展的短板和瓶颈。因此，探索“数字+文化”的融合发展，有利于推动文旅产业的转型升级。

关键词：文旅产业；数字技术；重庆

习近平总书记强调，“科技兴则民族兴，科技强则国家强。实现‘两个一百年’奋斗目标，实现中华民族伟大复兴的中国梦，必须坚持走中国特色自主创新道路，面向世界科技前沿、面向经济主战场、面向国家重大需求，加快各领域科技创新，掌握全球科技竞争先机。这是我们提出建设世界科技强国的出发点”。“十四五”规划提出，加快数字化发展。发展数字经济，推进数字产业化和产业数字化，推动数字经济和实体经济深度融合，打造具有国际竞争力的数字产业集群。由此可见，数字经济已经成为全球新一轮产业竞争的制高点和促进实体经济振兴、加快转型升级的新动能。《数字中国指数报告（2020）》显示，文旅产业的“用云量”呈显著增长趋势，增速超400%。文旅产业要实现产品形态不断升级、产业结构深入优化、商业模式创新转型就需要搭乘数字技术这个“快车道”，以推进文旅产业高质量、高水准发展。

2020年新冠肺炎疫情暴发以来，数字技术成为刺激文旅产业变革的重要因素之一。新冠肺炎疫情改变了文旅互动、消费模式，实现了从线下向线上转变，以数字内容为核心的数字文旅产业异军突起，网络音乐、网络直播等流量大增，云娱乐、云直播等新业态用户高涨。因此，积极探索数字技术与文旅产业的融合发展，有利于全面推动重庆市文旅产业实现数字云联动、激发市场活力、助力全面乡村振兴。

---

① 郑姣，中共重庆市合川区委党校讲师。

一、数字技术推动文旅产业转型升级的理论基础

根据G20杭州峰会发布的《二十国集团数字经济发展与合作倡议》中提出的数字经济定义，数字文旅可定义为以使用数字化的知识和信息作为关键生产要素、以现代信息网络作为重要载体、以信息通信技术的有效使用作为效率提升、质量提升和结构优化的重要推动力的一系列文化旅游经济活动。[①]由此可见，数字技术推动文旅产业发展，就是数字技术作为一种生产要素融入文旅产业中，通过相互交叉、相互渗透，逐步形成新业态、新产业的融合过程。数字技术是为文旅产业服务的，要以文旅产业的需求为主。

产业融合理论认为，文旅产业与数字经济的融合是通过技术融合、产品融合、业务融合逐层递增的。[②] 因此，数字技术与文旅产业的融合并不仅是简单的数据服务，而是包括了文旅产业的产品生产、销售、服务等各方面的融合，通过与数字技术的融合推出新产品和新服务。甚至是数字技术完全渗透文旅产业，从文旅产业的经营、管理模式等方面重塑文旅产业链，实现文旅产业的结构性变革。它可以与传统文旅产业实现优势互补，为后疫情时代的文旅产业发展转型提供了新路径。

二、产业融合理论视域下以数字技术推动重庆市文旅产业转型升级的现实考量

（一）成效：文旅产业与数字技术融合发展呈现“三个新”

1. 文旅产业迎来新增长

新冠肺炎疫情暴发以来，我国采取了严格的防控措施，对线下文化产业影响颇为明显。但是，线上的文旅产业异军突起，数字文化产业的用户数量、在线时长等迅速增长。在此背景下，重庆市积极探索新业态，利用数字技术助推文旅产业线上发展，实现文旅产业的优化升级。重庆中国三峡博物馆、重庆红岩革命历史博物馆等，推出了网上数字展览，通过虚拟展厅线上观展，让人们在家中享受到丰富的文博资源。重庆市川剧院、歌舞团等开启线上直播和线上教学，实现与观众的“零接触”，吸引众多粉丝观看。重庆美术馆通过网站、微信平台等方式，在线上推出展览和藏品，为人民提供了丰富的文旅内容。此外，重庆市多个景区创新“云旅游”体验。渝中区利用5G+VR技术，打造了长江索道、奉节白帝城等5G+VR超感景区，为市民带来“沉浸式”的旅游体验。重庆融创文旅城打造“飞越重庆”项目，通过8K LED球幕飞行影院，让人身临其境“飞越”山城自然人文风光。通过线上与线下的融合发展，2020年重庆市旅游产业实现增加值979.18亿元，同比恢复95.2%，占全市GDP的比重为3.9%。

---

① 二十国集团数字经济发展与合作倡议［EB/OL］.（2021-04-29）. http://www.g20chn.org/hywj/dncgwj/201609/t20160920_3474.html.

② 刘昭洁. 数字经济背景下的产业融合研究［D］. 北京：对外经济贸易大学，2018.

2.“双晒”活动带动新消费

疫情冲击着传统的消费方式与消费理念，市场主体只有加速突破原有的生产经营方式，通过数字技术推进企业创新，才能刺激新的消费增长。2020年，重庆市38个区县和两江新区、高新区、万盛经开区相继创新推出了“晒旅游精品·晒文创产品”活动，这是一场由政府发动的、市场广泛参与的数字文旅发展新模式。这次活动充分利用直播销售、VR云上文旅馆、网络直播等一系列网络数字化营销手段，提升了重庆市文化旅游资源的网络热度，创造了旅游消费新场景。据统计，这次“双晒”活动全媒体传播受众达37亿人次，区县长“双晒”活动直播在线观看超6.2亿人次，近5个月的“双晒”活动实现直接文旅消费上亿元。“双晒”活动不仅拉动了文旅消费，也推动了重庆市整个文旅产业理念提升和思路更新。

3. 服务品质实现新提升

在传统旅游中不可避免地存在排队、等候、资讯获取慢等问题，制约着文旅产业发展。现行的新基建包括5G基建、大数据中心、人工智能等为解决传统旅游的问题提供了条件。渝中区探索“5G+智慧文旅”模式，为解决长江索道景区现场排长队的现实矛盾，推出了“智能排号分流系统”。为方便游客的游玩和消费，渝中区对一些酒店、商场、景点等进行实时数据系统分享。

（二）短板：重庆市文旅产业与数字技术融合发展存在“三个不”

1. 融合发展的理念贯彻不深

2019年是中国文旅产业的数字化元年。数字文旅产业作为一个新兴产业，其发展和被市场主体接受都需要一个过程。不少文旅产业的市场主体对数字文旅的认知度还不高，对数字文旅的经济效益、社会效益与文化效益还处于探索阶段。虽然数字技术与文旅产业发展是一个难得的机遇，但同时也是一次痛苦的产业转型升级的历程。不少文旅企业受传统思维、制度的影响，认为只要是将线下转到线上，将文旅与数字简单叠加，就是进行数字化转型。对数字经济如何能更好地服务于文旅产业没有深入思考。由此可见，数字技术与文旅产业融合发展的理念还没有完全形成。

2. 融合发展的数字化程度不高

虽然重庆市在推动数字文旅融合发展方面进行着积极的探索，数字文旅新产品不断涌现。但高质量数字文旅产品还不多见，在国内市场中的知名度不高，与“数字敦煌”“一部手机游云南”等产品相差甚远。不少数字文旅产品只是借用了数字化噱头，如有些“云旅游”仅是把视频、照片、讲解等信息放到网络上，与消费者的需求不相符合。这些浮于表面的融合，使得消费者对数字文旅产品大呼失望，也阻碍了数字文旅的进一步发展。

3. 融合发展的区域均衡度不够

2020年文旅产业指数实验室发布的首期数字文旅产业发展指数报告显示，在2020年第一季度数字文旅产业发展指数省级排名中，重庆市位居第6位，在西部地区位居第二位，重庆市数字文旅产业整体发展态势良好。但是，由于受重视程度、经济发展水平和基础建设等方面的原因，重庆市各区县数字化发展水平存在较大差异，发展不均衡。其主要表现在：重庆市主城区的网红景区以及知名度较高的景区，其数字化建设已经取得较好的进展，但更多的区县数字化发展大多处于概念导入阶段，仍是停留在仅对原有文旅资源增加数字化要素，如在微信公众号进行景区简介等方式，还没能与数字技术进行更深层次的产品融合，数字文旅融合发展的区域性相差加大。

三、以数字技术推动文旅产业转型升级的路径思考

（一）紧跟市场发展，树立创新思维

2019 年，我国数字经济增加值规模为 35. 8 万亿元，占 GDP 的比重达 36. 2%。当前，数字经济已经成为未来经济发展的引擎和人们生活必需品。文旅产业要实现优化升级，就要树立文旅产业与数字技术融合发展的自觉，打破传统思想的束缚，紧跟时代发展步伐，勇于尝试新生事物，抓住 5G、大数据等新技术的发展机遇，创造新产品、打造新业态、构建新模式，不断推进文旅产业供给侧结构性改革。文旅企业应以重庆市文旅资源为基础，对数字技术的运用和发展进行合理预判，主动对接政府及相关企业，形成合作机制，培育新产品、新业态，推动形成数字技术贯穿文旅产业新模式，为文旅产业融合注入新的动力。

（二）完善顶层设计，推动产业转型

政府应当在尊重市场经济运行规律的前提下，通过行政手段为数字文旅产业营造良好的发展环境，不断推动企业主体的融合行为。

（1）整合国家及其他省（自治区、直辖市）的相关政策意见，完善重庆市数字文旅专项规划，明确重庆市文旅产业与数字经济融合发展的实施意见，为数字文旅发展提出系统的思路和举措，并明确财政、税收、土地、人才保障、政务服务、数据等方面的保障措施。

（2）加快人才队伍建设。以“培养+引进+共享”模式创新人才培养机制，搭建校企合作平台，大力推动本地企业与旅游专业的相关高等院校合作建立旅游人才培训机制，培育一批文化旅游、数字化领域的复合型人才和管理人才。实施“再培训”计划，引导景区、企业和院校的合作，对文旅行业从业人员进行数字技术教育培训，推进劳动者技能数字化转型。重视高端数字文旅人才的引进，通过建立绿色通道吸引这些人才来渝，为他们提供子女教育、医疗、住房、个人税收优惠等方面的便利条件。

（3）建立重庆市数字文旅产业中心，为相关企业数字化发展提供指导性意见和建议。搭建重庆市数字文旅大数据平台，将重庆市内各旅游景区、饭店、旅行社、交通、大型商场、文化场馆等文旅资源全部分门别类纳入数据平台。创建数据的旅游大数据分析、产业运行分析、景区客流分析系统等功能，对各旅游景区旅游指数、公众评价分析、文物数据等方面的实时更新，打破文旅数字平台相对孤立的状态，形成文旅企业互惠互利的数字化工作格局。同时，对接 12301 国家智慧旅游公共服务平台，打通与国家文化和旅游部、其他省（自治区、直辖市）的数据通道，实现文旅行业数据交换共享。

（4）坚持发展和规范并重，把握数字经济发展规律，建立有关法律法规，健

全数字经济的治理体系，及时有效规避数字经济中存在的弊端，推动数字文旅健康持续发展。

（三）立足文化特色，提升服务质量

（1）提升数字文旅的融合率。数字文旅产业发展离不开基础设施建设，要提升融合率，一是要加强网络建设，持续提升网络服务器性能。重庆市人口数量大，数据使用量大，对服务器的性能要求也高。当前，重庆城市地区无线网络高峰拥堵的现象仍未解决，有些偏远地区还存在网络不稳定和信号较差的现象，这些都影响着不同区域数字文旅的融合发展。二是要打造数字文旅品牌。重庆市各区县要在挖掘自身文旅资源的基础上，提前谋划布局5G、IPv6等数字前沿技术，加强与高校、科研机构、腾讯等知名企业的合作，联合打造具有独特辨识度的数字文旅产品，更好地为消费提供个性化服务与沉浸式体验，提高重庆市数字文旅品牌竞争力。

（2）推动数字文旅的多元融合。重庆市各个区县因经济发展等因素的影响，数字文旅的发展程度也不同。但数字技术与文旅产业的融合并不是单一的、固定的模式。重庆市各区县可以根据自身的文旅资源与数字技术形成不同融合，以数字技术融合实景演出、数字技术融合文创产品等方式实现数字技术与文旅资源的精准连接，为各个区县提供“千人千面”的定制化服务，精准对接消费端。

（四）创新交流方式，扩大文化影响

（1）紧抓成渝地区双城经济圈建设机遇。自古以来，川渝两地历史同脉、文化同源、地理同域。围绕建设成渝地区双城经济圈的国家战略，两地提出携手打造巴蜀文化旅游走廊，共同规划巴蜀文化旅游走廊精品线路。作为旅游大省的四川省在数字文旅的发展中走在了前列，成都市也是国内较早运用数字技术对文旅资源进行数字化改造的城市。因此，重庆市应紧抓成渝地区双城经济圈建设，借鉴四川省发展数字文旅的经验教训，从制度、规划、品牌建设、公共服务、人才等方面与四川省开展更深、更广的合作。加速推进“智游天府”“惠游重庆”公共服务平台数据互通，进一步激发成渝两地文旅市场的消费活力。

（2）加强“一带一路”文旅产业国际合作。重庆市处于“一带一路”和长江经济带的联结点上，肩负着推进共建“一带一路”中发挥带动作用的重要使命。重庆市是具有3 000多年历史的著名文化名城，在合作交流中应突出在文化产业方面的特色，挖掘优势资源，塑造文化形象，弘扬巴渝文化，形成文化共识。在常态化疫情防控阶段，重庆市要依托数字技术，培育文化传播、交流的新平台和新途径，通过云演出、云看展、云直播等方式，加强与“一带一路”国家的文化交流与合作；通过“线上+线下”的方式积极承办具有专业影响力、常设性的国际性文化艺术节或体育活动；加快创新适应全球化的文化产品，提高重庆市文旅产品的话语权。

参考文献：

[1] 夏杰长，贺少军，徐金海. 数字化：文旅产业融合发展的新方向[J]. 黑龙江社会科学，2020（2）：51-55，159.

[2] 张辉，石琳. 数字经济：新时代的新动力 [J]. 北京交通大学学报（社会科学版），2019，18（2）：10-22.

[3] 刘莲香. 新形势下如何有效激活文旅消费 [J]. 人民论坛·学术前沿，2020（14）：112-115.

[4] 陆路段. 贯彻新发展理念 走好新时代的长征文化开“路” [N]. 四川日报，2021-03-29（004）.

[5] 车德志. 数字文旅引领产业化发展新方向 [J]. 学习时报，2013（6）：6.

区域协同高质量发展红色旅游的策略研究

——以川东和渝东北合作为例

陈 豪[1]

摘 要：成渝地区地理同域、历史同脉、文化同源，特别是在争取民族独立、人民解放、国家富强的伟大历史进程中，一大批老一辈无产阶级革命家、革命先烈及革命志士在这里留下了光辉足迹。本文通过探究川东和渝东北地区红色文化资源的整合开发路径，以期达到促进两地红色旅游的协同发展，以带动区域经济社会协调发展，不仅具有重大的历史文化意义，也具有巨大的经济价值。

关键词：红色旅游；成渝；政府；市场；协同

红色文化资源是我们党宝贵的精神财富和政治优势。而通过红色旅游，传播主流价值，对于我们树立社会主义核心价值观，坚守我们的精神文化高地，带动区域经济社会协调发展，具有重要的现实意义和深远的历史意义。在成渝地区双城经济圈建设大背景下，地理同域、历史同脉、文化同源的成渝地区城市群各区县合作，进行红色文化资源的互相整合开发，促进红色旅游的协同发展，以带动区域经济社会协调发展，不仅具有重大的历史文化意义，也具有巨大的经济价值。

为贯彻落实习近平总书记在中央财经委员会第六次会议上的重要讲话精神，推进成渝地区双城经济圈建设和川渝毗邻地区协同发展，2020 年 11 月 2 日，重庆市文物局与四川省文物局在江津区聂荣臻元帅陈列馆举行仪式，签订成渝地区双城经济圈革命旧址纪念馆合作发展协议，川渝两地 17 家革命纪念馆（陈列馆）将共同围绕红色资源，加强文化交流合作，助推成渝地区双城经济圈建设和经济社会发展。按照协议，川渝双方将每半年对合作单位名单进行一次更新，其他自愿加入的单位按属地原则，经四川省文物局、重庆市文物局同意后也可加入。各方将主要在宣传推荐、联席交流、人才互培、引展联展、研学联线和惠游惠购六方面开展合作，并积极邀请各民主党派、社会团体协同合作，共同努力提升各纪念馆（陈列馆）管理、利用和发展水平，服务和助力成渝地区双城经济圈建设。

川渝两地红色资源密不可分，红色历史交织发展，应依托自身丰富的红色旅游资源，开辟一条“红色经济蹊径”，真正实现文化价值和经济价值的“双赢”。而针对如何通过多种形式，全方位、多媒体、多渠道、多维度宣传成渝两地红色人文资源和红色文化，推出更多有吸引力、震撼力和教育性强的红色教育基地，具体来

---

① 陈豪，中共重庆市梁平区委党校讲师。

看，笔者提出以下几点建议：

一、加强领导，保障精准

川渝地区地方领导干部要从战略层面认识到发展红色旅游经济对当地经济社会发展的重大意义，在发展规划中将红色旅游经济开发放至更加突出的位置，各地党委、政府一把手要亲自挂帅，组建具有行政管理职能的专门机构，统揽部署相关工作，强化措施保障，夯实红色教育基础。一是机制保障。不断完善红色旅游经济需求调研，准确把握社会性需求。健全计划和生成机制、运行机制、分析机制、评估奖惩机制、成果转化机制、动态调整机制等，并总结提炼出一些好经验好做法，最终上升为制度化成果。二是技术保障。充分利用云平台、互联网等新媒体和新技术，建立红色资源信息库，动态调用各地红色资源。三是经费保障。通过协调财政，优化整合红色旅游资源，多元化投入资金，加快软、硬件设施建设，在人、物、财等方面给予红色旅游充分保障。同时，健全相关经费管理办法，建立完善经费使用的效益评价机制，确保红色旅游开发专项经费合理而高效地使用。

二、理顺体制，职责精准

发展红色旅游经济是一项系统工程，涉及政府主管部门、职能部门、场馆机构等。我们要进一步理顺体制机制，更好地压实职责，推动形成各尽其责、各司其职、协调配合的格局。各地的组织部门和文旅部门要全力做好顶层设计，提高红色旅游发展工作的统筹性、计划性、协调性，具体负责红色资源的规划建设、发掘整理、文化研究、教育培训、管理维护、协调服务、督促检查和产业发展、宣传推介等事宜。在红色资源开发、红色旅游基地建设使用、交通食宿安全、讲解队伍建设等方面，由宣传部牵头，文化和旅游发展委员会主要负责，党校、党史办等部门协同，明确各相关部门的职能职责，使其更好发挥作用，为红色旅游的发展提供保障。

三、注重品牌，开发精准

红色旅游开发要精准，提供有效供给是基础，应不断在红色资源的发掘、打造上下功夫。一是挖掘红色资源多重价值。加大对高层次管理人员和红色文化研究专家、优秀讲解员等的引进培养，建立高级专家库，并经常带领他们对红色资源进行实地调查研究，充分利用文字、音像制品、图画、电子文本等形式保存历史资料，对红色资源所承载的政治、经济、历史、文化、艺术、科研、教育等多重价值进行深度挖掘，打造一批有地方特色和影响力的红色作品。二是赋予红色资源时代内涵。深挖红色资源所蕴含的红色精神、历史意义、文化内涵和当代价值，并使其与旅游经济有机结合，创造出经济价值。

四、有机整合，方式精准

打造红色旅游文化品牌，对红色旅游基地分批实施整合改造和提档升级，并依托各地干部教育平台，建设好红色旅游基地，让红色品牌更加响亮。

以重庆市梁平区为例，梁平区在 1927 年建立了第一个中共党小组，是川东最早成立党组织的地方之一，新民主主义革命时期，梁山县（今梁平区）曾成立梁山中心县委，领导梁山、万源、达县、大竹、开江、宣汉 6 县的工作。此后，川东地区在中国共产党的坚强领导下，开展了轰轰烈烈的革命斗争和社会主义建设，积累了许多红色文化资源。近年来，在该区委、区政府牵头组织下，整合了全区红色旅游资源，包括第一个党小组虎城乡党小组成立旧址、猫儿寨战斗遗址、汇水河四川红军第三路游击队成立筹备会议遗址、荫平镇姚家湾四川红军第三路游击队军械修理所遗址、川东游击军第一支队活动地百里竹海、大坪寨游击根据地遗址、梁平区革命烈士陵园、梁平党史展、邓平寿先进事迹展等红色旅游文化点，形成了包括重要历史事件及人物、烈士墓、重要机构旧址、纪念场馆等在内的红色旅游基地。依托这些基地，组织各部门进行红色旅游潜力的深度开发，仅 2020 年红色旅游经济创收已突破 200 万元。

五、因地制宜，施策精准

川渝两地红色旅游产业要想获得长远、持续发展，还要不断扩大合作外延，整合区域内各城市红色资源，并引入整合营销等概念，转变思维，从旅游者的需求出发，通过综合协调，发挥协同优势和互补作用，准确定位川渝红色旅游品牌，统一包装、集中传达其统一形象，将打造的红色旅游品牌及相关信息传递给每一个旅游者或潜在旅游者，实现无障碍旅游。

发展红色旅游不仅是文化工程、经济工程，也是政治工程，必须依靠政策扶持。成渝地区各市（区、县），在整合本地红色旅游资源的基础上，应该如何保障资金投入？笔者认为应该从以下几点着手：一是增加财政性资金投入。制定积极的财政政策，建立财政投入稳定增长机制。主要用于红色旅游规划编制、旅游基础设施建设和宣传促销活动。二是积极争取项目资金支持。政府精心筛选项目，积极争取国家对红色旅游基础和资源保护等方面的资金投入。三是加大利用外资力度。建立公开、平等、规范的市场准入制度，充分利用各种招商手段，引进国内外客商来梁平投资红色旅游开发。四是吸引民间资金投入。积极鼓励各行各业投资旅游业，从事相关服务业，兴办旅游经济实体。研究制定鼓励红色旅游开发政策，在税收、用地等方面给予投资者优惠；研究制定奖励政策，对开发红色旅游的企业、旅行社等给予奖励。

在地区内红色旅游资源高度整合和不断市场化的基础上，寻求和周边地区的合作发展，在地域相近的情况下逐步整合周边的红色旅游资源，通过梁平经验逐渐辐射周边其他区县，形成区域合作推进力，构建区域旅游文化发展共同体。

在合作推进机制建立后，通过建立区域合作联席会议制度等方式，加强信息和经验共享，对红色资源和文化遗产进行保护，各地区分工合作，优势互补，提升持续发展能力，促进区域协调发展，从而助推成渝地区双城经济圈发展。

参考文献：

[1] 杨文建. 依托趣味优势整合红色资源 [J]. 阿坝师范高等专科学校学报，2004（3）：71-73.

[2] 白珊. 挖掘老少边区优势发展红色旅游：记太行革命老少边区黎城 [J]. 经济问题，2001（8）：4.

[3] 孔玲. 川渝红色旅游整合营销策略 [J]. 四川理工学院学报（社会科学版），2010，25（1）：76-79.

数字乡村建设的法政策结构调适研究

庞 鹏[①] 张 琳[②]

摘 要：我国数字乡村的法政策配置还不足以满足数字经济、弥合城乡“数字鸿沟”的发展需求，需要数字乡村立法的制度供给。数字乡村建设的法政策结构调适的内容包括规范条款多元植入取代专门立法的立法模式、基于数字包容理念城乡秩序构建的立法目标、不同价值权衡与个体权利保障的立法内容。

关键词：法政策学；数字鸿沟；数字乡村；立法

作为法学与政策学的交叉学科，法政策学兼具法学研究的规范性和政策研究的实证性特点，主要探讨设计法律制度时应如何兼顾效率和正义的方法论。2021 年 10 月 28 日，通过“北大法宝”以“数字乡村”为关键词进行全文检索共找到法律 1 个、地方性法规 6 个、中央文件 8 个、地方规范性文件 240 个。目前，我国数字乡村的法政策配置还不足以满足数字乡村建设的发展需求，需要立法的制度供给。一方面，法规范背后隐藏的政策目标与价值基础是特定国家政策制度化的结果；另一方面，一些长期实施的重要政策通常需要借助国家立法手段获得权威并予以落实。基于我国统筹城乡融合的发展战略，数字乡村建设需要从宏观上进行法政策的综合布局，以功能性立法为主、基本立法为辅的组合模式，促进制度的不断完善。

一、数字乡村立法模式：规范条款的多元植入取代专门立法

（一）专门立法具有紊乱原有体系之嫌

随着数字乡村政策的影响与作用日益凸显，专门立法有可能成为未来发展的一种方式。但是，其面临的问题包括并不限于以下几种：一是数字乡村促进法与《中华人民共和国乡村振兴促进法》（以下简称《乡村振兴促进法》）的关系是基本法与特殊法还是平行关系需要厘清；二是数字乡村促进法与地方数字经济促进条例的关系难以界定；三是数字乡村促进法制定后，是否需要将其内容全部贯穿到《中华人民共和国农业法》《中华人民共和国土地管理法》等法律中存在疑问。当前，以《中华人民共和国农业法》为乡村振兴基本法统领农业农村法律体系和以《乡村振兴促进法》作为乡村振兴战略的细则法与实施法，能够为新时代农业农村

① 庞鹏，重庆大学博士研究生。

② 张琳，重庆大学硕士研究生。

法律体系的构建提供支持性法律框架。因此，《乡村振兴促进法》第十二条“数字乡村建设规定”① 和第七章“城乡融合”应当作为数字乡村建设、数字乡村建设沟的基本法律依据。

（二）地方乡村振兴促进立法中明确

国家立法应针对全国事项做出一般性规定，具体规则可以留给地方探索。“作为国家法治发展的有机组成部分，区域法治发展的进程及其状态无疑反映着国家法治发展的进展状况，塑造着国家法治发展的总体格局，并且在很大程度上决定着国家法治发展的区域基础以及国家法治发展的基本面貌”。《乡村振兴促进法》对于数字乡村建设的概括规定，为地方立法留下了较大空间。《中华人民共和国立法法》赋予设区市立法权后，一方面，数字乡村建设属于地方政府职能范畴，因此其可以结合本地实际通过政府规章形式明确数字乡村建设的具体问题；另一方面，为获得民意基础和实施效果，通过社会各界广泛参与立法论证、充分结合农业农村实际可以以地方性法规的形式规定数字乡村问题。

（三）涉农法律中的数字规范条款植入

涉农法律中的数字规范条款植入，不仅包括在现行农业农村法律体系中居于基本法地位的《中华人民共和国农业法》，而且涵盖以《中华人民共和国土地管理法》为核心的农村土地管理制度法律、以《中华人民共和国农村土地承包法》农业经营制度法律等。例如，数字乡村建设中的农业装备智能化可以植入《中华人民共和国农业技术推广法》的规定，农业投入电子追溯监管体系可以植入《中华人民共和国农产品质量安全法》的规定，自然资源遥感监测“一张图”和综合监管平台手段可以植入《中华人民共和国土地管理法》中的规范等。将实践成熟的数字政策措施纳入地方立法规范中，不仅避免了短期内大幅度修改法律，而且提高了立法规范的科学性和实用性。

二、数字乡村立法目标：基于数字包容理念的城乡秩序构建

（一）消除接入机会差异

现代政府具有提供公共服务的法定职能。消除接入机会差异、统筹城乡信息基础设施不仅应成为数字乡村立法的重要原则，也是政府职责的重要范畴。数字乡村立法可以参照《浙江省乡村振兴促进条例》第七章的规定形式，明确政府的数字乡村建设职责。农村通信落后很大程度上源于自然条件恶劣和经济落后，对此农村信息基础设施接入不仅应满足“低成本、广覆盖、高网速”的要求，还应综合考虑地方经济、社会、人口、成本等因素。针对农村互联网的接入条件难以满足用户需求的问题，数字乡村立法可以吸纳政策中“政府主导、运营商为纽带、各方参

① 《乡村振兴促进法》第十二条　国家完善农村集体产权制度，增强农村集体所有制经济发展活力，促进集体资产保值增值，确保农民受益。各级人民政府应当坚持以农民为主体，以乡村优势特色资源为依托，支持、促进农村一二三产业融合发展，推动建立现代农业产业体系、生产体系和经营体系，推进数字乡村建设，培育新产业、新业态、新模式和新型农业经营主体，促进小农户和现代农业发展有机衔接。

与”的农村信息服务新模式，发挥政府在对农村信息基础设施建设中的主导作用。特别是针对当前存在的“费用昂贵”问题，一方面，政府应基于自由裁量权加强农村信息基础设施建设的政策引导，出台相应的竞争政策，允许更多的企业通过参与经营基础设施竞争来降低购买和使用成本；另一方面，应完善普遍服务补偿政策，以运营商为纽带，为农村建设宽带、参与涉农信息整合，提升农村的计算机和互联网普及率。

（二）提高信息技术应用能力

随着信息技术在农村快速普及，由基础设施接入引起的“硬”鸿沟逐步缩小；以网络行为、信息使用、知识获取为内容的“软”鸿沟成为制约公民发展权的重要问题。一是数字立法应重视公民主体性自觉的激发。主体性自觉的背后是对生活和生命的价值追求。“消除数字鸿沟除了要考虑到现有媒体的背景和规范它们的政策外，还应考虑到构成日常生活框架的各种文化因素”。“中国现代化有着自己的动力基础，那就是社会文化主体性”。在改革初期，中国广大农村居民已经认识到美好生活要靠自己的努力奋斗，于是有了“包产到户”“下海经商”的热潮。对于生存本能以及传统文化理性，中国农民在今后的农村现代化中表现出明显的主体性自觉，表现为“直播带货”。二是数字乡村立法可以确立以大学生志愿者、社会组织、机关干部为主体宣传队伍，通过社区信息化建设、建立地区性技术服务中心，提高信息技术应用能力。同时，可以通过财政、税收等政策加强对农村居民教育和人力资源培养投资的支持，做好乡村数字技术培训工作和信息化宣传、推广，缩小城乡居民数字“使用鸿沟”，保障其享有同等的发展权。

三、数字乡村立法内容：不同价值权衡与个体权利保障

（一）效率与公平的价值权衡

信息二元分化现实导致农村在经济资源、发展机遇以及政治参与等方面与城市迥然不同。城乡数字鸿沟的弥合，应兼顾效率性基准与正义性基准。数字乡村立法的效率性基准不能完全遵循经济学效率理论，而应通过“成本-收益”的方法将数字乡村建设的各种费用加以量化，并将它与之前生产方式所带来的收益进行比较，选择收益最高的作为法律制度设计的基础。虽然当前数字乡村建设在地域上的差别较大，各地推动的进度和过程不一致，但是数字乡村建设应注重实现城乡之间的客观平等和机会平等。同时，数字乡村立法除了应引导城市网络、信息、技术和人才等资源向乡村流动外，还应兼顾不同主体的利益，主动衔接《中华人民共和国妇女权益保障法》《中华人民共和国未成年人保护法》《中华人民共和国残疾人保护法》等法律法规。

（二）确立数据平台的“信息信义义务”

数字乡村建设在为农业生产、流通、消费、文化、服务带来便利的同时，也衍生出了算法合谋、价格歧视、大数据“杀熟”、捆绑交易等行为。因此，对于如何保障处于弱势地位、具有“使用”鸿沟农民权益是无法回避的问题。近年来，巴尔金（Jack Balkin）教授提出的“占主导地位的网络平台造成损害，由此呼唤法律

的介入管制”的数据平台“信息信义义务”为我国学者所注意，并值得借鉴。信息信义义务的内容包括：一是信息处理知识是封闭的、专业的、被垄断的，信息主体往往没有能力评估、监控信息处理过程中的风险；二是为了保障个人的信息利益和生活状态，法律规则会要求信息处理者承担更多的义务，这种义务包括非经同意不得泄露、篡改等；三是如果由于处理者或委托人的过错而导致信息主体的相关利益遭到侵害，权利人有权要求其承担相应的责任。因此，本质上，信义义务是法律通过其国家强制性约束信息处理者的动机与行为，以保护信息主体利益。虽然《中华人民共和国个人信息保护法》中有相关规定，但是数字乡村建设中的个体除了公民信息外，还包括地理、土地、河流、人口、村务等多重信息。因此，数字乡村立法中应强化对于平台信息信义义务的规定，还应注重功能性立法包括《中华人民共和国民法典》《中华人民共和国个人信息保护法》《中华人民共和国反垄断法》《中华人民共和国消费者权益保障法》《中华人民共和国国家安全法》等法律的衔接。

四、结语

2021 年 10 月 18 日，习近平在推动我国数字经济健康发展进行第三十四次集体学时指出：“要完善数字经济治理体系，健全法律法规和政策制度，完善体制机制，提高我国数字经济治理体系和治理能力现代化水平”。数字乡村建设，是一项宏观且复杂的任务，通过单一的法律供给难以满足制度供给的总体需求，但法治供给仍然是其中的重要部分。因此，需要政府从宏观上加以引导、综合规划发展布局，保持适度超前的发展战略以及数字乡村制度的稳定性和统一性。

参考文献：

［1］贺雪峰. 论村级治理中的复杂制度［J］. 学海，2017（4）：12-17.

［2］LIVINGSTONE S，DHANES L，HASEBRINK U. Researching young people and the changing media environment［M］// Children and Their Changing Media Environment：A European Comparative Study. Mahwah & London：Lawrence Erlbaum Associates，2001：31-51.

重庆市推动养老服务业高质量发展对策研究

谭　敏[①]

摘　要：21世纪以来，重庆市人口老龄化显著加速。重庆市人口老龄化呈现出程度深、速度快、高龄化等特征，给全市社会养老服务带来了新的挑战，同时也为社会养老服务业发展提供了空前的机遇。本文紧扣时代主题和民生问题，系统分析了当前人口老龄化发展现状，重点透析了当前重庆市社会养老服务业在供给机构不平衡、市场活力不足、市场要素不充分、法治保障不力等主要问题，并有针对性地提出意见和建议。

关键词：重庆市；养老服务业；高质量发展；对策

党的十九届五中全会提出"实施积极应对人口老龄化国家战略"，加快老龄事业和产业发展。目前，重庆市60岁以上常住老年人有701.04万人，占总人口的21.87%，高于全国平均水平3.17个百分点，排名全国第五；65岁以上常住人口有547.36万人，占比为17.08%，排名全国第二。老年抚养比从2016年的17.67%上升到2020年的23.92%。经过十多年发展，重庆市养老服务业政策供给不断加强，供给模式和经营模式有所改善，社区居家养老发展较快，养老机构发展渐趋理性，医养结合初开局面，但仍有许多亟待解决的问题。

一、重庆市社会养老服务业发展的主要问题

（一）养老服务供需结构不平衡

（1）养老服务数量供需不平衡。一是社区居家养老服务供给大幅度提升。截至2021年7月，重庆市已建成养老服务中心220个、社区养老服务站2 912个，开设老年助餐点1 091个、社区老年澡堂497个，但还有较大缺口。二是农村养老服务供给严重不足，农村社区养老机构和设施数量较少，占比很低，且以低端的敬老院为主。

（2）养老服务内容与质量供需不平衡。从重庆市养老机构提供的服务种类来看，目前，提供3项服务以上的设施（中心、站）仅占6成，能提供5项服务的不到30%。社区养老服务产品开发有限，服务内容比较单一。养老机构中，综合型养老机构占比较大，服务产品大同小异，品质提升不够。

（3）养老服务机构和设施配置不平衡。公办与民办养老机构供需差距大，前

① 谭敏，中共重庆市北碚区委党校培训科负责人、讲师。

者供小于求，后者供大于求，部分公办机构“一床难求”，民办机构闲置率高；城区机构人满为患，郊区机构利用率低；功能型、护理型床位需求量大，普通床位少有问津。

（二）养老服务业市场活力不足

（1）养老需求动力不足，消费能力较弱。老年群体社会化、市场化养老消费意愿不强。据相关调查，约61.4%的老年人选择在家养老，14.4%的老年人以居家养老为主、社区服务为辅，选择养老服务医疗机构、社区养老中心、大型综合养老机构的比例分别为10%、4%、2.8%。人均可支配收入相对较低，中高端养老机构收费较高，也限制了养老消费能力。

（2）社会资本活力不足，机构盈利困难。社会资本投资占比较小，仍以国家预算内投资和福彩公益金为主。全市社会办养老机构投资占总投资的比重为30.6%，仍然偏低。社会大资本还处于探索观望阶段，宜康、优护、泰康、光大、远洋等投资计划尚待落实。社会办养老机构盈利困难，71%的养老机构收支平衡，22%的养老机构亏损，盈利的养老机构仅占7%。

（3）产业融合程度不高，深度发展受阻。一是居家、社区、机构养老一体化发展运行机制刚起步，市场化程度不高，服务内容和方式相对单一，缺乏专业的管理团队和专业护理队伍，经营困难；二是养老服务与医疗服务融合程度不深，社会力量参与度较低，主要是从医办养，从养办医审批难、成本高，虽然大部分养老机构或社区养老中心（站）与医疗机构合作签约，但实质推进较少；三是养老服务链条与其他产业融合程度不高，养老与旅游、互联网等业态结合有待研究，养老相关的用品开发、医疗保健、金融保险、旅游出行、大数据等产业比较散乱。

（三）养老服务业市场要素发展不充分

（1）养老选址受限，用地难。全市城区养老预留用地不足，改扩建空间受限，城区机构小型化，城区养老郊区化。中小型投资者难以支付高昂的土地成本，主要采取租赁方式兴办养老服务机构，改造装修、租赁延期风险较大，提高了养老社会化的门槛。

（2）融资渠道受限，贷款难。政府、国有银行在产业融资配套的落地服务没跟上，除投资者自有资金投入、少量银行贷款和民间借贷以及央企、保险、地产等直接投资高端养老机构之外，通过正规的市场性融资很少，资金困局阻碍大。目前，重庆市能够获得银行信贷的少数养老产业实体中，基本为公办养老机构或轻资产型养老企业。

（3）专业人才紧缺，用人难。其表现为数量少，质量低，年龄结构不合理，学历层次偏低，专业人才缺口大。当前，养老机构中持有（助理）社会工作师证书不足10%，从业人员年龄普遍偏大，45岁及以上人员超过1/2，文化程度普遍偏低，拥有大专以上学历人员不到一半。

（4）智慧因子投入慢，智能化难。“万物互联”是养老服务业重点发展方向之一。当前，重庆市智慧养老平台存在一定滞后性，养老服务信息大数据平台还未面世，居家社区养老服务智能化水平不高，便捷实用的终端App开发和运用极少，宣传和培训也没跟上。

（四）养老服务业法治保障不力

（1）政策和法规比较滞后。目前，国家层面已出台各类扶持发展政策56项，重庆市落地政策仅20余项，特别是用地、规划、税费、人才、金融信贷、公共服务清单等政策制约了重庆市养老服务快速发展。全国已有多省（自治区、直辖市）制定了地方性的工作条例和管理条例，重庆市还是空白。

（2）监督管理有漏洞。监管主体存在“多头管理”问题，民政、市场监管、卫健委、应急管理、财政等部门协调不力、权力分散、职责不清、管理低效；主要采取“机构报告+定期检查”相结合的监管方式，缺乏长效机制，监管专业化水平不高；社会监督力量相对薄弱，第三方机构监管和社会监督作用发挥较小；监督方式不够灵活。

（3）行业信用评价体系尚未健全。当前，部分不良主体提供的劣质服务影响恶劣，但还没有较好的信用体系、奖惩机制、行业自律体系来维护市场秩序。

二、推动重庆市养老服务业高质量发展的对策建议

（一）科学规划，厘清责任，充分调动养老服务的积极性

（1）科学编制重庆市养老服务业发展规划，明确未来五年养老服务业发展蓝图。规划中务必高度重视重庆“超老龄化”趋势，重心集中在医疗和护理服务，大力发展养老服务中端市场，调整卖方和买方的关系，提升服务质量，引导供给侧改革。

（2）厘清责任边界，合理发挥政府在细分市场的职责。政府要进一步明晰各供给主体的责任，处理好福利性和营利性的区分与协调问题，细分养老服务市场。加强对福利性市场的资金监管和绩效考评；放宽低端市场准入机制，提供财政补贴、税费优惠、用地用房保障；鼓励中端市场企业通过商业运作方式开展活动，放开他们的手脚，予以土地、财政、税收及金融支持；全面放开高端市场的商业运营，注重引导其适度发展和规范治理。

（3）加强舆论引导，培育和壮大养老服务消费市场。充分发挥“引导员”的作用，通过宣传、教育，逐步转变社会养老理念，引导“养老需求”有效转化为“市场需求”，提高养老消费能力和消费意愿。

（4）完善政策配套服务，保障市场要素充分。在土地方面，留足养老用地指标、限制地价；在城建方面，规范新建小区养老服务设施用地用房，保障老旧小区养老服务设施改建配置；在金融方面，拓宽养老服务企业信贷融资渠道，鼓励银行开发针对性产品，鼓励社会资本参与养老项目，放宽养老企业抵押担保融资；在财政方面，扶持养老服务重点领域及重点项目，加大养老机构和社区中心建设奖补、政府兜底补贴和人才补贴；在保险方面，探索相关保险制度，鼓励开发相关保险产品。

（二）补短板强弱项，提升养老服务供给数量和质量

（1）重点加强社区居家养老服务。重点从“重机构”转到“重居家”，巩固居家养老基础地位。加大对社区居家养老服务设施的建设力度，实现机构和设施全

覆盖；开放社区养老服务市场，加大补贴力度，鼓励社会资本和社会力量参与建设和运营；支持社区养老服务中心提档升级；充实社区养老人力资源；鼓励嵌入式居家养老。

（2）弥补农村养老服务空缺。提高增量，加大财政投入力度和社会资本投入力度，试点兴建一批农村社会办养老机构；盘活存量，改造乡镇敬老院，鼓励有条件的敬老院向社会运营模式转型；增加变量，鼓励社会力量、社会组织、个人参与农村养老服务，继续探索互助式养老，加快村级养老服务中心建设。

（3）深度推进医养结合发展模式。打破行业和部门界限，明确责任和标准，提高管理水平；推动财政支持民办养老机构参与医养结合发展；加强对套取医保资金等问题的监管治理；继续探索多种医养结合方式，放宽“医中有养”准入门槛，引导养老机构发展“养中有医”，推进中小型养老机构、社区养老服务中心（站）与各层次医疗机构合作共建。

（4）大力推动智慧养老服务创新。搭建养老服务大数据平台，引导发展信息中介，提高需求与供给的匹配度；加大智慧养老产业补贴，引导社会资本参与智慧养老服务开发和运营；完善智慧养老服务监管和指导系统；构建“系统+服务+老人+终端”新体系。

（三）调结构促转型，推动养老服务业提档升级

（1）持续推动公办养老机构改革，实现管办分开。坚持公益底线，坚持对纯公益性群体的政府兜底，做到应纳尽纳，不留缝隙，对准公益性群体原则上不改变“政府主导、市场参与”的基本定位，继续实施“公建民营”“民办公助”、财政奖励和补贴等多种政策鼓励社会力量参与。对有能力的公办养老机构，鼓励其面向社会提供养老服务，积极参与市场竞争。通过“事转企”，鼓励实力较强的养老福利院进入开放市场。

（2）引进和培育优质品牌和连锁机构。培育壮大凯尔、宏善等本土品牌，鼓励龙湖、恒大等地产、金融、保险等龙头企业灵活兴办养老服务终端，建设服务标杆；运用政策红利，引进国内外知名养老品牌入驻；鼓励实力较强的养老机构连锁化发展，优化资源配置、统一服务标准，带动中小养老机构的发展。

（3）鼓励延伸养老服务业产品链条。推进家政服务、康复辅具产品等配套产业发展；以产业融合为抓手，与金融、地产、健康、文旅、互联网等开展全面融合，促进转型升级；依托重庆市的自然和生态优势，打造特色养老基地，探索养生、旅居、养老一体化新业态。

（4）推动养老服务产业集群化发展。尽早规划养老产业集聚区建设，加快与周边省份合作，引导具有产业共性的企业集聚，打造西南片区养老服务综合体。

（四）强保障增合力，助力行业健康持续发展

（1）突出法治保障。要以建立法律制度为先导，建立健全养老服务业相关的法律法规制度，尽快出台《重庆市养老服务条例》《重庆市居家养老服务条例》《重庆市养老机构条例》等相关法律法规，有效保证制度执行，推动有序发展。

（2）强化监管合力。建立联席会议制度，治理“政策打架”和“三不管”问题，实现多头合一；建立综合监管制度和事前、事中、事后的全程管理制度；建立

完善行业自治体系和信用体制、退出机制；完善社会监督与投诉机制，畅通监督投诉渠道。

（3）加强科研和人才协作，形成“科研院所+企业+政府”的资源共享、交换、组合。引导和鼓励重庆高等院校开设相关专业和课程，开展养老服技能培训，循序推进持证上岗，合理搭配人才队伍结构。

（4）推动成渝协同发展。编制《成渝经济圈养老服务业合作发展中长期规划》，系统谋划政策打通和资源共享，打破行政壁垒，解决跨区域养老屏障，建立成渝城市群养老服务协同发展区，共建养老服务市场，打造西部养老产业园。

参考文献：

［1］李璐. 大国养老：中国养老服务业的政策与实务［M］. 北京：中国社会科学出版社，2020：4-6.

［2］韩鹏. 我国养老服务业发展研究［M］. 北京：经济科学出版社，2019：61-62.

［3］唐文金. 成渝地区双城经济圈建设研究［M］. 成都：四川大学出版社，2020：90.

［4］马岚. 改革开放四十年我国社会化养老服务的政策演进和发展趋势［J］. 重庆社会科学，2018（12）：16-26.

［5］重庆市民政局社会福利和慈善事业促进处. 开创新时代养老服务工作的重庆实践［J］. 社会福利，2018（4）：13-15.

重庆市璧山区生态治理实践及启示

彭登苹[①]

摘　要：2018 年 3 月“生态文明”已写入宪法，2018 年 5 月 18~19 日召开的全国生态环境保护大会上，正式确立了习近平生态文明思想。这次大会在生态文明建设和环境保护的历史上注定是具有划时代的里程碑意义。习近平同志以高远的历史眼光，开放的国际视野，深邃的辩证思维，积极回应我们当前的严峻形势，继承和发展了马克思主义人与自然观，同时又传承了中华优秀传统文化中的生态智慧，形成了系统、完整的习近平生态文明思想，这将为我们更好走向社会主义生态文明新时代，实现人与自然和谐共生的现代化提供有力的支撑。

关键词：生态文明；实践及启示；绿水青山

一、习近平生态文明思想的丰富内涵

习近平生态文明思想的内涵丰富、博大精深，核心要义体现为“八个坚持”：坚持生态兴则文明兴、坚持人与自然和谐共生、坚持绿水青山就是金山银山、坚持良好的生态环境是最普惠的民生福祉、坚持山水林田湖草为一个生命共同体、坚持用最严格的制度保护生态环境、坚持全社会共同建设美丽中国、坚持共谋全球生态文明建设之路。其中，正确处理人与自然的关系、经济社会发展与生态环境保护的关系、环境与民生的关系是习近平生态文明思想的精神实质和核心要义。

二、璧山区贯彻习近平生态文明思想解一“域”之困

10 年前的重庆市璧山区是一个污染严重、落后产能集聚的“西部鞋都”，曾一度是皮革皮鞋、建筑建材和造纸等产业污染严重、能耗高、产出附加值低的情形，发展产业以牺牲环境为代价，低端制造业“野蛮”生长。

（一）坚持人与自然和谐共生，构筑山清水秀“绿色屏障”

璧山区的具体做法就是打造深绿城市，建设秀美绿城。目前，璧山城区已建成秀湖公园、枫香湖儿童公园、古道弯公园等 40 余个，广场 20 余个，休闲亭 150 个，整个城区按照步行 15 分钟一个公园，步行 10 分钟一个亭子，打造 20 分钟步

---

① 彭登苹，中共重庆市璧山区委党校讲师。

行生活圈，所有公园免费开放。

一是公园按照原来的山势、地势而建，植物按照乔灌草高低错落有致栽种，经过多年生长人工痕迹不明显。二是丰富植物品种。千种植物引进城，吸引候鸟，目前城区内的植物品种已将近 3 000 种。三是精心打造绿色走廊，主干道两旁利用退让 10~40 米用于城市绿化，突出“一步一景、一街一景”。目前，城区绿化覆盖率为 50%，人均公园绿地面积增加到 30 平方米。

（二）坚持绿水青山就是金山银山，打造创新引领“绿色经济”

1.“铁腕治污”，拉开生态环境保护大幕

（1）建立河长制的“树状”责任体系。完善组织体系，璧山区委、区政府主要领导任双总河长，细化明确 35 名区级领导分别担任 35 条区级河流河长和 94 座水库库长，73 个区级河长牵头责任单位和 15 个镇街协同推进水污染防治与河长制工作。

（2）率先开发“智慧河长”系统。投入 1 500 万元的智慧河长系统充分发挥大数据、物联网在生态河长工作中的作用，实现了对全区 15 023 个污染点源的精准管控，对巡查中发现的问题和系统分析中发现的问题，通过平台向相关单位或个人派发交办任务，及时整改。

（3）严格执法，堵住污染源。通过一系列铁腕治污措施，璧山区累计关停污染源 1 137 个，规范整治污染源 2 890 个，产业结构由“粗放型”向“智慧型”升级。

2. 产业“生态”化，实现经济转型发展

产业结构转型升级中，从环保考核中动真格。倒逼各责任单位必须把环保工作做实做好。目前，逐步加快转型升级，构建现代产业体系，大力发展智能经济、数字经济，做大做强智能装备、信息技术、生命健康产业三大主导产业，加快布局物联网、大数据、云计算、5G、人工智能等新兴战略产业建设。

（三）坚持良好的生态环境就是普惠的民生福祉，建设生态惠民“绿色家园”

1. 打造“活力水城”，坚持“与水共生、依水发展”

全力打造人水和谐、生态宜居的新水城，给人民营造良好的生态水环境。一是加强水系空间塑造，新建或改造水库 20 多座，形成“一河六湖十八湿地”构架。每年新建水库 2~4 个或者湿地，用于拦截雨水，让无根之水在璧山安家落户。二是实施河湖水系连通工程，变“逢沟填平”为“遇水架桥”，建成城区桥梁 50 多座。城区水面比例提高 10.5%，人均水面面积达到 10 平方米。三是提高水的利用率。在全市率先推行“中水”回用，建成城市“中水”回用工程，全区的道路消防、市政环卫、景观用水等均使用“中水”，提高了水的利用率，全区“中水”回用率达 56%。四是持续改善水环境。璧山区已完成“海绵城市”建设面积 8.4 平方千米，均通过国家或市级考核验收。

2. 治理土壤面源污染立足粮食安全

为全面加强农业面源污染防治工作，实现“一控两减三基本”的目标，控制农田用水量及使用的水是没有受到污染的。两减，减少化肥、农药减量使用中，示范推广太阳能杀虫灯 40 盏，建立 4 个农药减量示范片，示范面积达到 1 700 亩。

三基本中，畜禽粪污、农膜、农作物秸秆基本得到资源化、综合循环再利用和无害化处理。璧山区建立了塑料回收体系，农民使用过的薄膜，农药瓶子由供销社回收，全区已建立 100 多个回收点，也有助于减少面源污染。

（四）坚持完善机制用最严格制度保护生态环境，构建生态“绿色保障”

（1）建立统筹协调机制。主要领导要作为本行政区域生态环境保护第一责任人，成立了以区政府主要负责人为组长的创建工作领导小组；各镇街、部门也按要求成立相应的工作机构，形成分层管理、上下联动、良性互动的生态文明建设工作格局。每年落实专项资金保障生态创建和河长制工作，2019—2021 年将以往每年 5 000 万元的区级财政资金增至 1 亿元。

（2）健全督查考核制度。将生态环保工作与区属各部门、镇街领导班子及领导干部实绩考核挂钩。细化考核任务，每年动态调整生态创建工作考核办法。

（3）探索生态补偿机制。建立跨区域生态补偿机制，在全市率先签订璧南河流域上下游横向生态保护补偿协议，细化落实联防联控、联合执法、合力治污机制。探索建立区内生态转移支付机制，建立镇街最低财力保障制度，对财力不足 2 000 万元的镇街由区财政补足 2 000 万元。建立镇街结对帮扶机制，由财力排名前三位的镇街，分别对口帮扶财力排名后三位的镇街。

三、璧山区践行习近平生态文明思想的启示

（一）“规划先行”是生态文明实践的前提

2009 年，璧山区委托中国城市规划设计院编制完成继昆山、东莞之后全国第三个全域空间发展规划。2015 年，璧山区委、区政府出台了《关于加快推进生态文明建设的意见》；2016 年，璧山区编制《重庆市璧山区“十三五”生态文明建设规划》，提前规划各区域可以错位协调发展，形成全区优化生态空间格局，优化产业空间布局，由“感性实践”向“理性规划”的转变。

（二）“以人民为中心”是生态文明实践的目标

人民是我们党的工作的最高裁决者和最终评判者。检验生态文明建设的成效，最终要看人民生态福祉是否真正得到了提升、人民生存环境是否真正得到了改善。民之所望，政之所向。从还河于民，到公园建设，标准化公厕改造，城区污水官网改造，党建引领小区治理等，璧山区以人民为中心推进生态文明，老百姓的幸福感、获得感和安全感大大提升。

（三）“领导担负起政治责任”是生态文明实践根基

办好中国的事情关键在党，办好党的事又关键在人，因此要发挥“关键少数”的带头作用。地方各级党委和政府主要领导是本行政区域生态环境保护第一责任人，对本行政区域的生态环境质量要负总责，要做到重要工作亲自部署、重大问题亲自过问、重要环节亲自协调、重要案件亲自督办，压实各级责任，层层抓落实。

（四）“久久为功”是生态文明实践的定力

要坚持习近平总书记提出的新发展理念，保持了“久久为功”的战略定力。生态文明建设只有起点，没有终点，只有逗号没有句号，此项工作周期长、时间

紧、任务重、难度大，往往不容易立竿见影见到成效，需要大家有耐得住寂寞的思想准备，有长期作战的责任意识，也要不断引导领导干部树立“功成不必在我”的境界和“功成必定有我”的担当。

参考文献：

[1] 潘家华. 生态文明建设的理论构建与实践探索 [M]. 北京：中国社会科学出版社，2019：52-53.

[2] 蓝虹. 促进生态文明建设的绿色金融制度体系研究 [M]. 北京：中国金融出版社，2021：142-150.

乡村振兴背景下乡贤文化建设的路径探析

——基于行动者网络理论

马文茜[①]

摘　要： 乡贤文化建设在很大程度上是一种文化重建，一种乡村礼俗、伦理和秩序的重建。通过乡贤文化建设开启民力，激活内因，以乡贤为榜样，以乡贤文化氛围带动大家齐心学好，向上求进。当前，乡贤文化建设中存在乡村建设无人、乡村文化氛围不浓厚、乡贤文化建设政策和机制不健全等困境。本文基于行动者网络理论（ANT）探析乡村振兴背景下利益联盟中的人类行动者和非人类行动者在转译之后从组织层面、个人层面、制度层面推动乡贤文化建设的路径。

关键词： 乡村振兴；乡贤文化；行动者网络理论；路径

在中国数千年小农经济和宗法背景之下，“乡贤”作为上传下达、上行下效的纽带对中国乡村社会治理和发展具有难以磨灭的功绩。而基于乡贤自身“立功、立德、立言”形成的乡贤文化是基层治理理想的政治实践表达，寄寓了一种社会希望和政治美好，在长期历史实践中积累了异常丰厚的智慧与经验，对中国传统社会尤其是基层乡村的稳定发展起着无可替代的作用。同样，在大力提倡乡村振兴和精神文明建设的今天，乡贤文化在构建和谐社会，激发乡村文化内生动力，助力乡村文化振兴等方面仍具有重要的价值。

目前，国内学者对乡贤文化的研究主要集中在以下两个方面：一是弘扬社会主义核心价值观，主要对乡贤文化融入社会主义核心价值观中存在的问题，所起的作用和应采取的措施等进行分析；二是乡村治理，主要是乡贤文化对“乡村善治”和“乡村发展”的作用探索，乡贤文化在乡村扎根的困境以及推动乡贤文化与乡村治理相结合的措施。现有的研究中存在的不足之处，主要是缺乏理论的运用，在当前的研究中几乎没有将乡贤文化的发展同理论研究相结合，因而研究缺乏系统性和理论性。乡贤文化建设不可能靠政府一己之力，也不能全靠村民的内生动力。基于此，本文通过运用行动者网络理论对乡贤文化在乡村振兴中的各行动者以及行动者间的网络关系进行分析，使得外界对于乡贤文化发展在乡村振兴中的必要性和重要性有更为系统的认知，丰富乡贤文化建设路径的分析方法，为今后乡贤文焕建设的路径完善提供一点参考。

---

① 马文茜，中共重庆市委党校硕士研究生。

一、乡贤文化建设行动者网络分析

（一）理论概述

行动者网络理论（actor network theory，ANT）又称转译社会学、创新社会学，是由法国社会学家布鲁诺·拉图尔（Bruno Latour）、米谢尔·卡隆（Michel Callon）等人在20世纪80年代建立起一种新的研究路径，主张将人和其他非人的行动力和参与力放在同一层面上进行分析的内生式发展理论。其主要有行动者、网络和转译三个核心。行动者分为核心行动者和其他行动者，各行动者之间相互作用、相互联系和相互影响，且并非所有的行动者都是转译者而非中介者。网络是指通过将人类行动者和非人类行动者放在同一地位上连接成网络，并扩展到所有角落。这种网络既有时间上的含义也有空间上的含义。转译是指核心行动者运用自己理解的语言来对其他行动者的问题和目标进行转换，这是构建行动者网络理论的关键。转译主要分为问题呈现、利益赋予、征召、动员和异议五个环节。当前，该理论在“三农”领域多用于分析建设乡村合作社集体经济和发展乡村旅游业等方面的问题。

（二）乡贤文化建设的行动主体

乡贤文化建设行动者就是促使其成立的各个利益主体，包括基层政府、村“两委”、乡贤群体、普通村民、传统文化资源、政策和机制。

1. 基层政府

基层政府在乡贤文化建设中主要有以下作用：一是制定出与本地实际情况相结合的乡贤文化发展政策和乡村传统文化开发政策，二是制定出有利于留住乡贤精英和吸引乡贤精英的人才政策，三是引导地方将经济发展同文化建设相结合。

2. 村“两委”

村“两委”在乡贤文化建设中处于核心纽带地位。对上，要结合本村实际贯彻执行上级的文化政策，向上反馈本村乡贤文化建设现状和反映村民的意见、建议；对下，要宣传上级文化发展政策、沟通联系乡贤精英和普通村民，因此，村“两委”就是乡贤文化建设中的核心行动者。在乡贤文化建设中主要有以下作用：一是将其他利益主体征召进入乡贤文化建设的利益联盟成为利益共同体，二是利用政策和资源供给为乡贤文化建设提供助力，三是对乡贤群体进行监督。

3. 乡贤群体

乡贤群体是传统文化的继承者和新乡贤文化的创造者，他们因为浓厚的乡土情感和社会责任感，试图通过财力、物力或智力的形式为乡村发展、乡贤文化建设贡献自己的力量。此外，乡贤群体也是连接基层政府、村“两委”和普通村民桥梁，他们利用自身的号召力和影响力推动政府政策在乡村的落地生根。

4. 普通村民

普通村民是乡贤文化的建设者和受益人。乡贤文化建设中，普通村民要响应村“两委”和乡贤精英的号召参与乡贤文化建设，借助建设乡贤文化来重拾精神寄托、增加经济收入。

5. 传统文化资源

乡贤文化建设需要从优秀传统文化资源中寻找助力。基层政府和村“两委”通过开发传统文化资源，将乡贤文化同传统文化相融合，实现对传统文化的传承和创新，以乡贤文化为支点撬动起文化振兴。

6. 政策

乡贤文化建设中涉及的政策有文化发展政策和人才政策。文化发展政策应结合当地实际情况，进行精准定位，系统规划出文化发展的阶段性目标；人才政策不仅可以为乡村中的乡贤精英参与乡村事务提供保障和吸引异乡人才回流，还要在鼓励乡贤群体将经济发展与文化传承相结合。

7. 机制

乡贤文化建设需要与之相适应的机制，主要包括沟通协商机制、激励机制和监督机制。沟通协商机制缓解乡贤群体之间的沟通矛盾，破解参事议事中存在的难题；监督机制用于监督乡贤群体在乡贤文化建设中的不当行为，如徇私等。

（三）乡贤文化建设行动者之间相互作用的机理分析

各行动者面对的共同问题是“如何进行乡贤文化建设”。为了解决这一问题，各行动主体先将自身在参与文化建设中的障碍披露出来，由核心行动者对其进行转译。

1. 面对基层政府的转译

基层政府为乡贤文化建设提供有力的保障。基层政府为了打造出看得见的政绩将大量关注点放在经济发展上，以至于忽略了文化发展。如何加大基层政府对传统文化资源的开发力度和提高公共文化产品供给的效度，以及如何完善乡贤文化发展政策都是对基层政府进行转译的关键。在转译过程中，要让基层政府将经济发展同文化发展相结合，并制定出适合本地区文化发展的相关政策；加强在基层政府同乡贤精英和普通村民的沟通联系，在了解村民需求的基础上进行文化产品供给。

2. 面对乡贤群体的转译

乡贤群体作为基层政府和村“两委”的“触角”以及普通村民的“发言人”，一方面基层政府利用乡贤群体在人民之间的号召力和影响力来推广政策，另一方面普通民众依托乡贤群体来向上级政府表达群体诉求。但是，当前农村发展机会不足，乡贤群体乡土情感弱化，使得乡村中的乡贤精英流失，村外乡贤精英无心回流等问题横亘其中。如何让他们主动承担起社会责任，参与乡贤文化传承和创新是对乡贤群体进行转译的关键。在转译过程中，要分类施策，对乡村中的乡贤经常沟通，回应需求，给予激励，让他们可以留下来投身乡村事务；对村外的乡贤精英，要通过人才引进、政策吸引、情感共鸣等方式让他们回归乡土，承担起责任。

3. 面对普通村民的转译

随着社会经济的发展，城市化进程加快，不良思潮涌入，对乡村居民的传统思想造成巨大冲突使得传统文化的道德教化功能丧失，村民精神支柱崩塌。当前，如何让村民主动参与乡贤文化建设，重新找回精神支柱是对普通村民进行转译的关键。在转译过程中既要充分考虑普通村民的文化需求，又要充分增强他们作为“生产者”和“消费者”的主人翁意识，让普通村民参与到乡贤文化建设中来。

4. 面对传统文化资源的转译

传统文化资源积淀影响乡贤文化建设的进程，优秀传统文化会促进乡贤文化建设，落后的传统文化会阻碍乡贤文化建设。目前，面临的主要问题有：一是乡村蕴含的优秀传统文化数量少。二是乡村原有优秀传统文化遭受外来冲击在不断流失。三是落后的传统文化越发猖獗。如何让优秀传统文化资源得到充分发掘利用，以及将落后的传统文化资源从乡村中分离出来，是面对传统文化资源转译的关键。在转译过程中，要以优秀传统文化引导乡村中落后的传统文化，增强传统文化建设对乡贤文化建设的推力。

5. 面对政策的转译

完善的文化政策和人才政策可以推动乡贤文化建设的顺利进行。当前，地方文化发展政策中存在直接转发上级政策文件或盲目借用其他地方政策文本来指导本地地方文化发展等不良现象，多数地区文化发展仅仅浮于表面无法向下延伸。同样，各级政府发布的乡贤人才政策不但在数量上有限，政策范围也存在很大的局限性，如洛阳市委农村工作领导小组在2021年10月印发的《关于以乡贤返乡创业为抓手发展乡村产业的实施方案》中，更多的是通过政策鼓励乡贤返乡创业发展经济，而对于乡贤参加乡村治理事务以及乡贤本身会延续出来的文化涉及很少。因此，如何让政策成为乡贤文化发展的助力而不是阻力是对政策进行转译的关键。在转译过程中，文化发展政策要与地方经济发展规划相结合，制定出系统的、有指导性的和可操作的文化发展政策；对人才政策的转译要侧重弥补人才政策中的不足。

6. 面对机制的转译

健全的机制可以为乡贤文化建设提供强有力的保障。就激励机制而言，现有的激励机制多是对乡贤群体的激励，但是乡贤文化建设中不仅乡贤群体需要激励，普通村民同样需要被激励；在沟通协商机制方面，缺乏相应的沟通协商机制来化解乡贤精英间的矛盾，乡贤精英相对分散以及所处行业领域不同等原因导致乡贤精英群体在沟通协商过程中因差异地存在或私心而无法进行有效的沟通；在监督机制方面，对乡贤组织的监督不健全、监督力度小。如何解决机制不健全的问题是对相关机制进行转译的关键，首先，村“两委”在推进乡贤文化建设时，要建立起以精神激励为主、物质激励为辅的激励机制，调动乡贤精英和普通村民的积极性；其次，构建完善的沟通交流机制，加强乡贤精英之间、乡贤群体和村“两委”之间的有效沟通，利用现代信息技术搭建起信息沟通和交流平台；最后，建立起从上到下的监督体系，实现村民监督，乡贤精英相互监督、村“两委”监督和基层政府监督相结合的监督体系。

二、乡贤文化建设存在的困境

乡贤文化建设的真正目的在于在社会中形成一种对乡贤的积极的、正面的、统一的认识，营造良好的文化环境。当前，乡贤文化建设存在的困境并非个别的，而是系统性的困境。

（一）乡村留不住人也引不来人

当前，乡村振兴面临一个很大的难题是人才不足，同样乡贤文化建设过程中也面临“无人”的困境。一方面，在市场经济冲击下，为了得到更好的发展机会，大量乡村精英流走异乡，他们融入城市的生活并安定下来，长年累月远离故土导致他们的乡土情感弱化，对乡村发展事务的积极性不高；另一方面，一些乡贤精英把参与乡村治理当作自己获取利益和荣誉的一种有效途径而非出于自己对社会的一种责任担当，受到村中现有条件的限制以及政策吸引力不够等因素的影响，也就不会有促进乡贤文化发展的自觉性和主动性，不仅无法吸引本村精英回流也无法吸引其他地方的乡贤精英加入其中。

（二）乡村文化氛围不浓厚

贺雪峰说“乡村的破产是文化的破产”。当前，乡村中文化氛围不浓是多方面因素造成的，主要可以分为以下几个方面：

1. 传统文化资源不足

传统文化资源的拥有量在一定程度上也会影响乡村文化氛围，一方面是乡村本身所存在的优秀传统文化资源有限，另一方面是乡村传统文化资源受损。基层政府和村“两委”疏于对传统文化的保护，使得那些极具文化经济价值的乡贤文化遗产遭到破坏。此外，基层政府和村“两委”在对传统文化资源的开发过程中，由于对文化资源利用的重视程度不够、盲目开发和目光短视等弊病，导致传统文化资源不断减少。

2. 文化发展重视程度不够

在很长一段时间内，基层政府都将基层发展重心放在经济建设之上，受经济利益的驱使而忽略了对文化的建设，村“两委”同样是更加关注集体经济建设而忽略了普通村民的思想变化以及乡村中文化氛围的嬗变。乡村原有的道德教化功能弱化，转而出现了“人情泛滥、彩礼横行、无序竞争”这样的不良风气，让村中的文化氛围发生质变，也让村中人原本的精神支柱崩塌，乡村整体氛围不复从前。

3. 外来文化冲击乡村文化

随着经济的发展，越来越多的乡村人口进城务工，从内陆到沿海、从不发达地方到发达地方、从封闭的乡村涌入开放的城市，接触到形色各异文化的同时也受到这些文化的影响。这样长期的人口流动之下使得乡村原有的封闭性被打破，外来思想入侵出现“道德崩塌、离婚率升高、不理性消费”等不良现象，冲击乡村中原有的道德观、婚姻观和消费观。

（三）乡贤文化建设政策不健全

乡贤文化政策和人才政策只有同地区文化实际相结合，将乡贤精英和普通村民的想法意见融入政策之中才能充分发挥政策对乡贤文化的推动作用。当前，乡贤文化建设中面临的政策问题是文化发展政策脱离实际、人才政策不够完整。

1. 乡贤文化发展政策脱离实际

当前，我国乡贤文化发展政策中存在明显的不足：一没有将当地的文化发展政策同经济政策相挂钩；二是没有对本地文化发展进行统筹和细致规划；三是政策制定过程中没有将当地村民以及乡贤精英的想法和意见纳入其中，使得文化发展政策要么如空中楼阁、要么被束之高阁，既没有指导性也缺乏操作性。

2. 人才政策完整度不够

从目前的乡贤人才政策来看，多数倾向于招商引资型，即通过政策吸引乡贤精英“返乡创业”和“来乡投资”。这些政策多数倾向于促进乡村经济发展，带动村民共同富裕，而乡贤创造和延伸出来的乡贤文化就少有涉及。这就使得那些带着“乡愁”回归的乡贤，他们的情感既无处安放也无法真正凝聚到一起，形成文化之风。

（四）乡贤文化建设机制不完善

乡贤文化建设过程中需要完善的机制为其提供保障和支撑。目前，乡贤文化建设存在的激励机制不均衡、沟通协商机制不畅以及监督机制不健全等问题阻碍了乡贤文化建设。

1. 激励机制不均衡

目前，乡贤文化建设中激励机制不均衡主要体现在对乡贤精英的激励机制丰富，如事业激励、精神激励等，而对同样参与乡贤文化建设的普通村民就很少有与之对应的激励机制。不均衡的激励机制在一定程度上降低了村民参与乡贤文化的积极性和长效性。

2. 沟通协商机制不畅通

乡贤群体之间存在地域、行业和追求的差异，因而在沟通的过程中缺乏有效的沟通，乡贤精英的利益诉求得不到充分表达，容易导致乡村事务无法顺利实行，更甚者会导致乡贤群体之间出现矛盾。此外，如果乡贤组织同村“两委”之间沟通不畅会阻碍乡贤文化建设进程缓慢。

3. 监督机制不完备

乡贤文化建设中监督机制的局限性主要体现为：一是对乡贤文化建设相关政策执行的监督力度不够，容易出现“画大饼”“烂尾”等情况；二是对乡贤组织的运作缺少监督，基层政府和村“两委”以各种方式将乡贤精英留下来和引进来时，给予了他们充分的尊重以及参与乡村事务的权力，但是缺少应有的监督，这就使得一些乡贤群体在处于资源分配有利地位时容易出现假公济私和仗势欺人的行为。

三、乡贤文化建设的路径探析

乡贤文化建设关系到利益联盟内各成员的共同利益，乡贤文化建设也需要在“乡村”网络上和“多元共治”的阶段内进行研究，网络上的各行动者只有处于有序的状态下，结成利益联盟才能形成有效的治理路径；否则，将是无效路径。基于此，在探索下乡贤文化的建设路径时，需要系统考虑其层次性和可操作性，故将具体路径分为三个层面（见图 1）。

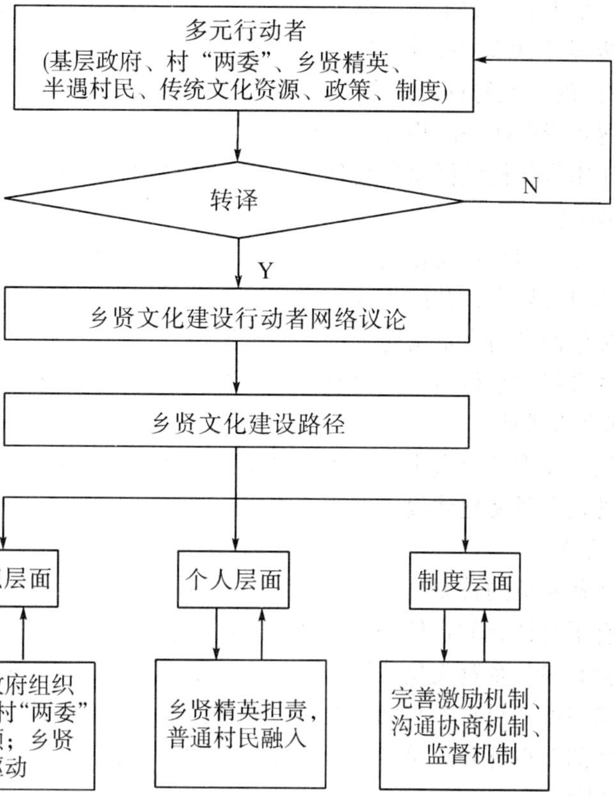

图1　乡贤文化建设路径

（一）在组织层面

无论是乡村振兴还是乡贤文化建设都是多个组织合力的结果，在组织层面体现为基层政府、村“两委”和乡贤组织共同发力。

1. 基层政府

一是基层政府要调整自身在经济和文化发展中的态度倾斜，进行合理的政策规划，制定出乡贤文化发展的阶段性目标以此增强乡贤文化建设的可行性和各行动者的信心，让各级部门和村民群众能够感受到政府对促进当地文化建设的决心和信心，而不是为了粉饰门面。二是基层政府应主动承担起号召各部门进行乡贤文化建设的责任，充分利用地方志和传统文化资源，形成自上而下的推力，对流动在外的乡贤精英，基层政府要主动与他们建立起联系，唤醒他们的乡土情感；对当地现有的乡贤精英，基础层政府也要采取积极的措施让他们留下来、扎下根，只有人留住了，乡村发展才有希望，乡村振兴才有助力。三是基层政府要通过一定数量的走访，收集普通村民了解到的与当地贤达有关的事迹和他们对乡贤文化建设的观点，总结出村民在乡贤文化发展中的需求。

2. 村“两委”

村“两委”作为核心行动者，在乡贤文化建设中要充分发挥自身的作用。一是村“两委”要将上级文化发展政策同本村实际相结合制订出本村的乡贤文化建设计划，明确本村文化建设的目标。二是村“两委”要积极引导村民参与乡贤文化建设，做好承上启下的工作，将上级的意图指示向村民传达和解读，将村民的想法意见向上级党组织汇报，让乡贤文化建设也可以做到“从群众中来到群众中去”，增强村民的主人翁意识和乡土情感。三是村“两委”要加强同乡贤群体的沟通联系，了解乡贤群体的思想动态变化，建立起“党建+乡贤”的模式，发挥党员同志的模范作用带领村民群众参与到乡贤文化建设的环节中去。

3. 乡贤组织

乡贤组织在参与乡贤文化建设过程中，一方面，乡贤组织内部要通过沟通协商建立起一致的目标导向，共同为乡贤文化建设发力；另一方面，乡贤组织要深入村民之中，动员他们参与乡贤文化建设。乡贤组织内部要有明确的分工和完善的运行机制，确保乡贤组织平稳运行，也确保乡贤组织中的乡贤精英之间相互协作。

（二）在个人层面

乡贤文化建设中的个人主要是乡贤精英自身和普通村民，他们处在乡贤文化建设的一线，既是乡贤文化建设中的主力军，也是乡贤文化建设后最直接的受益者。

1. 乡贤精英

当前，乡贤精英的首要任务是找回自己的社会责任担当，重拾自己的乡土情感。只有拥有了对社会的责任和对家乡的深厚情感，才会有对家乡文化的认同感和归属感，才会有参与乡贤文化建设的激情和热情。此外，乡贤精英要提高自身对于乡村事务的参与度，只有参与到乡村事务中来，为乡村的未来建言献策、呕心沥血才能找到精神的获得感和满足感，而不是名利的虚无感。

2. 普通村民

村民个人作为乡贤文化的建设者和受益人，要多方参与乡贤文化建设，一方面，积极响应基层政府和村“两委”的号召，讲出自己心中的乡贤故事，共同探寻家乡的文化资源和文化魅力；另一方面，要正确处理当前经济发展给自己带来的思想冲突，正确看待城乡经济之间的关系，树立正确的价值观和乡土文化观，积极参与到乡贤文化建设的实际行动中去。

（三）在制度层面

乡贤文化建设中，需要有完善的机制体制作为保障。激励机制可以充分调动行动者的参与积极性，沟通协商机制能够促进行动者之间的有效沟通，监督机制可以监督行动者的不当行为。

1. 激励机制

乡贤文化激励机制的完善过程概括为“查漏补缺”。“查漏”主要是找出现存乡贤文化建设激励机制中缺少的对于普通村民的激励机制，建立起以精神激励为主、物质激励为辅的村民激励机制，对那些为乡贤文化建设做出贡献的普通村民进行定期的全村通报表扬或是颁发荣誉证书等形式让他们在精神上受到鼓舞；物质上对参与乡贤文化建设的村民颁发奖品让他们能够长期参与其中。“补缺”主要是对乡贤精英激励机制中的不足之处进行完善。

2. 沟通协商机制

制定出一套可以促进乡贤群体之间有效沟通的机制，便于化解乡贤群体之间以及乡贤群体与普通村民之间的矛盾，解决乡贤群体在参事议事之间存在的难题，如搭建交流平台（微信群、QQ 群等）将乡贤精英汇聚一起，凡事先进行公开沟通，搜集意见和建议，再召开正式的会议进行讨论决定，确保每个人的意见都可以有效表达，并对其中存有私心的想法进行修正。此外，利用现代信息技术搭建起村“两委”同乡贤精英之间的沟通平台，如乡贤网平台、乡贤馆平台等，加强村“两委”同乡贤精英之间的沟通。

3. 监督机制

监督机制的完善既靠上也靠下，靠上是基层政府或村党委在牵头组建乡贤组织的时候就要制定出有效的监督机制，对乡贤组织的工作和乡贤群体进行监督，防止他们以权谋私；靠下是要畅通村民对乡贤群体监督的反映渠道，乡贤参与乡村事务是为造福百姓而不是为祸乡里，普通村民应对其进行监督并就不良情况及时汇报。此外，建立起对政策执行的监督，可以通过基层政府对建设进程和成果的不定期抽查、村“两委”定期的检查，来防止乡贤群体在参与乡贤文化建设中出现“三分钟热度”的情况。

四、结语

通过乡贤精英群体参与乡村治理，利用乡贤文化建设推动乡村文化振兴是我国在乡村振兴道路上的一种有效探索，乡贤文化建设对于我国农村孝老爱幼、温良恭俭的传统家风重建以及社会主义核心价值观的传播都有承前启后的作用。乡贤文化建设中最重要的任务是要重新营造出乡村中的整体文化氛围，只有在良好氛围之下，与乡贤精英和乡贤文化相关的政策才得以顺利实行，也只有在良好氛围的熏染下，乡村居民才能切实体会到乡贤文化建设给自身带来的好处。目前，乡贤文化建设存在的困境，需要运用理论对其进行分析并找出系统的、可操作的解决路径，乡贤文化建设不是基层党委或者基层政府凭一己之力可以顺利完成的，而是需要各方行动者共同参与从组织层面、个人层面、制度层面构建起乡贤文化建设的网络体系。

参考文献：

［1］吴莹，卢雨霞，陈家建，等. 跟随行动者重组社会：读拉图尔的《重组社会：行动者网络理论》［J］. 社会学研究，2008（2）：218-234.

［2］谢元，张鸿雁. 行动者网络理论视角下的乡村治理困境与路径研究：转译与公共性的生成［J］. 南京社会科学，2018（3）：70-75.

［3］温铁军，张孝德. 乡村振兴十人谈：乡村振兴战略深度解读［M］. 南昌：江西教育出版社，2018：52.

［4］王广振，王伟林. 乡村振兴视阈下乡贤文化传承与应用研究：基于文化振兴和产业振兴视角［J］. 理论学刊，2021（2）：161-169.

［5］王泉根. 中国乡贤文化研究的当代形态与上虞经验［J］. 中国文化研究，2011，74（4）：165-172.

[6] 刘淑兰. 乡村治理中乡贤文化的时代价值及其实现路径 [J]. 理论月刊，2016，410 (2)：78-83.

[7] 杨军."乡贤文化"在推进践行社会主义核心价值观中的作用探究 [J]. 西安文理学院学报 (社会科学版)，2015，18 (2)：56-59.

[8] 刘传俊，姚科艳. 乡村振兴背景下乡贤文化的时代价值与建设路径 [J]. 华中农业大学学报 (社会科学版)，2019，144 (6)：14-20，160.

[9] 邹明妍，周铁军，潘崟. 基于行动者网络理论的乡村建设动力机制 [J]. 规划师，2019，35 (16)：62-67.

[10] 张环宙，周永广，魏蕙雅，等. 基于行动者网络理论的乡村旅游内生式发展的实证研究：以浙江浦江仙华山村为例 [J]. 旅游学刊，2008，138 (2)：65-71.

[11] 林秀治，黄秀娟，陈秋华. 基于行动者网络理论的乡村旅游专业合作社形成路径研究 [C] //绿色发展与管理创新：第七届中国林业技术经济理论与实践论坛论文集，中国林业出版社，2013：161-167.

长江禁渔政策执行困境与路径研究

——以重庆市合川区为例

汪光玲①

摘　要：长江十年禁渔是以习近平同志为核心的党中央为实现中华民族伟大复兴和永续发展的重大决策部署。当前，长江流域各地在贯彻落实长江十年禁渔政策中涌现了一些经验和现实问题。重庆市合川区因嘉陵江、渠江、涪江三江汇流而得名，又因钓鱼城之战而闻名，故有别称“钓鱼城”。其水系丰富、流域宽广，是长江禁渔的重点和难点地区。本文坚持以问题导向，从合川区禁渔政策执行中的五个典型案例切入，运用中国特色社会主义公共管理理论，从政策构建、政策执行、政策压力、政策优化、政策展望五个维度，全面剖析和再现“钓鱼城”禁渔生动实践，同时剖析政策执行过程中的梗阻因素，以期为拓展中国化的公共政策理论积累思想素材，对推动全国其他地区高质量落实长江十年禁渔政策具有一定借鉴价值。

关键词：长江十年禁渔；党的领导；政策执行

一、政策构建：禁渔是实现中华民族永续发展的政策部署

党的十八大以来，习近平总书记指出，中国特色生态文明建设作为重大发展战略，是中华民族永续发展的根本大计。并将生态保护旗帜鲜明地写进了实现中华民族伟大复兴宏伟蓝图中，长江禁渔和护渔在整体政策部署和发展战略上具有可行性和一致性。

（一）坚持党政同责共抓从严禁渔

习近平总书记指出：“地方各级党委和政府主要领导是本行政区域生态环境保护第一责任人”。长江十年禁渔的有效落实，充分体现了党集中统一领导和党政领导同责的最显著制度优势。

重庆市合川区水域为三江一溪，即涪江、嘉陵江、渠江和小安溪，共248千米流程，禁捕水域岸线长、水面广、地形复杂，对于合川区来说禁渔令时间之长、范围之广、落实之难可想而知。合川区、潼南区、铜梁区各级党委和政府、人民群众坚决响应党中央号召，统一指挥，能吃苦，敢担当，集中力量共同打响退捕禁渔攻坚战。如合川区公安部门、农业农村部门唐某、朱某等党员深夜与非法捕捞者斗智

① 汪光玲，中共重庆市委党校硕士研究生。

斗勇的生动事例，退伍军人江某自费购买巡逻船、百名热心群众拧成一股绳沿江巡逻、举报非法船只等鲜活案例就是最好的例证。2020 年至今，在合川区各级党委集中统一领导下，政府、社会、第三部门跨部门联手协作，齐心协力将禁渔工作落到实处。党总揽全局、协调各方的政治功能在禁渔工作实践得到充分发挥和体现，为十年禁渔令在合川区稳定逐步推行提供了政治保证和组织保障。

（二）坚持依法严治为禁渔工作保驾护航

习近平总书记在全国生态环境保护大会上指出："用最严格制度最严密法治保护生态环境，加快制度创新，强化制度执行，让制度成为刚性的约束和不可触碰的高压线。"我国相关法律法规为长江十年禁渔令的有效执行提供了有力的法制保障。《中华人民共和国环境保护法》《中华人民共和国渔业法》《重庆市实施〈中华人民共和国渔业法〉办法》等相关法律法规为长江十年禁渔工作提供了法制化保障。2021 年 3 月 1 日，《中华人民共和国长江保护法》作为全国第一部流域保护法正式施行，必将使平衡渔业行业利益关系，规范居民垂钓行为和有关部门调节、监督、惩治等一系列禁渔行动得以井然有序地开展。特别是《中华人民共和国刑法》第三百四十条、三百四十一条的规定，为合川区农业执法支队、区公安局、区检察院打击非法盗捕行为提供了强大的法律武器。如该区 70 岁老人谢某、跨省偷捕团伙、伪装采砂货船的大型捕鱼团伙均以情节严重依法受到行政罚款、拘留或有期徒刑的处罚，达到惩处一个、警示一片的目的。合川区各级政府部门上下联动、依法惩治、行刑衔接，提升了打击非法捕捞工作效能，保证了禁渔执法制度有效执行的公平性与公正性。

二、政策执行：合川有效执行禁渔令的特色路径

制度的生命力在于执行。中国特色社会主义制度是行得通、真管用、有效率的制度体系。实现我国环境保护治理体系与治理能力现代化的关键是要把我国制度优势转化为切实的治理效能，体现出中国特色生态文明建设的正确性和我国生态环境保护制度的显著优势。以习近平总书记关于治国理政的重要论述为理论框架，分析长江十年禁渔令在重庆市合川区的政策有效执行因素，总结禁渔令在重庆市合川区获得阶段性成效的经验，形成"合川模式"，为禁渔令在整个长江流域得到高效执行提供可借鉴、可复制的模板。

（一）党的全面领导是禁渔有效执行的根本保证

各级党组织充分发挥全面领导作用是合川区禁渔下好"先手棋"、打好主动战的根本前提，为合川区禁渔行动的有效落实提供了政治保证和组织保障。

1. 党委领导政府负责，把好禁渔"方向盘"

为贯彻落实党中央、国务院重大决策部署，合川区委常委会在禁渔退捕行动中发挥了领导作用，成立了由区委副书记、区长担任组长的长江流域禁捕和退捕渔民安置保障工作领导小组，细化退捕禁捕工作措施，制定《长江流域退捕禁捕工作专项行动方案》，在把握禁渔方向、规划合川区发展蓝图上发挥了"定盘星"的作用。

（1）立足全局确保禁渔工作不跑偏。合川区委严格落实党中央、国务院决策部署，始终把禁捕退捕工作作为一项重要政治任务和民生保障工程，坚持把禁渔工作放到经济社会发展大局中加以考虑，统筹协调禁渔工作和保障民生两不误、互促进。

（2）把握方向确保禁渔工作不迷航。遵循马克思主义生态观和习近平生态文明思想是中国特色生态文明建设必然发展道路，将千年“钓鱼城”的未来发展方向与鱼类多样性紧密联系，尊重生态自然规律和渔业产业发展的客观规律。

（3）狠抓落实确保禁渔工作不走样。为保证禁渔工作得到循序推进，合川区组建专项领导小组，每月定期对渔政亮剑工作进行总结和反思，同时注重“钓鱼城”历史文化定位发展、渔政专家人才培养、合川区居民护渔价值观建设等宏观长远战略，为合川区禁渔的持续有效执行提供内在动力与保证。

2. 以人民为中心，画出党群禁渔“同心圆”

（1）加强禁渔期社会保障体系建设。为切实解决渔民上岸转业安置，特别是一条渔船、“四代同堂”的特殊渔民群体，他们的根本生存和就业安置问题成为当务之急。为此，合川区各级党组织成立了禁捕和退捕渔民安置保障工作领导小组和4个工作专班，统筹部署全区禁捕和退捕渔民安置保障工作。相继出台了退捕渔民基本养老保险参保、代缴和领取养老待遇等政策，全力落实退捕渔民基本养老保险应保尽保、应代尽代、应享尽享。

（2）架起党群“连心桥”。《合川区渔业船舶禁捕和渔民退捕转产工作实施方案》中，对各类野生鱼类餐馆、个体渔户、退捕渔民的转产就业、技能培训、应保尽保做了细致安排，保障了渔民基本生活需要。同时，坚持以人民为中心，深入合川区太和镇相关社区、河道沿岸村落、餐饮门店、水产品交易市场、渔具市场、机电市场，敞开心扉与百姓面对面交流，问计于民、问需于民、问策于民。通过多次深入调研、实地访谈沿岸渔户、居民，坚持从群众中来到群众中去，使得制定的政策更接地气、更合民意，禁渔工作得到了广大民众的理解和支持。合川区以渔民为天、以居民健康和产业发展为根本出发点和落脚点，扎实推进合川渔业平稳转型和高质量发展，赢得了民众支持和拥护，进一步密切了党群、干群关系。

（3）完善和创新禁渔令下矛盾调解机制。积极发挥地方村“两委”在禁渔退捕中的矛盾调解优势，畅通民众对于禁渔执法的意见诉求渠道，形成了上下一心共谋禁渔良策的大好局面，增强了党群共同禁渔的凝聚力、向心力。

3. 发挥党委统筹全局、协调各方的政治优势

（1）建立跨区域跨部门合作机制。合川区嘉陵江、涪江、渠江三江汇流处是禁渔退捕的主要区域，渔政执法工作范围包含重庆市合川区、铜梁区、潼南区和四川省广安市武胜县、岳池县等流域，这对于基层政府的政策执行力是一项重大考验。而在重庆市委、三江流域各级党组织统筹全局、协调各方的指挥部署下，各级政府通过行政协商和一定行政权力的平稳让渡，实现了党统一领导下跨区域、跨部门、跨单位的有效合作。

（2）构建合川共治共享禁渔格局。合川区上下一心，区委、区政府、区检察院、区公安局、区农业农村委员会、区市场监管局等部门，西南大学科研团队、热

心的护渔志愿团队和群众在禁渔过程中发挥各自专业优势，开展多项禁渔护渔的大型社会活动，特别是大部分基层群众积极参与到禁渔退捕政令执行的过程中来，通过禁渔24小时热线举报、加入沿江志愿者组织的方式发挥自己的历史推动作用。

（二）创新行政方式是禁渔执行的有效保障

发挥政府在禁捕退捕中的主导和主体作用，是禁渔政策执行的有效保障。

1. 地区联动部门协同，优化“整合力”

禁渔令有效执行需要跨越政府部门的职能边界，一个行政部门的单打独斗是无法解决跨流域的非法捕捞案件研判。禁渔执法行动推动合川区、潼南区、铜梁区三江流域各级政府跨部门合作，打破科层制部门分工、上传下达的僵化束缚，充分释放发挥我国行政体制改革的优势和作用。

（1）地区联动，强化跨区域“推动力”。重庆市合川区农业农村委员会、铜梁区、潼南区和四川省广安市武胜县、岳池县农业农村局建立联动执法协作机制。充分发挥农业、公安、环保、水行政主管部门的优势，畅通部门信息沟通、共享渠道、拓展案件线索来源，形成跨区域禁渔合力。

统一部署，统一指挥。为防止三江流域“政出多门，多头行政”，造成制度性成本的浪费，通过三地农业农村委员会、公安局联合设立“打击非法捕捞工作协调组”，统一安排部署联合执法行动。

区域协同，去除“灰色”。行政区划交接“灰色”水域因执法部门权责不明，你推我拒的行动困境时常存在。合川区与各级政府成立联合巡查执法机制，不再自扫门前雪，而是心往一处想、劲往一处使。成立日常巡查联合巡查制度。每周对水域开展1次日常巡查，每月开展1次联合巡查执法。提升政府对于整个流域的禁渔事务管理效能，让偷捕者在交界水域也无处藏匿。

跨越壁垒，提升资本。建立信息互通共享机制。各地农业、公安、环保、水行政主管部门根据各自的专业特长和执法特点相互学习，相互指导，共同研究，努力提高调查、查获、取证的能力和证据质量，实现信息知识的互信和共享。在多次合作中提升双向信任，累积社会资本存量，减少区域间、部门间交易摩擦，实现整体流域内禁渔工作共赢。

（2）横向协同，提升跨部门的“渗透力”，充分发挥合川区公安、农业主管部门的优势，畅通横向部门信息沟通、共享渠道，拓展案件线索来源，两者在执法过程中你中有我、我中有你；同时，理清部门职能分工，执法过程中主次分明，有效提高行政执法权威和对非法捕捞违法犯罪的打击效能，确保行政执法和刑事司法的有机统一、法律效果和社会效果的有机统一。

职能整合，行刑衔接。由于偷盗捕鱼案件的特殊性，合川区农业农村委员会和公安局建立联席会议制度。区农业农村委员会配合做好取证、检验、评估，区公安局检查时对恶意阻挠检查、对执法人员进行恐吓或者暴力抗法进行强制性拘留，各方就执法协作和案件侦办过程中存在的问题进行协调；共同研究、探讨执法中遇到的新情况。减少由于各部门自由裁量权造成的分析、研判模糊导致执法部门和司法部门之间的不必要的分歧和摩擦。

搭建“桥梁”，培养人才。区公安局、区农业农村委员会确定专门人员负责打击非法捕捞执法配合工作建立联络员制度，为实现行政资源最大化利用和整合提供了新思路，培育综合管理型人才。同时，联络员督导、检查联动执法联席会议确定的工作任务的落实情况，提升禁渔执法行政效能。

2. 优化市场监管机制，编织“公正网”

禁渔执法中，非法捕捞犯罪行为的监管裁决是否及时、公正、公平，将影响行政机关和司法机关在禁渔令的合法性和权威性，依法及时调查、立案侦查，公正判决是禁渔令有效执行持续的保障。

（1）刚性惩治，加强综合监管。抓好市场主体监管，强化渔业行业自律，从源头彻底斩断市场销售长江流域非法捕捞渔获物产业链。不姑息每一件违法捕捞行为，区公安局治安支队作为牵头部门进行严肃处置和公示。不纵容不构成犯罪的捕捞行为，要移交区农业农村委员会进行行政处罚，并进行教育公示。

（2）公平公正，强调审慎监管。合川区对于复杂或社会影响大的偷捕案件，区公安局同区农业农村委员会联合挂牌督办，区人民检察院、区政府法制办等部门针对案件性质、复杂程度、涉及范围、可能导致的后果等情况，进行事前风险评估研判，并对案件的调查、证据的使用等细节进行讨论，确保案件依法处理。既不能“一棍子打死”，也不能放任自流。

（3）全天待机，提升查处效率。公安局、区农业农村委员会、区市场监督管理局设立 24 小时值班备勤电话，成立应急领导小组，完善应急工作预案。遇到重大破坏渔业资源环境等紧急情况，区公安局、区农业农村委员会、区市场监督管理局要及时启动相应的调查程序，分工协作，防止证据灭失。区农业农村委员会依法进行调查取证工作，提高案件查处效率。区公安局负责对违法犯罪嫌疑人身份不易确定、可能逃逸、证据难保全，可能涉嫌非法捕捞犯罪的，依法及时调查、立案侦查。

3. 不忘初心使命，勤耕“责任田”

禁渔制度优势的有效发挥离不开广大党员干部、基层行政执法工作者在艰苦性、危险性高的江面夜以继日严防死守，每一位基层执法人强大的工作责任心和禁渔历史使命感以及禁渔令执法的强制性和威慑力才能让非法捕捞者束手就擒，得到应有的处罚，确保证渔政亮剑实效。

（1）立足“公”心，为江为民。合川区渔政执法工作者把全心全意为人民服务和保护长江母亲河的初心使命始终贯彻于每一项执法过程始终，想群众所想、急群众所急。

（2）保持“恒”心，从严执法。合川区渔政执法者始终保持整治非法偷捕者的高压态势，对禁渔现阶段成效不自满，对每天日常巡查工作不放松，对非法捕捞者违法行为及时取证侦查。

（3）坚定“决”心，攻坚克难。一是合川区禁渔执法工作条件艰苦。如在禁渔执法实践中为了逮捕跨省夫妇合伙作案，唐某、王某等几位渔政执法者必须工作到深夜零时到凌晨三点，江面温度低，对于执法者体力、耐力等是一种考验。二是禁渔执法工作具有危险性。隐形危险是执法皮艇和船只在江面行驶的安全问题；显性危险则是一些违法者为了逃捕直接撞向执法皮艇，甚至升级成集体蓄意恶性伤害。禁渔执法者强烈的使命感使他们不畏任何威胁，发挥党员恪尽职守的坚强品质。

（三）人民共建、共治、共享生态合川是禁渔执行的内生动力

（1）保持积极性，滴水石穿。合川区禁渔令在 2019 年就已经定期开始执行，其间合川区群众多次向合川区政府建言献策。

（2）发挥主动性，自强自立。合川区作为千古“钓鱼城”，大多数村民是渔民，而渔民都是依江而生、靠江而活，甚至“四世同一渔船”，同时城内相关渔具商店、江鲜餐馆等相关行业在本地深深植根。在退渔转业、沿江安置的过程中，当地渔民拿出“宁愿苦干，不愿等靠”的艰苦奋斗的决心。通过头一回养羊、种果蔬等方式发挥自强不息的创业精神、奋斗精神、学习精神，合川区渔民赢得了禁渔的初步胜利。

（3）激发创造性，群防群治。共有 581 位本地渔民自愿参加禁渔护渔行动，分成 18 个禁渔护渔小组，采取每天 3 班轮流巡查，为禁渔提供切实的保证，确保各江段 24 小时都有护渔人员巡查。

三、执行梗阻：禁渔政策执行困境原因剖析

（一）禁渔诉捕流程与量裁管理质效不足

（1）集中管辖质效须提升，合川辖区内非法捕捞案件需要由合川区检察院审查逮捕，再向合川区法院提起公诉，时间跨度长，接手人员多，行政成本高。

（2）量裁管理质效需提升。首先，禁渔法规条例对于捕捞范围、捕捞用具、捕捞方式描述言语模糊不清，从而导致执行人员效率低下。一些不法企业、个人可能钻空子。例如，合川区公安局认为应抓捕的捕鱼案件，合川区检察院却认定不符合规定，不予起诉，造成人力与资源重复浪费。

（3）追查管理质效需提升。缺少对案件精确、实时、全面、动态监管，存在诉讼时间长、案件接手人员多、嫌疑人易翻供问题。

（二）政府与第三方环保组织交易成本较高

（1）政府与第三方交易频次低。与相关科研机构、第三方社会组织沟通合作次数低，合川范围内发生的因非法捕捞导致的渔业生态损失案件的鉴定，需要送至西南大学进行鉴定，案件诊断对专业人员的依赖性仍然较强，无法及时评估。然而，鉴定评估专家费太高，一宗案件的鉴定费至少 5 000 元。造成错失良机，难以追责，使生态环境损害补偿制度无法真正发挥其制度优势和转化其治理效能。相关行政执法生态损失评估缺乏资金支持导致量刑裁决中公检法部门反复研判案件，迟疑不定，监督成本提高且行政效率低。

（2）“全揽式”政府执行，不确定性高且效率低。合川区各级党委、政府作为禁渔工作决策者和执行者，并不是生态环境评估诊断的专家，更不是水产家、园艺家、养殖家。过去，合川区党委和政府一直奋战在长江生态环境治理一线，禁渔行政执法的裁量和判决标准涉及各行业相关技术性鉴定和方式，具有其专业特性。政府“大包大揽”的强势并不能弥补政府专业弱势，案件研究过程中的反复不决最

终导致裁决不适当、标准不科学、行政成本高的社会治理困境。

(3) 信息不对称、获取成本高。政府和民众在禁渔过程中掌握不同程度信息。新媒体渠道未完全打开，微博官方账号运营不当；合川区护渔相关公益组织数量和类别少；政府组织护渔社会活动组织规模小，影响力弱，和社会组织公民定期交流机会少，缺少公民参与环保行动和申诉、沟通意见的渠道。

(三) 禁渔财政支持和配套设施不到位

(1) 执法装备不足。合川区现有 2 艘执法艇，其中 1 艘执法船配备时间久，老化严重，难以担负起全面禁捕的巡查监管；同时，江面视频监控区域未能全面覆盖、监控清晰度不高、不能人工智能识别报警联动等问题依然禁锢着执法水平。基层执法配备急需升级换代。

(2) 执法激励机制手段缺乏。非法捕捞多在夜间、周末发生，因无夜间、周末出勤人员专项津补贴发放规定，长期下来加班人员工作的积极性不高、工作效果欠佳。

(3) 执法人员生命安全问题。一些非法电鱼用具漏电、违法者蓄意报复，如用自身渔船碰撞执法船队等存在突发性风险和报复性威胁行为。目前，执法队伍的风险防范意识仍待进一步增强。

(四) 强制性禁渔令下少数民众护渔意识淡薄

(1) 少数渔民顶风作案，知法犯法。这部分人非常了解禁渔法律，追求短期利益最大化，专门挑选深夜、激流险滩、跨省作案，甚至以命搏斗，发生冲突。钓鱼城的“江鲜”暴利链条捕捞—运输—销售—餐桌仍藕断丝连，对长江“珍馐野味”地下市场需求量的增加，严抓严打的“绝户网”，电炸鱼、扎巢采卵、挖沙采石等非法破坏渔业资源的乱象仍屡禁不止，非法捕鱼毫无原则的逐利行为破坏了生态系统平衡，甚至出现了暴力抗法的过激行为。同时，渔船排出的废气废油对水体的直接伤害和污染、大量饵料投入直接导致水体恶化。内陆淡水生物本身受人类活动影响较大，铤而走险的现象仍然存在。导致长江流域生物链失衡，未来无鱼可捕。

(2) 少数群众捕“娱”为乐，认识不深。这部分人对于禁渔政策和禁用渔具种类、范围并不了解。普通群众家中仍存有罾网、虾笼、草钩等违法渔具，偶然垂钓也认为捞几条鱼和违法无关。

四、政策优化：高质量落实禁渔令的建议

禁渔执行问题需要各个社会部门通力协作，这不仅是重庆市合川区禁渔推行的解决路径，更是各国探索的“公共事物的治理之道”，合川禁渔令的实践总结具有一定借鉴意义和参考价值。

(一) 促进“异地交办，捕诉统一”

(1) 提升信息和审批移送效率。集中管辖具有统一性、公正性、公平性的优势。采用“线上及时数据提交”+“线下文本随后寄送”的方式，让各级法院、检察院保持信息畅通，缩短案件移送时间和防止信息失真。

（2）保持裁决“中等”，避免行政裁决中地方分权主义。渝北、万州、涪陵、黔江、江津法院与渝北区法院、检察院各部门之间需形成统一的量裁标准，对于抓捕的范围、作案用具进行规范化、统一化法文描述。对于违反规定的行为严惩不贷，避免基层法院之间因鉴定“等内”标准不同导致偷捕案件迟迟得不到审核而翻盘。

（3）完善全链条追查问责制度。在整个案件处理过程中进行精确、实时、全面、动态监管和信息收集。从整体角度评估每一次跨区域法院、检察院裁决、批捕、执行过程，并且根据结果及时调整，不断改进行政司法联动方法。定期对上个阶段禁渔案件相关公安、司法部门执法成效进行评估、比较，对效率低下和违规的部门要严惩；对非法捕捞案件该查不查、该移送不移送，或者干扰案件查处，甚至包庇纵容的，要依法追究失职、渎职、滥用职权人员的法律责任。

（二）搭建护渔多部门协同平台

（1）引入市场调节机制。采用先进信息技术嵌入促进禁渔执法的提质增效，放宽部分禁渔生态破坏评估项目和管理项目限制，外包给专业生态评估企业，并提供项目资金支持，利用先进的科技和管理模式，使禁渔政策执行中所需的专业评估技术和行政效率得到真正提高，让市场来调节政府在禁渔退捕中的政策失灵。

（2）积极鼓励、引导民间长江生态保护组织的成立。以第三方长江水域监管为切入点，成为禁渔执法、护渔治理中政府失灵、市场失灵的“灵丹妙药”。鼓励第三方组织积极在禁渔退捕合作机制中表达自己的合理需求和专业意见，发挥第三方协调和监督的作用。

（3）定期举办合川区长江护渔交流会。区政府在会上不发表政策硬性命令、总结目标，而是坐下来和渔业企业、市民、专家等各方代表进行信息交换和聆听各方提出的意见。鼓励渔业专业爱好者定期集会，自由选定每周固定时间，以学校建筑为平台场地举办合川区交流会，渔企、沿岸市民、环境专家、公安等多方代表参加，对于环境治理政策各抒己见。这种层层嵌套的交流平台真正促使意见和信息交换使合理高效的禁渔政策迅速产生；促进大量民间渔业环保组织的产生；激发市民参与长江鱼类保护公益的热情。

（三）强化禁渔财政投入和配套设施保障

（1）加大财政投入。合川区公安局、区农业农村委员会要加大联动执法机制建设的资金保障的财政投入，积极争取将日常办公、情报信息、举报奖励、办案装备、人员培训、宣传教育等工作所需经费列入同级财政预算，确保联动执法机制正常运转。

（2）设立“护渔”奖金。对加班加点、辛苦蹲守、表现优秀的执法人员给予物质上的奖励。激发执法人员工作的积极性。

（3）增强风险防范意识。对于禁渔治安队伍从人员、装备、科技、医疗、科技等提供有力支持，重视执法船只更新维护，加强应急安保队伍建设，保证执法人员的生命安全。

（四）加大惩治力度与护渔宣传教育

（1）严抓严打彻底斩断非法捕捞利益链条。对全区 74 家渔具销售网点门店、

1 家渔具生产企业进行全面检查整治，抓好市场主体监管，强化行业自律，彻底斩断市场销售长江流域非法捕捞渔获物产业链。

（2）多途径加强禁渔行动宣传。要让“长江十年禁渔”深入人心，通过多种媒介全覆盖开展宣传，积极宣传合川公安局、农业农村委员会建立联动执法协作工作机制、联合打击非法捕捞违法犯罪工作情况和优秀案例，通过印发禁渔宣传告知书、制作禁渔海报、音频等宣传资料，在交通要道、镇街渡口码头等设置永久性禁渔宣传标语、禁渔标示牌；在城区广场、车站、商业中心等人流聚集区域利用电子屏幕滚动播放《禁捕公告》等手段；要组织人员深入相关辖区宣传《中华人民共和国长江保护法》等法律法规，提高从业人员环境水利保护法律法规知晓率；要注重宣传引导，对于案情复杂、社会关注度高的案件，要积极配合当地党委宣传部门做好信息发布工作。

（3）加强公民护渔价值观培育，促进生态价值内生。区公安局、区农业农村委员会应进一步推广禁渔教育市民课堂。通过联合培训、典型案例剖析、跨部门学习锻炼等多种形式，全面系统地学习环境保护水事执法和刑事侦查所涉及的法律法规和标准。

五、政策展望：禁渔“制”转“治”

长江十年禁渔政策涵盖全国 14 个省份，持续时间长，执行难度大、监管任务重。从传统单向的集权垂直“禁渔之制”开始转向共治、共建、共享的“护渔之治”社会治理格局，合川区的禁渔执法行动中集中体现了我国特有的制度优势和治理效能。

（一）“制”——严法严制保障强制性禁渔

在中国特色社会主义治理理论和社会主义市场经济理论的指导下，十年禁渔令导致整个渔业市场经济、相关行业领域发生了深刻的变革。自禁渔令下达后，《中华人民共和国长江保护法》作为全国第一部流域保护法随之公布，从制度和法律层面强力保障十年禁渔令的有效实施，明确禁渔过程中各级部门的权力和责任，使禁渔工作有条不紊、有法有据的开展进行。但同时禁渔政策又以强制性的行政处罚、监管的“制”为主，体现了垂直传统的官僚制管理，存在一定的消极抵触甚至暴力违抗的现象，增加不必要的管理成本。因此，禁渔迫切需要一种能与多元主体参与趋势相适应、具有中国特色的治理“样本”，在合川禁渔执法的实践过程中已经得到初步显现。

（二）“执”——制度优势转化为治理效能

禁渔令的生命力在于政策有效的执行。在执行过程中，将禁渔制度的内存优势通过有效执行转化为效能得到释放，以爱国主义、集体主义、社会主义思想为指导将禁渔工作落实到行动上。

（三）“治”——社会协同推动主动性护渔

随着长江禁渔进一步发展，禁渔制度优势将进一步转化为护渔的治理效能。从“禁”到“护”向多元主体共建、共治、共享方向发展，强调公众参与和公民治理，突出护渔行动中的公共价值。禁渔制度的有效性和优越性将在有效执行中得到进一步释放，强国家强社会-小政府大社会的发展趋势必将促进长江护渔合作网络的形成和完善。

2021 年是《长江十年禁渔计划》的开局之年，十年禁渔政策所涉水域范围之广，时间之长，群众之多，不能是单纯效法西方资本主义国家环保政策的“跟跑”，也不能是复制他国做法的“并跑”，而是要依据我国现实国情和地方特色，发挥我国坚持党的领导的最大政治优势，开创具有中国特色社会主义生态文明建设“领跑”之治。重庆市合川区在禁渔政策执行过程中走出了一条具有地方特色的生态保护道路，在一代代合川区各级党组织、政府和群众组成的“护渔者联盟”的坚持和努力中，未来十年继续保护美丽长江、美丽中国，其经验与实践为我国地方政府水域环境治理提供了现实依据和参考。

参考文献：

[1] 中共中央宣传部. 习近平总书记系列重要讲话读本 [M]. 北京：学习出版社，人民出版社，2016.

[2] 中央文献研究室，中国外文局. 习近平谈治国理政：第 3 卷 [M]. 北京：外文出版社，2020：23，137.

[3] 陈波，佘佳鑫. 习近平关于坚定制度自信重要论述的三个维度 [J]. 武汉理工大学学报（社会科学版），2020，33（6）：33.

[4] 胡鞍钢. 中国国家治理现代化的特征与方向 [J]. 国家行政学院学报，2014（3）：4-10.

重庆市璧山区党建引领小区治理的探索研究

黄可歆[①]

摘　要：党的十九届五中全会指出，要“加强和创新市域社会治理，推进市域社会治理现代化”。随着我国经济社会高质量增长，城市化进程的进一步推进，传统的城市基层治理结构面临诸多新情况、新挑战，城市社会治理成为新焦点。重庆市璧山区聚焦居民小区这一城市基层治理中的基础单元，发挥基层自治组织、社会组织的作用，试点开展“党建引领、小区治理”工作，进一步理顺了多元治理关系，推动小区自治，实现治理基点和居民需求相统一，把治理链条延伸至城市治理“最后一米”，推动党的“神经末梢”与城市治理“基础单元”的深度融合、互融共促，有效补齐城市基层党建与社会治理短板，为构建城市基层治理体系和促进社会治理能力现代化提供有益借鉴。

关键词：小区治理；党建引领；重庆市璧山区

一、重庆市璧山区小区治理的问题之源

（1）业主委员会“虚设”。目前，小区业主委员会普遍存在规范成立难、有序运行难、群众监督难等问题，缺乏足够公信力。部分小区成立业主委员会解决问题，但业主参与度低，业主对本小区业主委员会了解甚少，导致业主委员会的公信力较弱；一些业主因为工作较忙，变相放弃监督权，导致某些业委会成员独断行为得不到有效监督，使得业主委员会“形同虚设”，业主的各项服务需求得不到满足，业主和业主委员会矛盾重重。

（2）物业服务企业“错位”。在现行“市—区—街道—社区”社会治理体制下，物业服务企业承担了社区部分行政化管理服务事项，掌握着小区资源的分配与使用。这些本应是居民自治的重要载体，由于物业服务企业逐利本质与业主实际需求之间存在天然的“错位”，物业费用收支不公开、公共区域服务不到位等问题时有发生。与此同时，物业管理队伍中的专业人才少，服务仅停留在提供保洁、治安巡护等简单阶段，部分业主因对物业公司服务不满，不缴纳或拖欠物业费，而物业公司为了生存通过降低服务标准节约成本，形成恶性循环。

（3）小区居民参与“失序”。由于物业管理主体模糊，大多数业主并没有从财产、契约和消费的角度理解物业管理，公共权利意识淡漠，小区居民缺少主动参与

① 黄可歆，中共重庆市委党校硕士研究生。

和自觉守约的意识。同时，璧山区老旧小区存量较大，老旧小区房龄大多在 15 年以上，还存在基础设施老旧、公共服务质量不高等问题。而社区相关工作人员，存在年龄较大、文化程度不高等问题，导致小区问题不能得到及时解决。

二、重庆市璧山区党建引领小区治理的实践之道

重庆市璧山区全面贯彻习近平新时代中国特色社会主义思想和党的十九大精神，细化践行《深化“枫桥经验”重庆实践十项行动实施方案》，认真落实区委十四届六次全会关于构建共建、共治、共享社会治理格局的有关要求，选取璧城街道远林雅宇豪苑、天德康都等 5 个小区开展试点工作，在城区符合条件的小区全面推广，聚焦城市基层治理中的基础单元，坚持党建引领，把党的组织、宣传阵地充分延伸至小区、楼栋，发挥小区党组织的政治功能和服务功能，构建起“以小区党组织为核心，小区业委会、物业服务企业、各类社会组织和全体业主共同参与”的小区治理模式，提升小区居民的获得感、幸福感和安全感。

（一）激活党建“肌体细胞”

党的基层组织是党的“肌体细胞”。重视基层组织建设是我们党的优良传统和重要特征。为破解小区治理乱象，夯实党的执政基础，重庆市璧山区创新开展了“支部建在小区上”。实现党的组织延伸到小区、党的阵地嵌入小区、党的群众路线落实到小区，筑牢小区自治的组织堡垒。

（1）规范设置小区党组织。首先，对居住在小区的党员进行全覆盖的调查摸底，分别建立机关企事业单位党员台账和其余党员台账。动态更新信息台账，及时更新维护“璧山智慧党建”平台中的党员信息。其次，坚持将党支部建在小区上，凡有党员 3 名以上、条件成熟的小区，应建立功能型党组织，原则上隶属社区党组织管理，同时将居民区党员组织关系转入该党组织。支部人数较多的，可按网格、楼栋分布或“地缘、趣缘、业缘”等设立党小组。同时，加强小区党组织班子建设。选优配强“带头人”，优先选拔在任或离退休党员领导干部等且具备业主身份的党员领导干部担任小区党支部书记。区委组织部、街道党工委每年至少组织 1 次小区党支部书记培训班。将优秀小区党支部书记纳入社区后备干部培养，优先遴选按规定程序进入社区“两委”班子。

（2）深入推行党员“先锋工程”。严格按规范配建小区物业管理用房，统筹建设小区党群服务中心，整合党员、业委会、群团、居民等活动阵地资源，拓展服务功能。加强支部标准化规范化建设，落实“三会一课”、民主评议党员、谈心谈话等制度，每年至少开展 1 次强化党员身份意识“五个一”活动。充分发挥党员在服务居民、服务小区的先锋模范作用。机关企事业单位党员要主动到所居住的小区党支部报到承诺，每年至少认领 1 项自选承诺事项并领回小区党组织出具的回执单报所在单位党组织，每年参与小区组织的各类活动不少于 2 次，变所在小区党支部找党员干部为党员干部主动找小区党支部发挥作用。

（3）建立专项经费保障机制。首先是新成立党支部启动经费。按 1.2 万元/个标准给予新成立小区党支部一次性启动经费补助，主要用于购置办公设备等。其次

是小区党支部运行经费。按2万元/(年·个)标准给予小区党支部运行经费补助，主要用于开展日常党建工作。

（二）疏通小区“神经末梢”

小区是基层的“神经末梢”，城市治理“最后一公里”在社区，社区服务“最后一百米”在居民小区。璧山区聚焦居民小区这一离群众最近的基本单元，坚持党的全面领导与以人民为中心的发展理念相结合，推动党建延伸到居民的“家门口”。

（1）指导业委会成立和运作。坚持法治、自治和德治相结合，引导支持业委会承担实质性民主自治、自我管理、自我服务职能，实现实体化运作，促进小区群众“生活圈”“服务圈”“管理圈”高度统一，构建“以小区党组织为核心，小区业委会、物业服务企业、各类社会组织和全体业主共同参与”的小区治理模式。小区党支部全程参与指导小区业委会的成立和换届工作，包括指导业主大会成立，进行业委会登记备案，对业委会管理规约、业务公约、管理章程、议事规则等具体工作提出意见。

（2）引导小区居民自治。建立健全小区党支部、业主委员会和物业服务企业等多方联席会议机制。积极探索有益模式。积极探索培育国有企业主导、社会力量广泛参与的物业专业配套公司，精准对接业主自治专业化、市场化需求，同步建立物业服务“准入库”，推动小区居民与物业服务企业良性互动。一方面，织密织实“城市生活网”。积极推进养老、托幼、家政等服务入驻小区，结合业主需求，积极培育各类群众自治组织和社会组织，形成嵌入式服务。另一方面，积极推动“智慧自治”。依托全区政务信息资源共享交换平台，整合小区数据资源，加强与“璧山智慧党建”平台的功能对接。充分利用信息技术，采集居民信息，对小区内的人、地、事、组织等要素进行关联分析，及时掌握并解决苗头性、倾向性问题，不断提高小区自治效率。

（3）服务小区居民群众。小区党组织要把服务小区居民、加强小区建设作为主要任务，探索设立小区文明礼堂，打通宣传群众、关心群众、引领群众、服务群众“最后一公里”，积极解决居民群众最关心、最直接和最现实的利益问题。探索推动服务力量下沉小区，有序引导个性化、专业化的第三方服务机构，为小区居民提供专业化服务，探索建立服务效果评价反馈机制，提高服务质量和水平。有效整合驻区单位、群团组织、业委会、物业服务企业等力量，实现共建、共治、共享。开展好邻居、好婆媳等道德典型评选，利用传统节日开展“小区邻里节”、便民利民等活动，倡导小区内各类组织及居民共同参与文明楼栋、文明小区等创建活动。

习近平总书记指出，“要主动适应城市社会群体结构和社会组织架构的变化，推进基层党建工作创新。”随着城市化进程的快速推进，推动城市基层党建和城市社会治理的融合发展，以党建引领社会治理创新，是新时代基层党建工作的重要课题。璧山区试点“党建引领、小区治理”通过在小区建设党支部，推动党的“神经末梢”与城市治理“基础单元”的深度融合，实现小区的事不出小区，有效补齐了城市基层党建与社会治理短板，为构建城市基层治理体系和促进治理能力现代化提供了有益借鉴。

参考文献：

[1] 孙甘霖. 学习贯彻习近平新时代中国特色社会主义思想 开启党建引领社会组织参与社会治理的新征程 [J]. 社会治理，2017 (9)：19-23.

[2] 彭姝. 论新时代社区治理参与机制的完善 [J]. 哈尔滨市委党校学报，2021 (1)：50-56.

[3] 刘英为，李昭亮. 社会工作发展与基层治理创新：深入学习党的十九届五中全会精神 [J]. 南海学刊，2020，6 (4)：12-19.

新型农业经营主体高质量发展的问题及路径研究[①]

付玉联[②]

摘　要：新型农业经营主体高质量发展关系我国农业农村现代化，是提升农业农村发展新动能、促进小农户和现代农业发展有机衔接的重要力量。当前，新型农业经营主体发展面临总量不足且分布不均、发展质量和效益不够、农业农村基础设施落后制约以及相关资金和财政投入的针对性和效率亟待提升等问题。为此，首先要从加大扶持发展、注重规范引导、提高发展质量、创新农业生产经营组织模式、建立稳定的农产品市场销售渠道、推进农业技术化和机械化等方面加大新型农业经营主体培育力度；其次，要通过完善农业公益性服务组织、强化农业社会化服务组织、培育市场化服务组织等，构建全程覆盖、形式多样、综合配套、便捷高效的新型农业社会化服务体系；最后，要持续加强政策精准、协同供给，努力提升老百姓的幸福感。

关键词：新型农业经营主体；高质量发展；财政投入；政策保障

推进农业现代化是建设现代化经济体系的重要内容，也是畅通国内大循环、构建新发展格局的紧迫要求。党的十九届五中全会指出，“加快培育农民合作社、家庭农场等新型农业经营主体，健全农业专业化社会化服务体系，发展多种形式适度规模经营，实现小农户和现代农业有机衔接。”习近平总书记在中央农村工作会议上强调，“要加快发展乡村产业，顺应产业发展规律，立足当地特色资源，推动乡村产业发展壮大，优化产业布局，完善利益联结机制，让农民更多分享产业增值收益。”当前，脱贫攻坚取得胜利，乡村振兴成为下一时期的重要历史任务。推动乡村全面振兴，农业产业发展和振兴是关键。从农村发展的实际看，新型农业经营主体逐渐成为农业产业发展和振兴的重要引擎，也是实现小农户和现代农业发展有机衔接、拓宽农民增收渠道的根本途径。因此，深入研究新型农业经营主体高质量发展面临的问题，提出具有科学性和科学性的政策建议是一项极其重要而急迫的课题。

---

① 项目基金：重庆市社会科学规划社会组织项目（项目编号：2020SZ01）；全国地方党校（行政学院）重点调研课题（项目编号：2020dfdxzddykt075）。

② 付玉联，中共重庆市委党校公共管理学教研部讲师。

一、新型农业经营主体高质量发展的问题

（一）新型农业经营主体总量不足且分布不均衡

2020年3月农业农村部印发的《新型农业经营主体和服务主体高质量发展规划（2020—2022年）》显示，截至2018年年底，全国家庭农场近60万家，其中县级以上示范家庭农场达8.3万家。全国依法登记的农民合作社达到217.3万家，其中县级以上示范农民合作社达18万多家。全国从事农业生产托管的社会化服务组织数量达到37万个。各类新型农业经营主体和服务主体总量超过300万家。但与深化农业供给侧结构性改革、提升农业农村发展新动能要求相比，特别是考虑到全国农林牧渔业总产值、农作物播种面积、乡村从业人员总量等因素，我国新型农业经营主体的整体数量仍显不足。更重要的是，新型农业经营主体在不同区域、农林牧渔业之间分布不够均衡。农业基础较好、经济较发达、临近城市等农村地区的新型农业经营主体较多，但贫困地区、山区、离城市较远地区的新型农业经营主体较少，而县级以上农民合作社、家庭农场等更为匮乏。

（二）新型农业经营主体发展质量不够高

近年来，中央和地方政府高度重视新型农业经营主体培育，但新型农业经营主体对农业产业化和农民增收的带动力仍有待进一步提升。其具体表现在，农产品区域性、地域性品牌较多，全国性、世界级农产品种类和品牌数量较少，农产品品牌效应不够强。同时，在西部多个省市调研发现，新型农业经营主体缺乏稳定的农资购买或农产品销售渠道。其主要销售方式是批发市场、零售市场等渠道，有部分企业通过现场采摘、垂钓、体验农业等方式销售，极少数企业通过网络、自媒体、与银行卡合作、积分换门票等途径销售部分产品，线上和网络销售占比较低。进一步看，这些问题也反映出农村电商发展不足、电商补贴主要向经销企业倾斜、农产品电商专业人才缺乏、电商补贴项目申报难、农村物流发展滞后、供销社电商平台市场化和运行效率不足、急需加强商标注册和“三品一标”认证等问题。

（三）农业农村基础设施落后制约发展

新型农业经营主体发展壮大需要以农业农村基础设施作为支撑。一方面，农村干线公路等级亟待大幅提升。由于农村地区山高沟深的地形地貌特征，不少乡村公路等级过低、弯多路窄，多数中大型农业机械、旅游大巴车等无法通行，制约了农业机械化、半机械化发展和乡村旅游。广大农村地区急需高速、快速干道通达辐射。同时，中西部农村地区便民道路等不够，一些种养大户、家庭农场主的农产品需要肩挑背扛等方式运输一段路。另一方面，不少农村地区农业生产灌溉设施、生产大棚、防护栏等防损防护设施缺乏，抗风险能力低。部分地区水塘、水渠较少，少数山坪塘无法储水，缺乏提灌、滴灌等现代农业生产设施，靠天吃饭现象仍然存在，导致干旱年份果树、蔬菜和花椒等产量大幅下降。不少新型农业经营主体表示，缺乏蔬菜大棚和水果大棚，故难以防范恶劣天气。

（四）农业财政投入的针对性和效率需进一步提高

农业投资回报周期长、投入循环难，对财政补贴需求强烈。近年来，中央和各

地方政府都投入了大量的财政资金，但制约新型农业经营主体发展的首要问题仍是财政支持力度还不够，精准性、科学性需要提高。尤其是基层政府对财政投入的重点对象、额度、时间等的自主性不足，导致财政投入的确定性和针对性不足，资金使用效益难提高。农业财政投入多集中在道路交通、土地整治等基础设施方面，对新型农业经营主体扩大生产、融资贷款、农业保险、中大型农机购买等方面关注不够。此外，极少数农业产业化企业表示存在农业项目补贴信息不畅通、申请周期较长等问题。

二、新型农业经营主体高质量发展的对策

（一）加大新型农业经营主体培育力度

（1）加大扶持力度。围绕农业产业发展、经营主体集群集聚发展等方面，进一步完善新型农业经营体系的顶层设计和政策细则。根据农业各行业和产品特性差异，推进不同经营主体在不同行业、领域、环节适宜发展与优势发挥。在城市周边重点发展都市农业、生态农业、观光农业；在种养业生产环节重点扶持专业大户、家庭农场，在农产品加工、流通、销售等环节重点支持农民合作社、农业产业化龙头企业。

（2）注重规范引导。针对家庭农场、专业大户等，明晰政策认定标准和法律认定依据，明确其市场主体地位。同时，引导农民专业合作社建立健全章程和各种规章制度，着力实现科学管理、民主管理、依法管理。持续加强和规范对新型农业经营主体的监管，避免“冒牌”“空壳”经营主体“吃空补贴”、重复享受政策优惠等问题。

（3）提高发展质量。在坚持增加新型农业经营主体数量的同时，要积极通过示范引领、品牌培育、政府购买服务等举措，不断提高其服务质效。在扩大新型农业经营主体经营规模的同时，注重培育示范农业项目和行业产业化龙头企业，有计划打造一批拥有良好的市场美誉度和稳定占有率的农产品品牌。

（4）创新农业生产经营组织模式。按照促进小农户和现代农业发展有机衔接的要求，积极探索创新就业吸纳、订单带动、参股合作、利润分红等生产经营模式，如“公司+基地+专业合作社+农户”“合作社+基地+科研+农户”“合作社+企业+农户”“基地+景点+产业+农户” 等，不断完善经营主体与普通农民之间的利益联结与分享机制。

（5）建立稳定的农产品市场销售渠道。坚持市场化导向，有序推进直销点销售，有关学校、工厂、机关单位食堂供应，旅游观光采摘、垂钓、农家乐等体验式销售，贩销商上门收购，餐饮公司定点销售，亲朋好友推荐销售，超市、电商、下游企业、专业合作社或供销社收购等销售渠道建设。同时，注意结合其产品特性和优势等因素，采取某一种或多种渠道综合销售。加快农村地区专业销售团队建设、加强销售专业知识培训、发展自媒体营销、“线上”与“线下”销售整合，主动对接和参与全国或区域性农产品展销会。

（6）推进农业技术化和机械化。注重拓宽技术来源渠道，如依靠长期积累的

农业生产经验，招聘专职技术人员或组建技术团队，借助农业高校科研院所技术指导，与市场化专业化的农业公司合作，接受农业龙头企业或专业合作社免费技术培训与帮扶等。根据不同地区的农业基础和地理条件，逐步推动农业生产机械化和半机械化发展。

（二）健全新型农业社会化服务体系

（1）完善农业公益性服务组织。通过人力资源配备、组织机构和工作机制完善，不断提升农村镇（街）农服中心在农产品质量监管、农村“三资”管理等方面的服务质效。组织各级农技人才常态化制度化开展指导服务，进一步发挥公共信息服务平台、农产品电商、农贸市场等现代公益性服务平台的作用。

（2）强化农业社会化服务组织。加快推进基层供销社数量与质量建设，努力实现服务网点全覆盖，在农资供销、农产品收购、加工销售、品牌培育、农村金融合作互助经营性社会化服务方面发挥更为突出的作用。

（3）培育市场化服务组织。聚焦农民需求和关键薄弱环节，通过政策优惠和财政补贴等手段，鼓励新型农业经营主体为普通农户及规模较小经营主体提供全过程服务，有效降低农业生产成本，促进农民增产增收。制定支持城市工商资本下乡投资的负面清单，积极推进职业农民专业服务组织建设，有序引导其参与农业社会化服务。按照品种优、品质精、品牌强的“三品”发展思路，推动市场经营组织帮助农产品提升品牌知名度和美誉度。进一步创新农村经营管理服务，对接银行、保险、担保等金融机构，引导其为现代农业发展提供全方位、多层次、差异化的服务。

（三）完善政策扶持保障体系

（1）推进精准供给。在政策主体上，通过成立工作领导小组及下设办事机构，负责推进新型农业经营体系高质量发展的牵头抓总任务，并制定改革目标任务清单，将具体的政策制定任务与责任层层分解落实。在政策对象上，要针对普通农户、专业大户、家庭农场、农民合作社、农业产业化企业等分类制定帮扶政策，确保帮到点上、扶到根上。在政策内容上，以深入推进农业供给侧结构性改革为主线，持续完善财政税收、金融信贷、农业保险、基础设施、市场营销、人才和科技等方面的政策，基本形成了支撑新型农业经营体系的配套政策。加快推进农业保险、金融信贷等发展，确保所得税免税、农业综合开发产业化补助、环保专项补助、都市效益农业专项资金补助、农业创业贷款、基础设施投入等优惠政策落地。

（2）推进协同供给。坚持把推动新型农业经营主体高质量发展作为乡村战略的重要内容和专项任务进行系统谋划、统筹推进。注重将助推新型农业经营主体发展政策与经济发展政策、农业产业政策、城乡融合发展政策、乡村建设行动等相结合，注重深度整合各级农业农村部门与其他涉农部门的职能和政策输出，实现政策扶持体系的科学完备。同时，注重从时间维度提升短期或阶段性政策与长期性政策的内在一致性、稳定性和持续性。

（四）提升老百姓的切实利益和幸福感

（1）加大政策宣传力度。积极借助入户调查、春耕春播入户检查、入户技术指导等契机，通过政务公开、村务公开等渠道，广泛宣传新时代农业农村发展尤其是培育新型农业经营主体的改革举措，为群众理解和配合执行好改革政策奠定基础。

（2）加快培育新型职业农民。进一步完善新型职业农民认定标准和办法，组织开展农民技术职称评定和新型职业农民认定工作，实施新型职业农民培育工程。在坚持家庭经营基础性地位的前提下，注重在承包农户的基础上培育专业大户、家庭农场，吸引外出农民工、城市居民、大学生、农业技术人才等群体返乡创业，深入开展农村“双创”行动。

（3）全面落实农民补贴政策。深入贯彻落实中央农村工作会议、中央一号文件精神以及各级强农惠农政策，确保种粮直补、农机购置、生产建设项目等补贴到每一位农民和新型农业经营主体手中。纪检监察部门进一步加大惠农助农资金补贴的监管力度，对相关问题采取“零容忍”的高压态势。

参考文献：

[1] 孙莹. 现代农业发展要突出新型农业经营主体引领作用 [N]. 农民日报，2021-01-11 (005).

[2] 谢来位，付玉联. 农业生产方式和组织模式创新的政策诉求及政策保障 [J]. 探索，2019 (5)：124-131.

[3] 黄让. 新时期推动我国农业高质量发展的对策建议 [J]. 农业经济，2021 (1)：18-20.

[4] 练晓月，常平平. 新时代农业产业化联合体培育的财税政策支持研究 [J]. 农业经济，2021 (1)：97-99.